# 大惨事《カタストロフィ》の人類史

DOOM
THE POLITICS *of* CATASTROPHE
Niall Ferguson

ニーアル・ファーガソン
柴田裕之［訳］

東洋経済新報社

モリー、アヤーン、フェリックス、
フレイヤ、ラクラン、トマス、キャンベルに捧げる

# 日本語版刊行に寄せて

歴史を予測するのは、なんとも難しい。未来を占うことを可能にする、すっきりした歴史の「周期」などない。それは、ほとんどの惨事が思いがけない所から突然やって来るからだ。ハリケーンや自動車事故なら、少なくとも発生確率を付与できるが、それとは違い、最大級の惨事（パンデミックと戦争）は、冪《べき》乗則に従う分布かランダムな分布を示す。そうした惨事は、不確実性の領域、あるいは、ナシーム・ニコラス・タレブが著書『ブラック・スワン』で「エクストリミスタン（果ての国）」と呼ぶ領域に属している。[1]津波のようなものであって、潮流ではない。しかも、本書で論じるように、惨事は予測可能な順序では起こらない。私に言えるのは、同じ惨事は2度続けて起こらない傾向にあるということぐらいのものだ。今回は、疫病（新型コロナのパンデミック）に続いて戦争（ロシアのウクライナ侵攻）が起こった。1918年には、戦争（第1次世界大戦）が起きているところに疫病（スペイン風邪）が続いた。百年戦争は、黒死病がイングランドを襲う8年前に始まっている。

当然ながら、歴史の中では万事がランダムであるわけではない。ロシアによるウクライナの侵略は、年頭には予見するのは難しくなかった。[2]ロシア人とウクライナ人は単一の民族である、ウクライナが北大西洋条約機構（NATO）あるいは欧州連合（EU）に加わろうとすればレッドラインを踏み越えたことになる、とロシアのウラジーミル・プーチン大統領が主張したとき、その言葉を文字どおりに、かつ真剣に受け止め、経済制裁を行うぞと脅しても彼を思いとどまらせることはできないと気づきさえすればよかったのだから。

では、現時点（２０２２年3月）で予見できないのは何かと言えば、それは、この戦争がどういうかたちで終わりを迎えるか、言い換えれば、これがけっきょくどれほど大きな惨事になるか、だ。

その答えがわかっていると、固く信じている人々もいる。ドイツではオラフ・ショルツ首相が「Zeitenwende（文字どおりの意味は「時代の転換」）」に言及した。[3]「今後の世界は、もはや従来の世界と同じではない」と彼は断じた。ある明白な意味で、彼は紛れもなく正しい。ドイツは１９６０年代後半のヴィリー・ブラント首相による「東方政策《オストポリティーク》」を手始めに、私の人生の大半を通じて、ロシアに対して「貿易を介しての変化（Wandel durch Handel）」という政策を実行してきた。ショルツの前任者であるアンゲラ・メルケルは、ヨーロッパをロシアの天然ガスと石油に依存させるのは理に適っているとさえ考えていた。だが、そのいっさいが過去のものとなった。

プーチンはずっと以前から人殺しの戦争屋であり、彼による主権国家の侵略は２０１２年以来、これで4度目だ。それにもかかわらず、彼が起こしたこれまでの戦争は今回のものよりも規模が小さかったため、どういうわけか、彼は西側諸国が取引を行うことができる相手だという妄想がしぶとく生き延びるのを許してしまった。だが、包囲されたマリウポリに集団墓地が設けられ、ハルキウ（ハリコフ）市街がおおかた瓦礫《がれき》と化し、何百万もの避難民が西に向かって脱出している現実を前にしては、プーチンが人殺しの戦争屋であることは、もはや否定のしようがない。ウクライナで繰り広げられている光景には、みな覚えがあるはずだ。色を消し去れば、第２次世界大戦中の東ヨーロッパの白黒写真と見分けがつかないことだろう。フランスの思想家で私の勇ましい友人のベルナール゠アンリ・レヴィがオデーサ（オデッサ）に向かう途中で書いたとおり、これは「悲惨な20世紀の再来」だ。[4] たしかにこれは、戦争と戦争の合間の終わりのように感じられる。ただし、今回は2つの世界大戦ではなく2つの冷戦の合間ではあるが。ロシアという粗暴なクマの再来――そして、アメリカという老い衰えつつあるワシの、お世辞にも感心できない対応――は、ヨーロッパの平和はアメリカ人がお金を払い、ロシアのガスで調理した、無料の食事であるという幻想を粉々に打ち砕いた。

１９８９年に発表した「歴史の終わり？」という論文で一躍有名になったアメリカの政治学者フランシス・フクヤマは、ロシアの「完全な」敗北を自信たっぷりに予測して私を驚かせた。[5]「ロシア軍の戦線崩壊は突然、壊滅的なかたちで起こりうる」とフクヤマは書いている。「軍が敗北を喫したら、プーチンは生き延びられない」。しかも、「ロシアが敗れれば、『自由の新生』が可能になり、グローバルな民主主義の凋落《ちょうらく》状態にまつわる失意から私たちを救い出してくれる。１９８９年の精神は生き続けるのだ」。

彼が正しいことを心から願うものの、私はそこまで楽観していない。１９８９年のことは鮮明に覚えている。あの年の夏の大半をベルリンで過ごしたからだ。あのとき目立っていたことが2つあった。第1に、あの年に中央ヨーロッパと東ヨーロッパを席巻《せっけん》した革命のうねりは並外れて平和的だった。3年後になって初めてユーゴスラヴィアで、共産主義の終焉が戦争を引き起こしただけだ。第2に、そのような転機は中国にはついに訪れなかった。あの国では、１９８９年は天安門広場での大虐殺の年だったのだが。今になって振り返れば、中国で共産主義が生き延びたのは、エルベ川以東で共産主義が崩壊したことよりも重大な歴史的現象だったと言える。

今日私がフクヤマよりも悲観的なのは、ウクライナの人々がじつに勇敢に祖国を防衛していることに疑問の余地はないとはいえ、彼らが持ちこたえる力が過大評価されているかもしれないことを恐れるからだ。NATOの加盟国が携行式地対空ミサイルのスティンガーや携行式対戦車ミサイルのジャベリンをポーランドから提供しようと必死に努力しているものの、ウクライナの人々は巡航ミサイルや高高度爆撃機から自らを守るような高性能の防衛兵器を欠いている。たしかに彼らは、侵略者たちに驚くほど甚大な人的損害を与えている――侵攻開始から3週間のロシア軍死傷者数は、アメリカ軍がイラク占領の全期間を通じて出した死傷者数に匹敵する。たしかにプーチンが麾下《きか》の将軍たちに設定した当初の目標、すなわちキーウ（キエフ）を陥落させ、ウクライナ政府を転覆することは、今や達成不能なのが明らかだ。だがこの野蛮な戦争を継続するプーチンの意欲を誰一人として過小評価するべきではない。ウクライナの南部と東部のかなりの範囲を掌握し、ロシアの一般大衆には勝利のように見せかけることが、ひょっとしたら可能な程度の譲歩を要求できるまで、彼には矛を収める気がないだろう。

ロシアに科された経済制裁が、その厳しさでは前例がないかのように世間では言われており、この措置を立策したアメリカ人の1人によると、地震の放出エネルギー指標であるマグニチュードを制裁に当てはめれば、最大を10として、8に当たるそうだ。[6] 私は同意できない。ロシア最大の銀行は、完全な制裁は受けていない。そして、これが肝心なのだが、西側諸国はロシアの化石燃料の購入を停止していない。化石燃料の販売で、ロシアには毎日およそ10億ドルが転がり込む。また、プーチンは今にも失脚するとのことだが、西側諸国は経済制裁によって北朝鮮やキューバ、イラン、ベネズエラで政権交代が起こるのを何年待ち続けてきたことだろう。ロシアのエリート層がプーチンの戦争に幻滅し、側近たちがクーデターを起こして現に彼を倒すことはありうる。だが、プーチンが自らの軍事的失敗や経済的な圧力、アメリカの正副大統領が彼のことをためらいなく戦争犯罪人呼ばわりするという（私に言わせれば無分別な）行為に追い立てられるようにして過激な行動に走るという、同じぐらいありそうな筋書きも考えられる。
3月16日にロシア国民に向けてプーチンが行った演説[7]を観た人は誰もが気づいて身震いした。私たちが今渡り合っているのは、不器用ではあっても計算高いソ連時代のゲーム理論家でもチェスプレイヤーでもなく、正真正銘のロシアのファシストなのだ。ロシアは「社会の自己浄化」を実施し、「ろくでなしや裏切り者」を駆除するべきだと断言することで、プーチンはロシア国内で粛清が行われることをはっきりさせた。なにしろ、悪いのは内部にいる背信の第5列に決まっており、けっして独裁者その人ではないのだ。その時点まで、私は核兵器や化学兵器を使うというプーチンの脅しははったりだと考えがちだった。この脅しが効いて、バイデン政権はポーランドのミグ戦闘機をウクライナに提供するのを思いとどまった。だが、今や私は、プーチンが掩蔽壕《えんぺいごう》からどんな命令を下しかねないか、本気で心配しはじめている。

通常兵器を使う軍事行動をなんとか継続させ、切羽詰まったプーチンの焦りを和らげることを可能にするものが仮にあるとすれば、それは中国による支援だけだろう。ロシアが中国に武器と糧食を求めたために、アメリカの国家安全保障問題担当大統領補佐官ジェイク・サリヴァンは中国の外交担当トップ楊潔篪《ヤン・ジェチー》に、ロシアが西側諸国の制裁をかいくぐるのを助けようとする中国企業があれば、その企業自体も制裁の対象となる、と脅しをかけた。この脅迫が中国を躊躇《ちゅうちょ》させたのか、それとも、プーチンの肩を持つことを促したのかは、まだ知りようがない。もし中国がロシアの戦争遂行努力の梃入《てこい》れをすれば、攻囲戦がずるずると続くだろう。

最後に、西側の各国民の慢性的な注意欠如障害も懸念される。私たちは今、燃え尽きたロシア軍の戦車や、ウクライナのＴＢ２無人攻撃機の動画といった、ぞっとするものの思わず見入ってしまう映像や、ゼレンスキー大統領の感動的な演説などに釘づけになっているが、これほど強い関心をどれだけ長く抱き続けられるだろう？　ドイツの有権者の89パーセントは、ウクライナの人々のことが心配だ、あるいは、非常に心配だ、と言っている。だが、エネルギー供給の中断についても66パーセントが、ドイツの経済状態の悪化についても64パーセントが同じように心配している。世界は今、1か月前よりもなおいっそう深刻なインフレ問題を抱えており、国内の日常生活に直結する問題はたいてい、はるか彼方の国々の危機に優先するものだ。私たちはあとどれだけ長く注意を向けていられるだろうか？　もしキーウの攻囲戦が何週間もだらだらと続いたら？　あるいは、停戦が実施され、それから破綻し、再び実施されたとしたら？　はたまた、ドネツク州とルハンスク州の境界をめぐる交渉があまりに退屈なものになったとしたら？

イギリスの歴史家Ａ・Ｊ・Ｐ・テイラーは１８４８年の革命を「歴史が転換しそこなった歴史の転機」として切り捨てたことで有名だが、要するに私は現状がそれと同じことになりはしないかと恐れているのだ。つまるところ、キーウが陥落しても、民族の政治的独立がロシアの戦車によって蹂躙《じゅうりん》された最初の首都とはならない。１９５６年のブダペストや１９６８年のプラハを思い出してほしい。そして、私たちの当初の憤りが薄れ、無力感に変わり、やがて記憶から抜け落ちたとしても、それはけっして初めての出来事ではない。フクヤマは１９８９年の盛大な「諸民族の春」を思い出しているが、私は１９７９年以来感じていなかったほどの大きな恐怖を感じている。１９７９年というのは、イランが騒乱に包まれ、ソ連がアフガニスタンに侵攻し、アメリカのジミー・カーター大統領が悪性インフレに途方に暮れているように見えた年だ。

では、あの年からはどんな教訓が得られたのか？　西側諸国には強力なリーダーシップが必要である、というのがその答えだ。現在クレムリンにいる独裁者が核戦力をちらつかせたときにも揺らぐことのないリーダーシップ、自由のためのウクライナの闘争が、じつは私たちの闘争であることを思い出させてくれるリーダーシップ、独裁主義の帝国は、周辺の小国を呑み込みながら欲望を募らせていくという、歴史の重大な教訓を指摘するようなリーダーシップが必要なのだ。1979年は、マーガレット・サッチャーがイギリスの首相に選ばれた年であり、ロナルド・レーガンがアメリカの大統領に選ばれる前年でもあったのは、偶然ではない。

ウクライナの戦争はまだ終わっていない。ロシアはまだ打ち負かされてはいない。プーチンはまだ権力の座から引きずり降ろされてはいない。ロシアの殺人マシンを止め、この争いに終止符を打つためにしなければならないことは、まだ山ほどあるし、私たちの行動が図らずも戦いを長引かせてしまいかねない筋書きも多数ある。アメリカの政策立案者のなかには、戦争が引き延ばされるのを望んでいる者もいるのではないかという印象さえ、私は受けている。戦いが続けば、「ロシアは力が尽き果て」、プーチンの失脚につながるだろうと勘違いしているのだ。

イギリスの劇作家アラン・ベネットの戯曲『ヒストリーボーイズ』では、オックスフォード大学への進学を目指す田舎の生徒の1人が、教師に歴史を定義するように言われる。「しょうもないことのたんなる連続」と生徒は答える。より厳密に言えば、歴史は惨事のたんなる連続のように見えることもありうる。次の大惨事がどんな形を取るのかも、どこを襲うのかも、私たちには確かなことは言えない。その惨事が疫病であろうが、戦争であろうが、何かその他の災難であろうが、始まってからわずか3週間では、どれほど大きくなり、どれほど長引くかは知りようがない。また、どの社会が惨事に最も効果的な対応を見せるかも、予見することはできない。惨事が独創的な対応を引き出すこともある一方で、成功は自己満足を招きがちだ。

1970年に、アメリカの作家ジョーゼフ・ヘラーの小説『キャッチ=22』の映画版が公開された。シナリオライターの1人のおかげで、映画には原作になかった次の台詞が加えられ、それが有名になった。「被害妄想を持っているからといって、誰かにつけ狙われていないとはかぎらない〔訳注　原文は「*Just because you're paranoid doesn't mean they aren't after you.*」で、「心配性の人の心配がすべて杞憂とはかぎらない」とでも意訳できる〕」。私はこれが、本書『大惨事《カタストロフィ》の人類史』の核心を成すメッセージでもあると考えるようになった。ありとあらゆる形と規模の惨事が私たちを本当につけ狙っている。惨事に対する最善の備えは、過去2年間に西側世界全体で新型コロナによってこれほど多くの命を犠牲にした種類の、官僚機構による見せかけの準備ではない。また、惨事に襲われるたびに、特定の主義や党派に偏った見解を人々に押しつけても、何の役にも立たない。むしろ私たちは、ヘラーの作品に登場する第2次世界大戦中の爆撃機の搭乗員たちが感じていた類《たぐい》の共通の被害妄想をたくましくするよう、努めなければならない。ただし、惨事への私たちの対応は、『キャッチ=22』の主人公ジョン・ヨッサリアンの諦観ではなく、その正反対のものであるべき点が異なる。惨事は必ず起こる。だが、その避け難い運命にどれほど翻弄《ほんろう》されるかは、私たち次第だ。それこそ、ウォロディミル・ゼレンスキーが私たちに思い知らせてくれたことなのだ。

スタンフォードにて

2022年3月

1 https://www.fooledbyrandomness.com/

2 https://www.bloomberg.com/opinion/articles/2022-01-02/niall-ferguson-biden-eu-nato-won-t-stop-putin-s-ukraine-invasion

3 https://www.faz.net/aktuell/wirtschaft/zeitenwende-warum-deutschland-viele-krisen-warnungen-ignoriert-17870687.html

4 https://www.tabletmag.com/sections/news/articles/rape-of-ukraine

5 https://www.americanpurpose.com/articles/preparing-for-defeat/

6 *Wall Street Journal*, March 11, 2022.

7 https://twitter.com/mjluxmoore/status/1504134285401415681

# 大惨事《カタストロフィ》の人類史——目次

# 各章概要

## 序

本書で扱うのは、厄介なポストモダンの疫病の歴史でもなければ、パンデミックの一般的な歴史でもない。カタストロフィ（大惨事）の一般史——地質学的なものから地政学的なものまで、生物学的なものからテクノロジーにかかわるものまで、ありとあらゆる種類の惨事の歴史——だ。私たちが今直面している惨事を——あるいは、その他いかなる惨事であれ——適切な視点から眺めるには、こうする以外に、いったいどのような方法があるというのか？

## 第1章　人生の終わりと世界の終わり

近代以降、平均寿命は大幅に延びたものの、死は依然として避けられず、絶対的な意味で、かつてないほどありふれている。それにもかかわらず、私たちは死と疎遠になった。最終的には、私たちは個人として死を運命づけられているだけでなく、人類そのものも滅亡を運命づけられている。世界のあらゆる宗教と、多くの非宗教的なイデオロギーが、このような世の終わり《エスカトン》を実際以上に差し迫ったもの（そして、内在的なもの）に見せようとしてきた。だが、私たちが恐れるべきなのは、世界滅亡の日ではなく惨事だ。

これまでの人類の歴史における大惨事のうち最大のものは、パンデミックと戦争だった。

## 第2章　惨事は予測可能か?

カタストロフィは本質的に予測不能であり、それは、(地震から戦争まで)ほとんどの惨事が正規分布しておらず、ランダムに分布していたり、冪《べき》乗則に従って分布していたりするからだ。歴史の周期説は、これに対応できない。どちらかというと、惨事は古典悲劇に近い。予測しようとする人は、顧みられない可能性が高いからだ。凶事の予言者であるカッサンドラたちは、実際に起こるよりも多くの惨事を予測することに加えて、途方に暮れるほど多くの認知バイアスにも向き合う羽目になる。ほとんどの人は不確実性に直面するとけっきょく、自分個人がカタストロフィの犠牲者になるという可能性をあっさり無視することにするものだ。第1次世界大戦中にイギリス兵が歌った「地獄の鐘がティング・ア・リング・ア・リングと鳴り響く/私のためではなくお前たちのために」という歌は、人類に特徴的な曲なのだ。

## 第3章　惨事はどのように起こるのか?

惨事はしばしば予見されるが(灰色のサイ)、それにもかかわらず、予測された惨事のなかにさえ、襲ってきたときにまったく意外に思えるものもある(ブラック・スワン)。死亡者数が平年を上回る「超過死亡」を出すだけでは済まされず、それをはるかに凌《しの》ぐ途方もない結果を伴う点で際立っているものも、わずかながらある(ドラゴンキング)。惨事は、「天災」か「人災」のどちらか、というわけではない。火山のそばや断層線の上、大洪水を起こしがちな河川の脇といった、被災する可能性のある区域の近くに定住地を置く決定のせいで、ほとんどの天災がある意味で人災になる。人命の損失の観点に立てば、アジアほど多くの大惨事が起こる場所は他にない。アメリカの大惨事は、アジアの基準に照らせば物の数にも入らない。

## 第4章　ネットワーク化した世界

惨事の規模の主要な決定要因は、感染があるかどうかだ。したがって、社会的ネットワーク構造は、病原体あるいはその他何でも急速に広まりうるもの（たとえばアイデア）の本質的な特質と同じぐらい重要だ。人々は、天然痘から腺ペストまで、阻止しようとする病気の本質を適切に理解するはるか以前から、隔離やソーシャルディスタンシングその他の、今日では「非薬理学的介入」と呼ばれる措置の有効性を経験的に学んできた。そうした措置の要《かなめ》は、ネットワーク構造を修正して、緊密さを減らすことだ。そのような修正は、自然発生的な行動適応の場合もありうるが、たいていは階層制を通して義務づける必要がある。

## 第5章　科学の進歩と過信

19世紀は大きな進歩が続いた時代で、細菌学においてはそれが顕著だった。だが私たちは、医学の歴史に関してはホイッグ史観の解釈に屈するべきではない。帝国は感染症研究を急がせはしたが、世界経済のグローバル化も急《せ》き立て、さまざまな病気が拡散する新たな機会を生み出しもした。それらの病気のすべてがワクチン接種や治療に屈服したわけではない。1918年のインフルエンザは、科学の限界を容赦なく暴いた。リスクの理解における飛躍的前進は、ネットワークの統合の増進や脆弱性の増大によって帳消しになりかねない。

## 第6章　政治的無能の心理学

政治的惨事が起こると、軍事的惨事が起こった場合と同様、私たちは責任のあまりに多くを無能な指導者に負わせがちだ。飢饉は食糧不足そのものではなく、責任を負わない政府や回避可能な市場の失敗が引き起こしたのだ、そして、民主主義は飢饉の最善の解決法であるという、インドの経済学者アマルティア・センの説は魅力的だった。1840年代から1990年代にかけての1世紀半に起こった深刻な飢饉のいくつかは、その説で説明がつくだろう。だが、センの法則は、飢饉にしか当てはまらない道理があるだろうか？　人災の最たるものである戦争にも当てはまっていいのではないか？　帝国からおおむね民主的な国民国家への移行には非常に多くの死と破壊が伴ったのは、逆説的な話だ。

## 第7章　アジア風邪からエボラまで

1957年には、新種の致死的なインフルエンザへの理性的な対応は、自然な集団免疫の獲得の追求と選択的ワクチン接種との組み合わせのように見えた。この1957年のアジア風邪は2020年の新型コロナウイルス感染症に劣らぬほど危険だったにもかかわらず、アメリカではロックダウン（都市封鎖）も学校閉鎖もなかった。アイゼンハワーの対応が成功したのは、当時の連邦政府が機敏だったからばかりではなく、冷戦を背景にして公衆衛生の問題で国際協力が大幅に改善していたからでもある。とはいえ、1950年代、60年代、70年代の成功は、人目を欺くものだった。エイズ（後天性免疫不全症候群）も、SARS（重症急性呼吸器症候群）も、MERS（中東呼吸器症候群）も、エボラ出血熱も、それぞれ違ったかたちで同様のことをした。

### 第8章　惨事に共通する構造

タイタニック号からチャレンジャー号やチェルノブイリ原発まで、事故は起こるものだ。小さな惨事は大きな惨事の縮図のようなものだが、それほど複雑ではないので理解しやすい。船の沈没であれ、原子炉の爆発であれ、あらゆる惨事に共通する特徴は、作業員や運転員の過失と管理者の過失の組み合わせだ。惨事で失敗が起こる箇所は上層部（「後方」）でも現場（「前線」）でもなく、中間管理層の中にあることが多い。これは、物理学者リチャード・ファインマンのお気に入りのテーマであり、一般的な適用性のある見識だ。

### 第9章　コロナパンデミック

新型コロナは、過去の非常に多くのパンデミックと同様、中国に由来する。だが、この病気がその他の世界各国に与えた影響はさまざまだったので、予想外の展開となった。アメリカとイギリスは、パンデミックに対する備えが万全には程遠かったため、惨憺《さんたん》たる経過をたどった。ＳＡＲＳやＭＥＲＳの教訓をしっかり学んでいたのが、台湾や韓国といった国だ。私たちはつい、アメリカとイギリスの苦難を、ポピュリズムの指導者の無能に帰したくなった。とはいえ、それよりももっと根源的な点で、物事がうまくいかなかったのだ。どの場合にも、公衆衛生の官僚機構が機能不全に陥った。そして、インターネットのプラットフォームが新型コロナについてのフェイクニュースを拡散させ、それが大衆の行動における、杜撰《ずさん》な適応や、ときには紛れもなく有害な適応につながった。

## 第10章　パンデミックと世界経済

2020年3月中旬に根拠のない楽観がパニックに変わると、多くの国では経済に大打撃を与えるようなロックダウンが実施された。それは新型コロナが引き起こした問題に対する正しい解決策だったのか？　答えはおそらくノーだが、だからといって、アメリカが夏に適切な検査や濃厚接触歴追跡なしで平常に戻ろうとした（日常生活の愚かな再開）のが賢かったということにはならない。わかり切ったことだが、これは小規模な第2波と回復の減速という結果を招いた。これほど簡単に予測できなかったのが、人種差別をめぐる、革命寸前の政治的爆発だ。それは、過去のパンデミックが急に引き起こした大衆運動に驚くほどよく似ていた。

## 第11章　中国とアメリカの覇権争い

新型コロナ危機のせいでアメリカは、中国と比べて相対的に衰退することを運命づけられた、と広く見られている。これはおそらく間違っている。私たちの時代の帝国、すなわちアメリカや中国や欧州連合（EU）は、それぞれ異なるかたちでこのパンデミックへの対応を大きく誤った。だが首尾良く対処した国々が、習近平《シー・ジンピン》の支配する帝国のパノプティコン（全展望監視システムの刑務所）に喜んで組み込まれたがるとは思い難い。今回の危機は多くの面で、アメリカの力の持続性を示した。金融面で然《しか》り、ワクチン開発競争で然り、テクノロジー競争で然りだ。アメリカの破滅の噂は、またしても誇張されている。この誇張のせいかもしれないが、冷戦《コールドウォー》ばかりでなく武力による熱戦《ホットウォー》のリスクまでもが高まっている。

## 結論　未来の世界の取りうる姿

次にどのような惨事が襲ってくるかは知りようがない。私たちのささやかな目標は、社会と政治制度を今より回復力《レジリエンス》のあるものにする――そして、理想的には反脆弱にする――ことであるべきだろう。それには、ネットワーク構造と官僚制の機能不全についての理解を、今以上に深めることが求められる。公衆安全の名の下に至る所で監視を行う新しい全体主義に黙従する人は、本書で説明したうちでも最悪の部類の惨事のいくつかが、全体主義政権によって引き起こされたことを真に理解しそこなっているのだ。

# 序

それでも、私と比べれば汝《なんじ》は恵まれている！
汝の身に降りかかるのは、現時点だけだから。
だが、何たることか！　私ときたら、後ろに視線を投げ、
陰鬱《いんうつ》な光景を目にする！
そして、先は見えぬものの、
想像するだに恐ろしい！

——ロバート・バーンズ、「二十日鼠《はつかねずみ》へ」

## あるスーパースプレッダーの告白

私たちの人生で、未来がこれほど不確かで、しかも過去にこれほど無知だったことはかつてないように思える。２０２０年の初めには、新型コロナウイルスについて武漢《ウーハン》から届くニュースの重大性に気づいている人はほとんどいなかった。２０２０年1月26日に終わる週に、パンデミック（世界的大流行）の

可能性が高まっていることについて初めて公に語ったり書いたりしたとき、[1]私は変人扱いされた（ダヴォスで開かれていた世界経済フォーラムの代表団の大多数には、間違いなくそうされた。彼らには危険がまったく見えていなかったようだ）。アメリカ国民への脅威という点で、新型コロナウイルスは、毎年冬のインフルエンザの流行には及ばないというのが、ＦＯＸニュースから『ワシントン・ポスト』紙まで、当時の共通認識だった。

2月2日、私は次のように書いた。「現在私たちが向き合っているのは、世界で最も人口が多い国における感染症の流行であり、これはパンデミックになる可能性がかなり高い。……重要な課題は……なるようにしかならないという、奇妙な楽観に逆らうことだ。危険なウイルスが指数関数的に拡散しているときにさえ、その楽観のせいで、大半の人が旅行プランをキャンセルせず、不快なマスクを着用せずにいる」[2]。今振り返ると、この文章は遠回しな懺悔《ざんげ》のように読める。なにしろ私は、それまでの20年のほとんどにわたってしてきたように、その1月と2月にも、憑《つ》かれたように旅してまわっていたのだから。1月にはロンドンからダラス、ダラスからサンフランシスコ、そしてそこから香港《ホンコン》（1月8日）、台北《タイペイ》（1月10日）、シンガポール（1月13日）、チューリヒ（1月19日）へと飛び、サンフランシスコに戻ると（1月24日）、今度はフォート・ローダーデールに向かった（1月27日）。マスクは1、2度つけたが、1時間もすると耐えられなくなって外した。2月中も、距離こそ短かったものの、ニューヨーク、サン・ヴァレー、ボーズマン、ワシントン、ライフォード・ケイへと、やはり頻繁に飛行機に乗った。

なんという暮らしだ、と思われるかもしれない。私は、巡回講演のおかげで「世界を股に掛ける歴史家」になれたと冗談を言ったものだ。後になってようやく気づいたのだが、私は、異常なまでに精力的な旅行日程を組んで、アジアから世界のそれ以外の地域へとウイルスを撒き散らかしていた、「スーパースプレッダー（超感染拡大者）」の1人となっていてもおかしくなかった。

私が新聞に毎週連載していたコラムは、２０２０年の前半には一種の疫病日記と化した。ただし、２月の大半は具合が悪く、苦しい咳がどうしても治まらなかったことには触れなかったが（次々に講演をこなすために、スコッチウイスキーにたっぷりお世話になった）。「高齢者が心配だ」と私は2月29日に書いた。「80代の人の死亡率は14％を超える。それに対して、40歳未満の人の死亡率はゼロに近い」。私のような50代半ばの喘息持ちに関するあまり穏やかでないデータは割愛した。医師に2度診てもらったものの、新型コロナウイルス感染症〔訳注　ＣＯＶＩＤ-19。以下、「新型コロナ」と略す〕の検査は、当時アメリカ中でおおむねそうだったように、できませんと言われてしまったことにも触れなかった。わかっていたのは、事態は深刻で、それは私や家族にとってだけではないことぐらいだった。

> 「インフルエンザ程度のもの」と呑気に構えている人は……事の重大さが理解できていない。……
> それは不確実性に包まれている。初期段階で検出するのが非常に困難だからで、その段階で多くの病原体保有者は感染性があり無症状だ。何人が感染しているのか、確かなことはわからないので、正確な再生産数も死亡率もつかめない。ワクチンもなければ治療法もない。[3]

3月8日に『ウォール・ストリート・ジャーナル』紙に掲載された記事には、次のように書いた。「仮にアメリカで、韓国と同じ割合で感染者が出ているとしたら、まもなくその数は約4万６０００人に達し、死亡者は３００人を超える――あるいは、もしアメリカの死亡率がイタリア並みに高ければ、１２００人が亡くなるだろう」[4]。その時点で、アメリカで感染が確認された人の数はわずか５４１人、死亡者は22人だった。感染者数は3月24日に4万6000人を超え、死亡者の数は翌25日に1200人を超えた。私の記事からわずか2週間余り後のことだ。[5]

3月15日には、私は以下のように述べた。「ジョン・F・ケネディ空港は昨日、はるか昔から疫病のときにしてきたことをする人でごった返していた。すなわち、大都市から逃れ（ウイルスを拡散させ）る人で。……私たちはパンデミックによるパニック段階に突入しつつある」[6]。その日、私自身も妻や下の2人の子どもたちと、カリフォルニア州からモンタナ州へ避難した。それ以来ずっと、私はそこにいる。

2020年の前半、私はこのパンデミック以外についてほとんど考えることも書くこともなかった。なぜそこまで夢中になったのか？　私の十八番《おはこ》は金融史だとはいえ、30年以上前の大学院生時代に1892年のハンブルクのコレラ流行を調べて以来、歴史における病気の役割に強烈な関心があったから、というのがその答えだ。そのコレラ流行を徹底的に研究したのがリチャード・エヴァンズで、致死的な病原体による大量死は、その病原体が襲いかかる社会秩序や政治秩序を部分的に反映しているという考え方を、私は彼の研究から初めて学んだ。ハンブルクの人々の命を奪ったのは、ビブリオ・コレレ（コレラ菌）という細菌と並んで階級構造でもあった、とエヴァンズは主張した。この町の不動産所有者たちの権力がしっかりと確立されており、それが老朽化した上下水道の改善にとって乗り越えられない障害物だったからだという。貧しい人の死亡率は豊かな人の死亡率の13倍にのぼった。[7]

私は数年後、『戦争の悲哀（*The Pity Of War*）』の執筆準備をしていたとき、1918年のドイツ軍崩壊は、スペイン風邪のパンデミックがもたらした可能性のある、病気の急増が一因だったことを示唆する統計に感銘を受けた。[8]『憎悪の世紀』では、この1918〜19年のパンデミックをさらに掘り下げ、第1次世界大戦が双子のパンデミックで終わったことを示した――スペイン風邪だけでなくボリシェヴィズム

（ロシア社会民主労働党左派「ボリシェヴィキ」の思想）のイデオロギー感染もあったのだ。[9]

2000年代に書いた帝国についての本でも、伝染病の歴史に取り組んだ。ヨーロッパ人による新世界への植民については、病気が果たした役割を抜きにしては、とうてい語ることができなかっただろう。その役割を、「インディアンの数を減らしてイギリス人のための場所を確保する」ことと冷淡に言い切ったのが、1690年代にカロライナの総督を務めたジョン・アーチデイルだった（拙著『大英帝国の歴史』の第2章の題は「White Plague（白疫）」だった）。私は、母国からはるか遠くに配置されたイギリス兵に熱帯病による恐ろしい数の死亡者が出たことにも激しい衝撃を受けた。西アフリカのシエラレオネでの軍務を兵士が生き延びる可能性は痛ましいまでに低く、2人に1人の割合だった。[10]

『文明』では、西洋による植民地化と支配の拡大における近代医学の役割にまるごと1章を費やし、しばしば採用された野蛮な方法を取り繕うことは避けながらも、植民地体制が伝染病についての私たちの知識や伝染病の制御能力をおおいに伸ばしたことを示した。[11]『劣化国家』では「インフルエンザのようなウイルスのランダムな変異」に私たちがしだいに脆弱になっていることを明確に警告する一方、[12]『スクエア・アンド・タワー』では事実上、「感染の速さと範囲を決める要因として、ウイルスと同じぐらいネットワークの構造が重要である」という見識に基づいた世界史観を展開した。[13]

この文章を書いている時点（2020年10月下旬）では、新型コロナのパンデミックは終息には程遠い。確認された感染者数は2600万人近くにのぼるが、世界中の血清有病率から判断すると、これは新型コロナウイルス感染者の総数のごく一部にすぎない。[14]死亡者数は120万人に迫っているものの、これが過小評価であることは確実で、それは、多くの大国（特にイランとロシア）が発表している数値が信用できないからだ。そして、累積の死亡者数は世界全体では毎週3・5％超の割合で増え続けており、健康を恒久的に損なわれる人の数も増加していることは言うまでもないが、これに関してはまだ誰も推定を行っていない。

イギリスの王室天文官リース卿はハーヴァード大学の心理学者スティーブン・ピンカーを相手に、「遅くも2020年12月31日までに始まる6か月間に、バイオテロあるいはバイオエラーの単一事象で100万人の犠牲者が出る」ほうに賭けたが、彼の勝ちがますます確実に見えてくる。[15] 思い切ったソーシャルディスタンシング〔訳注 「ソーシャルディスタンシング」とは、感染を防ぐために物理的な距離を保つこと。「フィジカルディスタンシング」ともいう〕とロックダウン（都市封鎖）を行わないかぎり、最終的な死亡者数は3000万〜4000万になりうると主張した疫学者もいる。[16] 政府による制限と大衆行動の変化のおかげで、そこまで多くなることはきっとないだろう。とはいえ、まさにこうした「非薬理学的介入」は、2008〜09年の金融危機が引き起こしたものよりもはるかに大きな打撃を世界経済に見舞ってきた。それは大恐慌の打撃に匹敵する規模となる可能性がある。しかもそれは、年単位ではなく月単位に圧縮された期間に襲ってくるのだ。

では、まだこの一件に片がつかない今、なぜ歴史を書くのか？　これは私たちのポストモダンの理解し難い疫病の歴史ではないから、というのがその答えだ。ただし、終わり近くの2章（第9章と第10章）では、そのような歴史の暫定的な概略を提供するが。本書はカタストロフィ（大惨事）の全般的な歴史であり、パンデミックばかりでなく、地質学的なもの（地震）から地政学的なもの（戦争）、生物学的なもの（パンデミック）からテクノロジーにかかわるもの（原子力事故）まで、あらゆる種類の惨事を取り上げる。小惑星の衝突、火山の噴火、異常気象事象、飢饉、壊滅的な事故、不景気、革命、戦争、ジェノサイド（集団殺害）。そこには、生というもののいっさい——そして、多くの死——がある。このように幅広く取り組まなければ、どうして今私たちが直面している惨事を、いや、いかなる惨事をも、適切な視点から眺めることができるだろうか？

## ドゥーム（破滅）の魅力

本書は、自然のカタストロフィであれ、人間が招いたカタストロフィであれ――このように二分するのは、後で見るように、いくぶん間違っているのだが――その歴史は、経済、社会、文化、政治の歴史から切り離して研究することはできないという事実を出発点としている。惨事がもっぱら外的要因によることは稀《まれ》であり、例外は、大規模な天体衝突（６６００万年間起こっていない）か、エイリアンの侵略（まったく起こったことがない）ぐらいのものだろう。巨大な地震でさえ、どれほどの惨事になるかは、断層線に沿って――あるいは、もし津波が引き起こされれば、海岸線に沿って――どれだけ都市化が進んでいるか次第だ。パンデミックは、新しい病原体と、それが襲いかかる社会的ネットワークから成る。ウイルスだけを調べても、感染がどれほどの規模になるかはわからない。なぜならウイルスは社会的ネットワーク内で感染可能な数の人にしか感染しないからだ[17]。

惨事は、それが見舞う社会や国家の正体を暴き出しもする。それは試練の時であり、事実が明らかになる瞬間であり、どの社会や国家が脆弱で、どれが回復力《レジリエンス》に富み、どれが「反脆弱」、すなわち、惨事に持ちこたえるだけでなくそれによって強化もされるかが暴露される[18]。惨事は、経済や文化や政治に重大な影響を及ぼすが、その多くが直観に反する。

あらゆる社会が不確実性の下に暮らしている。記録が残っている最初期の諸文明さえもが、ホモ・サピエンスの脆弱性を痛切に自覚していた。人間が自分の考えを芸術や文学の中に記録しはじめて以来、絶滅イベントあるいは「終わりの時」の可能性が大きな存在感を示してきた。第1章で説明するように、イエス・キリストその人が予言して以来、この世の終わり――最終的で目を見張るような最後の審判の日――が到来するという見通しが、キリスト教神学の核であり続けている。ムハンマドは、「ヨハネの黙示録」に記されている壮大な終局をイスラム教に取り込んだ。同じような破壊の見通しは、ヒンドゥー教や仏教という、輪廻転生を説く信仰にさえ――それどころか、古代の北欧神話にまで――見られる。

私たち現代人は、自らが遭遇したり経験したりする惨事を、しばしば（ときには潜在意識下で）終末論的観点から解釈する。実際、一部の非宗教的なイデオロギー、とりわけマルクス主義は、資本主義が自らの矛盾の重みに耐え切れずに崩壊する、非宗教的な「この世の終わり」を熱烈に望んでいる。その激しさときたら、携挙《けいきょ》〔訳注　イエス・キリストの再臨のときに、死んだキリスト教徒が蘇り、生きているキリスト教徒とともに空中に引き上げられ、イエスと出会って永遠の命を与えられること〕を福音主義者が待望しているのに劣らぬほどだ。気候変動がもたらしうる惨事の最も過激な預言者たちが、この世の終わりを避けるために思い切った経済的贖罪《しょくざい》を求めるときの熱烈さも、どこか原理主義者のそれを思い出させる。

私が初めて「ドゥーム（最後の審判、世の終わり、破滅、悲運）」という言葉に出合ったのは、まだ子どもの頃で、東アフリカでのことだった。そこではこの言葉は、人気のある殺虫スプレーの商標名で、今日そのスプレーはときおり宗教的な目的で使われることもあるようだ[19]。私の息子たちにとっては、「ドゥーム」はコンピューターゲームだ。この単語（doom）は、通常は自分に不利な種類の正式な審判や判決を意味する古英語の「dóm」や古ザクセン語の「dóm」や古ノルド語の「dómr」に由来する。

リチャード3世は「宿命のもたらす最後の審判は避けようがない」と言い、マクベスは「なんと、最後の審判の日までこの行列は続くのか?」と問う。もちろん私たちは破滅を恐れている。とはいえ、それに魅了されてもいる。だからこそ、人類最後の日々(第1次世界大戦を題材とするカール・クラウスの風刺的な戯曲の名作の皮肉な題名〔訳注　邦題は『人類最期の日々』〕)をテーマとする文学作品が豊富にあるのだ。SFの小説と映画は、私たちの種《しゅ》の破滅を何度となく描いてきた。大衆向けの娯楽作品では人類はさまざまなかたちで全滅の憂き目に遭ってきており、致命的なパンデミックはそのような筋書きの1つでしかない。アメリカで新型コロナによるロックダウンの初期段階に、ネットフリックスで非常に頻繁に視聴されたのが、(はるかに深刻な)パンデミックに関するスティーヴン・ソダーバーグ監督の2011年の映画『コンテイジョン』だったのは示唆に富む。[20]私はと言えば、BBC(イギリス放送協会)の1975年のドラマ「生存者たち」をあらためて鑑賞し、マーガレット・アトウッドのマッドアダム三部作を読み、ぞっとしながらもすっかり心を奪われた。破滅は魅力的なのだ。

とはいえ、私たちが恐れなければならないのはこの世の終わり——預言どおりに起こらなくて千年王国説〔訳注　イエス・キリストが再臨してこの世を1000年間支配するという考え方〕の信奉者たちを落胆させてばかりいる——ではなく、私たちのほとんどが生き延びる大惨事だ。そうした惨事は多くの形を取りうる。規模もはなはだしく異なる。そして、仮に予測されたとしても、それぞれ非常に特徴的な種類の大混乱を引き起こす。

思わず見入ってしまうと同時に目を覆いたくなるようなカタストロフィの実状が、文学で捉えられることはめったにない。珍しい例外が、1914年のドイツによるフランス侵攻をあくまでシニカルに描き出した、ルイ゠フェルディナン・セリーヌの『夜の果てへの旅』(1932年)だ。「想像力のかけらもなければ、死ぬことなど何でもない」と、セリーヌは書く。「現に想像力があると、死ぬことは耐え難い[21]」。

大惨事の混沌と個人経験の純然たる恐怖や戸惑いを、これほど見事に捉えた作家はまずいない。フランスは、第1次世界大戦の序盤戦で凄まじい数の死傷者を出しながらも、なんとか持ちこたえた。それでも、フランス領赤道アフリカの辺境からパリの場末まで、フランスの下層階級の暮らしを、シニカルでトラウマに満ちた文章で綴ったセリーヌの作品は、先に待ち受けているいっそう大きな災難を予告しているように見える。

『奇妙な敗北』というのが、歴史家マルク・ブロックが1940年夏のフランス崩壊を描いた自著につけた題名だった[22]。歴史には、そのような奇妙な敗北が多数ある――予見するのが難しくはなかったにもかかわらず、破綻を招いてしまった惨事が。アメリカとイギリスでの新型コロナ体験はこれまでのところ多くの面で、それぞれ異なる意味でではあるが奇妙な敗北であり、いつ起こってもおかしくないことが以前からずっとわかっていた惨事に対する適切な備えをしていなかった、政府の桁外れの失敗としか考えようがない。この失敗を、ほぼ全面的にポピュリズム（大衆迎合主義）の傲慢《ごうまん》のせいにしてしまったら、安直だろう。死亡者数が平年を上回る超過死亡の割合で比べれば、ベルギーは、仮にもっと悪くはなくても、同じぐらいひどかったが、2020年の大半を通してこの国の首相を務めたのが、リベラルな女性のソフィー・ウィルメスだったのだから。

他よりもはるかにうまくカタストロフィに対応する社会や国家があるのは、どうしたわけか？　一部の社会や国は崩壊し、大半は持ちこたえ、うまく乗り切って強さを増すものも少数ながらあるのはなぜか？　どうして政治がカタストロフィを招くことがあるのか？　これこそ本書が提起する重大な疑問だ。その答えは、明白には程遠い。

## カタストロフィの不確実性

もし惨事が予測可能でさえあったなら、私たちの暮らしはどれほどわかりやすいものになることだろう！　著述家は何世紀にもわたって、宗教、人口動態、世代、金融などのさまざまな周期説を使い、歴史の過程から予測可能性を引き出そうとしてきた。第2章ではそうした説について考察し、次の災難を予想するうえで、そして、仮にそれを避けられないとしてもせめて緩和するうえで、それらの説が本当はどれほど役立ちうるか、問うことにするが、先に答えを言っておくと、たいして役に立たない。問題は、それらの説の信奉者、あるいは広く理解されていない見識の信奉者が、凶事の予言者カッサンドラの立場に必ず立たされてしまう点にある。彼らは未来が見える、あるいは、見えるように思っているが、周囲の人々を納得させることができない。その意味では、多くの災害は真の悲劇、典型的なギリシア悲劇だ。悲運の予言者は、疑い深いコロス（合唱隊）を説得することができない。王は破滅を免れられない。

だが、カッサンドラたちが周りを説得できないことには、もっともな理由がある。彼らは自分の予言を厳密なものにできないのだ。惨事は正確にはいつ襲ってくるのか？　カッサンドラはたいてい特定できない。惨事のうちには、大地を揺るがしながらこちらを目がけて突進してくる「灰色のサイ」のように、「予測可能な不意討ち」もある。[23] とはいえ、これらの灰色のサイたちは、襲いかかる瞬間に「ブラック・スワン」、すなわち「誰にも予見しえなかっただろう」、見たところ人を困惑させる出来事に変身することがある。それは1つには、パンデミックや地震、戦争、金融危機といった多くのブラック・スワン事象が、私たちの脳に理解しやすい種類の確率の正規分布ではなく冪《べき》乗則に支配されているからだ。

平均的なパンデミックや地震などというものはない。少数の非常に大規模なものと、じつに多数の非常に小規模なものがあり、非常に大規模なものがいつやって来るかを確実に予測する方法はない[24]。平時には、私の一家はサンアンドレアス断層線から遠くない場所で暮らしている。大地震がいつ起こってもおかしくないことは承知しているが、それがどれほど大きく、正確にはいつになるのかは、誰にもわからない。戦争と革命（大損害をもたらすことのほうが多い）や金融危機のような人災（経済的惨事のほうが死亡者は少ないが、戦争や革命に劣らぬほど破壊的な結果をもたらすことが多い）についても同じことが言える。

第3章で示すように、歴史の決定的な特徴は、正規分布の世界に暮らす人であれば予期しがちであろうよりも多くのブラック・スワンがいることだ――冪乗則の分布さえ超えた所に位置するほど大規模な出来事である「ドラゴンキング」にもそれが当てはまることは言うまでもない[25]。そうした出来事はすべて、計算できるリスクの範囲ではなく、不確実性の領域にある。そのうえ、私たちが築いた世界は、時とともにしだいに複雑な系になり、ありとあらゆる種類の確率的挙動や非線形関係や「裾の重い《ファット・テール》」分布を見せやすい。パンデミックのような惨事は、単一の独立した出来事ではない。きまって他の形態の惨事、たとえば経済的惨事や社会的惨事、あるいは政治的惨事につながる。一連の惨事や、惨事の連鎖反応が起こりうるし、実際に起こることが多い。世界のネットワーク化が進むほど、この現象が目につくようになる（第4章）。

あいにく、人間の脳は、ブラック・スワンやドラゴンキング、複雑性やカオスの世界を理解したり許容したりできるようには進化してこなかった。古代と中世の世界の特徴である不合理な考え方（「私たちは罪を犯しました。これは神が下した罰なのです」の類《たぐい》）のせめて一部からでも、科学の進歩が私たちを解放していてくれたなら、どれほど素晴らしいことか。だが、宗教的信念が弱まるのを尻目に、他のさまざまな形態の呪術《じゅじゅつ》的思考が台頭してきた。何であれ有害な出来事が起こると、「この惨事で陰謀が暴き出される」という反応がしだいに一般的に見られるようになっている。それから、何とはなしに「科学」を重んじる風潮があるが、詳しく調べてみると、それは新しい形の迷信であることが判明する。「ちゃんとモデルがあるんです。だから、このリスクはわかっています」といったことが、最近のいくつかの災難の前に一度ならず口にされた。でっち上げの変数を使った見掛け倒しのコンピューターシミュレーションが本物の科学であるかのように。第5章では、オックスフォード大学の歴史家キース・トマスの画期的著書『宗教と魔術の衰退』の後を受けて、『科学と魔術の復興』を書く準備をしなければならないことを示す。[26]

私たちの政治制度は、ここまで説明してきた難題の数々にとりわけ疎《うと》いように見える人物、すなわちスーパーフォーキャスター（超予測者）ではなく二線級の予測者を指導的な役割に就ける傾向を強めているため、惨事の管理はなおさら困難になっている。軍の無能の裏にある心理を対象とする、優れた研究がある[27]一方で、第6章のテーマである政治の無能の背景にある心理については、一般的なレベルでは、これまでそれほど書かれていない。政治家は何かしら下心がなければ、めったに専門家の知識を求めたりはしないことが知られている。[28]不都合な専門知識が簡単に脇に押しやられてしまうことも周知のとおりだ。だが、防災準備と減災の分野における政治的過誤の一般的な形態は突き止めることができるだろうか？　以下の5つのカテゴリーが頭に浮かぶ。

1　歴史に学ばないという怠慢
2　想像力の不足
3　前回の戦争あるいは危機のときの対処法を踏襲する傾向
4　脅威の過小評価

## 5　先延ばし、あるいは、けっして得られない確実性のための待機

核戦略の文脈でヘンリー・キッシンジャーが明確化した「推測にまつわる問題」は、不確実性の下で行われる意思決定の非対称性、特に民主国家でのそれを見事に捉えている。

それぞれの政治指導者には、最も手間のかからない評価を行うか、もっと手間のかかる評価を行うかという選択肢がある。最も手間のかからない評価を行えば、やがて時が過ぎ、間違っていたことが判明するかもしれず、その場合には、高い代償を払うことになる。推量に基づいて行動すれば、自分の骨折りが必要だったことをけっして証明できないが、後にひどく嘆かずに済むかもしれない。……早目に手を打てば、それが必要だったかどうかは知りえない。手をこまぬいていたら、幸運に恵まれるかもしれないし、不運に見舞われるかもしれない。なんとも厄介なジレンマである。[29]

指導者は、惨事を避けるために何かしても、報われることはめったにない。惨事が起こらなかったからといって、人はそれを祝ったり、それに感謝したりすることは稀だからだ。そして指導者は、推奨した予防策が引き起こした苦痛を非難されることのほうが多い。今日のリーダーシップの様式とドワイト・アイゼンハワーの大統領時代との対比に、第7章の一部を割く。

もっとも、すべての失敗がリーダーシップの失敗ではない。失敗が発生するのは、組織の階層制のもっと下のほうであることが多い。1986年1月のスペースシャトル・チャレンジャー号爆発事故の後、物理学者のリチャード・ファインマンが立証したように、致命的な過失は、打ち上げの成功が大統領演説

と重なるようにというホワイトハウスの焦りではなく、アメリカ航空宇宙局（NASA）の中間管理職たちが、破局的故障のリスクは内部の技術者たちの言う100回に1回ではなく、じつは10万回に1回だと言い張った点にあった。[30]上層部の不手際ばかりでなく、こうした失態も、近代以降の多くの惨事の特徴であることが明らかになっている。ハリケーン「カトリーナ」に襲われた後に共和党の連邦議会議員トム・デイヴィスが言ったように、「政策立案と政策実施との間に、はなはだしい乖離《かいり》がある」のだ。[31]そのような意志疎通の欠如は、船舶の沈没から帝国の崩壊まで、どんな規模の惨事にも見つかるので、「惨事のフラクタル幾何学」が存在していることが窺われる（第8章）。

惨事のときには、非集中型のネットワーク内のものであれ、指導者のいない群衆としてのものであれ、一般大衆の行動のほうが、指導者の決定や政府の発する命令よりもなおさら重要になりうる。新しい脅威に直面したとき、合理的に適応する人もいれば、傍観者として受動的に行動する人もいるし、否定したり反抗したりする人もいるのは、どういうわけか？　そして、天災が政治的惨事の引き金となって、不満を抱いた人が徒党を組んで革命を目指す事態に陥ってしまいうるのはなぜか？　群衆は何が原因で分別から狂気へと転じるのか？　その答えは公的領域の変化し続ける構造にある、と私は言いたい。なぜなら、惨事を直接経験するのはほんの少数の人でしかないからだ。それ以外の人は、何かしらの伝達のネットワークを通して、それについて知る。

17世紀にさえ、創成期の大衆紙が人々の心に混乱の種を蒔くことができ、1665年にロンドンを襲ったペストを調べたダニエル・デフォーもそれに気づいた。インターネットが出現したせいで、誤情報や偽情報が拡がる可能性が大幅に高まり、2020年には、生きたウイルスによるものと、なおさら感染力が強い、ソーシャルメディアでウイルスのように急速に拡がる誤解や虚偽によるものという、双子の疫病が流行したと言えるほどだ。後者の流行は、大手テクノロジー企業に適用される法律や規制の有意義な改正が行われていたなら、2020年にそこまで深刻にならずに済んだかもしれない。ところが、現状が看過できないことを示す証拠が2016年以降あり余るほどあったにもかかわらず、ほとんど何の手も打たれなかった。

## パンデミックが明らかにした現代世界の脆弱性

私たちは感染症の流行やパンデミックを、人間の集団に対する特定の病原体の影響という観点から、狭く考える傾向にある。だが、パンデミックの影響の大きさを決める要因としては、病原体そのものに劣らず、病原体が遭遇する社会的ネットワークの性質や国家の能力も重要だ。人間の死亡率は、コロナウイルスのリボ核酸（RNA）に記されているわけではない。場所によっても、時代によっても変わる。そこには、遺伝的な要因だけでなく社会的・政治的な要因も絡んでいるのだ。

歴史の大半を通じて、医学の無知のせいで、新種の病気に対して共同体はおおむね無防備だった。そして、社会は拡大して商業的に統合されるほど、パンデミックに見舞われやすくなり、古代のギリシア人とローマ人は痛い目に遭わされ、それを思い知らされた。ユーラシアを横断する交易路があったからこそ、エルシニア・ペスティス（ペスト菌）は14世紀にあれほど多くのヨーロッパ人の命を奪うことができたのだ。同様に、それからおよそ1世紀半後に始まったヨーロッパの海外進出が、いわゆる「コロンブス交換」につながった。ヨーロッパ人が持ち込んだ病原体によってアメリカ大陸の先住民は大打撃を受け、その後、ヨーロッパ人は新世界から梅毒を持ち帰ったし、奴隷にしたアフリカ人をカリブ諸島と南北アメリカに輸送することで、マラリアと黄熱もそれらの地域に持ち込んだ。

19世紀後期には、ヨーロッパの諸帝国は伝染病を征服しつつあると主張することができた。とはいえ、世紀末には腺ペストの再流行といった公衆衛生危機に対処しそこね、先住民の民族主義者の不満を煽《あお》ると同時に、本国では港や工業都市でコレラの感染拡大を許し、進歩主義者や社会民主主義者を勢いづかせた。パンデミックは１９５０年代になってもなお、世界秩序の中で繰り返し現れる特徴と見なされていた。

20世紀後期は一見すると進歩の時代に思えた。ソ連（ソヴィエト社会主義共和国連邦）とアメリカは互いに細菌戦争を仕掛けることを密かに企てつつも、協同して天然痘を根絶したし、マラリアを封じ込めようと競い合いもした。１９５０年代から80年代にかけて、ワクチン接種から下水設備まで、公衆衛生の多くの分野で大きな進展があった。事実、20世紀末には、パンデミックの脅威が遠のいたように感じる人もいた。ランダム化対照臨床試験が医学研究の標準として盛んに行われるようになり、私たちは「医学の歴史の終わり」にたどり着いた。いや、そう見えた[32]。だが、もちろんたどり着いてはいなかった。そして、エイズ（後天性免疫不全症候群）のパンデミックを皮切りに、一連の新たなウイルスによって、ますますネットワーク化が進む世界の脆弱性が暴露された。

人類にとって最も明白で差し迫った危険は、新しい病原体と、それが引き起こしうるパンデミックであるという警告を、私たちは何度となく受けた。それにもかかわらず、２０２０年1月に灰色のサイがブラック・スワンに変身したとき、なぜか大多数の国ではそうした警告が迅速で効果的な行動につながらなかった。

一党独裁国家の中国による、新型コロナウイルス感染拡大への対応は、やはり一党独裁国家のソ連による、１９８６年のチェルノブイリ原子力発電所事故への対応と同じで、嘘を重ねるというものだった。

アメリカでは、ポピュリストの大統領が、まずこの脅威をたんなる季節性インフルエンザとして切り捨て、それをさまざまなケーブルニュースがそのまま繰り返した。続いて大統領は、自らの政権の対応に常軌を逸した介入をした。だが、紛れもない不祥事は、国民の健康を守ることこそが任務である政府機関の無様《ぶざま》な失敗だ。イギリスでも似たようなものだった。ヨーロッパでは、各国が自らの救済に走り、国境を再び有効にして、乏しい医療機器をなるべく多く確保しようとしたため、連邦主義者の高邁《こうまい》な目標（と、ヨーロッパ超大国の実現という欧州統合懐疑派の意向）が空虚なものであることが早々に露見した。ヨーロッパという「シックザールスゲマインシャフト（運命共同体）」がようやく再び話題に上ったのは、ドイツがイタリアと同じ運命をたどらずに済むことがはっきりしてからだった。

どの事例でも、この惨事によって、病原体の毒性だけではなく、関与している政体の欠陥も明らかになったのだった。なぜなら、同じウイルスによる被害は、台湾と韓国でははるかに小さかったからだ〔訳注　現時点で台湾を主権国家として承認している国は少ないが、本書では原文に倣って国家として扱う〕。東アジアのこれら2つの民主政体国家は準備が良かったため、この感染症の脅威に対抗することができた。第9章では、その理由と、パンデミックと並んで、フェイクニュース（偽りの報道）と陰謀論という「インフォデミック」が果たした有害な役割の説明を試みる。第10章では、パンデミックの経済的帰結を考察し、1929～32年以降最大のマクロ経済的な衝撃に直面した各国の金融市場の、見たところ矛盾した振る舞いの説明を示す。最後に、第11章では、パンデミックの地政学的な帰結を考察し、中国が新型コロナの最大の受益者に、アメリカが最大の敗者になるだろうという、広く流布している見方に、試しに疑問を投げかけてみる。

# イーロン・マスクの予言

カタストロフィの歴史研究からは、どんな一般的教訓を得ることができるだろうか？

第1に、大多数の惨事は予測することはおろか、それぞれに確率を割り当てることさえも、とうていできそうにない。地震から戦争や金融危機まで、歴史における大きな混乱は、ランダム分布や冪乗分布を特徴としてきた。それらは、リスクではなく不確実性の領域に属しているのだ。

第2に、惨事はあまりに多くの形を取るので、型どおりのリスク緩和の取り組みでは処理できない。私たちは、イスラム教原理主義のジハード（聖戦）の脅威に立ち向かうことに専心した途端、サブプライム住宅ローンに起因する金融危機に見舞われた。そのような経済的打撃がポピュリズムの政治的反動につながる場合が多いことを学び直すやいなや、新型のコロナウイルスが大暴れを始める。次は何が起こるのか？　知る由もない。とはいえ、起こる可能性がある災難の1つひとつに、妥当に思えるカッサンドラが少なくとも1人はいるものだ。だが、あらゆる予言を気に留めているわけにはいかない。

私たちは近年、気候変動という1つのリスクにかまけて、他のリスクに注意が回らなくなっているかもしれない。2020年1月、パンデミックが起こりはじめ、感染者で満席の飛行機が世界各地に向かって武漢を続々と飛び立っているなか、世界経済フォーラムでの議論は、「ESG」、すなわち環境責任と社会正義とガバナンスの問題にほぼ集中し、特に環境に重点が置かれていた。いずれ明らかになるだろうが、私は、正真正銘の危険が地球の気温の上昇によって生じつつあって、それがカタストロフィをもたらしかねないと見ているものの、私たちが備えるべき脅威は気候変動だけのはずがない。

私たちが直面する脅威が多岐にわたることや、その発生が極端に不確実であることを認識したなら、惨事へのより柔軟な対応が促されるだろう。２０２０年に非常に素晴らしい対応を見せた国には、台湾と韓国、そして当初はイスラエルという、近隣諸国に存続を危うくされる脅威も含め、多様な脅威に直面している3国が入っていたのは、けっして偶然ではない。

第3に、すべての惨事が世界規模であるわけではない。それでも、人間社会のネットワーク化が進むほど、感染の可能性は高まるし、それは生物学的なものの感染に限らない。ネットワーク化された社会には、危機に際して、社会を完全に分断して麻痺《まひ》させずに迅速にネットワークの接続性を減じることができるような、巧妙に設計された遮断装置が必要だ。そのうえどんな惨事も、情報の流れによって増幅もされれば軽減もされる。２０２０年には、偽りの治療法についてインターネット上で急速に広まったフェイクニュースのような偽情報のせいで、新型コロナの害が増した場所が多くあった。それとは対照的に、うまく運営されていた少数の国々は、感染者や接触者についての情報の流れを効果的に管理したおかげもあって、パンデミックを封じ込めることができた。科学研究の地球規模のネットワークは、驚異的な成果をあげた。

第4に、第9章で示すように、アメリカやその他多くの国で、新型コロナによって公衆衛生の官僚機構の深刻な機能不全が暴露された。このパンデミックのせいで超過死亡が起こった責任をすべて大統領に負わせたいという誘惑は強力だったし、多くのジャーナリストがそれに屈した。これ、すなわち、歴史の過程で個々の指導者を過剰に重視するのは、トルストイが『戦争と平和』で嘲った類の誤りだ。実際には、保健福祉省の事前準備・対応担当次官補から、ニューヨーク州知事やニューヨーク市長、従来のメディアやソーシャルメディアまで、２０２０年には数多くの人や機関が失敗を犯した。計画上は、アメリカはパンデミックへの準備が整っており、世界の他のどの国よりも備えも資源も充実していた。イギリス政府も、計画上は、それにほとんど劣らぬほど準備ができていた。それにもかかわらず、今では「SARS-

CoV-2」という名で知られている新型のコロナウイルスは接触伝染し、しかも致死性であることが、1月に中国からの報告で明らかになったとき、大西洋の両側では、手をこまぬいているだけという、惨憺《さんたん》たる状況が見られた。

天然痘根絶運動におおいに貢献したアメリカの疫学者ラリー・ブリリアントは、感染症対策の定石は「早期発見、早期対応」だと、何年も言い続けてきた。[33] ところが、アメリカ政府とイギリス政府の実情はその正反対だった。違う種類の脅威も、同じように緩慢で非効果的な反応を引き出すのだろうか？ もし、今回のパンデミックで暴露された問題が公衆衛生の官僚機構に特有のものではなく、行政機構が主導権を握る行政国家の一般的な問題であるならば、おそらくそうなるだろう。

最後に、いつの時代であっても、激しい社会的ストレスがかかるときには、宗教的あるいは似非《えせ》宗教的なイデオロギーの衝動が、合理的な対応を妨げる傾向がある。私たちの誰もが、パンデミックの危険について以前に考えたことがあったが、それは、現実に起こりうるものとしてよりも、むしろ、娯楽（たとえば映画『コンテイジョン』）としてだった。かつてはSFだった他の筋書きが現実となりつつある――2つだけ例を挙げると、気温上昇と気候不順に加えて、中国という監視国家の台頭と拡張も現実化している――今でさえ、私たちは首尾一貫した論理的な反応をするのに苦労している。

2020年夏、厖大な数のアメリカ人が300近い都市の街路に繰り出し、警察の暴力と制度的な人種差別に対して、声高に、ときには暴力的に抗議した。こうした抗議活動を引き起こした事件がどれほど衝撃的なものだったとしても、感染力が非常に強い呼吸器疾患のパンデミックの最中にあって、これは危険な行動だった。同時に、マスク着用という初歩的な予防措置が、二大政党のどちらを支持しているかの象徴となった。アメリカの一部の地域では、銃の購入のほうがマスクの着用よりも人気があるように見えたという事実が、公衆衛生にまつわる惨事だけでなく公的秩序にまつわる惨事も起こる可能性があることを裏づけていた。

新型コロナは、私たちが一生のうちに直面する最後の惨事とはならないだろう。それは、イスラム教原理主義のテロのうねりや、世界規模の金融危機、国家の破綻の続発、野放図な移民の殺到、いわゆる民主主義の後退に続く、最新の惨事にすぎない。予期している災害が起こることはめったにないから、次に襲ってくるのは、おそらく気候変動に起因する災害ではなく、現在私たちの大半が無視している他の何かしらの脅威だろう。それは抗生物質が効かない腺ペストかもしれないし、アメリカとその同盟国に対するロシアと中国の大規模なサイバー攻撃かもしれない。ナノテクノロジーあるいは遺伝子工学における飛躍的前進が図らずももたらす、悲惨な結果の可能性もある。[34] はたまた、宇宙開発企業スペースXと電気自動車企業テスラのCEOイーロン・マスクの予言を人工知能（AI）が実現し、知的に大差をつけられた人類が「デジタルの超知能を起動させた生身のブート・ローダー」〔訳注　「ブート・ローダー」とは、コンピューターのOSを起動させるためのプログラム〕の地位に成り下がるかもしれない。

マスクは2020年に、新型コロナがもたらす脅威をあっさり退けたことで有名だ（「コロナウイルスのパニックは馬鹿げている」と、彼は3月6日にツイートした）。彼は、「人類は環境維持の問題を解決するだろう」と述べ、あらゆる人の存続にかかわる脅威である死そのものさえ、DNA編集と神経学的データ保存の何らかの組み合わせによって克服できる、とも主張している。とはいえマスクは、地球上の文明化した種としての私たちの将来には悲観的な面も見せる。

文明は……7000年かそこら……存在してきた。初めて何かが書かれたり、洞窟壁画は別として、何かシンボルが記録されたりしてからの月日を数えたら、それは、宇宙が138億歳なのを思うと、とんでもなく短い時間だ。……そしてこれまで……文明の面では、まるでジェットコースターに乗っているようなもの……だった。……善意でやっていても、あらゆる手を尽くそうとしても、私たちの身に何かが起こる可能性がいくらかあり、その可能性を減らすことはできない。ある時点で、何かしらの外部の力、あるいは内部のたんなるミスのせいで文明が破壊される可能性がある。あるいは、ひどく損なわれてしまって、もう別の惑星へ進出できなくなるかもしれない[35]。

マスクにとっては事実上、止めようのないAIの進歩という意味での「シンギュラリティ（技術的特異点）」と文明の終焉の、どちらかしかない（「可能性はこの2つだけだ」）。したがって、彼は他の人とは正反対で、「20年後に世界が直面する最大の問題は、人口の急減だ」と警告する。そしてそれゆえ、火星の植民地化を提案する。

将来起こりうる惨事については、結論の部分で詳しく論じるが、あらゆる惨事のうちのどれがいつ襲ってくるかは、どうにも知りようがない。私たちには、歴史から以下の方法を学ぶぐらいがせいぜいだ。すなわち、少なくともレジリエンスのある、うまくすれば反脆弱な社会構造と政治構造の作り方や、惨事に圧倒された社会の特徴となりがちな自虐的なカオスに陥るのを避ける方法、私たちの不運な種と脆弱な世界を守るためには全体主義的な支配あるいは世界政府が必要だと甘くささやく声に抗う方法を。

# 第1章　人生の終わりと世界の終わり

死というこの残忍な執行官が、けっして放してくれない。

――『ハムレット』

## 誰もが死からは逃れられない

「もう破滅だ！」。イギリスのテレビ連続コメディ「ダッズアーミー」に出てくるスコットランド出身のカッサンドラのジェイムズ・フレイザー二等兵が口にしたこの台詞は、私が若かった頃、ジョークとして頻繁に使われていた。なるべく大げさに聞こえる場面で使うのがコツだった――たとえば、牛乳を使い切って足りなくなったときや、夜、最終バスに乗りそこなったときに。「ダッズアーミー」のあるエピソード（第4シリーズ第12話「招かれざる客たち」）には、名優ジョン・ローリー演じるフレイザーが、国防義勇軍の小隊の仲間たちに、血も凍るような呪いの話を語る傑作シーンがある。若い頃、彼の乗った船がサモア諸島近くの小島の沖に停泊した。友人のジェスロによると、その島には荒れ果てた神殿があり、中に祀《まつ》られた神の像は「アヒルの卵ほどの」巨大なルビーで飾られているという。2人はそのルビーを盗み出そうと、草木を薙《な》ぎ払いながら密林を進んでいく。ところが、ジェスロがルビーに手を触れたまさにそのとき、呪術師が現れ、「死！　そのルビーは汝に死をもたらすであろう！　死を」という呪いの言葉をジェスロに浴びせる。

パイク二等兵：　その呪いどおりになったのか、フレイザー？

フレイザー二等兵：　ああ、なった。やつは死んださ……去年な。86だった。

私たちはみな、破滅、いや、死を運命づけられている。必ずしも呪いはかけられていないにしても、だ。私は遅くも２０５６年までには死ぬだろう。この文章を書いている時点で56歳と2か月の私の余命は、社会保障局によれば26・2年だそうだから、私は82歳まで生きられることになるものの、これはフレイザーの呪われた友よりも4年短い。もう少し元気づけられるのがイギリス国家統計局のデータで、私の年齢の男性にはさらに2年与えてくれ、しかも4人に1人が92歳まで生きられるという。もっと良い数字はないかと思って、「１００歳まで生きる平均寿命の算定方式（Living to 100 Life Expectancy Calculator）」というサイトを試してみた。これは、生活習慣や家族歴についての事細かな質問表に基づく推定だ。すると、私はおそらく１００歳までは届かないが、あと36年生きる可能性が5割を上回るとのことだった[1]。当然ながら、もし私が２０２０年1月に新型コロナにかかっていたら、話は違っていたかもしれない。この病気は当時、私の年齢層では死亡率が6％で、私の場合は、軽い喘息を考慮に入れると、それより少しばかり分《ぶ》が悪かっただろう。

56歳で死ぬとなったら、がっかりすること請け合いだが、これまでに生を受けた１０７０億人の人類の大多数と比べれば、まだましなほうだ。私が生まれたイギリスでは、平均寿命が56歳に達したのは、ようやく１９２０年になってからで、今からちょうど１００年前のことだった。１５４３年から１８６３年まで、平均は長きにわたって40歳弱だった。それでも、イギリスは長寿国として知られていた。世界全体の推定平均寿命は、32歳に到達した１９００年までは30歳未満、１９６０年までは50歳未満だった。インドの平均寿命は１９１１年にはわずか23歳で、ロシア／ソ連の平均寿命は、１９２０年に20歳というどん底まで落ち込んだ。

　過去1世紀間は、平均寿命は持続的な上昇傾向を見せ、１９１３～２００６年にほぼ倍増したが、数知れないつまずきもあった。今日、ソマリアでは平均寿命は56歳で、私の年齢だ。[2] 平均寿命が依然としてこれほど短いのは、乳幼児と子どもの死亡率が非常に高いのが一因だ。ソマリアで生まれる子どもの12・2%前後が5歳の誕生日を迎えられず、2・5%が5～14歳で亡くなる。[3]

　人間の境遇についての自分自身の経験を大局的に捉えようとするときに頭に浮かぶのが、イングランド王ジェイムズ1世時代の詩人ジョン・ダン（１５７２～１６３１年）で、彼は59歳まで生きた。妻のアンは、ダンとの間に16年間で12人の子を産んだ。そのうち、フランシスとニコラスとメアリーの3人は、10歳になる前に亡くなった。アン自身も、12人目の子を産んだ後に亡くなった。その子は死産だった。ダンはお気に入りの娘ルーシーが亡くなり、自分自身も彼女に続いて墓に入る寸前まで行った後、「切迫した折の祈り（*Devotions upon Emergent Occasions*）」（１６２４年）を書いた。それには、死亡者に哀悼の意を表すためのあらゆる説教のなかでも最高の言葉が含まれている。「何人《なんぴと》の死も、私を減じる。なぜなら、私は人類の一員だからだ。それゆえ、誰のために鐘が鳴っているのか、人を遣わして知ろうとしてはならない。それは汝のために鳴っているのだ」

ナポリ出身の画家サルヴァトール・ローザは、死を思い起こさせるいっさいのもののうちでも最も人の心を動かすと言えるような絵を描いた。たんに「*L'umana fragilità*（人間の儚《はかな》さ）」と題するこの絵は、1655年に生まれ故郷ナポリを襲った腺ペストの流行がきっかけだった。彼はこの病気で幼い息子のロザルヴォを奪われたばかりか、弟、妹とその夫と彼らの5人の子どもも失った。絵の中では、翼を生やした骸骨がぞっとするような笑みをたたえながら、ローザの愛人ルクレツィアの背後の闇から手を伸ばし、息子を奪い去ろうとしている。その子は生まれて初めて字を書こうとしているというのに。悲嘆に暮れる画家の気分は、その骸骨の手引きで幼子がカンバスに綴った8つのラテン語の単語に永遠に記されている。

Conceptio culpa
Nasci pena
Labor vita
Necesse mori

「受胎は罪悪、誕生は苦痛、人生は労苦、死は必定」。私は初めてケンブリッジ大学のフィッツウィリアム美術館を訪れ、これらの言葉を読み、雷に打たれたような思いをしたことを、今でも覚えている。これこそ、あくまで冷徹に突き詰めた人間の境遇なのだ。何をどう調べても、ローザは屈託のない人物で、風刺劇や仮面劇を書いたり演じたりもしていた。ところが、息子を亡くした頃、友人に次のように書いている。「今回は、天に打ち据えられ、人間のあらゆる治療法が無益であることを思い知らされた。そして、これを書きながら泣いていることを君に告げている間だけ、苦痛をあまり感じないで済む」[4]。彼自身は、

58歳のときに水腫で亡くなった。

中世と近代初期の世界ではどれほど死がありふれていたか、私たちには想像し難い。フィリップ・アリエスが『死を前にした人間』で主張しているように、死は、結婚と、さらには出産とさえ同じように、社会的通過儀礼となり、家族や共同体に共有され、あとに残された人々にお馴染みの慰めを提供する弔いと哀悼の儀式が続くことによって、「手懐け」られた。ところが、17世紀以降、意識が変わった。死の原因が以前よりよくわかってきているのにもかかわらず、死の必然性がしだいに不可解なものとなるにつれ、西洋の社会は生者と死者の間に一定の距離を置きはじめた。ヴィクトリア朝の人々が、文学の中で本物の死からしだいにかけ離れていく「美しい死」を生み出し、死を過剰に感傷的に扱ったり美化したりしたのに対して、20世紀の人々は「人生の終わり」を否定しはじめた。死ぬのは、ますます孤独で、反社会的で、ほとんど目に見えない行為になっていった。アリエスが「純粋に新しい種類の死に方」と呼ぶものが現れ、死にかけている人は病院やホスピスに連れ去られ、臨終は人目につかない場所で迎えるように手筈が整えられた。[5] アメリカ人は「die（死ぬ）」という動詞を口にするのを避ける。人は「pass（世を去る）」。イギリスの作家イーヴリン・ウォーはハリウッド滞在で嫌な思いをしたのがきっかけで書いた『ご遺体』（1948年）（小林章夫訳、光文社古典新訳文庫、2013年、他）で、このアメリカ流の死に方を容赦なく風刺した。

もっとも、イギリス流の死に方もたいしてましではない。モンティ・パイソンの映画『人生狂騒曲』では、死は途方もない失策だ。黒衣に身を包んだジョン・クリーズ演じる死神が、イングランドの田舎の古風な邸宅にやって来る。そこでは、3組のカップルがディナーパーティの最中だった。

死神：　私は死神だ。
デビー：　まあ、これはまた、なんという偶然でしょう？　つい5分ほど前に、死について話していたんですから。……
死神：　黙れ！　お前たちに用があって来たのだ。
アンジェラ：　それって……つまり――
死神：　全員連れていく。それが用件だ。私は死神だから。
ジェフリー：　なんと、せっかくの夕べに、これはまた暗い影を投げてくれたことか。……
デビー：　1つ、訊いていいですか？
死神：　何だ？
デビー：　私たちがみんな揃って死ぬなんていうことが、どうしてあるんです？
死神：　（無言のまま、料理を盛った器をおもむろに指差す）　そのサーモン・ムースだ。
ジェフリー：　ダーリン、君の料理が原因だったのか？
アンジェラ：　ああ、穴があったら入りたい。

## 世の終わり《エスカトン》の予言

毎年世界中で5900万人前後の人生が幕を閉じる（これはダビデ王が古代イスラエル人を支配していた頃の全世界人口にほぼ匹敵する）。言い換えると、おおよそ16万人が毎日亡くなる（これはイングランドのオックスフォードの町1つ分、あるいは、カリフォルニア州のパロアルト3つ分に相当する）。亡くなる人の約6割は65歳以上だ。２０２０年の前半には、新型コロナという新しい病気で世界中でおよそ51万人が亡くなった。後で見るように、１人ひとりの死が悲劇だ。だが、これらの人が――死亡者の年齢構成を考えると、ありえそうにないのだが――誰一人としてこの期間にどんな原因からも亡くなるはずの人ではなかったと仮定してさえ、51万人というのは、２０２０年前半に見込まれる死亡者数合計と比べてわずか１・８％の増加にしか相当しない。２０１８年には２８４万人のアメリカ人が亡くなった。これは、１か月当たりでは23万６０００人前後、１日当たりでは約７８００人となる。これらの死亡者の４分の３が65歳以上だ。圧倒的に多い死因は心疾患と癌《がん》で、全体の44％を占めた。

疾病管理予防センターによると、２０２０年前半には、「新型コロナ関連」として13万１２２人のアメリカ人の死が記録されているという。とはいえ、あらゆる原因による超過死亡（通常以上の死亡）の合計は、17万人に近かった。もしその全員が、これまたありそうにないことだが、１人としてどんなかたちでも亡くなるはずの人ではなかったと仮定しても、その期間の死亡者数としては、近年の平均から導かれた基準値から11％の増加でしかないことになる。

そんなわけで、新型コロナにかかろうとかかるまいと、人間は死んでいく。たとえ医学者たちが平均寿命をさらに延ばし、一部の人が予測するように１００年を超えるまでにできたとしてさえ、私たちは誰もが死を運命づけられているわけだ。生は終わりあるものであるという問題への解決策の探求が進行中だとはいえ、不死は夢[6]――あるいは、ホルヘ・ルイス・ボルヘスが短篇「不死の人」でほのめかしたように悪夢[7]であり続けている。だが私たちは、人類という種全体としても破滅を運命づけられているのだろうか？　答えはイエスだ。

物理学者の母が私と妹に飽きもせずに言い聞かせていたように、生命は宇宙の椿事《ちんじ》だ。この見方は、マレー・ゲルマンら、もっと名の知れた物理学者たちにも支持されている。[8] 私たちの宇宙は、ビッグバンと呼ばれるものによって138億年前に始まった。地球上では、紫外線と稲妻の助けを借りて、生命の化学的基本構成要素が発達し、それが35億〜40億年前に、最初の生細胞の誕生につながった。約20億年前から、単純な多細胞生物による有性生殖が、進化のイノベーションを次々に引き起こした。約600万年前、チンパンジーの祖先で起こった遺伝子変異が、ヒトに似た最初の類人猿を生んだ。ホモ・サピエンスは、ごく最近の10万〜20万年前に現れ、約3万年前に他の人類種を圧倒し、1万3000年前頃までには、地球上のほとんどの場所に拡がっていた。[9] 現時点までたどり着くためには、多くのことが私たちに最適でなければならなかった。私たちは万事がちょうど良い具合のそうした「ゴルディロックス条件」の下で栄えているのだが、それがいつまでも持続するはずがない。今日までに、地球に存在した種の99・9%前後が絶滅している。

ニック・ボストロムとミラン・M・チルコヴィッチの言葉を借りて言い換えれば、こうなる。「知能の高い種の絶滅は地球上ですでに起こっており、それが2度と起こらないかもしれないと考えるのは見通しが甘いだろうことが窺える」[10]。私たちがたとえ恐竜やドードーの運命を免れるとしても、「約35億年後には、太陽の光がしだいに強くなって地球の生物圏から生き物を事実上一掃してしまっているだろう。だが、地球上の複雑な生命の終わりは、それよりも早く、今から9億〜15億年後に訪れることに決まっている」。なぜなら、それまでに状況は、私たちに似た生き物ならどんなものにとっても耐え難くなっているからだ。「これが、私たちの惑星上の生命に初期設定されている運命なのだ」[11]。銀河間航行の問題を解決できれば、ひょっとすると私たちは居住可能な別の惑星に移り住めるかもしれない。それには、ほとんど想像を絶するほどの距離を行く必要があるが。だが、たとえそれを達成したとしても、最終的には時間切れになる。

今からおよそ１００兆年後には、最後まで残っていた恒星も終わりを迎え、その後は物質そのものが崩れて基本構成要素へと分解するだろう。

人類という種には地球上で10億年ばかり残されていると考えれば、ほっとしていいはずだ。それでいて、私たちの多くは、それよりもずっと早く世界滅亡の日がやって来ることを切望しているように見える。「終わりの時」あるいは「世の終わり《エスカトン》（ギリシア語で「最後の」という意味の「エスカトス」より）」は、世界の主要な宗教の大半の特徴となっている。最も古いゾロアスター教もそれに含まれ、その教典「バフマン・ヤシュト」は、穀物の不作や徳の全般的な退廃だけでなく、「空全体を夜にする暗雲」や「気味悪い生き物」の雨も予見している。ヒンドゥー教の終末論は壮大な時代の循環を想定しているものの、現在進行中のカリ・ユガの時代は、ヴィシュヌ神の最後の化身であるカルキが、「地上に正義を打ち立てる」ために白馬にまたがって、軍の先頭に立って降りてきて、乱暴に終わる。

仏教にも、終末論的な場面がある。釈迦《しゃか》は、５０００年後、自分の教えが忘れられ、人間の徳が衰退するだろう、と予言した。やがて、弥勒菩薩《みろくぼさつ》が現れ、仏の教えを再発見するが、その後、世界は7つの太陽の致命的な光によって破壊されることになる。古代スカンディナヴィアの神話にも、「ラグナロク（神々の黄昏《たそがれ》）」と呼ばれるものがあり、壊滅的な大いなる冬（「フィンブルの冬」）が世界を闇と絶望に突き落とす。神々が、カオスや炎の巨人、その他の不思議な生き物（霜の巨人《ヨトゥン》）の軍勢と死ぬまで戦う。最後には、世界は完全に海に沈む（ワーグナーのファンは、楽劇『神々の黄昏』ですでにその1バージョンを目にしているだろう）。

こうした宗教ではみな、破壊が再生の前触れになっている。それとは対照的に、アブラハムの宗教〔訳注　ユダヤ教とキリスト教とイスラム教。これらの宗教が預言者とするアブラハムにちなむ〕は、直線的な宇宙観を持っている。この世の終わりは文字どおり「ジ・エンド」なのだ。ユダヤ教は救世主《メシア》の時代を予見しており、その時代には故郷を追われて離散していたユダヤ人たちがイスラエルに戻り、メシアが現れ、死者が蘇る。そのメシアを自任するイエスという人物の信奉者たちが打ち立てた宗教であるキリスト教は、エスカトンのはるかに充実したバージョンを提示する。イエス自身が信奉者たちに告げたように、イエスの再臨（「パルーシア」）に先立って、「大きな苦難」（「マタイによる福音書」第24章21節）のとき、あるいは「苦難」（「マルコによる福音書」第13章19節）、「懲罰の日」（「ルカによる福音書」第21章22節。「ルカによる福音書」には、福音書のうちで最も詳しい記述がある）が訪れる〔訳注　本書では、聖書の引用の訳は日本聖書協会の『聖書』（聖書協会共同訳）より。それ以外の引用は本書の訳者による訳〕。

世界の終末の光景のうちでも際立ったものを示しているのは、「ヨハネの黙示録」かもしれない。大天使ミカエルと彼が率いる天使たちが天でサタンと戦い、サタンは縛られて底なしの淵に投げ込まれ、1000年間過ごし、その後、イエス・キリストが生き返った殉教者たちを脇に従えて1000年間支配するが、聖なる者の血に酔いしれたバビロンの大淫婦《だいいんぷ》が深紅の獣の上に座って現れ、ハルマゲドンで大決戦になる。その後、サタンは解き放たれ、火と硫黄《いおう》の池に投げ込まれ、ついに死者がキリストによって裁かれ、卑しむべき者たちは火の池に投げ込まれる。「ヨハネの黙示録」の4騎士の描写には驚くばかりだ。

また、子羊が七つの封印の一つを解いたとき、私が見ていると、四つの生き物の一つが、雷鳴のような声で「行け」と言うのを聞いた。そして見ていると、白い馬が現れ、それに乗っている者は、弓を持っていた。彼は冠を与えられ、勝利の上になお勝利を得ようとして出て行った。

アルブレヒト・デューラーの「ヨハネの黙示録の4騎士」（1498年）。

子羊が第二の封印を解いたとき、私は、第二の生き物が「行け」と言うのを聞いた。すると、火のように赤い馬が現れた。それに乗っている者には、人々が互いに殺し合うようになるために、地上から平和を奪い取る力が与えられた。また、この者には大きな剣が与えられた。

子羊が第三の封印を解いたとき、私は、第三の生き物が「行け」と言うのを聞いた。そして見ていると、黒い馬が現れた。それに乗っている者は、手に秤《はかり》を持っていた。私は、四つの生き物の間から出る声のようなものを聞いた。「小麦一コイニクスを一デナリオン、大麦三コイニクスを一デナリオンとする。オリーブ油とぶどう酒を損なってはならない。」

子羊が第四の封印を解いたとき、私は、第四の生き物が「行け」と言うのを聞いた。そして見ていると、青白い馬が現れた。それに乗っている者の名は「死」と言い、これに陰府《よみ》が従っていた。彼らには、剣と飢饉と死と地の獣とによって、地上の四分の一で人々を殺す権威が与えられた。（「ヨハネの黙示録」第6章1〜8節）

大いなる怒りの日には前兆がある。大地震や日蝕《にっしょく》や血のような月だ。天の星は地に墜《お》ち、山も島も「その場所から移された」。

キリスト教のエスカトンが巧妙なのは、時期についてキリストが弟子たちに曖昧にしておいた点だ。「その日、その時は、誰も知らない。天使たちも子も知らない。ただ、父だけがご存じである」（「マタイによる福音書」第24章36節）。西暦70年にティトゥスによってエルサレムが破壊されると、初期のキリスト教徒は、第2神殿が破壊されるだろうというイエス・キリストの予言の実現と解釈したが、イエスが予言したそれ以後の壮大な出来事の数々は、ついに現実とならなかった。[12] ヒッポのアウグスティヌス（聖アウグスティヌス）の頃には、キリストによる１０００年間の支配は控えめに扱うのが無難に思えるようになっており、アウグスティヌスも『神の国』（４２６年）（上・下、赤木善光・泉治典・金子晴勇・茂泉昭男・野町啓訳、教文館、２０１４年、他）ではそのように扱い、１０００年間の支配を不可知で（絶対的に）遠い領域に追いやっている。

7世紀にアラビア砂漠でムハンマドの新しい宗教が勃興したときに、革命的な衝撃を与えたのも、キリスト教の千年王国説の衰退で説明がつくかもしれない。多くの点で、イスラム教は「ヨハネの黙示録」のうちでも刺激的な部分に積もった埃をきれいさっぱり払いのけたからだ。ムハンマドはメッカで信奉者たちに、最後の審判の日に先立って隻眼のアル・マシフ・アド・ダッジャール（偽のメシア）がイスファハンから7万のユダヤ人を引き連れて現れる、と教えた。それからイーサー（イエス）が降臨し、偽のメシアに勝利する。スンニ派の教義では、アシャラト・アル・サア（終わりの時）には、地を覆う煙の巨大な黒雲（ドゥハーン）や一連の地滑り、ヤジュジとマジュジ（ゴグとマゴグ）の登場と彼らによる地上の破壊や信者の殺戮《さつりく》が含まれている。アッラーがゴグとマゴグを滅ぼした後、太陽が西から昇り、ダッバート・アルドゥ（地の獣）が大地から現れ、神聖なラッパが鳴り響くのに続いて、死者が最後の審判（ヤウム・アル・ヒサーブ）のために生き返る（「アル・キヤーマ」）。

ところが、この予言が実現しないと、ムハンマドは性急に救済から帝国主義に転じた。アッラーはイスラム教徒に、不信仰者を罰することで自分の名誉を守ってもらいたがっている、最後の審判の日を待っていないでジハードという行為によってその到来を早めることを望んでいる、とムハンマドはメディナで主張した[13]。シーア派の終末論はスンニ派のものとおおむね似ているが、道徳と慎みの衰退期の後に第12代イマーム、ムハンマド・アル・マフディーの再臨が予見されている。

キリスト教徒にとって、イスラム教徒による中東と北アフリカの征服は、数ある恐ろしい脅威の最たるものにすぎなかった。ヴァイキングやマジャール人やモンゴル人もキリスト教世界を脅かしていたからだ。これらをはじめとするさまざまな惨事は、終わりの時の予告だと解釈する人もいて、キリスト教の終末論は、けっして完全に撤回されることはなかった。フィオーレのヨアキム（1135〜1202年）は、歴史を3つの時代に分け、3番目が最後の時代になるとした。同様に、1340年代の黒死病（ペスト）——死亡率の観点に立てば、キリスト教徒を見舞った最大の災難——の後、終わりは近いと推測する人々がいた。1356年、ジャン・ド・ロケタイヤード（ルペシッサのヨハネス）という名のフランシスコ会修道士は、『苦難の時の手引き（*Vademecum in tribulationibus*）』を書き、社会の大混乱や暴風雨、洪水、さらなる疫病を伴う、ヨーロッパにおける苦難の時代を予言した。[14] 同じような似非革命的な未来像に促されたのが、1420年のボヘミアのタボル派による反乱や、フランシスコ修道会のヨハン・ヒルテンによる1485年の、教皇制度の衰退に関する予言だ。[15] そして、教会の階層制に対するマルティン・ルターの画期的な挑戦の後にも、千年王国説は、再洗礼派、真正水平派、水平派といったじつに多様な宗派に、確立された権威に楯突く自信を与えた。

18世紀には千年王国の追求は下火になったものの、19世紀と20世紀に勢いを盛り返し、自称予言者のウィリアム・ミラーの信者の一部（後に「セブンスデー・アドベンチスト派」として知られるようになる）は、1844年に世界が終わりを迎えることを予想する、千年王国説を断固支持する教義を持った新しい教会を打ち立てた（ミラーの信奉者たちは、人類がその年を生き延びたことを「大失望」と呼んだ）。エホバの証人と、末日聖徒イエス・キリスト教会の教会員（モルモン教徒）はともに、エスカトンの切迫について、独自の見方を持っている。近代以降の無数のカルトの指導者も、終わりは近いと信奉者に信じ込ませてきた。かなりの数の指導者、とりわけ、ジム・ジョーンズとデイヴィッド・コレシュとマーシャル・アップルホワイトは、集団自殺というかたちで局地的な「この世の終わり」を実現した。

要するにこの世の終わりの予言は、非常に頻繁に現れる有史時代の特徴であり続けてきたのだ。

## 人類滅亡へのカウントダウン

科学の進歩は最終的に人類を宗教的な終末論や似非宗教的終末論から解放すると思えるかもしれない。だが、必ずしもそうはならないだろう。社会学者のジェイムズ・ヒューズが言ったように、「ポジティブかネガティブか、宿命論的か救世にかかわるかはともかく、千年王国説のバイアスの影響を受けない」人はほとんどいない。[16] ほんの1世紀余り前、最初の真に産業化された戦争――戦車や飛行機、潜水艦、毒ガスなどを使って行われた戦争――がようやく終結に向かっていた頃、ポルトガルのファティマという村で聖母マリアが忽然《こつぜん》と姿を現し、ハルマゲドン（当時のパレスティナにあったメギド）で戦いがあり、聖地（パレスティナ）にユダヤ人の民族郷土を建設することを認める宣言がなされ、大天使ミカエルにちなんで命名されたドイツ軍の攻勢があり、大戦そのものよりも致命的なパンデミックが起こった。[17] この世の終わりが目前に迫っていることをほのめかすものは多くあったが、その1つは、ウラジーミル・イリイチ・レーニンが権力の座に昇り詰めたことだ。彼はロシア帝国全土で教会権力に敵対する暴力行為と聖像破壊を一気に推し進めた。[18] 1919年6月21日付の『ニューヨーク・タイムズ』紙が報じたように、レーニンはロシアの小作農に、「聖書の中で予言された反キリストにほかならない」と広く見なされていた。[19]

ケルン生まれの政治理論家エリック・フェーゲリンにとっては、共産主義は彼が1938年に逃れなければならなかったナチズムに似て、それ自体が、キリスト教の誤ったユートピア的解釈に基づいているというのが現実だった。フェーゲリンは「霊的知識《グノーシス》」を「批判的熟考を必要としない、真実の直接的理解あるいは幻視と称されるもの。霊的・認知的エリートの特別な天賦の才能」と定義した。グノーシス主義は、「現実を認知能力によって絶対的に知りうるとする種類の思考」だったと、彼は主張した。それが政治的宗教の形を取ったとき、「エスカトンを内在化する」、言い換えれば、地上に天国を創出するという危険で心得違いの野心を宿すことになった。[20]

フェーゲリンの言う近代のグノーシス派は「社会の再神性化」を求め、「神性へのより大々的なやり方での参加を、キリスト教的な意味での信仰に取って代わらせ」ようとした[21]（フェーゲリンは、「大々的な参加」へのこの転換は、本物のキリスト教信仰を維持するのがまったくもって困難になったことへの反応かもしれない、と推測した）[22]。その後、同じような考え方で執筆していた歴史家のリチャード・ランデスは、サラフィー主義のジハード主義や過激な環境保護主義を含めて、そこに至るまでの広範な古今の千年王国説の運動に、それと同じ衝動を見つけた[23]。

科学はエスカトンを追い払うどころか、近づけたように見えた。J・ロバート・オッペンハイマーがニューメキシコ州ホワイトサンズで最初の核爆発を目撃したときに、「バガヴァッド・ギーター」（ヒンドゥー教の神の詩）のクリシュナの、「我は死神となれり、世界の破壊者に」という言葉を思い出したことは有名だ[24]。冷戦のまさに幕開けに、夫がマンハッタン計画の主要人物だったデザイナーのマーティル・ラングスドルフは、「世界終末時計」の絵を描いた[25]。その絵は最初、「原子力科学者会報」の表紙を飾った。原子爆弾の製造にかかわった人を含む多くの物理学者の懸念、すなわち、「テクノロジーが引き起こすカタストロフィ」がぞっとするほど迫っているかもしれないという恐れを示すためだ。世界終末時計では、午前0時が核のハルマゲドンを意味した。長年にわたって、時計の針の位置を決めていたのが、「原子力科学者会報」の編集主幹のユージン・ラビノウィッチだった。彼の死後は、科学・安全保障委員会が後を継ぎ、毎年2度集まって時刻を調整してきた。冷戦中に午前0時に最も迫ったのは１９５３〜59年で、真夜中まであと2分の所に針が進められていた。科学者たちは、１９８４〜87年も危険に満ちていると考え、針は4年間ずっと、午前0時まであと3分を指していた。

大衆文学は、こうした不安を反映した。ネヴィル・シュートの『渚にて――人類最後の日』（１９５７年）（佐藤龍雄訳、創元ＳＦ文庫、２００９年、他）では、１９６３年にメルボルンの人々が、第3次世界大戦に続く放射性降下物の致死性の雲が押し寄せてくるのをなす術《すべ》もなく待っている。この戦争は、いくぶん信じ難いのだが、アルバニアによるイタリアへの核攻撃がきっかけで始まった。人々に残された選択肢は、大酒を飲むか政府支給の自殺用薬を服用するか、だ。レイモンド・ブリッグズのグラフィックノベル『風が吹くとき』(1982年)(さくまゆみこ訳、あすなろ書房、1998年、他)では、ジム・ブロッグズとヒルダ・ブロッグズという老夫婦が、第3次世界大戦は第2次世界大戦と同様、生き延びることができるかのように、政府の指示を従順に守って核シェルターを用意する。

もっとも、世界終末時計の信頼性には疑問の余地がある。今日の歴史家は、冷戦における最も危うい瞬間は1962年のキューバ・ミサイル危機だったということで意見が一致している。だが、世界終末時計はその年を通して、午前0時7分前を指しており、翌年には11時48分まで後退し、リンドン・B・ジョンソン大統領がヴェトナム戦争へのアメリカの介入を段階的に拡大していたときにさえ、その時刻で止まっていた。

意外にも、原子力科学者たちは2018年1月に、私たちがハルマゲドンの2分前に戻ったと判断し[26]、2年後には、以下のような理由から、真夜中まであと100秒まで進めた。「人類は、核戦争と気候変動という、存続にかかわる2つの危険に同時に直面し続けており、しかもその危険は、いっそう募っている。社会の対応能力を損なう、サイバーイネーブルド情報戦争という脅威の増幅要因のせいだ。国際的な治安情勢は逼迫《ひっぱく》しており、それはこうした脅威が存在しているからばかりでなく、それらを管理するための国際的な政治のインフラが蝕《むしば》まれるのを世界の指導者たちが許したからでもある[27]」。〔訳注 「サイバーイネーブルド」とは「インターネットの利用によって可能あるいは容易になった」の意〕。どういうわけか、今日の世界の終末は、常に前年の世界の終末よりもたいそうなものらしい。

核戦争の悪夢は、冷戦の世界につきまとっていた唯一の終末論的未来像ではなかった。1960年代から80年代まで、世界規模の人口過剰に対する恐れが、当時「第3世界」と呼ばれていた地域における、大方は見当違いで、しばしば有害そのものの、生殖「制御」の取り組みにつながった。

ランド研究所のスティーヴン・エンケは、発展を促進するには、貧しい人々にお金を払って不妊手術あるいは子宮内避妊器具（ＩＵＤ）の挿入に同意してもらうほうが、他の形の援助よりも２５０倍も効果があると主張した。シエラクラブの依頼でポール・エーリックが書いた『人口爆弾』（宮川毅訳、河出書房新社、１９７４年）は、１９７０年代に大規模な飢餓が起こり、壊滅的な飢饉で何億もの人が亡くなると予測した。リンドン・ジョンソン大統領は、連邦議会議員の過半数とともにこの予測を信じ込み、議会は国際開発庁の家族計画予算を20倍に増額した。１９６９年、世界銀行総裁で、前国防長官ロバート・マクナマラは、同銀行は、「非常に厳密な意味で人口抑制に関連していないかぎり」医療には融資しないと宣言した。「なぜなら、保健医療施設はたいてい死亡率の低下に貢献し、それによって人口爆発も助けるからだ」。フォード財団や人口評議会を含む、アメリカの機関のいくつかでは、各国で全国民に強制的に不妊手術を行うという案も出た。

これらの結果もまた、この世の終わりが迫っているという空想を人々が信じ込むと大きな現実の害をなしうる恰好の例を提供してくれる。インドの女性にはＩＵＤを、男性には精管切除を受け容れることを、強制するとまではいかないまでも、奨励したために、多くの苦しみにつながった。１９７０年代半ば、インドの非常事態の真っ最中に、インディラ・ガンディー政権は、８００万件以上の不妊手術を実施し、手術の不手際で２０００人近くが亡くなった。国連も、中国共産党がなおさら容赦なく実施した「一人っ子政策」を支持した。[28] 今考えてみれば、人口増加の問題の解決策は、大規模な不妊手術の実施ではなく、ノーマン・ボーローグのような農学者が先鞭をつけた、農業技術における「緑の革命」だったことがわかる。

今日の現代版千年王国説の信奉者は、壊滅的な気候変動の預言者たちだ。スウェーデンの環境保護主義者グレタ・トゥーンベリは、次のように書いている。「私たちは2030年前後には、人間の制御の及ばない不可逆的な連鎖反応を引き起こす立場に置かれ、その反応が起これば、今知られているような文明の終焉を招くだろう」[29]。民主党の下院議員アレクサンドリア・オカシオ＝コルテスは2019年に、「気候変動に取り組まなければ、世界は12年後に終わりを迎えることになる」と予言した[30]。

急進的な環境保護主義の権化としてトゥーンベリが登場したことからは、過去のさまざまな終末論の形が思い出される。彼女が要求する犠牲の厳しさの点では、なおさらだ。2020年1月、彼女は世界経済フォーラムで次のように断言した。「私たちが必要としているのは、『低炭素経済』ではありません。『排出の削減』でもありません。目標とする1・5℃未満を維持する可能性を求めるのなら、排出を止めなければいけません。……今日からの、源泉での思い切った排出削減を含まないようなあなた方の計画や政策はどれも、まったく不十分です」[31]。オカシオ＝コルテスやトゥーンベリらが提案した新しい緑の革命（「グリーン・ニューディール」）は、あらゆる二酸化炭素排出の徹底的な削減を意味し、それに伴う経済的コストや社会的コストはほとんど考慮に入れていない。このテーマには後ほど戻るとして、ここでは、この世の終わりは近いという警告を繰り返せば（童話に出てくる、「オオカミが来たぞ！」という叫びのように）信用されなくなる危険があるとだけ言えば十分だろう。

いずれにしても、動かし難い事実が残る。すなわち、千年王国説の預言者や、グノーシス主義のエスカトン追求者、災難を警告する科学者、災難を想像する著述家といった人々が予測したこの世の終わりは合わせて100回を下らないだろうが、それが的中したことは一度としてないのだ。劇場用の風刺喜劇

『ビヨンド・ザ・フリンジ』（1961年）では、ピーター・クック演じる預言者の修道士《ブラザー》エニムが信奉者たちをある山の頂に導き、この世の終わりを待つ。

ジョナサン・ミラー：　どういうふうになるんですか、あなたの言っていた終わりというのは、ブラザー・エニム？

一同：　そうです、どういうふうになるんですか？

ピーター・クック：　まあ、それは、天が豪快に引き裂かれるようなものでね、その、山と丘はみな低くなり、それで、谷はすべて高くされ、凄まじい騒ぎとなるだろう。

ミラー：　神殿の垂れ幕が真っ二つに裂けるんですか？

クック：　神殿の垂れ幕は真っ二つに裂け、その約2分後に、私たちはしるしとなる空飛ぶ獣の首を目にするだろう。

アラン・ベネット：　で、激しい風は吹くんですか、ブラザー・エニム？

クック：　吹くとも、激しい風が。もし神の御言葉どおりなら……。

ダドリー・ムーア：　それで、その風はあまりに激しいんで、地上の山や丘をみんな低くしてしまうんですか？

クック：　いや、そこまで激しくはないだろう――だからこの山の上まで登ってきたんじゃないか、この愚か者が……。

ミラー：　いつ来るんですか、あなたが言っていた、その終わりっていうのは？

一同：　そうです、いつ来るんですか？　いつ来るんですか？

「いよいよ終わりだ。この世が滅びる！」。終わりの時に備える『ビヨンド・ザ・フリンジ』のキャスト。

クック：あと30秒ほどだ。古代のピラミッドの巻物によれば……そして、私のインガソール社製の時計によれば。

預言者と信奉者たちは、この世の終わりに備えて気を静め、秒読みを始める。

クック：5、4、3、2、1——ゼロ！

一同（声を揃えて唱える）：いよいよ終わりだ。この世が滅びる！

間《ま》

クック：これはグリニッジ標準時だったな？

ミラー：はい。

クック：いやはや、私が当てにしてい

たほどの一大事ではなかったようだ。気にするな、諸君、明日、また同じ時間に……いつか当たる日が必ず来るはずだ。

## カタストロフィの規模と統計

本当に恐れなければならないのは、私たちを皆殺しにする大惨事ではなく、たんに大勢が犠牲になる大惨事だ。だが、厄介なことに私たちは、惨事の潜在的な規模と起こる見込みのどちらも頭に思い描くのを苦手とする。「1人の死は悲劇だが、100万人の死は統計値だ」。この金言はたいてい、スターリンが残したとされる。その情報をたどっていくと、1947年にレナード・ライオンズが『ワシントン・ポスト』紙に書いたコラムに行き着く。

スターリンが軍事人民委員《コミッサール》だった頃、最上位のコミッサールたちの会議が開かれ、当時ウクライナで拡がっていた飢饉が主要な議題として取り上げられた。ある役人が立ち上がり、この悲劇――何百万もの人が飢えで死んでいるという悲劇――について演説した。彼は、死亡者数を並べ立てはじめた。……スターリンはそれを遮って言った。「飢えで死んだのが1人の人間にすぎないなら、それは悲劇だ。だが、何百万人も死んだなら、それは統計値にすぎない[32]」

ライオンズは情報源を挙げなかったが、彼かスターリンのどちらかが、この言葉をベルリンの風刺作家クルト・トゥホルスキーから借りたことは、まず間違いない。トゥホルスキー自身はそれを、あるフランス人外交官の次のような言葉だったとしている。「戦争？　それほど悲惨なものだとは思わない。１人の人間の死は、それはカタストロフィだ。だが、10万人が死んだら――それは統計値だ[33]」。同じような考え方は、現代でも見られる。たとえば、エリーザー・ユドコウスキーは次のように述べている。「子ども１人傷つけることさえ夢にも思わない人々が、人類の存続にかかわるリスクについて耳にすると、『そうか、人間という種は本当は生き延びるに値しないのかもしれない』などと言う。……人類の存続にかかわるリスクが合理性に突きつける問題は、カタストロフィの規模があまりに大きいと、人々はたちまち異なる思考様式に切り替わってしまうことだ。人間の死は突然、もはや悪くはなくなり、詳細な予測は突然、もはや専門知識をまったく必要としなくなる[34]」

だが私たちはせめて、その統計値を理解しようとしなくてはいけない。歴史の情報源には重大な不備があることを十分斟酌《しんしゃく》したうえで、推定世界人口の１％を超える犠牲者が出た主要なパンデミックは、有史時代全体を通しておそらく7回あったと言っていいだろう。そのうちの4回では、犠牲者は３％を上回り、ユスティニアヌスのペストと１３４０年代の黒死病の２回では3割を超えた。ただし、ユスティニアヌスのペストの死亡者は、はるかに少なかった可能性は十分あるが[35]。

同様に、戦争による大量死について入手可能なデータも、非常に多くの死を招いた争いがごく少数回あったことを教えてくれる。物理学者Ｌ・Ｆ・リチャードソンと社会科学者ジャック・レヴィのデータや、他のもっと新しい研究のデータも、勃発時の推定世界人口の０・１％超の命を奪った大規模な戦争が７つあったことを示している。死亡者の絶対数で言えば、２つの世界大戦が歴史上群を抜いている。１８２０～１９５０年の「死者を生じた争い」を網羅するリチャードソンの分析では、マグニチュード7の戦争は両大戦だけだった。つまり、死亡者が１０００万人を超える戦争は、この２つのみだった。両大戦の死亡者を合わせると、殺人と戦争とその他すべてを含む彼のサンプルの全死亡者の5分の3を占める。[36]第1次世界大戦では1914年の世界人口の1%前後、第2次世界大戦では1939年の世界人口の3%前後が亡くなった。それ以前にも両者に匹敵するような壊滅的な争いがあったかもしれない。特に、漢王朝と晋王朝の間に来る3世紀中国の三国時代に行われた諸戦争だ。[37]相対的な規模、すなわち、戦闘員の死亡率に基づけば、三国同盟戦争（1864〜70年）は近代史で致死的な争いの上位に入るとはいえ、交戦国の外ではおおむね知られていない（この戦争はアルゼンチンとブラジルとウルグアイが手を組んでパラグアイと戦った）。

　というわけで、全体としては、病原体のほうが戦争よりも大幅に致死的だったわけだ。実際、三国同盟戦争で亡くなった人の大半は、敵の戦闘行動ではなく病気で命を落とした。パスクアーレ・チリッロとナシーム・タレブの推定によれば、「世界人口の19%を超える人の命を奪った武力紛争は1つとしてない[38]」とのことだ。スペインの征服者《コンキスタドール》が中央アメリカと南アメリカで殺害した人の数は、彼らがヨーロッパから持ち込んだ病気による死亡者の数よりも数桁少なかった。先住民にはそれらの病気に対する免疫がなかったのだ。[39]

　内戦や、ジェノサイドあるいはデモサイド（民衆殺戮）〔訳注　政府による一般市民の殺害や致死〕といった、国家間の戦争が引き起こす死とは別個の住民の大量殺人についても、同じように考えてみることができる。ソ連国内のスターリン主義の犠牲者総数は、2000万を超えたかもしれない。とんだ「統計値」だ。カンボジアでのポル・ポトの恐怖政治や、メキシコの内戦（1910〜20年）と赤道ギニアの内戦（1972〜79年）の場合にも、死亡率は1割を超えたと推定されている。リチャードソンによるマグニチュード6の一覧に載っている死者を生じた7回の争いのうち6回は、以下の国内の争いだった。すなわち、中国の太平天国の乱（1851〜64年）、アメリカの南北戦争（1861〜65年）、ロシア内戦（1918〜20年）、中国の国共内戦（1927〜37年）、スペイン内戦（1936〜39年）、インド・パキスタン分離独立に伴う、宗教を異にする共同体間の虐殺（1946〜48年）だ。

私たちは20世紀ほど血なまぐさい世紀はなかったと思い込みがちだ。とはいえ、13世紀のモンゴルの指導者チンギス（ジンギス）・カンが見せしめのために振るった暴力のせいで、中央アジアと中国の人口が3700万人以上減ったと言われている。もしこの数字が正しければ、それは当時の世界人口の1割近くに相当する。14世紀後半のティムールによる中央アジアと北インドの征服も、やはり著しく残忍で、死亡者は1000万人を超えたと推定されている。17世紀の満州族による中国征服では、2500万もの人命が失われたかもしれない。

太平天国の乱に加えて、1900年以前の中国におけるいくつかの反乱とその鎮圧が及ぼした人的被害は、20世紀の内戦によって中国の人民が受けたものと同等以上だったかもしれない。8世紀の安禄山《アン・ルーシャン》の乱では3000万人以上が犠牲になったと考えられている。19世紀に起こった捻軍《ニエン》とミャオ族の乱、雲南《ユンナン》省や中国北西部におけるイスラム教徒の反乱も、影響を受けた地方にとっては壊滅的なものだった。これらの反乱の場合には、死亡者数は、反乱の前後に行われた省や地元の人口調査から推測するしかない。人口の減少は、4〜9割という死亡率を示しているようだが、ここでもやはり、組織的暴力が引き起こしたのと同じだけの、いや、おそらくそれ以上の死を、病気と飢えが引き起こした可能性が高い。

最後に、西ヨーロッパによる南北アメリカとアフリカの征服と植民地化の事例のいくつかから生じた死亡率は、20世紀のものと同じぐらい高いと考えてよさそうだ。すでに指摘したように、ヨーロッパによる南北アメリカ征服の犠牲者の圧倒的多数は、暴力ではなく病気に倒れた。だから、「ジェノサイド」という言葉を口にする人は、インドにおける19世紀の飢饉を「ヴィクトリア朝のホロコースト」と呼ぶ人と同じぐらい、歴史の専門用語の価値を貶《おとし》めることになる。とはいえ、１８８６年以降のベルギー王によるコンゴ人の強制的な奴隷化や、１９０４年のドイツの植民地当局によるヘレロ族蜂起の鎮圧は、20世紀の組織的暴力行為にたしかに匹敵する。ベルギー支配下のコンゴで殺害されたと推定される人が人口に占める割合は、5分の1にまで達していたかもしれない。ヘレロ戦争での推定死亡率はさらに高く、3人に1人を超える割合であり、それで判断すれば、この戦争は20世紀で最も血なまぐさい争いということになる。それでも、絶対的な死亡者数が7万６０００人だったのに対して、コンゴでは１８８６～１９０８年には、推定で７００万人が殺害された。[40]パーセンテージを計算してデータを正規化するのが通例ではあるものの、スターリンには失礼ながら、１００万人の死は常に１００万の悲劇——１００万人の早過ぎる痛ましい死——であり、分母が何千万人であろうと何十億人であろうと無関係だし、激しく争う2つの超大国が招いたものであろうと、１００万人の殺人者によるものだろうと関係ない。

　リチャードソンにとって意外だったのは、2回の世界大戦で約３６００万人——彼が調べた約１３０年間の「死者を生じた争い」の全犠牲者のおよそ6割——が亡くなったのは当然として、それに続いて大きなカテゴリーが、マグニチュード0台（1～9人が亡くなった争い）であり、その死亡者が９７０万人にのぼることだ。この2つのカテゴリー以外の戦争や争いによる死者は、全犠牲者の4分の1にも満たない。[41]平均寿命の延びのおかげで20世紀の死、特にヨーロッパと北アメリカの豊かな国々での死は、ほとんどの場合、以前の時代の死よりも、質調整生存年の観点からは大きな損失とされることも、考慮に入れなければならない。

　驚くまでもないが、歴史上の最大級の経済的惨事の多くは、前述の大規模なパンデミックや紛争と同時に起こっている。もっとも、全部が全部ではない。一般には１９２９年10月のウォール街大暴落から始まったとされる世界恐慌は、世界経済における構造的不均衡や、硬直した固定相場制度、近隣窮乏化政策による保護貿易主義、金融・財政政策の誤りの結果だった。経済学者のロバート・バローは、１人当たりの実質国内総生産（ＧＤＰ）への影響と財政面での結果によってランクづけした20世紀の経済的惨事の、入手可能な世界規模の一覧としては最高のものをまとめた。１人当たりの実質ＧＤＰにおける15％以上の減少は60回あり、そのうち38回が戦争とその余波が原因と考えられるのに対して、16回は世界恐慌の結果だった。彼のサンプルに出てくる35か国のうち、最大の減少（64％）を記録したのが、１９３９〜45年のギリシアと、１９４４〜46年のドイツだ。第２次世界大戦の経験は、フィリピンと朝鮮／韓国にとっても、たいしてましではなかった。両国はともに、１人当たりのＧＤＰが59％減少している。[42] イギリスは、群を抜いて長期にわたる統計値が残っており、近代的な経済指標を少なくとも過去3世紀にわたって――イングランドは13世紀後半までさかのぼって――推定できるので、さらに以前の深刻な経済的苦難の年を突き止めることが可能だ。イングランド銀行によれば、同国の経済史上最悪の年は、じつは１６２9年（経済が25％縮小した）で*、１３４９年（23％の下落）がすぐ後に続くという。年間の経済縮小が最後に1割を超えたのが１７０９年で、それまでの５００年間で最も寒かった「大寒波《グレートフロスト》」によってヨーロッパ全土で経済活動が大幅に鈍ったときだった。この寒波は、「マウンダー極小期」として知られる、

＊　１６２９年の不況がそこまで深刻だった理由は、一見して明らかではない。スペインとの戦争がうまくいっていなかったが、同年の主な戦域はカリブ海だった。その年は政治史学者には、チャールズ1世による議会抜きでの11年間の「親政」が始まった年として最もよく知られている。

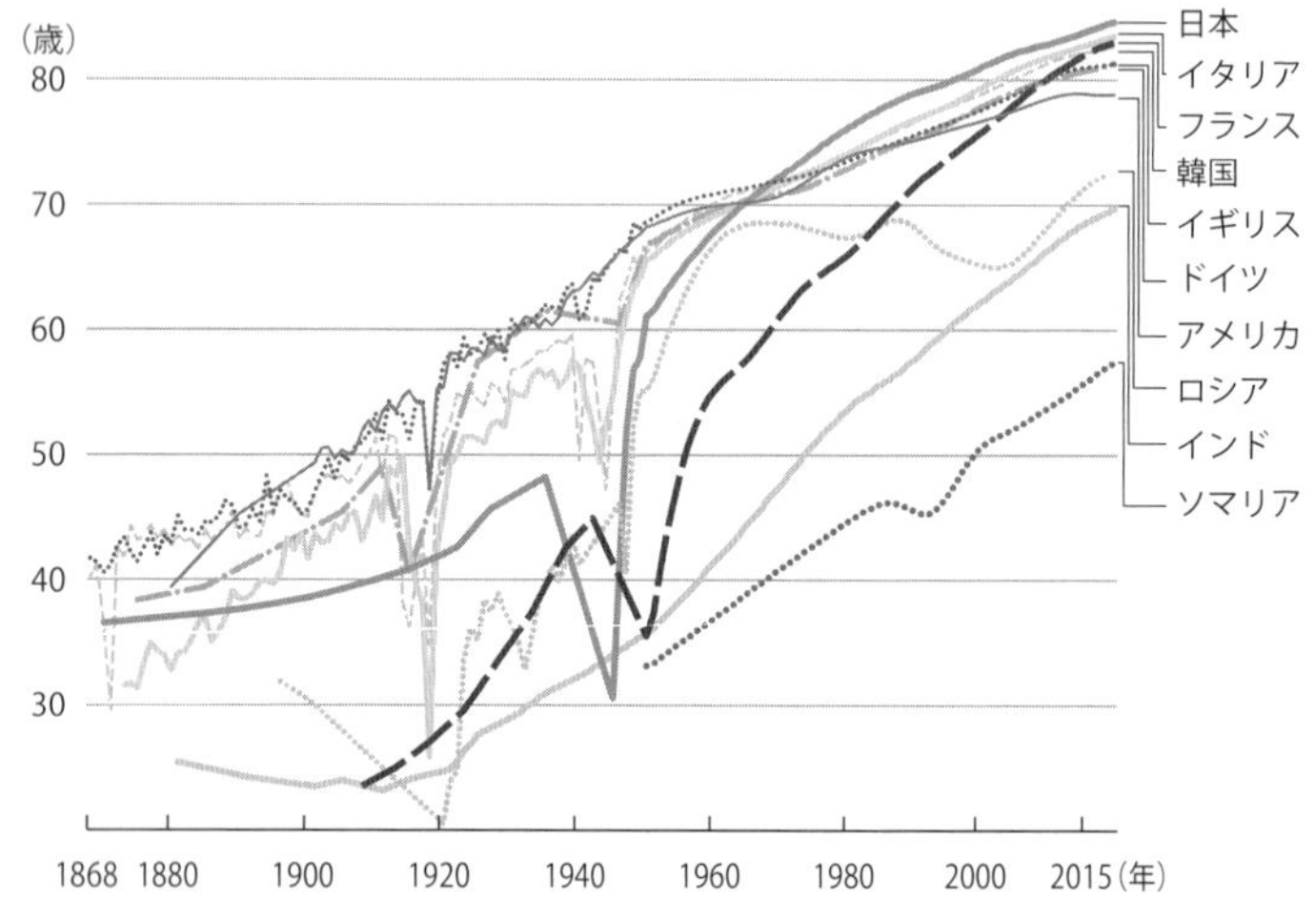


1868～2015年の平均寿命(新生児が、生まれた年の死亡率のパターンが一生にわたって続いた場合に生きる平均年数)の推移。

太陽の黒点が極端に減る現象と、それに先立つ2年間に起こった、日本の富士山と、ヨーロッパのサントリーニ島とヴェスヴィオ山の火山噴火のせいだとされてきた。[43] 20世紀最悪の年は1921年(10%減)で、第1次世界大戦後の極端なデフレと高い失業率の時期だ。[44] とはいえ、5年という時間幅では、人口が4割以上減った1340年代後半の黒死病の時期に並ぶものはない。2020年は、半ばまで過ぎた時点で、イギリス史上では1709年以来最悪の不況に見舞われそうだった。6月下旬、国際通貨基金はGDPの10・2%の減少を予想した。[45]

もっとも、経済のデータから探り出せるものには限度がある。私は1923年のドイツの超インフレについて論文を書いていたときと、第1次世界大戦勃発の財政面での影響を研究していたときにもう一度学んだのだが、最も厳しい危機の時代は、経済の統計が取られなくなったり、あるいは、不規則にしか取られなかったりする時代でもある。世界銀行は、1960年以降、ほぼすべての国の1人当たりのＧＤＰを含む包括的なデータの収集を行ってきた。だが、アフガニスタン、カンボジア、エリトリア、イラク、レバノン、ソマリア、シリア、ベネズエラ、イエメンといった、過去60年間に経済や政治のはなはだしい混乱を経験した国々を見てみると、どの場合にも当然ながら、最大の混乱時のデータには空白が見つかる。各国の経済的惨事がどれほど深刻だったか、正確には知りようもない[46]。わかっていることと言えば、まさにこれらの国々のほとんどすべてが、以前は「失敗」国家のランキングだった「脆弱国家指標」の上位に入っていることぐらいだろう[47]。さらに厄介なのだが、世界大戦と不景気とグローバル化の破綻の時代である１９１４〜50年という期間には、平均寿命や教育、社会事業に費やされる国民所得の割合、民主主義の水準の観点から広く計測される、いわゆる「人間開発」が、広範にわたって著しく進んだという（一見すると矛盾した）結果をどう説明するか、だ[48]。

要するに、統計調査が広く行われる近代以降にあってさえ、惨事は思ったより数量化するのが難しい。死亡者数は不正確なことが多い。惨事の重大さを理解するには、死体の絶対的な数だけではなく、超過死亡（近年の平均として計算された基準値と比較して、その惨事がなければ出なかっただろう死亡者の数）も知る必要がある。惨事の規模を評価しようとするときには、分母の選び方次第で大きな違いが出うる。第6章で見るように、１９４３年にインドのベンガルの一部で起こった壊滅的な飢饉は、死亡者数がインドの全人口に占める割合として表されたときにはごく小さなものに見え、世界の最悪の戦争を背景にして世界人口と比較すれば、物の数にも入らない。この後のページにおける私の狙いは、悲運が取るさまざまな形を読者が比較できるようになってもらうことであり、あらゆる惨事が何かの理由で同じだなどと主張することではない。

２０２０年9月までに、新型コロナで亡くなった人は推定で世界人口の０・０１１４％であり、これは歴史上26番目に悲惨なパンデミックということになる。1918～19年のスペイン風邪はおおよそ150倍も致死的だった。だが、最も大きな影響を受けた都市では、最も激しい被害が出ていた数か月には、新型コロナはスペイン風邪以上とは言わないまでも、それと同じぐらい有害だった。超過死亡の観点に立てば、2020年4月のニューヨークは、1918年10月よりも1・5倍近く悪く、世界貿易センターが9・11のテロ攻撃に遭った月である2001年9月の3・5倍もひどかった。[49] 2020年の前半、ロンドンの人々は新型コロナによって、1944年の後半にドイツのロケット攻撃に見舞われたときと同じぐらい惨憺たる目に遭わされており、政府はこの2度とも同様の難問を突きつけられた。すなわち、この首都を麻痺させずに、どうやって致命的な脅威から人々を守るか、という難問だ。[50] これはアルカイダやナチスを新型コロナウイルスと同一視するということではなく、私はたんに、超過死亡という意味で惨事は多様な形を取りうるものの、同じような難題を提起しうることを示したいだけだ。

スターリンが言ったかもしれないように、早過ぎる死はどれを取ってもある意味で悲劇であり、犠牲者の年齢が低いほどその死は痛ましさを増し、悲劇が深まる。とはいえ、次章が示すように、惨事のなかには、他の惨事よりも真の意味で悲劇的なものもある。

# 第2章　惨事は予測可能か？

運命の移ろい。それは人も、その人が手がけ、最も誇りに思う成果も見逃してくれない。帝国も都市も共同墓地に葬り去る。

——ギボン

## 歴史の周期を解明する試み

惨事は予測可能か？　文字を持たない社会では、予測不能だったことは確実だ。生活は自然の力の影響に支配されており、そうした自然力のうちのごく一部だけ——特に季節——が周期的で予測可能だった。惨事は、超自然的な力と関連させてのみ理解できた。多神教では、「神々」は相容れない自然力に与えられたたんなる名前であることが多かった。エピクロス主義者たちはそのような多神教に満足できず、いかなる種類の神の働きも退けた。紀元前1世紀に執筆していたローマの哲学者ティトゥス・ルクレティウス・カルスは、原子から成り、事実上ランダムな力を伴う、無限の宇宙の存在を提唱した。[1] 歴史的な周期を生み出す能力を備え、意図を持った究極の超自然的権威者という考え方は、ゆっくりと発達してきたものにすぎなかった。旧約聖書の「コヘレトの言葉」は、初期の周期説を提示している。「すでにあったことはこれからもあり／すでに行われたことはこれからも行われる」（第1章9節）。ところが旧約聖書の中で、ヤハウェの目的は、天地創造、アブラハム、エジプト入り、エジプト脱出、ソロモン王、バビロニア捕囚、神殿の再建といった複雑な歴史物語の中で明らかになる。新約聖書はこれに、革命的な結末——神がイエスという人間の姿を取って現れる受肉、イエスの十字架上の死、イエスの復活——と、歴史の周期を終わらせる最終的なこの世の終わりという見通しを加えた。[2]

初期のローマの歴史家たちは、ときには気まぐれであるにしても意図を持った「運命の女神」の役割を引き合いに出して歴史に意味を与えようとした。ポリュビオスの『歴史』（1～4、城江良和訳、京都大学学術出版会、2004～13年、他）は、運の「移ろい」には、じつは目的があったと主張している。すなわち、ローマの勝利だ。同じような概念は、タキトゥスの作品にも見つかる。ただしそこでは、神の目的はローマの破壊だったが。ポリュビオスにとってと同様、タキトゥスにとっても、「出来事の実際の成り行き」は、「しばしば偶然が定めていた」が、出来事には「その根底にそれぞれの論理と原因もある」[3]のだった。ポリュビオスが認めたさらなる超人的要因は、定期的な自然のカタストロフィで終わりを迎える歴史的周期という、ストア学派の概念だった。

洪水か疫病か穀物の不作が……人類の多くの滅亡を引き起こすときには……伝統も芸術も同時にすべて消滅するが、地に落ちた種から穀物が育つように、その惨事で残った生存者からやがて新しい世代が育ち、社会生活の再建も始まる。[4]

帝政中国の歴史記述も最初期から周期的な特徴を持っていた。天命が王朝に授けられ、王朝がもう天命に値しなくなったときには取り去られ、王朝の循環が起こるというものだ。秦の始皇帝はこの儒教の概念に挑もうとしたが、けっきょくそれを根絶できなかった。西洋でと同様、周期説と千年王国説が張り合ったが、王朝の周期説が唐王朝の下で制度化された。[5] 周期説は、1949年以降は概念上、マルクス＝レーニン主義に取って代わられたが、中国史の考え方としては依然として非常に広く行き渡っている。中国共産党は最新の王朝にすぎないというわけだ。

このように、歴史の周期説はこれまでずっと、西洋と東洋の知的生活で繰り返し現れる特徴だった。ジャンバッティスタ・ヴィーコは『新しい学の諸原理――1725年版』（1725年）（上村忠男訳、京都大学学術出版会、2018年）で、文明は神々の時代、英雄の時代、人間の時代という3つの時代が繰り返される周期（ricorso）を経ていると主張した。彼は、「神の摂理の合理的な市民神学……神の摂理が歴史的事実であることの、いわば立証」が自分の一生の仕事だと考えていた。「なぜならそれは、秩序の諸形態の歴史に違いないからだ。その秩序は、人間の認識も意図もなしに、多くの場合は人間の構想に反して、神の摂理が人類のこの偉大な都市に与えたものだ」。[6] ヴィーコの取り組み方と20世紀のイギリスの賢人アーノルド・トインビーの取り組み方はよく似ている。[7]

アダム・スミスの『国富論』（1776年）は、やはり周期的な歴史的過程を示唆する、社会の厳密に経済的な分析の基盤を築いた。この本の場合には、盲目の運命ではなく「見えざる手」が各人を導き、自分の利己的な目的を追求しながら、図らずも万人に共通の利益に資するかたちで行動させ、社会をまず成長へ、次に「富裕」へ、さらに「定常状態」へと誘導する。トマス・マルサスは、これに比べるとはるかに陰鬱な著書『人口論』（1798年）（永井義雄訳、中公文庫、2019年、他）で、人口動態の周期的な循環を提唱した。この循環の中では、人口増加に食糧の供給が追いつかないという本質的な傾向が、飢餓あるいは「悪徳」を必然的にもたらすとされている。カール・マルクスは、ヘーゲルの弁証法をリカードの政治経済学の基本と組み合わせた。その結果が、階級闘争を通じた歴史変化のモデルであり、その闘争は最終的に、『資本論』の中で予告された唯物論的なこの世の終わりにつながる。

資本の独占は、それとともに、その下で興り、盛んになった生産様式の足枷《あしかせ》となる。生産手段の集中化と労働の社会化は最終的に、資本家の外皮とは相容れない時点にまで到達する。この外皮は破裂してばらばらになる。資本家の私有財産の弔鐘が鳴り響く。収奪者が収奪される。[8]

山頂に登ったピーター・クックの信奉者たちと同様、マルクスの信奉者たちも依然として待ち続けている。

## クリオダイナミクス（歴史動力学）が考える歴史の周期

近年、「クリオメトリックス（数量経済史）」と「クリオダイナミクス（歴史動力学）」の支持者は、周期的な取り組み方を復活させようとしてきた。近代以前の時期には、マルサスのモデルが最もよく当てはまるように見える。[9]ところが、現代の危機の一部には、マルサスのモデルの変種も提唱されてきた。[10]その好例が、２０１０～12年の「アラブの春」を「ユース・バルジ（若者人口の膨張）」の観点から説明しようとするさまざまな試みだ。若者人口の増加率が5年で45％を超えた国々を対象としたある研究によると、

「主要な政治的衝撃を避けられた国は1つとしてなかった。これらの国々では、著しく暴力的な内戦のリスクが非常に高かった（およそ五分五分の可能性）」という（これは、ニジェール、ケニア、ウガンダ、マラウイという、サハラ以南のアフリカの4か国が前途多難であることを示唆する）[11]。ユース・バルジそのものは、大変動を予測する判断材料にはならない。だが、経済の低成長や非常に独裁的な国家や高等教育の拡大と組み合わさると、大変動をもたらす要因となる[12]。この新マルサス主義の方向での最も野心的な研究事業は、社会学者のジャック・ゴールドストーンが主導したもので、1955〜2003年の、民主主義の危機や内戦や国家崩壊を含む、141件の不安定な状態を調べた。乳児死亡率が高い国は、低い国の7倍近くも国内が不安定になりやすかった。近隣諸国で武力紛争があると、やはり不安定になる可能性が高まったし、少なくとも1つのマイノリティグループ（社会的少数者の集団）に対する国家主導の差別がある場合にも同じ結果になった[13]。

新マルサス主義と緩やかに結びついているのが、世代間の対立に歴史の周期のカギを求めてきた歴史家や社会科学者だ。ただしこの場合には、政治文化の問題が人口動態よりも優位を占めているが。1920年代にカール・マンハイムは、青年期という「臨界期」が1つの世代の一生にわたる性格を形成すると主張した。アーサー・シュレジンジャー親子はともに、「アメリカ史の周期《サイクル》」について書き、リベラルなコンセンサスと保守的なコンセンサスの間の定期的な交代を想定した[14]。その後、ウィリアム・ストラウスとニール・ハウは、80〜90年ごとに繰り返される世代の再調整の周期を提唱した[15]。どの周期にも、「高揚」「覚醒」「破綻」そして最後に「危機」の4段階があるという。オスヴァルト・シュペングラーという先人に似て、ストラウスとハウもこうした段階のそれぞれを季節と結びつけ、春で始まり、冬で終えている。最後のアメリカの危機は、世界恐慌から第2次世界大戦までの期間だったと、2人は主張する。

もしこのパターンが今日も続いているのなら、私たちは新しい第4の段階に入ったことになる。この段階は2008～09年の世界金融危機で始まり、第2次世界大戦直後に生まれたベビーブーム世代が1981～2000年に生まれたミレニアル世代に権力を譲り渡す2020年代に最高潮に達する。[16]

こうした周期説がみな抱えている短所は、地理や環境、経済、文化、テクノロジー、政治の変数どうしの相互作用には、ほとんど余地を残していない点だ。クリオダイナミクスでもとりわけ野心的な企てをする人々は、さまざまな独創的方法でこれを改善しようと試みている。[17] 歴史家のイアン・モリスは「西南アジアで紀元前3100年頃（ウルクの拡張の終わり）、紀元前2200年頃（エジプトの古王国とアッカド帝国の衰退）、紀元前1200年頃（青銅器時代の終焉）と、南アジアで紀元前1900年頃（インダス文明の衰退）の……国家の発展と崩壊の周期」を特定し、「それぞれの場合に、文化の発展と環境との間にフィードバック関係［があった］」と主張している。モリスにとっては戦争がカギであり、特に、より大型の馬の飼育が、中央ユーラシアの乾燥したステップを不毛の土地から交易と戦争の地域へ、そして言うまでもないが病気の伝播の地域へと変えたことが肝心だった。[18] 気候変数というのが近年、流行になっているが、これは驚くまでもない。1つだけ例を挙げよう。陳強《チエン・チヤン》は、帝政中国の歴史の中で、旱魃《かんばつ》の事例を王朝の危機と結びつけようとした。[19] 洪水の役割を強調する学者たちもいる。[20]

歴史家のピーター・ターチンは、『国家興亡の方程式』（2003年）で、国家の興亡の斬新なモデルを提唱している。新しい国家は、既存の国家の間で争点になっている国境（「多民族国境」）で形成される傾向にある、なぜなら、紛争が頻発するそうした地域では、14世紀のイスラム教徒の学者イブン＝ハルドゥーンが『歴史序説』（1～4、森本公誠訳、岩波文庫、2001年）で「アサビーヤ」（社会的団結という意味であり、集団行動を取れる能力を含意している）と呼んだものを人々が発達させる圧力が最も強いから、とターチンは主張した。だが、国家が一定水準の文明を達成する――そして、それに伴う贅沢と不平等のいっさいも現実になる――と、協力する動機が薄れ、アサビーヤが衰える。[21] ターチンは『戦争と平和と戦争（*War and Peace and War*）』では、新たな要素を加えた。ローマ人たちのように、首尾良く帝国を建設する人々は、征服した諸国民を根絶せずに取り込むのだ。ところが、成功は、アサビーヤの枯渇だけではなく、お馴染みのマルサスの周期という、衰退の種を蒔く。平和と安定は繁栄をもたらし、繁栄は人口増加を招き、それが人口過剰につながり、人口過剰は失業や低賃金や高い小作料、そして場合によっては食糧不足も生じさせる。生活水準が低下するにつれ、人々は反抗しがちになる。最終的に、社会秩序の崩壊が内戦を招く。すると、帝国の凋落は避けられない。[22] ターチンは『長期的周期（*Secular Cycles*）』（セルゲイ・ネフェドフとの共著）で、この枠組みを体系化した。４つの変数が相互に作用し、社会／政治的変化をもたらす。

1　「環境収容力」と比較しての人口
2　国力（たとえば、財政均衡）
3　社会構造（特に、社会的エリート層の大きさとその消費水準）
4　社会政治的安定性

この「構造的人口動態理論」では、周期には４つの段階がある。

1　拡大――人口が急速に増加し、物価は安定し、賃金は物価と均衡を保つ。

2　スタグフレーション——人口密度が環境収容力の限界に近づく。賃金の低下と物価の上昇の一方あるいは両方が起こる。エリート層は繁栄期を享受する。小作人から高い小作料を徴収できるからだ。

3　全般的危機——人口が減少する。小作料と物価が下がり、賃金が上がる。小作人の生活は向上するかもしれないが、エリート層の拡大の結果が、層の内部の争いというかたちで影響を及ぼしはじめる。

4　不景気——内戦が蔓延するこの段階は、エリート層が縮小し、新たな長期的周期が始まることができるようになったときに、ようやく終わる。[23]

ターチンとネフェドフは、次のように主張する。「内戦における主要な役割は、エリートの過剰生産によって演じられるように見える。その過剰生産がエリート層内の競争や、分裂、争い、既存の秩序に対する闘争で人民大衆を動員する反エリートの台頭につながる」[24]。周期的危機の瞬間は、インフレ率の上昇や国家破産も特徴とする。[25]ターチンの最新の主張は、この説が現在のアメリカに応用しうるというものだ。ニール・ハウと同じように、彼はしばらく前から、2020年かそれに近い時点で危機が訪れると予測してきた。[26]

クリオダイナミクスは胸の躍るような新分野であり、それに疑問の余地はない。ターチンと共同研究者たちの巨大な歴史データベースの「セシャト」には、新石器時代から第2千年紀（西暦1001〜2000年）半ばまでの6大陸に及ぶ何百もの政体のデータが収集されている。セシャトは、政治構造の体系的歴史研究の新しい基準となっている。[27]韓国の若手学者ジェウォン・シンと共同執筆者たちによる注目すべき論文は、ターチンのモデルの改善を提案し、情報技術（ＩＴ）を変数として導入している。「社会政治的発展においては、最初は政体の規模の増大、次に情報処理と経済制度の改善、続いて規模のさらなる増大が際立つ」と書き、「社会には『規模の閾《いき》』があるかもしれないと主張する。「それを超えると情報処理における発展が主要になる。そして、『情報の閾』もあるかもしれず、「それをいったん超えると、規模におけるさらなる発展が促進される」[28]。彼らは、新世界の社会（クスコの社会は例外かもしれない）が文書記録の仕組みを開発しそこねたことに特に着目し、「社会に見られる頻繁な崩壊の一部は、政体が十分な情報処理能力を発達させられなかったためであるということがありうるだろうか？　外部との接触や内部の結束が欠如するか、あるいは、優れた情報処理能力のおかげで規模の点でもっと発展できた政体と競争できなくなるかしたために挫折したり、崩壊さえしたりした、ということが[29]？」と問う。

とはいえ、ターチンとネフェドフが認めているように、どんな周期的過程も、紛れもなく非周期的な力にさらされざるをえない。すなわち、極端な気候変動やパンデミック、テクノロジーの不連続性、さらには、大きな紛争であり、これらはすでに見たように、時期と規模の両方が、ほぼランダムだ[30]。アメリカでは１８７０年と１９２０年と１９７０年に続いて、社会政治的な不安定性が次は２０２０年に急上昇しそうだというターチンの予言は的中するかもしれない[31]。１９７０年代以来の移民の増大は、実質賃金の停滞と明らかに時期が一致している。ただし、テクノロジーの変化や中国との競争といった他の要因も、少なくとも同等の重要な役割を果たしたが。

エリートの人口過剰を見事に捉えているのが、製造業の平均賃金換算で表したイェール大学の学費上昇や、人口に占めるＭＢＡ（経営学修士）と弁護士の割合の増大だ。エリートの分裂は、議会の機能を麻痺させている二大政党間の対立と、議員選挙の競争激化や選挙運動の費用の高騰に、はっきり見て取れる。

アメリカは、外国との戦争を成功裏に終わらせるのに必要とされるアサビーヤをはなはだしく欠いているようにも見える。[32] それにもかかわらず、銃乱射事件や警察による致命的な暴力の使用について、最近熱い議論が戦わされているとはいえ、ターチン自身のデータが示しているように、暴力の発生率は１８７０年や１９２０年や１９７０年と比べて２０２０年ははるかに低いままだ。アメリカ人はかつてないほど多くの銃を所持しているものの、過去に暴力が急増したときよりも、他人に対して銃を使用する頻度が大幅に下がっている。[33] いずれにしても、２０２０年の不安定性――最も明白なのが、5月下旬と6月の、「ブラック・ライヴズ・マター（ＢＬＭ）」運動を支援する集団抗議活動の勃発――のどれだけが、どんな歴史の周期説も予測しえなかっただろうパンデミックの影響に帰されるべきなのか？

　現在流行している他の周期説についても、同じような異議を唱えることができる。ヘッジファンドマネジャーのレイ・ダリオは、自らの歴史過程モデルを考案した。このモデルは、人口動態のダイナミクスではなく債務のダイナミクスを軸としている。ダリオもターチンによく似ており、「大きな周期」を識別する。そうした周期は「（1）富が生産的に追い求められて生み出され、権力を持っている人が仲良く協力してこれを促進する、幸福な繁栄期と、（2）富と権力をめぐって争いが起こり、それが調和と生産性に水を差し、ときには革命／戦争につながる、悲惨で重苦しい時期から成る」[34]。ダリオの歴史哲学は素朴なもので、行動心理学に対するジョージ・ソロスの独学的アプローチに少しばかり似ている。「たいていのことは、時とともに繰り返し起こる。……限られた数の性格型の人が限られた数の道を進み、限られた数の状況に遭遇し、時とともに繰り返される限られた数のストーリーだけを生み出す」とダリオは書いている。彼は、「この世で最大級の帝国とその市場の興亡を司る公式」と呼ぶものを提唱する。それは、「歴史を通してこれらの動向のほぼすべての説明となってきた……17の力」に基づいている。彼は別の文章で次のように書いている。「富と権力の単一の尺度は……強さの8つの尺度のほぼ同等の平均から成る。それらの尺度とは、(1)教育、(2)競争力、(3)テクノロジー、(4)経済産出量、(5)世界貿易におけるシェア、(6)軍事力、(7)金融センターの力、(8)準備通貨だ」[35]。彼は、債務、お金と信用、富の分配、地政学の、相互作用する4つの周期についても語っている。ダリオが自分の4周期説から引き出す結論は、1930年代のイギリスがそうだったように、アメリカの繁栄と優越の日々は先が見えている、というものだ。ドルに関しては、「現金はゴミだ[36]」。

だが、このアプローチには難点がある。このモデルが仮に過去に存在していたとしたら、実際には起こらなかった出来事を誤って予測していただろう。そして、起こらなかった理由を説明できない。たとえば、なぜイギリスは1815年以降の年月に衰退して滅びなかったのか? イギリスの債務対GDP比率は1822年に172%にまで達した。5年間(1818～22年)のデフレの後、経済的な不平等は深刻を極め、次々に政情不安が起こった。1822年8月12日に、忌み嫌われていたカースルレー子爵が自殺すると、ウィーン会議で確立された国際秩序は崩れはじめた。それにもかかわらず、大英帝国は19世紀前期、ますます強力になり、革命はイギリス海峡の向こう側で1830年と1848年に起こった。同様に、なぜアメリカは1970年代に衰退して滅びなかったのか、と問うこともできる。インフレのせいで、債券所有者の蓄えは大打撃を受けた。リチャード・ニクソンがドルと金の間に残っていた最後のつながりを断った後、インフレ率は2桁まで上昇した。その間、スラム街では暴動が起こり、大学のキャンパスでは抗議活動が展開された。ニクソン大統領自身は辞任に追い込まれ、アメリカはヴェトナム戦争で不名誉な敗北を喫した。それなのに、アメリカの力は持ちこたえ、1980年代に急速に回復した。ポール・ケネディの『大国の興亡――1500年から2000年までの経済の変遷と軍事闘争』(決定版、上・下、鈴木主税訳、草思社、1993年)――これまた周期的歴史を描いた作品で、製造能力と財政均衡の決定的重要性を強調し、それに基づいてアメリカの衰退を予見した――が出版されてから2年後の1989年、アメリカは冷戦に勝ち、中央ヨーロッパと東ヨーロッパのソヴィエト帝国は革命の波に押し流された。一方、超大国の地位を得ようとする日本の努力は、資産価格のバブルが弾けて水泡に帰した。

後で見るように、現実には、歴史の過程はあまりに複雑すぎてモデル化することができない。ターチンやダリオが好んだ型にはまらない方法でさえ、うまくいかない。そのうえ、歴史的現象――特にパンデミック、だが、気候変動や環境劣化も――について体系的なモデル化を行えば行うほど、「おおよそ正しい、から、完全に間違った、へと」向かいやすくなる。[37]

## ジャレド・ダイアモンドが示す崩壊の原因と危機への対策

もし経済や社会や政治の崩壊が予見できたなら、おそらく少なくともその一部は回避できるだろう。アメリカの博識家ジャレド・ダイアモンドは『文明崩壊』(2011年)で、周期説ほど固定的ではなく、人災としての気候変動についてしだいに懸念を深める世界のための、一種の崩壊回避チェックリストのようなものを提示した。彼は「崩壊」を次のように定義している。「長期間にわたる、相当な範囲の地域での、人口の大幅な減少と、政治的/経済的/社会的錯綜の一方あるいは両方」。崩壊の直接の原因は、住民の環境に対して加えられる不慮の損害、人間の活動とは無縁の自然の気候変動、戦争(近隣の敵による侵略)などが考えられる。だが崩壊は、当該の社会が、直面する脅威に対処しそこなったために起こった可能性が最も高かった。[38] そして、個々の人間が長い時間をかけて緩やかに衰えて老齢に達するのとは違い、社会の崩壊は急速に起こりうる。

マヤ、アナサジ族、イースター島をはじめとする過去の社会の崩壊から（そして、近年のソ連の崩壊からも）学ぶべき主要な教訓の1つは、社会の急激な衰退が始まりうるのは、その社会が人口や富や力の点で絶頂を極めたわずか10～20年後であるということだ。その点では、本書で考察した社会がたどった道筋は、個々の人間がたどる通常の人生行路とは異なる。人間は長期にわたって衰え、老化するものだ。社会が急激に衰退しうる理由は単純で、人口、富、資源の消費、廃棄物産出が最大になると、環境への影響も最大となり、その影響が資源を凌《しの》ぐ限界に近づくからだ。よく考えてみれば、社会の衰退が絶頂期のすぐ後に続く傾向にあるのは、意外ではない[39]。

社会は、崩壊の原因を予想しそこなうか、崩壊が始まったときにそれに気づきそこなう（「茹《ゆ》でガエル現象」の問題）か、政治あるいはイデオロギーあるいは心理の障壁のせいで、解決しようとしそこなうか、解決しようとするもののうまくいかないかの、どれかだ。

ダイアモンドの本は、7つの崩壊事例を分析している。2例（ルワンダとハイチ）は近年のものだが、残りは遠い過去のもので、グリーンランドの古代スカンディナヴィア人、イースター島（ラパ・ヌイ）の住民、ピトケアン島とヘンダーソン島とマンガレヴァ島のポリネシア人、北アメリカ南西部のアナサジ族、中央アメリカのマヤだ。彼は、太平洋のティコピア島、ニューギニア島中央部、江戸時代の日本という、3つの成功物語も考察している。彼が語るうちで最も重要な話は、ドクター・スースの物語『ロラックス（*The Lorax*）』（1971年）の成人版だ。ダイアモンドは、イースター島の人口崩壊――最盛期には数万人いたが、18世紀前期にヨーロッパ人が初めてやって来たときには1500~3000人になっていた——の原因を、「環境への人間の影響、特に、森林破壊と鳥類の絶滅、そしてその影響の背後にある、地位構築の重視……と、氏族や首長どうしの競争が、より大きな石像を建てることを促し、それにますます多くの木材、縄、食糧が必要とされた事実などの、政治的、社会的、宗教的要因」に求めている。[40] 土壌をつなぎ止めておく樹木が消えると、イースター島の肥沃な土地は浸蝕され、作物の収穫が乏しくなり、材木の供給が減るにつれて、島民はカヌーを造って漁に出ることができなくなった。これが島民どうしの戦いにつながり、最終的には食人まで行われた。ここから得られる教訓は明らかだ。地球を荒らせば、人類はみな、イースター島民の二の舞になる。

とはいえ、イースター島の歴史には、異なるバージョンもある。他説によれば、イースター島に人が渡ったのは1200年以降で、森林破壊は主に、移住者とともにやって来たネズミの仕業であり、高い石像は丸太の上を水平に運ばれたのではなく、立った状態で運ばれ、島民は海産食物やネズミの肉や栽培した野菜を食べ、島の社会の崩壊は1722年以降のヨーロッパ人の影響、とりわけ性感染症の到来の結果だという。[41] さらに、島の人口が減ったのは南アメリカからの奴隷商人のせいだという仮説もある。[42] これは人間による環境破壊が進んだ『ロラックス』の世界には程遠い。

それでも、ダイアモンドのもっと一般的な主張——崩壊という現象は、環境的なものであるだけでなく、社会的あるいは政治的なものでもあるという主張——は、まだ守り抜けるかもしれない。「国家は国家的な危機を経験する」と、彼は『危機と人類』(2019年)に書いている。そうした危機は「国家の変化によって首尾良く解消されることもあれば、解消されないこともある。外的圧力あるいは内的圧力のどちらか「が引き起こした危機」にうまく対処するためには、選択的な変化が必要とされる。それは個人ばかりでなく国家にも当てはまる」。

西洋の政治思想のうちでも特に古くからあるのが、個々の人間とボディ・ポリティック（政治体）との類似性にまつわるものだ。トマス・ホッブズの『リヴァイアサン』（1・2、角田安正訳、光文社古典新訳文庫、2014・18年、他）のためにアブラハム・ボスが描いた扉絵を考えるといい。その絵には王冠を被った巨人が風景の向こうにそびえたっており、その胴と腕は300を超える人でできている。ダイアモンドはこのアイデアを、フィンランド、日本、チリ、インドネシア、ドイツ、オーストラリア、アメリカの国家の危機と回復に関する7つの事例研究で復活させた。これら7例が提供する基礎の上に、ダイアモンドは国家の危機への対策として12段階の戦略を提唱した。

1　個人であれ国家であれ、自らが危機にあることを認める。
2　その状況に対して何か手を打つ、個人としての／国家としての責任を引き受ける。
3　「解決する必要がある個人／国家の問題を明確に表すために囲い「必ずしも物理的なものではない」を構築する」
4　他の個人／国家から物質的支援や精神的支援を得る。
5　問題解決のモデルとして他の個人／国家を利用する。
6　「自我の強さ」（国家にとっては国家のアイデンティティの感覚に相当する）があるほうが、成功する可能性が高い。
7　ダイアモンドは個人と国家のどちらにも、「公正な自己評価」も推奨する。
8　過去に個人的／国家的な危機を経験していると助けになる。

9　忍耐力があると、やはり助けになる。
10　柔軟性を持つことは名案だ。
11　「核心的価値観」があれば、その恩恵に浴せる。
12　個人的／地政学的制約を免れられると、やはり助けになる。[43]

これらすべての問題は何かと言えば、現実には国民国家は個々の人間にそれほど似ていない点だ。どんな大規模政体とも同じで、国民国家は複雑系だと言ったほうが、はるかに正確だろう。そうであるがゆえに、私たちの種の個々の成員とは違って、おおむね正規分布の諸規則に支配されてはいない。たとえば、人間の成人はみなおおよそ背の高さが等しい。人間の身長の柱状グラフは正規分布を示す典型的なベルカーブ（釣鐘状曲線）になり、ほとんどの人が5～6フィートの範囲に収まり、身長が約2フィートを下回る人や約8フィートを上回る人はいない〔訳注　1フィートは約30・5センチメートル〕。アリの大きさの人間もいなければ、超高層ビル並みの高さの人間もいない。ところがこれは、歴史上は比較的最近ようやく優位に立った政体の形態である国民国家には当てはまらない。中国とインドという2つの巨大国家が、世界人口の36％を占めている。次に、アメリカを筆頭にフィリピンまで、1億人超の人口を抱える11の大国が並び、合わせると、世界人口の4分の1強を占める。１０００万～1億人の住民がいる中規模の国が75あり、合計で世界人口の3分の1に相当する。だがその後、人口１００万～１０００万人の71か国（人類の5％）、そして10万～１００万人の41か国（０・２％）、さらに、人口10万人未満の31か国がそれに続く。

国家の規模が正規分布していないのとちょうど同じで、危機も正規分布していない。戦争、革命、金融危機、クーデターといった、歴史家が好んで研究する主要な大変動は、頻度が低くて影響が大きい出来事であり、分布の裾に位置し、およそ「正規」とは言えない。イギリス、アメリカ、フランス、ロシア、中国のもののような歴史上の大革命は、至る所で起こりはしなかった。たいていの国の歴史には、記憶に残らないような反乱がいくつかあるだけだ。

ところが、個々の人間の経歴はそれとは違う。私たち全員が青年期や中年期に危機を迎えるわけではないが、迎える人が多いからこそ、そうした危機はわざわざ定義するまでもない。私たちの多くには1〜4人の子どもがいる。ほとんどの人が何かしらの健康危機を迎える。そして、第1章で見たように、誰もが死ぬ。それも、主に比較的狭い年齢の範囲でであり、死亡年齢も正規分布している。このように、個々の人間の人生は、周期的な進路をたどる可能性が非常に高い。

それとは対照的に、一部の国民国家は非常に長命だ。イギリス（グレートブリテン及び北アイルランド連合王国）には400年以上の歴史があり（連合王国の構成国ははるかに古い）、アメリカは建国から250年に迫っている。制度上のはなはだしい断絶を経験した国もある。中国の指導者は、自国には5000年前後の歴史があると主張したがるが、これは大ぼらであり、そもそもはイエズス会士たちが中国の歴史を紀元前2952年までさかのぼり、それを孫逸仙《スン・ヤットセン》（孫文《スン・ウェン》）が公式のものとした。孫は、紀元前2697年に統治を始めたと言われる神話上の人物黄帝《ホアンディー》を、中国の初代支配者と認定した。実際には、中華人民共和国は2019年に建国70周年を祝った。ジャレド・ダイアモンドよりも12歳若いわけだ。そして、世界の国民国家の大多数も、それよりたいして古いわけではなく、インドネシアのように、第2次世界大戦の終結に続く脱植民地化の時期に建国された。それでは、国民国家の平均寿命は？　誰にもわからない。

　要するに、国民国家が人間のように振る舞うと見込むのは、カテゴリー錯誤以外の何物でもなく、内燃機関の理解に基づいてハイウェイでの多重衝突の発生率を推定しようとするようなものだ。複雑な政体は個々の人間と同じ制約を課されていないからこそ、ダイアモンドのたとえは紛らわしい（このたとえを彼が人類全体に当てはめようとするときには、なおさら紛らわしくなる）。彼が挙げた7つの事例のそれぞれで、当該の国家は襲ってきた危機を首尾良く克服した。だが彼のサンプルには、取り返しのつかないかたちで崩れ去ったソ連やユーゴスラヴィアのような政体も、独立国家になれなかった植民地時代の保護領も、自治を成し遂げることができていないおびただしい数の民族集団も、1つとして含まれていない。もし国民国家が個人の大規模版ならば、そうした政体などは何だったのか？　政体は分割されても必ずしも命脈が尽きるわけではないから、政体には、私たち人間にはとうてい得られないような選択肢があるのだ。

## 予言者カッサンドラにかけられた呪い

「ことによると現在の国家の緊急事態は、下劣なドラマではなく古典悲劇と見なせないだろうか？」と、アメリカの劇作家デイヴィッド・マメットは2020年6月に尋ねた。「私たちの場合には、何が古代都市テーベの疫病に当たるものをもたらしたのか？」[44]。これは道理に適った疑問だ。なぜなら、もし歴史は周期的ではなく、個々の人間のライフサイクルをなぞっていないのならば、ひょっとすると劇的で、はるかに大きなスケールで――「世界という舞台」で――演劇における古典的な人間の相互作用を再現しているのかもしれない。

　とりわけ有名な惨事はみな悲劇であり、ジャーナリストにも日常的に悲劇と評されている。だが、惨事のうちには、厳密な意味で悲劇的なものがある。つまり、古典悲劇の約束事を守っているということだ。アイスキュロスの『アガメムノーン』のように、そこには予言者とコロス（合唱隊）と王がいる。予言者は前途に待ち受けている惨事を予見する。コロスは納得しない。王は破滅を運命づけられる。

コロスの1人：自分がどこにいるのかわからないのなら、教えてあげよう。お前はアトレウスの息子たちの館にいる。……

カッサンドラ：なんと……なんと……神々を憎む館……死と、惨殺された身内だらけの館……刎《は》ねられたいくつもの首……人を殺《あや》める血みどろの屋敷……

コロスの1人：この異邦人は猟犬のように鼻が利くらしい。血痕をたどっている。

カッサンドラ：……証拠が見える。間違いない。赤子たちが泣き叫んでいる。惨たらしく殺されているところだ。それから、その父親が、我が子の肉を火であぶって喰らっている……

コロスの1人：お前の予言の評判は聞いている。だが、ここアルゴスには、予言者を望む者など1人もいない。[45]

カッサンドラは、勝者である王アガメムノーンが、征服したトロイアから奴隷として連れ帰ってきた。だが王の妃のクリュタイムネストラは、夫が何年も前にトロイア戦争に向かうときに順風を願って生贄《いけにえ》にした娘イピゲネイアの恨みを晴らすために、暗殺を謀《はか》っていた。彼女は愛人のアイギストスに、アガメムノーンに取って代わらせることも望んでいた。カッサンドラは何が起ころうとしているか、はっきり見通していたが、自分の話を聞く者には誰も信じてもらえないという呪いをかけられていた。

カッサンドラ：ああ、なんと邪悪な女。やるつもりなのね。ほかならぬ夫を、床を共にする男を——その体を洗い清めたら……浴槽の中で……いったいどのような結末になるか、どうして口にできようか？　まもなくその結末が来る。あの女は片手を伸ばしている……そして今、もう一方の手が王の方に伸び……

コロスの1人：私にはまだわからない。彼女が言っていることは支離滅裂だ。暗い予言に途方に暮れてしまう。……

コロス：そもそも予言から、いったいどんな幸いが人間にもたらされるというのか？[46]　……

カッサンドラ：けれど、私たちが死ねば、必ず神々の復讐がある。別の人がやって来て、私たちの仇を討つ。母親を殺し、それから父親の死の報復をすることになる男が。国を追われてさまよい、よそ者となった男が。その男が戻ってきて、笠石を載せるように、一家の破綻に終止符を打つ。[47]

アガメムノーンが本当に殺されると、コロスはみなうろたえ、言い争う。アイスキュロスはコロスに王殺しにどう対応すればいいかをめぐって煮え切らない口論をさせる。[48]『オレステイア』三部作の第2部と第3部で、予言は容赦なく現実のものとなる。『コエーポロイ』（『供養する女たち』）では、アガメムノーンの息子オレステスがアルゴスに戻り、姉エレクトラとともに、母親とその愛人の殺害をたくらむ。母親殺しを遂げたオレステスは、復讐の女神たちに取り憑かれる。『エウメニデス』（『慈愛の女神たち』）では、

wur gen/von haissens wegen ö küngin Clitimestre
Troya
Virgo qnto en.
Ecce trahebatur passis priameia virgo.
Crinibus a templo casandra aditisq minerue.
Von Casandra der tochter pami das xxxiij capitel.

トロイアの陥落を予言するカッサンドラ（左）と彼女の死（右）を描いた木版画。1474年頃にドイツのウルムでヨハン・ツァイナーが印刷した、ジョヴァンニ・ボッカッチョの『名婦列伝』のハイリッヒ・シュタインヘーベルによる訳より。

オレステスは女神アテナに正義を求め、それが、初の陪審裁判というかたちでかなえられる。

　これらの古代悲劇の中では、神々への反抗の結果がはっきりと示されている。オレステスは「殺人の罪に対する天罰」――父親の死の復讐を果たさない結果――をこの上なくおぞましい言葉で説明する。「地の底からの疫病や、肉を蝕む腫れ物、体を嚙み砕く牙、傷口で膿ができる乾癬[49]」。それとは対照的に、アテナイは、オレステスの無罪を受け容れた「慈愛の女神たち」によって、そうした天罰から守られる。コロスは次のように歌う。

> どんな風にも木々を倒させず、砂漠の灼熱が押し寄せて、芽吹く草木を萎えさせることもさせず、害虫にも果実を台無しにさせない。……人の命を奪うような内戦がけっしてこの町を喧騒に包んだりし

ないことを祈る。願わくは、ここの大地が市民の黒い血を飲むことがないように。復讐を求める激情が国を葬るような戦争を引き起こすことがないように。[50]

惨事は、古代ギリシアでは想像を絶する不慮の出来事ではなかった。惨事はけっして遠くにあるわけではなく、神々の善意によってのみ食い止められていた。

ソフォクレスの『オイディプス王』にも同じような悲劇的な惨事が見られる。この作品では疫病というかたちで天罰を受けるのはテーベだ。

国という我らの船は
はなはだしく打ちのめされ、もはや頭をもたげることもかなわず、
うねる血の大波に没している。
穀物は穂の中で病に蝕まれ、
草を食《は》む家畜の群れも病に倒れ、
産気づいた女たちも患い、そのうえ、
疫病の神は、燃え盛る松明《たいまつ》を手に
我らの町に襲いかかった。[51]

デルポイの神託によって、オイディプスは先王ライオスを殺した男を見つけなければならなかった。だが、この作品の予言者テイレシアスは、オイディプス自身が下手人であること、そして、彼が父親を殺し

たばかりか、じつの母のイオカステと結婚して近親相姦まで犯したことを知っている。オイディプスは自分の境遇の実情を知ると、自らの目を潰し、テイレシアスの予言が実現する。

リチャード・クラークとR・P・エディが主張しているように、現代の多くの惨事がこれらの古典悲劇と重なる。[52] ハリケーン「カトリーナ」、福島第1原子力発電所事故、イスラミックステート（ISIS）の台頭、金融危機——どの場合にもカッサンドラがいて、その言葉が顧みられなかった。クラークとエディの「カッサンドラ係数」は、惨事の脅威、惨事の予言者、意思決定者、警告を見くびり、退ける批判者という、4つの構成要素から成る。この枠組みの中では、惨事は予測可能だが、さまざまな認知バイアスが相まって、必要な先制措置を妨げる。

惨事は、以前に（あるいは最近）起こったことがなかったり、大多数の意見が誤っていて発生の可能性が退けられていたり、あまりに突飛に思えたりすると、想像するのが難しい。[53] カッサンドラたちは、説得の技能を欠いているかもしれない。意思決定者たちは、責任の拡散や既定路線の惰性、規制の虜、知的不適任、イデオロギーによる視野の狭さ、純然たる臆病、サティスファイシング（問題に取り組むが、解決しないこと）あるいはきわめて重要な情報を知らせないことなどの官僚主義の病的逸脱といった状態に陥っているかもしれない。[54] そして、「コロス」——世論というよりは専門家の意見——は、確実性（ランダム化比較対照試験、専門家の査読を受けた論文など）の渇望、斬新な説はすべて偽りであることを証明しようとする習慣、「確立された科学」に肩入れしてきたことに伴う埋没費用といった、別の種類のバイアスの餌食になりうる。[55] 論説ページやトーク番組で無数の偽りの予言をしたいという誘惑に負ける可能性もあることは、言うまでもない。

多くの専門家は、計算できるリスクを喉から手が出るほど欲しがり、不確実性は嫌う傾向にある。両者の違いは重要だ。シカゴ学派の経済学者フランク・ナイトは、1921年に次のように主張した。「不確実性はリスクというお馴染みの概念とは根本的に異なる意味で解釈しなければならない。……測定可能な不確実性、すなわち、厳密な意味での『リスク』は……測定不能な不確実性とはあまりにかけ離れているので、事実上、それはまったく不確実性ではない」。「まったくもって独特なために、他の例がなかったり、不足したりして、現実の確率についての数値を推定するための、十分に類似した例に基づく基準を作ることができない」出来事が繰り返し起こるものだ[56]。同じことをジョン・メイナード・ケインズが1937年に見事に言い表した。彼は著書『雇用、利子および貨幣の一般理論』（上・下、間宮陽介訳、岩波文庫、2013年、他）の批判者たちへの応答として、次のように書いている。「『不確かな』知識というのは」

たしかにわかっていることと、たぶんそうであろうというだけのことを、たんに区別することを言っているのではない。この意味では、ルーレットというゲームは不確実性の支配下にはない。……寿命もほんのわずかに不確かなだけだ。天気でさえ、ほどほど不確かにすぎない。ヨーロッパで戦争が起こる見通しは不確かだ、とか……今から20年後の利率は［不確かだ］とか言うようなときの意味で、私はこの言葉を使っている。……こうした件に関しては、いかなる計算可能な確率も導き出せるような科学的根拠はない。とにかくわからないのだ[57]。

## 認知バイアス

私たちは計算可能なリスクにさえ手を焼いているのだから、なお悪い。それは、多くの認知バイアスのせいだ。人は、金銭上の単純な選択に直面したときに確率の計算を誤りがちであることを、ダニエル・カーネマンとエイモス・トヴェルスキーは有名な論文の中で、一連の実験によって立証した。2人はまず、サンプルの1人ひとりに1000イスラエル・ポンドを与えた。それから（a）さらに1000ポンド獲得する50％の可能性と（b）さらに500ポンド獲得する100％の可能性のどちらかを選ぶ機会を与えた。すると、16％の人しか（a）を選ばなかった。残る全員（84％）が（b）の選択肢を選んだ。次に、2人は同じサンプルに、それぞれ2000イスラエル・ポンドをもらったところを想像するように言ってから、先程とは別の選択肢を提示した。（c）1000ポンド失う50％の可能性と（d）500ポンド失う100％の可能性だ。今度は、過半数（69％）が（c）を選び、31％しか（d）を選ばなかった。ところが、手元に残るお金の観点からは、2つの課題は同一だった。どちらの場合にも、1000ポンド手元に残る50％の可能性と、2000ポンドもらえるやはり50％の可能性（aとc）か、確実に1500ポンドが手に入る選択肢（bとd）のどちらかを選べた。カーネマンとトヴェルスキーは、これや他の実験で、著しい非対称を突き止めた。すなわち、望ましい見通しにはリスク回避、一方、望ましくない見通しにはリスク追求だ。[58]

この「不変性の失敗」は、本物の人間を新古典派経済理論のホモ・エコノミクスから区別する多くの経験則バイアス（進化によって生じた思考様式あるいは学習様式）の1つにすぎない。ホモ・エコノミクスは、利用可能な情報すべてと、本人の期待効用に基づいて合理的に決定を下すはずの人間だ。他の実験から、私たちは以下のような認知の罠《わな》に簡単に陥ることがわかっている。

「利用可能性バイアス」は、本当に必要としているデータではなく、記憶の中で簡単に利用できる情報に基づいて決定を下させる。

「後知恵バイアス」は、出来事が起こる前（事前）に付与したよりも高い確率を、起こった後（事後）にその出来事に付与させる。

「帰納法の問題」は、不十分な情報に基づいて一般的な規則を導き出させる。

「合接の誤謬《ごびゅう》（あるいは「選言の誤謬」）」は、たとえば、90％の確率の7つの出来事がすべて起こる確率を過大評価する一方で、10％の確率の7つの出来事の少なくとも1つが起こる確率を過小評価する傾向があることを意味する。

「確証バイアス」は、初期仮説の誤りを立証する証拠よりも、確証する証拠を探し求めさせる傾向がある。

「汚染効果」は、無関係だが最も近い情報が決定に影響を及ぼすのを許させる。

「感情ヒューリスティック」は、あらかじめ持っている価値観に、費用と便益の評価が邪魔されること。

「スコープの無視」は、異なる規模の害を避けるためにそれぞれどの程度の犠牲を払うべきか、釣り合いが取れるかたちで調整するのを妨げる。

「較正《こうせい》の過信」は、自分の推定が確固としている範囲の外の事象まで、確固としているかのように思い込む（たとえば、「最も望ましい」筋書きを「最もありえそうな」ものと混同する）。

「傍観者の無関心」は、群衆の中にいるときに個人の責任を放棄させる傾向がある。[59]

人間は他にも多くのかたちで過ちを犯す。「認知的不協和」という言葉を造ったのが、アメリカの社会心理学者レオン・フェスティンガーだ。フェスティンガーは、独創性に富んだ1957年の著書の中で次のように主張した。「矛盾を前にすると、心理的不快感が生まれ」、したがって、「［認知的］不協和が存在すると……［その影響を受けた］人は、その不協和を減じ、協和を達成しようという動機を与えられる」。さらに、「不協和があると、人はそれを減じようとすることに加えて、その不協和を増しそうな状況や情報を積極的に避ける」。[60] とはいえ、多くの人が長期間そうした不協和とうまくつき合うことを学習できるという証拠がかなりある。認知的不協和は、人前での言動と内々での言動の食い違いから成ることが多い。これがかつて、世界中の共産主義体制下での生活の基盤だった。そして、資本主義社会に暮らす人々も、同じぐらいたやすくそれをやってのけられることがわかった。たとえば、気候変動の危機についての会議に自家用ジェット機で出かけたりする。それには不快感がほとんど伴わないことを社会心理学は予測している。

あるいは、「カテゴリー錯誤」という概念を例に取ってもいい。これは、オックスフォード大学の哲学者ギルバート・ライルの造語だ。ライルは著書『心の概念』（1949年）の中で、いかにもイギリス人らしい例を挙げている。「初めてクリケットの試合を目にした外国人が、ボウラー（投手）、バッツマン（打者）、フィールダー（野手）、アンパイア（審判）、スコアラー（記録員）の役割を学ぶ。それから言う。『でも、チーム・スピリットという有名な要素に貢献する人がフィールドには1人も残っていないではないですか』[61]」。ライルはさらに、彼の最も有名な主張をする。すなわち、ルネ・デカルトが人間の心を「機械の中の幽霊」――体とは別個のもの――としたのは間違っていた、というのだ[62]。私たちには体とは別個の心などなく、それは、クリケットのチームには、他の選手たちの士気を高めるのが仕事の12番目の選手がいないのと同じことだ。それにもかかわらず、現代の言説には、それに似たカテゴリー錯誤があふれている。たとえば、国民国家は何百万もの個人から成り立っているので、個々の人間と同じように危機を経験するはずだ、といった思い違いがそうだ。

## 死と隣り合わせの日常

ウェールズの歴史家キース・トマスが著書『宗教と魔術の衰退』で主張しているように、17世紀後半に人類は迷信の境界を乗り越えて科学へと進んだと考えたなら、元気が出る[63]。だが現実には、「科学」とは複雑で、議論の的となっている領域であり、アメリカの科学哲学者トーマス・クーンがとうの昔に主張したように、そこでは新しいパラダイムはほんの少しずつしか古いパラダイムを打ち負かせない[64]。しかも、科学的方法を濫用すれば、偽りの相関関係――一例を挙げれば、黄道12宮の星座と、幹細胞移植を受けた白血病患者の生存率の相関関係――をいくらでも生み出すことが可能だ。[65] 同時に、科学の進歩は呪術的思考の衰退ばかりではなく宗教的な信念や儀式の衰退にもつながった。G・K・チェスタトンが予見したように、これには、人々の心の中に新しい形態の呪術的思考の入り込む余地を生み出すという、意図せざる結果が伴った。* 現代社会は、宗教や魔術の代理となるものを非常に受け容れやすく、それが、よく見てみれば18世紀以前の行動によく似た不合理な活動の新しい形態につながっている。

そのような頑迷さは「超予測」という方法で克服しうると信じるのも、心地良いだろう。この考え方を最初に提唱したのが政治学者のフィリップ・テトロックで、彼は熟練の予測者のトーナメントやさまざまな形式の説明責任によって、個々のバイアスを克服しようとしてきた。[66] だが、テトロックの「優れた判断力プロジェクト」でも指折りの優秀な予測者たちは、イギリスの有権者がまさに欧州連合（EU）離脱を選ぶ直前に、その確率は23%しかないと言っていた。2020年2月20日、テトロックの超予測者たちは、1か月後に新型コロナウイルスの感染者が20万人を超える可能性は3%しかないと予測していた。だが、実際には超えた。ゼイネプ・トゥフェクチは、新型コロナの危険性を比較的早く認識した著述家の1人だった。だが、2014年のある記事では、エボラ出血熱のパンデミックについても、ほぼそっくりの警告を発し、2014年末までには100万人の感染者が出る可能性があると予測した。実際の感染者数はわずか3万人ほどだった。[67]

＊ チェスタトンは、「人が神を信じるのをやめたときには、何も信じなくなるのではない。何でも信じるのだ」と言ったと広く信じられているが、そういう事実はない。それにいちばん近いものとしては、短篇「ムーン・クレサントの奇跡」での以下の言葉がある。「諸君、断固たる唯物論者［は］みな、信仰の間際でバランスを取っている――ほとんど何物をも対象とする信仰の間際で」

だとすれば、見たところランダムなカタストロフィに見舞われる世界では、私たちの心が予想をするのにはまったく不向きであるのも無理はないし、普通の人がしきりにブラックユーモアに訴えてきたのもうなずける。第1次世界大戦のさなか、西部戦線の塹壕の中で、イギリス兵の間ではやった歌がある。戦前の救世軍の軍歌のパロディだ。

地獄の鐘がティング・ア・リング・ア・リングと鳴り響く
私のためではなくお前たちのために。
私のために天使たちがシング・ア・リング・ア・リングと歌う
彼らは私のための物資を持っている。
ああ、死神よ、汝のシング・ア・リング・ア・リングはどこにある？
ああ、墓よ、汝の勝利は？
地獄の鐘がティング・ア・リング・ア・リングと鳴り響く
私のためではなくお前たちのために！[68]

この歌詞を書き留めたロンドンのナイツブリッジの法廷弁護士（甥で、部下が歌っているのを耳にした少尉が送ってきた手紙から書き写した）は、その重要性を十二分に理解した。これは、中間地帯の向こう側にいるドイツ兵に向けられたものではない、とその弁護士は主張した。

勝ち誇るようなこの奇妙な信条は……この世の敵への反抗ではなく、この戦争が引き出した勇ましくも軽薄な言動のさらなる例にすぎないのだろう。それはイギリス兵の軽く皮相的な死の受け容れ方だ。これほど重大なことを、少しばかりのユーモアも交えずに行おうとしたなら、それはルールに反することになる。だからこそ、無数の塹壕を、いつ木っ端微塵にされてもおかしくない兵士が、このような驚くべき歌詞を口ずさみながら埋め尽くしているのだ。……なんと素晴らしいことではないか？そしてなんと信じ難いことではないか？　これは厳密には宗教ではないが、それでいて、宗教なのだ。信念ある諦観、尊大さを伴う落ち着きだ。[69]

これは、人命の損失の観点からはイギリス史上最大の軍事的惨事であるソンムの戦い（第6章参照）直前のことだった。この戦いでは、合計すると、1914～18年にイギリス陸軍で軍務に就いた兵士の13％（67万3375人）が亡くなり、32％が負傷した。

戦争では疫病のときと同様、私たち人間は、自分個人は生き延びると信じる奇妙な傾向を持っている。それは正しいこともある。つまるところ、戦争では生き延びる人のほうが亡くなる人よりも多かったからだ。部下が「地獄の鐘」を歌うのを聞いた若い将校のトビー・スターは、幸運だったばかりでなく勇敢でもあった。2個小隊を率いていてドイツ軍の地雷が爆発したときに、無傷で済み、「おおいに動揺したものの、ただちに機関銃を装備した1隊を組織して、迫ってくる敵を薙ぎ倒させ、効果的に撃退し……銃火をかいくぐって、埋もれた大勢の部下の救出に貢献した」。スターはこの功績を認められて、ヴィクトリア十字勲章を与えられた。[70]とはいえ原則としては、地獄の鐘は私たちの個人的な特性とはほぼ無関係にティング・ア・リング・ア・リングと鳴り響く。そして私たちは、その鐘が自分のためにティング・ア・リングと鳴り響く確率の推定は、恐ろしく下手でありがちだ。

突然の死と背中合わせのときには、絶望的な状況で発する、いわゆる「絞首台のユーモア」が適切な応答なのだろう。アメリカ軍にも「地獄の鐘」に相当するものがあり、「ＳＯＬ」という冷笑的な頭字語で表されている。もともとは「soldier（兵士）」の公式の略語だったが、早くも１９１７年には「soldier out of luck（運の尽きた兵士）」、その後は「shit out of luck（まるっきりツイていない）」（死ぬことからディナーに遅れることまで、何にでも使える）という意味を表すようになった。第2次世界大戦では、「situation normal : all fouled（あるいは fucked）up（通常の状態——万事めちゃくちゃ）」を略した「ＳＮＡＦＵ」という言葉が使われた。『オックスフォード英語辞典』によれば、「頭字語として使われ、兵卒による、戦争の無秩序と上官の無能の受容を簡潔に伝える表現」、あるいは「物事があまりうまくいっていないことを示すための表現」となる。１９４４年には、アメリカの航空軍の爆撃機搭乗員が、ＳＮＡＦＵよりもなお極端な状況を表す別の頭字語を考案した。「ＦＵＢＡＲ」、すなわち「fouled（あるいは fucked）up beyond all recognition（原形をまったくとどめないほどめちゃくちゃな）」だ。この頭字語は、やはり『オックスフォード英語辞典』によれば、「駄目にされた、台無しにされた、めちゃくちゃにされた」状態を意味しうるが、「極端に酩酊した」という意味もあるそうだ。

その後、サンフランシスコの通りでは、ＳＯＬやＳＮＡＦＵやＦＵＢＡＲのように、そこに端を発したある言葉が一般にも広まり、ありとあらゆる種類の不運に出くわしたときに口にされるようになった。その言葉、「shit happens（クソみたいなことはありがちだ）」（もう少し上品に言う場合には「stuff happens（いろいろなことが起こるものだ）」「it happens（よくあることだ）」）は、「ギャングと警察」という論文を書いていた州立大学バークリー校の大学院生によって１９６４年に初めて記録された。彼が話を聞いたギャングの1人で、16歳のアフリカ系アメリカ人の若者は、友人たちと映画を観た後、サンフランシスコのマーケット・ストリートを歩いていたときに、2人の警察官に何の理由もなく呼び止められ、逮捕するぞと脅された。「そういうクソみたいなことが、しょっちゅうある」とその若者は言った。「そんなふうに腹が立つ目に遭わされない日なんかありゃしない[71]」。その日、警察官たちは人種差別的な言葉を使った（「いいか、お前らみたいな黒人のアフリカ人は自分の槍を持ってさっさと家へ帰れ！　通りをうろついてるんじゃないよ」）が、暴力は振るわなかった。とはいえ、振るっていてもおかしくなかった。状況はまったく違っていたものの、トビー・スターと同じで、「クソみたいなことはありがちだ」という言葉の元祖は、あわやという場面を生き延びた――そういう場面が何度となくあったことは間違いない。日常的に惨事を身近で目にしている人にとって、それは予想どおり周期的でもなければ、言いようもないほど悲劇的でもない。人生とはそういうものでしかないのだ。

# 第3章　惨事はどのように起こるのか？

神々にとって我らなど、腕白どもにとっての虫けらのごときもの。
慰みに殺される。

――『リア王』

## 灰色のサイとブラック・スワンとドラゴンキング

２０２０年前半、窮地に立たされて国民の支持を集めようとする指導者たちの間では、新型コロナのパンデミックは戦争だ、と言うのがありきたりになった。ただしそれは、「目に見えない敵」に対してのものだったが。[1] 多くの歴史家が、慎重な但し書きつきではあるものの、このたとえを是認した。[2] もちろん、明白な理由から、パンデミックは戦争とは非常に異なる。私たちはパンデミックを天災と考えるのに対して、戦争は人災だ。この区別については、後程、立ち戻ることにする。パンデミックの場合に人の命を奪うのは病原体だが、戦争では人間が人間を殺す。それでもなお、これら2種類の惨事には、超過死亡という厳然たる事実以外にも共通点が多い。どちらも、本書のテーマである稀で大規模な惨事という、特別な部類に入る。

あらゆる戦争の勃発が青天の霹靂《へきれき》さながらというわけでない。だが、1914年の第1次世界大戦の勃発は、そのように見えた。1914年の人々は、ヨーロッパで大規模な戦いが起こりうることは長らく承知していたし、その結果がどれほど悲惨なものになるかも理解していたが、それでも、教養ある人や情報通の人の間にさえ、6月後半まで、ハルマゲドンが迫っていることがわかっている者はほとんどいなかった。感染力が強いさまざまな新しい病原体が及ぼす脅威について繰り返し知らされていながら、世界保健機関が警告していた未知の感染症「疾病X」が2020年に本当に出現したときに、その危険を無視したり軽視したりすることを選んだ人々にも、同じことが言えるかもしれない。したがってこの感染症は、初期段階には、第1次世界大戦の最初の数か月とおおむね同じ結果、すなわち、金融パニック、経済的混乱、一般大衆の不安、かなりの水準の超過死亡をもたらした。ただし、死亡者が多かったのは若い盛りの男性ではなく、高齢の男女だったが。

1つの重要な違いは、新型コロナのパンデミックが始まったときには、それを埋め合わせるような、愛国心による士気の高揚が起こらなかった点だ。逆に、類似点としては、どちらの場合にも、危機が「クリスマスまでに終わり」そうにないことが明らかになるにつれ、調整の過程が始まったことが挙げられる。悲惨な出来事は、いったん過ぎてしまうと、その出来事によって人生が破綻した人には、当時、認識できなかった形を取る。開戦翌月の1914年8月、第1次世界大戦の銃声が止むのが4年3か月後になろうとは、誰にもわからなかったし、1340年にスロイス沖でイギリスとフランスが衝突した海戦にかかわった人間で、両国が百年戦争に乗り出しつつあったことを知っている者は1人もいなかった。なにしろ、「百年戦争」という言葉が造られたのは、1823年になってからだったのだから。[3]

当然ながら、歴史などまるで知らない人もいる。「これは信じ難いほど珍しい状況だ」とある金融の専門家は2020年3月に『フィナンシャル・タイムズ』紙に語っている。「かつて見たこともない類の危機だ」[4]。危機について「前代未聞の」といった言葉を使う人が一般に、歴史についての自らの無知を伝えているにすぎないことを、これは例証している。それよりましとも言い難いのが、このパンデミックの意味合いを理解しようとして人々が使った杜撰《ずさん》な歴史のたとえだ。3月にはカンタベリー大主教が、パンデミックの影響を核爆発になぞらえた。「当初の衝撃は途方もないが、死の灰は何年も降り続き、この時点では予想の立てようもないかたちで私たちの将来を決めるだろう」[5]と彼は述べた。これは誤解を招きかねない。なぜかを知りたければ、1945年に最初の作戦用原子爆弾が上空で炸裂した広島と長崎で何が起こったかを考えるだけでいい。広島で「リトルボーイ」によって即死した人の数は、半年前にドレスデンの爆撃による火災旋風で亡くなった人の数とほぼ同じで、3万5000人前後だった。だが、1945年末には、日本の死亡者ははるかに増え、広島では14万人、長崎では7万人にのぼった。そのうえ、2発の原子爆弾の放射線放出が原因の白血病と癌で、その後も厖大な数の人が命を落としている。

この文章を書いている時点（2020年10月22日）で、新型コロナによる死亡者は、世界中でおよそ10か月の間に110万人超と推定されている。多様な国々で、想定されている死亡者数と超過死亡を比較して判断すると、これは過小評価である可能性が非常に高い[6]。そして、本書がやがて印刷に回される間にも、この数字は確実に増え続けるだろう。これらはたしかに、2つの世界大戦の大規模な戦いに匹敵する数だ。とはいえ、核爆発の即時の衝撃波やその後の放射線とは違い、新型コロナウイルスは個人や社会が適切な対策を講じれば避けることができるウイルスだ。イタリアとニューヨーク州に投下されたのと同じ「爆弾」が台湾にも投下された。それなのに、現時点までに新型コロナで亡くなった人は、台湾では

7人、ニューヨークでは3万3523人だ。だからといって、地政学的なたとえが常に無効であるわけでもなければ、今回のパンデミックを理解するには他のパンデミックの研究だけしか役に立たないというわけでもない。ただ、新型コロナは、歴史の中で不規則な間隔を置いて人類に襲いかかる稀なカタストロフィの1つと考える必要があるということだ。そうしたカタストロフィには、パンデミックに加えて、大戦争、暴力的な革命、火山噴火、地震、林野火災や洪水といった異常気象に関連した事象も含まれる。歴史家はそのような極端な惨事の研究に引かれる傾向があり、特に人災を好む。ところが、惨事の共通の特性についてじっくり考えることはめったにない。

2020年に世界を席巻した種類のパンデミックは、大戦争と同じぐらいの頻度で起こる出来事だ。ある非常に影響力の大きい疫学モデルは、2020年のパンデミックは非薬理学的介入を行わなければ全世界で4000万人の死亡者を出しうるとした[7]。78億人という世界人口を踏まえると、それは第1次世界大戦の戦場での死亡率にかなり近い。新型コロナによる最終的な死亡者数がそこまで増えないだろうことは明らかに思える——インペリアル・カレッジ・ロンドンのモデルがこの病気の感染者致死率を過大評価したから、あるいは、ソーシャルディスタンシングやロックダウンその他の措置が本当に大量死を防いだからだ——が、この危機の勃発時にはそのような保証はなかった。第1次世界大戦も、当時の多くの人が勃発時に予期していたとおり、5か月以内に終結していたら、やはりあれほどの死亡者は出さなかっただろう。

これら2つの本質的に異なる惨事の注目すべき特性は、それぞれが起こる前に同時代人に長年にわたって繰り返し予測されていた点だ。その意味で両者は、アメリカの著述家ミシェル・ワッカーが、「ハリケーン『カトリーナ』や2008年の金融危機、2007年のミネソタ州での橋の崩落、サイバー攻撃、林野火災、水不足」と並んで、「灰色のサイ」と呼んだもの、すなわち、「危険で、明らかで、非常に起こりそうな」ことの例だ。[8] それにもかかわらず、第1次世界大戦と新型コロナの流行が実際に起こったとき、両者は「ブラック・スワン」、すなわちじつに驚くべき出来事として受け止められた。ナシーム・タレブはブラック・スワンを、何であれ、「限られた経験に基づいている私たちには、ありえないように見える」出来事と定義している。[9] 進化と教育のせいで特定の経験則バイアスを持っている私たちは、たいていの現象が（人間の背の高さのように）正規分布していることを予期している。だが、ほんの一例を挙げれば、林野火災の統計的分布は、まったく異なる諸規則に従う。必ずではないが、「冪乗則」に従うことが多いのだ。林野火災には「典型的」なものや平均的なものはない。グラフに記入すると、林野火災の分布は、平均値の周辺に大半が密集しているお馴染みのベルカーブにはならない。規模と発生頻度に基づいて対数グラフに記入すると、直線になる。[10]

冪乗則（あるいは、それにおおよそ類似する分布）は、驚くほど普遍的だ。ただし、その線の傾きの険しさにはばらつきがある。[11] 冪乗則は、さまざまな草食動物の摂食パターンは言うまでもなく、地球を周回している隕石や破片、月面のクレーター、太陽フレア、火山噴火の大きさの分布の特徴にもなっている。人間界でも、日々の株式市場の収益率、興行収入、ほとんどの言語での単語の使用頻度、苗字の頻度、停電の規模、犯罪者1人当たりの告訴件数、各人の年間医療費、なりすまし犯罪の被害額など、多種多様な冪乗則の例に出くわす。L・F・リチャードソンが挙げた「死者を生じた争い」の分布（第1章参照）は、必ずしも冪乗則の例とは言えなかった。厳密には、それはポアソン分布であり、戦争だけでなく放射性崩壊や癌クラスター、竜巻、インターネットのサーバーにリクエストされるアクセス数、前の時代なら馬に蹴られて亡くなる騎兵の数などにも当てはまる、本質的にランダムなパターンだ。

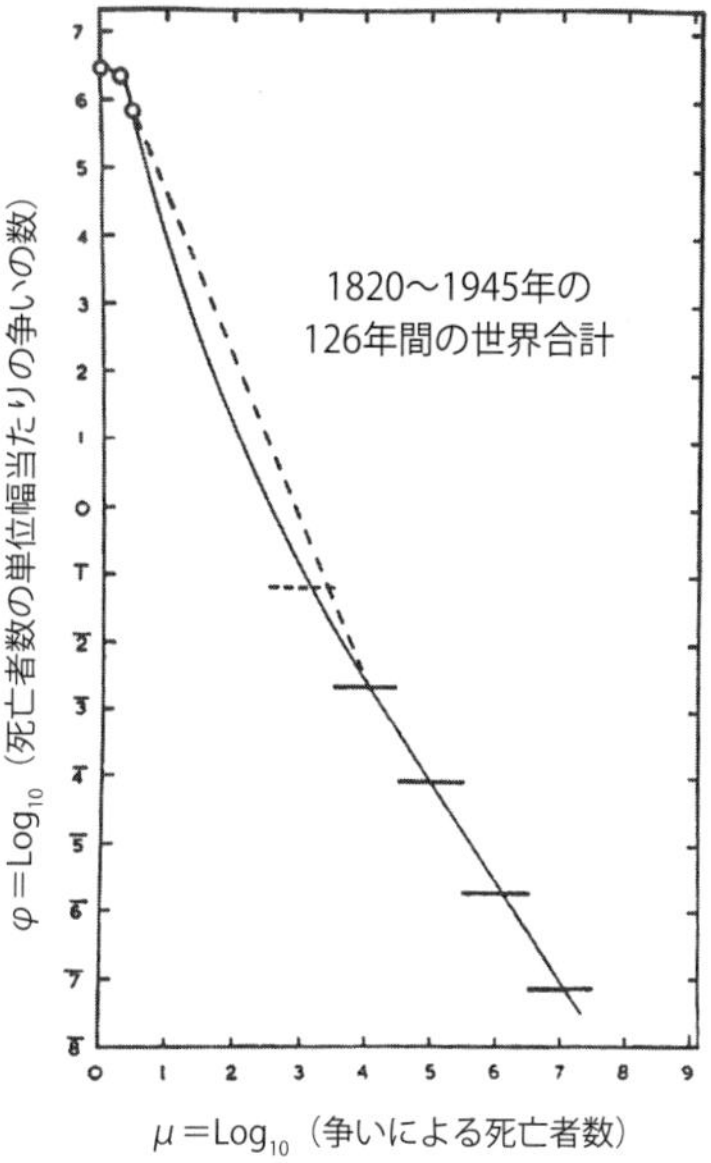


L・F・リチャードソンが、それぞれの大きさの争いの数をその争いで亡くなった人の数と比較して記入したグラフ。彼の『死者を生じた争いの統計（*Statistics of Deadly Quarrels*）』より。これまでのところ、マグニチュード7（つまり、死亡者数が1000万の桁）の死者を生じた争いは2つの世界大戦しかない。現時点まで、殺人——マグニチュード0の死者を生じた争い（つまり、死亡者数が1）——で亡くなった人の合計は、世界大戦の戦死者の約4分の1だ。

冪乗則とポアソン分布の厳密に数学的な区別にここで時間を割く必要はない。本書では、どちらの分布でも大きな出来事が正規分布の場合よりも頻繁に起こることを知っておけば十分だ。戦争の場合には、リチャードソンは自分のデータに、戦争の時期と規模を解明できるような、死者を生じた争いのパターンを見つけようと懸命に努力した。戦争の数が減少あるいは増加する、長期的な傾向はあるだろうか？　戦争は国家間の地理的近さに関係しているのか、それとも、社会的要因や経済的要因や文化的要因に関係しているのか？　答えは、どれについても、ノーだった。データは、戦争がランダムに分布していることを示した（リチャードソンの言葉を借りれば、「データは全体として、死者を生じた争いが増える傾向も減る傾向も示していない[12]」となる）。この点で、戦争は現にパンデミックや地震に似ている。いつ、どこで、特定の出来事が起こるかも、どれだけの規模になるかも、私たちは前もって知ることができない。現代の研究者の一部は、データの中に、より平和な世界へという、もっと勇気づけられる傾向を見続けているが[13]、人類は「紛争の雪崩《なだれ》」あるいは「ランダムに分枝する」武力紛争の連鎖反応を起こす傾向が相変わらずある、というのがより説得力のある見方だ[14]。

1つだけ例外があるかもしれない。フランスの地球物理学者ディディエ・ソネットは、「ドラゴンキング」を冪乗則の分布の外にあるほど極端な出来事と定義している。彼は、都市の大きさ、材料破壊に関連したアコースティック・エミッション、流体力学乱流における速度増分、金融市場での最高値からの下落率、人間と動物における癲癇《てんかん》性発作、(ことによると)地震という、6つの領域で例を見つけている。ドラゴンキングは、「極端な出来事であり、同種の規模の小さい出来事とは統計的・機構的に異なる」と彼は主張する。それらは、「ある程度の予測可能性を示す。なぜなら、他の出来事とは異なるかたちで表されたメカニズムと結びついているからだ。ドラゴンキングは、相転移や分岐、カタストロフィ、転換点と結びつけられることが多い。それらの創発的な組織は有用な先行物を生み出す[15]」。とはいえ、ドラゴンキングが襲ってくる前に、そのような先行物がどの程度まで確実に特定できるかは定かではない。

ある出来事は、どのようにして灰色のサイ(際立って予測可能)からブラック・スワン(おおいに意外)へ、さらにドラゴンキング(途方もなく大きい)へと変化するのか? 歴史家にしてみれば、灰色のサイからブラック・スワンへの変容は、前章で論じた認知的混乱の問題を例証している。そうした混乱がなければ、何度も予測されていた惨事が起こったときに青天の霹靂のように経験されることが、どうしてありうるだろうか? 一方、ブラック・スワンからドラゴンキングへの変容は、大勢の人の命を奪う惨事から、直接の死亡者数よりもはるかに広く深刻な結果をもたらす惨事への変化だ。統計的に証明するのは難しいだろうとはいえ、ドラゴンキングはカタストロフィの領域にさえ入らない所に存在しているように見えることも、指摘しておく価値がある。これまでに聖人やカルト教団の創設者は無数にいたが、何億もの信奉者を集め、何世紀にもわたって持ちこたえることができる世界宗教を創設した人は3人しかいない（釈迦とイエス・キリストとムハンマドだ）。これまで、そして今も相変わらず、非宗教的な政治理論家は無数にいるが、何億もの信奉者を奮い立たせたばかりか、多数の政党や革命、ソ連と中華人民共和国という歴史上屈指の2大国まで誕生させるきっかけとなったカール・マルクスに並ぶ者はいない。同様に、人類史にはテクノロジー上の変化の時期が何度もあったが、当初は織物と鉄の製造と蒸気動力の応用に集中していたものだけが、産業革命を引き起こした。これらの極端なまでに他から外れた「アウトライアー」はブラック・スワンよりもドラゴンキングに似ているように見える。とはいえ、それらが実際にはどれほど予測可能かは明白には程遠い。

もし自然現象や人為的現象のこれほど多くが冪乗則の分布あるいはポアソン分布を見せるのなら、歴史が周期的だなどということがどうしてありうるだろうか？　世の中がこれほどランダム性に満ちあふれているのなら、悲劇とは、オイディプスが王として統治している間にテーベがたまたま疫病に見舞われるという不運の、もっともらしい説明以外の何物でもないではないか？　無神論者の魔術師ペン・ジレットが述べているように、「運は統計を個人的に受け止めたものだ」。

## バタフライ効果

カオス理論の先駆者エドワード・ローレンツは、ブラジルでチョウが羽ばたくと、テキサスで竜巻が起こりうると言ったことで有名だ。わずかな変動でさえ、非線形関係に支配されている複雑系に途方もない影響を与えうる、と彼は主張した。ローレンツがこの「バタフライ効果」を発見したのは1961年で、マサチューセッツ工科大学で気象パターンのシミュレーションを行うために考案したコンピューターモデルを使って実験をしていたときのことだ（もともと数学を学んでいたローレンツは、第2次世界大戦中に気象学者になった）。以前にも行ったシミュレーションを繰り返していたが、変数の1つの0・506127を四捨五入で0・506にした。すると意外にも、このわずかな変更のせいで、コンピューターが生み出した気象のシミュレーションは大幅に変わってしまった。

このテーマでローレンツが書いた「決定論的非周期的な流れ（Deterministic Nonperiodic Flow）」という論文が『大気科学ジャーナル（*Journal of the Atmospheric Sciences*）』誌に発表されたとき、それを読んだ人はほとんどいなかった[16]。それから10年近くたって、彼はようやく自分の見識を、「予測可能性――ブラジルでチョウが羽ばたくと、テキサスで竜巻が起こるか？」という題の講演で、素人にもわかる言い回しで表した。「たった1匹のチョウによる直近への影響の有無という些細な違いしかない2つの特定の気象状況が、十分な時間がたつと一般に、竜巻が発生するものとしないものほど異なる2つの状況に発展する」とローレンツは主張した。ところが彼は、1972年の講演では、重要な警告を加えた。「もしチョウの羽が竜巻を引き起こす助けとなりうるのなら、まったく同様に竜巻を防ぐ助けにもなりうる」[17]。ローレンツの見るところでは、このせいで長期の天気予報はこれほど困難なのだった。

同じことは、経済の予測にはなおさらよく当てはまる。1966年、ローレンツと同じマサチューセッツ工科大学の教授だった、後のノーベル賞受賞者で経済学者のポール・サミュエルソンは、アメリカの株価の下落は「過去5回の景気後退のうち9回で」正しく予測された、と冗談を言った。実際には、経済の予測者は天気の予報者よりもはるかに成績が悪い。1988～2019年に起こった国家経済の

469回の下降のうち、それが始まる前年の春までに国際通貨基金が予測できたものは4回しかなかった。[18] 2008~09年の深刻な金融危機はと言えば、本当の意味で正確に予見できたエコノミストは、ほんのひと握りしかいなかった。エリザベス女王が指摘したように、ほとんどは「その到来が見えて」いなかった。

問題は、気象も経済も複雑系であり、しかも、経済の場合には、産業革命以来、一貫してより複雑になっている点にある。複雑系は、非対称的に組織された、相互作用する厖大な数の構成要素から成る。そうした系の一部は、秩序と無秩序の間のどこか——コンピューター科学者のクリストファー・ラングトンの言葉を借りれば、「カオスの際[19]」——で活動する。系は、見たところ平衡状態を保ちつつも、実際には常に適応しながら、長い間じつにうまく活動できる。ところが、系が限界状態に達する時が到来しうる。ごく小さなきっかけ(チョウの羽ばたき、あるいは、それを載せたらこれまで積み上げてきた砂粒の山全体が崩壊するという、砂の最後の1粒)が、ある状態あるいは平衡状態から別の状態あるいは平衡状態への「相転移」を引き起こしうる。

大規模な相転移から程なくして、歴史家が現場に到着する。なぜなら彼らは、確率分布の裾の部分に位置する出来事に引かれる傾向があるからだ。あいにく、これらの歴史家はたいてい何の役にも立たない。複雑性を誤解し、大規模な災難を、しばしば何十年も前にさかのぼる、長期的な原因で説明しにかかるからだ。巨大な世界戦争が1914年夏に勃発し、同時代人の大半が驚嘆を公言する。いくらもしないうちに、歴史家たちがこの惨事の規模に見合うような筋書きを捻《ひね》り出す。それには、権力に飢えたドイツ人と彼らが1898年に建設を始めた海軍や、1870年代までさかのぼる、バルカン半島におけるオスマン帝国の力の衰退、1839年に締結された、ベルギーの中立を定める条約などが組み込まれている。

これこそ、いみじくもナシーム・タレブが「物語の誤謬」として非難したもの、すなわち、後に起こったことは前に起こったことが原因であるという原理に基づいて心理的に満足のいく物語を作ることだ。[20]そのような物語を語るのは昔からの習慣で、打破するのが非常に難しい。回顧的な誤謬の最近のバージョンは、9・11同時多発テロを、ムスリム同胞団を勢いづけたイスラム教徒著述家サイイド・クトゥブの1966年の処刑までたどったり、[21]2008~09年の金融危機を、1970年代後半にさかのぼる金融自由化の措置のせいにしたりしている。[22]

現実には、危機の直近の引き金で、突然の相転移を十分説明できることが多い。その理由を知るには、歴史家が好んで研究する「ファット・テール」現象の大半が事実上、複雑系の混乱状態であり、ときには複雑系が完全に崩壊したものであることを認識する必要がある。今や複雑系という言葉は、コンピュータ科学者ばかりでなく自然科学者によっても、さまざまな系を理解するために広く使われている。たとえば、複雑な巣の建設を可能にしたりする、50万匹のアリやシロアリの自発的な組織行動、中枢神経系という「魅惑の織機」の中で起こる、1000億のニューロン（神経細胞）の相互作用からの人間の知性の生成、人間の免疫系での、未知の細菌やウイルスと戦うための抗体の振る舞い、単純な水分子が6回対称の無数の変種となる込み入った雪の結晶を作ったり、植物の細胞がシダの葉状の葉を造ったりする「フラクタル幾何学」、多雨林で多種多様な動植物相を1つに織り成す精巧な生物学的秩序といった系だ。[23]

人間が築いた経済や社会や政体は、複雑適応系の多くの特徴を備えていると考えることには、十二分な根拠がある。実際、W・ブライアン・アーサーのような経済学者は、20年以上にわたってこの線で論じており、利潤最大化を目指す個人間の相互作用を通して「見えざる手」が市場を機能させるというアダム・スミスの神聖化された考え方や、経済計画と需要管理に対するフリードリヒ・ハイエクによる後の批判の先まで議論を進めている。[24] アーサーにとって複雑系経済は、多種多様な行動主体の分散した相互作用や、いっさいの中央制御の欠如、多様なレベルでの組織化、頻繁な適応、絶え間ない新たなニッチ構築、一般均衡の不在を特徴とする。経済学のこのバージョンでは、シリコンヴァレーは複雑適応系となる。インターネットそのものも同様だ。

サンタフェ研究所の研究者たちは、そうした見識が人間の集団行動の他の面にどのように応用できるかを突き止めようと、長年にわたって骨を折ってきた。[25] この努力は、ジョージ・エリオットの『ミドルマーチ』で「あらゆる神話への鍵」を見つけようとするカソーボン氏の取り組みを思い起こさせるかもしれないが、[26] その試みは十分やり甲斐がある。複雑系の特徴である以下の点を考えてほしい。

・「小さな入力が大きな……変化を生み出しうる——増幅効果[27]」

・因果関係は（いつもではないが）しばしば非線形であり、したがって、観察結果を一般化してそれらの振る舞いについての理論を導き出すという、動向分析やサンプリングといった従来の方法はほとんど役に立たない。それどころか、複雑系は完全に非決定論的であるとまで言う複雑性の理論家もいる。

・したがって、複雑系が混乱を経験したときには、その混乱の規模は予測がほぼ不可能である。

これらを考え合わせると、比較的小さな衝撃が、それに不釣り合いな——ときには致命的な——混乱を複雑系に引き起こしうるということになる。タレブが主張してきたように、世界経済は2007年までに、過剰に最適化された送電網に似るようになっていた。[28] アメリカのサブプライム住宅ローンの債務不履行という、いわば比較的小さな電圧・電流の急な動揺があっただけで、世界経済全体が金融版の停電に陥った[29]。そのような景気の暴落を、ロナルド・レーガン政権下の金融自由化のせいにするのは、第1次世界大戦をフォン・ティルピッツ提督の海軍建設計画のせいにするのと同じようなもので、原因の解明には程遠い。

## 大地を揺るがす自然災害

広い意味では、歴史とは自然の複雑性と人為的な複雑性の相互作用だ。この過程が予測可能なパターンにつながったら、それはじつに驚くべきことだろう。橋のような、人間による比較的単純な建造物さえも、「橋床版の劣化や、構造部材の腐食あるいは疲労、洪水の水といった外部荷重で崩壊しうる。これらの損壊のモードのどれ1つとして、確率や結果の面でその他のモードから独立してはいない[30]」。橋がいつ「臨界に達する」のかを技術者が予見するのが難しいのなら、大きな政治構造の崩壊を予想するのは、それよりどれほど難しいことか[31]? 昨今の歴史家は政治構造の進化を、地質学的な混乱や気候の混乱あるいはパンデミックといった自然現象と関連づけようとしている、と言うのがせいぜいだろう[32]。ところが、そのような研究がなされればなされるほど、惨事の発生がどれほど多様で不規則かがわかってくる。私たちはまた、天災と人災の区別がどれほど人為的なものかも、認識しはじめている。なぜなら、人間社会と自然の間には絶え間ない相互作用があり、そのため、大地震のような内発的な衝撃でさえ、移動する断層線に大都市圏がどれほど近接しているか次第で、人の命や健康に及ぼす害の大きさが決まるからだ。

惨事の歴史は、灰色のサイとブラック・スワンとドラゴンキングだらけの、管理が杜撰な動物園の歴史であると同時に、不運な、それでいて取るに足りない出来事に満ちており、前評判にとうてい及ばなかった出来事や、けっきょくまだ起こっていない出来事も無数にある。人類が地球を支配するようになってから、これまでのところこの惑星が大型の地球外物質に直撃されずにきたのは、私たちにとっては幸運だった。南アフリカ共和国フリーステート州にあるフレデフォート・クレーターは、20億年ばかり前にでき、推定で直径が約300キロメートルある。カナダのオンタリオ州のサドベリー隕石孔は18億年前までさかのぼり、直径は推定で約130キロメートルだ。南オーストラリア州のアクラマン・クレーターは5億8000万年前にでき、差し渡し20キロメートル弱ある。そして、ユカタン半島のチクシュルーブ・クレーターは6600万年以上前のもので、直径は約150キロメートル。これらのクレーターのそれぞれが、有機生命体の生息環境としての地球の機能を長期間にわたってはなはだしく損なう壊滅的な惨事が起こったことを物語っている。チクシュルーブの衝突の推定時期は、白亜紀と古第三紀を分けるK－Pg境界と完全に一致しているので、この衝突が恐竜絶滅の原因らしく見える。それに匹敵するような小惑星は、ホモ・サピエンスが登場して以来、地球に衝突していない——なんとも幸運なことだ。

1490年の清陽《チンヤン》イベントは、稀に見る大規模な流星群だったようだ。それとはまったく異なる地球外の衝撃的な出来事である1859年のキャリントン・イベントは、「コロナ質量放出」（太陽嵐）で、1億トンの荷電粒子が地球の磁気圏に降り注いだが、影響は最小限にとどまった。電化はまだ揺籃期にあったからだ[33]。アメリカの天文学者ジョン・A・エディが1976年に独創的な論文を発表してからは、1460～1550年（「シュペーラー極小期」）と1645～1715年（「マウンダー極小期」）に気温が平均を下回ったのは、例外的に少ない太陽活動が主な原因と見られている[*]。

これまでのところ、人類は宇宙と自らの太陽系の両方に大目に見てもらってきた。チクシュルーブの小惑星は、直径が約11～80キロメートルだった。過去30万年間のいつの時点であれ、同じような物体が地球に衝突していたら、「種絶滅イベント」となっていただろう。その原因は、最初の爆発の想像を絶する衝撃だけではない。海洋が酸性化し、陸上と海中の生態環境が破壊され、空は真っ暗になり、わずかでも生き残った人類を途方もなく長い冬に陥れてしまったことだろう。[34]

地球自体も独自の地質学的惨事を起こせることを立証してきた。63万年前に起こったイエローストーンの火山の「破局噴火」は、アメリカ合衆国本土の半分に相当する地域を灰で覆った。スマトラ島の北部の、現在はトバ湖となっている場所で7万5000年前に起こった噴火では、世界中で陸上の気温が5～15℃、海面の温度が2～6℃下がった。大気中に大量の灰と煤《すす》が噴出したためだ。このカタストロフィは、人類を絶滅の際《きわ》まで追い詰めさえしたかもしれない。総人口はわずか4000人に減り、妊娠可能年齢の女性はたった500人しかいなかった。[35]

紀元前45年とその2年後に、アラスカのオクモック山が噴火した。6本の北極圏の氷床コア〔訳注「コア」とは円柱状のサンプルのこと〕の中で見つかったテフラ（火山灰）を、ネヴァダ州リノの砂漠研究所とベルン大学のエシュガー気候変動研究センターの研究者たちが解析し、オクモック山の噴火と、当時の北半球全体での気温低下との因果関係を断定した。紀元前43年と42年は、記録されているうちでそれぞれ2番目と8番目に寒い年であり、紀元前43～34年は、10年間としては4番目に寒かった。噴火後の2年間、地中海地方の一部では気温が通常より7℃も低かった。ヨーロッパでは、並外れて降水量も多かった。これが「おそらく穀物の不作や飢饉や病気を招き、西洋文明におけるこの重大局面で、地中海地方全体で社会不安を募らせ、政治の再編成の一因となった」という仮説を研究者たちは立てている。[36]たしかに、当時のローマの情報源は、イタリアとギリシアとエジプトで異常に寒い天候が続いたことを証言している。ただし、そこから生じた穀物の不作と食糧不足で、共和制ローマの崩壊がどこまで説明できるかは、別の問題だ。ユリウス・カエサルは紀元前44年2月にすでに終身独裁官に就任しており、これはオクモック山の2度目の大きいほうの噴火よりもずっと前になる。

いずれにしても、ローマの人々には、もっとずっと身近に心配の種となる火山があった。ナポリ湾岸にそびえるヴェスヴィオ山は紀元前1780年に大噴火し（アヴェリーノ噴火）[37]、皇帝ティトゥスの治世に起こった西暦79年の最も有名な噴火のおよそ700年前にももう1度噴火していた。また、ローマの人々は62年あるいは63年にカンパニアの激震を経験していたので、地震の危険もある程度まで理解していた。ところが、噴火前の日々にヴェスヴィオ山の近くで感じられた地面の揺れが、カタストロフィの前触れだとは気づかなかった。セネカはその数年前の文章の中で、地震と気象の間にはつながりがあるかもしれないと推測したが、火山とのつながりは考えなかった。「事前に何日にもわたって地面の揺れに気づいていた」と、小プリニウスは歴史家のタキトゥスに書いている。「だが、私たちはあまり気に留めなかった。カンパニアではごくありふれたことだったからだ[38]」。8月24日の午前中の噴火は、石や灰や火山ガスの巨大な樹形の雲を3万4000メートルほどの高さまで噴き上げ、溶岩や粉々になった軽石や灰を、ポンペイ、ヘルクラネウム、オプロンティス、スタビアエの町に降り注がせた。その巨大な雲が崩れると、火砕サージが起こった。火砕サージとは、非常に高温のガスと岩石の破片の噴流で、ヴェスヴィオ山の斜

＊ これらの極小期は、太陽黒点研究の先駆者である天文学者のエドワード・ウォルター・マウンダーとアニー・マウンダーの夫妻と、1618年以降の期間における活動低下を最初に突き止めたドイツのグスタフ・シュペーラーにちなんで命名された[39]。

面から横向きに勢い良く流れていった。放出された熱エネルギーは、１９４５年に広島と長崎に投下された原子爆弾の10万倍だったと推定されている。[40]

この災難についての小プリニウスの目撃証言は、ローマでも最も教養のある人々でさえヴェスヴィオ山の噴火に当惑したことを物語っている。小プリニウスと彼が名前をもらった伯父の大プリニウスは、ナポリ湾の北西の端にあるミセヌムにいて、大プリニウスは艦隊の指揮を執っていた。

> 8月24日午後1時頃、母が彼に、きわめて異常な大きさと形に見える雲を観察してもらいたがった。彼は日なたを散歩して戻り、冷水で沐浴して軽い昼食を取った後、再び読書をしていた。彼はただちに立ち上がり、世にも珍しいこの光景をもっとよく眺められるように、高台に登った。
>
> 雲が1つ……立ち昇っていた。松の木「イタリアカサマツ」になぞらえる以上に正確な説明のしようがない。非常に高い幹の形を取りながら、途方もない高さまで噴き上がっていた。その幹が先端で枝のように分かれて広がっていた。……
>
> この現象は伯父ほど博識で研究心に満ちた人物にとっても尋常ではなく、さらに調べる価値があるように見えた。彼は小型の船を用意させた。……
>
> それから、他の人々がこの上ない恐怖で逃げ出している場所に急ぎ、危険な地点に真っ直ぐ進路を取った。じつに落ち着き払ったもので、その恐ろしい光景の中の動きとあらゆる現象を観察し、口述筆記させてのけた。今や山は目前で、近づくにつれて濃く熱くなる灰が、軽石や、燃える岩の黒い破片とともに、船の中に落ちてきていた。急に海水が引いて座礁する危険があるばかりではなく、山から転がり落ちて海岸全体をふさいでいる巨大な破片に当たってもおかしくなかった。[41]

信じ難いことに、大プリニウスはその後上陸して友人のポンポニアヌスを訪ね、噴火が続き、周り中で大地が揺れるなか、晩餐を共にし、床に就いた。友人に起こされた大プリニウスは、降りかかってくる石や灰から枕で身を守りながら逃げようとしたが、船に乗り込む前に、(おそらく火砕サージからの)有毒ガスで亡くなった。小プリニウスは、「全人類が同じ災難に巻き込まれ、自分は世界もろとも滅びるのだという、悲惨ではあるものの強力な慰め」に心の救いを求めた[42]。けっきょく彼は生き延びたとはいえ、後で見るように、それ、すなわち、惨事に直面したときに自分が世の終わりと向き合っているのだと感じるのは、ありふれた反応だ。

ポンペイとヘルクラネウムは破壊され、再建されることも、人が再び住みつくこともなかった。2000年後の今、観光客は、少年時代に私もしたようにこれらの廃墟を訪れ、1世紀のローマ人の暮らしが持つ粗野な活力と、あの凄惨な夏の日に迎えた壊滅的な結末とに驚嘆することができる。ヘルクラネウムの海辺に並ぶフォルニーチ(船を収納する建物)に駆け込んで空しく命を落とした何百もの避難者の完璧に保存されていた断末魔の苦しみは、けっして忘れることはない。それらの建物は、火砕サージの500℃の熱からはまったく守ってくれなかった[43]。それでも、ヴェスヴィオ山の噴火から派生して広域に及ぶような問題は最小限にとどまったらしい。ローマ帝国の繁栄と発展は、ほとんど何の途切れもなく続いた。そして、ヴェスヴィオ山近辺の他の定住地は立ち直った。ここには、惨事の政治にまつわる奇癖の1つが見られる。惨事がどれほど巨大なものでも、人間はほぼ必ずその現場に戻ってくる。ナポリは1631年に再び噴火があった——大プリニウスの命を奪ったものよりは小さかったとはいえ、3000〜6000人が亡くなっている——にもかかわらず、発展を重ねて、近代以降、イタリアでも屈指の規模の都市となった[44]。今日、ナポリはイタリア第3の大都市圏で、人口は370万を数える。ヴェスヴィオ山がいずれまた噴火したときのための避難計画はあるが、紀元前1780年あるいは西暦79年の規模の噴火が繰り返されたなら、ほとんど役に立たないだろう[45]。

意外にも、ローマ時代の最も破壊的な噴火はヴェスヴィオ山のものではなく、ニュージーランドの北島のタウポ山が232年に起こしたハテペ噴火だ。オクモック山やタウポ山や白頭山《ペクトゥサン》（中国と北朝鮮の国境に位置し、946年頃に噴火）のもののような、主要な火山噴火は、地質学的惨事のもう1つの形態である地震とは異なる。地球の気候に世界規模の影響を及ぼすからだ。アイスランドで536年に起こった巨大噴火は、ユーラシア全土に低温と凶作をもたらした。1150年頃から1300年頃までの期間には5回の大噴火があり、そのそれぞれで、少なくとも5500万トンの硫酸エアロゾルが成層圏に放出された。そのうち最大の、1257年にインドネシアのロンボク島で起こったサマラス山の噴火では、2億7500万トン以上の硫酸エアロゾルが噴出した[46]。14、15、16世紀ははるかに静かで、例外は、1452年後半か1453年前半にヴァヌアツのエピ島とトンゴア島の間にある海底カルデラのクワエが噴火したぐらいのものだ。17世紀には大きな噴火がいくつもあった。そのうちでも大きかったのが、1600年のペルーのワイナプチナ、1640年の日本の駒ケ岳、1641年のフィリピンのパーカー山の3つだ。ところがこれらも、1783〜84年のアイスランドのラキ火山と、1815年のインドネシアのタンボラ山の前には影が薄くなる。これら2つの山の噴火では、硫酸エアロゾルがそれぞれ1億1000万トン前後、成層圏に送り込まれた。私たちはそれ以来、これほどの規模の噴火に対処せずに済んでいる。その後の世界の火山噴火は、西オーストラリア州でも聞こえるほど大きな音を立てたという、1883年8月26〜27日のクラカトア火山の噴火[47]でさえ、先の二大噴火と比べれば、4分の1の規模にさえ届かない。

１８００年以前の噴火の死亡者数はおおむね知られていない。オランダの植民地当局は、タンボラ山の噴火では7万１０００人以上、クラカトア火山の噴火では3万６６００人が亡くなったと推定した。ところが現代の推定では、クラカトアの噴火による死亡者数は12万人に達する。[48] 噴火が起こした津波で一掃されたスンダ海峡沿いの無数の共同体も含めているためだ。[49] ラキ火山の噴火では、アイスランドの人口の5分の1〜4分の1が亡くなり、家畜はそれよりもなお多くの割合が命を落とした。だが昔から、アイスランドに住む人は極端に少ない。大勢の人が火山噴火で亡くなるのはアジア、特にインドネシアだ。過去1万年間に、インドネシアでは世界中の火山噴火の17％しか起こっていないが、死亡者が出た噴火の33％がそこで発生している。[50] もっとリスクを嫌う種だったら、絶対この地域には住みつかなかっただろう。

だが、火山噴火は近くの人々を殺す以上のことをする。これまでに挙げたような噴火はみな、気候にも重大な影響を与え、したがって、農業と栄養の面にもその影響が及んだ。１６０１年から翌02年にかけての冬には、スイス、エストニア、ラトヴィア、スウェーデンが揃ってひどい低温に見舞われ、ラトヴィアのリガの港には例年よりもずっと長く氷が残った。一方ロシアでは、１６０１〜03年の飢饉で50万人以上が飢え死にしたと考えられている。[51] 駒ケ岳とパーカー山の噴火から数年間は、日本と中国と朝鮮がみな、冷夏や旱魃、不作、飢饉に見舞われた。旱魃はウクライナやロシア、ジャワ、インドの一部、ヴェトナム、ギリシアの島々、エジプトでも記録されている。フランスとイングランドは、寒くて雨の多い夏を経験した。江戸時代の日本を襲った飢饉のうちでもとりわけ深刻な5つ――１６３８〜43年、１７３１〜33年、１７５５〜56年、１７８３〜88年、１８３２〜38年――は、火山活動が盛んだった時期と一致している。[52]

ラキ火山の噴火後、ベンジャミン・フランクリンは、北アメリカの一部とヨーロッパに「絶え間ない霧」がかかっていることに当惑しながら触れている。イギリスでは、大気中に火山灰が蓄積したために1783年の夏は異様に暑かったが、その後、厳しい冬が訪れた。これは、熱を吸収する二酸化硫黄の大気中の濃度が高かったためだ。イングランドとフランスの教会区の記録は、ラキ火山の放出物による呼吸器疾患が原因の著しい超過死亡を示している。1783年から翌84年にかけての冬は、北アメリカでも非常に厳しかった。ミシシッピ川がニューオーリンズで凍ったほどだ[53]。タンボラ山の噴火の後にも、大西洋の両岸で同じパターンが現れ、異常な寒さとそれに伴う不作が記録された[54]。クラカトア火山の噴火の後は、北半球の気温がおよそ0・4℃下がっただけでなく[55]、何か月にもわたって、世界中で目を奪われるような日没が見られた[56]（その光景が、エドヴァルド・ムンクの「叫び」の背景に描かれていると考えられている）。

かつて歴史家は、1500～1800年頃の平均以下の気温を示す証拠をひとまとめにして、「小氷期」の証拠としていた。だが最近、一群の研究者たちが大胆な主張を展開した。「16世紀後半と17世紀前半に世界の大気中の二酸化炭素濃度が7～10ppm減って全世界で地表の気温が0・15℃下がったのは……ヨーロッパ人がやって来た後に南北アメリカの人口が大幅に減り、その後、土地利用の仕方が変化したからだ」、特に、かつての耕作地が自然林に戻ったからだ、というのだ[57]。ところが、詳しく調べてみると、小氷期は何が原因だったにしても、幻さながら姿が消えてしまうようだ。1600年以降は、ヨーロッパの気温が長年の平均よりも高かった期間が何度もある。ヨーロッパの一部の地域では、他の地域ほど気温が低くなく、雨が少なかった（たとえば、ギリシアでは小氷期と呼べるようなものはろくになかった）。通常より最も気温が低かった（平均を0・8℃以上下回った）のは17世紀前半の中央アジア北西部で、西洋のたいていの歴史家が無視していた地域だ[58]。

ある最近の研究では、14～20世紀には北海沿岸の低地帯における夏の気温の分布が変化したという証拠は見つからなかった。もし小氷期があったのだとしたら、作物収量の減少と人口増加の停滞が必ず起こったはずだが、そのような傾向はまったく見られない。それどころか、1820年には、ヨーロッパの人口は1500年の2・5倍になっていた。イングランドの歴史家たちは長年にわたって、凍ったテムズ川の絵に魅せられていた。そうした絵は、小氷期の存在を裏づけているように思えたからだ。ところがこの凍結は、昔のロンドン橋の幅広い橋脚がダムのような働きをして淀みができ、それが凍りがちだったためだ。1660年から1815年にかけて、凍結は10回余り起こっており、1683～84年、1716年、1739～40年、1789年、1814年には氷の厚みが十分あったため、その上で催し物が開かれたほどだ。だが、1831年に橋が架け替えられてからは、凍結が起こらなくなった[59]。

では、社会や政治の主要な大変動も、こうした地質学的混乱のせいにできるだろうか？　1453年のコンスタンティノープルの陥落や、1605年に皇帝ボリス・ゴドゥノフが亡くなった後のロシアの動乱時代、イングランドによる北アメリカの植民地化[60]、フランス革命の勃発[61]、さらにはベンガルにおける1817年の致死的な新しいコレラ菌株の出現[62]など、多くの出来事が地質学的混乱に起因するとされてきた。火山活動が引き起こした気候変動を社会主義やナショナリズムの台頭と結びつける人さえいた。けれども、共和制ローマの没落をアラスカの火山のせいにするのに無理があるのと同じで、地質学的現象にあまりに大きな歴史的役割を持たせるのは間違っているように思える。先程列挙した出来事のどれを取っても、寒冷な気候と不作以外にも多くの要因が絡んでいた。したがって私たちは、次の2点を指摘することで満足するべきだ。第1に、地球の構造プレートの動きには、周期的なところなど微塵もない。第2に、私たちは昔よりはるかに優れた科学知識を持っているとはいえ、タンボラ山のものに匹敵する巨大な噴火が起これば、ヴェスヴィオ山の噴火にローマ人が驚愕したのとほぼ同じぐらい、私たちも驚愕するだろうし、その理由もおおむね同じで、それは、今では本当に大きな火山噴火が起こってからずいぶんと長い時間がたっているというものだ。まさに地質学的惨事が不規則に発生する――間隔は長いもののさまざまである――からこそ、火山地帯に再び住みつくという人間の傾向も説明できるのだ。

## 大地震が起こりうる都市

世界史上の出来事としては、地震が火山と競い合うことは稀で、それは、地震は津波を引き起こしたときでさえ、地理的な影響範囲が狭いからだ。火山噴火と同様、地震も冪乗則に従うので、時期と大きさを予想するのがこの上なく難しい。確実に言えるのは、地球の構造プレートの縁に沿って起こりやすいことぐらいのものだ。これほどの不確実性を抱えて生きていくのはなんとも厄介だ。いや、厄介なことだろう――もしそれについて考え過ぎたなら。2011年2月にニュージーランドのクライストチャーチを襲ったもののようなモーメント・マグニチュード6・3[*]と、翌月に日本の沖合を震源とする東日本大震災のようなマグニチュード9・0との違いは途方もない。引き起こした揺れの点では、東日本大震災のほうが500倍以上、放出されたエネルギーの点では1万1000倍大きかった。[63]

史上おそらく最も多くの犠牲者を出したのは、1556年1月に中国の陝西省《シャンシー》の渭河《ウェイホー》流域を襲った地震だろう。マグニチュードは7・9~8・0だったものの、人口密度の高い地域に影響を及ぼし、華縣《ファーシエン》、渭南《ウェイナン》、華陰《ファーイン》の町を完全に破壊した。黄土《ホワントゥー》高原地域の断崖に掘った人工の洞窟で暮らしていた人々に、とりわけ大きな被害が出た。死亡者数は推定で80万を超えた。最近の中国史でそれに次ぐものとしては、少なくとも20万人の死亡者が出た１９２０年の海原《ハイユエン》地震（マグニチュード７・８）と24万２０００人前後の死亡者が出た１９７６年の唐山《タンシャン》地震（マグニチュード７・６）で、後者はその町の建物のお粗末さと、地震を予測できると主張していた中国共産党の不合理を暴き出した（これに対して、１９０６年のサンフランシスコ地震の死亡者数は多くても３０００人で、じつは被害の過半数は地震そのものよりも火災――その一部は、保険金目当てに、意図的に起こしたもの――の結果だった）。

近代以降、これらよりもはるかに大きい地震もあったが、そのほとんどが、人がまばらにしか住みついていない地域で起こった。１９５２年のソ連カムチャツカ沖の地震と、１９６０年にチリのバルディビアを襲った地震と、１９６４年のアラスカ州プリンス・ウィリアム湾の聖金曜日地震はみな、マグニチュード９・０以上だったが、主な大都市からは遠く離れていた[64]。これまでアジアの地震が最も大きな損害をもたらす傾向があったのは、大きさが並外れていたからではなく、アジアでは断層線の近くの人口が大きかったからだ。

地中海世界にも大きな損害を与えた地震が何度もある。５２６年に、そして５２８年に再び、ローマの主要都市アンタキア（今日のトルコ南部にある）はマグニチュード７・０の地震と津波で壊滅的な打撃を受けた[65]。年代記作者エフェソスのヨハネスの記録によれば、この惨事は正午の直後に襲ってきたという。

＊　モーメント・マグニチュードは、今日、地震の規模の尺度として好まれており、可能なかぎり、本書でも大きさの尺度として使う。この尺度は、もっと古くて馴染み深いローカル・マグニチュードのリヒター・スケールとは違う。モーメントは断層のずれと、ずれた断層面の面積を掛けた値に比例する。非常に大規模な地震にとって、より適切な尺度だ。

町を取り囲む城壁も、教会も、その他のほとんどの建物も崩壊した。[66] 亡くなった人の数は、25万とも30万とも言われている。[67] 町は、キリストの昇天日を祝うためにやって来ていた巡礼者でいつになくごった返していたからだ。[68] この地震は、500～611年にアンタキアを襲った、ユスティニアヌスのペストを含む多くの惨事の1つにすぎず、住民の目覚ましいレジリエンスを――ひょっとすると、反脆弱性さえも――示唆している。[69] 仮に反脆弱性ではないにしても、レジリエンスの証拠は、イタリア南部でも見つかる。1456年12月5日から30日までの間に、ナポリの町――じつは、イタリア南部と中部のすべての町[70]――は、イタリア本土の歴史上最大の地震（マグニチュード6・9～7・3）に揺すぶられた。この国では、これを超える地震は1693年1月のシチリア島の地震（マグニチュード7・4）しかない。[71] 同じ断層が1688年と、最近では2013年にも、もっと小さい地震を引き起こしている。[72] イタリアで近代以降最大の地震は、1908年12月28日にメッシーナを襲った（マグニチュード6・7～7・2）。これは、いわゆる「カラブリアン・アーク」という沈み込み帯に沿って起こった一連の地震の1つだ（他は1638年、1693年、1783年、1905年に起こっている）。[73] 揺れと、それに続く高さ12メートルの津波と、火災のせいで、メッシーナの建物のおよそ9割が破壊され、6万～8万人が亡くなった。[74] それにもかかわらず、「死者の町」や「記憶なき町」といった異名を取りながらも、[75] この町には、今日およそ23万の住民がいる。人々が戻ってきたのだ。[76] 人間はほぼ必ず、戻ってくる。

ヨーロッパ史上最大級の地震のうち、1755年11月1日にリスボンを襲った地震は細かく調べる価値がある。当時の人々の話題をさらったから、というのが大きな理由だ。この地震は、このポルトガルの首都で起こった最初の地震ではなかった――1321年と1531年にも起こっている――が、最大のものだった。今日の地震学者は、この地震のマグニチュードは8・4だったと推定している。震央は、サン・ビセンテ岬の西南西190キロメートル余りの大西洋だった。当時の記録によると、地震は3分半から6分続き、市の中心部には幅5メートル近い亀裂が走り、ほとんどの建物が倒壊したという。40分ばかり後、津波が町に達し、テージョ川を勢い良く逆流し、その後さらに2度の津波が間を置かずにやって来た。諸聖人の日のために灯されたロウソクが倒れ、壊滅的な火災が起こった。最も正確だと思われる推定によると、リスボンだけで2万〜3万人が亡くなり、さらに1500〜3000人がポルトガルの他の場所で、1万人以上がスペインとモロッコで亡くなり、総死亡者数は（さらに遠い場所の死亡者も含め）、3万5000〜4万5000にのぼった。この地震の前、リスボンには75の修道院と40の教会があった。これらの建物の86％もが破壊された。リスボンの3万3000軒の住宅のうち、およそ1万3000軒が倒壊し、さらに1万軒が重大な損害を受けた。カーサ・ドス・コントス（ポルトガルの財務省）も、王立公文書館も破壊された。直接の被害額はポルトガルの国内総生産の32〜48％に相当した。[77]

地震の衝撃は、はるかフィンランドや北アフリカ、果てはグリーンランドやカリブ諸島でさえ感じられた。津波は北アフリカの海岸に押し寄せ、大西洋の向こう側のマルティニーク島やバルバドス島にまで達した。とはいえ、火山が放出する粒子とは違い、地震が発する衝撃波は短命だ。1755年の地震の歴史的な意義は主に、それがポルトガルにもたらした政治的な結果にある。オランダ、イギリス、フランスの各帝国と比べて、すでに傾いていたポルトガル帝国は、この惨事のコストのせいで、さらに後れを取った。国王ジョゼ1世は、あらゆる建物に対する恐怖症を発症し、自分の宮廷を、当時リスボンの外れにあったアジュダの丘陵地帯に設けた大小のテント群に移した。ところが、彼の宰相、初代ポンバル侯爵セバスティアン・ジョゼ・デ・カルヴァーリョ・イ・メロはこの危機がもたらした機会を捉え、「死者を葬り、生者を癒せ」と命じた。「そして、権力を我が手に集約せよ」と加えていてもよかっただろう。ポンバルは死体を処分し、瓦礫を撤去し、食糧を配給し、負傷者のために仮設病院を設置し、略奪を防いだ。物資の不足と戦うために、価格統制を課した。貿易収支を改善する重商主義的な取り組みの一環として、輸入品にはすべて4％の関税をかけた。イエズス会士を迫害し、教会の政治的影響力を削いだ。そして、将来の地震でもっとレジリエンスを発揮するような構造物で町を再建した[78]。今日の訪問者が目にする町は依然として、ポンバルが造ったリスボンの姿を驚くほどよくとどめている。あの惨事は、彼にとっては好機だったのだ。

地震はしばしば、そのような政治的再建や建築的再建を促す。これは、1891年10月28日に濃尾地震が中部地方を襲った後の、明治時代の日本にも当てはまる。各地の木造の仏塔や17世紀に建てられた名古屋城の天守閣を含め、多くの伝統的日本建築が生き延びる一方、新しい鉄道用鉄橋やレンガ造の工場が倒壊し、政府がヨーロッパとアメリカを手本にして全面的に日本を作り変えているときに、西洋のテクノロジーと工学に疑問が投げかけられた。民族主義の著述家たちは、レンガが崩れて死傷者が出たことをすかさず非難した。ある文化保守主義者は次のように書いている。地震が起こると、「日本家屋は骨折を招くが、レンガの建物はより深刻な害を及ぼす。レンガが落ちてきて人々に裂傷を負わせ、漆喰が傷口の奥深くまで入り込むからだ。その漆喰は取り除けないので、傷口が化膿する。そうなると、救いようがない[79]」。そのような主張は明治の近代化計画を止められなかった。それでも、この惨事を契機として、震災予防調査会が設置され、日本が目指していた西洋のさまざまな手本の先を行き、同調査会は瞬く間に、地震学研究で世界有数の中心としての地位を築いた。地震予測がいかに困難を極めるかを、以後の日本の地震学史ほど雄弁に物語れるものは他にないだろう。

地震そのものは防ぐことはできないから、震災予防調査会の役目は、地震の予防ではなく予測にあった。

調査会委員の大森房吉は、まず既知の断層線に沿ってそれまでに起こった地震の場所をすべて地図に記すことで、その断層線沿いで次に地震が起こりそうな場所を予見できると信じていた。地図に残された隙間、つまり最も長い間、地震学的に沈黙を保ってきた地域が、次に断層がずれる可能性の高い場所であるというわけだ。それなのに大森は、後輩の地震学者、今村明恒がこの「隙間理論」を使って、東京の南西にある相模湾が次の大地震の震央となる可能性が最も高いと予測したときには、懐疑的だった。だが、1923年9月1日にマグニチュード7・9の関東大震災が起こって東京と横浜が根こそぎ破壊され、今村が正しかったことが裏づけられた。地震は、20年近く前に彼が位置を突き止めていた、まさにその隙間で発生したのだ。

もっともなことだが、震災予防調査会は新たに設立された地震研究所に取って代わられ、三菱の元造船工学者が所長に就任した[80]。ところが、この新しい研究所も、主要な地震の予測では成功を収められなかった。今村は、今度は南海トラフという、四国の南側を九州沖から本州中央部の沖にかけて走る深い海盆に沿った隙間を探しはじめた。1944年、このトラフの中央部で大きな地震と津波が起こり、今村は、トラフの南端の四国沖にある隙間でも同じことが繰り返されるだろうと確信した。果たして、1946年にそれが現実となった。こうして、後には東海沖にだけ隙間が残ったので、今村は次の大地震はそこで起こると断言した。だが、これまで起こっていない。一方、1995年に神戸を襲った地震、すなわちマグニチュード6・9、死亡者5500～6500人の阪神・淡路大震災を予測していた一流の地震学者は1人もいなかった。それどころか、当局は東海地震の起こる確率を8割以上と見積もる一方で、阪神・淡路大震災のような地震が起こる確率は1～8％としていた[81]。

繰り返すが、地震は震央付近に人口密集地（と脆弱な建物）があるときにだけ致死的になる。ところが、第2次世界大戦後に原子力が出現すると、新たな種類のリスクが生まれた。阪神・淡路大震災の後、地震学者の石橋克彦は、「原発震災（地震によって引き起こされる原子力災害）」という言葉を造り、地震と津波が原子力発電所を襲う筋書きを描き出した。隙間理論に基づく東海地震説を提唱してきた石橋は、静岡県の浜岡原子力発電所について心配していた。彼が2007年に書いた「なぜ心配するのか?」という小論は、4年後にはじつに先見の明があったように見えた。彼は次のように主張していた。「大規模な地震が起これば、原子炉の外部電力が失われ、津波が防潮堤を越え、EDG［非常用ディーゼル発電機］が浸水し、原子炉の冷却が不可能になり、メルトダウン（炉心溶融）につながりうる[82]」。東京電力（TEPCO）は、福島の原子力発電所も津波に脆弱である可能性があるという、地震学者の岡村行信の警告を退けた。同社は1938年に起こったあまり大きくない地震を基準にしていた。岡村は同社に、869年までさかのぼり、貞観《じょうがん》地震を振り返るよう強く促した。この地震では、津波は内陸4キロメートルの地点にまで及び、仙台の町に達した、と岡村は考えていた。岡村の研究チームは、マグニチュード8・4の地震があれば、6メートル以上の津波が起こると推定した。これは福島の約5・7メートルの防潮堤を十分越える規模だ[83]。TEPCOは、他の発電所（特に女川《おながわ》原子力発電所）にははるかに高い防潮堤があるという事実があったにもかかわらず、防潮堤の嵩上《かさあ》げは地元住民の不安を煽るだけだという理由で、これらの警告を退けた。政府や規制者も事実上これを黙認した。

2004年12月26日にスマトラ島北部の西海岸沖160キロメートル程の場所で発生したマグニチュード9・1〜9・3の巨大で長い海底地震で何が起こったかに照らすと、危険に対する日本の当局の相対的な認識不足には、なおさら驚かされる。スマトラ島沖の地震では、インド・プレートがビルマ・プレートの下に滑り込んでいる沈み込み帯に沿って、推定1600キロメートルの断層面が約15メートルずれ

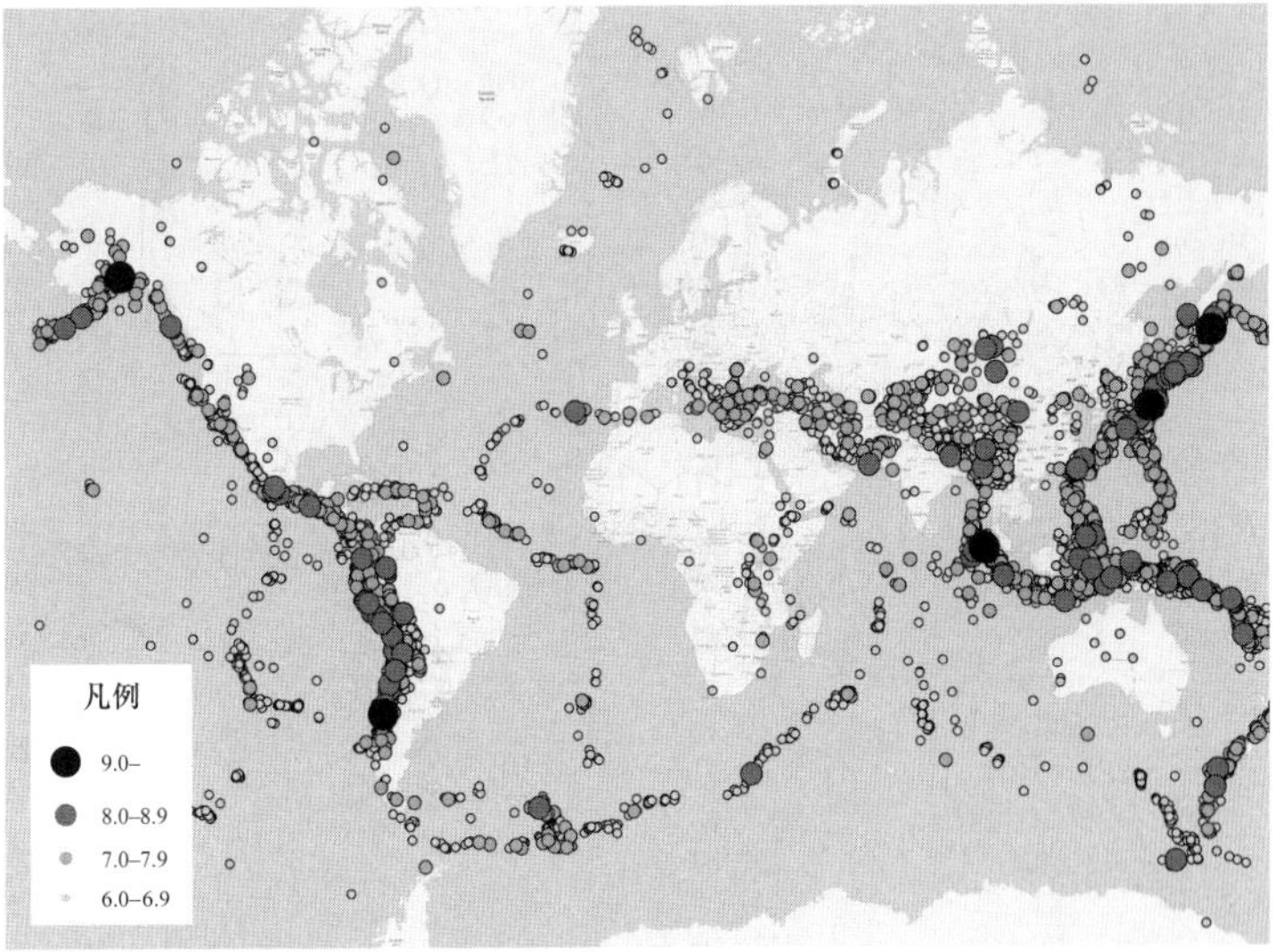

1900～2017年に起こった地震の場所とマグニチュード。

た。その後、マグニチュード7・1の大きな余震と、それよりは小さい、最大でマグニチュード6・6の余震が多数続いた。最初の地震で約29・6立方キロメートルの海水が押しのけられ、壊滅的な津波が発生し、それが断層のずれの全長にわたって東西に拡がった。波は陸に到達したときには約24～30メートルの高さに達し、インドネシア、スリランカ、インド、タイなど14か国で推定22万7898人の命を奪った。最も多くの死亡者が出たのはインドネシアのバンダ・アチェの町で、その数は16万7000人にのぼり、その多くが子どもだった。だが、遠くソマリアや南アフリカ共和国でも亡くなった人がいる。この惨事によって、津波警報システムの不備が暴露され、特にインドネシアとタイの杜撰さが目立った。[84] タイでカッサンドラの役を演じていたのが、同国気象局の元長官のサミツ・ダマサロジだった。[85]

6年余り後の2011年3月11日午後2時

46分、仙台の東約130キロメートル、海面下約30キロメートルの所でマグニチュード9・0の地震が発生した。2つのプレートの相対的な動きは約80メートルだったが、この地震の決定的な特徴は、沈み込み帯の大部分が巨大なひと塊として移動したことだ。「コネティカット州ほどの広さの海底領域が4・8〜9メートルほど跳ね上がり……海水を日本に向かって押しやった」[86]。揺れは3〜5分続き、太平洋の深みから一連の波を送り出した。波が陸に近づくにつれて盛り上がった巨大な海水の壁が、地上のあらゆるものを打ち壊しながら、海岸から最大で10キロメートル近くの所まで達した。溺死や圧死を含め、1万9000人以上が亡くなった[87]。21歳のカノウヤ・リョウは、福島県の海岸近くにある自分の村へ帰って高齢の住民を助けるように言われた。彼らは、3メートルの津波が来ると言われていた。けっきょく、彼は父親とともに自宅から押し流された。

家から外の海水の中に流され、周りには津波に運ばれてきた自動車や住宅、その他ありとあらゆるものが漂っていました。意外にも、なんとか水面に出ることができました。父と私はお互いが見えました［が］、私の見守るなか、父は山腹のほうへ押し流されていきました。私は海に向かって流されました。……

幸い、箪笥《たんす》の引き出しがこちらに漂ってきたので、それに上りました。ほっとしました。ところが気づいてみると、信じられないような流れが猛烈な速さで海に向かって私をどんどん引っ張っていきます。これからどうしたらいいのか考えていると、前方の大木にたくさんの残骸や破片がまとまって引っ掛かっているのが見えました。残っていた力を振り絞り、それにしがみついている間にも、周りを人が次々に流されていきました。

リョウが木にしがみついていると、ようやく水が引き、ついに地面に降り立つことができた。大きな岩陰に身を隠した彼は、動き続ける気力を危うく失いかけたが、ヘリコプターが視野に入ったので急に元気が出た。「今、行かなかったら、きっと死ぬ」と彼は思った。建物などの残骸や死体だらけの、見るも無残な大地をよろよろと抜けていくと、やがて救助車両が見えた。彼も父親も生き延びたが、祖母2人の遺骸はついに見つからなかった[88]。

東日本大震災は、人的損害と家屋や器物の損壊を引き起こしたのに加えて、福島第1原子力発電所でも重大な危機を招いた。地震を検知したときに、稼働中の原子炉は自動的に停止したものの、炉心の冷却水循環用ポンプの非常用発電機が津波で浸水した。その結果、3つの原子炉でメルトダウンが起こり、水素爆発が3回発生し、大量の放射性同位体を含む放射能汚染物質が大気中と海中へ放出された。そのような惨事にその原子力発電所がどれほど弱かったかを考えれば、最も注目に値するのは、人間の健康の観点に立つと、これまで影響が比較的限られていることだ。

この地震に関しても、地震学者たちは不首尾に終わった。日本地震学会の平原和朗会長は朝日新聞に次のように語っている。「言い訳はいくらでもできますが、けっきょく私たちの負けということです。想定外だったと言うしかありません[89]」。だが、これはあらゆる大地震についても言えるだろう。予測できるのは地震が起こる場所だけで、規模も時期もわからない。ところが、1500年以降の大地震の場所を記した世界地図を見ると、不思議なことに気づく。まるで人類が一致団結して、断層線の上あるいは近くに最大級の都市をできるだけ多く建設することにしたかのようなのだ。これは、惨事の稀少性と人間の記憶の短さの致命的な相互作用を例証している。2011年に、1938年の福島県東方沖地震を思い出した人は古い避難所に逃げ込んだが、はるかに大きな津波が襲いかかってきたとき、そこは死の罠と化した。

## 火災と洪水

アジアの基準に照らせば、歴史的に見てアメリカの大惨事は物の数に入らない。すでに見たように、1906年のサンフランシスコ地震の死亡者は、近代以降の中国の大地震の死亡者よりも2桁少ない。だが地震は、人口密度が低い北アメリカよりも、人口密度が高い東アジアで頻繁に見られる危険の1つにすぎない。やはり予測可能な周期性がほとんどなく、歴史を通してときおり猛威を振るってきた災害を、もう2つ考えてほしい。火災、そして、ハリケーンを原因とするものも含めた洪水だ。

近代中国史上最大の都市火災は、目前に迫った日本による占領を国民党の役人たちが恐れていたときに起こった、1938年の長沙《チャンシャー》の火災だ。事故か、それとも意図的な焦土戦術だったかはともかく、この火災は大損害をもたらした。3万を超える人が命を落とし、町の建物の9割以上が焼失した。近代以降の中国史上最大の林野火災は、1987年5月の黒竜江《ヘイロンチャン》大火だ。森林労働者が草刈り機のガソリンをこぼしたために発生したとされるこの火災で、中国の森林保護区の6分の1を含む、大興安嶺《ターシンアンリン》山脈の森林1万2000平方キロメートル余りが焼失した。国境の向こう側のソ連領も含めると、焼失面積は7万3000平方キロメートル近かった。[90] 2020年のカリフォルニア州の大火災以前には、死亡者と焼失面積の点でそれに肩を並べるような火災は、アメリカ史を通じてたった1つしかなかった。それは、1871年10月8~14日の1週間に、ウィスコンシン州北部とミシガン州のアッパー半島で少なくとも1152人の命を奪い、合計で約4900平方キロメートルを焼いた、ペシュティーゴ火災だ。[91]

ウィスコンシン州ペシュティーゴは林業の町で、成長著しいシカゴへ、ミシガン湖近くの森林から木材を供給していた。１８７１年の夏は記録的に乾燥しており、アメリカ国立気象局は当時の様子を次のように再現している。「例年より高い気温と旱魃が長く続いた後、気温の低い低気圧の前線が進んできて、地域全体に風が起こった。それで小規模の火災が煽られて大火災になった。時速１００マイル〔訳注　秒速45メートル弱〕の風が火勢をさらに強め、冷たい空気が炎を煽り、熱い空気が巨大な柱のように上昇していった。これがなおいっそう風を起こし、この悪循環がありきたりの林野火災を灼熱の地獄に変えた[92]」。とはいえ、犯人は気象だけではなかった。ペシュティーゴの伐採者たちは以前からずっと無頓着で、伐採作業から出る廃棄物を山積みにして置き去りにしており、それが焚《た》きつけの働きをした。地域の鉄道関連の作業も同様に無造作だった。ペシュティーゴの町そのものも、木材だらけの火薬庫のようなものだった。9月27日に起こった小規模な火災の後に取られた予防措置は、情けないほど不十分だった[93]。生存者の1人であるピーター・パーニン牧師は、次のように回想している。「濃いもうもうとした煙が大地に覆い被さり、途方もない範囲にわたって真紅に染まり、その後突然、遠方から轟くような、それでいてくぐもった音が耳に届いた。あたりを包む異常な静けさの中で、それは奇妙によく聞こえ、どこかで自然が大騒ぎしているのを告げていた」。事態はいよいよ悪化し、「すでに猛烈だった風が突如ハリケーン並になり、電光石火の早業で厚板も門も柵も彼方へ吹き飛ばし、庭から外への道筋が一気に開けた[94]」。

川沿いの土手は見渡すかぎり、立ち尽くす人で埋まっていた。誰もが立像のように動かず、天を仰いで上をじっと見詰め、舌を突き出している人もいた。大方の人は、どうすれば身の安全を確保できるか想像もつかず、後に多くの人が私に認めたように、この世の終わりが訪れた、黙って自分の運命に屈するしかない、と思い込んでいた。[95]

午後10時に、パーニンらは川に飛び込むことにしたが、炎が水面を舐めるように動き回ったので、あまり身を守ることにはならなかった。そして、水温が低かったので、多くの人が低体温症で亡くなったり溺死したりした。パーニンは午前3時半に水から出ることができた。骨の髄まで冷えていたが、命は助かった。

そのような火災は19世紀末から20世紀初頭にかけては、スウェーデン北部、ロシアのシベリア横断鉄道の路線沿い、ニュージーランドの北島、オーストラリアのギプスランド、カナダのブリティッシュコロンビアやオンタリオといった、木の伐採や鉄道建設で人が広大な原生林に近づく場所ではどこでも、比較的よく起こった。それに匹敵するような、人間の定住地と自然の水路の相互作用のせいで、19世紀は大洪水の時代でもあった。中国では急速に人口が増え、ついには黄河《ホワンホー》の流路が変えられた。森林を伐採し、排水し、耕作限界地を耕作した結果、土壌浸蝕と河川の沈泥の増加が進み、それがさらなる洪水につながった。1853年に中国で河川ダムが決壊すると、北部の広域が「洗い流され」た。[96]何年も平均以上の降雨が続いたので、黄河と揚子江《ヤンズージャン》を結ぶ水路網全体に負荷がかかった。深刻な洪水が1887年、1911年、31年、35年、38年（日本軍の進撃を阻止するための意図的な惨事）、54年に起こり、それぞれ甚大な人命の損失を招いた。1887年の洪水では、少なくとも90万人が亡くなったと言われている。揚子江が氾濫したときに始まった1931年の洪水は、200万もの命を奪った可能性があり、38年の黄河の洪水では40万〜50万人が亡くなった。ただし、どちらの場合にも、溺死よりも飢えや病気で命を落とす人のほうが多かった。

この壊滅的な洪水のパターンで、中国共産党政権があれほどダム建設に執着している理由が説明できる。1955年に初めて発行された、人民元の第2シリーズで広く流通している5角《チアオ》（2分の1元《ユアン》）紙幣の裏面には、ダムが描かれている。毛沢東《マオ・ツォートン》は1958年に揚子江を泳いで渡った後、ダムについて詩を書いてさえいる。「大計画が策定されている／石の壁が西の上流に建つだろう」。もっとも、毛時代のダムがすべて、彼の目くるめくレトリックに見合うものだったわけではない。「灌漑《かんがい》用水を蓄えることを優先する」ための「淮河《ホワイホー》活用」運動は、50年代の典型的な取り組みだった。当時建設されたダムの1つである板橋《バンチャオ》ダムの決壊は、中国とソ連の協同の限界を暴露した。1975年8月、台風ニーナが1年分の雨（1067ミリメートル）を12時間で降らせて、このダムを決壊させ[97]、中華人民共和国史上でも指折りの惨事を引き起こした[98]。この決壊で、オリンピックサイズのプール25万個分の水が放出され、ほんの数時間のうちに何万もの人の命が奪われた。壊滅的な打撃を受けた地域での病気と飢えによる、2次的な死亡者数は20万を超えた[99]。この災害におけるカッサンドラ役は、水文学者の陳惺《チエン・シン》で、反右派闘争の間に、ダムの新設を止めるよう強く求めたせいで追放されたが、このときにただちに復権した[100]。板橋ダム決壊の被害はあまりに大きかったため、1989年まで国家機密となっていた。それにもかかわらず、中国共産党のダム建設には少しも歯止めがかからなかった。92年4月、全国人民代表大会で、それまでで世界最大の河川ダム建設計画である、揚子江の三峡《サンシア》ダム建設計画が正式に承認された*。

＊　三峡ダムの壊滅的な決壊――2020年7月の豪雨の後には十分起こりえた――が起こったら、100億立方メートルの水が、下流の宜昌《イーチャン》（人口400万人）や武漢（1100万人）、南京《ナンジン》（850万人）、常州《チャンジョウ》（460万人）、上海《シャンハイ》（2430万人）といった大都市へと送り込まれ、3億5000万人の命と暮らしを脅かし、中国の耕作可能な土地の4分の1を冠水させ、さらに、人民解放軍の地上部隊の半分近くを水浸しにしかねない[101]。

アメリカは、ミシシッピ川を筆頭に、航行可能なおびただしい数の河川があることで、ときに呪われ、ときに恵まれているものの、それらが引き起こしてきた惨事は、中国が経験する洪水と比べれば影が薄い。アメリカ史上最多の死亡者が出たのは、１８８９年のジョンズタウン洪水だ。ペンシルヴェニア州ジョンズタウンの上流22キロメートル余りの所にある、リトル・コンモー川のサウスフォーク・ダムの壊滅的な決壊により、一時的にはミシシッピ川並の大河に匹敵する激流が発生し、２２００人以上の命を奪った。１９２７年のミシシッピ大洪水は、それよりもはるかに大規模で、7万平方キロメートルの土地が最深で9メートルまで水に浸かったが、死亡者は５００人を超えなかった。ただし、家を失った人はもっと多かったが。65年にハリケーン「ベッツィー」がニューオーリンズを水浸しにしたときには、リンドン・ジョンソン大統領がこの町を国が守ることを約束した。だが、そのような洪水にまた襲われる危険を減らすためにアメリカ陸軍工兵司令部が建設を始めたポンチャトレイン湖ハリケーン防御壁は、環境保護団体の訴訟によって建設停止に追い込まれた[102]。代替として建設された堤防網は、不適切だったことが判明した[103]。２００５年8月の最後の週に、カテゴリー4で最大風速65メートルのハリケーン「カトリーナ」がミシシッピ・デルタを1度ではなく2度襲ったとき、堤防のうち3つが決壊し、大量の水が市内に流れ込んだ。「カトリーナ」のせいで、合計１８３６人のアメリカ人が命を落とし、その圧倒的多数がルイジアナ州民だった。ニューオーリンズ市内の全住宅の4分の3近くが損害を受けた[104]。

ハリケーンがアメリカに与える影響を見ると、防災準備を達成・維持するのがいかに難しいかがわかる。本章で論じた他のあらゆる形態の災害と違い、大西洋で発生するハリケーン――時速74マイル〔訳注　秒速33メートル〕を超える最大持続風を公式に記録したすべての熱帯低気圧――は、ランダムな分布も冪乗則の分布も見せない。１８５１年以来、合計で２９６の北大西洋のハリケーンがアメリカに上陸している。

はっきりした季節性があり、大半のハリケーンは8月から10月にかけて現れ、この傾向にはほとんど変動がない。大型のハリケーンが最も多かった10年間（１９４０年代）には、サファ・シンプソン・ハリケーン・ウィンド・スケールで3〜5の大型ハリケーンが10あったが、最も少ない10年間（１８６０年代）にも依然として1つあった。それにもかかわらず、「カトリーナ」級のハリケーンの起こる確率の事前推定は、「３９６年に1度」から「40年に1度」まで、さまざまだった。[105] １９９０年代にルイジアナ州天然資源省の次官補を務めていた南アフリカ共和国の学者アイヴァー・ファン・ヘールデンは、ミシシッピ・デルタの地盤沈下と、石油と天然ガスの採取による湿地帯の喪失のせいで、大型のハリケーンがニューオーリンズに与えるだろう損害を、正確に予想していた。[106] だが連邦緊急事態管理庁は、２００４年にハリケーン「パム」演習と呼ばれる防災準備シミュレーションを行った後でさえ、確かな防災計画を仕上げられなかった。[107] 地元の役人やビジネスマンが危険を過小評価していただけでなく、アメリカ陸軍工兵司令部も（国立気象局から警報が届いたときにさえ）警告を顧みなかったし、ジョージ・W・ブッシュ政権も、テロリズムというまったく異なる脅威に頭がいっぱいで、連邦緊急事態管理庁を新設の国土安全保障省の下に置いたため、同庁の役人たちは「資金不足で、いかなる惨事であろうと対処する準備がまったくできていなかった」[108]。ハリケーン「カトリーナ」を調査した超党派の下院委員会の答申は厳しいものだった。

「カトリーナ」への当面の対応をするにあたって、情報の乏しさや矛盾が、介入して明らかな空白を埋める必要としてよりもむしろ無為の言い訳として使われることが多過ぎた。情報は、省のさまざまな対策拠点や……「調整」委員会から成る迷路を通り抜ける間に、部内者のために操作されたり解釈を加えられたりして時機を逸し、意義を失った。

その結果、指導者たちは刻々と変化する「カトリーナ」の実情から切り離された。出来合いのお役所言葉に翻訳された情報は、首都ワシントンとメキシコ湾岸を地理的な距離以上に遠ざけた。……責任のなすりつけ合いで勝ったり、PR合戦を仕掛けたりするといった、災害対応にとっては重要でない事柄に、肝心な時間が浪費された。[109]

アメリカ政府の地方レベルと連邦レベルの両方でのそうした問題には、本書の中でこれからも出くわすことになる。

それでも、これまでの論旨は依然として有効で、アジアの惨事は西洋の惨事よりも深刻な傾向にある。「カトリーナ」はアメリカではいわば国家的なトラウマだったが、死亡者数は2000に満たなかった。南アジアの歴史上でも屈指のサイクロンでは、それより2桁多くの人が亡くなってきた。1876年10月に、現在のバングラデシュのバリサル近くに上陸したバッカーガンジ・サイクロンは20万前後のベンガル人の命を奪った。その半数はただちに溺死し、残る半数はその後の飢饉と病気で亡くなった。[110] それから1世紀もたたない1970年11月には、ボーラ・サイクロンが東パキスタン（後のバングラデシュ）を襲い、30万～50万人の死亡者を出した。それには、バリサルの南東約65キロメートルにあるタズマディンの町の人口のうち45％も含まれていた。[111] 日本の地震と似て、バングラデシュの最大級のサイクロンは時間的な間隔があまりに大きいので、生きている人は思い出せず、危険を十分に認識できない。[112] ボーラ・サイクロンの場合には、カッサンドラ役はアメリカ人のゴードン・E・ダン博士が演じた。彼の1961年の報告は、まさにそのサイクロンのような災難を警告し、地域を選んで人工的に土地の嵩上げを行うことを推奨していたが、パキスタンの当局は、体《てい》良く無視した。[113]

## 惨事の規模を決めるもの

日本のあらゆる芸術作品のうちで最も有名な「大波」を知らない者はいない。仮に、作者の名前は知らないにしても。彼は北斎と名乗っており、「神奈川沖浪裏」(*The Great Wave off Kanagawa*〔神奈川沖の大波〕)を1829~33年のどこかの時点で発表した。それは浮世絵というジャンルの木版画で、浮世絵とは文字どおりには「浮かんでいる世の絵」を意味するから、この木版画にはとりわけふさわしく思える。「神奈川沖浪裏」は津波ではなくいわゆる「暴れ波」を描いたもので、よく見てみると、そそり立つ大波の下に木舟が3艘《そう》あり、その中で漕《こ》ぎ手たちが縮み上がっているのが見える。彼らは神奈川へ帰るところだ。遠くに富士山が小さく望まれる。北斎は、この大波が砕けた後、海が静まり返ることは断じて示唆していない。

すでに見たように、巨大な津波も含め、歴史には波が登場する。だが、これらの波が光波や音波のようなものだという考え方は思い違いだ。1920年代にソ連の経済学者ニコライ・コンドラチエフは、資本主義にはそのようなパターンがあることを示そうとし、イギリスとフランスとドイツの経済統計から、好景気の後に不景気が続く50年周期が存在すると推測した[114]。これは現在でも依然として多くの投資家に影響を与え続けているが、コンドラチエフは自説のせいで、スターリンの指示で逮捕され、投獄され、後に射殺された。あいにく、現代の研究は、経済にそのような規則性があるという考え方を一蹴する。経済史学者ポール・シュメルジングは、13世紀まで綿密に金利を調べ、周期性の代わりに、長年に及ぶ「超長期的」な名目金利の下落が見られることを示した。その下落は、主に資本蓄積の過程に推進され、ほぼ必ず戦争と結びついているインフレによってときおり、ただしランダムに中断されてきた[115]。とはいえ、戦争はヘラクレイトスの主張とは裏腹に、万物の父、万物の王ではない。惨事は多くの形を取る。歴史上のすべてのドラゴンキングが戦争だったわけではなく、黒死病と呼ばれるパンデミックに匹敵するほど多くの人の命を奪った戦争はかつてない。

それならば、災害を天災と人災に分けるのは、心をそそられることではあっても誤解を招く。明らかに、地震は地質学的な事象だ。現代に杜撰な計画の下で行われた核実験で起こったものを除けば、地震は常に人間社会の外で発生する。これまた明らかに、戦争は人間が始める。人間社会の内部から起こる。とはいえ人命の損失という観点に立てば、天災は、人間の定住地への直接・間接の影響に応じた程度でしか惨事と言えない。火山の近くや断層線の上や深刻な洪水を起こす川の脇といった、被災する可能性のある区域に定住地を置く決定を下せば、それがほとんどの天災をある程度まで人災にする一因となる。伐採作業現場の近くに木造の町を築いたり、津波の危険区域に原子力発電所を建設したりするといった、なおさら危険な決定は、天災による人的損害をいっそう拡大させかねない。

それと似て、戦争も自然の出来事に起源を持ちうる。たとえば、異常気象か持続的な気候変動が農耕の危機につながり、社会が飢餓か移住かという選択を迫られる。人間は自然の一部であり、人口動態の波は、世界の生態系という統合された網の一環だ。今の時代に非常に多くの人の頭を離れない惨事の筋書きは、産業その他からの排出物に起因する平均気温の上昇という形の「人為的な気候変動」が壊滅的な結果をもたらす、というものだ。この危険がどれだけ首尾良く、つまり、意図せざる望ましからぬ結果を招かずに、緩和できるかは、民主的な政権と非民主的な政権による意思決定の質に応じて決まる。

私たちは世界規模の惨事が起こる可能性に心を奪われてはいるものの、現実には惨事の大半は局地的で、規模も比較的小さい。第8章で見るように、カタストロフィにはフラクタル幾何学が見られ、飛行機の墜落のような小さな惨事は多くの点で、メルトダウンのような大きな惨事とよく似ている。決定的な違いは、大きな惨事と巨大な惨事との間にある。巨大な惨事とは、分布の右裾のはるか外れにある出来事、すなわちドラゴンキングだ。何十万ではなく何百万人の、何千万人さえもの命を奪う、ドラゴンキングのような資格を獲得する惨事はなぜほんのわずかなのか？　ほとんどの形の惨事には影響が及ぶ地理的範囲に限界があることが、その一因だ。どれほど大きな地震も、世界中で感じられるわけではない。どれほど大きな戦争も、ありとあらゆる国で実際に行われるわけではない。2つの世界大戦は、時間だけではなく空間も限られていた点が注目に値する。第2次世界大戦の死亡者は、2つの致命的な三角形の中で発生した。1つは北海と黒海とバルカン諸国を結ぶもの、もう1つは満州とフィリピンとマーシャル諸島を結ぶものだ。実際、世界の陸塊のほとんどでは、戦闘はまったく、あるいはほとんど行われなかった。肝心なのは、第1に、惨事が地球上の人口密度の高い部分を襲うかどうか、第2に、惨事の中心地とその周辺での死と破壊の波紋が、さらに広い範囲に及ぶかどうか、だ。すでに見たように、大きな火山の場合には、吐き出された煙と灰が非常に広範囲に拡がって、他の大陸の気候に重大な影響を与えうる。地震や洪水の場合にも、最初の打撃が1国の、あるいは複数の国の、農業や商業や金融の体制を混乱に陥れたら、広い範囲で問題が派生しうる。要するに、惨事の最も重要な特徴は、感染——すなわち、最初の打撃を生命の生物学的ネットワークあるいは人類の社会的ネットワークを通して伝播する方法——があるかどうかなのだ。したがって、ネットワーク科学がある程度わかっていないかぎり、惨事は理解できない。

# 第4章　ネットワーク化した世界

彼は人々を接触させて感染を広めないために、説教壇を門の上に置き、感染者は中に、残りは外に立った。そして、このような状況下で、この説教者は人々の目下の恐怖を利用しそこねることはなかった。

——デイヴィッド・ヒューム、『イングランド史』

## 対岸の火事

スイスのジュネーヴは、ポルトガルの首都リスボンから直線距離にして１５００キロメートル強の所にある。したがって、１７５５年11月1日、リスボンが地震と津波に壊滅的な打撃を受けたその日に、誰であれジュネーヴの人がわずかでも揺れを感じたとは思い難い。それでいて、ジュネーヴがカルヴァン主義の中心地だった宗教改革のときから2世紀間に、西洋で発達した出版と通信のネットワークのおかげで、この惨事の知らせは大地の揺れよりもはるかに遠くまで拡がった。ヴォルテールという筆名のほうが有名なフランソワ＝マリー・アルエは、１７５５年にはすでに宗教にはかなり懐疑的になっていた。だからジュネーヴにいた。ルイ14世にパリから追放されていたのだ。だがリスボンの地震のせいで、あれほど明らかに偶然のカタストロフィを人類に甘んじて受け容れさせようとする哲学の支流のいっさいに対するヴォルテールの強烈な嫌悪は、明確なものとなった。[1] ヴォルテールは、彼にしては珍しく情熱的な「リスボンの災禍についての詩」で、ドイツの博識家ゴットフリート・ヴィルヘルム・ライプニッツの楽観的な神義論（「我々はこれ以上ないほど素晴らしい世界に生きている」）と、イングランドの詩人アレグザンダー・ポープ（「何であれ存在するものは正しい」）に、自分と発行者にとって精一杯のところまで痛烈に異を唱えた。

「天よ、我らが苦難に哀れみの目を向けたまえ」
万事、申し分なし、とあなたは答える。永遠なる要因が
一部にかかわる法則ではなく全般にかかわる法則によって支配している。……

それにもかかわらず、この恐ろしい混沌の中で、あなたは
個々人の不幸から全体の至福を作り上げるというのか？
おお、役立たずの至福！　傷ついた理性の視野の中、
覚束ない声であなたは叫ぶのか、「存在するものは正しい」と？　……

だが、天から人間に惜しみなく祝福を与えておきながら、
今度は種々の疫病で混乱に陥らせるような神を

私たち人間はどうやって思い描き、
その神の深遠なる意図を見抜くことができようか？[2]

この詩は激しい反応を招いた。特に、ジャン＝ジャック・ルソーから。[3] そして、今度はそれに促されてヴォルテールが書いたのが、皮肉たっぷりの傑作『カンディード』（１７５９年）（堀茂樹訳、晶文社、２０１６年、他）で、その中では名前が題名になっている主人公が、ライプニッツを風刺したパングロス博士と再洗礼派の水夫に伴われて、リスボンの破壊を目撃する。[4]

リスボンの地震がヴォルテールとルソーに衝撃を与えた――プロシアの哲学者イマヌエル・カントにも衝撃を与えたことは言うまでもなく、彼はこのテーマで3つの別個の文章を書いている――事実は、18世紀の社会的ネットワークの力を物語っている。当然ながら、社会的ネットワークは啓蒙運動にはるかに先行している。エジプトのファラオたちは紀元前14世紀に、すでに社会的ネットワークを持っていた。「シルクロード」は、ローマ帝国と中国の帝国を結んでいた。キリスト教と、後にはイスラム教も、それが生じたユダヤ人やアラブ人の社会のはるか外まで伸びる、巨大で耐久性のある社会的ネットワークを構築した。ルネサンス期のフィレンツェの権力構造は、家族のネットワークに基づいていた。西ヨーロッパの相争う王国が、西は大西洋の向こうへ、南は喜望峰を回って、商業活動を拡げるなか、しばしば知識を分かち合う航海者や探検家やコンキスタドールのネットワークもあった。そして宗教改革は多くの点で、ネットワーク化された革命であり、北西ヨーロッパ全土の宗教改革者の相互接続した諸グループが実現させたのだが、彼らが自らのプロテスタントのメッセージを広める能力は、15世紀後期に印刷機が普及したおかげで、はっきりと増大していた。それでも啓蒙運動のネットワークは、その地理的な範囲（ヴォルテールが書簡を交わした相手の7割はフランス人だった）よりもむしろ、そこで共有された内容の質で際立っている。[5] 特に、大陸と、ジャコバイトが1746年に敗れた後のスコットランドという「天才たちの温床」との間のつながりは、近代の非常に重要な考え方の一部の発展にとっては、とりわけ大切だった。[6]

今日アダム・スミスは、『道徳感情論』（『カンディード』と同じ年に出版された）よりも、その後に書いた『国富論』（1776年）のほうで多くの人の記憶に残っているが、この2作はいずれ劣らぬほど重要だ。スミスは『道徳感情論』第3部の注目すべき文章で次のように書いている。

仮に、中国という大帝国がそのおびただしい数の住民全員とともに、突如、地震に呑み込まれたとしよう。そして、人間愛に満ちたヨーロッパのある人物が、世界のその部分とはいかなるつながりもないのだが、この恐ろしい災難の知らせを受けてどのように心を動かされるか考えてみよう。彼は真っ先に、その悲惨な国民の不運への悲しみを非常に強く表し、人の命の不確かさや、人の骨折りの空しさについてあれこれ憂鬱な思いに耽ることだろう。このように、どちらも一瞬のうちに無に帰してしまいうるのだから。彼が物事を深く考える人ならば、この惨事がヨーロッパの商業と、世界の交易と商取引全般にもたらしうる影響についても、数々の推論を行うだろう。そして、このような素晴らしい哲学がすべて終わり、人道に適った感情がすべて正しく表現し尽くされたときには、あたかもそのような災難など起こっていなかったかのように、平安で落ち着いた心持ちで、自分の仕事を行ったり楽しみを追求したり、休養を取ったり娯楽に耽ったりするだろう。[7]

これはまた深い見識であり、悲劇とたんなる統計値のトゥホルスキーやスターリンばりの区別をいくぶん先取りしていた。「彼自身に降りかかりうる最もつまらぬ災難でさえ、もっと本格的な心の動揺を引き起こすことだろう」とスミスは主張する。「もし彼が明日、小指を失うことになっていたとしたら、今晩は眠れないだろうが、1億の同胞の破滅を知っても、それが一度も会ったことのない人々であれば、この上なく心安らかにいびきをかき、それほど大勢の人の破滅も、自分の小さな不運ほど関心を引かれない対象にしか見えない」

それからスミスは倫理にまつわる重要な疑問を投げかける。「したがって、自分にとっての小さな不運を避けるために、人間愛に満ちたその人物は1億の同胞の命を進んで犠牲にするだろうか？　ただし、彼らに一度として会ったことがないとして、だが。……私たちは常に、何であれ他者にかかわることよりも自分にかかわることに、これほど深く心を動かされるのだから、いったい何が、寛大な人にはあらゆるときに、そして、卑劣な人にも多くのときに、他者のより大きな利益のために自らの利益を犠牲にするよう、促すのか？」。彼が与える答えは、あまり満足できるものではなかった。

自己愛のどれほど強力な衝動にもこのように対抗できるのは、人間愛の優しい力のおかげでもなければ、自然が人間の心の中に灯した慈悲の弱々しい火のおかげでもない。それを可能にするのはもっと強い力、もっと強制的な動機であり、それがそのような折におおいに力を振るうのだ。それは理性、信条、良心、胸の中に宿っているもの、内なる人間、私たちの振る舞いの偉大なる審判であり裁定者だ。……多くの場合、私たちにこうした神聖な徳を実践させるのは、隣人愛でも人類愛でもない。それは、たいていそういう場合に起こるもっと強い愛、より強力な愛情であり、高潔で気高いものへの愛、自分自身の人格の高尚さ、尊厳、優越性への愛だ。

スミスが仮定した中国の地震――もしヴォルテールがあれほど動揺していなかったなら、現実に起こったポルトガルの地震を選んでいたかもしれない――のような惨事は、彼がいた遠いエディンバラでも同情を喚起して然るべきだ。なぜなら、まったく心を動かされないのは、恥ずべき種類の独我論となるだろうから。

とはいえ、私たちはスミスの基準を満たすこと、つまり、仮に正真正銘の利他主義からではないにしても、自分の良心を懐柔するために遠方の何百万もの人の運命に関心を持つこと、に苦労しているというのが現実だ。イギリスのジャーナリスト（で筋金入りの共産主義者）のクロード・コックバーンは、1920年代後半に『タイムズ』紙の編集者をしていた頃、ときどき同僚たちと、最も退屈な見出しを書く競争をした（優勝者には少額の賞金が出た）。「1度だけ勝ったことがある」と彼は回想する。「『チリで小地震、死者多からず』と告げる見出しで」[8]。残念ながら、そのような見出しが『タイムズ』紙に掲載されたことはかつてない[*]――ただし、「チリで地震」という見出しは1922年と28年に、そして、「チリで大地震」という見出しは39年に紙面を飾っている[9]。それでも、『タイムズ』紙が2020年1月6日に載せた、「中国の都市、謎の『肺炎』ウイルス発生を認める」という見出しには、当初は多くの人がおおむね無関心だったから、私たちの間には道徳面でスミスよりもコックバーンに似た人が多いことが窺われる。

＊　この見出しはようやく1979年に登場したが、載ったのは、同紙がストライキのために休刊中だったときの、パロディ版『ノット・ザ・タイムズ』紙だった。

## ネットワークとは何か

ネットワークは重要だ。それどころか、自然の複雑性と人間が生み出した複雑性の両方の、おそらくこれ以上ないほど重要な特徴だ。物理学者ジェフリー・ウェストの言葉を借りれば、自然界は「最適化され、空間を埋める、分岐したネットワーク」からできており、当惑するほどそれが徹底しているという。そうしたネットワークは、巨視的な供給源と微視的な利用場所との間に、27桁の大きさの範囲にわたって、エネルギーと物質を行き渡らせるように進化した。[10] 動物の循環器系、呼吸器系、泌尿器系、神経系はみな、自然のネットワークであり、植物の脈管系や、細胞内の微小管とミトコンドリアのネットワークも同様だ。[11] 今のところ、神経ネットワークがすっかりマッピングされたのは線虫のカエノラブディティス・エレガンスだけだが、そのうちもっと複雑な中枢神経系のマッピングも行われるだろう。[12] 現代の生物学によって、線虫の中枢神経系から食物連鎖(「食物網」)まで、地球上の生命のあらゆるレベルでネットワークが見つかっている。[13] ゲノムの塩基配列の決定からは、「遺伝子制御ネットワーク」の存在が明らかになった。このネットワークの中では、「ノード(節点)が遺伝子であり、リンクが反応の連鎖だ」。[14] 腫瘍もネットワークを形成する。

ホモ・サピエンスは先史時代に、ネットワークを形成する能力、つまり、意思を疎通させて集団行動する比類ない能力を持った協力的な霊長類として進化し、他のあらゆる動物と一線を画した。進化人類学者のジョセフ・ヘンリックに言わせると、私たちはたんに脳が大きく毛が少ないチンパンジーではなく、種としての人間の成功の秘密は、「私たちの共同体の集団的な脳……にある」という。[15] 私たちはチンパンジーと同じように、それでいてもっと大規模に、教えたり分かち合ったりしながら社会的に学習する。進化人類学者のロビン・ダンバーによると、新皮質が発達した私たちの大きな脳は、およそ150人という比較的大きな社会集団で機能できるように進化したそうだ（それに対して、チンパンジーの場合は、約50頭[16]）。じつのところ、私たちの種は本当なら、「ホモ・ディクティアス（ネットワーク人）」と呼ばれるべきだろう[17]。民族誌学者のエドウィン・ハッチンズの造語には「分散認知」がある。私たちの初期の祖先は「協同せざるをえない採集者」で、食糧や住み処を確保し、暖を取るために互いに頼り合うようになった[18]。話し言葉の発達と、それに関連した脳の能力と構造の向上は、この過程の一部である可能性が高く、毛づくろいなどの、類人猿のような活動が起源だ[19]。歴史家のウィリアム・H・マクニールとJ・R・マクニールの言葉を借りると、最初の「ワールド・ワイド・ウェブ」は、じつは1万2000年ばかり前に登場したという。無比の神経ネットワークを持った人類は、生まれながらにしてネットワークを形成するようにできていたのだ[20]。

だとすれば、社会的ネットワークは、人間が自然に形成する構造であり、知識そのものや、それを伝えるために使うさまざまな表現形式とともに、また、私たち全員が必然的に所属している家系とともに始まった。ネットワークには、私たちの種を地表の至る所に分布させた、定住、移住、異種族混交のパターンもあれば、事前の計画やリーダーシップがほとんどないまま私たちがときおり生み出す無数のカルトや熱狂的流行も含まれる。社会的ネットワークには、排他的な秘密結社からオープンソースの大衆運動まで、ありとあらゆる形態や規模のものがある。自然発生的で自己組織的な性格を持つものや、もっと体系的で構造化されたものもある。書き言葉の発明を皮切りとして何が起こったかと言えば、ネットワークを形成したいという、私たちが太古から持っている生まれながらの衝動を、情報と通信の一連のテクノロジーの発達が助長したにすぎない。

私は前作では、現代のネットワーク科学——それ自体が学際的研究の複雑系——のカギを握る見識を6つの見出しの下にまとめた。[21]

1　**島であるような人間は1人としていない**——1人ひとりの人間は、ネットワークの中のノードとして考えたとき、他のノードとの関係、つまり彼らをつなぐエッジの観点から理解することができる。あらゆるノードが同等であるわけではない。ネットワークの中に置かれた人間は、次数中心性（関係の数）だけではなく、媒介中心性（グループの中に存在する他のノードの橋渡しをしている可能性）でも評価することができるし、この2つ以外にも尺度はいくつもある。最も媒介中心性が高い人は、最も多くのつながりを持っているとはかぎらないが、多くのつながりを持っている他者と最も多くのつながりを持っている。個人の歴史的重要性の大切な尺度は、異なるネットワークを接続するネットワークブリッジあるいはブローカーの役割をどれだけ果たしたか、だ。アメリカ独立革命の場合がそうだったが、決定的な役割がじつはポール・リヴィアのような、指導者ではなくコネクター（つなげる人）によって演じられていたこともある。[22]次数中心性の高い人や媒介中心性の高い人は、それぞれ異なるかたちでではあるが、ネットワークの「ハブ」の役目を果たす。

1967年、社会心理学者のスタンリー・ミルグラムは、カンザス州ウィチタとネブラスカ州オマハの住民をランダムに選んで156通の手紙を送った。受け取った人はその手紙を、あらかじめ指定された最終受取人（ボストンの株式仲買人）を知っていればその人に直接送り、知らなければ、その最終受取人を知っていそうな人（ただし、その人はファーストネームで呼び合うほど親しい人でなくてはならない）に転送するように指示された。また、自分がしたことを報告する葉書をミルグラムに送るようにも依頼された。ミルグラムによれば、けっきょく42通が最終受取人に届いたという（その後の研究では、21通だけだったとされている)[23]。ミルグラムは届いた手紙に基づいて、手紙がターゲットに届くまでに必要とした仲介者の数を割り出すことができた。その数は平均すると5・5人だった[24]。この発見は、ハンガリーの作家カリンティ・フリジェシュが1929年に発表した「鎖（Láncszemek）」という短篇で予知していた。その作品では登場人物の1人が、地球上の誰を選んで名を挙げてくれても、知り合いから その知り合いへと、せいぜい5人たどればその人とつながることができる、しかも、その5人のうち、直接の知人は1人いれば十分だ、と仲間たちに請け合う。「6次の隔たり」という言い回しが使われるようになったのは、1990年にそれを題名とするジョン・グエアの戯曲が発表されてからだが、その背後にはこのように長いいきさつがあるのだ。

2　**類は友を呼ぶ**——自分に似た人に引かれる同類性《ホモフィリー》というものがあるので、社会的ネットワークは、似た者どうしが引きつけ合うという観点からも理解できる。同類性は共通の地位（人種、民族、性別、年齢などの生得的特性と、宗教、教育、職業、行動パターンなどの後天的特性）、または、共通の価値観に基づいていることがありうる。ただし、それが獲得形質と区別できるときに限るが[25]。社会学の文献でこれをよく示した初期の例が、人種や民族によって自己隔離するアメリカの児童・生徒の傾向だ。とはいえ、共通の特質や好みのうちのどれのせいで人々がクラスター化するかは、いつも自明とはかぎらない。そのうえ、ネットワークのリンクの性質についてもはっきりさせておかなければならない。ノード間のリンクは知人の関係なのか、それとも友人の関係（あるいは敵対関係）なのか？　私たちが眺めているのは家系（有名なザクセン=コーブルクあるいはロスチャイルドのような家系）なのか、友人の輪（たとえばブルームズベリー・グループ）なのか、秘密結社（たとえばイルミナティ）なのか？　そのネットワークの中では知識以外、たとえばお金その他の資源が交換されているのか？

**3　弱い紐帯は強い**――ネットワークがどれほどしっかり結びついているかや、他のクラスターとどれだけつながっているかも大切だ。私たちはみな、モニカ・ルインスキーやケヴィン・ベーコンから6次の隔たりしかないという冗談は、スタンフォード大学の社会学者マーク・グラノヴェターが逆説的にも「弱い紐帯の強さ」と呼んだもので説明できる[26]。もし、あらゆる紐帯が、自分と親友との間の強い紐帯と同じだったら、この世界はどうしてもばらばらになってしまう。だから、自分とはそれほど似ていない「知人」との弱い紐帯が、「スモールワールド」現象〔訳注　前述のミルグラムが示したように、世界中の人が比較的少ない仲介者を通してつながっているという現象〕のカギなのだ。グラノヴェターが最初に注目したのは、仕事を探している人が親友よりも知人に助けてもらえる場合が多いことだったが、後には、弱い紐帯が比較的少ない社会では「新しいアイデアが広まるのに時間がかかり、科学的な企ては妨げられ、人種や民族、地理、その他の特性によって隔てられている下位集団は折り合いをつけるのが難しくなる」ことがわかった[27]。言い換えれば、弱い紐帯は、それがなければまったく結びついていないだろうクラスターの間の、きわめて重要な架け橋なのだ[28]。

グラノヴェターの所見は、社会学的なものだった。1998年になってようやく、社会学者のダンカン・ワッツと数学者のスティーヴン・ストロガッツが、同類性のクラスターを特徴とする世界が同時にスモールワールドでもありうるのはなぜかを説明した。ワッツとストロガッツは、各ノードの近接中心性の平均と、ネットワークの全般的なクラスター係数という、互いの関連性が比較的低い2つの性質に基づいてネットワークを分類した。2人は、それぞれのノードが最も近いノードとその次に近いノードとしかつながっていない環状格子から始め、その環の中心を通るエッジを何本かランダムに加えるだけで、全体のクラスター係数をあまり増やすことなく、あらゆるノードの近接性を劇的に増やせることを示した[29]。ワッツはコオロギの鳴き声が同期するのを調べるところから研究を始めたのだが、彼とストロガッツの発見が人間の集団にとって持つ意味合いは明らかだった。ワッツの言葉を引くと、「ビッグワールドのグラフとスモールワールドのグラフの違いは、ランダムに必要とされる数本のエッジ――個々の交点のレベルでは事実上、検知できない変化――の問題にすぎないこともありうる。……スモールワールドのグラフは非常に密集しているので、何かの病気が実際にはとても近接しているのとは裏腹に、『遠く離れている』という直感的な思い込みにつながりかねない」[30]となる。

ネットワークの大きさも大切で、それは、イーサネットの共同発明者ロバート・メトカーフにちなんで名づけられた「メトカーフの法則」というものがあるからだ。この法則（もともとの形）によれば、テレコミュニケーション・ネットワークの価値は、そのネットワークに接続している互換性のある通信機器の数の2乗に比例するという。じつは、これはネットワーク全般に当てはまる。簡単に言えば、ネットワークはノードが多いほど、ノード全体にとって価値がある、したがって、その所有者にとっても価値がある、ということだ。

4 **どれほど急速に広まるかは構造で決まる**――感染症が拡がる速さは、病気の毒性自体だけでなく、病原体にさらされた人々のネットワーク構造にもおおいに関係がある[31]。接続性の高いハブがいくつかあると、病気は最初はゆっくり広まった後、指数関数的に拡がっていく[32]。別の言い方をすると、再生産数（感染した典型的な人から新たに感染する人数）が1を超えると病気は急速に広まり、1を下回ると終息する傾向にある。再生産数は、その病気固有の感染力だけではなく、感染するネットワークの構造にも左右される[33]。

アイデアやイデオロギーの拡散は、漠然と規定された何らかの文脈との関連における、そうしたアイデアやイデオロギーの固有の内容で決まると思い込んでいる歴史家が相変わらず多い。とはいえ、アイデアのうちには一部の病原体のように、それが拡散するネットワークの構造上の特徴のおかげで急速に広まるものがあることを、今や認めざるをえない（その恰好の例が奴隷制度廃止運動で、この運動は19世紀前期に、イギリスの既成の政治的権力機構に首尾良く自らのメッセージを広めた）。同輩どうしのリンクが制限されたり禁じられたりしている、階層制のトップダウンのネットワークの中では、アイデアが発展する見込みが最も薄い。最近の研究からは、心の状態さえもがネットワークを通して伝わりうることがわかっている。[34] ネットワークの内因性の影響と外因性の影響を区別するのはおよそ容易ではないものの、[35] この種の感染が起こるという証拠は明白だ。「勉強好きなルームメイトを持つ学生は勉強好きになる。大食いの人の隣で食事する人は多く食べる」[36]。とはいえ、私たちはアイデアや行動を友人の友人の友人より先にはほとんど伝えられない（言い換えると、3次の隔たり止まりということだ）。なぜなら、アイデアや行動を伝達して受け容れてもらうには、感染性の病原体を図らずも伝達する場合よりも、強いつながりが必要とされるからだ。誰かを知っているだけでは、その人に影響を与えてもっと勉強させたり過食させたりできるとはかぎらない。模倣は、たとえそれが無意識になされるときでさえ、最も真摯《しんし》な形式の追従《ついしょう》なのだ。

病気の流行と同じで、肝心なのは、拡散の速さと程度を決める要因として、ネットワークの構造がアイデアそのものと同じぐらい重要になりうる点だ。[37] ミーム〔訳注　ネットでコピーされ拡散する情報〕が急速に広まる過程では、ハブあるいはブローカーであるノードだけではなく、「門番」（ネットワークの中の自分が属する部分に情報を伝えるかどうかを決める人々）であるノードも大切な役割を果たす。[38] そうしたノードの決定は、1つには、その情報を伝えると自分がどう見えると思っているかに基づいている。そして、あるアイデアが受け容れられるためには、2つあるいは3つ以上の情報源から伝えられることが求められる場合もある。単純な病気の流行とは違い、複雑な文化的感染が起こるには、まず、高い次数中心性を持つ初期採用者を最低限必要な数だけ（つまり、比較的大勢の、影響力ある友人たちを）獲得しなければならない[39]。ダンカン・ワッツの言葉を借りると、感染のような連鎖反応が起こる可能性を調べるにあたってのカギは、「刺激そのものではなく、その刺激が加わるネットワークの構造に的を絞ること」だという[40]。そう考えると、急速に広まるアイデアの陰にはいつも、人知れず消え去るアイデアが無数にある理由が説明しやすくなる。広まりそこなうアイデアは、出発点となるノードやクラスターやネットワークを間違えているのだ。感染性がある病原体についても同じことが言える場合が多く、パンデミックを引き起こせる病原体は非常に少ない。

もしすべての社会的ネットワークの構造が同じだったら、私たちの住む世界はずいぶんと違ったものになるだろう。たとえば、ノードどうしがランダムにつながっていたら（その場合には、1つのノード当たりのエッジの数はベルカーブに沿った正規分布となる）、その世界は「スモールワールド」の性質を多少持っているにしても、私たちの世界には似ていないだろう。それは、現実世界のじつに多くのネットワークのノードがパレートの法則〔訳注　物事の構成要素のごく一部が、全体の結果のうち、不釣り合いなまでに多くをもたらすという経験則〕に従うような分布を見せるから、つまり、ランダムなネットワークに想定されるよりも多くの、非常に多数のエッジを持つノードと非常に少数のエッジしか持たないノードがあるからだ。これは、社会学者のロバート・K・マートンが「マタイによる福音書」の、「誰でも持っている人はさらに与えられて豊かになるが、持っていない人は持っているものまで取り上げられる」という一節（第25章29節）にちなんで「マタイ効果」と呼んだものの1バージョンだ。科学では、成功が成功を生み、すでに多くの賞を受けている人にさらに多くの賞が与えられる。それに似たことが、「スーパースターの経済学」

にも見られる[41]。それと同様に、多くの大きなネットワークが拡大するにつれ、ノードはすでに持っているエッジの数（次数あるいは「適応度」）に応じて新しいエッジを獲得する。要するに、「優先的選択」があるわけだ。この見識をもたらしてくれたのが、物理学者のアルバート＝ラズロ・バラバシとレカ・アルバートで、2人は現実世界のネットワークの大半が冪乗則の分布を取っている可能性がある、つまり「スケールフリー」でありうることを最初に指摘した*。そのようなネットワークが発展するにつれ、いくつかのノードが他のノードよりもずっと多くのエッジを持つハブとなる[42]。そうしたネットワークの例は、フォーチュン1000の企業の役員から物理学の専門誌での引用やウェブページの間のリンクまで、枚挙に暇がない[43]。バラバシは次のように言っている。

> ハブの階層制があり、それがこれらのネットワークのまとまりを保っている。非常に多くのリンクを持ったノードが1つあり、すぐそれに続いて、それよりはリンクが少ないノードがいくつかあり、いっそう小さなノードが何十もそれに連なる。このクモの巣《ウェブ》の真ん中に陣取って、あらゆるリンクとノードを統制したり監視したりしている中心的ノードなど存在しない。それを取り除けばウェブを崩壊させられるような単一のノードなどない。スケールフリーのネットワークは、クモのいないクモの巣なのだ[44]。

極端な場合（勝者総取りモデル）では、最も適応度の高いノードがリンクをすべて、あるいはほぼすべて得る[45]。スケールフリーのネットワークの例としては航空輸送ネットワークが挙げられ、その中では、多数の小さな空港が中規模の空港につながっており、中規模の空港は、発着回数の多いいくつかの大規模なハブ空港につながっている[46]。それとは対照的に、アメリカの全国的なハイウェイ・ネットワークは、むしろランダムなネットワークのようなもので、その中では主要都市のそれぞれが、ほぼ同じ数のハイウェイで他の都市とつながっている。両者の間に位置づけられる他のネットワーク構造も見つかる。たとえば、アメリカの青少年たちの交友ネットワークはランダムでもスケールフリーでもない[47]。後で見るように、スケールフリーのネットワークは、一部の感染症の拡散で主要な役割を果たしてきた[48]。モジュール式のネットワークも考えられる。多数の別個のクラスターに分割できるものの、何本かのエッジで橋渡しされているネットワークだ。ネットワークのなかには、モジュール式であると同時に階層制のものもある。たとえば、代謝を調節する複雑な遺伝系がそうで、そうしたシステムでは、特定のサブシステムが他のサブシステムの統制下に置かれている[49]。

**5　ネットワークはけっして眠ることがない**――ネットワークが時間の中で凍りついていることはめったにない。第3章で見たように、大規模なネットワークは複雑系であり、創発的な特性を持っている。予測可能には程遠い相転移を起こして、斬新な構造やパターンや性質を見せる傾向がある。一見するとランダムなネットワークも、驚異的な速さで階層制に進化しうる。革命派の群衆から全体主義国家に至るステップの数は、驚くほど少ないことがこれまでに一度ならずあった。同様に、一見すると強固な階層制の秩序

＊　スケールフリーのネットワークは、冪乗則の特性を持っている。リンクがランダムに形成された場合に比べて、非常に高い次数と非常に低い次数が現れる相対的な可能性が高いからだ。スケールフリーのネットワークには典型的なノードというものはないが、ノード間の違いの「スケール」は、どこでも等しい。言い方を変えれば、スケールフリーの世界は、フラクタル幾何学を特徴とする。町は大きな家族であり、都市は大きな町であり、王国は大きな都市と言える。

は、驚異的な速度で崩壊しうる。[50]

6　**ネットワークはネットワーク化する**――ネットワーク間で相互作用が起こると、イノベーションや発明につながりうる。硬直化した階層制は、ネットワークによって乱されると、あっけに取られるような速さで転覆しうる。だが、脆弱なネットワークは、階層制の攻撃を受けると崩壊しかねない。社会的ネットワークどうしが友好的に出合って融合することもあるが、攻撃し合う場合もある。1930年代にソ連の諜報機関がケンブリッジ大学の卒業生のエリート・ネットワークの中に首尾良く手蔓《てづる》を確保したときがそうだ。そのような争いが起こった場合の結果は、張り合っているネットワークどうしの相対的な強弱で決まる。それぞれのネットワークは、どれだけ適応性とレジリエンスを備えているか？　破壊的な感染に対してどれだけ脆弱か？　破壊されたり攻略されたりするとネットワーク全体の安定性がはなはだしく損なわれるような、1つあるいは複数の「スーパーハブ」に、どれだけ頼っているか？　バラバシは共同研究者たちと、スケールフリー・ネットワークへの攻撃のシミュレーションを行い、ネットワークはノードのかなりの割合を失っても耐えられ、ハブでさえ1つ失っても持ちこたえられることを発見した。だが、複数のハブを狙い撃ちにされると、ネットワークは完全に崩壊しかねない。[51]なおさら劇的なのだが、スケールフリーのネットワークはいともたやすく、感染性のノード破壊型ウイルスの餌食になりうる。[52]

すでに見たように、天災と人災の死亡者数は正規分布しておらず、多くの形の惨事は、冪乗則に従ったりランダムに分布していたりするので、本当に大きな惨事の規模と時期に確率を付与することは不可能だ。だから、歴史に周期的なパターンを見つけようとする企ては、失敗を運命づけられている可能性が高い。さらにそこに、厄介な問題が加わる。惨事はネットワークによって仲介され、解釈され、一部の場合（感染がかかわる場合）文字どおり伝えられる。そのうえ、ネットワークそのものが、複雑で相転移しがちな構造を持っている。多くの社会的ネットワークは、完全にスケールフリーではないにしても、格子のような構造よりはスケールフリーの構造に近い。つまり、いくつかのノードが、ほとんどのノードよりもはるかに高い中心性を持っているということだ。もしカッサンドラたちがもっと高い中心性を持っていたら、もっと頻繁に注意を払ってもらえるかもしれない。もし誤った理論が大きな社会的ネットワーク中に急速に広まったら、惨事の効果的な緩和ははるかに難しくなる。最後に、ここが肝心なのだが、国家のような階層制の構造は、イノベーションの点では分散型のネットワークに劣っているものの、何をおいても、防衛という点では優れているからこそ存在している。感染に直面したときには、多くが統治の質にかかっている。上層部の戦略的な意思決定だけではなく、指揮統制構造を上下に流れる情報の速さと正確さや、業務執行の有効性も重要なのだ。

## 感染症とネットワーク

感染症への人類のかかりやすさがどう変化してきたかという歴史は、次から次へと登場する忌々しい病原体の歴史として書かれがちで、そこでは医学がけっきょく勝利を収めるヒーローとなる。[53] 最終的には「疫学転換」が達成され、感染症がしだいに減り、癌や心疾患が主な死因になる。[54] この歴史は、進化する社会的ネットワークの物語として語っても、十分筋が通るかもしれない。ホモ・サピエンスという種が誕生してからの最初の30万年間、私たちは小さな部族集団で暮らしてきたので、大規模な感染症は持続できなかった。状況が変わったのは、新石器革命あるいは農業革命のときだ。1790年代にエドワード・ジェンナーが述べているように、「人類が自然によってもともと置かれた状態から逸脱した結果、病気の豊富な源泉が生まれたようだ[55]」。

細菌は、地球に初めて生息するようになった生命体だ。ほとんどは人間に無害であり、有益なものも多い。細菌は二分裂によって増殖する。自分の染色体ＤＮＡを複製し、それから2つに分裂する。つまり、事実上自分のクローンを作っているわけだ。とはいえ、多くの細菌にはプラスミドがある。プラスミドは細菌の細胞の中にある環状のＤＮＡ分子だが、染色体とは別個であり、独自に分裂するので、進化的変異を起こしうる。バクテリオファージ（略して「ファージ」）というウイルスも、変異の源泉だ。コレラやジフテリアを引き起こす細菌は、ファージがなかったなら無害となるだろう。ファージは、細菌がタンパク質を作る仕組みを利用して増殖する。もしファージが、細菌の染色体かプラスミドから余分なＤＮＡ断片を獲得すると、変異が起こる。細菌に続いて、マラリアを引き起こす変形体のような単細胞の原生動物や、ウイルスが現れた[56]。増殖の仕方が違うので、細菌、ＤＮＡウイルス（たとえば、Ｂ型肝炎、ヘルペス、天然痘）、ＲＮＡウイルス（たとえば、インフルエンザ、麻疹《ましん》（はしか）、ポリオ）、レトロウイルス（たとえば、ＨＩＶ（ヒト免疫不全ウイルス）、ヒトＴリンパ好性ウイルス）、プリオン病（たとえば、牛海綿状脳症（ＢＳＥ）、いわゆる狂牛病）が区別できる。

ウイルスは非常に小さい。タンパク質分子の殻にくるまれた核酸だ。黄熱やラッサ熱、エボラ出血熱、麻疹、ポリオを引き起こすウイルスはみな、10個未満しか遺伝子がない。天然痘とヘルペスの原因となるウイルスの遺伝子も、２００～４００個だ（最小級の細菌でも、５０００～１万個の遺伝子を持っている）[57]。ウイルスは、原生動物から人間まで、あらゆる細胞生物に入り込める。ウイルスは、免疫系の反応をかいくぐっていったん細胞の中に入ると、しばしば宿主細胞のタンパク質製造設備の助けを借りて自己複製し、それからその細胞を破壊したり改変したりして拡散する[58]。肝心なのは、変異する能力のせいでウイルスが私たち裸のサルにとってとびきり危険な敵である点だ。[59]

病気の歴史は、進化する病原体と、病原体を保有する昆虫や動物と、人間の社会的ネットワークとの、長期にわたる相互作用だ。マラリア感染の証拠として、３０００年前のエジプトのミイラや、それとほぼ同じぐらい古い中国の書物があるが、熱帯熱マラリア原虫がそれよりもずっと前に人間に感染して命を奪っていたことは明らかに見える。[60] プラスモディウム・ファルシパルム（熱帯熱マラリア原虫）は、マラリア原虫の5つの種のうちで最も危険だ。これら5種はみな、蚊が媒介する。最も一般的なのが、ハマダラカ属のメスだ。史上最も致死的な細菌は、エルシニア・シュードツベルクローシス（仮性結核菌）が変異したエルシニア・ペスティス（ペスト菌）で、遅くも２５００年前に中国で最初に出現した。[61] この細菌も人間に感染するには媒介者が必要だが、1つではなく2つ必要とする。ノミ（特にキセノプシラ・ケオプス（ケオプスネズミノミ）だが、プレックス・イリタンス（ヒトノミ）も黒死病では媒介者の役割を演じてきたかもしれない）と、ネズミのような齧歯類《げっしるい》だ。なぜならこの細菌は、齧歯類の中で初めて、ノミの腹部をブロックするだけの密度に達するからだ。ノミは、腹部をブロックされると血液を摂取できなくなるが、空腹を満たそうとして動物を噛み続け、そのときに血液が細菌とともに吐き戻される。感染したノミに噛まれると、ペスト菌が体内に入り、それが首や腋の下や鼠径部《そけいぶ》のリンパ節を標的にする。ペスト菌は2時間ごとに数が倍になるので、それが引き起こす腺ペストは免疫系をたちまち圧倒し、血流の中に拡がり、内出血や皮膚の出血につながる。[62] 遺伝子の比較的小さな変化でこの疫病の毒性が強まったり弱まったりしうる（し、実際にそうなることがある）。[63] 腺ペストには、「古典型」「中世型」「東洋型」という3つの主要な生物型（「次亜種」）があり、それらは交雑して遺伝情報を交換できるようで、時とともに毒性を変化させるらしい。[64] これが重要なのだが、ペスト菌は比較的ゆっくりとノミの命を奪う。そのうえ、感染したノミは最長50日まで、リネンなどの多孔性の生地の中でじっとしていられる。この細菌は、齧歯類の命はもっと速く奪うが、急速に繁殖するネズミの巣を全滅させるには、6〜10年かかる。青海省《チンハイ》のシベリアマーモットのような、十分大きな個体群では、ペストは地方病となる。

広まるのに昆虫を必要としない病原体に、結核とハンセン病を引き起こす2種がある。それぞれ、マイコバクテリウム・ツベルキュロシス（結核菌）とマイコバクテリウム・レプラ（らい菌）だ。前者は増殖するのが際立って遅く、倍増するのに24時間かかるが、人間が密集するほど感染しやすくなる。多くの感染者は潜伏期より先に進まないが、発症した人はこの病気が肺に与える破壊的な影響のせいで亡くなる。その様子は、ヴェルディの『椿姫』（1853年）の最終幕に忘れようのないかたちで描かれている。結核は、感染者が咳やくしゃみをしたり、口を利いたり唾を吐いたりしたときに、空気を通して拡がる。ハンセン病も同じように拡散するが、主な症状は皮膚にできる脱色斑であり、神経が害されるせいで感覚が鈍る。一方、梅毒はトレポネーマ・パリダム（梅毒トレポネーマ）という細菌が引き起こす性感染症だ。長い時間をかけてゆっくり進行する。最初の段階では、硬性下疳《こうせいげかん》（小さな、痒みのない皮膚の潰瘍）が現れる。第2期には、中枢神経系を含め、体内のあらゆる臓器に細菌が拡がる。それから、何年にも及ぶ症状のない潜伏期が続く。第3期には、慢性的な神経変性の症状が出る。それよりもはるかに進行が速いのが発疹チフスで、最も流行性の高いものは、リケッチア・プロワゼキイ（発疹チフスリケッチア）という、シラミが運ぶ細菌が引き起こす。本書で取り上げる細菌病のうち最後だが重要なのがビブリオ・コレレ（コレラ菌）で、13分ごとに自己複製することができ、この菌に汚染された水で広まる。コレラを引き起こすのはこの細菌そのものではなく、それが生み出す毒素（コレラゲン）であり、これが液体の吸収を調節する細胞膜を損なう。厳密に言えば、脱水症状ではなく、「未治療の代謝性アシドーシスによる循環血液量減少性ショック」が死を招く[65]。

甚大な害をもたらしたという意味で、歴史的な役割を果たしたと言ってもいいウイルス病が3つ挙げられる。天然痘は、バリオラ・メジャーとバリオラ・マイナーという2つの変異体のどちらかが引き起こす感染症だ――いや、感染症だった。両者は1万年ばかり前にアフリカ北東部で出現した。早くも紀元前1122年には中国の文書が天然痘の症例を報告している。エジプトのミイラ、特にラムセス5世（統治期間は紀元前1149〜45年）のミイラにも、天然痘のもののような痕がある。この病気の初期症状は発熱と嘔吐で、次に口の中の発疹や皮膚のひどい発疹だった。媒介者は必要としなかった。病原体保有者は最初の発疹が現れると感染力を持ち、咳やくしゃみで出る飛沫《ひまつ》でウイルスを拡げた。膿疱《のうほう》そのものにも感染力があるので、天然痘患者の衣服や寝具に触れるのは危険だった。感染者致死率に基づくと、死のリスクは高く、およそ3割で、赤ん坊はもっと高かった。生存者は一生、ディケンズの『荒涼館』（1853年）（1〜4、佐々木徹訳、岩波文庫、2017年、他）のエスター・サマーソンのように痘痕が残ったり、目が見えなくなったりした。天然痘は水痘（水疱瘡《みずぼうそう》）ほど感染性が高くなく、基本再生産数（$R_0$）は水痘の10近くや麻疹の16〜18に対して、5程度だった。だが、致死性ははるかに高く、1970年代に根絶されるまで、20世紀だけでも3億人の命を奪ったと推定されている。天然痘の根絶は、ワクチン接種事業の史上最大の成功例だが、それはまた、最も息の長い事業でもあった[66]。

それとは対照的に、黄熱はけっして根絶できないかもしれない。アエデス・アエジプティ（ネッタイシマカ）が媒介する黄熱ウイルスは、人間だけではなくサルにも感染する。症状は、発熱、頭痛、筋肉痛、光に対する過敏、吐き気、めまい、そして、顔面の紅潮や目あるいは舌の充血だ。天然痘は姿を消したかもしれないが、黄熱は世界44か国で地方病になっており、毎年約20万人が感染し、そのうち3万人が、主に臓器不全で亡くなる（感染者致死率15％[67]）。最後が変身を続ける殺人インフルエンザだ。オルトミクソウイルスの一種であるインフルエンザには、基質タンパク質と核タンパク質の違う、AとBとCの3つの型がある。A型インフルエンザウイルスは、ヘマグルチニン（HA）とノイラミニダーゼ（NA）という2つの主要な表面糖タンパク質の特性に基づいてさらに亜型に分類される。3つのHA亜型（H1、H2、H3）と2つのNA亜型（N1とN2）が、これまでインフルエンザの流行を起こしてきた。インフルエンザは、感染者が咳をしたりくしゃみをしたりすると拡がる呼吸器疾患で、個別の小片としてウイルス粒子の中に存在する1本鎖RNAという遺伝物質を再集合させる特徴的な能力を持つ。ゲノムが再集合すると、表面抗原の配置が若干変わる（「抗原ドリフト」）。A型インフルエンザの場合、その変化がもっと大きいものになりうる（「抗原シフト」）。別のヒトインフルエンザ株や鳥インフルエンザウイルスや豚インフルエンザウイルスと共感染した後にも、遺伝子の再集合の可能性がある[68]。

新石器時代以来、これらをはじめとする多くの感染症に対する人類の脆弱性を増大させてきた3つの要因がある。人間の定住地の一貫した拡大、昆虫や動物とのさらなる近接、指数関数的に高まる人間の流動性であり、もっと簡潔に言えば、都市化と農業とグローバル化だ。町や都市、それらと関連した込み合った居住空間はこれまでずっと、人間から人間へと直接拡がる病気の感染にとって必須だった。とはいえ、それ以外の多くの病気にとっては、昆虫や動物の存在が不可欠だ。少なくとも8つの一般的な病気（ジフテリア、A型インフルエンザ、麻疹、流行性耳下腺炎（おたふくかぜ）、百日咳、ロタウイルス、天然痘、結核）が家畜に端を発しており、さらに3つはサル（B型肝炎）あるいは齧歯類（腺ペストと発疹チフス）由来だ。マラリアとHIVはチンパンジー、麻疹は牛、天然痘と結核も（おそらく）牛、発疹チフスと腺ペストは齧歯類、デング熱と黄熱はサル、インフルエンザは鳥と豚から来ている。交易のためであれ戦争のためであれ、長距離の移動のせいで、新しい病原体はどれもが、いずれ大陸や海を越え、もともと熱帯のものだった病気が温帯へ、温帯のものだった病気が熱帯へと、確実に拡がってきた[69]。

言い換えれば、病原体はどれほど巧妙に進化しても、人間への感染に関しては、動物と共有しているネットワークも含め、人間のネットワークに許される範囲でしか成功できない。そして、ここが肝心なのだが、私たちがどれほど巧妙に病気の予防法や治療法を工夫しても、その努力は自らのネットワークによって無駄になりかねない。私たちは都市で暮らせば暮らすほど、感染に対して脆弱になる。動物のそばで暮らせば暮らすほど、人獣共通感染症に対して脆弱になる。私たちは羊や牛、ニワトリ、犬、猫を家畜化することを意図した。そして図らずも、シラミやノミやネズミと住まいを共有していたし、依然としてしばしば共有している。1000以上の種があるコウモリは、巨大で混雑した共同体が新しいウイルスの進化に絶好で、私たちの住まいに暮らしてはいないかもしれないが、飛ぶことができるので、しばしば人間の居住地の近くまでウイルスを運んでくる。後で見るように、食肉用に生きたコウモリが売られている文化は、自らや交易相手を重大なリスクにさらす[70]。そしてもちろん、私たちは移動すればするほど、疫病に対して脆弱になる。

病原体には私たちを殺すつもりはない。彼らは自己複製するためにのみ進化してきた。SARS（重症急性呼吸器症候群）やMERS（中東呼吸器症候群）を引き起こしたコロナウイルスのような、急速に致命的になるウイルスは、あまり増殖できない。なぜなら、犠牲者は見るからに具合が悪くなり、他の多くの人にうつすことができる前に亡くなることが多いからだ。2007年にある科学者のチームが先見の明のあることを述べている。「もし病原体の伝達が本来宿主に有害ならば、その病原体が、高い伝達率という利益と、強い毒性による宿主の生存能力喪失との均衡を図るような選択圧がかかるだろう。……

宿主の個体群が減少しないようにするために、毒性は加減される[71]」

## 古代の疫病とその帰結

したがって、パンデミックの歴史は、病原体の進化の歴史であるのに負けず劣らず、社会的ネットワークの歴史でもあるのだ。そのうえ、20世紀後半に医学の飛躍的前進が起こる前は、伝染病に直面したときには、社会的ネットワークを修正して拡散を制限する以外に、私たちにできることはごくわずかだった。ところが、拡散の抑制はことのほか難しく、それは、感染症の性質を誤解していたからばかりではなく、現代と同じで、目に見えない病原体のもたらすリスクを把握しているときにさえ、人間は交流のパターンを十分に修正できないらしいからでもある。その結果、過去のパンデミックのときには社会的ネットワークを、そしてときには政治構造も、心ならずも解消する羽目になることのほうが、集団行動を意識的で効果的に採用することよりも多かった。

感染症の流行について現存する最古の記述を残してくれたのは、歴史記述の父と称せられるアテナイのトゥキュディデスだ。彼がペロポネソス戦争を記した著書『ペロポネソス戦争』の冒頭の章に書いているように、アテナイとスパルタの戦争は、「途方もなく長い年月にわたって続き……ヘラス〔訳注　古代ギリシア語でギリシアのこと〕に比類ない不幸をもたらした」。だが戦争は、ギリシアが見舞われた数多くの惨事の1つでしかなかった。

これほど多くのポリスが陥落し、荒れ果てるにまかせられたことはかつてなかった。……戦場で、内乱でと、これほど多くの追放や流血があったためしがない。……規模と激しさで無類の地震があった。これまでの歴史に記録されたことのない頻度で日蝕が起こった。さまざまな場所が大旱魃と、それが引き起こす飢饉と、この上なく悲惨ではなはだ多くの人命を奪う災厄である疫病に見舞われた[72]。

トゥキュディデスと彼の町に降りかかったあらゆる災難のうち、戦争の2年目（紀元前430年）に襲ってきた疫病を、彼が「この上なく悲惨」と見なしている点に注目してほしい。彼の記述によれば、その疫病はエチオピアで始まり、エジプトで拡がってピレウスの港に至り、そこからアテナイに伝わったという。アテナイは脆弱だった。なぜなら、ペリクレスの指導下でアテナイの人々は、主に海の戦いをするつもりで、町を取り囲む城壁の中に引き上げていたからだ。そこへ疫病がやって来たために、アテナイは死の罠と化した。ペリクレスとその妻、息子2人を含め、住民の4分の1が命を失った。トゥキュディデス自身も感染したが、生き延びた。彼は症状を恐ろしいほど緻密に回想している。

健康だった人々が突然、頭部の猛烈な発熱、目の充血と炎症に襲われ、喉や舌といった体の内部で出血が起こり、異様で悪臭のある息を吐きはじめた。こうした症状にくしゃみと声のかすれが続き、その後すぐに胸にも痛みが達し、激しい咳が出た。胃に至ると、吐き気を催させ……その結果、凄まじい痛みが走り、ありとあらゆる種類の胆汁が口をついて出てきた。たいていの場合は次に、吐きそうにもなるが、うまくいかず、激しい痙攣が起こる。……体の外側は、触れてもそれほど熱くはなく、血の気が失せているようには見えず、むしろ赤みがかった鉛色となり、小さな膿疱や潰瘍ができてくる。だが、体の中は焼けるようで、患者はどれほど薄手のものでも衣服を身につけたり麻布を掛けたりすることが、とうてい耐えられない。実際、丸裸でいる以外、我慢できない。何より冷水に飛び込みたいと願ってやまなかった。事実、放置された病人のなかには、そうする者もいた。彼らは癒し難い喉の渇きに苦しむあまり、雨水を貯める池に飛び込んだ。ただし、少しであろうと大量にであろうと、水を飲んでも何の効果もなかったが。それに加えて、患者は休んだり眠ったりできず、惨めな気持ちに絶え間なく苛まれ続けた。ところが、このような不調が続いている間、体は衰弱することがなく、病気のひどい害に不思議と耐えている。だから、たいていの患者はまだいくらか体力を残しながら、7日目か8日目に体内の炎症で亡くなった。だが、この段階を生き延び、病気がさらに腸にまで達し、そこで重度の下痢を伴う激烈な潰瘍化を起こすと、患者は衰弱し、たいてい命を落とす。このように、病はまず頭部で発症し、やがてそこから体全体を順繰りに冒し、それでも致命的にならなくてさえ、依然として体の末端に痕跡を残す。陰部や手足の指を襲い、生き延びはしても多くの人がそれらの働きを失い、失明する人もいた。回復しはじめても完全に記憶を失い、自分が誰かもわからず、友人たちのことも覚えていない人もいた。

鳥や獣の多くは、埋葬されていない遺骸を避けた。遺骸を食べた鳥や獣は死んだ。

アテナイの疫病はいったい何だったのかは、長年議論された。かつては、腺ペストが発生したと考えられていたが、それ以外にも発疹チフスや天然痘や麻疹、さらにはエボラ出血熱あるいはそれに関連したウイルス性出血熱さえもが候補に挙がっていた。1994〜95年の発掘で、アテナイの古代のケラメイコス墓地のすぐ外に、紀元前430〜426年にさかのぼる集団墓地と1000近い墓が出てきた。一部の遺骸の残存物には、腸チフスを引き起こす生物であるサルモネラ・エンテリカ（サルモネラ菌）のものに似たＤＮＡ配列が含まれているようだった。いずれにしても、アテナイの人々には治療法はなかった。「当初、医師も何の役にも立たなかった。適切な処置の仕方を知らなかったのだ」とトゥキュディデスは書いている。「だが、彼ら自身がいちばん多く亡くなった。病人を最も頻繁に訪れたからだ。人間のいかなる技も効き目がなかった。神殿での祈願や占いなども無駄に終わり、この災難がまったく手に負えなかったために、そうした試みもやがていっさいなされなくなった。……必ず効果があるという治療法は見つからなかった。ある患者に効く方法も、別の患者には害になるのだった。……人々は、互いに看病する間に自分も病気にかかり、家畜が倒れるかのように［死んだ］。こうして亡くなる人が最も多かった」。有意義な発見が１つだけあった。生き延びた人は、その後、もうその病気にかからないのだ。「同じ人が２度襲われることはなかった――少なくとも、致命的なかたちでは」

その後お馴染みになるパターンの最初の例がここには見られる。世界でも指折りの先進的で人口密度が高い社会が、新しい病原体に打ちのめされたのだ。同じ疫病がその後２度、紀元前４２９年と、４２７～４２６年に戻ってきた。大量死に瀕して、社会と文化の秩序が崩れた。

この災難が前代未聞の規模に達すると、明日をも知れぬ人々は、神聖なものであろうと世俗的なものであろうと、いっさいのものにまったく無頓着になった。それまで行われていた葬儀は完全になおざりにされた。……以前なら人目を避けていたことも、今や平然と行われ、……栄華を誇った人々が急死し、無一物だった人々がその財産を相続するという、慌ただしい変遷が見られた。だから彼らは、命も富もその日限りのものと見なして、さっさと散財して楽しむことにした。人が名誉と呼ぶものを貫くことは、少しもはやらなかった。命が助かって彼らがその目的を遂げられるかどうか、まったく定かでなかったからだ。そこで、現在の楽しみと、それに資するものすべてが、名誉に値し、有用だということになった。彼らを抑止するような、神への恐れも人の法もなかった。神に関しては、誰もが同じように死んでいくのを目にして、崇拝しようがしまいが関係ないと判断してのことであり、法に関しては、背いたところで、裁きが下るまで生きていられるとは思えず、はるかに重い判決がすでに全員に下されていて、それが頭からけっして離れることがないように感じられ、刑が執行される前に少しばかり人生を楽しむのが、しごく筋の通ったことだったからだ。

宗教と法の両方がないがしろにされると、アテナイの有名な民主政治も損なわれ、非市民の住民が減り、最終的には紀元前411年に寡頭政治の期間が始まった。ただし、司法上の新しい束縛はあったものの、民主制がまもなく復活したが。そして、当然のことだったかもしれないが、アテナイはペロポネソス戦争に敗れた。この歴史を知っていると、『オイディプス王』の暗い悲劇が理解しやすくなる。

ペリクレスのアテナイと比べると、2世紀のローマは格段に大きくて複雑な社会であり、したがって、新しい病原体にはいっそう脆弱だった。最盛期のローマ帝国は、当時生きていた全人類の4分の1にものぼるだろうか、およそ7000万人を擁していた。胃腸の感染症とマラリアにすでに非常にかかりやすかったローマ人は、哲人皇帝マルクス・アウレリウスの治世（161~180年）の165年から翌166年にかけての冬に、初めて天然痘の流行を経験した[73]。ローマ人は、パルティア人との戦争中にセレウキアのアポロン神殿を略奪したせいでこの疫病を招いたと信じていた。現実には、帰還した兵士が病気を持ち帰ったのかもしれないし、アフリカから輸入した奴隷が感染していたのかもしれない。ガレノスによれば、老いも若きも、富める者も貧しい者も、この病気にかかったが、奴隷の間では不釣り合いなまでに感染者が多く（ガレノスの奴隷は全員亡くなった）、発熱、渇き、嘔吐、下痢、黒い発疹といった症状が見られたという。この疫病は192年頃まで続き、エジプトからアテナイに至るまで、人口が激減し、町や村は荒れ果て、ゲルマン人の諸部族による攻撃を、とりわけドナウ川沿いで促した。エドワード・ギボンは次のように記している。「しばらくの間、ローマでは日々5000人が亡くなった。そして、野蛮人の占領を免れてきた多くの町では、人口がすっかり減ってしまった[74]」。

現代の学者は、死亡者数は帝国の人口の1〜3割に達したと推定している[75]。この人口減の結果、経済活動が大幅に減速した証拠がある（樹木の伐採が急激に減少したことにそれが表れている）。当時の情報源の1つによれば、ローマ軍は172年には「ほぼ……全滅」状態に陥ったという[76]。この流行は、キリスト教が帝国全土に拡がることも促したかもしれない。なぜならキリスト教は、このカタストロフィの説明——罪深い社会に対する神の罰——を提供しただけでなく、非信者の場合よりもはるかに大きな割合の信者が生き残ることにつながる行動を奨励したからでもある[77]。

それでも、ローマ帝国はこの衝撃に耐え、それとまったく同じように、「キプリアヌスの疫病」（249〜70年）にも持ちこたえた。キプリアヌスの疫病というのは出血熱で、その大流行によって帝国の人口の15〜25%が亡くなったようだ。ローマ帝国にとって致命的な打撃と見なされがちなのは、後の別のパンデミックだ。それは、「ユスティニアヌスのペスト」と呼ばれる腺ペストの感染拡大であり、現代のポート・サイド近くのペルシウムというエジプトの町で541年に始まり、翌年コンスタンティノープルに達し、543年にローマに及び、544年には大ブリテン島を襲った。コンスタンティノープルでは558年に2度目、573年には3度目、586年には4度目の流行があった。実際、14世紀の黒死病と同じで、ユスティニアヌスのペストはほぼ2世紀にわたって繰り返し発生した。歴史家プロコピウスの詳細な記述から、それが腺ペストだったと思って間違いない（以下はギボンによる言い換え）。

より多くの人は、床の中や通り、いつもの居場所で不意に微熱が出た。まさに、ほんのわずかな熱なので、患者の脈拍からも顔色からも、迫りくる危険はまったく窺えなかった。その日、あるいは翌日か翌々日、腺の腫れが見られた。特に鼠径部や腋の下や耳の下側で顕著だった。そうした腫れを切開すると、レンズマメほどの大きさの、石炭のような黒い物質が入っていた。腫れや化膿だけで済めば、患者はこの種の切開や、病的な体液の自然な排出で命が助かった。だが、腫れが硬化し乾き続けると、ほどなく壊疽《えそ》が起こり、たいがい5日目に患者は命を落とした。発熱には昏睡や譫妄《せんもう》が伴うことが多かった。病人は体中に膿疱や癰《よう》ができ、これがすぐに亡くなる兆しだった。そして、体が衰弱し、吐血の後、腸が壊死した。……死を免れた人の多くは、口が利けなくなり、病気が再発することがあった。

トゥキュディデスのアテナイ同様、ユスティニアヌスのコンスタンティノープルも混乱に陥った。医師はなす術もなく、葬儀は行われなくなり、集団墓地を掘ることができるまで、遺骸は通りに放置された。ギボンが記しているように、皇帝その人が病に臥せっている間、「この東の都では無為と落胆が全般的な欠乏を招いた[78]」。それにもかかわらず、「ローマ帝国各地の間の自由で頻繁な交流には、まったく制限が課されなかった。ペルシアからフランスに至るまで、各地域は戦争と移住で交じり合い、感染が拡がった。そして、みだりに交易を行うことで、綿の梱に何年間も潜み続ける腺ペストの病原体が、どれほど遠い地方にも運び込まれた。……いつもきまって、海岸地方から内陸に拡がった。どれほど孤立した島や山にも、次々に達した。第1波の猛威を免れた場所も、翌年にはそこだけが病原体にさらされた」[79]。

ユスティニアヌスのペストはどれほど致命的だったのか？　ギボンは死亡者数は示さず、次のようにだけ記している。「コンスタンティノープルでは3か月にわたって、毎日5000人、ついには1万人が亡くなり、東ローマ帝国の多くの町は住む人を失ったままで、イタリアのいくつかの地方では、収穫した穀物やブドウが地面で朽ち果てた」。この疫病で、地中海地方の人の4分の1から半分が亡くなったと長い間言われてきたが、従来の文書資料以外（パピルス文書や硬貨、碑文、花粉考古学）を対象とする最近の調査は、この厖大な死亡者数に疑問を投げかけている[80]。それでも、1世紀前にゲルマン人の諸民族に蹂躙された西ローマ帝国を再建するというユスティニアヌスの活動は、疫病のせいで頓挫し、ロンバルディア人がその隙を衝いてイタリア北部に侵入し、新しい王国を打ち立てるのを許すことになった。ローマ帝国の最終的な凋落をこのパンデミックのせいにするのは、後で見るように行き過ぎだ[81]。それでもなお、帝国の金融と防衛の混乱は深刻だったように見える。そして、ギボンが指摘しているように、社会的交流と商業的交流には障壁がいっさいなかったせいで、疫病は最大限の害を及ぼした。

プロコピウスの同輩市民たちは、短く不完全な経験から、どれほど接近して言葉を交わしてもこの感染症にはうつらないで済むと確信していた。そして、そう確信していたからこそ、友人や医師が病人の世話に精を出したのかもしれない。彼らが無慈悲なまでに慎重を期していたら、病人は取り残され、絶望していたことだろう。だが、この致命的な安心感が……感染の進行を助けたに違いない[82]。

## 黒死病の流行

それでは、人類史上最悪のパンデミックである14世紀半ばの黒死病は、どう説明したらいいのか――8世紀前にローマ帝国を荒廃させた腺ペストの、この壊滅的な再発は？　そこには明らかなパラドックスがあるようだ。ローマ帝国は、野蛮人たちが間近にいたとはいえ、単一の帝国だったのに対して、黒死病が襲ったヨーロッパは、もはや1つに統合されておらず、有史時代の他のどの時期と比べても、政治的に分断されていた。1340年のヨーロッパは、王国や公国、侯国、司教領、無数の自治都市国家や半自治都市国家の寄せ集めだった。黒死病発生直前のヨーロッパ大陸の地図を見ると、素朴な疑問が湧いてくる。もしパンデミックが発生するためには、感染性の病原体を広める大規模なネットワークが必要なら、黒死病はいったいどうしてパンデミックになりえたのか？

ある大陸の政治地理は、その大陸の社会的ネットワーク構造に関しては、お粗末な手引きでしかない、というのがその答えだ。第1に、おそらく世界の人口はユスティニアヌス帝の頃の1・5倍前後になっていた（500年の2億1000万人に対して、1300年には3億2900万人）。ヨーロッパの人口は、1000～1300年にかなりの速さで倍増し、約8000万～1億人になっていた。イングランドの人口は、1000年には200万前後だったのが、1300年には700万を超えるという、凄まじい伸びを見せている。ただし、黒死病前の30年間には少しばかり減少したという証拠がある。この減少は、気候に関連した要因や、不作、マルサスのモデルに当てはまる形の抑止力のせいである可能性が非常に高い。第2に、西ヨーロッパには6世紀よりも14世紀のほうが、著しく多くの町があった。どの町も、ネットワークの中のクラスターと考えることができる。クラスター間の「弱い紐帯」は、交易と戦争

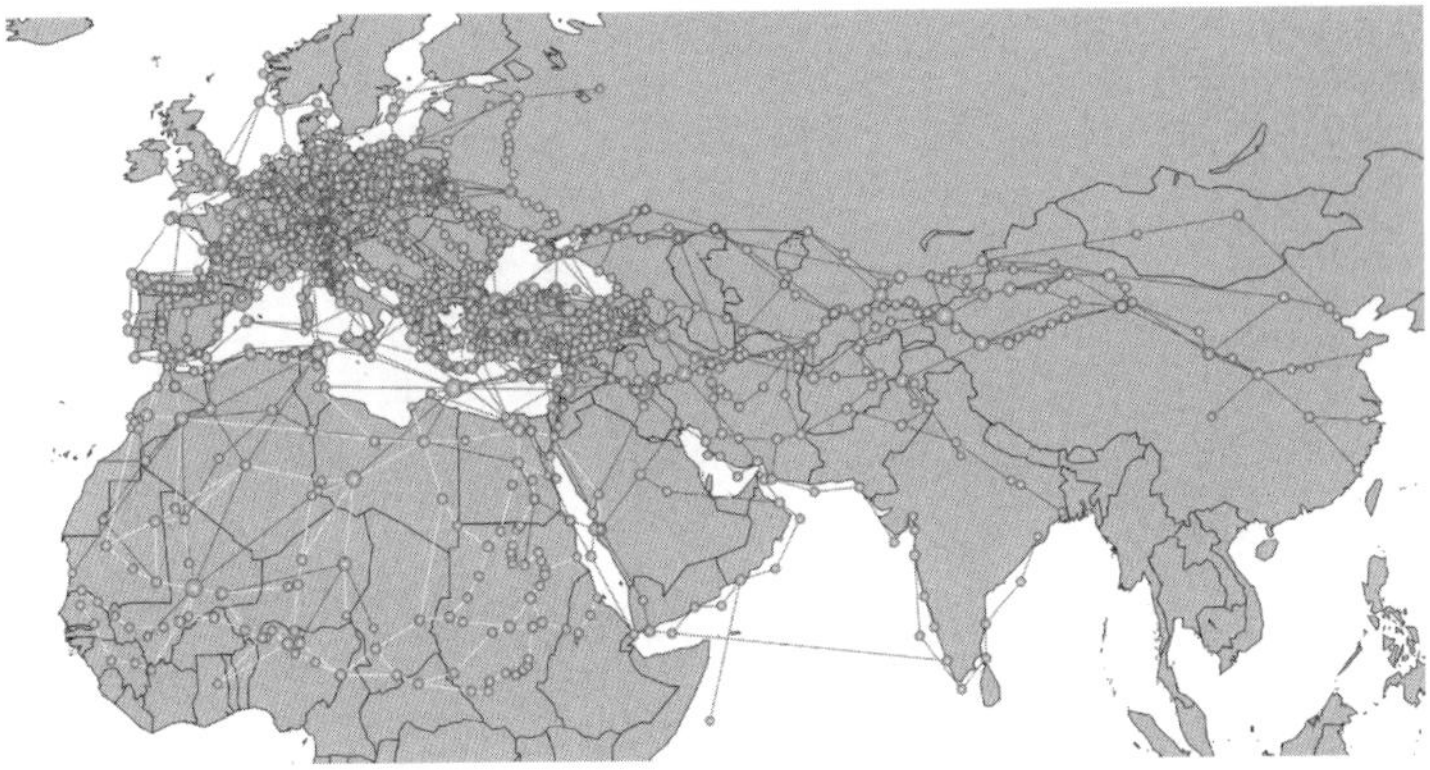

14世紀にヨーロッパとアフリカとアジアの都市を結んでいた巡礼と交易の経路。丸印の大きさは、各都市の中心性の度合いに比例している。灰色の線は通商路を、白い線は巡礼の経路を示している。

が提供した。

　こうした点を考えると、腺ペストが、発祥の地である東アジアよりもヨーロッパではるかに速く拡がり、はるかに致死性が高かった理由も説明しやすくなる。アジアの大半では社会的ネットワークがあまりに稀薄で、定住地というクラスターの間のつながりがあまりに乏しかったので、この非常に感染性の高い病気をもってしても、1年に1000キロメートル程度の速さでしか進めず、アジアを横切るのに4年かかった。[83] ヨーロッパでは状況はまったく異なり、1年のうちにイギリス全土まで広まっていた。[84] ベルギー、イングランド、フランス、ドイツで疫病に見舞われた場所のDNAの証拠を調べると、腺ペストの異なる株が異なる経路で拡がっていったことがわかる。[85] そのうえ、この疫病は何波にもわたって襲ってきた。イングランドでは最初の最大規模の感染拡大の後、1361〜62年に第2波がやって来て、さらに1369年には第3波、1375年には第4波が続いた。

　ヨーロッパの人口の3分の1から5分の3が亡くなった。イタリアでは、アレッツォ（1300年の人口は1万

8000人）やサレルノ（同1万3000人）を含む100前後の町で人口が激減した。ジェノヴァ（1300年の住民は6万人）の人口は17％、ヴェネツィアとフィレンツェ（どちらも11万人前後）はそれぞれ23％と66％、ミラノ（15万人）は33％減った。[86] イングランドの人口は、14世紀前期にはすでに減少しはじめており、1300年に700万人に達してから、何度もペストの波に襲われ、1450年には200万人に逆戻りしていた。[87] 歴史家のマーク・ベイリーは、黒死病の結果、あるいは、その後の苦難のせいで、地主農民の半数と大地主の4分の1が亡くなったと推定している。荘園裁判所の記録を見ると、社会集団としては、非自由小作人たちが最も大きな打撃を受けたことがわかる。[88]

黒死病がヨーロッパに与えた途方もなく致命的な衝撃は他の影響からも説明できる。気象がかかわっていたことは確実だ。[89] 何度も繰り返しヨーロッパを襲った腺ペストのどの波でも、死亡者の数が最も多かったのは1年のなかでも温かい時期で、それは、夏の気温が媒介者のケオプスネズミノミに適していたからだ。[90] 雨が多いと、やはりペスト菌の感染率が上がった。[91] 一方、1150〜1300年頃に起こった5回の大きな火山噴火（第3章参照）のせいで平均よりも気温が下がって農作物の収穫が減り、人々が脆弱になっていたかもしれない。たとえばイングランドでは、猛烈な寒波と、異常に多い降水量のせいもあって、1347年以降凶作が4年続いた。腺ペストに加えて、感染者死亡率がもっと高い（100％に近い）肺ペストと敗血症ペストも、厖大な数の死亡者が出た一因であることはほぼ間違いない。[92]

とはいえ、それに劣らず重要だったのが、アジアからヨーロッパへのネットワークのつながりと、ヨーロッパの商業中心地どうしのネットワークのつながりだった。トスカナ地方の町シエナの黄金時代は1260年前後から1348年までで、モンゴル帝国の盛衰と時を同じくしている。当時のシエナの商人は、中央アジアから絹を買うために、はるばるイランのタブリーズまで出かけていっていた。ローマ教皇が元《げん》の皇帝トゴン・テムルからの使者を迎えていた頃だ。とうの昔に失われてしまった、画家のアンブロージョ・ロレンツェッティ作の巨大な回転式の世界地図では、シエナはユーラシア全土に拡がる商業ネットワークの中心に描かれている。まさにその交易ネットワークが、黒死病を伝える経路となったのだった。[93] イタリアの中では、大きい町のほうが死亡率が高かった。[94] そうした大きい町は、水上運送へのアクセスがあるもの、特に港町が多かった。[95] これはヨーロッパ全土にも当てはまったようだ。[96] ネットワーク科学の用語を使うと、交易（と宗教的な巡礼）のネットワークの中で特に中心性が高い都市が、ペストによる打撃もとりわけ大きかった。[97] 最後に、社会史家は、戦争も重要であることをときどき思い出させてもらう必要がある。百年戦争は1340年6月24日にイングランド王エドワード3世の遠征艦隊がスロイスの海戦でフランス艦隊を壊滅させたときに始まった。6年後、エドワード3世は海峡を越えて大陸に侵攻し、カーンを落としてフランドルに進軍し、クレシーでフランス王フィリップ6世の軍を大敗に追い込み、カレーの征服に向かった。すると、フィリップ6世の盟友でスコットランド王のデイヴィッド2世がイングランドに侵入したが、1346年10月17日にネヴィルズ・クロスで敗れた。55年にはエドワード3世の息子の「黒太子」が再度フランスに攻め入り、56年9月19日、イングランド軍はポアティエでまたしても大勝利を収めた。イングランドによる3度目の侵攻はそれほどうまくいかず、一時的休戦につながった（60年5月8日のブレティニー条約）。戦争は1369年に再開され、1453年まで断続的に続いた。

イタリアも同じような状況だった。ほんの一例を挙げると、1340年代と50年代には、ヴェネツィア共和国はダルマチアでハンガリーのラヨシュ1世とその同盟国と一連の戦いを行うとともに、好敵手であるジェノヴァ共和国とも戦った。ローマ時代と同じで——そしてその後のヨーロッパ史でも6世紀近くにわたって同様の状況が続くのだが——軍隊が各地に向かい、行く先々で食料を徴発して飢餓を引き起こすとともに、疫病を広めた。

歴史家は長年、黒死病の経済的・社会的・政治的帰結について考えてきた。最近のある調査は、これまでパンデミックは大きな戦争とは違って、（人は亡くなるけれど資本は無傷で残るので）実質金利を下げ、実質賃金を上げる傾向があったと主張している[98]。実情はそれほど明快ではない。戦争と疫病は同時期に発生する場合が多いことが、その大きな原因だ。経済理論から明らかに見えるように、そして、イングランドと北イタリアの歴史データの少なくとも一部が裏づけているように、そのような劇的な人口減は、労働力の不足と、実質賃金のほぼ倍増、10％超から5％前後へという土地の収益率の下落を引き起こしたに違いない[99]。

ところが、イングランドの経験に関する最新の研究は、汗水流して働く小作人で生き延びた人々は、黒死病の受益者だったという古い見方を切り崩す、重要な逆向きの傾向を示唆している。ペストの終息後、物価が急騰した（特に、塩の価格は１３４７年から52年にかけて7倍になった）ため、生存者の実質賃金は当初、「史上最大のサプライサイド（供給側）労働ショック」によってはあまり上がらなかった。たとえばイングランドでは、悪天候と不作のせいで、穀物価格は長期平均よりも２３０％高い水準まで跳ね上がった。正体不明の「痘症」で、羊や豚や牛も死んでいたので、家畜の価格も上がった。これらがみな、農器具（鋤《すき》や鍬《くわ》）の慢性的な不足と相まって、生き延びた人を困窮させた。労働者の生活費は、腺ペストの後20年間も高止まりし、ようやく下がったのは１３８０年代後期だった[100]。

それでも中期的には、黒死病を生き延びたイングランドの一般人の境遇は大幅に改善した。地主と他の雇用主が労働力をめぐって競争したため、賃金を調節しようとする政府の努力に水が差された。イングランド経済がしだいに貨幣化し、固定された年間賃料への移行が進むと、土地保有権と農奴の境遇との封建的な結びつきが崩れはじめた。黒死病の後、耕作者に自由人が占める割合が増し、これらの自作農がやがて、産業化以前のイングランドの社会構造を支える屋台骨となっていく。穀物生産は小麦と大麦に重点が移り、畜産農業が大幅に増えた。畜産は作物の生産ほど労働力を必要としないからだ。ペストの後、1人当たりのビールの消費量が急増し、生産はますます効率を上げる大規模な醸造所に集中した。羊毛製品と皮革製品の製造も増加した。農奴が製造業での雇用を求めたため、田舎から町へと移る人が増え、若い独身の女性は奉公人として働き口を得た。黒死病の後にも、初婚年齢の上昇、出生率の低下、未婚女性の割合の増加という、北西ヨーロッパに特有の婚姻パターンの出現が見られる。これらはみな（フランドルや北海沿岸低地帯でも続いた）、南ヨーロッパや東ヨーロッパの傾向とはまったく対照的だった。そこでは黒死病の後に封建主義が強固になり、農奴制は、法律上ではないにせよ、事実上、さらに5世紀間持続する。

黒死病は1つ意外な結果をイングランドにもたらした。この疫病は、イングランドという国家を弱めるどころか強くしたのだ。食糧と労働力の両方の慢性的な不足に直面した国王は、1351年に価格統制と賃金統制の制度を導入した。直轄王領地からの小作料を失った埋め合わせに、人頭税の負担を1340年代前期の3倍に引き上げた。同時に、1351年の労働者法によって身体的に健常な男性全員に働くことを強制し、「浮浪状態」に対して斬新な形態の罰（たとえば、首と両手、あるいは両足を固定するさらし台を使った罰）を科したが、これは秩序を維持するというよりは、労働移動を減らすためだった。[101] さすがにこれだけやればやり過ぎで、1381年にはいわゆる「農民反乱」（ワット・タイラーの乱）が起こったが、このときには農民だけでなく農奴や都市の市民や商人も武器を取った。もっとも、叛逆者たちの主な標的は、リチャード2世その人に代表される王権ではなく、中間に位置する地方の領主や聖職者の裁判所だった。裁判所の記録がしばしば狙われて破棄された。ベイリーに言わせれば、これは「制度の転覆ではなく、改革」であり、「国王の正義に対する下層階級の感動的な信頼」を明らかにしたのだった。[102]

中世の反乱のほとんどと同じで、農民反乱も失敗に終わった。1388年のケンブリッジ法は、農民階級の多くの人の移動と活動にさらなる制約を課した。[103] 一方、イングランドの法の支配には有意義な改善が見られた。労働者法によって治安判事という地方の判事職が設けられ、その役割は1970年代の法改正まで残ることになる。農奴制のコモンロー（慣習法）は、内容は制限を課すものではあったが、文書化された手順という考え方を奨励し、法的証明の重要性を確立し、適正手続きの規範を定め、土地所有者による恣意的な行動の範囲を狭めて小作農の法的保護を大幅に拡大することを可能にした。[104]

自身が帝政ロシアのベッサラビア（現モルドヴァ）で生まれたマイケル・ポスタンのような、中世研究家の以前の世代は、中世のイングランドをアレクサンドル2世のロシアの先行物と見る傾向があった。ただし、農奴制の消滅に、もっと幸福な後日談が続く先行物としてだが。今日の世代は、イングランドの個人主義と制度の深い連続性を探し求める傾向がもっと強い。だがそれでは、黒死病と名誉革命との間の3世紀間に起こった政治的出来事の偶発的な性質を、軽く述べ過ぎることになるかもしれない。そうした出来事は何度となく、イングランドの歴史の道筋を変える寸前までいったのだから。

ネットワーク科学のレンズを通して眺めると、イングランドの当局が1350年代に流動性を制限しようとしたのは賢明だった。なぜなら、すでに見たように、黒死病が速く広まるのを確実にしたのは、イングランド人の比較的高い地理的流動性にほかならなかったからだ。イタリアでも都市国家は動きを制限しようとし、働けない者には定期的にお金を与えたり、感染者は隔離したりした。[105] もっとも、そうした措置を有効なものにするというのは、別の問題だ。田舎の別荘に逃げ出さないように富裕な人々を説得するのは難しかった。フィレンツェの作家ジョヴァンニ・ボッカッチョの『デカメロン』に出てくる7人の若い女性と3人の若い男性が良い例だ。フィレンツェの外交官で、マルキオンネ・ディ・コッポ・ステファニとしても知られるバルダッサーレ・ボナイウティによれば、次のようになる。「前述の疫病のために、市民が誰一人［フィレンツェを］離れることができなくなるようにする多くの法律が可決された。なぜなら彼らは、ミノーティ［文字どおりには、小さな人々」が去らず、蜂起し、不平分子がそれに加わるのを恐れたからだ……［だが］市民を市内にとどめておくことは不可能だった……大きくて強力な獣はいつもきまって、囲いを飛び越えたり壊したりするものなのだ[106]」。さらに問題だったのは、疫病の大流行が誘発した宗教的信仰と社会的信頼の危機が、常軌を逸する行動の大流行につながり、それが今度は新しい危険な形態の流動性を生み出したことだ。

黒死病が引き起こした宗教的な興奮を見くびってはならない。異端の運動が次々に起こったり復活したりした。イングランドのロラード主義がその一例だ。最も人目を引いたのが自分を鞭《むち》打つ人々で、彼らは難行苦行や自己犠牲の行為によって、疫病という神罰を防ごうとした。1348年後半にハンガリーで始まったこの運動はドイツに拡がり、さらにブラバントやエノーやフランドルに達した。鞭打ち苦行者たちは50~500人の集団を成して移動した。「トゥールネーには8月半ばから10月の初めにかけて、数日ごとに新たな一団が到着した」と、この異常な運動を研究していた歴史家のノーマン・コーンは書いている。「この期間のうち最初の2週間は、ブリュッヘやヘント、スロイス、ドルドレヒト、リエージュからの集団が到着した。その後、トゥールネー自体もこの運動に加わり、ソアソンに向けて一団を送り出した[107]」。

エアフルトの住民が鞭打ち苦行者たちに門戸を開くのを拒むと、3000人が町の外に野営した。「十字架の担い手」「鞭打ち兄弟団」「十字架の兄弟団」などと自称するこれらの人々は、赤い十字架を前後にあしらった白いローブと、同様の帽子を身につけていた。それぞれの集団には「マスター」あるいは「ファーザー」がいて、聖職者ではないものの、懺悔を聴き、贖罪を科した。どの行進も33日半続き、その間は、鞭打ち苦行者は入浴もせず、髭も剃らず、服も替えず、ベッドで寝ることもなかった。女性との接触はいっさい禁じられた。町に着くと教会に行き、輪を成し、十字架に架けられたかのように両腕を広げてひれ伏した。「清き殉教の栄誉によって、立て」というマスターの号令がかかると、立ち上がり、賛美歌を歌いながら、先に鉄の棘がついた革の鞭で自らの体を打ち、ときおり「雷に打たれたように」、また床に倒れ込んだ。この儀式が毎日、公衆の面前で2度、内々で1度行われた。彼らが自らを鞭打つときにはいつも、見物人が集まった。神のさらなる罰を防ごうとする彼らの努力は、たいてい歓迎された。

ここからは、感染症のパンデミックが極端な行動のパンデミックを引き起こす様子が見て取れる。そうした行動は、社会の秩序をさらに揺るがす。なぜなら、鞭打ち苦行は千年王国運動であり、革命につながりかねない狙いを持っていたからだ。この運動は、聖職者の権威をしだいに軽蔑し、疫病を意図的に広めている、あるいはキリストを退けて神の罰を招いていると非難されていたユダヤ人の共同体に、一般大衆の怒りを向かわせた。多くの町のユダヤ人共同体で残忍な虐殺が行われた。特筆に値するのがフランクフルト(1349年7月)と、マインツとケルン(同8月)だ(その前の、恐ろしい火刑でユダヤ人たちが焼き殺されたストラスブールの虐殺は、鞭打ち苦行者とは無関係だったようだ[108])。同じようなユダヤ人の大虐殺は、スペインやフランスや北海沿岸低地帯でも行われた[109]。暴力の波がようやく収まったのは1349年10月で、教皇クレメンス6世が鞭打ち苦行者を非難する大勅書を発したときだった[110]。これはみな、黒死病が生み出した社会的・文化的大混乱の証拠だ。とはいえ、歴史家たちはこれまで見逃しがちだったが、鞭打ち苦行者がもたらした最も根本的な危険は、彼らの流動性と、その流動性ゆえに腺ペストを広める能力にほかならなかった。

この病原体は時代の特徴となった。14世紀半ばから18世紀前期にかけてのヨーロッパでは、腺ペストは私たちには想像し難いほど感染拡大を繰り返した。1629年、この疫病はマントヴァとミラノを経てヴェネツィアに達し、住民の48％の命を奪った。[111] マンゾーニの『いいなづけ』（1827年初版）（上・中・下、平川祐弘訳、河出文庫、2006年、他）は、1630年のミラノ最後のペスト大流行を取り上げている。疫病（plague）という言葉はシェイクスピアの戯曲にも出てくるが、ほとんどはお馴染みの背景としてであり、さりげなく台詞に紛れ込ませてあるだけで、説明はない（「A plague on both your houses!」「Even so quickly may one catch the plague?」）。唯一『ロミオとジュリエット』の中で、筋にかかわっている。ジュリエットが仮死状態になるために使った毒についての肝心のメッセージをロミオは受け取らなかった。なぜなら、そのメッセージを託されたフランシスコ修道会士が、強制的に隔離されてしまったからだ。シェイクスピアの生涯で、ロンドンは1582年、1592～93年、1603～04年、1606年、1608～09年に腺ペストに襲われ、彼の戯曲が演じられていた劇場が頻繁に閉鎖されている。[112]

シェイクスピアの没後50年に満たない1665年、またしても腺ペストがロンドンを襲った。この感染症の流行は、半世紀後、ダニエル・デフォーによって回想されて有名になった。[113] 1665年の流行に対するデフォーの関心には、歴史以上のものがあった。彼の『ペスト』（1722年）が刊行されるわずか2年前、またしても腺ペストの感染拡大があったせいで、マルセイユの人口の3分の1が亡くなっている。じつはデフォーは、イングランドで再び感染症の流行が起こるのをどう防ぐのが最善かについて戦わされている議論に参加していたのであり、リチャード・ミードの『ペストの感染に関する短い論考と、感染予防のために採用すべき方法（*Short Discourse Concerning Pestilential Contagion, and the Methods to Be Used to Prevent It*）』（１７２０年）もその議論から生まれた。ミードの助言に基づいて、イングランドの枢密院は１７２１年の検疫法を提案し、議会が可決した。この法律により、政府の権限は１７１０年の検疫法よりもはるかに広く及ぶことになった。[114]

デフォーの『ペスト』は、今やお馴染みになった、一般大衆の感情に対する腺ペストの影響を説明している。

人々の不安は、同様に時代の誤りによって奇妙に増大していた。当時、どういう原理からかは私には想像できないが、人々はそれ以前にもそれ以後にもないほどまでに、予言や占星術、夢占い、愚かな迷信に溺れていた。この不幸な性向はそもそも、一部の人がお金目当てで犯した愚行によって、すなわち、予言や予想を印刷して売ることによって引き起こされたものなのかどうかはわからないが、書物によって人々がひどくおびえたことは間違いない。[115]

17世紀のロンドン住民が、６世紀のローマ人や14世紀のドイツ人に劣らぬほどあっさり、ペストの超自然的原因を想定し、それに即した治療法を採用したことを、デフォーが挙げた証拠がはっきりと示している。デフォーは疑念をあらわにする。

自然の原因から起こり……自然の手段によって拡がる……病気として、このペストについて私は語っている。……伝染病の場合、超自然的な働きが起こるような明白な尋常ならざる機会などなく、通常の成り行きで事足り、天がたいてい感染によってもたらす効果をすべてあげられるように見える。こうした因果関係の中にあって、感知も回避もできない伝染病の密かな伝播というこの因果関係によって、厳しい天罰を十分果たしうるので、超自然的なものや奇跡にそれを帰する必要はない[116]。

ここで注目してほしいのは、後程また出合うことになる、生物学的パンデミックと情報のパンデミックという二重のパンデミック現象だ。ただし、これまたデフォーの文章と、彼が挙げているもっと信頼できる当局の情報から明らかなように、彼は腺ペストの疫学的特性を本当には理解しておらず、次のように信じていた。「この災難は、感染によって拡がった。つまり、何かしらの靄《もや》かガス（それを医師たちは「悪気《エフルーヴィア》」と呼ぶ）によって、あるいは病人の息によって、はたまた汗か、腫れ物の悪臭によって[117]」

ときおり、あるいはしばしば、私たちは間違った理由から正しいことがある。歴史家のエドワード・ギボンは、デフォーの死から6年後の1737年に生まれた。1000年以上前のユスティニアヌスのペストについてギボンが書いた論評を読むと、腺ペストの原因について、ギボンがプロコピウスとほぼ同じ程度しか理解していなかったことがわかって驚かされる。

そのかすかな毒は、風が吹き散らすかもしれないが……至る所で空気が汚れていたので、ユスティニアヌス帝の治世の15年目に勃発したその悪疫は、季節の移り変わりによって抑えられたり軽減されたりすることはまったくなかった。やがて、最初の災禍は下火になって消え去った。病気は勢いが衰えたり盛り返したりを繰り返した。だが、52年に及ぶ悲惨な期間が過ぎてようやく、人類は健康を回復し、空気は本来の清浄ですがすがしい性質を取り戻した[118]。

ギボンがひどく得意げに触れた、健康のための予防措置は、感染が起こったときの隔離や、人の動きに対するその他の制限だった。デフォーもそうした措置の重要性を理解していた。彼は1665年の感染拡大について、次のように書いている。「移動した人の大半が、そうして「いなかった」なら、現に起こったように、ペストがあれほど多くの地方の町や家に持ち込まれず、大きな害も出ず、大勢の人々に死をもたらすこともなかっただろう」[119]。彼は、ペストの間にロンドンの市長と参事会員が出した命令のうち、「市内の至る所に群がり、感染拡大の大きな原因になっている多数の浮浪者や物乞い」を取り締まる試みと、「あらゆる芝居、クマいじめ、賭博、バラッドの歌唱、剣技その他、人が集まる原因となるもの」や「公の宴会」と「酒場での過度の飲酒」の禁止を挙げ、賛同の意を表している[120]。

致死性の感染症の脅威を人類が一掃したり、あるいは少なくとも抑制したりするのを助けたのは科学的理解の進展だったということが、相変わらず頻繁に言われる。だが、歴史の記録を詳しく調べると、人々は自分が対抗しようとしている病気の真の性質を適切に理解するはるか以前のルネサンスの時代以来、隔離やソーシャルディスタンシングなどの、現在では「非薬理学的介入」と呼ばれる措置の有効性を突き止めていったことがわかる。依然として未知で思いもよらない病原体の拡散を遅らせるには、どれほど不完全にではあっても、当時の世界や国家や地域レベルの社会的ネットワークを途絶させるだけで十分だったのだ。

# 第5章　科学の進歩と過信

こうして今や来たれり
我がレディー、インフルエンザが。

――ルパート・ブルック

## 科学と人間の行動とのいたちごっこ

リヴァプール熱帯医学校の創立者の1人であるサー・ルバート・ウィリアム・ボイスは、状況をじつに簡潔に言い表した。彼の1909年の著書の題名は、『蚊か人間か（*Mosquito or Man*）』で、副題は『熱帯世界の征服（*The Conquest of the Tropical World*）』だった。彼はこう書いている。「熱帯医学運動は、今や文明世界全体に拡がった。……熱帯世界は今日、着々と確実に征服されつつあると言っても誇張にならないだろう。熱帯で昆虫が媒介する3大疾病――人類が対処せざるをえなくなった3大強敵、すなわちマラリアと黄熱と睡眠病――は今や完全に制御下にあり、退却中だ。……熱帯世界は再び商業の先駆者の前に開けつつある。……この実質上の征服は……［イギリス国民の］領土と活動に、地球の広大な領域と、夢にも思わなかったほどの生産性の多くを加えることを運命づけられている」。今からほんの1世紀余り前、ヨーロッパの諸帝国の自信が絶頂にあった頃には、このような見方はありふれていた。リヴァプール熱帯医学校でボイスの同僚だったジョン・L・トッドは1903年に、「帝国主義の将来は顕微鏡とともにある」と書いている。[1]

自然界の科学的「征服」、すなわち、激戦にはなるものの、けっきょくは蚊に対して人間（と顕微鏡）が決定的な勝利を収めるという考え方には、ほとんど抗い難い。たとえもう、帝国主義がその受益者だとは考えなくなったとしても、だ。私自身も以前に書いた本の中で、近代以降の医学を西洋文明の「6つのキラーアプリケーション」の1つと、ためらうことなく評している。[2]それでも、このお馴染みの物語を、まったく異なるかたちで書き直すことは可能だ。一連の紛れもない医学の勝利としてではなく、片や科学、片や人間の行動との間で繰り広げられる、いたちごっこのようなものとして描くのだ。顕微鏡を使う人間が2歩前進できるとそのたびに、人類は意図的にではないにしても、絶えずネットワークと行動を最適化し、感染性の病原体の伝播を早めて、少なくとも1歩は後戻りできることを立証した。その結果、医学の歴史の終わりを誇らしげに告げる物語は、1918〜19年の「スペイン」風邪やエイズ、最近では新型コロナによって、偽りであることが繰り返し明らかになった。

## 感染症と帝国の拡大

15世紀にヨーロッパ人が商機を求めてヨーロッパの海岸を離れて航海しはじめたとき、彼らはアフリカやアジアや南北アメリカで出会った人々よりも科学の理解が優れていた。彼らの航海術が優っていたことは間違いない。だが、医学が秀でていたとはとうてい言えない。

ヨーロッパの海外進出は、ある意味では、どの国も大陸を支配できなかった結果だ。大陸制覇を試みる国もいくつかあったが、失敗を重ねるばかりだった。それは、主な王国が資源と軍事技術の点でほぼ肩を並べていたからばかりでなく、勝利の寸前までいった軍隊が、発疹チフスという病気に繰り返し打ち負かされたからでもある。この病気の原因は、1916年まで正確にはわからなかった。1456年のオスマン帝国によるベオグラード包囲攻撃以来、リケッチア・プロワゼキイ（発疹チフスリケッチア）という細菌（シラミが排出し、不潔で空腹の兵士たちが嚙まれた箇所を掻《か》きむしることで体内に入る）は、人間にはできないかたちで敵の軍隊を壊滅させ、勝利を収めようとしている将軍たちの望みを何度となく砕いた。

発疹チフス（「El Tabardillo」）は、1489年にグラナダを囲んでいたスペイン軍の3分の1の命を奪った。40年後、ナポリのすぐ外まで押し寄せてきたフランス軍もこの病気で壊滅的な打撃を受けた。1552～53年に神聖ローマ皇帝カール5世の軍がフランスのメスを包囲したときにも、発疹チフスは町の守り手たちに勝利をもたらした。[3] 1556年、カール5世の甥で後の皇帝マクシミリアン2世が、オスマン帝国のスルタン、スレイマン大帝の軍を迎え撃つハンガリー人を支援するために東に進軍したときには、発疹チフスが猛威を振るい、「病気を逃れるために全軍が四方八方へ逃げ散った」。発疹チフスは三十年戦争でも屈指の致命的な戦士で、1632年、スウェーデンと神聖ローマ帝国の軍隊はこの病気のために数が激減し、ニュルンベルクで予定されていた会戦を断念せざるをえなくなった。[4] 同様に、考古学的な証拠によって、スペイン継承戦争でも、フランス北部のドゥーエーの包囲戦（1710～12年）のときに発疹チフスが発生したことが裏づけられている。[5] その30年後、オーストリア継承戦争でも、プラハの包囲戦で発疹チフスがプロイセン軍の3万人の命を奪った。1812年にはポーランドでの発疹チフス流行のために、最初の1か月だけでフランス軍兵士8万人が亡くなった。ナポレオン・ボナパルトの60万の大陸軍《グランダルメ》は、モスクワに着いたときにはわずか8万5000人になっていた。発疹チフスと赤痢による死亡者は30万に達した可能性がある（ただし、これらの病気はロシア側にも大損害を与えた）[6]。ヴィリニュスの集団墓地から得られた、これまた考古学的な証拠が、ロシア皇帝は「冬将軍」に劣らず「チフス将軍」にもおおいに助けられたことを立証している[7]。発疹チフスはクリミア戦争（1853〜56年）でも多くの兵士の命を奪った。ただしこの戦争では、コレラのほうが多くの犠牲者を出したのだが。

歴史家のアルフレッド・W・クロスビーが「コロンブス交換」と呼んだ出来事の間に大西洋を横切ったヨーロッパ人は、知識だけではなく、彼らがまったく無知だった病原体も新世界に持ち込んだ[8]。ジャレド・ダイアモンドが主張しているように、アメリカ先住民にとって壊滅的な結果をもたらしたのは、コンキスタドールの銃や鉄よりもむしろ、彼らが海の向こうから運んできた、天然痘や発疹チフス、ジフテリア、出血熱の病原菌だった。黒死病のネズミやノミと同じように、白人たちは致命的な病原体の保有者で、イスパニョーラ島からプエルトリコ、アステカ王国の首都テノチティトラン、アンデス山脈のインカ帝国までそれらの病気を広めた。アステカ族の人々は、「ココリツリ」（現地のナワトル語で「悪疫」の意）の壊滅的な影響を嘆いた。彼らは実際には、抵抗力を持たなかったサルモネラ・エンテリカ（サルモネラ菌）を含む、さまざまな病原体の取り合わせに屈したのだった。

ヨーロッパからの入植者は自分たちが、先住民の死体の山を築いた挙句、新天地を手に入れたことを承知していた。フランシスコ会の宣教師で歴史家のファン・デ・トルケマダは、次のように記録している。「1576年、1年以上続いていた大量死と悪疫がインディオを圧倒し、［その結果］私たちがヌエバエスパーニャ（新スペイン）と呼んでいる土地はほぼ無人となった」[9]。１６２１年の末に最初の入植者たちがプリマスで感謝したことの1つは、彼らの到着前の10年間にニューイングランドの先住民の9割が病気で亡くなっていた、それも親切にも土地を耕し、冬のために大量の穀物を埋めた後で亡くなっていた、という事実だ[10]。イギリス領北アメリカとなる場所には、１５００年にはおよそ56万人のアメリカ先住民が暮らしていたが、その数は１７００年には半分以下に減っていた。これは、白人の入植地が西に拡がるにつれて、北アメリカ大陸全体に影響を与えることになる、激烈な人口減のほんの始まりにすぎなかった。現在のアメリカ合衆国領には、１５００年にはおそらく２００万人前後の先住民がいた。１７００年には、その数は75万人に、１８２０年にはわずか32万５０００人に減っていた。

もっとも、これはある種の交換だった。ヨーロッパに戻った探検家や征服者のなかには、梅毒を持ち帰る者がいたと考える理由がある[*1]。遺骨から得られる証拠に基づいた現代の見方では、トレポネーマ・パリダム（梅毒トレポネーマ）という細菌は現に１４９２年以降に新世界からヨーロッパに伝わったが、梅毒という性病は、新しい変異の結果であるとされている[11]（もしヘンリー8世とイヴァン雷帝が、ときおり言われてきたように、実際に感染していたら[*2]、重大な政治的影響が出ていただろう[12]）。一方、地元労働力の不足を埋め合わせるために、ヨーロッパ人はアフリカ人を奴隷にして南北アメリカへ輸送したため、交

＊1　ヨーロッパにはコロンブス以前にトレポネーマの感染症があったが、フランベジア（イチゴ腫）という、皮膚から皮膚へと移る病気の形を取っており、ヨーロッパでは衛生状態が改善してフランベジアが減少し、それに伴って梅毒に対する交差免疫も弱まってからようやく、梅毒が広まったという説が以前はあったが、現代の研究によってそれは誤りであることが明らかになった。

＊2　証拠ははなはだ不十分で、精査に耐えない。ヘンリー8世の主な健康問題は、脚の潰瘍と肥満だった。

換は3者間のものになった。黄熱を引き起こすフラビウイルスと、マラリアを引き起こすマラリア原虫と、両者を広めるように非常にうまく適応した蚊の種をアフリカ人が持ち込んだからだ。マラリアと黄熱は、カリブ諸島とイギリス領アメリカの南部諸州で流行した。[13] 17世紀半ばには、セント・キッツ島やグアドループ諸島、キューバ、中央アメリカの東海岸沿いで、地元民の2〜3割が黄熱の流行で亡くなった。

北アメリカ大陸では確かな記録に裏づけられた最初期の感染拡大は、1668年（ニューヨーク）と1669年（ミシシッピ川流域）に起こっている。[14] これは、アメリカへの後の入植者が大西洋横断後の最初の1年に、思わずひるんでしまうほど高い死亡率に直面することを意味していた。彼らはいくつもの季節を越えていかなければ、生き延びたことにはならなかった。それはまた、新世界で戦うためにヨーロッパで徴募された軍隊は不利な立場に置かれることも意味した。「ジェンキンズの耳戦争」で1740年と42年にエドワード・ヴァーノン提督の2万5000の兵が黄熱で被った悲惨な損害を見てほしい。彼はカルタヘナとサンティアーゴ・デ・クーバを占領しようとして失敗した。[15] 1802年にハイチの革命家トゥーサン・ルーヴェルチュールからサン゠ドマングを取り返すためにナポレオンに派遣されたフランス軍兵士も、同じ運命をたどった。黄熱は、ヨークタウンの戦い（1781年）でジョージ3世との軍事的均衡を崩すのに、フランス海軍とともに重要な役割を演じさえしたかもしれない。

フランスの歴史家エマニュエル・ル・ロワ・ラデュリはそれを、「病気による地球の統一」、「病原体の共同市場」の創出と呼んだ。[16] そうした統一や市場創出の結果、ヨーロッパの諸帝国の建設と維持は、病気との戦いとなった。イギリスの兵士は、シエラレオネに派遣されたら2人に1人、ジャマイカなら8人に1人、ウィンドワード諸島やリーワード諸島なら12人に1人、ベンガルやセイロンなら14人に1人が亡くなった。幸運にもニュージーランドに派遣されたときだけ、祖国よりも安全だった。ある王立委員会の

1863年の報告によれば、1800〜56年には下士官兵のインドでの死亡率は1000人当たり69人であり、一方、イギリスで市民生活を送っている同年齢層の死亡率は、1000人当たりおよそ10人だったという。インドにいる兵士は、病気になる率もはるかに高かった。別の王立委員会は、いかにもヴィクトリア朝らしい厳密さで計算を行い、イギリスの兵士7万人のうち、毎年4830人が亡くなり、5880の病床が、病気で弱った兵士によってふさがるとした。[17]

フランスの植民地の行政職員もその職が存在していた期間を通して、熱帯病による多くの犠牲者を出した。1887〜1912年には、職員に任命された984人のうち、合計135人（14％）が植民地で亡くなった。退職した植民地の役人は、首都で任務に就いていた職員よりも、平均すると17年早く亡くなった。1929年になっても、フランス領西アフリカに住んでいたヨーロッパ人1万6000人の3分の1近くが、1年に平均で14日間入院していた。[18] セリーヌによる1916〜17年のフランス領赤道アフリカの恐怖劇ばりの描写からは、病気が日常茶飯事で、熱帯で勤務すると寿命が縮むのが見込まれていたことが、はっきり見て取れる（セリーヌはサンガ゠ウバンギ林業会社の代理人として、現地に行っていた）。「人、日々、物——それらはこの、植物、熱、湿気、蚊の温床の中で、知らないうちに過ぎ去っていった。何もかもが粉々になり、言葉の断片、肉や骨の粒子、後悔と遊離細胞というかたちで、むかつきながら過ぎ去っていった。[19] ……」

問題は、帝国が、それを統治している人の医学知識よりもずっと速く発展した点にある。1860年には大英帝国の版図は約2460万平方キロメートルだったが、1909年には約3290万平方キロメートルに増えた。これは世界の陸地の22％前後に及び、フランス帝国の3倍、ドイツ帝国の10倍に相当し、支配下にある人の数が世界人口に占める割合も、おおよそ面積に見合っており、4億4400万人がイギリスによる何らかの形の支配の下で暮らしていた。『セント・ジェイムジズ・ガゼット』紙によると、ヴィクトリア女王は「1つの大陸、100の半島、500の岬、1000の湖、2000の川、1万の島」を支配していたという。世界地図をあしらい、「我らは空前の規模の帝国を保有せり」という言葉を添えた切手が発行された。

その帝国は、すべて3つの交通・通信ネットワークで結ばれていた。兵舎と海軍の給炭港が、アセンション島からザンジバルまで、世界中で合計33か所に置かれていた。新しいテクノロジーがネットワークのそれぞれのノードを互いに近づけた。帆船の時代には、大西洋を横断するのに4~6週間かかっていたが、蒸気船が導入されると、1830年代半ばには2週間に、80年代にはわずか10日にまで縮まった。50年代~90年代に、イングランドからケープタウンまでの旅にかかる時間は42日から19日まで減った。そのうえ、蒸気船は大型化し、前述の期間に総トン数がおおよそ倍増するとともに、数も増え、それに比例して交通量も増した。第2のネットワークは鉄道だった。34キロメートルほど離れたボンベイとタンナを結ぶインド初の鉄道は、1853年に正式に開通し、それから50年しないうちに、4万キロメートル近い線路が敷設された。1世代の間に、鉄道はインドの経済生活と社会生活を一変させた。7アンナという標準的な3等料金のおかげで、何百万ものインド人にとって、長距離旅行が初めて可能になった。歴史家のJ・R・シーリーが言うように、世界規模の交通・通信におけるヴィクトリア朝革命は、「距離の消滅」を達成した。最後に、電信の情報ネットワークがあった。1880年には総延長約15万7000キロメートルのケーブルが世界の海を走り、イギリスをインドやカナダ、アフリカ、オーストラリアとつないでいた。今やボンベイからロンドンへ1単語当たり4シリングでメッセージを送ることができ、翌日には読んでもらえると思ってまず間違いなかった。新しいテクノロジーの熱烈な信奉者の1人だったチャールズ・ブライトの言葉を借りれば、電信は「世界の電気的な神経系」[20]だった。

事実、これらはみな、イギリスが自国の力を従来のどの帝国が達成したよりも遠くまで及ばせるのを助けた。だが、ヴィクトリア朝の輸送ネットワークは、病気の伝播手段として過去最速のものでもあった。医学の先駆者たちが顕微鏡を覗き、蚊に対する真に効果的な対策を探している間にも、2つの大型パンデミックが大英帝国の輸送ネットワークを通して拡がった。コレラはガンジス川とその三角州に特有の病気だった。それを世界に輸出したのは、イギリス東インド会社の意図せぬ犯罪の1つだった[21]。1817～1923年には、コレラのパンデミックが6回もあった。1817～23年、29～51年、52～59年、63～79年、81～96年、99～1923年のパンデミックだ[22]。最初のパンデミックはカルカッタ（コルカタ）の近くで発生し、それから陸路シャム（タイ）に伝わり、そこから船でオマーンとさらに南のザンジバルに拡がった。1822年までには日本やメソポタミア（イラク）、ペルシア（イラン）、ロシアにも達していた[23]。第2のコレラ・パンデミックは1829年にまたしてもインドで始まり、ユーラシア大陸を通ってロシアとヨーロッパに伝わり、そこからアメリカにも拡がった。

産業世界では港と製造拠点が急速に発展し、衛生状況が劣悪な密集した居住環境は、病気の繁殖には打ってつけになっていた。1892年にコレラがハンブルクを襲い、中心部のスラム街の「ルンペンプロレタリアート」に壊滅的な打撃を与え、そこでの死亡率は、裕福な東地区の死亡率の13倍にのぼった。このとき、ドイツの先駆的な細菌学者ロベルト・コッホは、「紳士諸君、私は自分がヨーロッパにいることを忘れてしまう」と述べた[24]。現代の社会史家は、ハンブルクのコレラ流行を階級構造の寓話と見るが、現実にはヨーロッパの港湾都市におけるコレラの恐怖政治は、資本主義よりも帝国主義の帰結だった。

腺ペストの再流行も同じパターンをたどった。ペスト菌は1850年代にヒマラヤマーモットを感染

科学が眠っている間にニューヨークにやって来るコレラ。「寝ている場合か？」（チャールズ・ケンドリック、1883年）。

源として再び現れ、中国に拡がり、94年に香港に達した。そこから多数の蒸気船が、感染したノミやネズミをすべての大陸に運んだ。20世紀半ばに抑え込まれるまでに、この3回目の腺ペストのパンデミックは１５００万人前後の死亡者を出しており、その大多数がインドと中国とインドネシアの住民だった。中央アメリカと南アメリカでは3万人前後が、ヨーロッパでは約７０００人が命を落としたが、北アメリカの死亡者はわずか５００人で、全員がサンフランシスコ、ロサンゼルス、ニューオーリンズの住民と、アリゾナ州とニューメキシコ州の不運な少数の共同体の住民だった。[25] サンフランシスコでの最初の感染拡大は１９００年3月にチャイナタウンで始まった。第2波は、１９０６年の大地震と大火に続いて起こった。ネズミが爆発的に増えて、エルシニア・ペスティス（ペスト菌）に願ってもない温床を提供したからだった。合計で１９１人が亡くなった。[26]

## 似非《えせ》科学からの脱却

１９００年のサンフランシスコと１３５０年のフィレンツェの間には５５０年の隔たりがあるが、それにもかかわらず、腺ペストの原因についての理解は、その間にほとんど進んでいなかった。14世紀のパリ大学の学者たちは、木星と火星と土星の好ましからざる接近を指摘している。「以下のような主張がなされた。温暖湿潤な木星が大地と水面から有害な蒸気を立ち上らせる一方、暑く乾燥した火星はその蒸気に火をつけ、ペストのみならずその他の天災をも引き起こした。土星はと言えば、どこに行こうと災いを加え、木星と接近したときには、死と人口の激減の原因となった」[27]。哲学者のマルシリオ・フィチーノも同様に、著書『悪疫対策の助言（*Consiglio contro la pestilentia*）』（１４８１年）で黒死病を部分的に「きわめて有害な星位……火星と土星の接近［と］蝕」のせいにしている。

とはいえ中世には、占星術よりも大気にかかわる見方が大多数を占めた。この疫病は、「重く、暖かく、湿っていて、悪臭を発する空気」の中に最も長くとどまる「有毒な蒸気（vapore velenoso）」によって拡がるに違いなく、その蒸気は「燃える硫黄よりも急速に……1つの場所から別の場所へと」広まりうる。この病気で亡くなる人と亡くならない人がいるのは「相性」の問題だった。もし体が有毒な蒸気と同調していると、つまり、その人がすでに暑さや湿気への偏りがあると、よけい病気にかかりやすいというのだ。それでも15世紀後期には、医師は患者の尿を検査したり、膿瘍を切開したり、瀉血《しゃけつ》を行ったりするとともに、予防薬を出したり治療を施したりしていた。たとえば1479年には、マキアヴェリのおじのベルナルドは、ヘンルーダ〔訳注　ミカン科の多年草〕と蜂蜜を使ったさまざまな実験的治療薬を与えられている[28]。ルネサンス期の学者は、それ以前のイスラム教徒の著述家たちと同じで、ヒポクラテスとガレノスの考え方を復活させた。両者は、人間の健康に影響を与えるものとして、気候、運動と休養、食事、睡眠のパターン、排泄と性行動、霊魂の苦悩の6つを挙げていた[29]。これは、腺ペストに対しては無価値だった。だが、「瘴《しょう》気《き》説」にしても同じだった。蝋《ろう》を引いたガウンと薬草を詰めた嘴《くちばし》という、ヴェネツィアの医師たちが考案したペスト対策の衣装も、1665年にロンドンの通りで硫黄を燃やした措置と同様、役に立たなかった。

　宗教的な礼拝でこの疫病を防ごうという試みはと言えば、鞭打ち苦行者の行進と同じで、無益どころか有害だった。フランシスコ会の原始会則派に所属する人がヴェネツィアのドージェ（総督）に次のように語っている。「もし神がこの疫病を望んでいらっしゃるのならば、教会を閉鎖するだけでは不十分でしょう。疫病の原因に対する治療法が必要になります。その原因とは、犯されている恐ろしい罪、神と聖人の冒瀆《ぼうとく》、ソドミーを行う人々、リアルトでなされる高利貸しの契約です[30]」。1625年、カンタベリー大主教はオスマン帝国駐在イギリス大使に告げた。「我々は、より優れた知識に基づき、ここで悪疫という神の怒りを鎮めるために措置を講じた。したがって、王国全土で厳粛な断食と公開祈祷を行うことを議会で命じ、国王ご自身もウェストミンスター寺院で貴族院議員や庶民院議員とともに参列される[31]」。1630年、教皇ウルバヌス8世は、行列で進みながら祈ったり賛美歌を歌ったりするのを禁じたフィレンツェの衛生委員会を破門した。翌年、フィレンツェから20キロメートルほど離れた所にある、モンテルーポ・フィオレンティーノという城壁に囲まれた村の聖職者が、行進を禁じるフィレンツェの規則を無視した[32]。彼の会衆の身にろくなことは起こらなかったに違いない。

イングランドの当局と同様、フィレンツェの当局も、疫病が瘴気を通して拡がるかどうかはともかく、人々の自由な移動がためにならないことは理解していた。ヴェネツィア帝国では、黒死病がきっかけで、到着する船員を一定期間、強制的にラザレット（隔離収容病院）に隔離するというイノベーションが起こった。ただし、当初――1377年のラグサ（今日のドゥブロヴニク）の海港では――30日間だけだった[33]。1383年、マルセイユの当局は隔離期間を40日に延ばし、「隔離」や「隔離期間」を意味する「quarantine（40日間）」という言葉が生まれた（この期間には聖書に通じるものがある。「創世記」では大洪水は40昼夜続いたし、古代イスラエル王国の民は40年間荒野をさまよって過ごしたし、四旬節は日曜日を除いて40日間続く[34]）。

疫病の感染拡大が繰り返し起こったため、感染を抑えるように考案された次の5つの方策が発展した。病気を中に入れないための海上検疫あるいは陸上検疫を備えた統制可能な国境と、感染者を中にとどめおく防疫線。集会の禁止という形態のソーシャルディスタンシング。専用の墓穴への遺体の埋葬と、死亡者の身の回りの物や家の処分。感染者の住まい、および伝染病病院やラザレットへ閉じ込めること（健常者からの感染者の隔離や分離）を含む監禁。健康証明書（船や隊商が疫病を運んでいない証拠となる保証書）という形態での健康状態の追跡。フィレンツェは、疫病で暮らしが立たなくなった人に無料の食物と医療を提供することも試してみた。これは、苦難の軽減だけでなく、浮浪生活に入るのを思いとどまらせるためでもあった[35]。

フェラーラの事例を見ると、これらの措置が組み合わせられていたことがわかる。疫病が流行したときには、この町は2つを除いてすべての門が閉ざされ、開いている門には「裕福な貴族や市の役人、医師、薬屋から成る」見張りの一団が配された。健康状態は、健康証明書（「fedi di sanità」）で確認された。その証明書は、疫病が発生していない地域から到着したことを保証していた。到着した人に何らかの症状が見られると、町を囲む城壁の外のラザレットに監禁された[36]。こうした措置やその他の公衆衛生措置を実施するために、より厳重な取り締まり活動が必要になった。パレルモの衛生当局の責任者は1576年、自分のモットーは「金《きん》、火、絞首台」だと述べた。金は税金を払うため、火は病気に汚染された物を焼くため、絞首台は当局の命令に背いた者を処刑するためだった。

　これらのどれ1つとして科学に基づいているとは言えなかった。むしろ、聡明な一般的観察と、自分の運命を神の手に委ねておくのを嫌がる気持ちの増大の産物だった。したがって、完全な効果が得られることはけっしてなかった。1374年、ミラノの支配者ベルナボ・ヴィスコンティは、領有するレッジョ・エミリアの町を武装した兵士に封鎖させるように命じた。だが、ペストがミラノに達するのを止められなかった。1710年にはハプスブルク帝国の皇帝ヨーゼフ1世が、オスマン帝国と接する領土の南側の国境沿いに連続した「防疫線」を構築して、バルカン諸国から病気が拡がってくるのを防ぐことにした。18世紀半ばには、800メートルおきに建てられた2000の要塞化された監視塔で国境を見張るまでになった。越境できる場所をわずか19か所に制限したので、ハプスブルク帝国領に到着した者は必ず全員記録し、収容し、最低でも21日間隔離することができた。収容施設は硫黄あるいは酢で毎日消毒した。イングランドの旅行者アレクサンダー・キングレイクは1835年、ベオグラード近くのゼムンで越境したときに、次のように記している。

> 1国の国民を別の国の国民と隔てているのは疫病、そして、疫病に対する恐れだ。……隔離の法律を

あえて破ろうものなら、軍隊並の性急さで裁かれる。裁判官に50ヤードも離れた裁判官席から判決を金切り声で告げられ、聖職者に宗教のもたらす甘美な希望を優しくささやいてもらう代わりに、決闘をするときに取るような距離から慰められ、それから注意深く射殺され、ラザレットの敷地に無頓着に埋められる。[37]

これほどの措置も間に合わず、それを行わせた人間を救えなかった。ヨーゼフ1世は宰相から天然痘をうつされ、1711年4月に亡くなった。その宰相の娘が感染していたのだった。[38] 1720年、マルセイユで疫病が猛威を振るっていた頃、フランスの摂政《せっしょう》フィリップ・ドルレアンはシャルル・クロード・アンドロー・ド・ランジェロンを派遣して指揮に当たらせた。新設の健康協議会はマルセイユとエクス、アルル、モンペリエとの往来を断ち、これらの町には疫病を防ぐための壁を建設した。感染していると思われる船の乗組員は、沖のラザレットに閉じ込められた。さらに、犬や猫がそっくり虐殺された。プロヴァンスのネズミたちには歓迎されたに違いない。[39]

科学はこうした実験に大きく後れを取った。これらの実験は、不完全ではあったものの、感染のネットワークを分断するうえで、少なくとも何かしらの役割を果たした。たしかに、イタリアの科学者ジローラモ・フラカストロは1546年に本を出して、天然痘や麻疹のような疫病は種子（セミナリア）によって引き起こされ、直接接触で、あるいは空気を通して、または汚染された物から感染すると主張している。ところが、フラカストロの著作には影響力がなかった。[40] ジョージ・ワトソンの『遠隔地方における病人の治療（*The Cures of the Diseased in Remote Regions*）』（1598年）は、このテーマに関する最初の英語の教科書だったが、たいして役に立たなかった。示されていた治療法は、瀉血か食生活の変更だったからだ。[41]

18世紀になってようやく、西洋医学における真の進歩が見られた。１７４７年にはジェイムズ・リンドが初の臨床試験を行い、柑橘《かんきつ》類には壊血病の治療効果があることを立証した。ウィリアム・ウィザリングは、適量のジギタリス（キツネノテブクロ）が水腫（浮腫）の治療薬になることを発見した。そして、天然痘に対する人痘接種法という東洋の慣習がヨーロッパに導入された。じつは、人痘接種法は10世紀の中国にまではるばるさかのぼることができる。１７１４年にはエマニュエル・ティモニとジェイコブ・ピラリーニという2人の医師が、それぞれロンドンの王立協会に手紙を書き、健康な人に天然痘の膿疱から採取した感染物質を「植えつける」方法を説明した。2人はその方法をイスタンブールで目にしたのだった。

オスマン帝国の首都に派遣されていたイギリス大使の並外れた妻で、自ら１７１５年に天然痘を生き延び、弟を1人亡くしていたメアリー・ウォートリー・モンタギューは、この方法を支持し、18年には息子に、21年には娘に接種させている。ロンドンに戻った彼女は、著名な医師のサー・ハンス・スローンを説得して、孤児10人と有罪を宣告された男性6人を対象に、接種の実験をやらせた。この処置は危険だった。子どもたちは軽くではあっても病気をうつされているのだから。だが、王室の後押し（ウェールズ公妃が支持者になった）のおかげで広まった。特に、他の国の王室の間で広まり、オーストリアのマリア・テレジアとその子や孫たち、ルイ16世とその子どもたち、ロシアのエカチェリーナ2世と息子で未来のロシア皇帝パーヴェル1世、プロイセンのフリードリヒ2世らが受けた。

より安全なのは、牛痘を使って天然痘に対する種痘を行うという処置であり（「vaccinate（種痘をする、ワクチン接種をする）」という言葉は、ラテン語で雌牛を意味する「vacca（ワッカ）」に由来する）、最初の実験は１７７４年にベンジャミン・ジェスティという名の農民が行ったが、歴史上は、エドワード・

ジェンナーの功績とされる傾向がある。彼が最初に種痘を行ったのは20年後で、自分の実験結果を『牛痘の原因および作用に関する研究』（１７９８年）で発表している。[42]

ヨーロッパの王族は天然痘に対する種痘をあえて受ける気になっていたにしても、ニューイングランドの庶民はもっと懐疑的だった。ボストンとその周辺では、天然痘の感染拡大が１７２１〜22年、30年、51〜52年、64年、70年代全般、88年、92年に起こり、最初のものが最も深刻だった。[43] 清教徒《ピューリタン》の聖職者コットン・マザーや医師のザブディエル・ボイルストン、ハーヴァード大学のトマス・ロビーという名の講師といった接種の支持者は、種痘を受けた３００人の患者の死亡率が下がったことを立証できたにもかかわらず、強硬な反対に出くわした。[44] １７３０年の流行のとき、教師でハーヴァード大学卒業生のサミュエル・ダンフォースはケンブリッジで接種を始めた。ところがタウンミーティング（住民の対話集会）で、ダンフォースは「町を非常な危険にさらし、さまざまな家族を混乱に陥れ」たとされ、彼は「接種を受けた人を、町の人が彼らにさらされないような好都合な場所に移す」べきであると決められた。町の役人はハーヴァード大学にも接種の中止を求めたが、講師のネイサン・プリンスは、希望者への接種を続けた。接種がより広く受け容れられるようになった１７９０年代には、ハーヴァード大学は学生に接種を奨励した。[45] マサチューセッツ州は１８０９年に天然痘のワクチン接種を義務化した。スウェーデンはヨーロッパで初めて天然痘のワクチン接種を広く普及させ、１８１６年には義務化し、イングランドが53年、スコットランドが64年、オランダが73年、ドイツが74年に、それに続いた。[46]

ところがアメリカでは、ワクチン接種は論争の種となり、以後もそのままだ。１９３０年までには、アリゾナ州、ユタ州、ノースダコタ州、ミネソタ州の反対者は、強制的なワクチン接種を禁止することに成功し、35州は規定を地元の当局に委ねていた。マサチューセッツ州の例に倣っていたのは9州とコロンビア特別区（首都ワシントン）だけで、そこでは、罰金を科すか、接種を受けた子どもだけに入学を認めるかすることで、ワクチン接種を実施していた。このやり方は、ジェイコブソン対マサチューセッツ州訴訟（１９０５年）で最高裁判所が法的に有効とした。１８４０年代になっても、アメリカの医師はコレラ患者を、瀉血、水銀あるいは甘汞《かんこう》のような水銀化合物の、大量で非常に有害な服用、タバコ浣腸、電気ショック、生理食塩水の静脈注射など、さまざまな方法で治療していた。ニューヨーク州医師会の会長は、患者の直腸に蜜蝋《みつろう》か油布を詰めて下痢を遮断することを勧めた。[47] 病気をアメリカの都市における哀れなまでに不衛生な状況のせいにせず、ためらうことなく神の罰とする聖職者も依然として大勢いた。

## 病原体の発見と予防

医学史はヴィクトリア朝の英雄的な研究者の物語、人と顕微鏡の物語であるというのは、お馴染みの見方だ。チャールズ・ダーウィンは早くも１８３６年に、見た目は健康そうな人さえ持っている微視的な媒介物によって病気が伝わりうることを認識していた。ルイ・パストゥールは、煮沸したスープを首の曲がったフラスコに入れることによって、カビは空気に運ばれることを証明した。イグナーツ・センメルヴェイスは１８６１年、医師の汚れた手が、産褥《さんじょく》熱の原因であることを示した。ジョゼフ・リスターは、自分の手術室で消毒法を開発し、傷からの感染を防いだ。ロベルト・コッホは炭疽《たんそ》や結核やコレラを引き起こす細菌を突き止めた。他の人々も、コッホの独創性に富んだ『結核の病因論（*Ätiologie der Tuberkulose*）』（１８８２年）[48] の方法を活用し、ジフテリアやペスト、破傷風、腸チフス、ハンセン病、梅毒、肺炎、淋病の病原体を分離した。[49] カール・フリートレンダーは１８８０年代に、肺炎の原因となる細菌を発見しようとして、アルベルト・フレンケルと競い合った。[50]

とはいえこれらの話は、帝国主義の文脈の中でのみ理解することができる。なぜなら、ヨーロッパ人が熱帯病にさらされることで圧力が生じたがゆえに、そのような研究に関心と資源が向けられたからだ。コッホがビブリオ・コレレ（コレラ菌）を分離したのは、1884年にイギリス領インドで研究しているときのことだった。そのコレラ菌は前の年にアレクサンドリアで、コッホの好敵手でフランス人のルイ・テュイリエの命を奪ったばかりだった。[51] 1894年に香港で感染拡大があった後ようやく、スイスの細菌学者アレクサンドル・イェルサンが腺ペストの原因である細菌を突き止め、「エルシニア・ペスティス」と命名した。最初にマラリアの原因と、蚊がその伝染に果たす役割を完全に説明したのは、インドの医官だったロナルド・ロスだ。彼自身もマラリアにかかった。脚気《かっけ》が精米における栄養欠乏（ビタミン$B_1$の欠乏）の結果であることを見破ったのは、クリスティアーン・エイクマン、アドルフ・フォーダーマン、ヘリト・フレインスという、ジャワ島を根拠地とする3人のオランダ人科学者だ。そして、睡眠病を研究してその原因である、ツェツェバエの寄生性原虫トリパノソーマ・ブルセイを1902年にウガンダで見つけたのは、イタリアのアルド・カステラーニだ。試みには失敗もつき物だった。コッホが結核の治療のために発明したツベルクリンは効き目がなかった。1906年、彼が発明した睡眠病治療とされるもののせいで、患者の5人に1人が失明し、ついに視力が戻らなかった。それでも全体として見れば、これは人類史上でも屈指の勝利の連続だった。

ロシア帝国とアメリカ帝国の周辺部においてさえ、飛躍的な発展が見られた。1892年、ドミトリー・イワノフスキーはクリミアとウクライナとベッサラビアで広範にわたって穀物に害を与えている病気を研究しているときに、細菌よりも小さい病原体（「濾過《ろか》性病原体」――後に「タバコモザイクウイルス」

と名づけられた）を初めて発見した。[52]

この種の研究としばしば結びつけられる目覚ましい自己犠牲の精神の好例が、キューバで研究をしていたアメリカの科学者、ウォルター・リード、ジェイムズ・キャロル、ジェシー・ラジア、アリスティデス・アグラモンテだ。彼らは黄熱の正確な原因を特定しようとしていた。このテーマで論文を書いたキューバの医師カルロス・フィンレイに倣い、キャロルとラジアとアグラモンテは、黄熱の病原体を保有していると思われる蚊に自らを刺させた。キャロルは重症になったが回復した（リードはそれを祝って「出かけ、ぐでんぐでんに酔っぱらった」）。ところが、ラジアは3週間しないうちに亡くなった。1900年末までには、リードらは蚊が人から人へと非細菌性病原体を広めていると確信していたが、27年にようやくエイドリアン・ストークスが、アシビと呼ばれる、黄熱にかかっていたガーナ人男性からウイルスを分離した。[53]ストークス自身もその後まもなく黄熱で亡くなり、不運な西アフリカ黄熱委員会の他の2人の調査員も同じ末路をたどった。[54]それでも、ハバナの公衆衛生長官ウィリアム・ゴーガスにとって、蚊が媒介者とわかれば、対策を策定するのには十分だった。停滞水に灯油を流し込むことも含むそうした対策は、後にパナマで大運河を掘る労働者を守るために使われた。

これらをはじめ、1880年代〜1920年代に集中していた飛躍的発展は、ヨーロッパ人やアメリカ人の命を守り、それによって植民地事業を存続させるうえで不可欠だった。アフリカとアジアは、西洋医学にとって巨大な研究所となった。そして、研究が成功すればするほど、そして、ペルーでマラリアに効くことが発見されたキニーネのような治療薬が見つかれば見つかるほど、西洋の帝国は遠くまで拡がることができ、それとともに、寿命が延びてその素晴らしい恩恵が行き渡った。

「健康転換」の時期、すなわち、平均寿命の持続的な改善の始まりは、明確そのものだ。西ヨーロッパでは1770年代から1890年代にかけてその時期が訪れ、デンマークが先頭を切り、スペインが最後尾に続いた。第1次世界大戦前夜には、腸チフスとコレラはヨーロッパから事実上一掃され、ジフテリアと破傷風はワクチンによって抑え込まれていた。データが入手できる近代アジアの23か国では、1国を除いて、健康転換は1890年代〜1950年代に訪れた。1911〜50年に、インドの平均寿命は21年から36年へと延びた（ただし、同じ期間にイギリスの平均寿命は51年から69年に延びている）。アフリカでは、43か国中わずか2か国を除いて、健康転換は1920年代〜50年代に訪れた。このように、アジアとアフリカのほぼすべての国で、平均寿命はヨーロッパによる植民地支配が終わる前に改善しはじめたわけだ[55]。この改善には、科学研究の制度化における大きな発展も必要とされた。1887年に設立されたパリのパストゥール研究所と後に肩を並べるのが、リヴァプールの熱帯医学校（1898年）と、ロンドンの熱帯医学校（1899年）と、ハンブルクを本拠とする輸送・熱帯病研究所（1901年）だ[56]。植民地の中心地の研究所、特に、ダカールとチュニスのパストゥール研究所は、研究の最先端を歩み続けた。黄熱用の安全で効果的なワクチンをついに考案したのは、これらの研究所と、マックス・タイラーが率いるロックフェラー医学研究所だった[57]。

とはいえ、ボイスが「熱帯世界の……この実質的な征服」と呼んだものには、自己犠牲以上のものがかかわっていた。感染症の原因を突き止めるのと、一般大衆を説得して、医学者が推薦する予防措置を取ってもらうのとは話が別だ。これは、1830〜31年にヨーロッパの多くの都市ですでに明らかになっていた。このときには、汚染された水に人々がさらされる機会を減らそうとしていた、ほかならぬその役人たちに一般大衆の怒りが向けられた。クリミア半島のセヴァストポリでは、1830年5月と6月に隔離の規則が厳格化されたのがきっかけとなり、コラベルナヤの郊外で流血の反乱が起こり、軍政府長官その人を含め、数人の役人が殺害され、警察の駐在所や隔離事務所が破壊された。一方、サンクト・ペテルブルクでは1年後、一般大衆の怒りは警察に加えて外国人と医師に向けられた。[58]同じような出来事が、ウクライナのドンバス地方にある鉱山と工業の町ユゾフカ（ドネック）で１８９２年に起こり、ここでも医師たちが、助けようと努めてきたまさにその移民労働者たちに脅かされた。

１３４０年代と同じで、こうした暴力行為には反ユダヤ的な要素が伴っており、コサック兵との戦いや酒場の焼き討ちが本格的なユダヤ人虐殺につながった。[59]感染症が民族間の分断を激化させたのはロシアだけではなかった。アメリカでは、１８９４年にウィスコンシン州で天然痘の感染が拡大し、それがミルウォーキーのサウスサイドのドイツ人地区とポーランド人地区に集中していたために、不信を抱く市民と地元の保健当局との暴力的な衝突に発展し、ついには衛生局長のウォルター・ケンプスターが弾劾された。[60]１９００年に腺ペストが大流行したときには、アジア系の住民が差別的な措置の標的にされ、ホノルルではアジア人の住宅などが焼かれ、1月20日には大火まで起こった。サンフランシスコではＪ・Ｊ・キニヨン医師が、チャイナタウンを意図的に差別する隔離措置を実施した。[61]

驚くまでもないかもしれないが、19世紀には国際協力のための努力は限られた成功しか収められなかった。第１回国際衛生会議が１８５１年7月にパリで開かれたが、12か国の代表は、コレラと黄熱とペストに対処するための標準的な隔離措置に関して合意することができなかった。[62]コレラの原因について医学の専門家の間で意見が分かれたことも問題だったが、最大の争いはイギリスと地中海諸国（フランス、スペイン、イタリア、ギリシア）との間のものだった。前者の代表が、従来の隔離措置を自由貿易に対する中世以来の障害と見なしていたのに対して、後者の代表はイギリスが肥大した東洋の帝国からヨーロッパにコレラをもたらしたと非難した。[63]「イギリスのシステム」は、一律の隔離よりも、船舶の検査と、病気にかかった船客の分離と、感染者の追跡を優先した。このほうがおそらく優っていたのだろうが、腺ペストの再発と戦うのにはまったく不十分だった。ヴェネツィアで開かれた1897年の国際衛生会議は、感染者の分離と、彼らの家や所持品の焼却で疫病を抑え込むことを推奨した。あいにく、家や所有物を焼くと、感染したネズミを追い出して新しい住みかを探させるだけだった。[64]

マハトマ・ガンディーは1908年に刊行した『真の独立への道――ヒンド・スワラージ』の中で西洋文明を「病気」と呼び、蔑むように西洋の「大勢の医師」に触れた。ガンディーは次のように言い放った。「文明は不治の病ではないが、イギリス人は現在、その病気にかかっていることはけっして忘れるべきではない[65]」。1931年のロンドンでのインタビューで、彼は「病気の征服」を、西洋文明が進歩を測る純粋に「物質的な」尺度の1つとして挙げた。[66] そのような苦情は少しばかり馬鹿げて見えるが、各地の植民地政府がどれほど容赦なく公衆衛生措置を実施したかを考えれば、そうも言えなくなる。ケープタウンでは、3度目の腺ペストのパンデミックのときに、黒人住民は即座に集められ、海岸の土地からウィットブルグ（ンダベニ）に移され、そこはこの町で最初の「ネイティヴロケーション（黒人居住地区）」となった。セネガルを腺ペストが襲ったときには、フランスの当局は情け容赦ない対応を見せた。感染者の家には火がつけられ、住人は強制的に連れ去られて、武装した監視者の下で隔離され、死亡者はクレオソートか石灰の中に乱暴に葬られた。先住民が、自分たちは公共衛生政策の受益者ではなく犠牲者だと感じたのも無理はない。ダカールでは集団抗議活動とセネガル史上初のゼネストが起こった。[67]

## 公衆衛生の改善

実際には、19世紀と20世紀前期における真の進歩は、当時の人の多くが思っていたような意味で科学的なものではなかった。細菌学者やウイルス学者が1歩前進するたびに、骨相学や優生学といった誤った方向へ誤ったやり方で社会が何歩も進んでしまったからだ。発展はもっと月並みなかたちで起こった。公衆衛生は住宅の改善——ヨーロッパでは木の壁や屋根がレンガや瓦に取って代わられた——や、イギリスの1875年の職人および労働者住居改善法のような規制から大きな恩恵を受けた。[68] 瘴気説のような誤った考え方が望ましい結果をもたらすこともあった。湿地や沼地、堀、溜水のあるその他の場所から水を抜いたり、運河や貯水池に水を循環させる装置を導入したり、住宅地域から廃物を取り除いたり、居室や集会場などの換気をしたり、家庭や病院、刑務所、会館、船舶などで消毒薬や殺虫剤を使ったりするようになったからだ。誤った理由から正しいことをするという、こうした措置のおかげで、ヨーロッパとアメリカの人々は、病原体やその保有者にさらされることが大幅に減った。[69]

ジョン・スノウという名は、ロンドンのソーホーでは今なお敬われている。彼は1854年にロンドンでコレラの感染拡大が起こったときに感染源をたどり、下水が大量に流れ込むテムズ川から水を引いていた、ブロード・ストリートにある、たった1つの水飲み場に絞り込んだからだ。だが、人間の排泄物が問題であるというスノウ医師の主張を受け容れるまでもなく、誰もが水の濾過システムや独立した下水管の恩恵は理解できる。同様に、1866年にニューヨーク市メトロポリタン保健委員会が設置され、またしても起こったコレラの感染拡大に対して前代未聞の対応が可能になった。空き地から16万トンもの厩肥《きゅうひ》などが取り除かれ、感染者のアパートの部屋は晒粉《さらしこ》やコールタールで迅速に消毒され、衣服や寝具や家庭用品は焼却された。[70] ある推定によると、濾過や塩素消毒といった浄水技術は、20世紀最初の40年間にアメリカの都市での総死亡率減少の半数近く、乳児死亡率減少の4分の3、小児死亡率減少の3分の2近くをもたらしたという。[71] 公衆衛生は効果があったのだ。劇作家のジョージ・バーナード・ショーは1906年、医学の専門家には手厳しい『医師のジレンマ』の序文に次のように書いている。

過去の文明は1世紀にわたって細菌性の熱病の温床を一掃してきた。かつて蔓延していた発疹チフスは消えた。ペストとコレラは衛生上の封鎖によって我が国の国境で食い止められてきた。……感染の危険とそれを避ける方法は、かつてよりもよく理解されている。……今日、肺病患者の困難は、彼らを邪魔者扱いにする傾向の増大によって大幅に増した。……だが感染の恐れは（その恐れのせいで医師でさえ、発熱患者への真に科学的な対応は、最寄りの溝に放り込んで安全な距離から石炭酸をポンプで十分に注ぎかけ、その場で火葬することとぐらいであるかのような口を利くとはいえ）、はるかに念入りな用心や清潔さにつながった。その最終的な結果は、病気に対する一連の勝利だった。[72]

産業化された世界では人々の食生活も改善していた。今日の基準に照らせば、1904年頃のイギリスの労働者階級の男性はアルコールを飲み過ぎていた。平均すると年にビールを276リットル、[*] 蒸留酒を9リットル、ワインを4リットル弱だ。果物や野菜の摂取量も少なく、そのためカルシウムやビタミンA、ビタミンB[2]、ビタミンCが不足していたし、デンプン質の炭水化物を取り過ぎていた。それでも、

＊ 今日の平均はわずか72リットルだ。ただし、現代のビールのアルコール含有量は過去よりも多くなっている。

「イギリスは、ほぼ全世帯で持続的な作業に十分なエネルギーを提供する食事ができる労働人口を抱える段階へと移行しつつあった」[73]。そして、女性の教育と雇用の割合の高まりは、出生率と乳児死亡率の低下と、おおよそ時を同じくしていた[74]。

それでも、公衆衛生の全般的な改善が科学者の大きな功績とされる傾向にあった理由は、簡単に見て取れる。そうした改善のおかげで、1世紀の間に平均寿命は前例がないほど延びた。イギリスの場合、ワーテルローの戦いのときには40年前後だったのが、1913年には53年になっていた。1897年にヴェネツィアで国際衛生会議が開かれたとき、新しいさまざまな飛躍的前進はほぼ確実に見えた。たしかに、腺ペストに対抗しようとしたウォルデマール・ハフキンのワクチンは、発熱や腫れ、皮膚が赤くなるなど、不快な副反応を伴っていたし、エルシニア・ペスティス（ペスト菌）から完全に守ってくれるわけでもなかったが、やはり進歩であり、罠や毒を使って齧歯類（と、それにたかっているノミ）を駆除するのが最も効果的な対策かもしれないという認識にしてもそうだ。電信を利用して、船に乗っている感染者を追跡するための第1歩も踏み出された。やはりヴェネツィアで開かれた1892年の国際衛生会議に出席したオーストリアの代表の言葉を借りれば、「電報は、最も広い意味合いで予防措置だ」となる[75]。それは、後にボイスの『蚊か人間か』に満ちあふれるのと同じ楽観主義だった。だが、科学の進歩に対するそのような信頼は、じつに深刻な打撃を受けようとしていた。

## スペイン風邪のパンデミック

こうして今や来たれり
我がレディー・インフルエンザが、酔って蒼白な
星のように、そしてその後に続いて
熱、憔悴した魂の白い睡蓮、
そしてユリのような指をした死と、身の毛もよだつような痛みと、
あらゆるものを空しくする便秘、
肺炎と癌と鼻カタルが。

ルパート・ブルックの「我がレディー・インフルエンザへ」（1906年）は、滑稽な大学生の作品だった。[76]とはいえ、「レディー・インフルエンザ」は、けっして甘く見てはならなかった。インフルエンザの感染拡大が初めてしっかりと記述されたのは16世紀のヨーロッパだったが、最初期の記録はおそらく1173年にさかのぼる。重大なインフルエンザのパンデミックは、1729年、81〜82年、1830〜33年、98〜1900年に起こり、死亡者の総数は40万〜120万（世界の推定人口の0・06〜0・08％）にのぼった。[77]だが、20世紀には、はるかに深刻な流行が襲ってきた。[78]世界の人口が増えており、しかも都市化が進み、流動性も高まっていた。そのような世界では、産業化した町の空気の質は低く、そのせいで人々は呼吸器疾患になりやすかったかもしれない。ブルックの兄のディックは26歳で肺炎

で亡くなった。ブルック自身もそれより1歳上までしか生きられず、第1次世界大戦の激戦地ガリポリに向かう途中、ウイルスに感染した蚊に刺されて敗血症を起こし、ギリシアのスキロス島の沖で亡くなった。20世紀は寿命を延ばしたが、途方もない数の若者を無駄死にさせもしたのだった。

第1次世界大戦は、ヨーロッパ全体を巻き込む戦争が起こる危険はよく知られていたという意味では、予測可能な灰色のサイだったが、その勃発に当時の人が当惑したという意味では、意外なブラック・スワンであり、歴史的な影響の巨大さという観点からは、真のドラゴンキングと呼ぶにふさわしい出来事だった。[79] 発端は1914年6月28日のテロ行為で、この日、ガヴリロ・プリンツィプという名の、結核にかかった19歳のボスニア人青年の放った2発の銃弾が、ハプスブルク朝オーストリア=ハンガリー帝国の皇位継承者フランツ・フェルディナント大公の頸静脈を断ち切る致命傷を負わせ、あわせて夫人のゾフィーの命も奪った。これらの銃弾をきっかけにして戦争も始まり、オーストリア=ハンガリー帝国は崩壊し、その植民地だったボスニアとヘルツェゴヴィナは新しい南スラヴ国家の一部となった。じつは、これこそプリンツィプが達成を願っていたことであり、そのためこの暗殺は、歴史上この上なく効果的なテロ行為となった。まさかこれほど広範に及ぶ成功を収められようとは、本人にもとうてい予想できなかっただろうが。[80]

とはいえこれは、彼が自分の行為を通して意図していた結果にすぎない。彼が引き金を引いた戦争は、バルカン半島の中にとどまらず、北ヨーロッパとトルコとアラブ世界に恐ろしい傷跡を幅広く残すことになった。巨大な屠畜場《とちくじょう》のように、戦場は世界の果てからまでも若い男性を吸い寄せて殺戮し、戦争の直接の結果として合計1000万近い命を奪った。この戦争はまた、アルメニア人臣民に対するオスマン帝国政府のジェノサイドの名目も提供した。そのうえ、休戦が宣言されたときにさえ、この戦争は頑として終わろうとしなかった。1918年以降、講和条約の調印国の手をかいくぐるかのようにして一気に東に拡がり、それまで戦闘と無縁だった北極圏やシベリア、モンゴルなどにまで及んだ。たとえばポーランドとウクライナでは、いつ第1次世界大戦が終わって、いつボリシェヴィキ革命が引き起こしたロシア内戦が始まったのか正確に言うのは難しい。

第1次世界大戦は経済にも途方もない害をもたらした。1914年夏、世界経済は見るからにお馴染みのかたちで繁栄していた。商品と資本と労働の流動性は、今日知られているものに匹敵する水準に達しており、大西洋を渡る海上交通路と電信はかつてないほど賑わい、資本と移民が西へ、商品と製品が東に流れていた。ところが、戦争のせいでグローバル化が泡と消えた――文字どおりの意味で。ドイツ海軍の作戦行動、主にUボートの攻撃によって1300万トン近くの船が海底に沈められたのだ。国際的な貿易や投資や移住は急減した。戦争の直後には、国際的な経済統合に根本的に敵対する革命政府が台頭した。計画経済が市場を押しのけ、自給自足経済《アウタルキー》と保護貿易主義が自由貿易に取って代わった。財の流れが先細りになり、人と資本の流れはほとんど干上がった。戦争は政治も一変させた。何世紀にもわたって君臨してきた、ロマノフ、ハプスブルク、ホーエンツォレルン、オスマンの4王朝が一掃された。グローバル化の政治的基盤だった、ヨーロッパ諸帝国の世界支配は、まだ完全に致命的とまではいかないまでも、深刻な打撃を受けた。新しい国民国家が誕生した。民主化の過程が加速し、参政権が拡大し、多くの国では女性にも選挙権が与えられた。社会主義政党が革命あるいは選挙で政権を握った。労働組合の力が増大した。[81]

同時に、戦争を経験したせいで多くの退役軍人と一般市民のどちらも、王朝による統治が廃《すた》れただけでなく自由主義もその代議制議会制度や法律に基づく手続きとともに時代後れになったと確信した。社会主義者だけでなくファシストも、自由選挙と個人の自由の役割を徹底的に減らす代替の政治制度を提案した。

最後に、「ブルジョアのヨーロッパを作り直し」、戦前の秩序を復活させる努力は、戦後登場した国際秩序の構造的不安定性によって致命的に損なわれた[82]。復旧した金本位制はろくに機能せず、ついにはアメリカの不景気を世界全体に伝達するメカニズムへと退行した[83]。講和条約のかなりの部分が実行不能であることが判明した。国際連盟のような集団安全保障のための新機関は、反抗的な国民国家を前にしては力の不足を露呈した。より広い意味では、アメリカは経済的重要性が大幅に増したにもかかわらず、それに見合うだけの地政学的役割を果たせなかった[84]。力の不釣り合いなまでに多くは、戦争に勝ったイギリスとフランスというヨーロッパの帝国の手に依然として握られていたが、両国は財政的にも内政的にも追い詰められていたので、勝利の果実を維持することができなかった。

だが、この戦争は大損害をもたらしたとはいえ、人命損失による直接の影響の点では、最後の年に勃発したインフルエンザのパンデミックのほうが上回った。A型インフルエンザウイルスのH1N1の新しい株がどこで最初に現れたかは正確にはわからないが、たいていは、カンザス州のフォート・ライリー軍事基地だとされる。そこには、アメリカ外征軍としてヨーロッパで戦うために、何十万もの若いアメリカ人男性が訓練を受けていた陸軍のキャンプネットワークの1つ、キャンプ・ファンストンがあった。ところが、このパンデミックは1917年にイギリス軍の中で最初に発生したという証拠がある（ただし、症状は当初、「気管支肺炎を伴う化膿性気管支炎」とされた[85]）。20世紀にインフルエンザが成功を収めたカギはここにあった。これほどの規模で軍隊が動員されたことはかつてなかった。7000万人以上の男性が軍服を着たのだった。そして、これほど多くの若い男性が家庭や職場から連れ去られ、原始的な宿泊設備の中に押し込められ、船や列車で遠い彼方まで送り出されたことは、かつてなかった。このインフルエンザのウイルスは豚にたどれるという考え方は、誤りであることが立証され（鳥にたどれる可能性のほうが高く見える）[86]、もし感染があったとしたら、それは人間から豚へという方向だった[87]。そうだったとしても、どこがおかしいだろうか？　なにしろ、ドイツの徴集兵は「フロントシュヴァイン」、すなわち「前線の豚」と呼ばれていたのだから。

アメリカ人の最初の感染は3月4日にキャンプ・ファンストンで報告された[88]。1週間後、フォート・ライリー軍事基地の配膳係が1人、軍の診療所に入り、それから連日、感染した兵士たちが後に続いた。月末までには1000人以上の感染が記録され、48人がインフルエンザで亡くなった。互いに相手を殺そうとする人間たちの努力を嘲笑うかのように、ウイルスは急速にアメリカ全土に広まり、続いてすし詰めのアメリカの兵員輸送船に便乗してヨーロッパへ渡った。病気を届け出るドイツ兵の割合が1918年の夏にほぼ倍増したのは、パンデミックのせいだったかもしれない。この病人の続出が、やがてドイツ帝国軍の崩壊で決定的な要因となる[89]。たしかに、7月以降、インフルエンザに感染しているドイツ人捕虜がいたという報告がある[90]。その頃には、このインフルエンザはインドとオーストラリアとニュージーランドにも到達していた。

数か月後、より致死的な第2波が、フランスのブレストと、シエラレオネのフリータウンと、アメリカのボストンをほぼ同時に襲った[91]。そのウイルスは、1918年8月27日に、ボストンのコモンウェルス・ピアでアメリカに新たに上陸した。その日、インフルエンザの感染者が3人、患者名簿に載った。翌日には8人となり、翌々日は58人で、そのうち15人は重症だったため、チェルシーにある合衆国海軍病院に移送された。9月8日には、インフルエンザは陸軍のキャンプ・デヴェンズに達した。10日のうちに何千もの発熱患者が出て、このキャンプの病院はみな対応できなくなった。数週間のうちに、遺体安置所は、蒼白の窒息死体でいっぱいになった（特有の薄紫色のチアノーゼを発症した患者は、ほとんど助からなかった）。それから流行は西へ、南へとアメリカ中に拡がり、10月4日の週に死亡率の点では頂点に達した[92]。

第3波は1919年前期に、世界の一部の地域、主にイングランドとウェールズとオーストラリアを襲った。翌20年にはスカンディナヴィアで第4波らしきものが見られた。交戦国は、戦時の士気を損なう可能性があるので、パンデミックのニュースを抑え込もうとした。これでは一般大衆は正確な情報を得られるはずがない。この病気がスペイン風邪という名前で知られるようになったのは、中立国スペインの、おおむね検閲されることのない報道機関だけが、感染を多少なりとも正確に報じたからだ。

このパンデミックのせいで4000万〜5000万人が亡くなった。その大半は、肺に致死量の血液その他の体液がたまって窒息死した。死亡者の絶対数ではインド（1850万人）と中国（400万〜950万人）が際立つが、死亡率には場所によって大きな違いが出た。カメルーンでは人口の半数近く（44・5％）が、西サモアでは4分の1近く（23・6％）が命を奪われた。ケニアとフィジーでは住民の5％以上が亡くなった。データが得られる他のサハラ以南の国々の死亡率は、2・4％（ナイジェリア）から4・4％（南アフリカ）の範囲だった。中央アメリカでも死亡率は高く、グアテマラ国民の3・9％、全メキシコ人の2％にのぼった。インドネシアも死亡率が高かった（3％）。ヨーロッパで死亡率が最悪だったのがハンガリーとスペイン（それぞれおよそ1・2％）で、イタリアが僅差で続いていた。対照的に、北アメリカは、被害が比較的軽く済み、アメリカが0・53〜0・65％、カナダが0・61％だった。ブラジルもほぼ同じで、アルゼンチンとウルグアイはほぼ無傷だった[93]。この数字からわかるように、スペイン風邪の被害は、交戦国か非交戦国かとは関係なかった。当初の流行は戦時の宿泊設備と輸送に関係していたにしても、まもなく状況は変わった。

イギリスでは公式の死亡者数は15万を超えるが、現代の推定では25万に近く、それには嗜眠性《しみんせい》脳炎による関連死と、5000件の人工妊娠中絶（妊婦の死亡率は衝撃的なまでに高かった）が含まれる。[94]アメリカではスペイン風邪で67万5000人が亡くなったとされ、そのうち55万人が超過死亡（通常の状況下でその期間に亡くなることが見込まれている数を上回る死亡者数）だった。2020年の人口で換算すれば、これはアメリカ人180万〜220万人に相当する。スペイン風邪によるアメリカ人の死亡者は、第1次世界大戦の戦闘での死亡者（5万3402人）より1桁多かった。旧陸軍省の数字では、陸軍の26％（100万人以上）がスペイン風邪にかかり、まだフランスに着かないうちに3万人近くの新兵が亡くなったという。[95]

皮肉にも1918年のインフルエンザの流行は、たいていのインフルエンザの流行とは違うものの、先行して起こってウイルスを広めた第1次世界大戦と同じで、若い成人の命を非常に多く奪った。このインフルエンザのアメリカにおける男性死亡者27万2500人のうち49％近くが20〜39歳であり、その一方で、5歳未満は18％、50歳超は13％にすぎなかった。[96]幼い子どもと高齢者も（いつもながら）この病気に倒れやすかったので、年齢別の死亡率がわかっている国はみな、死亡率はおおざっぱに言うとW字形の年齢分布を記録した。オーストラリアやインド、ニュージーランド、南アフリカ、イギリスもそうで、一般市民の死亡者の45％は15〜35歳だった。[97]

死因はインフルエンザのウイルスそのものというよりもむしろ、そのウイルスに対する体の免疫反応だった。これは皮肉にも、最も強い免疫系を持っている人のほうが、免疫系が弱い人よりも亡くなる可能性が高いことを意味した。若い成人へのパンデミックの影響を見事に例証し、幻覚を引き起こす病気自体の悲惨さを生き生きと描いたのが、キャサリン・アン・ポーターの短篇「蒼ざめた馬、蒼ざめた騎手」（1937年）で、ウイルスによって残酷なまでに短命に終わった戦時ロマンスについての作品だ。[98]

THE WAY THE GERMANS DID IT AT CHATEAU-THIERRY
During the recent war approximately 1000 men from North Carolina were killed in battle.

THE WAY NORTH CAROLINIANS DO IT AT HOME
During the epidemic last fall and winter 13,644 North Carolinians laid down their lives to a "spit-borne" disease—influenza !

「シャトー=ティエリでドイツ人が取ったやり方」と「故郷でノースカロライナ州の人が取っているやり方」〔訳注　シャトー=ティエリは第1次世界大戦でドイツ軍とアメリカ軍が戦った場所〕

コレラはそれまで、階級によって感染状況に違いがあった。インフルエンザはそうではないと考えられた。イングランドでは、戸籍本署長官は、スペイン風邪の発生率は「社会階級によってたしかに」異なる「が、それほど大きな」差は「ない」と主張した。スコットランドの戸籍本署長官は、「死亡率分布の最も顕著な特徴」は「その普遍性」にあると主張した。[99]『タイムズ』紙によれば、「都市住民は小作農よりも、白人は黒人や黄色人種よりも、雪国の住人は熱帯の密林の住人よりも、けっしてうまく切り抜けられたわけではない」という。「これほどの殺戮の中での唯一の免疫――といっても、相対的なものにすぎなかったが――を享受したのは、ごく幼い者と高齢者だった。彼ら、彼らに対してだけは、この怪物もそれほど食指が動かないようだった[100]」

実際には、大英帝国全土を通じて重大な違いがあったが、階級とはほとんど関係がなかった。ロンドンの最も貧しく不健康な地区では死亡率がいくぶん高かったが、貧困との相関は特別強くはなかった。タイン川下流沿いのヘバーンとジャローの町は被害が大きかったものの、それは、船舶関連で雇われている男性の割合が高く、彼らは仕事柄、ウイルスにさらされやすかったことを反映していた。ところがニュージーランドでは、マオリ族の人の死亡率は、白人の死亡率の2倍近かった。[101]カナダのイヌイット族の人やその他の先住民も、ヨーロッパ系のカナダ人より死亡率が格段に高かった。

アメリカでは地域によってかなりの差が出た。[102]感染率はコネティカット州ニューロンドンの18・5%から、テキサス州サンアントニオの53・5%まで大きなばらつきがあり、全体では29・3%で、感染者致死率は1・82%だった。[103]インディアナ州とニューヨーク州の死亡率は、パンデミックがなかった年の3倍になり、モンタナ州の1918年の死亡率は6倍以上に達した。コロラド州とメリーランド州とペンシルヴェニア州も大打撃を受けた。1918年に死亡率が際立っていた都市はすべてペンシルヴェニア州にあり（ピッツバーグとスクラントンとフィラデルフィア）、特に低い都市はすべて中西部にあった（グランドラピッズ、ミネアポリス、トレド）。コネティカット州のダリエンとミルフォードでは、どういうわけか1人も死亡者が出なかった。どの都市でも、1918年のインフルエンザの死亡率は、通常の死亡率の最低でも2倍はあったが、メンフィスとセントルイスとインディアナポリスでは少なくとも3倍、ナッシュヴィルとカンザスシティでは4倍に達した。一般的には、インフルエンザによる白人の死亡率はアフリカ系アメリカ人の死亡率よりも低かったが、その違いは1918年のインフルエンザのパンデミックでは縮まった。19年夏に9つの都市で10万人以上を対象に行われた公衆衛生局の調査では、白人の死亡率は「『非常に貧しい』人の間では『裕福な』人や『普通』に分類される人の間の2倍近くだった」ことがわかった。[104]

こうした違いは、州や市の政策をどれだけ反映していたのか？　アメリカでは、地方レベルでの非薬理学的介入がパンデミックの公衆衛生への影響を削減したばかりでなく、経済の回復を早めたが、念入りに調べてみると、状況はそれほど明確ではない。[105] ニューヨークとシカゴを除いて、国中の州と地方の役人は学校と教会を閉鎖した。一方、第4回自由国債（60億ドルの戦時国債）の販売キャンペーンが展開され、9月と10月には公開の会合や大集会が開かれた。レストランは閉店されなかった。[106] ニューヨークでは学校も授業を続けただけでなく劇場も営業していた。市の主なイノベーションは、地下鉄の混雑を最小限に保つために、時差出勤制度を導入したことだった。[107]

ニューヨークの保健委員会委員長で医師のロイヤル・コープランドが呑気だったのも良くなかった。彼は8月に、「ニューヨークではスペイン風邪流行の危険は微塵もない」と言い張った。眼科医で公衆衛生の知識がほとんどなかったコープランドは、事あるごとにリスクを控え目に語らなければならないように感じていた。8月に最初の患者たちがノルウェーから到着したときには隔離せず、こともなげに尋ねた。「我が国の歩兵がかかったという話など、聞いたことがあるか？　きっとないだろうし、これからもないだろう。……ここの市民がその件で心配する必要はない」。9月に感染が拡がっても、コープランドは「市内のどの区もうまく対処していたし……病気が大規模な拡がりを見せる恐れはほとんどなかった」と断言した。彼は9月下旬に24時間で新規感染者数が倍増しても、人前で咳やくしゃみをしないようにという警告を除けば、ほんど何の予防措置も講じなかった。10月上旬にわずか1日で999人の感染が報告されたときにさえ、コープランドはフィラデルフィアの保健委員会委員長の助言に反して、学校の閉鎖を拒んだ。

コープランドの愚行を見かねた保健委員会の前委員長S・S・ゴールドウォーターが、ついに公に介入した。彼は『ニューヨーク・タイムズ』紙で次のように警告した。状況は「一般大衆が気づいているよりはるかに悪く、政府からの支援を得られなければ、万一流行が拡がった場合、多数の人が治療を受けられなくなる危険がある」。2週間後、市長のジョン・ハイランは、「保健省は病気の拡大を抑えそこなった」と公然と非難した。同省が市の最初の感染者たちを隔離しようとしなかったときのことだ。このとき（1918年10月27日）までには、「市にインフルエンザが現れて以来、41万8781人が感染していた」と、ニューヨーク医学アカデミーの公衆衛生委員会は推定した。人口およそ560万のニューヨークでは、これは市民の少なくとも13人に1人がスペイン風邪にかかっていたことを意味する。

パンデミックが終息したときには、市内では3万3000人前後が亡くなっていた[108]。学校を閉鎖していれば、この死亡者数を減らせただろうことには疑問の余地がないように思える。学校を閉鎖しただけではなく、集会も早々に禁止した都市、特にセントルイスは、ピッツバーグのように手を打つのが遅かった都市よりも、結果が目に見えて良かった。[109] サンフランシスコでは、保健委員会委員長で医師のウィリアム・C・ハスラーの呼びかけで、1918年10月と11月、そして19年1月にも再び、マスクの着用が義務づけられたが、これがお馴染みの反応を招き、市民リバタリアンとクリスチャンサイエンスの信者と経済界の利益団体という多様な顔ぶれが団結して反マスク同盟を結成した。[110]

スペイン風邪は、経済的惨事である以上に公衆衛生の惨事だった。[111] もちろん、経済的に不都合な影響もあった。とりわけ、ひどい被害が出た国々ではそうだった。[112] インドの経験は身の毛もよだつようなものだったとはいえ、多くの面でマルサスの学説どおりで、最も被害が大きかった地域の生存者は利用できる土地が増え、1人当たりの富が増し、家族の規模が大きくなっただけでなく、子どもの教育への投資も増加した。[113] それとは対照的に、このパンデミックは第1次と第2次の両世界大戦の合間におけるブラジルの経済発展には、望ましからぬ影響を長く及ぼし続けた。[114]

アメリカでは新聞がアーカンソー州リトルロックの小売部門(ドラッグストアを除く)の急激な落ち込みと、テネシー州メンフィスで病気が引き起こした産業労働者の「深刻な」不足を報じた。[115] だが、アメリカの景気循環について書かれた1946年のある調査報告によれば、最終的な結果は「例外的に短くて並みの大きさの」景気後退だったという。このパンデミックのときに起こった経済生活への介入が、非常に短期間(4週間前後)だったことが大きい。[116] 1920~21年には戦後の景気後退があったものの、それは2年前のパンデミックとは無関係で、もっぱら財政引き締めと金融引き締めのせいだった。[117] ニューヨークとシカゴとニューイングランドを網羅する連邦準備制度第2地区の月例報告は、1919年には経済活動が比較的活発だったことを示している。18年と19年には、倒産する企業の割合が減っている。19年にはニューヨーク州とニュージャージー州北部では、建築活動が高まりを見せた。経済が縮小したのは20

〜21年だったことを、あらゆる指標が示している。パンデミックと景気後退との明白なつながりは、1つしかなかった。働き盛りの成人の、インフルエンザによる死亡者数が平均より多かったことと、19年と20年の企業倒産数が平均より多かったことの関連だ。矛盾するようだが、このパンデミックは、その後の20年代の経済成長と正の相関があった。[118]

ところが、そのような相関は、パンデミックのもっと長く続く悪影響を捉えそこなっている。パンデミックのときに母親の胎内にいた人は、その直前や直後に胎児として成長した人と比べて、人生を通じて学歴が低く、身体障害がある割合が高く、収入が少なかったのだ。[119] 3回に及ぶインフルエンザの流行の波が頂点に達した頃に生まれた人は、一生にわたって、呼吸器系疾患や心血管疾患になるリスクが高かった。[120] 胎児の発育への同じような影響は、ブラジル、イタリア、ノルウェー、スウェーデン[121]や、スイスと台湾[122]でも見られた。スペイン風邪は、最も被害が大きかった国々で社会的信頼を蝕んだという証拠もある。[123]

## ウイルスとイデオロギー

1918〜19年のインフルエンザのパンデミックは、とどまるところを知らない医学の進歩という幻想を完全に打ち砕いた。それに先行し（パンデミックを引き起こしたかもしれない）世界大戦が、とどまるところを知らない経済的・政治的進歩という幻想を完全に打ち砕いたのと同じだ。1918〜19年にスペイン風邪用のワクチンがアメリカで非常に多く開発されて出回ったが、現実には、良くても気休めになる程度だった。[124] 科学は19世紀にいくつか目覚ましい勝利を収めていた。顕微鏡を使う人々が、どれほど不完全なものではあるにせよ、天然痘や腸チフス、マラリア、黄熱、コレラ、ジフテリア用のワクチンや治療法を開発していた。だが、彼らは新しいインフルエンザ株に対する答えは持ち合わせていなかった。ジョンズ・ホプキンズ大学のウィリアム・ヘンリー・ウェルチ医師は、1918年9月下旬にマサチューセッツ州のキャンプ・デヴェンズでスペイン風邪の犠牲者の検死解剖を初めて行ったときにそれを悟った。血液を含む泡立つ薄い液体に満たされた、腫れて青い肺を注意深く観察したウェルチは、「これは何らかの新種の感染症か疫病に違いない」[125]としか言えなかった。ドイツの細菌学者リヒャルト・パイフェルは、この病気を引き起こす細菌を突き止めたと主張したが、彼は間違っていた。本当に有効な対策は、隔離やマスク着用や会合の禁止といった、顕微鏡よりもはるかに古い、昔ながらのものだけだった。1933年になってようやく、イギリスの科学者チームがスペイン風邪の原因となるウイルスの分離に成功した。[126]

「1918年のパンデミックは恐るべきものではあったが、戦争によってすでになされた社会や政治の改変には、ほとんど影響しなかった」ということが言われてきた。[127]だが、これは受け容れ難い。1つだけ例を挙げよう。インドに対する第1次世界大戦の影響は、あまり大きくなかった。ただし、150万のインド軍人がこの戦争のほぼすべての戦場で服役し、大英帝国の防衛に重要な役割を果たしたが。[128]一方、パンデミックの影響は壊滅的で、240倍ものインド人の命を奪った（戦死者が7万4000人前後だったのに対して、1800万人）。イギリス自体では、1871年以来、地方自治委員会の下にある医療当局の不手際のせいで、同国が公衆衛生で世界を先導しているという神話が打ち砕かれた。保健省が1919年6月に設立されたのは、けっして偶然ではない。

そのうえ、これは忘れてはならないが、スペイン風邪は世界の政界のエリートや知的エリートにも影響を与えた。パンデミックの数千万もの死亡者のなかには、南アフリカ連邦の初代首相ルイス・ボータ、ボリシェヴィキで、全ロシア中央執行委員会議長ヤーコフ・スヴェルドロフ（ロシア皇帝ニコライ2世とその家族の処刑を命じた可能性が非常に高い人物）、ヴァイマール共和国憲法立案者の1人であるドイツの社会学者マックス・ヴェーバー、オーストリアの画家グスタフ・クリムトとエゴン・シーレ、駆け出しの頃にリオデジャネイロで公衆衛生のための措置に対する暴動に直面したことのある、ブラジルの次期大統領フランシスコ・デ・パウラ・ロドリゲス・アウヴェスも含まれる（第45代アメリカ大統領の父方の祖父でドイツ生まれのフレデリック・トランプも犠牲者の1人だが、彼はエリートの一員には程遠かった）。

1918年と19年は、死だけではなく病気の年でもあった。同世代の経済学者のなかでは最も影響力が大きかったジョン・メイナード・ケインズも、病に倒れた人の1人だ。ケインズはパリにいて、最終的にヴェルサイユ条約の締結につながる講和会議に出席していた。1919年5月30日、彼は母親に次のように書き送っている。「1つには、あれやこれやで惨めさや怒りから、1つには、長期に及ぶ過労から、先週の金曜日に耐え切れなくなり、神経がすっかり参ってしまって床に就き、それからずっと起きられずにいます」。彼は1週間近く床を離れられず、首相のデイヴィッド・ロイド＝ジョージとの面会とブローニュの「森での日々の散歩」のときにだけ起き出した。ロイド＝ジョージと同様、恐ろしいスペイン風邪にかかったのだろうか？　確かなことはわからない。もしそうなら、彼は生き延びられて運が良かった。[129]彼は後にインフルエンザにかかり、間違いなく心臓病を悪化させ、寿命を縮めることになる。

スペイン風邪にかかった最も高位の人物はウッドロウ・ウィルソン大統領で、彼はヴェルサイユ条約をめぐる4か国交渉の決定的段階にあった1919年4月3日に病気になった。彼は3日間床に横たわり、身動きできなかった。回復はしたが、もはや別人だった（「彼は異常な態度を示した」と秘書が記し、ハーバート・フーヴァーらも同じ見方をしている）。それまでヨーロッパの指導者たちと意見を異にする点が多々あったが、ここにきてウィルソンは唐突に折れた。[130] 疲れ果ててヨーロッパから戻った大統領は、1919年10月に重い脳卒中を患った。翌20年にはほとんど執務能力を失い、その年の再選に向けて出馬することはとうてい無理だと、自らが所属する政党に見切りをつけられた。アメリカがヴェルサイユ条約を批准することも、国際連盟に加盟することもできなかったのは、ウィルソンが病気だったせいだとする歴史家もいるが、主な障害は、インフルエンザのパンデミックや、戦後の「赤狩り」、女性参政権の実現、人種間の暴力やリンチの蔓延、ウィルソンの拒否権行使を覆しての禁酒法の制定で興奮した一般大衆の、熱に浮かされたような雰囲気だった。

1918年に共和党が上院でわずか2議席差で過半数を占めたため、ウィルソンはすでに議会の両院で主導権を失っていた。そのとき当選した上院議員のなかに、ニューメキシコ州の共和党所属のアルバート・B・フォールがおり、ウィルソンは彼を批判するという過ちを犯していた――フォールがインフルエンザで一人息子と、娘の1人を亡くして悲嘆に暮れている、まさにそのときに。[131] 2年後の1920年の大統領選挙では、共和党候補でオハイオ州選出の上院議員ウォレン・G・ハーディングが、「常態への復帰」というスローガンを掲げ、一般投票の6割、選挙人投票404票を獲得して圧倒的勝利を収めた。民主党候補のジェイムズ・M・コックスは、1820年にジェイムズ・モンローが誰の挑戦も受けずに大統領に選ばれて以来最大の差で惨敗した。共和党は上下両院でも多数支配をさらに強固にした。

第1次世界大戦の終わり方には、避けようのない二重性がある。ウイルスの感染が世界中に拡がるのに足並みを揃えるようにして、イデオロギーのパンデミックも全世界を呑み込んだ。ウラジーミル・イリイチ・レーニンと仲間のボリシェヴィキの思想がロシア帝国全土を席巻し、世界各地に飛び火しそうに見えると同時に、ウィルソンの民族自決主義が、エジプトから朝鮮まで、植民地支配を切り崩しそうな雲行きだった。当時の多くの人の目には、ウイルスとイデオロギーのこれら2つの現象は絡み合っているように映った。ロシア内戦の真っ最中、発疹チフスで最大３００万人が命を落とすなか、「社会主義がシラミを打ち負かすか、シラミが社会主義を打ち負かすか、２つに１つだ」とレーニンは言い放った[132]。

ほどなく、ヨーロッパの反ボリシェヴィキたち――そのなかには、アドルフ・ヒトラーという名の耳障りな雄弁家もいた――が、ソヴィエト政権のイデオロギーや、彼らがレーニンの共謀者と見なしている自国内のユダヤ人を、生物学的なメタファーを使って描写するようになった。「人種的な結核と戦えるなどとは思ってはいけない。人種的な結核の原因となる組織から人々が解放されるようにすること抜きにしては」とヒトラーは１９２０年8月に断言した。「ユダヤ人の影響はけっして消え去りはしないし、人々が毒されることもなくなりはしない。その原因となる病原体、すなわちユダヤ人が、我々の間から取り除かれないかぎりは[133]」。１９２３年に失敗に終わったミュンヘン一揆の後、獄中で書いたとりとめのない論文『わが闘争』の中でヒトラーは、このテーマを詳しく論じ、「ユダヤ人」を「典型的な寄生生物、居候」として糾弾し、「有害な細菌のように、好都合な媒体に誘われればたちまち拡がり続ける。そして、その存在の影響は、やはり居候の影響に似て、そういう人間が現れると必ず、居候させてやった人々が遅かれ早かれ死に絶える[134]」。この本は、医学の領域から引き出されたぞっとするイメージで満ちあふれている。ドイツは病んでいる、とヒトラーは主張する。そして、彼と彼の信奉者たちだけが癒し方を知っている、と。

人種的偏見と疑似科学のサディスティックな集成体の中に、あらゆる人災のうちで最も恐ろしいものの起源がある。なぜ最も恐ろしいかと言えば、それは、高度な教育を受けた人々が最先端のテクノロジーを使い、科学に基づいて行動するとしばしば称して引き起こしたものだからだ。ホロコーストの最中の１９４１年に、そして42年にも再び、ヒトラーが自分をロベルト・コッホになぞらえたことには、痛烈な皮肉が感じられる。「彼は細菌を発見し、それによって医学を新たな道筋へと導いた。私はユダヤ人が、ありとあらゆる社会的腐敗を引き起こす病原菌であり、発酵剤であることを発見した」とヒトラーは断言した。[135] つい忘れてしまうが、かつては優生学と人種衛生学も「確立された科学」として、ほぼ普遍的に受け容れられていたのだった。[136]

# 第6章　政治的無能の心理学

愚かさに対しては、神々さえも悪あがきするのみ。

——フリードリヒ・シラー

## 歴史を動かすのは偉人か、群衆か?

軍事的無能の心理学はよく理解されている。[1] 同じように、政治的無能の心理学を定義することは可能だろうか?　軍隊生活は退屈なので、才能ある人は敬遠し、知性や独創力を欠く凡人が残って昇進していく、とノーマン・ディクソンは主張した。そうした凡人は、意思決定を行う上級職に到達する頃には、知性が衰えている傾向にある。劣悪な指揮官は、誤った決定を下したときに、路線を変更したがらなかったり、変更できなかったりする、とディクソンは指摘する。その指揮官は、自分の決定は正しいと自分を安心させ、認知的不協和を解消しようとし、横柄な言動をしがちだ。[2] 軍事的無能の徴候には、以下のような傾向がある。人員やその他の資源を浪費する。過去の経験の恩恵を受けることのないまま、時代後れの伝統にしがみつく。利用可能なテクノロジーを誤用したり、使用するのを怠ったりする。自分の先入観と相反する情報を拒絶したり無視したりする。敵を過小評価し、味方を過大評価する。意思決定者の役割を放棄する。特定の戦略にこだわり、それに不備があることを示す有力な証拠があっても方針を変えない。徹底的に攻撃する代わりに手を緩める。偵察を怠る。正面攻撃を命じる。それも、敵の最も強力な箇所に対してそうすることが多い。奇襲や策略よりも強引な方法を好む。失敗や敗北に際しては他人に責任を負わせようとする。前線からの知らせを隠したり歪めたりする。運や巡り合わせといった神秘的な力を信じる。[3]

ディクソンはイギリス軍史における2つの別個の型の無能者を特定している。一方は、「温厚で礼儀正しく穏やかな人物で、指揮下の軍が被った恐ろしい損害を深く気にかけていることに疑いはないものの、状況を改善することがまったくできないように見える」。もう一方は、「尊大な野心と他者の苦しみに対するぞっとするほどの鈍感さという罪深い取り合わせに陥りやすい」[4]。読者はもうお気づきかもしれないが、これらの特性の少なくとも一部は、民政の領域でも見られる。

私たちの側も軍のリーダーシップであれ文民のリーダーシップであれ、やみくもに崇拝してはならない。カール・フォン・クラウゼヴィッツがとうの昔に説得力あるかたちで論じたように、戦いの変数として、軍の士気は将軍の質に劣らず重要だ。最近のある著述家の言葉を借りれば、軍の敗北は何よりも「組織崩壊」の結果、となる。組織崩壊は、多数の死傷者が出たり、思いがけぬ挫折を経験したり、地形や天候から困難が生じたりしたときに起こりうる。[5] 後で見るように、組織崩壊という現象は、軍の幹部だけでなく政治の指導者も悩ませうる。カタストロフィはどこまで一個人に帰することができるのか？　あるいは帰するべきなのか？　1812年のさまざまな出来事には、皇帝ナポレオンの意志を引き合いに出して説明できるところがほとんどなかったことを、トルストイは『戦争と平和』の印象的な1節で示そうとする。トルストイはこう書いている。フランスによるロシア侵攻は、「人間の理性にも、人間の性質にも反する……出来事」だった。

何百万もの人間が互いに、数え切れぬほどの犯罪や詐欺、裏切り、盗み、捏造、偽造貨幣の発行、押し込み、放火、殺人を働いたので、世界中のすべての法廷が何世紀もかけてさえ記録し切れなかっただろうが、当の本人たちは当時、それらが犯罪だとは考えていなかった。

この尋常でない事態は、どうして起こったのか？　原因は何だったのか？　歴史家は無邪気な自信を持って私たちに告げる。その原因は、オルデンブルク大公が受けた不当な扱い、大陸封鎖令の不遵守、ナポレオンの野望、「ロシア皇帝」アレクサンドルの頑なさ、外交官たちの失策などだ、と。

……

私たち、すなわち、起こったことの重大性を余すところなく捉えて全容を眺め、その明白で恐ろしい意味を読み取る後世の人々にとって、これらの原因は不十分に見える。……私たちには、そうしたさまざまな状況が殺戮と暴力という現にあった事実とどう結びついているのか、理解できない。大公が不当な扱いを受けたからといって、なぜ、ヨーロッパの反対側から来た何十万もの人が、スモレンスクとモスクワの人々を殺したり破滅させたりし、またそれらの人々に殺されたりしたのか、腑《ふ》に落ちない。

実際には、「ナポレオンとアレクサンドルの言葉にこの出来事がかかっているように見えたが、彼らの行動は、くじあるいは徴兵によってこの戦役に引きずり込まれたどの兵士の行動とも同じで、少しも自発的なものではなかった」とトルストイは述べる。

これは、どうしようもなかった。なぜなら、ナポレオンとアレクサンドルの意志（それにこの出来事がかかっているように見えた）が実行に移されるためには、無数の状況が同時に発生する必要があったからで、そのどれ1つが欠けても、この出来事は起こりえなかっただろう。真の力を握っている何百万もの人、すなわち、銃砲を放ったり、食糧や銃砲を運んだりする兵士たちが、これらの弱い個人の意志を実行に移すことに同意し、あらかじめ無数の多様で複雑な原因によってそうするように仕向けられる必要があった。

けっきょく、「王は歴史の奴隷だ」とトルストイは主張する。

歴史、すなわち人類の無意識で一般的な群れでの生活は、王たちの人生のありとあらゆる瞬間を、自らの目的を達成するための手段として利用する。

１８１２年当時、ナポレオンは万事自分次第であると、かつてないほど確信していたものの……不可避の諸法則にかつてないほど支配され、自分は自らの意志に基づいて行動していると思っていながら、それらの法則に強制されるままに、群の生活のために――つまり、歴史のために――何であれ果たさなければならない任務を果たしていた。……歴史の出来事では、いわゆる偉人たちは、出来事に名前を与えるレッテルであり、レッテルに似て、出来事自体とはこの上なく小さなつながりしか持っていない。[6]

これは今日、歴史の過程の見方としてははやらないし、その理由も簡単に見て取れる。歴史の「不可避の諸法則」は、おおむね嘲られる。一般大衆は、「偉人」中心の歴史観に相変わらず執着している。歴史学者はそれを避けるのだが。トルストイの推論には神秘的な側面があり、「諸国民を動かす力」はまるで超自然的な力であるかのようだ。とはいえ、彼の主張は簡単に更新できる。形式上、指導者は階層制の組織図の頂点に位置し、命令を下し、それが最底辺の職員にまで伝わる。だが現実には、指導者は大きく複雑なネットワークのハブだ。彼らの力の大きさは、彼らの中心性によって決まる。政治家階級や官僚機構、メディア、一般大衆と強いつながりを持っていれば、つまり、情報が双方向に流れ、命令を出すだけではなく情報を受け取れていれば、彼らは有能な指導者になれる。どれほどりっぱな称号や肩書を持っていても、権力構造の中で孤立していれば、無能とならざるをえない。たしかに、専門知識は政治的に利用できる。キャリア官僚や学術顧問をうまく操って、自らの党派の目的を正当化させることは可能だ。[7]だが官僚も、ヘンリー・キッシンジャーがじつに印象的なかたちで説明したように、自分が仕えていることになっている上司に3つの選択肢を提示することで、彼らを操作することができる。その選択肢のうち、1つしか妥当に思えるものがないようにしておく。そして、その1つとは、官僚たちがすでに選ぶことにしている選択肢というわけだ。[8]また、民主主義では、有権者は操作されるのを拒むかもしれない。文民の指導者は、雑多で手に負えない、訓練されていない軍の頂点に、名目上立っている。だが、抵抗をできるだけ減らしたければ、急進的共和主義者のアレクサンドル＝オーギュスト・ルドリュ＝ロランが1848年に発した言葉に倣い、次のように認めるといいかもしれない。「私は彼らの指導者だ。だから彼らに従わなければならない！」[9]

私たちはあまり深く考えることもないまま、自分には天災と人災の違いがわかっていると思っている。

火山噴火や地震、洪水、飢饉を天災に、戦争や暴力的な革命や経済危機を人災に分類し、人災には意図的な度合いの違いがあると考える。たとえば、今ではほとんどの歴史家は、ヒトラーによるユダヤ人大虐殺は意図的で、何年も前から計画されていたということで意見が一致するだろう。ところが、もしトルストイの原理を一貫して当てはめれば、ホロコーストさえもが、1人の人物が抱いていた精神病質の反ユダヤ主義のみの結果として捉えることは難しくなる。「構造機能主義者」という味気ない名前で呼ばれる、歴史記述というまるごと1つの学派は、次のように説明しようとした。ヨーロッパのユダヤ人根絶が企てられたのは、第2次世界大戦が生み出した異常な状況下で、じつに多くのドイツ人が、イデオロギー上の信念からか、略奪への渇望からか、たんなる臆病からか、ジェノサイドを働くことを直接命令する文書を必要とせずに、積極的に「総統のために努力した」ためだ、と。では、なぜ戦争は始まったのか？　表向きの理由は、1920年にドイツから取り上げられたダンツィヒという「自由都市」の明け渡しと、「ポーランド回廊」での一般投票をヒトラーが要求し、ポーランドが拒否し、イギリスとフランスがその後、ポーランド政府に対して条約義務の履行を余儀なくされたから、というものだった。これは、フランスは「オルデンブルク大公に対してなされた不正」をめぐって1812年にロシアに侵攻したという、トルストイが嘲り笑った説ほどの説得力しか持たないように見える。

## 政治が引き起こした飢饉

天災は本当はどれほどまで自然のものなのか？　インドの経済学者アマルティア・センは、独創性に富んだ2冊の著書『貧困と飢饉』（1983年）と『自由と経済開発』（1999年）で、飢饉は人災ではなく天災であるという、広く受け容れられた見方に異を唱えた。飢饉は食糧供給の不足から起こるわけではなく、低所得層には手が届かないところまで食糧価格が上昇したときに起こる、要するに、飢饉は権原が損なわれた結果である、とセンは主張する。したがって、ほとんどの飢饉は、公共事業計画を通して賃金を押し上げたり、買いだめや投機を禁じたりすれば、防ぐことができる[10]。「世界の歴史を通して、きちんと機能している民主国家では一度も飢饉は起こっていない」とセンは言う。なぜなら民主的な政府は、「選挙に勝ち、一般大衆の批判に向き合わなければならず、飢饉その他のカタストロフィを避ける措置を講じる強い動機を持っているからだ[11]」。毛沢東政権が引き起こし、中国にはなはだしい損害をもたらした大飢饉を振り返り、センはこう述べる。中国での死亡者数のわずか数分の1でもインドで死亡者が出ていたら、「たちまち新聞で非難の嵐が起こり、議会は大騒ぎになり、政権はほぼ確実に退陣に追い込まれたことだろう[12]」。

センの主張は、過去3世紀間に起こった深刻な飢饉の例におおむね裏づけられている。アダム・スミスは『国富論』の中で、次のような大胆な発言をした。彼がこの本を執筆するまでの2世紀間に「ヨーロッパのいかなる場所でも……欠乏の不都合を不適切な手段で取り除くことを政府が試みるという暴挙以外の原因から」飢饉が起こったことはない[13]。そして、絶対主義者の太陽王ルイ14世の治世で起こった1693〜94年と1709〜10年のフランスの飢饉は、センの言っているような、悲惨極まりない不作に続く市場の機能不全と、飢えに苦しむ人々の救済策を十分に取れなかった当局の無責任の典型例だったように見える。前者の飢饉では、フランスの人口の6%前後に当たる、推定130万人が亡くなった[14]。100万〜200万人、つまり人口の最大7%の命を奪った、1770年の壊滅的なベンガル飢饉は、株主と、最終的にはイギリス議会に対してだけ責任がある東インド会社の強欲にほぼすべて責めを負わせることができる。[15]

1840年代後期にアイルランドで起こった飢饉（ジャガイモ飢饉）の直接の原因は、フィトフトラ・インフェスタンス（ジャガイモ疫病菌）という卵菌類の病原菌であり、それが恐ろしい速さで畑のジャガイモを台無しにした。当時、アイルランドの食糧供給の6割をジャガイモが占め、全世帯の4割がほぼジャガイモだけに頼って暮らしていた。この疫病は1845年に北アメリカからベルギー経由でアイルランドに入ってきて、50年まで1年を除いて毎年再発した。46年には通常の収穫量の4分の3前後が失われた。48年には、ジャガイモの作付面積は45年の水準の15％をかろうじて上回る程度まで減っていた。農村の人々の主要なカロリー源がこのように失われたため、小麦や燕麦《えんばく》といった他の作物の生産量も減った。農村46〜49年に、アイルランドの豚の数は86％減少した。農村の人々には、この打撃を埋め合わせる信用貸しは、マイクロファイナンス（小規模金融）の初期形態である300のアイルランド貸付金基金以外はほとんどなかった。[16] 死亡者数は100万前後と推定されており、これは飢饉前のおよそ875万人の人口の約11％に当たる。[17] さらに100万人がアイルランドを離れ、主に北アメリカへ移住した。

アイルランドはベンガルではなかった。アイルランド人はイギリス議会の両院に議席を持っていた。たしかに、アイルランドの貴族階級はイングランド系のアイルランド人で、大衆とは宗教や文化も違えば、言葉もしばしば違った。たしかに、都市部の選挙区でも農村部の選挙区でも、イングランドと比べて権利が制限されていたし、1829年と32年の選挙制度改革の後でも、わずか9万人前後の有権者しかいなかった。[18] それでも、庶民院にはアイルランド選出の議員がおり、その1人が、「解放者」の異名を取る堂々たる政治家のダニエル・オコンネルで、ジャガイモ飢饉への政府の対応を要求するために1847年1月にダブリンで開かれたアイルランドの地主と政治家の集会で議長を務めた人物だ。[19] それにもかかわらず、財務次官補チャールズ・トレヴェリアンのような主要な意思決定者は、政府の介入に反対する福音主義キリスト教の教義と政治経済学の理論に賛同した。47年1月6日、トレヴェリアンは次のように書いている。「貧しい人々が、自分が神の摂理による苦難を受けていることを知るのを許されないのは酷《むご》いことだ」。この飢饉は「アイルランド人を戒めるために」神が定めたのだから、「その災難はあまり緩和されてはならない。……我々が戦うべき真の悪は、飢饉の物理的な悪ではなく、人々の利己的で邪で不穏な性格である」[20]。このような主張に基づき、アイルランドからの穀物（おもに燕麦）の輸出は停止されなかった。

飢餓とそれに引き続いて起こったさまざまな病気を軽減するために、いくつかの措置が取られたことは間違いない。１８４６年にはサー・ロバート・ピールの保守党政権は、それまでイギリスへの安価な穀物の輸入を妨げていた保護貿易主義の関税制度を定めた穀物法を廃止した。アメリカからアイルランドにトウモロコシとトウモロコシ粉が輸入され、公共事業計画が実施され、かなりの額の慈善寄付金が集まった。王室とロスチャイルド家の支援を受け、「アイルランドとスコットランドの遠隔教会区における極度の窮乏のイギリス救済協会」は、その存続期間中に約47万ポンドを集めた。政府自体も、１８４７年にはアイルランド飢饉貸付金８００万ポンドを調達した[21]。だが深刻な食糧不足の折に、農村部の収入減を埋め合わせるには、これらの措置ではとうてい不十分だった。

穀物法をめぐってピール内閣が倒れた後のロンドンでは、アイルランド人に対して、軽蔑的とは言わないまでも、冷淡な雰囲気が支配的になった。穀物法をめぐって保守党に亀裂が入ったとき、「すべては腐ったジャガイモの仕業だ」とウェリントン公爵は不平を言った。「そのせいでピールはあれほどおじけづいたのだ」[22]。「我々とすれば、ジャガイモの疫病は天の恵みだ。ケルト人がジャガイモを食べるのをやめたら、肉食にならざるをえない。肉を好めば、肉に対する食欲も増す。食欲があれば、稼いで手に入れる気にもなる。そうすれば、堅実さや規則正しさや忍耐力も身につく。もっとも、こうした特性がアイルランド人の愛国心の盲目性や、狭量な地主の目先が利かない無関心、あるいは政府の慈悲深さの行き当たりばったりの向こう見ずに妨げられなければの話だが[23]」と『タイムズ』紙は論評している。財務大臣のサー・チャールズ・ウッドは、庶民院に次のように説明した。「政府、あるいはつけ加えて言うなら、民間の慈善団体が、どれほど努力しようと、目下の災難に対して完全な救済策を提供することはできない。これは神が見舞われた国難なのだ[24・*]」

ヴィクトリア朝の人々の古典的自由主義とボリシェヴィキの血なまぐさいマルクス主義ほど互いにかけ離れたイデオロギーは他にないと思われるかもしれない。とはいえ、両者はそれぞれ違ったかたちで大規模な飢餓を正当化できた。それでも、両者には重要な違いがあった。ソ連の歴史では、深刻な飢饉が2回起こっている。1921～23年と、32～33年だ。あるウクライナの歴史家が書いているように、「旱魃と不作ではなく、穀物の徴発と輸出が、1921～23年に起こったソヴィエト・ウクライナの最初の大飢饉の真の原因だった[25]」。1920年の暑く乾燥した春が舞台を整えたのだが、飢饉の主な原因は、継続中の内戦による労働力不足と、穀物の徴発を恐れる農民が作つけに乗り気でなかったことだった。革命前、帝政ロシアで農業生産高が上位20位に入っていた地方は、毎年合計で2200万トンの穀物を生産していた。それが1921年には290万トンまで下落した。ウクライナの危機は特別に深刻だった。同年、オデッサ地方の穀物収穫高は、革命前の水準の12・9％まで落ちた[26]。ハーバート・フーヴァーのアメリカ救援局の推定では、200万人前後が亡くなったという。これは、飢饉前の人口の1・3％に相当するかもしれない。同救援局は、ボリシェヴィキが支配下の領土の多くで飢饉が猛威を振るっているときに、穀物を売って交換可能通貨を手に入れていることに抗議して、ロシアから撤退した。ヴィクトリア朝の大臣たちとは違い、ボリシェヴィキのコミッサール（人民委員）は反対者から責任を問われることはいっさいなかった。彼らの振る舞いを非難する出版や報道の自由はなかった。だが、事態はこの後、さらに悪化した。

1931年の春はソ連全土で涼しく乾燥していた。ヴォルガ地方、カザフスタン、シベリア、ウクライナ中央部がすべて旱魃に見舞われた。とはいえ、スターリンの集産化政策が引き起こした混乱がなければ、31年と32年の凶作だけでは飢饉で大損害がもたらされることはなかっただろう。スターリンは集産化が、ロシアの産業化（とプロレタリア化）を促進し、反革命的というレッテルを貼られたクラーク（自営農家）階級を根絶する唯一の方法だと確信していた。だが、私有地を廃止して農民を集団農場に集めたた

＊　ひどく中傷されたウッドに対して公平を期すならば、彼は「アイルランドを凄まじい災難が襲った」ことを認めており、公共事業を通じての政府の尽力を、心を砕いて説明している。そうした事業は「食物を買うための資金をアイルランドの人々に提供するためである。彼らはこれまで、食べ物は自ら栽培していたのだが、ジャガイモが不作になったために、もはや自ら手に入れられなくなり、したがって購入する必要が出てきたのだ」。多くの人はあまりに飢えていて働けなかったために、けっきょく公共事業計画は不十分だった。そこでウッドは食糧を輸入して配給する必要があると考えた。したがって、彼の熱弁は特別に多くの範囲を引用して然るべきだ。「食糧不足で毎週何百もの人が亡くなっている事実から目を背けるわけにはいかない。庶民院の議員諸兄に請け合ってもいい。私は、アイルランド西部で起こっている餓死について日々届く知らせを読むと、どれほど胸が痛むか、とうてい言葉にできない。政府、あるいはつけ加えて言うなら、民間の慈善団体が、どれほど努力しようと、目下の災難に対して完全な救済策を提供することはできない。これは神が見舞われた国難なのだ。したがって、仮に議員諸兄の一部が意図したほどではないにせよ、相当な程度まで……アイルランドで苦しむ同胞たちに、進んで救いの手を差し伸べなければならない。議長、このような難局にあって、我が国が支援を与えるのを拒んだり、援助を控えることを望んだりするとは思えません」

めに、農業生産高が増えるどころか、農民のやる気がいっさい失われてしまった。農民は、家畜を国に奪われるのを嫌い、自ら屠《ほふ》って平らげた。スターリンは同じ時期に、１９２９年には18万７０００トンだった農産物の輸出を、31年には５７０万トンまで増やした。[27] 飢饉がウクライナを席巻するなか、政治局は2つの命令を出し、その中で、農業生産高の減少は、ウクライナ・ソヴィエト社会主義共和国にある程度の自治を認めた20年代の「ウクライナ化」政策のせいであると明確に非難した。これをきっかけに、ウクライナ共産党の役人の大規模な粛清が行われるとともに、疑いを向けられた学者や知識人への言葉での攻撃と、それに続いて身体的な攻撃がなされた。ウクライナ共産党第1書記のラザール・カガノヴィッチ*の指導の下、「活動家」がいくつも群れを成してウクライナの農村部を略奪して回り、農家をくまなく探して食べられるもののいっさいを奪った。切羽詰まった農民は褒美として数切れのパンにありつけることを願って、互いに密告し合った。[28] ウクライナではロシアよりも死亡率が3倍も高かった[29]が、カザフスタンでは状況はなおさら絶望的だった。

ウクライナとカザフスタンの牧畜業者に対してジェノサイド政策を実施するのはスターリンの意図ではなかったと言い張る歴史家もいる。そうだったかもしれないが、階級闘争というスターリンの概念は、たんにテロだけではなく大量殺人も意味していた。１９３３年5月、『静かなドン』（1〜3、横田瑞穂訳、河出書房新社、１９７６年、他）の著者ミハイル・ショーロホフに、スターリンは次のように語っている。「あなたの地方の（そして、あなたの地方だけではない）名高い穀物生産者たちは、座り込みストライキを行い（サボタージュだ！）、労働者や赤軍がパンにありつけなくなることなどおかまいなしだった。そのサボタージュは静かで、見たところ無害（無血）だったからといって、名高い穀物生産者たちがソヴィエトの権力に対して『静かな』戦争を仕掛けていたことに変わりはない。消耗戦だ、親愛なる同志、シヨーロホフ君[30]……」

合計すると、飢饉前の人口のおよそ3％に相当する、推定500万のソ連国民が亡くなったが、ウクライナでは死亡率は18％近く、近代で最悪の飢饉となった。出生率も急落した。こうした政策をスターリンが採用していなければ、1935年初頭のソ連の人口は、1800万人前後多くなっていただろう。ヴィクトリア朝の自由主義者とソ連の共産主義者の違いはもう明らかなはずだ。アイルランドのジャガイモ飢饉では、新しい病原体というかたちで自然が格段に大きい役割を果たした。一方、ウクライナのホロドモール（飢餓による殺戮）は、おおむね人災で、事前に害意を伴っていた。

1930年代が全世界で農業にとって苦難の時代だったことは間違いない。32年以来、北アメリカの大平原、いわゆるグレートプレーンズでは旱魃状態が続き、広い範囲で不作になり、耕作が始まってから日が浅いこの地方の大地は強風にさらされた。34年5月11日の巨大な砂塵嵐では、土粒子が首都ワシントンや大西洋の沖合500キロメートル近くの所まで吹き飛ばされた。35年にはもっと強烈な嵐がもっと頻繁にグレートプレーンズで吹き荒れた。3月6日、そして3月21日に再び、もうもうたる土埃がワシントンを通過した。これはカンザス州、オクラホマ州、テキサス州、ニューメキシコ州、コロラド州の農民たちにとってはとんだ惨事だった。グレートプレーンズは20世紀以前にも同じような旱魃に襲われていた[31]。実際、1856～65年の旱魃は、なおさら深刻だったかもしれない。1930年代の旱魃がこれほど壊

＊「鉄のラザール」は1893年にユダヤ人の家庭に生まれた。スターリンの冷酷無情で凶悪な側近だった彼は、いわゆる「オールド・ボリシェヴィキ」、つまりボリシェヴィキのなかでも十月革命以前から活動していた人々のうちで最も長命だった。彼は、自分があれほど多くの人の命を犠牲にしたソ連共産党解党のわずか1か月前の1991年7月25日に、97歳で亡くなった。

滅的だったのは、グレートプレーンズの広大な領域をあまりに急激に小麦とトウモロコシの畑に変えたことの意図せぬ結果だった。[32] これも政治が引き起こした別の種類の惨事だったのだ。ソ連の体制とは逆に、アメリカの農業政策では土地の個人所有と入植が奨励された。1862年のホームステッド法、1904年のキンケイド法、09年の拡大ホームステッド法といった法律で、耕作する気のある開拓者気質の人々に土地を与えた。連邦土壌局は次のように宣言している。「土壌は、国家が保有している唯一不滅不変の資産である。それは唯一枯渇不能の資源であり、使い果たすことができない」。民間開発業者も荷担した。「大地には豊かさ、空気には繁栄があり、至る所に進歩が見られます。建設中の一大帝国です！」とアイオワ州の不動産販売員のW・P・ソアシュは公言した。「まだ土地が安いうちにテキサスに農場を手に入れましょう。そこでは誰もが地主になれます！」。サンタフェ鉄道は、「雨線」（年間降水量がおよそ500ミリメートル以上）が年に30キロメートル弱の割合で西に進んでいるのを示すと称する地図を発行した。大地に種を蒔けば、雨がやって来るというのだ。オクラホマ州の1920年代の新興都市ボイジーシティのような町は、そうした約束に基づいて建設された。[33] 南北戦争から1930年代の初めまでに、アメリカのグレートプレーンズのおよそ3分の1が耕作地にされた。第1次世界大戦で物価が上がり、農業機械を掛け買いできるようになって、さらに盛んに耕作が行われるようになった。[34] ところが、20年代に物価が下がり、29年以降は暴落したため、農民は突然生活が苦しくなった。

結果は環境面での惨事だった。もともと生えていた草が土壌を維持し、旱魃のときにも水分を保っていたのだが、土地を深くまで掘り返したりして耕作に適するようにしたために、その草が取り除かれてしまった。地面がすっかり乾燥し、穀物が枯れ死にすると、表土が雨風にさらされたままになった。[35] 最初の「ブラック・ダスター」あるいは「ブラック・ブリザード」（砂嵐）は、1930年9月14日に起こった。

最悪の砂嵐に見舞われたのは35年4月14日で、たった1日の午後のうちに起こった複数の嵐が、パナマ運河建設の7年間に掘り出された土の2倍の量の土を移動させた。[36] こうした砂嵐のせいで、グレートプレーンズの農民は赤貧状態に陥り、多くの人が空しく仕事を求めて西へ移住した（ジョン・スタインベックの『怒りの葡萄』（上・下、伏見威蕃訳、新潮文庫、2015年、他）に描かれているとおりだ）。

それでも、大規模な飢餓は起こらなかった。そして、政府の政策への反対を表明した人々、とりわけ、『土壌浸蝕――国家の脅威（*Soil Erosion: A National Menace*）』の著者ヒュー・ハモンド・ベネットは、迫害されることなく、登用された。1933年6月に成立した全国産業復興法によって、内務省に土壌保護局が設立され、ベネットは33年9月に同局の局長に就任した。[37] 彼はグレートプレーンズ旱魃地域委員会の委員も務めた。同委員会は36年8月27日に発表した中間報告で、「誤った公共政策が、現状を招いた大きな原因だ」と明言した。ここにはウクライナ人なら夢にも見なかったほど明確に責任の所在が記されていた。

では、どれが最も悪いのか？ アメリカの資本主義か、ソ連の共産主義か、イギリスの帝国主義か？ ある歴史家は、1870年代と90年代のインドの飢饉を、「ヴィクトリア朝後期のホロコースト」[38]とまで評している。これはお粗末なたとえに思える。ヒトラーはユダヤ人の撲滅に乗り出し、ドイツの科学者や技術者、兵士、自分自身の治安機関に、最も容赦なく効率的にジェノサイドを実施する方法を考え出してもらえた。それとは対照的に、あるインドの一流経済史学者が示したように、1900年以前には、「数年ごとに壊滅的な飢饉が起こるのは、インドの生態系では当然見込まれることだった。……飢饉は主に環境の問題だった」。そして、1900年以降、インドの食糧市場の統合が進んだおかげで、この問題はいくぶん緩和されていた。インドの死亡率は20年代～40年代に急速に下がり、飢饉に起因する死亡者数も同様だった[39]。したがって、1943年のベンガルでの大失態は、その10年前にウクライナやカザフスタンで起こったことと比較するわけにはいかない。スターリンはソ連の国民に対して階級闘争を仕掛け、抵抗する者は後頭部に弾丸を撃ち込む、あるいはグーラグ（強制労働収容所）送りにする、と言って脅した。インドのイギリス政府は大日本帝国を相手に防衛戦争を行っており、日本はインドの少なくとも一部の民族主義者、特にスバス・チャンドラ・ボースと彼のインド国民軍の支援を受けていた。また、ガンディーの反イギリスの「インドを去れ」運動も、抗日の戦争におよそ役立つとは言えなかった。

1942年初期にビルマ（現ミャンマー）が日本軍に占領されたのが第1撃となった。ベンガルはビルマからの米の輸入におおいに依存するようになっていたからだ。パンジャブと北インドでの小麦の不作が第2撃となった。その後、42年10月16日、ベンガルとオリッサの海岸地方がサイクロンに襲われ、65キロメートルほど内陸部まで水田が洪水に呑まれた。海水とともに、イネいもち病という真菌病がもたらされた[40]（ベンガルの食糧供給の総量への影響は、じつはたいしたことはなかった）。インド政府はイギリスに援助を求めた。少なくとも、インドからの食物の輸出を止めるように頼んだ。ところがイギリスの戦時内閣はこれを断った。また、インドへの救援物資に船舶を回すことも拒んだ。

大英帝国が複数の前線で存亡をかけて戦っていたのだから、考えるべき優先事項はたしかに他にもあった。それでも、ベンガル人に対するウィンストン・チャーチル首相の思いやりの欠如は否定のしようがない。インドとビルマ担当の国務大臣レオ・アメリーがインドへの船を調達するよう懇願したときには、チャーチルは、「インド人はウサギのように子どもを増やし、戦争には何の貢献もしないのに、私たちに毎日多額のお金を払ってもらっている」と答えた[41]。アメリーは「もう我慢がならず、あなたの見解とヒトラーの見解に大差は見られない、と言ってやらずにはいられなかった。その言葉に彼は少なからず苛立った」[42]（アメリーは後に、インドについてのチャーチルの知識ときたら、アメリカの植民地についてのジョージ3世の知識並だった、と述べている[43]）。

新任のインド総督で陸軍総督のアーチボルド・ウェイヴェルが辞任すると脅したときになってようやく、チャーチルはもっと食糧を送ることに同意した。彼は「インドに食糧を送ることを議会の『宥和』と見ているようだった」とウェイヴェルは当惑気味に述べている[44]。それでもチャーチルは、難癖はつけたとはいえ、約束は果たした。1944年1月までに、大麦がイラクから合計13万トン、オーストラリアから8万トン、カナダから1万トン、オーストラリアからさらに10万トン、インドに送られた。その年の終わりまでには、オーストラリアと東南アジア司令部から100万トンの穀物が送られた[45]。

一部の歴史家は、飢饉の責任をチャーチルに帰そうとして、トルストイの原理に注意することを怠った。ベンガルの問題は、遠方にいる敵対的なイギリスの首相だけでなく、現場の主要なイギリスの役人の優柔不断や、地元のベンガル人政治家の一部の腐敗にもあった。ベンガル人政治家たちには、1935年のインド統治法によって権限が大幅に委譲されていた。ベンガルの知事のサー・ジョン・ハーバートは、知事官邸で癌で死にかけていた。退任していくインド総督のリンリスゴー侯爵は、他の州政府が自らの食糧を手放そうとせず、一方、価格操作の措置は卸売業者が品物をため込むのを促すばかりだったのに、手をこまぬいていた。この飢饉に絡んでいた悪漢の1人は、オックスフォード大学の出身で市民用品大臣のフサイン・シャヒード・スフラワルディーであり、彼はリンリスゴー侯爵の後継者には、「飢饉を軽減するために実施されたありとあらゆる事業からお金を吸い上げ、自分の仲間に倉庫保管や政府に対する穀物の販売、輸送の契約を割り振った」のではないかと疑われていた[46]（イギリス人よりも現地のエリート層のほうがインドの大衆の扱いが酷いという古くからの主張が本当であるように聞こえてくる）。『ステーツマン』紙は9月23日に、「胸の悪くなるようなこのカタストロフィは人為的なものである」とし、「インド自体の、中央と州の文民政府の、計画能力と先見の明の恥ずべき欠如」の結果だと断じている。[47]

じつは、状況を変えたのは、ウェイヴェルを総督に任命するというチャーチルの決断だった。ウェイヴェルは、1941年に北アフリカの砂漠でドイツのエルヴィン・ロンメルに敗れていたとはいえ、知的で敏腕な軍人かつ行政官だった。カルカッタの惨状を我が目で見た彼は、インドのそれ以外の地域から食糧を託送させることや、カルカッタ周辺の農村地帯に適切に管理された救援キャンプを設置すること、辺《へん》鄙《ぴ》な村には「人々のための食糧」を軍隊が輸送することを命じた。死亡者数は依然として衝撃的なまでに多く、210万〜300万人にのぼり、これはベンガルの人口の5%に達するほどだったが、イギリス領インドの人口に占める割合は0・8%前後だった（次ページの表を参照のこと）。

一方、スターリンの戦略や戦術が毛沢東によって中国に輸入されたときには、市場に完全に取って代わるという、あらかじめ計画した政策の結果は、桁違いに悪かった。最近のある説によると、1959〜61年の毛沢東の「大躍進」政策が引き起こした飢饉のせいで4500万の中国国民が亡くなったという。これは中国の全人口の7%をわずかに下回る数だ。ただし、推定値は3000万人から6000万人までばらつきがある。[48]

1930年代にソ連でスターリンによって達成されたのと同じように、中国でも集産化と産業化を達成しなければならないと確信した共産党のエリート層は、各省の役人にありえないほど大量の調達ノルマを課すよう促した。穀物は地方から搾り取られ、中央政府がそれを売って外貨を手に入れ、それで製造用の設備を購入した。同時に、農民は未熟な形態の工業生産に回された。[49] 他の飢饉の場合と同様、悪天候の影響もあったが、それはわずかなものだった。それまで誇張された豊作が報告されていたため、「余りあ

近代以降の飢饉（1770～1985年）[53]

| | | 死亡者数（100万人） | | | 人口 | | | |
|---|---|---|---|---|---|---|---|---|
| | 年 | 最少 | 最多 | 最も妥当 | 地方 | %* | 国家 | %† |
| ベンガル（インド） | 1770 | 1.0 | 2.0 | 2.0 | 28.6 | 7.0% | 180 | 1.1% |
| アイルランド（イギリス） | 1845-50 | 1.0 | 1.5 | 1.0 | 8.8 | 11.4% | 27 | 3.7% |
| ソ連 | 1921-23 | 1.0 | 2.0 | 2.0 | 該当せず | 該当せず | 152.8 | 1.3% |
| ウクライナ（ソ連） | 1932-33 | 3.9 | 5.0 | 5.0 | 28.0 | 17.9% | 162 | 3.1% |
| ベンガル（インド） | 1943-46 | 2.1 | 3.0 | 3.0 | 60.3 | 5.0% | 389 | 0.8% |
| 中華人民共和国 | 1958-62 | 30.0 | 60.0 | 45.0 | 該当せず | 該当せず | 653.2 | 6.9% |
| エチオピア | 1984-85 | 0.4 | 1.2 | 1.2 | 該当せず | 該当せず | 44.5 | 2.7% |

＊　該当する地方がある場合（たとえば、ベンガル、アイルランド、ウクライナ）
†　より広い範囲（たとえば、インド、イギリス、ソ連）

るほどの収穫があるという幻想」が生まれ、一部の省（特に四川《スーチョワン》省）はとりわけ多くのノルマを課されることになった。[50]

その結果はカオスとカタストロフィだった。森林が伐採され、建物が解体され、農薬が無謀なまでに過剰に使われ、「深耕」を行ったり、過剰に高密度で種を蒔いたりするような非生産的な農法が導入された。[51]共産党は、1人1か月当たりわずか約13～15キログラムまで公的な食糧の割り当て量を減らす一方で、食糧の輸出を続けたばかりか、アルバニアとギニアには食糧を、ビルマとカンボジアとヴェトナムには現金を、無償援助のかたちで提供した。[52]中国の貯蔵と輸送のインフラはこうした任務に対応し切れなかったので、穀物がネズミや昆虫に食われたり、腐ったり、火事で焼失したりして厖大な無駄が出た。湖南《フーナン》省では1961年に豚の数が1270万頭から340万頭に減った。湖北《フーベイ》省の孝感《シャオガン》地方だけでも、130平方キロメートルがイナゴに襲われた。浙江《ゼァージァン》省では1960年に、収穫の1割がメイガやヨコバイ、ワタアカミムシガの幼虫、ハダニのせいで台無しになった。森林伐採と杜撰な灌漑計画は洪水につながった。[54] ポリオ、肝炎、麻疹、マラリア、ジフテリア、髄膜炎、さらにはハンセン病など、さまざまな病気が、飢えによって著しく弱っていた社会で流行した。共産党は、規則の違反者に対して残酷で屈辱的な暴力を奨励した。本書で論じてきた（すべてではないが）他の飢饉の場合と同じで、食人が行われたという報告が多数あった。[55]

これらの例は、飢饉は根本的には政治的惨事であること、すなわち、食糧不足や深刻な貧困の状況下での市場の失敗を当局が緩和しそこなうことであるという、センの主張の骨子を裏づけそうに見える。とはいえ、ソ連と中国の場合を「市場の失敗」と呼ぶのはまったく不適当だ。どちらの場合にも、市場は完全に廃止されていたからだ。同じことが北朝鮮にも当てはまる。この国は、１９９０年代になってもまだ飢饉を経験していた。84〜85年に最大１２０万人（人口の２・７％前後）が亡くなったエチオピアの場合も、犯人は市場の失敗ではなく、やはりマルクス主義だった。メンギスツ・ハイレ・マリアムが率いるデルグ（臨時軍事行政評議会）による独裁政権は、ウォロ地方で73〜74年に起こった飢饉に続いて権力を掌握した。デルグは政敵に対する「赤色テロ」活動を行なった後、農業集産化というスターリンと毛沢東の悲惨な戦略を採用した。[56] 彼らは80年代半ばの旱魃[57]を、主にティグレ人民解放戦線とオロモ解放戦線とエリトリア解放戦線への対反乱戦略の一環として利用した。ソ連と中国の場合と同様、政治的に要注意の地方を、意図的な飢餓を通して「社会改革」することが目的だった。これは偶然ではないが、エチオピアのマルクス＝レーニン主義の労働者党は、84年にメンギスツを書記長として創設された。* １００万のエチオピア人が飢えに苦しむなか、「虐げられた大衆は勝利する」「マルクス＝レーニン主義が我々の指針だ！」「自然災害による一時的な挫折のせいで、共産主義体制を打ち建てるという最終目標の達成を我々が思いとどまることはない！」といったポスターが首都アディスアベバの通りを飾った。[58] この現実は、アイルランドの歌手ボブ・ゲルドフが組織した1985年のライヴエイドで最高潮に達した、エチオピアの飢饉に対する感情的な反応の中ではしばしば見落とされてしまう。[59]それでもやはり、政府の責任の取り方次第で違いが出るという、センのより幅広い趣旨は有効だ。1945年以降に起こった世界の他の主要な飢饉（67～70年のビアフラ、74年のバングラデシュ、85年のスーダン、92年と2011～12年のソマリアの飢饉）は、どれも独裁政権か内戦か国家の失敗に関連していた。

とはいえ、興味深いのは、なぜセンの説があらゆる形態の惨事に当てはまるわけではないのか、という疑問だ。もし政府がもっと責任を持っていれば飢饉を首尾良く避けることができるなら、あるいは、少なくとも緩和することができるなら、地震や洪水、林野火災、パンデミックについても同じことが言えないのか？　手頃な値段の食糧供給を保証する責任を有権者が民主的な政府に効果的に負わせることができるのに、空気や水を致死性のウイルスに汚染させないでおく責任や、人々が断層線上や氾濫原に住まいを建てるのを防ぐ責任は、なぜ負わせることができないのか？　あるいは、別の言い方をすれば、民主的な政府はある種の惨事（飢饉）を避けるのが、他の惨事を避けるのよりもうまいのか？

イギリスはほとんどの国に先駆けて代議政治を実現させた。それにもかかわらず、イギリスの首都の住民は19世紀と20世紀に、たびたび発生する有毒な「エンドウ豆のスープのような」濃霧に苦しめられた。テムズ川の岸の、霧の出やすい環境で、製造業と家庭での暖房と調理に大量の石炭が燃やされたのが原因

＊　メンギスツは1964～70年に3度アメリカを訪れ、イリノイ州のサヴァンナ陸軍補給廠と、メリーランド州のアバディーン性能試験場と、カンザス州フォート・レヴンワースのアメリカ陸軍職種協同センターで士官訓練コースに参加した。一説によると、人種偏見の経験のせいで、資本主義と民主主義にはまったく親近感を覚えなかったという。[60]

だった。ディケンズが霧にまつわる印象的な書き出しの『荒涼館』を刊行してまもなく成立した1853年首都煤煙ニューサンス軽減法では、79から80年にかけての厳しい冬の大きな災難を避けることができなかった。この冬、逆転層が発生し、二酸化硫黄と二酸化窒素とその他の燃焼粒子から成る濃厚な石炭スモッグの層がロンドン上空に3日間とどまり、1万2000人近い死亡者が出た[61]。元首相ジョン・ラッセル卿の息子のフランシス・アルバート・ロロ・ラッセルがこのテーマで書いた、憤りに満ちた小論文もほとんど効果がなかった[62]。同じような惨事が1952年12月にもロンドンを襲い、前回に匹敵するほどの死亡者を出し、15万人が入院した[63]。もともと湿気の多い空気と日光のために、霧の中で「非常に高濃度の硫酸の小滴」が形成されたことが、最近の研究で明らかになった[64]。

民主的な圧力を受けて、1956年大気清浄法がようやく成立した。だが、その4年前の「ロンドンスモッグ」には社会主義も絡んでいたことは、指摘する価値がある。47年に石炭産業が国営化されたときに設立された国営独占企業のイギリス石炭庁は、はなはだ汚く、多量の煙の出る石炭誘導体（「ナティースラック」）を家庭での暖房用として市場に出していた[65]。91年12月にさえロンドンはまたしても深刻なスモッグに見舞われたほどだ。ただし、主な汚染物質としては、車両が出す排気ガスが石炭に取って代わっていたが。ロンドンのヴィクトリアのブリッジプレイスにある監視地点では、1時間平均の二酸化窒素濃度が、世界保健機関ガイドラインの水準の2倍を超える、423ppbを記録した[66]。

この、より広範な枠組みの中で惨事に取り組むと、民主主義的な制度だけでは、あらゆる種類の惨事——特に、正規分布しておらず、冪乗則の分布を見せる惨事——に対する十分な予防手段にはとうていならないことが明らかになる。それは、そうした惨事を天災か人災のどちらかに分類することにこだわろうが、こだわるまいが、関係ない。

## 民主主義が防げなかった戦争

チャーチルは、同時代の多くの政治家と同様、第1次世界大戦を一種の天災と説明する誘惑に駆られた。彼は『世界の危機（*The World Crisis*）』（1923年）に次のように書いている。

当時の国家どうしの交わりにおいては、国家を、盤上のチェスの駒であるかのようにではなく、天体のように、重大な磁気反応を起こさずには空間で互いに近づけない、活発な、あるいは潜在的な、力を持った巨大な組織と考えなくてはならない。国家どうしが近づき過ぎると、稲妻がきらめきはじめ、ある点を越えると、それぞれが拘束されていた軌道から完全に外れ、互いに引きつけ合って悲惨な衝突を起こす。……そのような由々しく微妙な地点にあるときには、当事国のどれであれ乱暴な動きを1つでも見せれば、すべての国家に対する抑制が断ち切られたり狂わされたりし、全世界が混沌状態に突き落とされる。[67]

戦時に首相を務めたデイヴィッド・ロイド＝ジョージは、回想録の中で「台風」と「大洪水」について書いている。「各国はずるずると縁を越え、沸き立つ戦争の大釜の中へと滑り落ちた。……［それらの国々は］国家という機械を後退させて崖から転落させた」[68]。実際には、第1次世界大戦は天災でも事故でもなかった。この戦争が起こったのは、両陣営の政治家や将軍たちが計算を誤ったからだ。ドイツはロシアに軍事的に追い抜かれつつあると思い（あながち不合理なことではない）、戦略的な隔たりがこれ以上拡がらないうちに、あえて先制攻撃に踏み切った。オーストリアは、セルビアを制圧すれば、バルカン半島のテロに対する戦いには有利に働くかもしれないとはいえ、それがヨーロッパ全土を包む戦火に自国を巻き込むだろうことを見落とした。ロシアはドイツにほとんど劣らぬほど、自らの軍事力を過大評価していたし、１９０５年に日本に敗れるという大失態からまだ日が浅いうちに新たな戦争を始めれば、その圧力で自らの政治制度が崩壊するという証拠を頑なに無視した。他に現実的な選択肢がなかったのはフランスとベルギーだけだ。ドイツに攻め込まれたので、両国は戦わざるをえなかった。

イギリスも過ちを犯す余地があった。当時、介入は法的義務の問題だと政府は主張した。なぜなら、ベルギーの独立を定めた１８３９年の条約をドイツが反故《ほご》にしたからだ。この条約は、プロイセンを含む列強がみな調印していた。実際には、ベルギーは恰好の口実だった。自由党が参戦したのには2つ理由があった。第1に、彼らはドイツがフランスに勝利したときの帰結を恐れていた。ドイツ皇帝が新たなナポレオンとなって、大陸をひとまたぎにし、イギリス海峡沿岸を脅かすだろうと想像したのだ。それは道理に適った恐れだったかもしれないし、そうではなかったかもしれないが、もし道理に適っていたのなら、自由党はドイツを思いとどまらせるために十分な手を打たなかったし、保守党が徴兵制度に賛成したのは正しかった。

参戦する第2の理由は、大戦略ではなく国内政治の問題だった。自由党は１９０６年の選挙で勝利を収めて以来、有権者の支持が失われていくのを目の当たりにした。彼らが10年以降も政権を維持できたのは、アイルランド自治賛成派の支援があったからにすぎなかった。14年にはハーバート・アスキス政権は、ダブリンの自治政府に対するアルスター・プロテスタントの好戦的な抵抗に遭って倒れかけていた。アスキスと彼の内閣は、ヨーロッパの戦争を避けるための外交政策が惨めな失敗に終わったのだから、辞職するべきだった。だが彼らは、再び野党に転落することをひどく恐れた。それ以上に、保守党が再び権力の座に就くことを恐れた。したがって、1つには保守党を締め出しておくために参戦したのだ。参戦していなければ、チャーチルを含め、2、3人の閣僚が辞職して、政権は崩壊していただろう。

　要するに、戦略上の中心的な問題は、ドイツがフランスを攻撃したならイギリスが介入すると、外務・英連邦大臣が密かに約束しておきながら、彼の所属する自由党が一貫して徴兵に反対してきた点にある。もし徴兵を行っていれば、大規模な常備軍を置いてドイツを躊躇させることができたかもしれない。したがって、1914年のイギリスの介入は、民主政治の直接の帰結だった。その戦争は本当に人気があった。スコットランドの社会主義者ジェイムズ・マクストンのように介入を非難した人は少数派であり、罵倒された。だが、大陸に対する責務と、確かな軍事力の不在という組み合わせは、考えうるうちで最悪の結果をもたらした。巨大で訓練の行き届いたドイツ軍を打ち負かすことのできる軍を、戦争を行いながら編成し、訓練しなければならなくなったのだ。

　20世紀には霧よりも戦争ではるかに多くのイギリス人が亡くなった。飢饉の死亡者とは比べ物にならなかったことは言うまでもない。民主主義がまったくこれを防げなかったことは注目に値する。たしかに、1914年のイギリスは、女性にはまだ参政権がなかったし、男性には財産資格があったので、現代的な意味では完全な民主国家ではなかったが、第1次世界大戦前の最後の選挙が行われた1910年には、成人男性のおよそ5分の3に当たる780万人近くの男性に選挙権があった。ドイツでは選挙権はさらに広く与えられ、帝国議会（ライヒシュタグ）選挙では、成人男性全員が投票できたが、議会の権限はイギリスでよりも制限されており、首相と国務大臣は皇帝に対して責任を負い、皇帝は彼らを解任することができた。それにもかかわらず、イギリスとドイツの憲法が持つ民主主義的な要素は、表向きはベルギーの中立という難解な問題をめぐる、4年に及ぶ長くはなはだ血なまぐさい戦争を両国が行うのを防ぐえでは何の役にも立たなかった。

## ソンムの戦いと消耗戦

その結果生じた、1914〜18年の軍事的惨事（クートアルアマラやガリポリがすぐに頭に浮かぶ）については本が1冊、楽々書けるだろうが、本書の目的からすれば、イギリスの読者に最も悪名高いソンムの戦いに的を絞れば事足りる。宣戦布告の後に編成された新しいイギリス軍が戦地に送り出され、塹壕でしっかり防備を固めたドイツ軍と対峙したこの戦いは、まさに正念場だった。ソンムの戦いは、もっともな理由から、イギリス史上屈指の惨事として記憶にとどめられている。攻勢初日の1916年7月1日、イギリス海外派遣軍は5万7000人の死傷者を出し、そのうち1万9000人が亡くなった。この数字の重みは、防御していたドイツ軍側の損失がわずか8000人だったことを踏まえると明らかになる。これは4か月に及ぶ消耗戦のほんの始まりにすぎず、イギリス、フランス、ドイツの死傷者は最終的に120万人に達したかもしれない。その挙句、大英帝国とフランスの連合軍は、せいぜい11キロメートルほどしか前進できなかった。

ソンムの戦いがいかに恐ろしいものだったかは、それが生み出したブラックユーモアの量からも窺える。早くも1916年には、イギリスの詩人で作家のジークフリード・サスーンの同輩将校たちは、まるで民間の事務の仕事でもしに行くように、イギリスから列車で前線に通勤するといった冗談を言っていた。1年後、ある将校が計算すると、ソンムやヴィミー・リッジやメシーヌで達成した前進のペースが維持されたなら、ライン川に到達するのは2096年になるだろうという結果が出た[69]。1969年には、ソンムの戦いは映画『素晴らしき戦争』で反戦の笑い物のだしにされた。20年後、テレビのシリーズ番組「陸軍大尉になった、ブラックアダー」でさらに嘲笑された（「ヘイグ〔訳注　西部戦線におけるイギリス軍最高司令官〕は自分のドリンクキャビネットをベルリンに向けて6インチ動かすために、またしてもとてつもない努力をするつもりだ」）。「ロバに率いられたライオンたち」あるいは「間抜けどもとドジなやつら」といったイギリス兵のイメージは、どうしても拭い去ることができなかった。[70] 無謀にも、ガリポリでオスマン帝国軍を破って戦争に勝つことをチャーチルが目指して惨憺たる結果を招いて以来、ソンムのもののような戦いは避けられたという主張がなされた。ソンムで戦い、3度撃たれ、毒ガス攻撃でひどい目に遭ったベイジル・リデルハートは、長く血なまぐさい大陸での行き詰まり状態にイギリスを巻き込まなくてもドイツを打ち破ることはできただろうと主張した。海軍力と「有限責任」しか負わない陸軍に頼るという間接的な取り組みをしていれば、損害ははるかに少なかっただろうというのだ。

ところが、イギリスの軍事史家たちは、イギリス軍最高司令官のダグラス・ヘイグと、ソンム攻撃における彼の振る舞いを執拗に弁護してきた。ジョン・テレンによれば、１９１４年にイギリス海外派遣軍を送り込む以外の選択肢も、ソンムとパッシェンデールでの攻撃の代替策も、ヘイグの「熟練」の指揮能力に疑いを差し挟む理由もなかったという。[71] ゲイリー・シェフィールドは、ソンムの戦いはイギリス海外派遣軍の「学習過程」にとって必須の段階で、「三国協商側の消耗戦勝利［であり］、最終的な勝利への道における不可欠のステップ」だったと主張している。[72] ウィリアム・フィルポットにとっては、ソンムの戦いそのものが「血まみれの勝利」だった。[73] この議論は、惨事を評価するには正確さが必要なことを物語っている。なぜなら、ソンムの戦いで失敗が発生した箇所は上層部ではなかった、あるいは少なくとも上層部だけではなかったからだ。

まず、ソンムでの攻勢の日時と場所を決めたのはヘイグではなくフランスだった。その後、ドイツがヴェルダンを攻撃したために、フランス軍はソンムの攻勢から引き離され、イギリスの新兵の負担が増した。ヘイグはソンムの戦いのために2つの計画を構想していた。1つはドイツの陣地を突破して機動的な戦いを再開するというもの、もう1つは、敵陣を突破できなかったときの次善策として、より限定的な「消耗」攻撃を行うというものだった。「［ドイツ軍の］防衛線に突破口が開けたら、ただちに前進してその隙間の先に（歩兵隊の救援を受けるまで）橋頭堡を設けるために、騎兵隊と機動部隊を用意しておかなければならない。……同時に、騎兵隊は攻撃隊の主力と協力し、その隙間を拡げなければならない」とヘイグは書いている。[74] ヘイグはヒューバート・ゴフ将軍の予備軍に、この筋書きで重要な役割を果たしてもらうつもりだった。

問題は、第4軍司令官のサー・ヘンリー・ローリンソン将軍が違う考えを持っていた点だ。彼は1915年に次のように書いていた。「今やりたいのは、私が『食いちぎって維持する』と呼ぶことだ。たとえばヌーヴ゠シャペル［で］敵陣の一部を食いちぎり、あらゆる反撃からそこを守り通す。……敵の反撃からそこを守り、食いちぎるときに被った損害の少なくとも倍の損害を敵に与えるのはわけもないはずだ」。[75] これは突破ではなく消耗戦の理論だ。ソンムのためにローリンソンが立てた計画案は、戦術的に重要な地点を奪い、ドイツの反撃を待ち、「味方の損害を最小限に抑えつつ、可能なかぎり多くのドイツ兵を殺す」というものだった。[76] ヘイグがこれに疑問を呈すると、ローリンソンは自分の意見を堅持できないと感じ、黙従したようで、「無制限の攻勢に出るのは賭けだが、D・H〔訳注　ダグラス・ヘイグ〕は明らかにそうしたがっており、私は無理のない範囲で何でも引き受ける覚悟でいる」と書いている。[77] ところが、初日の最初の進撃の後、彼は現地の予備軍への前進命令を怠り、ゴフには何の注意も払わず、正午に予備軍に攻撃準備態勢を解くように命じ、「当然ながら、今日、騎兵に突破させる望みはまったくない」と日記に記した[78]。

突破の見込みはないだろうとローリンソンが考えていたのが正当だった根拠の1つは、ドイツ軍の有刺鉄線の防衛線を切断するためのヘイグの準備砲撃が失敗に終わったことだ。「いつもそういう傾向があったが、哀れなヘイグは大砲を分散させた」。総司令部の砲撃顧問J・F・N・「カーリー」・バーチ少将は、そう回想している。攻撃対象としたドイツ軍陣地の戦闘正面幅は、使用可能な大砲の数にはすでに広過ぎたが、ヘイグは最大2250メートルの幅まで標的とするように命じたので、砲撃の効果はさらに弱まった。さらに深刻だったのは、弾薬に欠陥があったこと（最大3割の砲弾が不発だった）と、イギリス軍の大砲の4分の1が、酷使されてすっかり摩耗していたことだ。榴弾《りゅうだん》はあまりに数が少なく、技術的な欠点も無数にあった。大砲の飛距離計算は当て推量で、地図の測量は不正確だし、通信はお粗末で砲撃の修正が利かず、対砲兵砲撃は効果がなかった。そのうえ、イギリス軍の砲撃計画はあまりに柔軟性がなかった。最悪だったのは、1916年の砲撃が、所期の任務を果たせなかったばかりか、その後の歩兵の前進まで妨げてしまったことだ。確実に奇襲するためには砲撃の時間をもっと短くする必要があったのだが、それがまだ認識されておらず、その一方で硬直した計画に固執したため、当初の成功を活かせなかった[79]。

たしかにドイツ軍もソンムで楽な思いはできなかったし、それは1916年8月の、ギーユモンでのドイツ軍前線の状況を説明したエルンスト・ユンガーの日記から明らかだ。「生者の間に死者が横たわっていた。塹壕を掘って身を隠そうとすると、幾層にも積み重なった死体が出てきた。1中隊、また1中隊と、猛烈な集中砲火の中へ放り込まれ、確実に殲滅《せんめつ》されていったのだ」。「マテリアルシュラフト（消耗

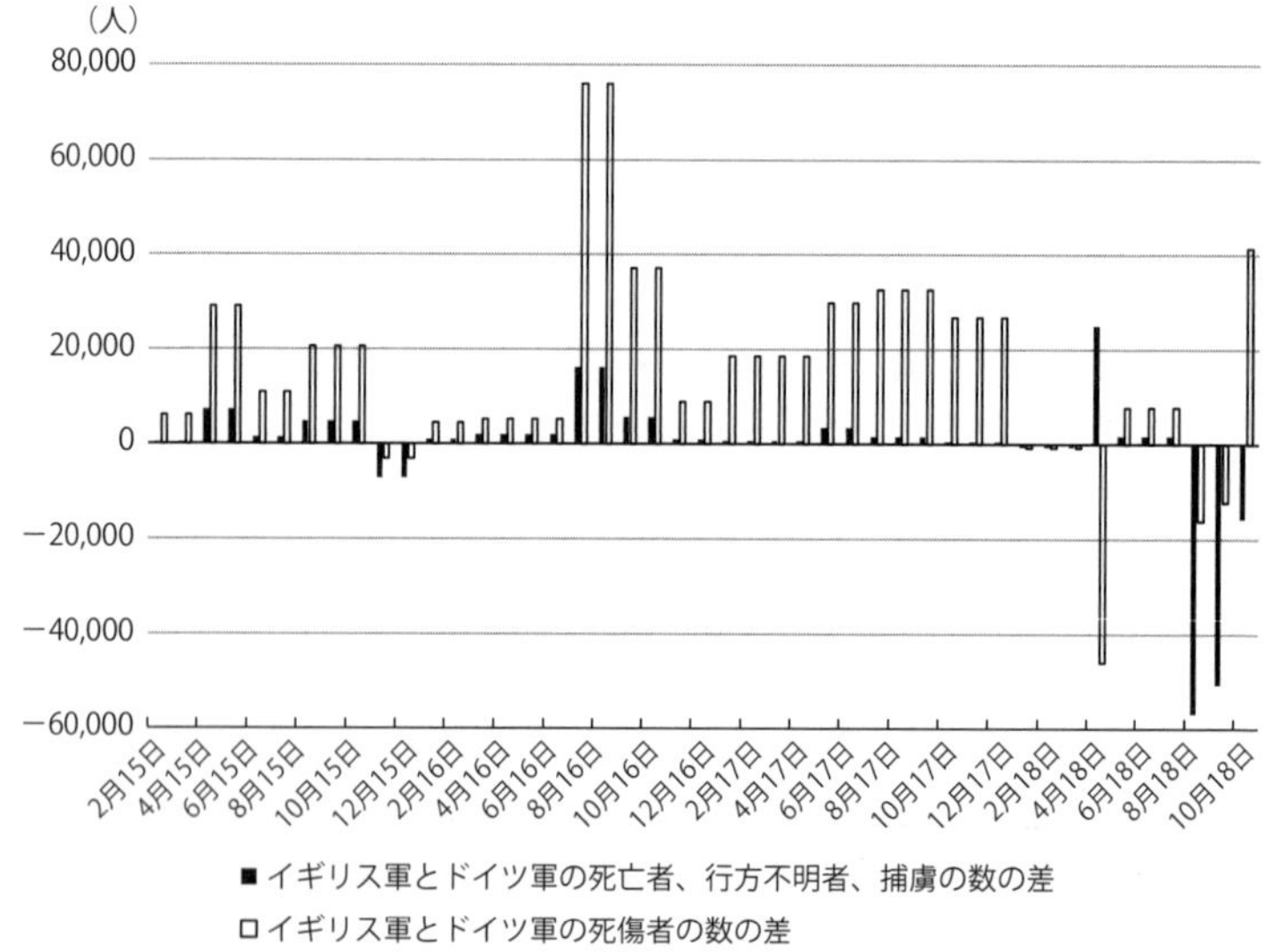


1915年2月〜18年10月のイギリス軍とドイツ軍の「正味の戦死者数」。西部戦線におけるイギリス軍の前線でのイギリス軍死傷者数とドイツ軍死傷者数の差。

戦争省の*Statistics of the Military Effort of the British During the Great War, 1914–1920*（London: HMSO, 1922）, pp. 358–62より。

注　数値は必ずしも個々の月のものではないので、多くの場合、複数月の平均値が示されている。そのせいで、特定の月に起こった具体的な軍事上の出来事の影響が過小に示されていることがありうる。

戦）の圧倒的な影響に初めて気づかされた」のは、この経験によってだ、と彼は書いている[80]。足元に落ちた砲弾が不発でなかったら、ユンガーはそれ以上はひと言も書き残すことはなかっただろう。彼は脚を負傷したために、所属中隊とともに全滅の憂き目に遭うことをかろうじて免れた。

だが現実には、イギリスの観点からすれば、ソンムの戦いは、突破も敵の弱体化も達成できなかった。もし、68万人という、イギリス側が公式に発表したドイツ軍の死傷者数を受け容れるなら、ソンムの戦いは良くても引き分けというのが実情だった（イギリス軍の死傷者は41万９６５４人、フランス軍の死傷者は20万４２５３人）。こちらのほうがずっと可能性が高いのだが、もしドイツ側の数字が正しかったなら（死傷者45万人）、消耗戦という戦略は裏目に出たことになる。ヘイグさえ見抜きはじめていたように、防戦に徹することで「我が軍を消耗させて」いたのは、ドイツ軍だったのだ。[81] 1915〜18年にカナダの騎兵旅団を指揮した元陸軍大臣のJ・E・B・シーリーは1930年に次のように発言して消耗戦の不条理を総括している。「連合国側の一部の愚か者たちが、ドイツ軍を全滅させることで西部戦線での戦争を終わらせられると考えた。当然ながらこの方法は、我が軍が失う人員よりもはるかに多くの敵を殺さないかぎり、成功しえなかった」[82]

ソンムの戦いがイギリスを勝利への道に向かわせたという見方は、アメリカが最終的にイギリス側で参戦して、動員可能な人員数の均衡を、ドイツに対して不利なかたちで不可逆的に崩すことが1916年に確実だった場合にしか意味を成さない。ところが実際には、確実ではなかった。中立国の船舶に対する無制限潜水艦作戦を実施したり、「ツィンメルマン電報」を送ってメキシコとの軍事同盟を画策したりといったドイツの失策があって初めて、アメリカは参戦した（1917年4月6日）。その後でさえ、ヘイグの指揮の下、連合軍はパッシェンデールの戦い（17年7〜11月）で厖大な数の死傷者を出し、ドイツ軍の春季攻勢「ミヒャエル作戦」（18年3〜7月）では算を乱して敗走した。この攻勢では、ヘイグがついに果たせなかった、まさにその突破が成し遂げられた。ソンムの戦いと18年春の間に「学習曲線」があったとしたら、連合国側にはそれが見えておらず、彼らは自らの勝利にまったく自信が持てなかった。そして、ドイツ軍はその間もずっと学び続けており、強襲戦術と多層防御に磨きをかけていた。[83]

この戦争を取り上げた文学作品の共通テーマの1つは、「銃後」の人々は西部戦線（あるいは他のいかなる戦線）の実情をまったく知らなかった、というものだ。これが、ウィーンの風刺作家カール・クラウスによる戯曲の傑作『人類最期の日々』（1918年）の中心テーマになっている。イギリスの経済史学者R・H・トーニーは、ソンムで重傷を負った後、徐々に回復している間に、イギリスの一般市民を激しく非難した。

あなた方の新聞を読み、会話に耳を傾けるとはっきりわかる。あなた方は、新奇なものや胸躍るものに対する欲求を満たす類の、現実とは違う絵のような戦争のイメージを、自分のために作り上げることを選んだのだ。……あなた方は、真実が気にくわないから、あるいはそれに耐えられないから、イメージを作ることを選んだのだ、と私は言いたい[84]。

とはいえイギリスの一般大衆は、公式のドキュメンタリー映画『ソンムの戦い』(1916年8月)を観に押し寄せた。この映画は、マテリアルシュラフトのイギリス軍側の経験を驚くほどあけすけに描き出した。77分の上映時間の13%までもが死傷者の映像に充てられており、最後の4分の1では、その割合は4割を超える。字幕もあくまで率直だ。「イギリス兵たちが砲火の中、戦友を救出(救出された兵士は塹壕に戻り着いてから20分後に死亡)」。この映画はこれほど率直だった――アメリカでは観客が拒絶反応を見せた――にもかかわらず、イギリスでは大成功を収めた。イギリスの映画産業向けの業界紙『キネ・ウィークリー』は、「これまで制作されたうちで最も素晴らしい戦争映画」と評した。1916年10月までには、国内に合計4500館ある映画館の半数に近い、2000館以上で上映された[85]。ソンムの戦いが惨事であり、ヘイグが部下を大勢戦死させた酷薄な将軍であると見なされるようになったのは、後から振り返ったときのことにすぎない。当時は、西部戦線での攻勢作戦は大衆の支持を集めていたのだ。

## 繰り返されたイギリスの過ち

20世紀のイギリス史の尋常でない特徴は、1900年代と10年代に犯したのとまったく同じ過ちが20年代と30年代に繰り返されたことだ。主にドイツだが、それに加えて日本とイタリアという潜在的な侵略者を思いとどまらせるだけの軍事力を維持するための、真剣な努力がいっさいなされなかったのだ。それにもかかわらず、ポーランドなどに対して外交上の約束をしてしまい、リデルハートの必死の奮闘も空しく、そうした約束がまたしても大陸関与につながった。ところが今回は、イギリス海外派遣軍はドイツ軍に完敗し、武器を投げ捨ててダンケルクの海岸から逃げ出す羽目になった。同じようなカタストロフィがあちこちでイギリス軍を見舞った。最も屈辱的だったのはシンガポールかもしれない。民主主義は国家にとって飢饉に対する保険になるかもしれないが、軍事的惨事に対しては何の保険にもならないことは明らかだ。

「平和を欲するなら、戦争に備えよ」というのは、古来の戒めだ[*]。古典の素養のあったイギリス政界のエリートは、その意味を知っていた。1930年代にそれに反対して優勢だった主張は、主に経済的なものだった。「英雄たちにふさわしい住宅」を建設するという戦時の公約を守るように迫る有権者からの圧力を受けると同時に、膨れ上がった国債の利息を払い、金に対するポンドの価値を戦前の水準に戻すことに苦労していたイギリスの政治家たちは、帝国の防衛を最初は怠り、やがておおむね忘れ去った。

＊　原文はプブリウス（フラウィウス）・ウェゲティウス・レナトゥスの論文『軍事論』に出てくる。「したがって、平和を欲する者には戦争に備えさせよ」

1932年までの10年間に、国防予算は3分の1以上削減された。イタリアとフランスの軍事費が、それぞれ60%と55%増えていたときに、だ。19年8月の戦時内閣のある会合で、便利な規則が採用されていた。

修正予算案立案にあたっては、大英帝国が今後10年間は大きな戦争は行わず、そうした戦争目的で海外派遣軍が必要とされないことを前提とするべきである。……イギリス軍と空軍の主要な役割は、インド、エジプト、イギリス支配下の新たな委任統治領とあらゆる領土（自治を行っているものを除く）に守備隊を配置するとともに、母国の市民的権力に必要な支援を提供することである。[86]

1932年まで毎年、「10年ルール」は更新され、毎年新たな支出が先延ばしにされた。根拠は明白だった。ネヴィル・チェンバレンが34年に認めたように、「日本とドイツを同時に敵に回す戦争は我々には考えられなかった。どうあっても経費が賄いきれないからだ」[87]。28〜40年に参謀長を務めたアーチボルド・モンゴメリー＝マッシングバード将軍には、「戦争を延期する――先を見越さないこと……という一念」しかなかった。[88]その必然の帰結が宥和政策であり、それはドイツやその他の好戦的な国々に譲歩して戦争を先延ばしにすることを意味した。そうした譲歩のうちで最も悪名高いのが、イギリスの首相になっていたチェンバレンとフランスの首相エドゥアール・ダラディエが38年9月にミュンヘンで合意したチェコスロヴァキアの部分的分割だ。[89]

10月5日、チャーチルは庶民院で演説し、宥和政策を糾弾した。

誰もが無視したり忘れたりしたいであろうけれども、それでもなお述べざるをえないことを、まず申し上げる。すなわち、我々は完全かつ純然たる敗北を喫したのであり、フランスは我々よりもなお惨憺たる目に遭った。……

それは我々が過去5年間になしたことと、なさずにおいたことの、最も嘆かわしい結果である。それは空しい善意の5年間、最も安易な道を熱心に探し求めた5年間、イギリスの勢力の途切れない後退の5年間、防空をおろそかにした5年間だった。……

イギリスの民主主義とナチスの政権との間には、けっして友好的な関係はありえない。ナチスの政権はキリスト教の倫理を一蹴し、野蛮な異教信仰によってその進路をほめそやし、侵略と征服の精神を誇り、迫害から力と邪道の喜びを引き出し、これまで見てきたように、凶悪な力を無慈悲で残忍に脅しに使う。そのような政権はイギリスの民主主義の信頼に足る友には、金輪際なりえない。[90]

保守党の庶民院議員が他に29人、彼に加わり、ミュンヘン協定をめぐる議論の末の投票を棄権したが、チャーチルの演説ははなはだ不評だった。ナンシー・アスター議員は、「ナンセンス!」と叫んでチャーチルの言葉を遮った。『デイリー・エクスプレス』紙は、「マールバラの征服で頭がいっぱいの男による人騒がせな演説」と呼んで切り捨てた[91]〔訳注　チャーチルの祖先の初代マールバラ公は18世紀のスペイン継承戦争のときに大陸に渡り、イングランドの陸軍最高司令官・同盟軍の最高総司令官として武功をあげた〕。有力な選挙区民で元支持者のサー・ハリー・ゴッシェンは、チャーチルの選挙区であるエピングの保守党協会の会長に苦情を述べた。「彼はあの演説によって庶民院の調和を乱した。……彼は口をつぐんで、演説などしなかったほうがはるかによかったと思う」。エピングの保守党員の間ではチャーチルの演説への不満があまりに大きかったため（「人を馬鹿にした恥ずべき行為」「議会に対する脅威」）、その後に起こったさまざまな出来事が彼の汚名を雪《すす》いでいなかったなら、次の選挙が行われる前に彼は公認を取り消されていてもおかしくなかっただろう[92]。

シンガポールの海軍基地は、極東に展開するイギリス軍にとっての要として1920年代に築かれた。両大戦間を通じて、攻撃を受けたときにシンガポールを防衛するための公然の戦略は、海軍を派遣するというものだった。ところが、日本による侵攻の前夜には、海軍は違う任務に就いていた。マレー半島には一線級の航空機は1000機必要だったのにわずか158機しかなく、歩兵が8個師団と機甲連隊が2つでかろうじて足りるかどうかだったのに、歩兵が3個師団半しかいなかった。そして何より、シンガポールへの陸路に、地雷原やトーチカや対戦車障害物といった適切な防衛手段を設置するのを怠るという情けない失態があった。したがって、日本軍は攻撃を開始してみると、難攻不落のはずの要塞は無防備に等しかった。「死守せよ」というチャーチルの必死の勧告があったにもかかわらず、1942年2月15日午後4時、アーサー・E・パーシヴァル中将と、イギリス兵1万6000、オーストラリア兵1万4000、インド兵3万2000から成る守備隊は降伏した。マレー半島を自転車で南下し、食糧も弾薬もほとんど尽きかけていた3万の敵の、疲れ果てた状況を知らなかったのだ。降伏の2週間前、モーリス・ベイカーという名の学生は、友人のリー・クアンユーとラッフルズ大学の廊下を歩いていた。すると突然、大きな爆発音が聞こえた。シンガポールをマレー半島本土とつないでいた道路を爆破する音だった。シンガポールの未来の首相リー・クアンユーは、ベイカーの方を向いてさらりと言った。「あれで大英帝国も終わりだ」

シンガポール陥落は誰のせいだったのか？　チャーチルのせいか？　彼は戦争の回想録に次のように書

いている。「名高い要塞の後方を、恒久的に設置された離れ砦の列が取り囲んで守っていないなどということは、思いもよらなかった。なぜ自分がそれを知らなかったのか、理解に苦しむ。……顧問たちは知っていて然るべきだったし、それを私の耳に入れていて然るべきだったし、私も尋ねているべきだった」[93]。ここから重要な点が1つ明らかになる。1930年代の大英帝国の苦境に関する、歴史を踏まえたチャーチルの分析は、おおむね正しく、さまざまな出来事によって裏書きされた。イギリスは39年よりも38年に戦っていたほうがよかったと主張したのは、まったく正しかった。その間の1年を、チェンバレンよりもヒトラーのほうがはるかに有効に活用したからだ。だが、当時チャーチルは無視され、多くの人に罵倒された。シンガポール周辺の防備について正確に知らなかったからといって、本当に彼を責めることができるかどうか問うのは、もっともなことに思える。

現実には、大英帝国はシンガポール陥落とともに1942年に終わりを迎えはしなかった。45年2月、チャーチルは「三巨頭」の1人として、相変わらず国際的な舞台を牛耳り、ヤルタでローズヴェルトとスターリンとともに、世界を切り分けていた。ところが、ヨーロッパでの戦争が終わるとまもなく、彼は首相の座を追われた。それから10年しないうちに、イギリスはインド、パキスタン、ビルマ、セイロンの独立を認め、パレスティナの委任統治領を手放した。1950年代の大臣や役人は依然として、残っていた地域へのイギリスの影響力を永続させようとした。しばしばそれを支援したのが伝統的なエリートたちで、彼らは、ロンドン・スクール・オブ・エコノミクスでマルクス主義を好むようになった自称民族主義者たちによって、植民地支配している「保護国」を乗っ取られることはまったく望んでいなかった[94]。だが、シンガポール陥落のわずか14年後の、1956年のスエズ危機で大英帝国の終焉は決定的になった。もっとも、「変化の風」がサハラ以南のアフリカやペルシア湾、スエズ以東の植民地支配の残りに及んだのは、ようやく60年代――一部の場合では70年代――になってからであり、香港が中国に返還されたのは97年のことだった。

それでもなお、シンガポールの不名誉な降伏は、大英帝国沈滞の縮図であり、その後に待ち受けていた長い本篇の予告篇だった。大英帝国の参謀総長としてチャーチルの痛烈な批判者の1人だったアラン・ブルックは、落胆した。日本軍がシンガポールに迫るなか、彼は日記の中で告白している。「なぜもっとうまく防御できていないのか、理解し難い。私は過去10年間、大英帝国が衰退しており、我々はずるずると滑り落ちていっているという、不快な思いをしてきた。私は正しかったのだろうか？ まさか、これほど速く崩れてしまおうとは、思ってもいなかった」。日本軍がビルマも席巻する勢いであるのを知ると、彼はひどく動揺した。「なぜ兵たちがもっと善戦しないのか、まったく腑に落ちない。軍が現時点以上の戦いができないのなら、我々は帝国を失って当然だ！」[95]。複雑系の崩壊は、思わず息を呑むような速さで一気に起こることもあれば、一連の発作的な相転移の形も取りうる。したがって、1940年代に大英帝国が迎えた危機の責任を、単一の人物に帰するのは理に適わない。シンガポール陥落は、翌年に起こったベンガル飢饉同様、チャーチルだけのせいではなかったのだ。

## 帝国の突然の崩壊

ハリー・トルーマン――チャーチルとスターリンは彼と連携して第2次世界大戦を連合国側の勝利に終わらせた――は、ホワイトハウスの机の上に、「The BUCK STOPS Here!」と書かれた置物を載せていた*。

〔訳注 「The buck stops here」とは、直訳すれば「バック（ポーカーでディーラーを示す小さな円盤）はここで止まる」といった意味で、そこから転じて「責任は私が取る」という意味で使われる」。1952年12月19日、トルーマンは国防大学での演説で、この言葉の重要性を説明した。「試合が終わった翌日の月曜日の朝にクォーターバックが、監督はどうすべきだったか語るのは簡単だ。だが、下すべき決定を目の前にしたら――私の机の上には、『バックはここで止まる』というモットーが書かれた置物がある――その決定を下さなければならない」。トルーマンは、1953年1月の退任演説でも、この点に立ち返った。「誰であれ大統領は、決定を下さなければならない。バックを誰かに回すわけにはいかない。代わりに決定を下してくれる人などいない。決定を下すのは大統領の仕事なのだ[96]」。この称賛すべき考え方は、トルーマンの後継者たちもしばしば口にしてきた。とはいえこの考え方は、政治が大統領の意思決定の問題で、あらゆる惨事は大統領のお粗末な決定に帰することができるに違いない、単純化された世界へと私たちを引き戻す。

通常は、ほとんどの大帝国には、世襲の皇帝であろうと選出された大統領であろうと、中心となる権威的人物がいる。実際には、そのような人物の権力は、その人が統轄する経済・社会・政治的関係の複雑なネットワークによって決まる。帝国は人間が構築したあらゆる政治的単位のうちで最も複雑なものであり、それは帝国が非常に広い範囲に、そして多様な文化に、権力を振るおうとするからにほかならない。だとすれば、帝国が他の複雑適応系の特性の多くを示すことがわかったとしても、意外ではない。そうした特性には、見た目の安定性が、まったく唐突に無秩序に取って代わられる傾向も含まれる。

帝国の衰退と崩壊のうちでも最も有名な例を見てみよう。ローマ帝国の場合だ。1776〜88年に6

＊　この置物は、オクラホマ州エル・リーノの連邦教護院の収容者が作り、トルーマンへは、当時ミズーリ州西地区の連邦保安官だった友人のフレッド・A・キャンフィルが贈った。裏側には「私はミズーリ州出身」とあった。

巻に分けて出版された『ローマ帝国衰亡史』（中倉玄喜編訳、ＰＨＰ文庫、２０２０年、他）の中で、エドワード・ギボンは、西暦１８０年から１５９０年まで、１４００年以上も取り扱っている。これはまさしく長期に及ぶ歴史であり、その中で挙げられる衰退の原因は、個々の皇帝のパーソナリティ障害（人格障害）から近衛兵の力や主要な一神教の勃興まで、さまざまだ。ところが、ローマの衰退を扱う現代の歴史家には、これほど壮大なカンバスに絵を描く必要性を感じたり、技量を備えていたりする人はほとんどいない。

たしかに、西暦１８０年のマルクス・アウレリウスの死後、最高権力の利権を求めて皇帝志望者たちが競ったために繰り返し起こった内戦は問題だった[97]。皇帝ウァレリアヌスは２６０年の戦いで屈辱的にもササン朝ペルシア人の捕虜となった。ただし、皇帝アウレリアヌスはササン朝ペルシアに奪われた領土を奪還し、「世界の修復者（レスティトゥトル・オルビス）」の称号を勝ち取ったが。ローマ帝国は、皇帝ディオクレティアヌスによって分割され、皇帝コンスタンティヌスがキリスト教を公認した。異邦人による侵略や移民は4世紀に始まり、フン族が西に向かって移動し、テルヴィンギのようなゴート人の部族を追い出すにつれて盛んになった。これらすべてもやはり、長期的な衰退というギボン流の物語として示すことができるかもしれない。

とはいえ、それとは違って、ローマ史は政争や異邦人の移民（と統合）、皇帝の位をめぐる競争を古代末期の不可欠の特徴とし、キリスト教を溶剤ではなく接合剤とする複雑適応系の正常な作用として理解することができる。それとは対照的に、ローマの崩壊はまったく突然で劇的であり、そのような複雑系が臨界に達したときに、まさに見込まれるだろうものだった。フン族に対抗するための西ゴート族との協力関係が破綻し、それが３７８年のハドリアノポリスの戦いにつながり、この戦いで帝国の主力軍は完敗を喫し、皇帝ヴァレンスも命を落とした。西ローマ帝国の最後の衰弱は、４０６年にゲルマン人の侵入者がライン川を渡ってガリアへ、続いてイタリアへとなだれ込んできたときに起こった。4年後にはローマそのものが、王アラリック1世率いる西ゴート族によって略奪された。ローマが陥落したのは紀元前３９０年以来初めてのことだった。４２９～39年には、ガイセリックがヴァンダル族を率いて北アフリカで勝利に勝利を重ね、ついにカルタゴが征服された。致命的なことに、ローマは地中海南岸の穀倉地帯と、税収の重要な源泉を失った。ローマ人は西ゴート族の支援を得てようやく、バルカン半島を荒らし回ってから西に向けて進んできたアッティラ王率いるフン族を打ち破ることができた。西ローマ帝国は４５２年までに、グレートブリテン島全土、スペインの大半、北アフリカの豊かな諸地方、ガリアの南西部と南東部を失っており、イタリア以外、ほとんど残っていなかった。[98]

東ローマ帝国（ビザンツ帝国）は生き続け、皇帝バシリスクスは４６８年にカルタゴを奪還しようとしたほどだが、西ローマ帝国は滅んだ。４７６年以降、ローマはオドアケルに支配された。オドアケルはゲルマン人で、まだ子どもだった皇帝ロムルス・アウグストゥルスを廃位させ、自ら王となった。こうした流れの中で際立っているのは、西ローマ帝国の崩壊の速さだ。永遠の都ローマそのものの人口は、わずか50年間に4分の1に減った。以前よりも粗末な住居、原始的な陶器、数が少ない硬貨、小さい家畜といった、それ以外の西ヨーロッパから得られた考古学的資料は、「文明の終わり」がたった1世代の間に訪れたことを示唆している。[99] そしてこれはすべて、6世紀半ばのユスティニアヌスのペストのはるか前のことだ。

他の大帝国も同じような急激な崩壊を経験したことを示すのは難しくない。中国の明《みん》朝は１３６８年に、軍の指導者朱元璋《ジュー・ユエンジャン》が自分の名前を、「強大な軍事力」を意味する洪武《ホンウー》に改めたときに誕生した。その後の3世紀間の大半を通じて、明はほぼどのような基準に照らしても、世界で最も程度の高い文明だった。だが17世紀半ばに、急に変調を来した。もっとも、最初から順風満帆だったわけでもない。朱棣《ジュー・ディー》（永楽帝）が父の洪武の後を継いだのは、内戦の時期を経て、正統な後継者だった長兄の息子を廃位してからだった。だが、17世紀半ばの危機のほうが大きな混乱だったことは疑いようがない。銀の購買力が下落して税収の真価が下がり、この財政危機が政治的派閥主義を悪化させたのだった。[100] 厳しい気候と飢饉と疫病が、国内の反乱と国外からの侵略への門戸を開いた。[101] 1644年には都の北京《ベイジン》そのものが反乱軍の指導者李自成《リー・ズーチョン》に落とされた。明の最後の皇帝である崇禎《チョンジェン》帝は、首をくくって亡くなった。儒教の均衡状態から無政府状態へというこの劇的な移行には、10年余りしかかからなかった。

明の崩壊の結果は壊滅的だった。1580〜1650年には、争いと感染症の流行のせいで、中国の人口は35〜40％減った。何が悪かったのか？　明の体制は、見たところ高水準の均衡を生み出した。外見は見事だが、内部は脆弱だったのだ。農村地帯は驚くほど多くの人を養えたが、それはイノベーションを停止した事実上静的な社会秩序に基づいていればこそだった。それは一種の罠であり、ほんの些細な支障が生じただけで、罠の入口がぱたんと閉じてしまった。当てにできるような外部の資源はなかった。たしかに、じつに多くの研究が明を、国内で交易が栄え、贅沢品の市場が活況を呈する、繁栄した社会として描こうとしてきた。[102] ところが、もっと新しい中国研究は、中国の1人当たりの収入が明の時代に停滞し、資本ストックは減少したことを示している。[103] これらの病状の多くは、満州族が清《チン》朝を首尾良く打ち立てた後、新しい管理体制下でもそのまま続いたが、白蓮《びゃくれん》教徒の乱や太平天国の乱に代表される、なおさら大きな惨事に見舞われ、1911年にはついに、帝国の制度は取り返しのつかないかたちで崩壊した。[104]

それと非常によく似た道筋をたどって、ブルボン朝のフランスも勝利からテロへと、驚くべき速さで移行した。北アメリカで植民地の反乱軍の側について介入してイギリスに対抗するという、当時は名案と思われた行動が、絶対王政の財政を傾かせ、危機的状態に陥れた。1789年5月に全国三部会が招集されたのがきっかけで、たちまち政治的な連鎖反応が起こり、国王の正当性があっけなく崩れ、4年もしないうちに国王は、1791年に発明されたばかりのギロチンで首を刎ねられた。それからほんの125年ほど後、東ヨーロッパの内陸王朝帝国の崩壊も、同じような速さで起こった。ハプスブルク帝国もオスマン帝国もロマノフ帝国も第1次世界大戦勃発の何十年も前から破滅を運命づけられていたという、後から辻褄合わせをする物語の誤謬はあるが。真に驚くべきは、これらの古い帝国が総力戦によく耐え、1917年にボリシェヴィキ革命の後ようやく崩壊が始まった事実だ。メフメト6世は彼の軍がガリポリで勝利を収めてからたった7年後、イギリスの軍艦でコンスタンティノープルを後にした。その頃には、3つの帝国は揃って消滅していた。

帝国の半減期は、20世紀に縮まった。ドイツ帝国を再建し、「第三帝国」を打ち立てるという試みは、1933年1月30日にヒトラーがこの帝国の首相に任命されてから、ほんの10年余りで潰え、ドイツは完全に破壊され、分割された。ヒトラーが権力の座に就く瞬間——民主主義がこれまで起こしたうちで最大の災害であることは確実だ——は、85歳の大統領パウル・フォン・ヒンデンブルクの周りの古い政界のエリート層の成員たちによって延期されていた。ヒトラーは本来なら32年7月に彼の党が選挙に勝ったときに首相になっているはずだった。ヒトラーが、16世紀の再洗礼派のヤン・ファン・ライデンの恐ろしい再来で、ドイツの破滅の元凶となることを、33年に東プロイセンの保守派フリードリヒ・レック＝マレクツェウェンほどはっきり見て取っていた人はほとんどいない。

私たちの場合がそうなのだが、いわば、どぶで母の胎内に宿った庶出の失敗者が偉大な預言者となり、彼に対する抵抗があっさり崩壊する一方、世界のその他の国々は驚愕し、理解できずに見守っていた。私たちの場合……ヒステリカルな女性たち、学校教師たち、背教の聖職者たち、至る所からやって来た見下げ果てた輩《やから》やよそ者が、政権の主な支持者だった。……イデオロギーの薄いソースが猥褻《わいせつ》さや強欲、サディズム、底知れぬ権力欲を包んでおり……この新しい教えを完全に受け容れない者は誰もが、死刑執行人に引き渡された。[105]

レック＝マレクツェウェンは、惨事についての彼の予言が実現するなか、ダッハウで発疹チフスで亡くなった。

帝国崩壊の最も新しくて馴染み深い例は当然ながら、建国69年を目前に控えていたソ連の崩壊だ。今から振り返ってみれば、歴史家は、ブレジネフ時代やそれ以前にさかのぼる、ソ連の体制内部のあらゆる種類の腐敗を見て取ることができる。ひょっとしたら、歴史家のスティーヴン・コトキンが主張しているように、「ハルマゲドンが起こるのを防いだ」のは１９７０年代の石油価格の高騰にすぎないのかもしれない。[106]だが、当時はそうは見えなかった。85年3月にミハイル・ゴルバチョフがソ連の共産党の書記長に就任したとき、アメリカのＣＩＡ（中央情報局）の推定では、ソ連経済は依然としてアメリカ経済の6割前後の規模で、核兵器の備蓄量はソ連がアメリカを上回っていたという。第3世界はそれまでの20年間の大半を通じてソ連に追従し、ソ連の支援を受けたり代理を務めたりしている国が世界のあちこちにあった。歴史家のアダム・ウラムに言わせれば、「１９８５年には、ソ連の政府ほどしっかりと権力を掌握し、思いどおりに政策を定めている主要国家の政府は、他になかった」ということになる。[107]それにもかかわらず、ゴルバチョフの就任以来4年半のうちに、中央ヨーロッパと東ヨーロッパにおけるロシア帝国は崩壊し、ソ連自体も91年末にそれに続いた。

この類のことを予見するほどの蛮勇を持ち合わせていた反体制の人間はほんのひと握りしかいなかったが、そのうちでも際立っていたのがアンドレイ・アマルリクで、彼の70年の小論は、「ソ連は１９８４年まで生き延びるか?」と問うている(アマルリクは、次のように正しく予想していた。経済の停滞と「道徳的倦怠」という現実から切り離され、自らの快適な暮らしを永続させることにしか関心がない官僚エリート層はいずれ、帝国の周辺地域の分離主義的傾向を抑え切れなくなるだろう。「まずバルト3国とカフカスとウクライナ、続いて中央アジアとヴォルガ川沿岸で」)[108]。もし帝国が緩やかに衰退せずに崖から落ちたことが1度でもあったとしたら、それはレーニンによって打ち立てられた帝国だった。

最後に、本書で取り上げてきた帝国はそれぞれ存続期間が異なる点に注目してほしい。厳密な意味でのローマ帝国(ビザンツ帝国を除く)は、５００年余り続いた。オスマン帝国はそれに近く、４６９年間続いた。大英帝国は、誕生の時点が定かではないが、寿命は３５０年というのがおおよそ当たっているだろう。明朝は２７６年間、なんとか切り抜けた。ソ連は正式に成立したのは１９２２年末だったが、91年が暮れる前に解体された。ヒトラーの第三帝国は、わずか12年しかもたなかった。地質学的災害が不規則に発生することは完全に脇に置いておくとしても、歴史の中に周期的なパターンを探している人は、帝国の周期性にこれほどばらつきがあるとすれば、じつに困ったことになる。これらの帝国のいくつか、特にロシアと中国の帝国は、崩壊しそうに見えた後でさえ立ち直ったこともあったから、なおさら厄介だ。

今日の世界の政治地理学は、ジュゼッペ・マッツィーニが想像した19世紀西ヨーロッパの標準的政体というテンプレートにすべて基づいた、国民国家のパッチワークに見えうる。だが、詳しく調べてみると、北京とモスクワの両方で、皇帝が生き続けている。[109] 習近平《シー・ジンピン》総書記は、中国の帝国主義の過去を暗示しながら絶えず共産党支配を正当化しようとし、彼の「一帯一路」戦略を宣伝する者たちの特別のお気に入りは、15世紀の鄭和《ジェン・ホー》提督の航海だ。[110] ウラジーミル・プーチンは非常にはっきり、ロシア連邦をソ連の後継国家と見なしており、1939〜40年のソ連の振る舞いに関する、徹底的な研究に基づく長く偏った弁護をしているほどだ。[111] 勃興し、凋落し、再び勃興する帝国については、どう考えたらいいのか？　同様に、世界第2の人口を持つ国インドは、多くの点で、イギリス領インド帝国の後継国家だ。２００５年、インドのマンモハン・シン首相（当時）は、オックスフォード大学での注目に値する演説で次のように認めている。

法の支配や立憲政治、出版・報道の自由、専業の公務員、近代的な大学や研究所という我々の概念はすべて、古来の文明が当時の支配的な帝国と出合った坩堝《るつぼ》の中で作り上げられました。……我々の司法制度や法律制度、官僚機構、警察はみな、英印統治に由来する素晴らしい制度や機関であり、我が国でおおいに役立ってきました。イギリス領インド帝国のあらゆる遺産のうち、英語と近代的な学校制度ほど重要なものはありません。もちろんそれは、クリケットを除けば、の話ですが！……我が共和国の建国の父たちは、ヨーロッパの啓蒙時代と結びついた考え方にも著しい影響を受けました。我が国の憲法は、我々の知的遺産の中の、本質的にインド的なものと、非常にイギリス的なものとの永続的相互作用の証であり続けているのです。[112]

一方、アンカラではレジェップ・タイイップ・エルドアンがオスマン帝国の復活という甘い夢を見ながら、ローザンヌ条約（1923年）を非難し、1920年に帝国議会の最後の会期に採択された「国民協約」の領土自治権を蒸し返している。[113] 老朽化したテヘランでも、人々は壮大な国家という妄想を抱いている。元情報相でハッサン・ロウハニ大統領の少数民族問題に関する元顧問のアリ・ユネシは2015年に、「イランは最初から、グローバルな［規模］を持っていた」と宣言した。「イランは帝国として誕生した。イランの指導者や役人や行政官は、常にグローバルな［規模］で考えてきた」。ユネシは「大イラン」の領土を、中国との国境から、アケメネス帝国の歴史的都であるバビロン（イラク）まで、インド亜大陸、南北カフカス、ペルシア湾を含む地域と定義した。[114] たとえそのような誇大な野心を共有するイラン人は多くないとしても、地域的な「シーア派三日月地帯」を率いるという、広く普及した願望には、同じような帝国支配の意味合いがある。

帝国の崩壊は帝国主義者にとってだけ悲劇だ、と通常は思われている。ところが、帝国が瓦解するときに、暴力がかつてない水準に達することが多く、たいてい、解放されるはずの人々の不利益になる。ロマノフ帝国やハプスブルク帝国やオスマン帝国の崩壊に伴う暴力、あるいは、イギリス領インド帝国の終焉に伴うインド＝パキスタン分離独立時のおぞましい出来事を考えるだけで、それがわかる。あらゆる形態のカタストロフィのうちで、帝国の断末魔の苦しみほど理解するのが難しいものはないかもしれない。なぜならそれは、最も複雑なカタストロフィだからにほかならない。

# 第7章　アジア風邪からエボラまで

私は重病から回復したばかりだった。それについてはわざわざ語ったりしない。

――ジャック・ケルアック、『オン・ザ・ロード』（青山南訳、河出書房新社、２０１０年、他）

## 静観されたパンデミック

１９５７年のアメリカでは、若いというのは天国にいるようなものだった。その夏、エルヴィス・プレスリーが「テディベア」でヒットチャートの第1位になり、9月にはバディ・ホリー&ザ・クリケッツの「ザットル・ビー・ザ・デイ」が、10月にはエヴァリー・ブラザーズの「起きろよスージー」がそれに続いた。ジャック・ケルアックの『オン・ザ・ロード』はその秋に出版された。翌年にはポール・ニューマンとエリザベス・テイラー主演の『熱いトタン屋根の猫』がアカデミー賞作品賞にノミネートされた。こうした牧歌的な「良き時代」の民衆の記憶からは、人種間の溝が抜け落ちている。１９５７年は、ブラウン対教育委員会裁判が公立学校における人種隔離政策の終焉を告げてからわずか3年後、エメット・

ティルが殺害され〔訳注　アフリカ系アメリカ人のエメット・ティルは白人女性に口笛を吹いたという理由で白人に惨殺された〕、また、ローザ・パークスがバスの席を譲るのを拒否してから2年後、アーカンソー州の州都リトルロックのセントラル・ハイスクールで、9人のアフリカ系アメリカ人の生徒の通学を護衛するために連邦軍を派遣せざるをえなかったのと同じ年だった。その歴史は今では学校で教えられているが、1957年には近代以降でも屈指の規模で、最近のある調査によれば史上18番目に大きいパンデミックも発生していることは、依然として忘れられがちだ。[1] その年のヒット曲にはヒューイ・「ピアノ」・スミス&ザ・クラウンズの「ロッキン肺炎とブギウギ・インフルエンザ」もあったのは、見過ごせない。*

あの娘《こ》を抱き締めたいけど、俺の背があんまり低過ぎる。
さっさと駆け寄りたいけど、俺の足があんまり遅過ぎる。

2020年11月3日の大統領選挙で敗れたドナルド・J・トランプ大統領は、不釣り合いかもしれないが、ひょっとするとウッドロウ・ウィルソンと比較できるかもしれない。ウィルソンの健康は言うまでもなく、再選の可能性も、1918～19年のスペイン風邪のパンデミックによって損なわれたからだ。とはいえ、ドワイト・D・アイゼンハワーと比較する（そして対比させる）ほうが、浮かび上がってくるものが多いかもしれない。アイゼンハワーは公僕としての模範的な経歴の中で、パンデミックに2度遭

＊　シングル盤は100万枚以上売れ、ゴールドディスクに相当する地位を獲得し、『ビルボード』誌の音楽チャートで第52位になった。

遇している。1度目はスペイン風邪で、その間、ペンシルヴェニア州ゲティスバーグにあるキャンプ・コルトの1万人から成る陸軍戦車部隊の指揮官として活躍し、中佐に昇進した。2度目は、大統領在任中の１９５７〜58年に襲ってきたアジア風邪のパンデミックだ。1度目のときのエピソードは、何冊かの本とおびただしい数の論文のテーマとなった。２０２０年に解説者たちは、歴史的に類似した例を探し、１９１８〜19年のパンデミックを他のどの事例よりも頻繁に引き合いに出した。一方、2度目のもっと新しい事例は、もっとずっとよく知られていて然るべきだ。なぜなら公衆衛生の危機としては、死亡者の数では全歴史を通して10位以内に入る18〜19年のパンデミックよりも、現在の新型コロナのパンデミックにはるかによく似ているように見えるからだ。[2]

２０２０年の政策対応は、63年前に襲ってきたパンデミックへのアイゼンハワー政権の対応とは、これ以上ないほど違っていた。実際、ほぼ正反対だった。アイゼンハワーは１９５７年の秋に、国家非常事態宣言はしなかった。州のロックダウンも学校の閉鎖もなかった。病気の生徒は、通常するように、たんに自宅にとどまった。労働はおおむね途切れなかった。アイゼンハワー政権は、国民や企業への援助や貸付のために徹底的に借金をすることもしなかった。大統領は公衆衛生局に追加の支援を行うために、議会にわずか２５０万ドル求めただけだった（インフレ率を調整して今日の価値で計算すると２３００万ドルで、１９５７年の４７４０億ドルというＧＤＰの０・０００５％）[3]。たしかにその年、景気後退があったが、パンデミックの影響は仮に皆無ではないにしても、それに等しかった。アイゼンハワーの職務遂行に対する支持率は57年1月から58年3月にかけて約80％から50％へと下落し[4]、所属する共和党は58年の中間選挙で大敗した。だが、当時の真面目な歴史家で、これらの挫折をパンデミックのせいにするような者はいなかった。ヒューイ・「ピアノ」・スミス&ザ・クラウンズは、呑気な国民感情を適切に判断していたように見える。その感情は、前年に生み出された、「心配？　するわけないじゃん」という文句に要約されていた。*

## ネットワークが拡げたティーンエイジャーの感染

「アジア風邪」——当時は、アジアで発生した伝染病をそう呼んでも論争にならなかった——は、1889年のパンデミック（「アジアの」風邪あるいは「ロシア」風邪）の原因だった株と似ているかもしれない、抗原性が新しいA型インフルエンザ新株（H2N2）が引き起こした。[5] このウイルスは、新型コロナの原因となるコロナウイルスとは違った（両方ともRNAウイルスだが、別の門《もん》に属する）が、その影響はコロナウイルスの影響に匹敵した。最初は1957年4月に香港で報告されたものの、その2か月前に中国本土で発生しており、新型コロナと同様、たちまち世界規模になった。4〜6月に東アジア全体に拡がり、中東に入り、韓国と日本のアメリカ軍基地での感染拡大につながった。6月まではアメリカ本土を含む20か国以上で最初の感染者が出た。7月と8月にはウイルスは南アメリカとアフリカにも到達し、9月には北アメリカとヨーロッパでも流行が始まった。[6] 今日の新型コロナウイルスの保有者と

＊　「アルフレッド・E・ニューマン」というキャラクターは、1956年に『マッド』誌の2代目編集長アル・フェルドスタインが命名し、ノーマン・ミンゴが描いた。それ以来、乱れ髪で前歯の欠けた少年は、お馴染みの決め台詞「心配？　するわけないじゃん」とともに常に表紙を飾ってきた。

違い、Ｈ２Ｎ２の保有者は当時の長距離輸送の主要な様式だった船舶で主に移動した。それでも、ウイルスの拡散の速さは際立っていた。

新型コロナと似て、アジア風邪はかなりの超過死亡につながった。最新の研究は、このパンデミックでは全世界で１１０万人前後（70万〜１５０万人）が亡くなったと結論している。[7]最近の、といっても新型コロナ以前に行われた、１９５７〜58年のパンデミックの研究は、「同じような激烈さを持つウイルス」が今の時代に襲ってきたら、全世界で２７０万人前後の死亡者が出たことが予想されるかもしれないと結論していた。[8]新型コロナと同様、アジア風邪でも他よりも甚大な被害が出た国々があった。ラテンアメリカ諸国、とりわけチリは、超過死亡率が特に高く、フィンランドもそうだった。アメリカでは超過死亡は１万４０００〜11万５７００人を数えた。[9]その後の人口の増加を考慮に入れて調整すると、これは今日なら２万６０００〜21万５０００人の超過死亡に相当する。

こうした比較は重要だ。なぜなら、２０２０〜21年のパンデミックは、想定される死亡率の点では、はるかに壊滅的だったスペイン風邪よりも１９５７〜58年のパンデミックに近いからだ。スペイン風邪では世界人口の２・２〜２・８％、アメリカの人口の０・65％が亡くなっている（第５章参照）。[10]１９１８〜19年のパンデミックは史上屈指の深刻なパンデミックであり、その影響の点では、16世紀に中央アメリカと南アメリカの諸民族に大打撃を与えた（ユーラシアの複数の病気の）ココリッツリの流行に匹敵する。１９１８年にはアメリカ人の平均寿命は男女ともに11・８年縮んだ。[11]影響力があったものの疑わしい、あるイギリスの疫学モデルは２０２０年３月に、ソーシャルディスタンシングとロックダウンをともに行わなければ、新型コロナには全世界で４０００万人、アメリカで２２０万人の命を奪う可能性があると予測した。[12]これは今では信じ難く思える。アメリカではスペイン風邪の感染者致死率は２％

前後だった。現時点までに発表された血清学研究に基づくと、新型コロナの感染者致死率はその半分にも満たない[13]。普遍的な感染という筋書きは想像しづらい。

超過死亡率はアメリカでは１９５７〜58年よりも２０２０〜21年のほうがけっきょく高くなるかもしれない。アジア風邪の感染者致死率はおそらく０・26％がせいぜいだっただろう。ところが新型コロナとは違い、アジア風邪はかなりの数の若者の命を奪った。たとえば１８９２年と１９３６年のものがそうだが、たいていのインフルエンザのパンデミックでは、高齢者（65歳超）だけではなく幼児（5歳未満）も大勢亡くなった。とはいえ、基準となる予定死亡率と比較した超過死亡率の点では、世界中で最も多くの犠牲者を出した年齢層は、15〜24歳であり（平均死亡率よりも34％高かった）、5〜14歳がそれに続いた（平均よりも27％高かった）。アメリカでも、超過死亡率が特に高かったのは5歳未満と、65〜74歳と、75歳以上だったものの、そして、超過死亡者のおよそ3分の2は65歳超だったものの[14]、15〜19歳という年齢層の相対的な超過死亡率は、予定死亡率の4倍を超えた[15]。言い換えれば、アジア風邪に見舞われた頃、人々は高齢者の死亡率が高まることを予想していただろうが、ティーンエイジャーの死亡率の高まりは予想外だったはずだ。

１９５７〜58年のパンデミックであれほど多くの若者が倒れた事実には、次のような意味がある。すなわち、たとえ２０２０〜21年の死亡者数がアメリカの人口に占める割合のほうが多かったとしても、失われた質調整生存年は、１９５７〜58年のパンデミックのときのほうが、依然として多かったかもしれないのだ。最近のある推定によれば、質調整生存年の損失の点では、アジア風邪は１９７９〜２００１年の平均的なインフルエンザ流行シーズンの5・3倍、２００９年の「豚インフルエンザ」の4・5倍だったが、スペイン風邪の12分の1にすぎなかったという[16]。

アメリカでアジア風邪の患者が最初に出たのは1957年6月初旬で、彼らはロードアイランド州ニューポートに停泊中の船の乗組員だった。まもなく、西海岸の海軍基地はどこも、何千件もの症例を報告しはじめた。6月末には、カリフォルニア大学デイヴィス校獣医学部のキャンパスにいたハイスクールの女生徒たちの間でも感染が拡大した。デイヴィス校での感染拡大に遭遇した1人の生徒が、6月28日に始まるウェストミンスター・フェローシップ・カンファレンスという催しに参加するために、アイオワ州グリネルまで出かけた。その生徒は途中で発症し、40以上の州と10以上の国からの1680人の代表をウイルスにさらした。ペンシルヴェニア州ヴァリー・フォージで開かれたボーイスカウト・ジャンボリーに出席した5万3000人の少年たちの間でも数人が発症した。[17] 7月と8月にボーイスカウトの団体が国中を旅して回るときに、彼らもインフルエンザを広く撒き散らかした。[18] 7月にはルイジアナ州タンギパホアで「大規模な感染拡大」があった。この病気は「突然発症し、高熱や倦怠感、頭痛、全身の筋肉痛、喉の痛み、咳を伴った。……吐き気と嘔吐は幼い子どもの間では珍しくなかった」と言われる。2人が亡くなった。まもなくルイジアナ州全体と、それに隣接するミシシッピ州の地域で一連の感染拡大が起こった。[19]夏の終わりまでには、カリフォルニア州やオハイオ州、ケンタッキー州、ユタ州でも患者が出ていた。

アジア風邪がアメリカで流行したのは、夏の終わりに新学年度が始まったためだ。休みを終えた生徒たちが戻ってくるとすぐに、ウイルスは国中に急速に拡がった。伝染病センター（疾病管理予防センターの旧称）は7月にインフルエンザ監視班を新設した。この班は、人口の85％を網羅する郡報告書と、2000人から成る代表サンプルの毎週の国民健康調査結果と、36の都市の6万人の電話労働者を網羅するAT&Tの欠勤報告書を受け取った。こうしたデータのおかげで1957年の感染症の流行については、それ以前のものでは不可能だったほど詳しい状況がわかる。57年10月と11月には人口の約25％に等しいおよそ4500万人が新しいウイルスに感染したと、疾病管理予防センターは推定している。郡レベルのデータは、2～4割の感染率を示している。感染率が頂点に達したのは42週目で、インフルエンザと肺炎の死亡者のピークは、その3～4週間後にやって来た。感染率が高かったのは、学童から、35～40歳までの若い成人の年齢層だった。65歳超の成人が、インフルエンザの死亡者の6割を占めたが、これは異常に少なかった（1960年には、肺炎とインフルエンザの全超過死亡者の8割を占めた[20]）。

なぜ若いアメリカ人は不釣り合いなまでにアジア風邪に弱かったのか？ 1つには、彼らは年長のアメリカ人ほど、それ以前のインフルエンザ株にさらされていなかったからだろう。1934年以降、57年までには合計9回のA型H1N1インフルエンザの流行があった（34～35年、37年、39年、40～41年、43～44年、47年、50年、51年、53年）。それらはすべて、ウイルスの抗原「ドリフト」から生じる平均以上の「季節性インフルエンザ」の事例だった。57～58年のインフルエンザは、新しいH1N1株だったが、年長のアメリカ人には免疫が残っていたのかもしれない[21]。ある専門家は次のように指摘している。

70歳を超える人を除けば、一般大衆は経験したことがなかったウイルスに直面した。そしてそのウイルスは、細菌の共同侵入者がなくても、単独で致死的だったことが明らかになった。……

ウイルスは、補体結合試験によってA型インフルエンザウイルスであることがただちに判明した。ところが、ウイルスのヘマグルチニン抗原を突き止める試験からは、それまで人間で見つかったもののどれにも似ていないことがわかった。ノイラミニダーゼ（NA）抗原についても同様だった。アジアウイルスの最終的な亜型は後にH2N2とされた[22]。

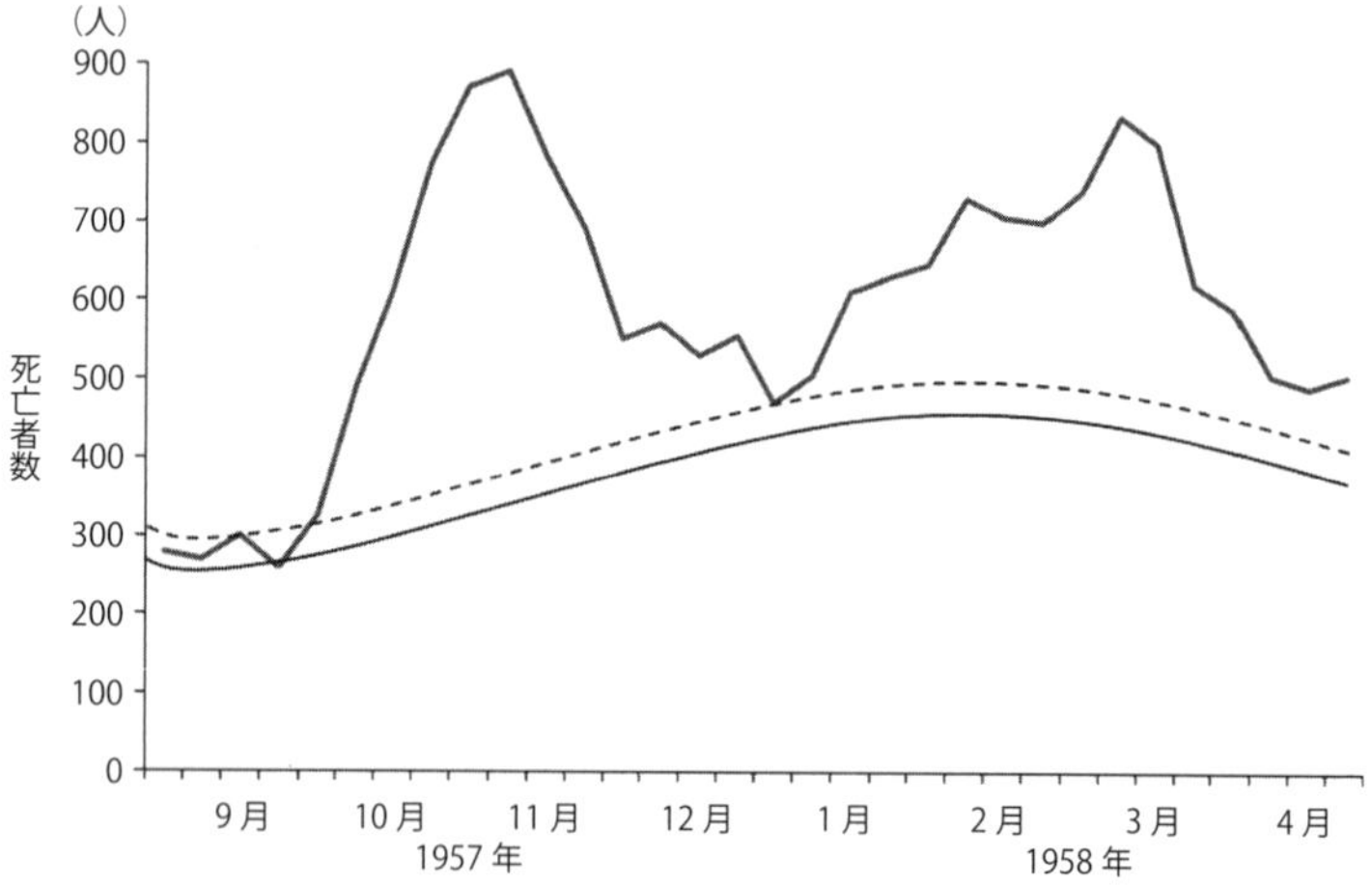


アメリカにおける1957～58年のパンデミック。アメリカの108の都市での、肺炎とインフルエンザによる毎週の死亡者。

注　上側の実線は1957年9月～58年4月に108の都市から毎週報告された肺炎とインフルエンザの死亡者数を表している。下側の実線は、それまでの年月の経験から予期される肺炎とインフルエンザの死亡者数。破線は「流行閾値」であり、インフルエンザの流行時を除いて、これを上回ることはまずない。

ところが、1957年のパンデミックにアメリカの若者が予想外にかかりやすかった理由は、他にも考えられる。第4章で見たように、どのような感染の規模と発生率も、病原体そのものの特性と、その病原体が襲いかかる社会的ネットワークの構造次第だ。[23]

1957年という年は、多くの意味でアメリカのティーンエイジャーの夜明けだった。第2次世界大戦の終結後に生まれた最初のベビーブーマーたちが、翌年に13回目の誕生日を迎えてティーンエイジャーになった。親世代はティーンエイジャーだった頃、断じて裕福ではなかったから、この新しい世代が享受した経済生活だけでなく社会生活までもが斬新そのものであり、ハリウッドがもっぱらティーンエイジの狂態を描いた多数の映画にそれを投影したので、世界中で羨望の的となった。ところが、ハイスクール卒業記念の目くるめく舞踏会の騒ぎや、さまざまなパーティや、豪胆さを競い合うチキンレースなどには、陰の面もあった。疾病管理予防センターを研究している歴史家が指摘したように、当時のティーンエイジャーは、「人口のどの区分よりも高い接触率を経験しており、彼らは主婦やその未就学児や就労中の夫よりも他者との接触回数がはるかに多かった」[24]。

サマーキャンプやスクールバス、前例のない放課後の交際のせいで、1957年9月〜58年3月にウイルスに感染したティーンエイジャーの割合は5％から75％へと急増した。ルイジアナ州タンギパホアでそのきっかけとなった出来事は、例年のイチゴの収穫が終わった後、7月中旬に教区立学校のうち20校での授業開始だった。秋に起こった全国的な流行は、夏の終わりに学校が再開されたのが主な原動力だった。疾病管理予防センターの推定では、その秋に、生徒の6割以上が臨床疾患にかかったという。アメリカの28の学校区のデータは、通常なら5％の欠席率が2〜3割に及んでいたことを示している。ニューヨーク州では、10月7日に欠席者数が28万人で最多になった。これは就学者の29％に相当し、マンハッタンではその割合は43％に達した[25]。

後で見るように、アメリカの当局は1957年に、今なら集団免疫戦略と呼ぶだろう措置を暗黙のうちに選択した。だが、これによって1958年2月の第2波を回避することはできなかった。この波には、疾病管理予防センターはいくぶん虚を衝かれた。第2波でも第1波のときと同じぐらい大きく急激な超過死亡率の高まりが見られたが、このときは、前よりも上の年齢層（45〜74歳）にそれが集中していた。その後も60年1〜3月（A2型インフルエンザ）と、62年初期と63年（ともにB型インフルエンザ）の流行があった。また、65年と66年にも軽い流行があった[26]。それから、68〜70年の「香港風邪」（A型インフルエンザ／H3N2）のもっと大きな流行があった。ただし、超過死亡の点では、57〜58年のパンデミックの半分の規模でしかなかった[27]。

## モーリス・ヒルマンによるワクチン開発

1957〜58年に国内の活動の場を開いたままにするというアイゼンハワー大統領の決断には、スペイン風邪のときに若い将校としてキャンプ・コルトで過ごした折の経験が反映されている。当時彼は、流行の緩和措置を見事に監督したので、軍は彼を昇進させただけでなく、キャンプ・コルトから医師を30人、全国に派遣して他の医師たちの指導に当たらせた。1918年のアイゼンハワーの戦略は単純で、医師を信頼し（彼はキャンプの外科部長を代理に任命して対応を指揮させるとともに、実験的な治療を行う権限を与えた）、ソーシャルディスタンシングを導入した（兵士たちは広々とした野原に3人1組でテントを張って分散した）[28]。州・準州保健担当職員連盟（ASTHO）が1957年8月27日に、「この疾患の拡散に関連しての学校の閉鎖にも、集会の削減にも、実用的な利点はない」と結論すると、アイゼンハワーはそれを聞き入れた[29]。疾病管理予防センターのある役人は、後に次のように回想している。

学校を閉鎖したり、移動を制限したり、国境を閉ざしたり、マスクの着用を奨励したりする措置は、一般に採用されなかった。隔離は有効な緩和戦略とは考えられなかったし、「移動者の数が非常に多く、軽症者や不顕性《ふけんせい》感染者の割合も高いので、明らかに無益」だった。……10月上旬、ニューヨーク州のナッソー郡保健委員会委員長は、「公立学校は感染症の流行時にも開いているべき」であり、「子どもたちは学校以外でも同じように簡単に病気になるだろう」と述べた。……

ASTHOは病院の負担を減らすために、合併症のないインフルエンザの患者は家庭での看護を奨励し、病院への入院は重症患者に限ることを勧告した。……ほとんどの人は、たんに家にとどまり、休養を取り、水と果物のジュースをたっぷり飲むことを勧められた。[30]

この決定は、非薬理学的介入から薬理学的介入へと責任が完全に移ったことを意味した。2020年の場合と同じで、ワクチンを見つけるために緊急の努力がなされた。ところが2020年の場合と違い、アメリカでは真の競争と呼べるようなものはなかった。それは、ずば抜けた才能と先見の明を持つ、ある科学者の慧眼《けいがん》のおかげだった。1919年にモンタナ州マイルズシティで生まれたモーリス・ヒルマンは、48～57年にウォルター・リード陸軍医療センターの呼吸器系疾患部門の責任者だった。軍疫学委員会のインフルエンザ委員会は、40年代から、インフルエンザの研究とワクチンによる予防の研究を行っていた。[31] ヒルマンは研究生活の初期に、インフルエンザのウイルスが変異するときに起こる、「シフト（不連続変異）」と「ドリフト（連続変異）」という遺伝子変化を発見した。この研究成果のおかげで彼は、香港の「目がとろんとした子どもたち」についての新聞記事を読んだときに、このインフルエンザの感染拡大がパンデミックとなって大損害をもたらす可能性に気づいた。

彼は同僚たちとともに、9日間にわたって毎日14時間働き、これが新しいインフルエンザ株であることを確認し、1918年のものと同様、何百万、何千万という人の命を奪いうることを突き止めた。ただし、後で見るように、この時点では、18年にあれほど多くの人の死因となった2次感染と戦う抗生物質が利用可能ではあったが。陸軍医療センターは5月13日に香港から最初のインフルエンザの試料を受け取り、ヒルマンは5月22日までにこの新株の最終的な確認を終えていた。[32]

速さこそが肝心だった。ヒルマンは、ワクチンの製造業者と直接協働し、本人の言葉を借りれば「お役

1957年、メリーランド州シルヴァースプリングのウォルター・リード陸軍医療センターの研究室で、アジア風邪ウイルスの研究中、チームに話をするモーリス・ヒルマン（1919～2005年）。

所仕事の煩雑な手続き」を回避することができた。公衆衛生局は、ヒルマンが分析を終えもしないうちに、アジア風邪のウイルスの最初の培養物を製造業者に放出していた。重要な役割を果たしたのが、アラバマ州モンゴメリーの疾病管理予防センターの研究所で、同研究所は世界保健機関の南北アメリカ国際インフルエンザ・センターだった。後で見るように、2020年のパンデミックでは世界保健機関は栄光に輝くことはなかった。一方、1957年には、同機関は疾病管理予防センターとロンドンにあるイギリスの世界インフルエンザ・センターとの協力を促進した。アトランタにある疾病管理予防センターの本部でと同様、モンゴメリーでも職員がワクチンの最初の試験に志願した。朝鮮戦争のときに生じた生物兵器の脅威への対応として1951年に設立された疫学情報局のH・ブルース・ダルは、アトランタの合衆国刑務所での試験を主導し、初回には8～9割が有効という結果を得た。晩夏には、メルク・シャープ・アンド・ドームを含む6社がワクチンを製造していた。

アメリカがパンデミックの危険に気づいてからワクチンの集団接種を行うまでの、このときの素早さには目を見張らされる。『ニューヨーク・タイムズ』紙が香港での感染拡大を初めて報じた（第3面で3段落）のは4月17日だった。早くも、わずか3か月余り後の7月26日には、カリフォルニア州フォート・オードの医師たちが、入隊者に接種を始めていた[33]。3日後にはコロラド州のローリー空軍基地でも接種が始まった。次は、医師や看護師、その他の医療従事者の番だった。アイゼンハワー大統領も順当に接種を受け、エリザベス女王とフィリップ殿下も、予定されているアメリカとカナダの訪問に先立ち、接種を受けた。公衆衛生の役人たちにしてみれば、このワクチン接種運動こそが、パンデミックに対するアメリカの対応の核心だった。

公衆衛生局長官のリロイ・バーニーは8月15日、ワクチンは人口に基づいて各州に割り当てられるが、配送は製造業者が通常の商業ネットワークを通して行うと発表した。州・準州保健担当職員連盟はワシントンでの8月下旬の会合で、防止策は「感染拡大を止める効果的な手段がないなかで、予防接種プログラムとなる」と宣言した。1回分が1ミリリットルのワクチンが8月にはおよそ400万回分、9月には900万回分、10月には1700万回分供給された[34]。「1957年のパンデミックのときに、失望を味わうことはなかった。予想どおり始まったから」とヒルマンは2005年のインタビューで回想している。ワクチン接種のおかげで、おおいに恐れられていた1918～19年の再現はおおむね回避できた。「ワクチンでパンデミックを防げたのは、唯一あのときだけだった」とヒルマンは振り返る[35]。

とはいえ、そのワクチンは人口のわずか17%分にしかならなかった。そのうえ、ワクチンの有効性は53～60%の範囲であることがわかった。当然ながら手違いもあった。アメリカンフットボールのサンフランシスコ・フォーティナイナーズだけでなくカリフォルニア大学とスタンフォード大学のチームの選手たちまでもが、警察官や消防士よりも先に接種を受けた。メルク社の営業部長は、次のように説明した。「リンゴを欲しがっている人が25人いて、リンゴが1つしかなかったら、誰がそのリンゴを手に入れるでしょう？ くれ、と言って、最初に手を差し出す人です」[36]。こうしたことが重なって、疾病管理予防センターのある役人は、ワクチンは「パンデミックの動向にたいした影響はなかった」と結論した[37]。だがこれは、ヒルマンの業績を過小評価している。アジア風邪に対する彼の迅速な対応の正味の結果として、アメリカでの超過死亡が抑えられたことは間違いない。なぜなら、詳しく見てみると、やがて登場した公衆衛生政策は、若いアメリカ人には集団免疫、軍人と医療従事者には選択的ワクチン接種という組み合わせだったからだ。

その後の年月にも実験と研究は続けられた。「1次抗体反応を引き起こすために、以前のH1ワクチンよりも多くのワクチンが必要だった。……1958年と59年と60年（感染が再び起こった）には、人々の初期抗体価の平均は上がり（つまり、検査対象となった人々が抗原刺激を受けている）、ワクチンへの反応が以前よりも容易に立証できた。ワクチンを分割して4週間未満の間隔で摂取するほうが、1回での摂取よりも有益だった。年月が経過するにつれ、この戦略から得られる恩恵は減少した」。ナヴァホ族の学童とニューヨーク市の医学生を対象とする研究からは、「不顕性感染は毎年起こった」が、「臨床的に明らかな感染」は、H2N2に特異的な抗体価の上昇に伴って減少したことがわかった[38]。これらやその後の研究結果に照らして、政策は高齢者の定期的ワクチン接種へと転じた。高齢者は、たいていのインフルエンザ流行シーズンにほとんどのインフルエンザ株に最も弱かったし、今も弱いからだ。

ヒルマンは1957年のうちにメルク社に入り、同社がペンシルヴェニア州ウェストポイントに新設したウイルスと細胞生物学の研究部門の長となった。それから驚異的なことが起こった。ヒルマンは、彼の功績とされる動物用と人間用の40の実験的ワクチンと認可済みワクチンのほとんどを、メルク社で開発したのだ。現在のワクチン接種計画できまって推奨されている14のワクチンのうち、麻疹、流行性耳下腺炎、A型肝炎、B型肝炎、水痘、髄膜炎、肺炎、ヘモフィルス・インフルエンザエ（インフルエンザ菌）用の8つはヒルマンが開発した。1963年に娘のジェリル・リンが流行性耳下腺炎にかかった。ヒルマンは彼女から採取したウイルス性物質を培養し、それをもとにして流行性耳下腺炎のワクチンを作った。ジェリル・リンの流行性耳下腺炎ワクチンの株は、今も依然として使われている。ヒルマンのチームは、血清をペプシンと尿素とホルムアルデヒドで処理してB型肝炎のワクチンを発明した。このワクチンは1981年に認可され（ただしアメリカでは、酵母菌の中で作られたワクチンに86年に取って代わられた）、2003年になっても150か国で相変わらず好んで使われていた。

ヒルマンの生涯の記録を読むと、冷戦時代の科学研究の文化は、今日ではとうてい許容されないほど激しいものだったことを思い知らされる。彼の伝記作家は次のように書いている。「彼は自分の研究室を軍隊のように運営しており、万事が彼の裁量に任されていた。しばらくは、彼はクビにした職員の1人ひとりの『干し首』（じつは、彼の子どもの1人がこしらえた偽物）を記念品としてオフィスにずらっと並べていた。主張をはっきりと理解させるために、冒瀆的な言葉をたっぷり使い、攻撃的な演説を延々と続け、有名な話だが、1度など、メルク社の中間管理職をもっと丁重にすることを意図した『花嫁学校』の必修講座への出席を拒んだ[39]」

## 冷戦下の生化学の進歩

当然ながら、1957〜58年のアジア風邪のパンデミックには経済的な影響もあった。57年11月上旬までには、8200万のアメリカ人の具合が悪くなっており、病気による欠勤はのべ2億8200万日に達していた。とはいえ、このパンデミックは景気後退と同時に起こったと言うのがせいぜいだろう。じつは経済の縮小は、アメリカでウイルスが拡がりだすよりも前の、57年夏に始まっていた。景気後退の直接の原因は、市場金利が上昇し、それに連邦準備制度理事会が及び腰で追従してきたことと、[40] 防衛費が削減されたことだった。いずれにしても、景気後退は短期間で終わり（わずか9か月しか続かなかった）、軽いものだった。失業率は57年8月の4・1%から少しばかり上昇し、翌年7月の7・5%で頂点に達したが、これは48〜49年の景気後退で記録した7・9%の最高値を下回る。個人所得と個人消費支出は減らなかった。

景気後退に関する58年8月の連邦準備制度理事会の論評は、景気の下降の潜在的な原因としてパンデミックには触れもせず、レストランやバーやショッピングモールは最も影響が少なかった部門であることを指摘している。[41] 36の都市の被雇用者についてのAT&Tのデータは、10月19日に終わる週に流行がピークに達し、そのときの超過欠勤率はほんの2・7%にすぎなかったことを示している。疾病管理予防センター自体はより多くの都市を追跡していたが、流行がピークを迎えた週の各都市の超過欠勤率は3%から8%まで、さまざまだった。カナダのデータも似たような状況を示している。[42] 議会予算局はアジア風邪のことを、「経済活動における通常の変動と区別できないかもしれない」ような出来事と評した。[43]

このように、1957〜58年のパンデミックの経済的影響は、2020年のものに比べるときわめて小さかった。だが、政治的な余波については、同じことは言えないかもしれない。共和党は1958年の中間選挙で歴史上稀なほどの批判を受け、一般投票で13％の差をつけられ、上院で13議席、下院で48議席を失った。とはいえ、おそらくパンデミックは選挙における副次的な要因にすぎなかった。『ニューヨーク・タイムズ』紙は58年の中間選挙の事後分析で、アジア風邪には触れてさえいない[44]。

国家安全保障面での懸念のほうが重大に思えたことはほぼ確実だ。前の年にソ連が人工衛星スプートニクの打ち上げに成功し、アメリカ人の度肝を抜いた。彼らは、自国のほうが冷戦と宇宙開発競争の両方で本来、技術的優位に立っていると思い込んでいたからだ。キューバでは内戦が激しさを増しており、フィデル・カストロはほんの数か月後に勝利を得ようとしていた。そして7月にはイラクでクーデターが起こり、国王ファイサル2世が権力の座から引きずり下ろされた。バース党がイラクの権力を1963年に奪取する前触れだった。これを受けて、アメリカ軍がレバノンに急派されていた。

したがって、アジア風邪のパンデミックは、地政学的な文脈から切り離して眺めるわけにはいかない。たとえば、アメリカの疾病管理予防センターが公衆衛生機関の国際的ネットワークにおける主要なノードだったことに、モーリス・ヒルマンはおおいに助けられた。このネットワークは20世紀初頭に起源をたどれる。その頃、汎米衛生局（1902年）とパリに本拠を置く国際公衆衛生事務局（1907年）が設立されたが、ネットワークが真に世界規模になったのは、第1次世界大戦の後にすぎない。1920年12月、国際連盟の総会で、保健委員会を創設する決議案が採択された。その委員会を任されたのが、ポーランドの細菌学者ルドヴィク・ライヒマンで、彼は国家元首で軍指導者のユゼフ・ピウスツキがボリシェヴィズムの拡散を阻んだのとちょうど同じぐらいうまく、発疹チフスが西に向かって拡がるのを阻止した人物だ。

1921年に設立された疫学情報局は、ライヒマンの組織の中核だった。翌年、同局はさまざまな定期報告書を発行しはじめた。保健委員会は23年まで、「臨時」とされていたが、23〜28年には常設保健委員会になり、その後、国際連盟保健機関と改名されたものの、実際にはロックフェラー財団からの財政支援に大きく依存していた。25年にはシンガポールに極東局（東洋局としても知られていた）が開設された。同局は毎週2つの標準報告を用意した。一方は郵便で送られ、もう一方はラジオで放送された。30年代前期までには、国際連盟保健機関のネットワークは45か国に拡がり、世界の人口の3分の2を網羅していた。

すべての国がこれに加わったわけではない。ラテンアメリカの各政府は、おそらく「疫学帝国主義」を恐れて、汎米保健機構内で活動することを好んだが、実際には国際連盟保健機関の精神は帝国主義的というよりも自由主義的だった。カナダの医師で同機関の事務局長になったフランク・ブードローは1940年1月にこの精神を捉えて次のように述べた。「真理はあなたがたを自由にする、と預言者は言った〈訳注　イエス・キリストの言葉。「ヨハネによる福音書」第8章32節〉。そして、病気についての真実を知ることは、旅客輸送と貨物輸送の自由や、疾病と不要な制限からの解放を意味する」

ブードローにとって、シンガポールの極東局は、「世界の警報システム」を監督する「町の防火システムにおける中央消防署」だった[45]。世界がまたしてもずるずると戦争にはまり込んでいくなかでさえ、国際連盟保健機関は驚異的なまでに任務を続行した。ヒトラーが1933年10月にドイツを国際連盟から脱退させた後でさえ、同国は疫学報告を送り続けた[46]。37年には日本が中国に侵攻し、39年にはヨーロッパで第2次世界大戦が勃発したにもかかわらず、シンガポールからは相変わらず毎週、報告が出された。ブードローが39年に述べたように、「使える手段はすべて使って国際協力を台無しにしている世界が、健康問題での国際協力によって、壊滅的になりかねない感染症の流行から守られているというのは、今日のパラドックスの1つだ」。

ドイツとその同盟国を助けてしまうのを恐れて、アメリカの役人に続いてイギリスの役人も情報の提供を控えたために、1940年までにこの体制が崩れたことは確かだ。それでも国際連盟保健機関は第2次世界大戦を生き延び、世界保健機関創設時の役人のうち数人を出し、「世界保健機関が今日も依然として利用している体制の土台を築いた[47]」。フランク・ブードローの精神は、やはりカナダ人で世界保健機関の初代事務局長ブロック・チザムの中で生き続けた。チザムは、「人類が生き延びるために必要とされる新しい種類の市民」というユートピア構想を持っていた[48]。

1930年代後期から、国家安全保障に対するアメリカの態度が変容し、そのおかげで45年以降も国際的な公衆衛生は優先事項であり続けた。フランクリン・D・ローズヴェルト大統領は37年10月の演説で、「世界の無法状態という感染症の流行」に触れ、「戦争は、宣言されたものであれ宣言されないものであれ、伝染病であり、もともと戦闘行為が行われた場から遠く離れた国々や諸国民を巻き込みうる[49]」と警告した。ローズヴェルトとニューディール政策支持者は、国際安全保障は経済と政治の発展にかかっており、当然アメリカの安全保障も同様である、と確信するようになった[50]。副大統領のヘンリー・A・ウォレスが1942年に言ったように、「戦争は、貧困や不安定な状態、飢餓、失業に深く根差す継続的な過程と見なされる。これらの諸悪が一掃されていない世界では、ヒトラーのような人物が絶え間なく現れ、戦争が繰り返し起こる[51]」。

この論理は、切れ目なく冷戦時代にも引き継がれた。それは、ソ連が第3世界の経済発展の後援者として、1945年以前のドイツや日本やイタリアとは比べ物にならないほど強力な競争相手となりそうだったことが大きな原因だ[52]。アメリカがイランに派遣した技術協力隊の指導者は、1952年にイラン議会の議長に、次のように説明した。「私は毎朝目覚めたときに、『どうやって共産主義と戦うことができるか?』と考えたことはなく、『イランの人々を苦しめる病気や飢えや貧困との戦いをどうやって支援することができるか?』と考えていました。……これが共産主義の根幹に対する攻撃なら、共産主義は病んだ植物なのであり、根こそぎにしなければなりません[53]」

アメリカはこの競争に、世界で最も進んだ医薬品産業という並外れた強みを持ち込んだ。これは、アメリカの科学者が競争相手よりも先を行っていたということではない。ノーベル賞の観点からは、けっしてそうではなかった。1901~40年に、アメリカの科学者が科学部門で獲得したノーベル賞は全体のわずか8%だったのに対して、ドイツの科学者は22%を獲得していた[54]。だが、新薬の開発と販売に関しては、アメリカに並ぶ国はなかった。抗菌作用のあるサルファ剤の分野を開拓したのは、当時、科学産業トラストだったIGファルベンの一部であるドイツ企業のバイエルAGだが、バイエルが商標登録したプロントシルの有効成分はスルファニルアミドと呼ばれる、広く入手可能な化合物であることが判明した。サルファ剤はまもなくアメリカで大量生産され、良い意味でも悪い意味でも著しい影響を与えた。1937年秋には、100人が「特効薬スルファニルアミド」を服用した後、ジエチレングリコールの中毒症状を起こした。この惨事が、38年の連邦食品・医薬品・化粧品法の成立につながり、アメリカでは医薬品の本格的な規制が始まった。その一方で、41年だけでも1000万~1500万のアメリカ人がサルファ剤を使った治療を受けた。その結果、妊産婦死亡率が25%、肺炎/インフルエンザの死亡率が13%、猩《しょう》紅熱《こうねつ》の死亡率が52%下がった[55]。

同様に、1929~40年にペニシリンを発見して開発したのはスコットランドのアレクサンダー・フレミングとオーストラリアのハワード・フローリーとドイツのエルンスト・チェーンだったが、第2次世界大戦の終わりまでに抗生物質を大量生産するようになっていたのはアメリカの企業だった。アメリカでは感染症による死亡率の下落は、１９００〜36年は平均で毎年２・８％だったのに対して、37〜52年には毎年８・２％に増えた。抗生物質だけのおかげで、15年にわたって死亡率が年に５・４％前後減り続け、合計56％超の減少となった。

もちろん、20世紀半ばの死亡率改善がすべてサルファ剤と抗生物質に起因するわけではない。すでに見たように、アメリカとイギリスの両方で、栄養や個人と公共の衛生が改善し、貧困を減らす社会政策が実施されたことも、大きな要因だった[56]。イギリスの学校で始まり、１９３７年にはアメリカ軍にも採用された濃厚接触歴追跡などの斬新な非薬理学的介入も寄与した[57]。つまり、20世紀半ばに発見されて広く行き渡ったほとんどのワクチンと同じで、こうした他の要因も、若い人の死亡率を減らすうえで、はるかに大きな効果があったが、高齢者にとっては、サルファ剤と抗生物質の効果のほうが大きかったわけだ[58]。医学研究を大きく推進したのが、イギリスとアメリカで同時に採用されたランダム化比較対照試験（１９４８年）と二重盲検法（１９５０年）だ[59]。要するに、１９５７〜58年のモーリス・ヒルマンの成功は、たんに、大胆で迅速なアメリカの技術革新の結果だったわけではなく、アジア風邪の感染拡大前から、香港とロンドンとワシントンの協力が何年にもわたって制度化されてきた事実と、「ブギウギ・インフルエンザ」に襲われた夏に、アメリカ人がかつてないほど健康だった事実にも基づいていたのだ。

一方、１９５７年にはソ連がニキータ・フルシチョフの下で、自信の頂点に達しつつあった。ソ連によるスプートニクの打ち上げが、アジア風邪のパンデミックの最中だった57年10月４日に行われたことは、繰り返し指摘しておく価値がある。アジア風邪の記憶が薄れてしまった理由も、それで説明がつきやすくなるかもしれない。なにしろ冷戦は、前例のない惨事の脅威、すなわち熱核戦争の脅威を突きつけてきたので、病原体が人間に及ぼしていた従来の脅威は、一般大衆の意識の中でいくぶん薄らいでしまった。

1950年代と60年代に、今後5年間に世界大戦があると思うかどうか訊かれたアメリカ人で、自分の意見を持っている人の40〜65%が、思う、と答えた。80年代には、その割合は76%にまで高まっていた。世界大戦が起こったら、アメリカに対して水素爆弾が使われるだろうかと質問されると、アメリカ人の60〜75%が、イエス、と答えた。この見通しがどこまで内面化されていたかについては議論の余地がある。80年代に経済学者ジョエル・スレムロッドは、ハルマゲドンの恐れがアメリカの個人貯蓄率を押し下げたと主張した。来ないかもしれない未来のために、なぜわざわざ貯蓄するのか、というわけだ。ポスト冷戦時代には、核戦争のリスクが急減するので、貯蓄がまた増えはじめる、特にアメリカでは、というのがスレムロッドの予測だった[*]。

いずれにしても、1950年代から80年代にかけて、人々は人類に対する他のいかなる脅威よりも第3次世界大戦について心配していた。世界保健機関のブロック・チザムの言葉を借りれば、「人類の潜在的破壊力があまりに大きくなったため、身体的あるいは精神的あるいは社会的不健康の一般的な症状である、劣等感や不安、恐れ、憎しみ、攻撃的な圧力、狂信、さらには理不尽な傾倒や忠誠心までもが、今や大勢の人の存続に対して深刻な脅威を及ぼしている」となる[60]。

核によるハルマゲドンを抜きにしてさえ、冷戦は場所によっては紛れもなく「熱く」なった。通常戦争はインドシナから中央アメリカまで、多数の紛争地帯で猛威を振るい続けた。アイゼンハワー時代の「瀬戸際政策」の後、ケネディ大統領とジョンソン大統領の下では、1961年のベルリンと62年のキューバで、なおさら不安を抱かせる重大な対決が続き、さらに南ヴェトナムではアメリカの介入がしだいに深みにはまり、大損害をもたらすこととなった。デタント（緊張緩和）による改善もわずかだった。

ほぼどのような基準に照らしても、ニクソンとフォードとカーターの時代は、ブッシュとオバマとトランプの時代よりもはるかに暴力的だった。国家による武力紛争での戦死者は、1970年代には200万を超えたが、2000年代にはおよそ27万人だった。[61] ヴェトナム戦争のほうがイラク戦争よりもずっと致命的だった（アメリカ軍の戦死者は、前者が4万7424人、後者が3527人）。国家による武力紛争の戦死者の総数を推定しているオスロ国際平和研究所によると、1956年から2007年までで紛争が特に多かったのは、1971年（戦死者約38万人）と、82～88年（戦死者は平均で毎年25万人）だという。それに対して、2002～07年の平均は、1万7000人弱だ。[62] ヴァージニア州ヴィエナの組織的平和センターが計算する「戦争マグニチュード」指数は、1950年代から80年代半ばまでは着実に上昇し、それから91年の冷戦終結後は急減して半分未満になり、戦争を経験している国の割合と武力紛争の発生件数の、同センターによる推定値も同様だった。ジェノサイドや民族浄化などの犠牲者を含む、「政治的暴力による毎年の死亡者」というより幅広い尺度を使っても、同じような実態が浮かび上がる。全世界の死亡率は1970年代前期に頂点に達し、それからおおむね一貫して低下しており、例外は94年のルワンダのジェノサイドによる急増ぐらいのものだ。[63] 革命や軍事クーデターや政治的暗殺の頻度も、20世紀後期よりも今のほうが低い。

超大国のアメリカとソ連は、核競争という文脈で、他の潜在的な脅威に対して矛盾に満ちた振る舞いを

＊　スレムロッドの仮説にとってはあいにくだが、そういうことにはまったくならなかった。ソ連崩壊後、原子力科学者たちの世界終末時計が11時43分まで巻き戻されたにもかかわらず、個人貯蓄率は世界が惨事の瀬戸際にあった1983年の可処分所得の9・4％から、2005年には2・5％まで下落し続けた。[64]

見せた。一方では、アメリカとソ連の科学者は冷戦の間に協力し、開発した2つのワクチンが大成功を収めた。[65] シンシナティ大学のアルバート・サビン（まだロシア帝国領だったときにビャウィストクで生まれた）は、ソ連のウイルス学者ミハイル・チュマコフと手を組み、ポリオ用のサビンの経口生《なま》ワクチンを使った大規模な試験を行った。彼らはそのワクチンを１０００万人の子どもに接種した。[66] １９７８年に最高潮を迎えたワクチンの集団接種を通して天然痘を撲滅するという組織的活動の成功の基盤となったのも、超大国間の協力だった。[67] これは、冷戦による分断を超越した多くの世界規模の取り組みの1つであり、それ以外にも、石油タンカーが油漏れを起こしにくくして世界の海の汚染を減らすことを目指した１９７３年の船舶による汚染の防止のための国際条約や、フロンガスの製造と使用を制限することで成層圏のオゾン層を守ることを目指した87年のモントリオール議定書がある。[68]

　ところがそれと同時に、ソ連は１９７２年に調印した生物兵器禁止条約に違反して、生物兵器の大規模な研究計画を実施していた。80年代後期に生物兵器開発組織のバイオプレパラトで働いていた元ソ連の科学者ケネス・アリベクによれば、ソ連はペストや鼻疽《びそ》、野兎《やと》病、炭疽の抗生物質耐性菌株（強毒性の８３６株を含む）を開発したという。作戦用生物兵器は、鼻疽や野兎、ベネズエラ馬脳炎、ブルセラ症の病原体を敵の前線の１６０キロメートル余り後ろまで送り届けることができ、戦略生物兵器は、アメリカ国内の目標にペストや天然痘を運ぶように設計されていた。アリベクの証言によると、生物兵器での使用のために開発された他の病原体には、Ｑ熱やマールブルグ病、エボラ出血熱、ボリビア出血熱のウイルス、ラッサ熱とロシア脳炎のものが含まれていたという。[69]

## 過去のパンデミックとの比較

1957年と現在との際立った違いは、今日のアメリカ人が60年前の祖父母や曾祖父母たちよりもリスクへの許容度が格段に低く見えることだ。57年世代のある人が、次のように回想している。

1930年代と40年代に育った人にとって、伝染病に脅かされる状況に陥ることには、何ら特別なところはなかった。流行性耳下腺炎や麻疹、水痘、風疹は、学校中や町中に拡がったものだ。私は4つともかかった。ポリオは毎年深刻な爪痕を残し、何千もの人（ほとんどが子ども）が、体が麻痺したり亡くなったりした。……成長するというのは、感染症という避けようのない苦難を切り抜けていくことだった。1957年の大学生にとって、アジア風邪は成人への道でのお馴染みのハードルだった。……私たちはアジア風邪を受け流した。祈りを捧げ、危険を冒した。[70]

若い医師として疾病管理予防センターのインフルエンザ監視班の設立を監督したD・A・ヘンダーソンは、医療関係者の間で見られた同じような落ち着きを回想している。

10月上旬、『ニューヨーク・タイムズ』紙は次のように報じた。ある病院では「追加のベッドが用意され」、ベルヴュー病院では「上気道の感染症の流行」に対処するために通常以上の人数の医師が割り当てられ、選択的手術は延期された。……とはいえ、ベルヴュー病院のある医師は、このパンデミックを「新聞による感染症の流行」と呼び、「病院の医療部門は……多数の症例にすぎないと「見ていた］」。……

主要な催し物が中止や延期になったという［新聞の］報道はなかった。例外はハイスクールや大学のフットボールの試合で、病気になる選手が多かったため、しばしば延期された。……

間近でパンデミックを眺めている人間からすれば……それは国民にとって一時的に不穏な出来事にすぎなかった。ただし、学校や診療所には負荷がかかり、学校のフットボールのスケジュールには混乱を生じさせたが[71]。

このような平然とした態度を、ロックダウンをやめて通常の仕事と社会生活に戻ることに対する2020年の多くの有権者のためらいと比較してほしい。20年4月下旬のギャラップ社のデータによると、「今すぐ」通常の活動に戻る気があるアメリカの成人は21%しかいなかったという。3分の1を上回る36%の人が、自分の州でコロナウイルスの新規感染者数が大幅に減ったら通常の活動に戻ると答え、31%は自分の州で新規感染者がゼロになったら通常の生活に戻ると回答した。10人に1人以上（12%）は、ワクチンが開発されるまで待つと答えた[72]。9月下旬の世論調査では、アメリカの成人の半数近くがコロナウイルスへの感染を非常に心配している（10%）かいくぶん心配している（39%）ことがわかった。これは前の月の59%からは減少したが、そのような心配のせいで、人々はオフィスやレストランや空港に行くのを依然としてためらっていた[73]。

一般大衆の態度における他の変化にも目を引かれる。1957年にはモーリス・ヒルマンのような才気縦横の人物が、政府と企業の両方で恐れを知らずに一心不乱に働くことができた。そうした人が依然として存在することに疑問の余地はない。新型コロナのワクチンは、57年のアジア風邪のワクチンとほぼ同じぐらい迅速に開発された。だが、激しい言葉を吐き、干し首を並べておくヒルマンが2020年の学究の世界で成功しているところを想像するのは、けっして易しいことではない。そして最後に、家庭生活や地域生活や教会生活から成るより強固な構造を持った社会は、じつに多くの面で「ばらばらになった」社会と比べて、ミシェル・ゲルファンドの言葉を借りれば「より親密」[74]であり、超過死亡の苦悩に耐える態勢が整っていたというのは、妥当に思える。[75]

2020年と1957年のさらなる違いは、政府が過去60年間に大きくなったにもかかわらず、その能力が衰えたように見える点だ。たしかに、連邦政府の民間人職員の総数は1957年には187万人をわずかに下回るだけで、2020年前期には210万人だったから、相対的には政府は縮小した。[76]とはいえ、州政府や地方自治体も含めた政府職員の総数は、1957年11月には780万人だったが、2020年には2200万人前後に達した。[77]連邦政府の正味の支出は1957年にはGDPの16・2%だったのに対して、2019年には20・8%だった。[78]連邦政府の総債務は1957年にはGDPの57・4%だったのが、58年には58・1%に上昇したが、その後その割合は74年まで毎年減少した。[79]だが2019年にはGDPの105・8%で、20年には19%分も増加すると見積もられている。[80]1957年には保健福祉省はなく、保健教育福祉省があった。保健教育福祉省は53年に設立され、39年設立の連邦保障局の職務を引き継いだ。今日の疾病管理予防センターの前身である伝染病センターは、57年のパンデミックのわずか11年前に創設され、マラリアの根絶を主要な目的としていた。これらの新しい機関は、57年に精一杯のことをやったようだ。すなわち、大損害をもたらした18~19年のパンデミックが繰り返されることはないと一般大衆に請け合う一方で、民間部門がワクチンを試験し、製造し、行き渡らせるのを手伝った。2020年の出来事との違いは、ここでも際立っている。

それでもなお、1950年代のアメリカ人のリスク回避を過小評価するべきではないし、当時の政府の能力を過大評価するべきでもない。アメリカ人はアジア風邪については目立って楽観的だった一方で、急性灰白髄炎《かいはくずいえん》（ポリオ）についてはまったく楽観していなかった。ポリオはポリオウイルスが原因の腸の感染症で、糞便との接触で拡がる。100人に1人ほどの割合だろうか、少数の患者ではウイルスが腸にとどまらず、脳幹と中枢神経系に侵入し、筋肉を刺激して収縮させる運動ニューロンを破壊し、不可逆的な麻痺を引き起こす（脚の場合が最も多い）。ごく稀には、呼吸筋が麻痺して亡くなる人もいる。[81] 1つにはポリオのせいでフランクリン・ローズヴェルトは脚が使えなくなったから、1つには国立小児麻痺財団を運営していたバジル・オコナーがじつに優れた組織者だったから、1930年代後期から全国民がポリオに夢中になった。[82] オコナーは広告と募金の最新の手法を駆使し、恐ろしくはあっても比較的稀な病気を、当時最も恐れられた苦痛の種に変えた。1952年、報告されたポリオの事例が10万人当たり37人で頂点に達したときに、その恐れは最大の高まりを見せた。[83]

ポリオのパンデミックのパニックは、アメリカの公衆衛生制度の深刻な弱点を暴き出した。まず、国立小児麻痺財団は、政府の支援や監督は「共産主義的で、非アメリカ的……計画」であるという信条から、それらを退け、経済的支援をすべてジョナス・ソークの不活化ワクチンに与えた。このワクチンは、自然感染を起こさずに免疫系を刺激して望ましい抗体を作り出させるようにできていた。全国の200万の小学生を対象とした試験の結果、ソークのワクチンはポリオウイルス1型に対しては6～7割の効果、ウイルス2型と3型に対しては9割以上の効果があることがわかった。[84]

1955年4月、この結果が発表されてから数時間のうちに、公衆衛生局はソークのワクチンの商業生産を認可した。だが、保健教育福祉長官のオヴェタ・カルプ・ホビーは、世間の需要に仰天する羽目になった[85]。アイゼンハワー政権は、全過程が民間の手で行われ、ワクチンは「製造業者から卸売業者、薬剤師、地元の医師へ」と行き渡るものとばかり思い込んでいた[86]。大急ぎで十分な量のワクチンを製造しようとしたために、カリフォルニア州バークリーのカッター・ラボラトリーズ社の欠陥品が出回ってしまった。この欠陥ワクチンを接種された子どもの一部がポリオに感染し、何人かが麻痺を起こした。けっきょく、アルバート・サビンの経口ワクチンのほうが優っていることがわかった。ただし、ソークのワクチンも効果はあったが[87]。

モーリス・ヒルマンによるインフルエンザ・ワクチンの緊急な開発も、この文脈で捉えなければならない。1957年のさまざまな出来事は、独特の文脈の中で起こった。ほんの2年前、純粋に市場主導のやり方の危険と、連邦による効果的な監督の必要性が決定的に立証されていたので、国立衛生研究所と疾病管理予防センターへの財政的支援が大幅に増し、両機関の権限も格段に強まっていたのだ。

アメリカ政府は1957~58年のパンデミックから、さらには68年の香港風邪のパンデミックからも、適切な教訓を得たのだろうか？　得た、とどうしても言いたくなる。その後数十年間、次のインフルエンザ・パンデミックへの準備態勢は高水準に保たれた。それどころか、76年には過剰になったようにさえ見えた。ニュージャージー州のフォート・ディクスでA型インフルエンザのH1N1亜型の感染拡大が起こって、1人が亡くなり、13人が入院したときのことだ。疾病管理予防センター所長のデイヴィッド・センサーは、今や「豚インフルエンザ」と呼ばれるようになったこのインフルエンザに対して集団予防接種を推奨した。ジェラルド・フォード大統領は納得はしたものの、カッター・ラボラトリーズ社の大失敗を忘れていなかったので、ワクチンに問題が起こった場合には製造業者に補償金を支払うことを定めた法律を制定するよう連邦議会を促した。ところが、接種計画は中止せざるをえなくなった。接種を受けた人の一部がギラン・バレー症候群を発症したという報告があったからだ。この症候群は、麻痺や呼吸停止を引き起こしかねない[88]。

2005年にアジアでH5N1「鳥インフルエンザ」が発生したという報告がワシントンに届くと、ジョージ・W・ブッシュ政権はさっそくまた緊急対応策を講じ、このときにもワクチンがその中核となった[89]。ブッシュ自身、ジョン・M・バリーの『グレート・インフルエンザ――ウイルスに立ち向かった科学者たち』(上・下、平澤正夫訳、筑摩書房、2021年、他)を読んでインフルエンザ・パンデミックの危険を承知していた。保健福祉省長官のマイケル・O・レヴィットは『ロサンゼルス・タイムズ』紙に、自分が備えるべきあらゆる脅威のうちで、「夜も眠れないほど心配なのは、インフルエンザだ」と語った[90]。だが、2005年の鳥インフルエンザはアメリカには到達しなかった。

それに対して、2009年2月にメキシコで始まった豚インフルエンザの感染拡大は、アメリカにもやって来た。バラク・オバマ政権はパンデミックに対する備えを褒め称えられることがあるが[91]、2009年のH1N1株に対するワクチンは、翌年まで提供できず、それまでには2つの別個の感染の波に襲われてしまった。秋に起こった2つ目の波のほうが規模が大きかった[92]。平均的なインフルエンザ流行シーズンよりも死亡率が高くなかったのは、たんにウイルスが特に致命的なものではなかったからにすぎない。そのウイルスによる実際の死亡率は、初期の推定よりはるかに低く、およそ0・01~0・03%だったが、それでも1年間で1万2469人のアメリカ人が亡くなり、27万4304人が入院した。全世界の死亡者数は30万人前後だった[93]。だが、2009年の豚インフルエンザには、4300万~8900万のアメリカ人が感染した。もし感染者致死率が10倍高かったなら、死亡者もそれに比例して増えていたことだろう。そのうえ、豚インフルエンザは高齢者だけでなく若い人の命も奪った。

1970～2001年のインフルエンザ流行シーズンと比べると、死亡者の平均年齢は半分だったので、質調整生存年がより多く失われたことは確実だ。

新型コロナのパンデミックの初期に、疫学者のラリー・ブリリアントは、この新しい感染症の潜在的な衝撃がどれほどのものか、感覚をつかみたければ、2009年のインフルエンザのものに似た罹患率を想像するといい、ただし、感染者致死率は0・1～0・4％で、と私に言った。そのような感染症の流行が起こっていたなら、2009年には多ければ18万3000人、2020年には最大38万5000人のアメリカ人が亡くなっていただろう。オバマ政権にはパンデミック事前準備計画があったという事実[94]だけからでは、オバマの大統領在任中に新型コロナが襲いかかってきていたら、その計画がどれほどうまく実行に移されたかは、まったくわからない。後で見るように、彼の後継者の政権もそうした計画には事欠かなかったのだから。

## エイズのパンデミック

ヒューイ・「ピアノ」・スミスの「ロッキン肺炎とブギウギ・インフルエンザ」から30年後、ヒューイ・スミスよりもむしろエルヴィス・プレスリーと肩を並べるような別のロックスターが、まったく異なる種類のウイルスに遭遇した。イギリスのバンド、クイーンの派手でバイセクシャル（両性愛）のリードシンガー、フレディ・マーキュリーは、1987年にHIV（ヒト免疫不全ウイルス）に感染しているという診断を受けた。41歳のときだった。4年後、彼は亡くなった。

1957年から2020年にかけての期間に、アメリカは――そして、世界は――歴史的に重大なパンデミックには1つしか直面しなかった。それは、ＨＩＶとそれが引き起こしうるエイズ（後天性免疫不全症候群）がもたらしたパンデミックだった。政策対応は情けないものだった。世界の指導者たちが見せた当初の反応は、このウイルスについて語るのを避けるというもので、それはこのウイルスが主に（ただし、すべてではないが）性行為によって感染したからだ。医学の対応も褒められたものではなく、有効なワクチンの開発は完全な失敗に終わり、ＨＩＶ感染者がエイズを発症するのを防ぐ治療法が発見されるまでに15年もかかった。世間の反応にしても、特に感心できるものではなかった。人々はＨＩＶの拡散に伴う危険を理解するようになってからも長らく、感染の可能性を増すような行動を続けた。その結果、これまでエイズは世界で３２００万人の命を奪った。フレディ・マーキュリーの死から15年後、このパンデミックが頂点に達した２００５〜06年には、年に２００万人近くが亡くなっていた。

エイズの症例の大半を引き起こすＨＩＶ−1というウイルスは、１９２０年代かそれ以前に中央アフリカでチンパンジーから人間に拡がったらしい。それはおそらく、「ブッシュミート（野生動物の食用肉）」の売買と消費が原因だ。このウイルスは何十年もかけてゆっくりと拡がった後、アフリカの都市化の結果かもしれないが、伝播が加速し、70年代に全世界に及んだ[95]。だが、「ゆっくりと」というのが肝心な点だ（カメルーンではこの病気を「le poison lent（ゆっくりと回る毒）」と呼んでいる）。インフルエンザのパンデミックと比べれば、エイズはまるでカタツムリのように拡がっていった。それならば、国家の対応や国際的な対応はなぜあれほど効果がなかったのか？　サンフランシスコを拠点としていて、自らも1994年にエイズで亡くなったジャーナリストのランディ・シルツによれば、制度的機能不全のせいだった。アメリカでは、医療機関や公衆衛生機関、連邦や民間の科学研究機関、マスメディア、ゲイ・コミュニティの指導部がすべて、然るべきかたちで対応しそこなったのだ[96]。

1981年に『ニューヨーク・ネイティヴ』紙は、集中治療室で新しい奇病の治療を受けているゲイの男性たちについての最初の記事を掲載した。見出しは「病気の噂はおおむね事実無根」だった。大半がサンフランシスコかニューヨークかロサンゼルスに住んでいた最初期のアメリカの患者は、以下のような数多くの珍しい病気のどれかの診断を受けた。それらの患者の場合には異常なまでに急速に進行して致命的となる、稀な癌のカポジ肉腫、肺炎の稀な種類であるニューモシスチス肺炎（カリニ肺炎）、通常は羊で見つかる病気であるクリプトスポリジウム症、重度の免疫不全患者を通して急速に拡がるヘルペスウイルスであるサイトメガロウイルスの感染症、通常は猫の糞便か感染肉で見つかるトキソプラズマという寄生生物に感染した結果起こる病気であるトキソプラズマ症、クリプトコッカス髄膜炎。

1981年6月5日、疾病管理予防センターの「罹患率・死亡率週報」は（2ページ目に）、「ニューモシスチス肺炎――ロサンゼルス」という見出しの下で、この感染症の流行に関する最初の報告を発表した[97]。11日後、アリゾナ州フェニックスの疾病管理予防センター肝炎研究所のドン・フランシス医師は、性行為によって拡がるレトロウイルスがおそらく原因の「猫白血病」の一種がゲイの男性に免疫不全を引き起こしているのではないかと主張した[98]。それからちょうど1年余り後、ブルース・エヴァットは、新しいウイルスに汚染されているかもしれない人から輸血を受ける血友病患者が危険にさらされていることを突き止めた[99]。1983年1月、パリのパストゥール研究所の若い研究者フランソワーズ・バレ゠シヌシは、エイズ患者から生検のために採取したリンパ節の中に、宿主細胞を殺すほど毒性の高い新しいレトロウイルスを発見した。彼女の上司のリュック・モンタニエはそれが、動物でもっと一般的に見つかる種類のウイルスの、レンチウイルスであることを突き止めた[100]。

それにもかかわらず、研究者たちによるそうした貴重な発見の数々は、効果的な公衆衛生の政策対応につながらなかった。公衆衛生局が「さまざまなハイリスクのグループ」に「多数の性的パートナーを持つとエイズ発症の確率が高まる」ことを知らせ、献血に関する同局の方針を修正したのは、ようやく1983年になってからだった。[101] それはなぜか？　ロナルド・レーガン政権が見て見ぬふりをしたから、というのが答えの一部だ。ポリオに冒され、脚に装具をつけた子どもたちが50年代にアメリカ人の想像力を掻き立てたのに対して、性行為で感染する消耗性疾患にかかったゲイの男性は、80年代には正反対の反応を招いた。「哀れな同性愛者たち――彼らは自然に対して宣戦布告し、今や自然の厳しい報復を受けているのだ」と、レーガンの補佐官の1人で保守派のパット・ブキャナンは述べている。[102] レーガンは1985年までエイズには触れさえしなかった。それどころか、87年には連邦議会は上院議員ジェシー・ヘルムズが提案した法案の中で、「直接的にも間接的にも、同性間の性行為を［促進］あるいは［奨励］する」ような、エイズ防止・教育の組織的活動に連邦の資金を使うことを明確に禁じた。[103]

だがこれは、政策の全般的失敗の唯一の理由ではない。それに加えて、疾病管理予防センターと国立衛生研究所と国立癌研究所の官僚の内紛もあったし、[104] 国立癌研究所のロバート・ギャロが、エイズを引き起こすウイルスの発見を自分の功績としようとする、議論の余地のある試みをしたことが一因であるのは言うまでもない。[105] 最終的に合意に至った、ＨＩＶという名称は、競い合ったフランスとアメリカのチームの妥協の産物だった。[106] 世界保健機関でも摩擦があった。同機関では、事務局長の中嶋宏が世界エイズ対策計画の責任者ジョナサン・マンを辞任に追い込んだ。[107] 世界エイズ対策計画と、性感染症に関する世界保健機関のはるかに小規模な計画との内紛も1990年まで続いた。寄付金をめぐって、世界銀行やユニセフ、ユネスコ、国際連合人口基金、国際連合開発計画の間でぎくしゃくした競争が繰り広げられていたことは言をまたない。[108] メディアは毒素性ショック症候群やレジオネラ症、タイレノール毒物混入事件に関するニュースをはるかに大々的に報じた。『ニューヨーク・タイムズ』紙は、81年と82年にはエイズの記事を合計6件しか掲載しなかった。第1面に載ったものは1つもなかった。[109]

ゲイ・コミュニティの内部にも分裂があった。『ニューヨーク・ネイティヴ』紙に載った、ラリー・クレイマー〔訳注　劇作家で、自身もゲイの、LGBT活動家。ゲイのHIV陽性者の支援活動を1980年代初期から展開した〕を攻撃する数通の手紙の1通で、劇作家のロバート・チェスリーは、「クレイマーは何か私たちゲイの男性がしていること（ドラッグ？　変態セックス？）がカポジ肉腫を引き起こしていると言っている」と不満をあらわにしている。「クレイマーの主情主義には罪悪感の勝利という意味合いが隠されている。ゲイの男性は相手かまわず性行為をするのだから死んで当然だというのだ。……何かそれ以外のことが起こっている。そして、それも深刻なことだ。すなわち、ゲイの同性愛恐怖と反エロティシズムだ」[110]。

ゲイの男性の比較的少ない割合による過度に活発な性生活が、感染の非常に多くの割合を引き起こしていることを認めたがらない風潮があった。ごく少数の疫学者とネットワーク科学者だけが、エイズについての肝心な点を把握していた。すなわち、スケールフリーの性的接触ネットワークにおけるスーパースプレッダーの役割によって、エイズは従来のパンデミックとは大違いになっていたのだ[111]。自分には「1979〜81年には、毎年およそ250人の異なる男性の性的パートナーがいたと推定している」エア・カナダの客室乗務員ガエタン・デュガは、最初期に発見されたスーパースプレッダーの1人だ[112]。デュガは、強制隔離されるまでに1900〜07年と、1910〜15年に再び、数知れないニューヨーカーにサルモネラ・ティフィ（チフス菌）を感染させたアイルランド出身の料理人「腸チフスのメアリー」・マロンの現代版だった[113]。

これらが相まって、エイズの死亡者は一貫して増えていった。アメリカでは、1987年には1年当たり1万2000人前後だったのが、94年には4万人を超えており、その頃には異性愛者と静脈注射による薬物使用者が犠牲者に占める割合がしだいに大きくなっていた。[114] とはいえ、アメリカではエイズは悲劇だったかもしれないが、異性間の性行為でのウイルス拡散が圧倒的割合を占めるアフリカではカタストロフィになっていた。[115] 1990年には、ウガンダのカンパラやザンビアのルサカといった首都では成人住民の5分の1以上がHIVに感染していた。96年には、サハラ以南のアフリカではエイズが最も一般的な死因になっていた。ボツワナと南アフリカとジンバブエでは、87年には平均寿命は60年を上回った。ところが2003年には、それぞれ53年、50年、44年まで落ち込んでいた。それはなぜだったのか? 売春と不特定多数との性行為の度合いが高いことで、部分的に説明がつく。だから、トラック運転手と鉱山労働者は特にリスクが大きかった。

誤情報という要因もあった。フランス語圏のアフリカでは、フランス語でエイズを表すSIDAは、「syndrome imaginaire pour décourager les amoureux（愛する者たちを思いとどまらせる想像上の症候群）」の略だと言われた。[116] 南アフリカでは、1999年にネルソン・マンデラ大統領の後を継いだタボ・ムベキと、10年後にムベキに替わったジェイコブ・ズマがHIVの脅威の性質を公然と否定し、ズマは性交後にシャワーを浴びれば十分防げると豪語した。ソ連の組織的な偽情報活動によって状況はさらに悪化した。ソ連はKGB（ソ連国家保安委員会）が牛耳るあるインドの新聞に、エイズはアメリカが意図的に作り出したものだという記事を埋め込んだうえ、引退した東ドイツの生物物理学者ジェイコブ・シーガルによる偽りの研究でこの嘘をさらに増幅した。シーガルの研究は、イギリスのタブロイド紙『サンデー・エクスプレス』を含め、世界中の新聞に広く引用された。[117] 何百万人も早死にするという人的な被害に加えて、経済的な影響も厖大だった。エイズ患者はゆっくりと死に至るので、労働者は徐々に衰弱し、生産性が落ちる。残された孤児は人生の可能性が狭まる。サハラ以南のアフリカは、エイズがなかったとしたら、今日これほど貧しくなってはいなかっただろう。

エイズの教訓が、5年前に国際連合エイズ合同計画が出版した自画自賛の書籍の題にあるように「すべてを変えた」とは、必ずしも言えない[118]。エイズパンデミックの歴史で際立つ特徴は、性行為と注射針の共用で広まる新しい死の病の存在が認められた後も、人々の行動が部分的にしか変わらなかったことだ。アメリカのある初期の報告書は、「同性愛／両性愛の男性と静脈注射による薬物使用者の両方の行動における……急速で重大ではあるものの……不十分な変化」と「憂慮すべき不安定性と常習性」に言及している[119]。1998年には、エイズの脅威に応じて性行動をいくらか変えたと報告するアメリカの成人は全体の19%しかいなかった[120]。96年に、HIV抑制薬を組み合わせて使ってHIV保有者がエイズになるのを防ぐ併用抗レトロウイルス療法（ARTあるいはcART）が登場し、恐れという要因は多少小さくなった。それでもなお、少しばかり恐れが残っていただろうことは想像できる。ARTには当初、毎年1万ドルかかっていたことを考えれば、なおさらだ。2017年のある論文によると、危険にさらされている男性のうち、前回性行為をしたときにコンドームを使った人は半数に満たなかったという[121]。最近のイギリスの研究によると、ゲイの男性にコンドームなしでの性行為をやめさせるためには、持続的な公教育と個別教育を組織的に行う必要があるそうだ[122]。

一方、アフリカでは、「ABC」（abstain＝禁欲する、be faithful＝特定の相手だけと性行為をする、condomize＝コンドームを使う）という取り組みは、限定的な成果しかあげられていない。国連によると、2000～15年に「アフリカ東部と南部では……コンドームの使用率は、若い男性の間では21・1%から22・2%へ、若い女性の間では21・6%から32・5%へと上昇した」という[123]。これはとうてい勝利とは呼べないが、若いアフリカ人が性行為を始めるのを遅らせたり、亡夫の親戚との性行為を通して寡婦の儀式的「清め」を行うといった伝統的な習慣に背を向けたりしているという、期待を持たせる証拠は他にもある。[124]

有効なワクチンがなく、治療法も最初はなく、その後登場した治療法も高価なので、エイズのパンデミックの封じ込めは、完全に行動の変化にかかっている。ところが性感染症の場合、公衆衛生当局にとってそうした変化を強制するのはほぼ不可能であり、人々に事実を伝え、耳を傾けてもらえることを願うのがせいぜいだ。過去30年間に性行動に変化があったことには疑いの余地がない。心理学者のブルック・ウェルズとジーン・トゥウェンジによれば、ミレニアル世代は以前の世代と比べると平均して性的パートナーが少ないそうだ。[125] 別のアメリカの研究は、「現代において不特定多数との性行為は、1950年代に生まれた男性でピークに達した」と結論している。[126] コンドームの使用率も高まってきたようだ。[127] 2020年に行われた、2000~18年の「総合的社会調査」への回答の分析からは、最近の20~24歳の年齢層は1970年代や80年代に生まれた人がその年齢層だったときよりも、性行為をしない割合が高いことがわかった。2000~02年と2016~18年では過去1年間に性行為をしなかったと報告する18~24歳の男性の割合は、19%から31%へと増えた。性行為をしない割合は、25~34歳でも増え、毎週あるいはそれ以上の頻度の性行為を報告する割合も下がった。

ところがこうした下落は、学生や、パートタイムあるいは無職の男性の間で最も顕著であり、性行為の減少は経済的に決まる現象であることが窺える。他に考えられる理由は、「現代生活のストレスと忙しさ」や、「性行為と競合しうるオンライン・エンターテインメント」、若い成人の間で割合が高まる鬱や不安、実世界での人間の交流に対するスマートフォンの悪影響、女性にとって「いちゃつく」ことの魅力の欠如などがある。[128] イギリスの最新版の「性的態度とライフスタイルに関する全国調査」からも、イギリスで性行為の頻度が同様に際立って減少していることが明らかになったが、これもエイズとは関係が皆無かないに等しかった。[129]

「ノー・セックス・プリーズ、私たちはイギリス人だから」〔訳注　1973年のイギリスのコメディ映画『*No Sex Please, We're British*』より〕という気風の復活が主に影響を与えているのは、結婚しているカップルか同棲しているカップルであり、『ブリティッシュ・メディカル・ジャーナル』誌に掲載された念入りな分析によると、「2007年のiPhoneの登場と2008年の世界的な景気後退」のせいである可能性が最も高いという。[130] 注目すべきことに、アメリカの最新の「総合的社会調査」では、同性愛者あるいは両性愛者を自称する男女の間では、性行為が減少している様子がまったく見られず、彼らは性的パートナーが3人以上いると報告する割合が異性愛者よりも高かった。同性愛あるいは両性愛のアメリカ人男性の4割以上が、過去1年間に毎週1度以上性行為をしたと答えた。3分の1以上が、3人以上の性的パートナーがいたと答えた。[131]

これらのデータに照らせば意外ではないかもしれないが、この間もHIVは生き続けている。2018年には3万7968人のアメリカ人がHIVの診断を受けており、そのうち69%が同性愛あるいは両性愛の男性で、HIV陽性者の総数は100万人を下回らず、そのうち半数強がARTで「ウイルスを抑制」している。[132] だがHIV感染者は、250万人近い性感染症の新規感染者のほんの一部でしかなく、しかも、性感染症の新規感染の総数は5年連続で増加中だった。第1位はクラミジア（ほぼ180万件）で、淋病（58万件以上）と梅毒（11万5000件）がそれに続いていた。梅毒の新規感染者総数の半分以上を、同性愛と両性愛の男性が占めていた。[133] もはや致死的ではないにしても危険な病原体に直面してさえ、人間の行動を変えるのが極端に難しいことを、これ以上明確にするものはないだろう。新型コロナが流行するなか、マスクが「新たなコンドーム」となることを期待した人は、それがどれほど人を悲観させるたとえか、理解していなかった[134]。もし新型コロナウイルスが社会生活にとって、性生活にとってのＨＩＶのようなものだったら、本書が書き終えられてからの月日に、さらに多くの人が倒れることになるだろう。

## マーティン・リースとスティーブン・ピンカーの賭け

21世紀の最初の20年間のどこかで新たなパンデミックが起こるのを予測するのは難しくなかった。２００２年にケンブリッジ大学の天体物理学者マーティン・リースは、「２０２０年までに、バイオテロあるいはバイオエラーの単一事象で１００万人の犠牲者が出る」と公に賭けた[135]*。ハーヴァード大学の心理学者スティーブン・ピンカーは、物質的「進歩のおかげで、人類は自然の脅威にも人間が原因の脅威にも前よりレジリエンスを持つようになった。だから病気の感染拡大が起こってもパンデミックにはならない」と主張し、２０１７年にこの賭けを受けて立った[136]。ピンカーは次のように述べている。

生物学の進歩のおかげで……善人（前よりも大勢いる）が病原体を突き止め、抗生物質耐性を打ち負かす抗生物質を発明し、迅速にワクチンを開発することが前より容易になった。一例がエボラ出血熱ワクチンで、これは、公衆衛生の尽力で死亡者の数が、メディアが予見した何百万ではなく１２００で頭打ちになった後、２０１４〜15年の緊急事態が終わりに近づくなか、開発された。こうしてエボラ出血熱は、ラッサ熱やハンタウイルス肺症候群、ＳＡＲＳ（重症急性呼吸器症候群）、狂牛病、鳥インフルエンザ、豚インフルエンザといった、誤って予測されたパンデミックの列に加わった。これらの一部は、そもそもパンデミックになる可能性などなかった。……医療的介入や公衆衛生的介入によって防がれたものもある。……ジャーナリストの習癖や利用可能性バイアスとネガティビティ・バイアスが「パンデミックの」可能性を誇張させる。だから私はサー・マーティンの賭けを受けて立ったのだ。[137]

ピンカーは疫学転換の説に暗黙のうちに同意していた。疫学転換とは、生活水準と公衆衛生の向上によって感染症がおおむね征服され、癌や心疾患といった慢性疾患が寿命の延伸の主な妨げとして残ったという考え方だ。ところが、賭けが成立した頃には、リースの側には錚々《そうそう》たる人物が名を連ねていた。リース同様、パンデミックの到来を正しく予見していた人には、以下の面々が含まれる。科学ジャーナリストで作家のローリー・ギャレット（２００５年[138]）、ジョージ・Ｗ・ブッシュ（２００５年[139]）、心臓外科医から政治家に転じたビル・フリスト（ボヘミアン・グローヴ・レイクサイド・トークで）、疫学者でミネソタ大学感染症研究政策センター長のマイケル・オスターホルム（２００５年[140]）、天然痘撲滅に貢献した疫学者のラリー・ブリリアント（２００６年[141]）、オックスフォード大学教授で経済学者のイアン・ゴールディ

＊ この賭けでは「犠牲者」は「入院を必要とする被害者」を含むと定義されていたので、２０２０年9月に全世界の死亡者数が１００万人を超える前にさえ、リースは賭けに勝っていたわけだ。彼にとってはあいにくだが、賭け金はわずか４００ドルだった。

ン（２０１４年[142]）、ビル・ゲイツ（２０１５年[143]）、ウイルス学者のロバート・G・ウェブスター（２０１８年[144]）、科学ジャーナリストのエド・ヨン（２０１８年[145]）、ユーチューバーのソーティ２（２０１９年[146]）、作家で映画脚本家のローレンス・ライト（２０１９年[147]）、歴史家で作家のピーター・フランコパン（２０１９年[148]）。もし灰色のサイがかつて存在したことがあったとしたら、新型コロナこそまさにそれだった。

　これはどういうわけだったのか？　第1に、すでに見たとおり、ワクチンの先駆者であるモーリス・ヒルマンの世代の楽観主義は、エイズだけではなく結核とマラリアによっても打ち砕かれた。これらの病気には有効なワクチンがいまだに見つかっていない[149]。第2に、すでに征服したと思っていた感染症、特にジフテリアとペストとコレラが復活した。コレラは２０１６～17年に、戦争で引き裂かれたイエメンに壊滅的な打撃を与えている。19世紀に猩紅熱と産褥熱の致命的なパンデミックを引き起こしたストレプトコッカス・ピオゲネス（化膿性レンサ球菌）は再び現れ、連鎖球菌毒素性ショック症候群やリウマチ熱や壊《え》死《し》性筋膜炎といった新しい病気を引き起こした。サル痘やライム病、ダニ媒介性脳炎、デング熱、ウェストナイルウイルスなどの人獣共通感染症も、しだいに拡がっていた[150]。新たに出現する感染症の5分の3以上が人獣共通感染症病原体によって引き起こされることが知られており、それらの病原体の7割は家畜ではなく野生動物が起源だった。これは、耕作限界地への定住と、東アジアでの生きた野生動物の市場の持続の結果、野生動物と人間の接触が増えていたことを示している[151]。第3に、国際航空旅行が急速に増加し続けたため、同時に起こっている医学の進歩に匹敵するか、それを上回ることも十分ありうるほどの、感染リスクの増加が見られた[152]。ウイルス学者スティーヴン・モースの言葉を借りれば、人類は「ウイルス輸送」の規則を変えてしまった、となる。これは、分子生物学者のジョシュア・レーダーバーグが言ったように、私たちの種を「以前より本質的に脆弱に」していた。[153] 第4に、気候変動が、従来は熱帯地方に閉じ込められていた病気――特にマラリアと下痢性感染症――のために新しい狩場を生み出していた。[154]

パンデミックが起こりかけることを繰り返しているときには、パンデミックを予測するのは易しい。2003年以前にもコロナウイルスは知られていたが、とりわけ有害ではないことがわかっていた。HKU1、NL63、OC43、229Eはみな、症状が軽かった。そんななか、2002年後期に深圳《シェンチェン》の食品市場を皮切りに、SARS（SARS-CoV）が現れた。[155] たしかに、SARSのパンデミックはなかった。合計でも報告された症例は8098件、死亡者は774人にすぎなかった。だが、SARSの出現で、厄介な事柄が6つ明らかになった。第1に、新しいコロナウイルスは致死的で、致死率は1割近かった。第2に、このウイルスは高齢者には特に致命的だった。65歳以上の患者の致死率は52％だった。[156]（症状のない患者はいなかったようなので、SARSの致死率は感染者致死率と本質的に同じだった）。第3に、多くの感染は病院内で起こった。したがって、患者の治療は細心に行わないかぎり、病気を広める結果になりかねない。第4に、SARSはエイズよりもなお、分散係数（$k$）が低かった。つまり、感染の多くの割合が、少数のスーパースプレッダーにたどれたということだ。2003年2月21日に香港のメトロポールホテルにチェックインした中国南部の広東省《グァンドン》の医師が、確認された全患者の半数を、直接、あるいは間接的に感染させた。シンガポールでSARSと診断された206人の患者のうち144人（7割）までもが、4人のスーパースプレッダーを含む5人の連鎖にたどることができた。[157] ジェイミー・ロイド＝スミスと共同執筆者たちは、この事実の重要性を、『ネイチャー』誌に発表した画期的な論文で詳しく説明した。分散係数が小さい、つまり、少数の人から多数の人へ感染する、SARS－CoVのようなウイルスは、$k$が大きいウイルスよりも、数は少ないものの爆発的な感染拡大を引き起こす可能性が高かった。1918年のスペイン風邪の$k$が1・0だったのに対して、SARSの$k$は0・16だった。そのためSARSの流行はインフルエンザの流行ほど起こりやすくはなかったが、十分な数のスーパースプレッダー・イベント（多数の感染者を出す事象）があると、爆発的に拡がることができた。[158] したがって、均一な母集団と単一の再生産数（$R_0$）を想定する疫学モデルは、コロナウイルスのパンデミックのたどる道筋を捉えそこなう可能性が高かった。

SARSの感染拡大にまつわる第5の厄介な特徴は、国際的な対応だった。[159] 世界保健機関自体はこの危機に際して、ノルウェーの元首相グロ・ハーレム・ブルントラントの厳格極まりない指導の下で健闘した。マイケル・ライアンの「地球規模感染症に対する警戒と対応ネットワーク」は素晴らしく迅速な出足を見せ、ブルントラントは早期の地球規模の警戒態勢を敷くことを承認した。ドイツのウイルス学者クラウス・シュテールは、国際的な研究の調整に手腕を発揮し、HIV研究を妨げた狭量の競争を回避した（世界保健機関の唯一の誤りは、新しいウイルスに「重症急性呼吸器症候群」という名前をつけたことだったかもしれない。英語名の頭文字を取った「SARS」という略称が、中華人民共和国の特別行政区という香港の公式の地位を表す「SAR」と1文字違いだったことを見過ごしたのだ）。[160] もっとも、真の問題は、世界保健機関が中国政府から即時の包み隠しのない情報を得るのがはなはだ困難だった点にある。2003年4月9日、ブルントラントは報道機関に対して、「中国政府が11月から3月までの初期段階に、もっと情報を公開してくれていればよかったのだが」と述べた。この発言が望まれていた結果をもたらした。中国の衛生部長張文康《ジャン・ウェンカン》の解任と、中国の指導部の明らかに前より協力的な行動につながり、西側と中国の研究者が協同してウイルスの起源をキクガシラコウモリの1種までたどることができた。[161]

最後の第6の理由として、SARSの感染拡大によって、このような感染拡大が当事国に厖大な経済的損失をもたらすことが明らかになった点が挙げられる[162]。東アジア地域の損失は200億〜600億ドルにのぼった。SARSへの恐れのせいで、外国からの訪問者と不動産販売が激減したからだ。もしこれほど小規模な感染拡大がこれほどの損失を招くのなら、世界人口の25%を巻き込むようなパンデミックが起これば、世界のGDPの最大3割が失われかねない、と2005年のある研究は結論している[163]。

新型のコロナウイルスがもたらす脅威は、2012年に明白になった。この年、サウジアラビアとヨルダンと韓国でMERS（中東呼吸器症候群）が発生したのだ。原因はやはり新しい人獣共通感染症ウイルスで、このときはヒトコブラクダ由来だった。感染拡大はまたしても抑え込まれ、27か国で感染者が2494人、死亡者が858人報告された。致死率はやはり高く、34%前後に達した。そしてまた、ほとんどの感染は病院内で起こった。分散係数も小さく、0・5程度だった。韓国では186症例のうち166件が2次症例につながらなかったが、5人のスーパースプレッダーが合計154件の2次症例を引き起こした。「インデックス・ケース」（ゼロ号患者）がMERSウイルスを28人に感染させ、今度はそのうち3人がスーパースプレッダーになって、それぞれ84人、23人、7人に感染させた[164]。

SARSとMERSはともに致死的で、簡単に検出可能な病気だった。SARSの場合には、潜伏期間は2〜7日で、症状が発現してから感染力が最大になるまでには5〜7日かかった[165]。だから、感染拡大を抑え込むことができた。2014年に世界の注意を引いた、まったく異なるエボラ出血熱についても同じだった。この病気は、西アフリカの人々にとって昔から危険なウイルス性出血熱の1つだった（他には、マールブルグ病やラッサ熱やハンタウイルス肺症候群がある）。エボラウイルスのせいで全身の毛細血管が切れ、肺の周りの胸膜腔や心臓の周りの囲心腔での内出血とともに、体の開口部からや皮膚を通しての外出血もある。失血が昏睡や死につながる。犠牲者は「ベッドの中で液化する」ように見える[166]。これらのウイルスはみな病原体保有動物を必要とする。患者は短期間で死に至るので、人間の間だけではウイルスが絶えてしまうからだ。エボラ出血熱の場合の感染者致死率は8～9割に達する。

ブッシュミートの消費や葬儀での遺体の洗浄といった、すっかり定着している文化的慣習のせいで、感染拡大が比較的よく起こる。世界保健機関によれば、１９７６～２０１２年にはエボラ出血熱の感染拡大が24回あり、２３８７人が感染し、１５９０人が亡くなったという。現代で最も大規模なエボラ出血熱の感染拡大は、２０１３年12月にギニアの辺境にあるメリアンドゥ村で始まった。エミール・オウアモウノという名の幼い子どもが、地元ではロリベロと呼ばれているコウモリ（おそらく、アンゴランオヒキコウモリ）と遊んだ後に具合が悪くなったのだ。エミールは12月26日に亡くなった。祖母がその2日後に亡くなった。病気は彼らの村からリベリア北部のフォヤと、ギニアの首都コナクリへと急速に拡がった。

２０１４年における謎は、ＳＡＲＳに対してはあれほど効果的な対応を見せた世界保健機関が、このときの危機への対応をなぜあれほどひどく誤ったのか、だった。

その理由の1つは、２００８～09年の金融危機に続く予算削減だった。そのせいで、「地球規模感染症に対する警戒と対応ネットワーク」の職員１３０人が解雇された。だが、基本的な判断の誤りもあった。[167] 世界保健機関の報道機関担当スポークスマンのグレゴリー・ハートルは２０１４年3月23日、「２００症例以上のエボラ出血熱の感染拡大は1つも起こっていない」とツイートした。2日後、「エボラ出血熱はこれまで常に局地的な現象にとどまっている」[168]と言い張った。4月に世界保健機関は、この感染拡大の状況は「改善している」と繰り返し述べ、アメリカの疾病管理予防センターもその見方を支持した。

ところが国境なき医師団によると、実際は6月には状況は「手に負えなくなって」いたという。[169] スウェーデンのカロリンスカ研究所の著名な統計学者で世界保健機関の専門家委員会委員のハンス・ロスリングは、エボラ出血熱のような「小さな問題」のために、マラリア対策キャンペーンから資源を転用するのに反対した[170]。8月8日になってようやく、世界保健機関は「国際的に懸念される公衆衛生上の緊急事態」を宣言したが、その頃には、ギニアとリベリアとシエラレオネは大混乱に陥りかけており、恐れを抱いた人々に医療従事者が散発的に襲われていた。大規模な国際的介入がなければ、2015年2月までにエボラ出血熱の症例が指数関数的に増えて100万を超えるだろうという予測を疾病管理予防センターが発表したのは、この時点だった[171]。現実には、緊急事態が解除された16年3月29日までの感染者は2万8646人、死亡者は1万1323人だった。根拠のない楽観からパニックへというこの転換には、本書でいずれまた出くわすことになる。

1957〜58年のアジア風邪と2014〜16年のエボラ出血熱の流行との間には、半世紀以上の隔たりがある。それにもかかわらず、感染性病原体からでさえインスピレーションを見つけ出すミュージシャンの能力は、人間の普遍の特徴であるかのように見える。2014年夏、リベリアのミュージシャンのサミュエル・「シャドウ」・モーガンとエドウィン・「D-12」・トゥワエはエボラ出血熱に着想を得た歌を録音し、それが首都モンロヴィアから国中にたちまち拡がった(ウイルスが急速に拡散するかのように爆発的に広まることを表す「go viral」という英語の比喩表現を使う誘惑に逆らえるジャーナリストは1人もいなかった[172])。

エボラ、街のエボラ
友達に手を出すな!
触れてはいけない

何も食べてはいけない
危険だから！

「街のエボラ」がきっかけで誕生したダンスでは、ダンサーたちは離れた所からキスしたりハグしたりするふりをする。２０１４年にその歌を聴いていた人ならば誰もが、世界はスプートニクの年には達成可能に見えたよりも、ずいぶんとささやかな進歩しかしていないと結論したに違いない。

# 第8章　惨事に共通する構造

というのは、彼女は私の牢獄から逃げ出していったからで、それは自らの命を絶つためであり、乗っていたのは私がいなければ所有することもなかっただろう馬で……

――プルースト、『消え去ったアルベルチーヌ』

## 即発的エラーと潜在的エラー

惨事にはフラクタル幾何学がある。拡大鏡の倍率を上げて雪の結晶を眺めると、その結晶の多数の小型版から成り立っているのがわかるのとちょうど同じで、帝国の崩壊のような巨大な出来事の内部には、多数のもっと小さくはあるが類似した惨事が収まっており、そのそれぞれが、それぞれの規模で、全体の縮図になっている。これまで本書では主に、さまざまな種類の大惨事を取り上げ、それらに共通の特徴を探してきた。とはいえ私たちは、あまり死亡者が出ない、つまり、何千人とか何百万人とかではなく、数十人か数百人しか死亡者が出ない、もっと小さな災難からも学ぶことができる。なぜなら、幸せな家庭はどれも似ているというトルストイの言葉さながら、あらゆる惨事は根本的に似通っているからだ――家庭とは違って、惨事は大きさがじつにさまざまではあるが。

思いがけないことは、起こるものだ。些細な誤りが恐ろしい結果を生む場合もある。木材その他の可燃性の材料で大きな構造物を建設するようになって以来、ロンドン大火（1666年）からやはりロンドンのグレンフェル・タワー火災（2017年）まで、失火は数え上げたら切りがない。金や銀、鉛、石炭などを求めて地下に穴を掘るようになって以来、採鉱にまつわる惨事が何度となく発生してきた。とりわけ悲惨だったのは、1906年に1000人以上のフランス人炭鉱労働者が亡くなったクリエール炭鉱事故と、日本の支配下にあった満州で1942年に主に中国人の炭鉱労働者1500人以上の命が奪われた本渓湖《ベンシーフー》炭鉱の爆発事故だ。そして、爆発物や有毒化学物質を製造するようになって以来、北京の王恭廠《ワンゴンチャン》火薬爆発事故（1626年）から、インドのボパールのユニオンカーバイド社化学工場事故（1984年）まで、爆発事故や漏出事故も繰り返し起こっている。人類が航海を始めて以来、船は沈没してきた。1912年のタイタニック号沈没を、世界が忘れることはなさそうだ。その事故では乗客乗員1500人以上の死亡者を出した。だが、それに匹敵したり、それを上回ったりする、以下の事故を覚えている人がいるだろうか？ 1000人以上の乗客が溺死した1865年のミシシッピ川でのサルタナ号沈没。2750～3920の人命が失われた1948年の上海沖での蒸気船江亜《ジャンヤー》号沈没。4000人以上の命を奪った1987年のフィリピンのマリンドゥケ島沖でのドニャ・パス号沈没。

テクノロジー上の進歩があるたびに、個々の惨事の潜在的規模が増大するように見えるかもしれない。列車が衝突する。飛行機が墜落する。宇宙船が爆発する。そしてすでに見たように、原子力発電所が1950年代以来、新しい、潜在的に壊滅的なリスクを生み出した。金融市場や法の支配、代議制政体、有能な官僚機構、出版・報道の自由がある社会では、輸送とエネルギー生成は時とともに安全になっていく傾向があって然るべきだ。保険、訴訟、公的調査、規制、調査報道、そしてもちろん競争——これらが公と民間の両方の作業員への制度的圧力となって、効果的な安全手順を奨励する。1950年代半ばから70年代半ばにかけて、商用旅行が盛んになるにつれ、毎年航空機事故で亡くなる人の数は、750人前後から2000人近くへと増えたが、5年平均は80年代と90年代には1250人前後まで下がり、2016年には500人を切った。[1] 空の旅の総量が増えているのに対して、1977年以降の改善は維持されており、見事なもので、100万便あたり4回以上起こっていた事故が、2017年には0・3回まで下落した。[2]

それでも事故は相変わらず起こり続け、頻度が下がるにつれ、極端な状況のせいにされやすくなる。セバスチャン・ユンガーの著書『パーフェクト・ストーム』の人気が、これをよく物語っている。刊行以来、同書の題名ほど多く、あらゆる種類の惨事を説明するのに使われてきた言葉はほとんどない[3]〔訳注　直訳すれば「はなはだしい暴風」といった意味にもなる「パーフェクト・ストーム」は、ユンガーの著書の内容を踏まえ、多くの災厄が同時に起こる壊滅的な状況を指す表現となった〕。実際、この作品に登場するアンドレア・ゲイル号の乗組員の運命は悲劇的だった。マサチューセッツ州グロスターを出港した全長22メートルのこの漁船は、1991年10月28日から11月4日まで吹き荒れた猛烈な北東風の中、セーブル島の東260キロメートルほどの所でメカジキ漁をしていた。だが、フランク・W・「ビリー」・タイン・ジュニアと乗組員は、パーフェクト・ストームの不運な犠牲者だったのか、それとも、乗組員はタインのお粗末な判断の犠牲者だったのか？

当時、国立気象局のボストン予報事務局の気象予報官代理だったボブ・ケースは、ユンガーに次のように語った。カナダ北部で発生した高気圧が大量の寒気を提供し、その前線が10月27日にニューイングランド沿岸沖合に張り出してきた。前線後方の寒気と前方の暖気は、比較的狭い海域で大きな温度差を生み出した。その結果、温帯低気圧が発生した。このような温帯低気圧は、ニューイングランドでは、マサチューセッツ州を襲うときに吹いてくる風の方向にちなんで、「ノーイースター」として知られている〔訳注「ノーイースター」とは、北東の風を意味する「northeaster」が短縮されたもの〕。そのうえ、大気中には異常なほどの湿気があった。直前にハリケーン「グレース」が通過したからだ。ユンガーによれば、この暴風で高さ30メートルを超える波が立ったという。

とはいえこの暴風は、最近の歴史ではけっして最大のものではない。1962年の「コロンブス・デー・ストーム」では、海がもっと荒れたし、その後、1993年の「スーパーストーム」でも、やはり大荒れになる[4]。アンドレア・ゲイル号が消息を絶った海域にある海洋気象ブイは、18メートル強の最大波高を記録していた。これはたしかに大波だが、前代未聞というわけではない。アンドレア・ゲイル号の沈没は、そのような天候下であえて海に出ていたタインの判断の誤りに負うところのほうが大きかったことは間違いない。フロリダ州のハリケーンと同じで、ニューイングランドのノーイースターは、どれだけ想像をたくましくしたとしても、断じてブラック・スワンではない。毎年大きな嵐が起こり、漁師はたいてい、悪天候の予報が出ると船を出すのを控える。

心理学者のジェームズ・リーズンは、即発的エラーと潜在的エラーという2種類の誤りを定義している。即発的エラーは、「人間とシステムのインターフェイスに直接関与している」人が犯すもので、ヒューマンエラーと呼ばれることが多い。この誤りを犯す人は、「前線（sharp end）」にいる。アンドレア・ゲイル号の場合には、ブリッジにいた[5]。即発的エラーは、スキル（技能）ベースのものと、ルール（規則）べースのものと、ナレッジ（知識）ベースのものの3つの行動の部類に細分できる。[6] それに対して潜在的エラーは、「資源の再割り当てや、責務の範囲の変更、人員配置の調整といった、専門的な行動と決定や組織の行動と決定の、後々現れてきた結果だ。こうしたエラーを犯す人は、『後方（blunt end）』にいる」。

たとえば、陸上にいる船舶の所有者や管理者だ。[7]どちらの種類の誤りが沈没と大勢の乗員乗客の犠牲につながったかという疑問に答えることができる。答えは、両方だ。

## タイタニック号の沈没とヒンデンブルク号の炎上

1912年4月15日にタイタニック号に衝突した氷山に過失はない。1年のうちのその時期に、そのあたりを漂っていて当然なのだから。また、その海域には霧も出ていなかった。晴れてはいたが月のない晩だった。エドワード・スミス船長は熟練の船乗りだったが、経歴に1点の瑕《きず》もなかったわけではない。彼はわずか7か月前、タイタニック号の姉妹船オリンピック号の指揮を執っていて、イギリス海軍の軍艦ホークと衝突していた。スミスは前方の氷山について知らされても、船の速度を落とさなかった（スミスはタイタニック号を所有するホワイト・スター・ライン社から、ニューヨークまでの航海の新記録を樹立するようにという圧力をかけられていたとされることがよくあるが、これは正しくない。タイタニック号の最高速度は、キュナード・ライン社のモーリタニア号が1907年に打ち立てた時速23・7ノットという記録を下回っていたし、衝突前のタイタニック号の平均速度は18ノットでしかなかった）。

タイタニック号の無線通信士ジャック・フィリップスも、この惨事の責任の一端を負わされてきた。彼は、マデリン・アスターのような裕福な乗客たちの個人的なメッセージを送信することを優先し、氷山についての警告の受信を軽視したとされる。見張りをしていたフレッド・フリートが氷山を見つけたのは、氷山の手前450メートルの所だった（双眼鏡は在りかがわからず、使っていなかった。もし双眼鏡があれば、氷山が900メートル先にあったときに見つけていただろう）。このため、決定的な瞬間に船を任されていた1等航海士のウィリアム・マードックには、衝突まで最長でも37秒（おそらくその半分だった可能性のほうが高い）しか残されていなかった。[8]「すぐ前方に氷山！」という叫び声を聞いたとき、あるいは、我が目で氷山を捉えたとき、彼は舵手に「取舵一杯《とりかじいっぱい》」と命じ、機関室にはエンジン停止を命じた。これは間違った対応ではなかったが、全速力を維持して迂回を試みたり、たんに真っ向から突っ込んでいったりするよりも長く、タイタニック号の右舷を氷山にさらし続けるという、意図せざる結果をもたらしたかもしれない。

これらがタイタニック号を氷山に衝突させた即発的エラーだった。ひと握りの人々が数秒間、別の行動を取っていたら、私たちはタイタニック号のことなど、姉妹船のオリンピック号同様、忘れ去っていたかもしれない。だが、衝突の後、なぜタイタニック号はあれほど短時間で沈んだのか？　そして、なぜ乗客乗員の3分の2という、あれほど多くの命が失われたのか？　2つの潜在的エラーがその答えを提供してくれる。

第1に、オリンピック級の客船は3隻とも、水密隔壁で隔てられた15の区画があり、それぞれに水密の電動扉がついていて、ブリッジのスイッチで個別にも同時にも操作することができた。もし船に穴が空いたら、ブリッジの乗員は電動扉を閉め、損傷した区画に水を閉じ込めておくだけでよかった。この設備があったので、『シップビルダー』誌は、タイタニック号は「事実上不沈」と見なした。[9]ところが、個々の隔壁は水密だったものの、各区画を隔てている壁は喫水線からほんの数メートルの高さまでしかなかったので、船が前後あるいは左右に傾きはじめれば、水は1つの区画から別の区画へと流れ込むことができた。[10] タイタニック号が氷山と衝突したとき、この船の造船技師トーマス・アンドリューズも乗っていた。スミス船長と被害状況を調べるとすぐ、彼は自分が犯した誤りを悟り、船が1時間半後に沈むことを予測した。[11] スミ午後11時40分に氷山に衝突したタイタニック号は、実際には午前2時20分まで沈まなかった。これは、姉妹船ブリタニック号と比べると、比較的ゆっくりした沈没だった。ブリタニック号は、1916年にエーゲ海でドイツの機雷に触れてからわずか55分で波の下に消えることになる。

スミスも、フィリップスも、マードックも、アンドリューズも、全員タイタニック号と運命を共にした。とはいえ、もし十分な数の救命艇があったなら、もっとずっと多くの人命が救えたかもしれない、と言われてきた。実際には16隻しかなく、それ以外に折り畳み式のボートが4隻のみで、乗客乗員のおよそ半分に当たる1178人しか乗せられなかった。その一因は、法規の不備で、当時、商務省の救命艇の規定は、乗客乗員の数ではなく船のトン数に基づいていた。その規定は変更が検討されていたが、費用を理由に船の所有者たちが反対していた。タイタニック号の設計者たちは、所有者側がこの議論に負けることを見込んで、追加の救命艇用のクレーンを用意した。ところが、ホワイト・スター・ライン社の会長で取締役社長のJ・ブルース・イズメイは、救命艇を増やさないことにした。増やせば、1等船客用の遊歩甲板の空間が狭くなっていただろうからだ。

やはり乗船していたイズメイは、この災害を生き延びたが、臆病者と新聞で罵倒され、残りの人生の多くを、世捨て人としてコッテスロー・ロッジで送った。そのロッジは、アイルランドのゴールウェイ県の、大西洋を見下ろす人里離れた場所にあり、彼のためにエドウィン・ラチェンズが設計した田舎の邸宅だった。イズメイの孫娘は、後に次のように回想している。「祖父は生き延びるという不運（判断の誤りと言えるかもしれません）――数時間のうちに絶望的な思いで祖父はその事実に気づきました――を経験し、沈黙の中へと身を引き、祖母もそれに倣い、身内にも沈黙を強い、タイタニック号という話題が、海から収容された遺体同様、事実上凍りついた状態になるようにしました」[12]

ところが1913年に、匿名の「大西洋航路の蒸気客船の航海士」がイズメイを擁護し、もっと救命艇があったら、という主張を馬鹿にしたように退けた。もっと救命艇があったとしても、特にそれがゴムボートや折り畳み式のものだったなら、ろくに役に立たなかっただろう。第1に、水面に降ろすのに適切な空間がなければ、追加の救命艇は脱出を遅らせただけだったかもしれない。第2に、どの客船の乗員も救命艇を水面に降ろす訓練を十分に受けていないし、救命艇が沈まないように保つ訓練も十分に受けていなかった。第3に、混雑した救命艇はどのみち、「法律どおりに人を乗せていたら、凪《なぎ》の状態以外では……どうにもならない」。乗客に贅沢を提供することによってようやく商業的に採算が取れ、大半が未熟な乗員と、ごく少数の「有資格」の航海士しかいない、浮かぶ宮殿というタイタニック号の性質を考えれば、「700人以上の命を救うのは……人間業ではなかった」だろう。[13]この匿名の擁護者は、さらに続けてもよかったかもしれない。1852〜2011年に、多数の死亡者を出して沈んだ他の18隻の船と比べると、女性と子どもが乗員と男性乗客よりも生存率が著しく高かった点で、タイタニック号は例外的だった。[14]これは、「女性と子ども優先」という規則が現に守られた、稀有《けう》の例だったのだ。

輸送における惨事の大半には同じ要素が絡んでいる。悪天候と即発的エラーと潜在的エラーだ。タイタニック号の場合と比べて、全長245メートルほどのドイツの旅客飛行船ヒンデンブルク号が1937年5月6日にニュージャージー州レイクハースト上空で炎上したときに亡くなった人ははるかに少なかっ

1937年5月6日、ニュージャージー州レイクハーストの係留マストで燃えるヒンデンブルク号。

た。乗客は36人、乗員は61人しかいなかったからだ。そして、タイタニック号の場合よりも、ヒンデンブルク号の事故では天候が大きな役割を演じた。強い向かい風のせいで、ヒンデンブルク号の大西洋横断が遅れた。レイクハーストに近づいたときには、稲妻が光っていた。致命的な火災は、静電気の火花が発生し、後部のガス袋の1つから漏れていた水素に引火したために起こった。ガス袋は、折れたワイヤーで裂けたのかもしれない（それぞれのガス袋は厚い木綿の層に挟まれたプラスティックのフィルムでできていたので、相当の力をかけなければ破れなかっただろう）。ヒンデンブルク号が地上から約60メートルの高さまで降下したときに、火災が発生した。そして、わずか34秒で尾部から先端まで火の手が回った。

ヒンデンブルク号のマックス・プルス船長は後に、この惨事は破壊工作の結果だと主張した。だが、じつは事故の責任は彼にあるというのが、今では一般的な見方だ。プルスは、もっと普通で危険の少ない「低着陸」ではなく、「高着陸」を選んだからだ。低着陸では、飛行船をゆっくり下降させてから、地面に沿って係留マストまで引き寄せていくのに対して、高着陸では、飛行船からロープを投げ下ろし、地上要員がそれを引いて係留マストまで飛行船を降ろす[15]。船長は、どうやら急いでいたらしい。ヒンデンブルク号は予定より12時間遅れており、翌日には、イギリス国王ジョージ6世の戴冠式に出席する重要人物たちを乗せて、イギリスに向けて出発することになっていた。ツェッペリン社の運営部長エルンスト・レーマンもプルスとともに操縦室におり、着陸を急がせたらしい[16]。

だが、レーマンとプルスは1つ危険を見落としていた。雨でたちまち芯まで濡れた係留用ロープが地面に触れた途端、ヒンデンブルク号の金属製の骨格から地面へと電荷が流れた。骨格の電圧は瞬時にゼロになったが、飛行船を覆う布は、それほど簡単に電気を通さなかったので、電荷が残っており、こうして生じた状態から致命的な火花が発生した。水素ガスの漏れは、船体の一部(ことによるとブレーシングケーブル)が破断しなければ起こりえなかったはずだ。この破断はおそらく、ヒンデンブルク号が強風に煽られるなか、プルスが左への急旋回を強いられ、続いて、船体の位置を係留マストにうまく合わせるために、右への急旋回で再調整しなければならなかったときに起こったのだろう[17]。プルスとレーマンは、ヒンデンブルク号を炎上・爆発させた責任を免れたが、ツェッペリン社の会長で自身も熟練の飛行船操縦士だったフーゴー・エッケナーは、雷雨のなかで高着陸を試みた2人を非難した。

## 飛行機衝突事故の原因

プルスは第2次世界大戦後、民間旅客飛行船を復活させようと努力したものの——ヒンデンブルク号の惨事で彼は容貌がはなはだしく損なわれていたので、それがこの努力に水を差したことだろう――未来は飛行機のものだった。すでに見たように、飛行機は1970年代を過ぎてから、着実に安全性を増した。実際、史上最悪の飛行機事故は、77年3月27日に起こっている。この日、スペインのテネリフェ島にあるロス・ロデオス空港の滑走路で、アムステルダム発のKLMオランダ航空4805便と、ロサンゼルス発ニューヨーク経由のパンアメリカン航空1736便の2機のボーイング747ジェット旅客機が衝突した。この事故で、KLM便の乗客乗員全員を含め、合計583人が亡くなった。パンアメリカン便は、操縦士と副操縦士を含めて61人が生き延びた。

どちらの飛行機も、通常ならその空港にはいなかった。ともにグラン・カナリア島ラス・パルマスに向かっていたが、カナリア諸島独立運動がグラン・カナリア空港に爆弾を仕掛けたために、ロス・ロデオス空港に着陸していた。そこは非常に小さな地方空港で、その日、予定変更して着陸したほどの数の飛行機にも、ボーイング747のような大型機にも対応できるようには設計されていなかった。空港はたちまち混雑し、待機中の飛行機は主誘導路にとどまるしかなく、出発する飛行機は、滑走路を誘導滑走し、180度方向転換してから離陸しなければならなかった。主誘導路と滑走路は、4本の別個の誘導路で結ばれていたが、それらは大型機用には設計されておらず、離陸までに必要な転回の一部は、ボーイング747のような大きな飛行機には難しかっただろう。しかも、誘導路の出入口には明確な表示がなかった。グラン・カナリア空港が再開されたので、両機は出発しようとしていたが、滑走路を誘導滑走しなければならなかった。先になったKLMの飛行機が180度向きを変え、離陸に備えた。そして、パンアメリカンの飛行機が依然として滑走路にいる間に離陸のための滑走を始めたときに衝突は起こった。[18]

天候もこの災害に絡んではいたが、最大の原因ではなかったのは、いつものとおりだ。ロス・ロデオス空港は海抜630メートルほどで、低い雲が点々と生じる危険がある。飛行機が待機している間、濃い霧が流れ込んできて、視距離は300メートル前後に落ちた。離陸の条件は700メートル以上だった。管制塔には地上レーダーがなかったし、2人の管制官は霧の中で実際に飛行機を目視できなかった。それにもかかわらず、KLMの飛行機は燃料補給の後、エンジンを再始動し、誘導滑走で滑走路に出た。パンアメリカンの飛行機もそれに続くように指示された。このとき（午後5時2分）には、時速約16キロメートルで動いていた両機は、互いが見えなかった。その後のエアラインパイロット協会の報告によると、パンアメリカンの飛行機が滑走路へ誘導滑走していたときの視距離は約500メートルだったという。滑走路に入ったときには100メートル以下になっていた。そのうえ、滑走路の中心線灯は機能していなかった。ところが、滑走路の反対の端では、KLMの飛行機は900メートルという十分な視程があったようだ[19]。

3つの別個の即発的エラー（前線エラー）がこの惨事を引き起こした。第1に、航空管制官たちは職務を果たせなかった。ラジオから流れてくるサッカーの試合に気を取られていたのが大きな原因だ。第2に、パンアメリカンの乗員は、左側の3番目の出口（誘導路C-3）で滑走路から出るように管制官に言われて混乱した。出口を示す表示はなかったので（後方エラー）、乗員はどの出口なのか確信が持てなかった。C-3なのか、それとも最初の出口を過ぎてから3番目の出口（C-4）なのか？　C-3では非常に急な方向転換をしなければならないという問題があったのに対して、C-4は45度の角度で折れており、そちらに曲がるのが理に適っているように思えた。したがってパンアメリカン1736便は、ためらいながらもC-3を過ぎ、C-4のあたりにいた。このとき（午後5時5分）には、KLM4805便はすでに滑走路の端にたどり着いて向きを変え、パンアメリカン1736便に真正面から対峙しようとしていた。

だが両機とも、相手がわずか800メートル先にいようとは、まったく気づいていなかった。

第3の決定的なエラーは、KLMの機長ヤーコプ・ルイ・フェルトハイゼン・ファン・ザンテンが焦っていたことだ。アムステルダムに戻り着くだけの燃料はあったし、この島に1晩、立ち往生していたくなかった。滑走開始位置についた後、ファン・ザンテンはエンジンが離陸のために適切に作動していることを確かめる、「スピン・アップ」というテストをしようとして、飛行機のスロットルを操作しはじめた。驚いた副操縦士が、「待ってください。まだ管制官から承認が出ていません」と言った。「わかっている」とファン・ザンテンは慌てて言った。「さあ、訊いてくれ」。副操縦士が尋ねると、管制塔は離陸したら希望している航路を飛行する許可を与えた。これはまだ、離陸の許可ではなかったが、ファン・ザンテンは「行くぞ」とだけ言った。副操縦士は機長に再度疑問を投げかける気になれなかったのか、沈黙したままで、飛行機は前へ進んでいった。

管制官は次に、パンアメリカンの乗員に、もう滑走路を出たかどうか尋ね、乗員たちはまだ滑走路上にいると答えた。管制官は続いてファン・ザンテンに対して、「離陸を待機せよ。後で声をかける」と伝えた。彼はファン・ザンテンが離陸する意図を口にするのを耳にしていなかった。ファン・ザンテンは無線機にではなく副操縦士たちに「行くぞ」と言ったからだ。パンアメリカンの乗員からも同時に無線が入っていたので混信が起こり、KLMの乗員には、まだ滑走路上にいるとパンアメリカンの乗員が言うのが聞こえなかった。KLMの飛行機が離陸を始めた直後に、管制塔はパンアメリカンの乗員に、滑走路が空いたら報告するように言った。これを耳にしたKLMの航空機関士が、「まだ滑走路を空けていないんですか、パンアメリカンは?」とファン・ザンテンに尋ねた。するとファン・ザンテンは「ああ、大丈夫」とだけ答え、スロットルを開いて速度を上げた。

この時点（午後5時6分）で、パンアメリカンの機長ヴィクター・グラブズは、ＫＬＭの飛行機が近づいてくるのを目にし、「畜生、何しやがる、あのバカ野郎、こっちに突っ込んでくるぞ！」と叫び、スロットルを開いて相手の進路から出ようとした。それと同時に、パンアメリカン機に気づいたファン・ザンテンも回避行動を試み、通常より早く機首を引き上げた。機体が急激に上向いたため、尾部が滑走路に触れるほどだった。だが、すべて手遅れだった。55トンの燃料で重くなっていたＫＬＭ４８０５便はパンアメリカン１７３６便の上部に衝突し、胴体の屋根をすべて削ぎ取った。今や時速６５０キロメートルほどで飛んでいたＫＬＭ機の第1エンジンがこの衝突で脱落し、機体は30メートルの高さまで上昇した後、滑走路に墜落した。積み込まれた大量の燃料がほぼ瞬時に爆発し、乗っていた人全員の命を奪った。パンアメリカンのボーイング７４７も燃え上がったが、一部の乗客は脱出する時間があった。

ファン・ザンテン機長は「テクノロジー疲労」あるいは「閉回路機械共生」に蝕まれていたかもしれないということが言われた。つまり、彼は「しっかりと機械化された世界の延長部分」となってしまっており、「その世界の中に埋め込まれ、閉じ込められていた。彼の思考は人間世界とその関心事の外へと移っており……機械そのものの延長［と化していた］[20]」ということだ。別の心理的な説もある。ファン・ザンテンはＫＬＭの飛行訓練部門の長で、操縦士として通常の旅客輸送飛行よりもシミュレーターによる訓練飛行にはるかに慣れていたため、ストレスの下で人々がやりがちなように、「より慣れ親しんでいる対応法に退行」していたのではないか、というのだ（シミュレーション飛行では、教官が管制官の役を演じ、自らに離陸の許可を与える）。

もっとも、彼の心理的な過失の厳密な性質にここでこだわる必要はない。なぜなら、この衝突は、これまでに説明した3つの前線エラーとは別個の2つの制度上の問題も暴いたからだ。今では、操縦士は操縦室の全員の同意なしには離陸できない。だが、１９７７年にはそうではなかった。第2に、ファン・ザンテンがあれほど急いでいたのは、彼や同僚たちが、前年にオランダが施行した新しい「航空機乗務員勤務・休養規定」の対象となっていたからだ。この規定では、飛行時間に厳しい制限が課されており、毎月の限度を超過した場合には、罰金の徴収や収監、さらには操縦士免許の剥奪までもが定められていた。[21] したがって、この事故が月末近くに起こったのは、簡単に見過ごせることではない。疲労した操縦士が致命的な誤りを犯すのを防ぐことを意図した規定が、そのような誤りを犯しやすくしてしまったのだから、皮肉なものだ。

ある調査によれば、テネリフェ島の滑走路での衝突が起こるためには、「ほとんどが些細な別個の11の偶然と誤りが……ぴったり重なる必要があった」という。[22] これは、「パーフェクト・ストーム」の論法の気味がある。制度の観点から行われた別の分析は、類似の状況で再び問題を生じさせうる4つの事柄が問題を起こした、と結論した。その第1は、「相互に依存した複数の制度の間や中における重要な手順の中断」。第2が、危機における「相互依存の緊密化」。第3が、「自律神経系の覚醒に起因する認知的効率の喪失」。第4が「増大した階層的歪曲に起因するコミュニケーション精度の喪失」。これらが相まって、「フィードバック・ループが生じ、多数のエラーの発生と急速な拡散」につながり、そのため「些細なエラーが重大な問題」へと拡大した。[23] これはみな、霧の深い日に起こった2機の飛行機と管制塔の物語を、過度に込み入らせる傾向にある。肝心な点は、テネリフェ島での飛行機の衝突は、あっという間に起こったということにすぎないのかもしれない。ＫＬＭの飛行機が滑走路に入ってから衝突までに過ぎた時間は7分39秒きっかりだった。パンアメリカンの飛行機が滑走路に入ってからは、わずか4分41秒だった。

## スペースシャトル・チャレンジャー号の爆発と中間管理職の問題

それから9年にも満たない1986年1月28日に、フロリダ州ケープ・カナヴェラルのはるか上空でスペースシャトル・チャレンジャー号が爆発するという惨事は、なおさら短い時間で起こった。発射から機体の空中分解までに、ほんの73秒強しか過ぎていなかった。亡くなったのは7人だけだが、チャレンジャー号の事故はアメリカ史上屈指の有名な惨事であり、まったく桁違いの死亡者を出したもののとうに忘れ去られたテネリフェ島での飛行機の衝突とは比べ物にならないほどよく知られている。これは1つには、宇宙飛行士の1人がクリスタ・マコーリフという名の、ニューハンプシャー州コンコードのハイスクール教師だったからだ。メディアが彼女の飛行に強い関心を抱いていたので、アメリカ人のおよそ17%があの劇的な爆発をテレビの生中継で目にし、85%が発生から1時間以内にこの惨事のニュースを耳にした。

本章で取り上げた他の惨事とは違い、この事故の場合のエラーはすべて潜在的なものであり、即発的ではなかった。全員が亡くなった乗員には、まったく非難の余地がなかった。だが、いったい何がうまくいかなかったのか？　チャレンジャー号の爆発の2か月後、次のような話が出てきた。すなわち、もともとその日の後刻に予定されていたレーガン大統領の一般教書演説の前に必ず打ち上げが行われるように、ホワイトハウスがアメリカ航空宇宙局（NASA）に圧力をかけていたというのだ。[24] これは、可能なときにはいつでも、オーヴァル・オフィス（大統領執務室）の主に罪を着せるという、ワシントンの報道陣の強い衝動をはっきりと物語っている。実際には、提出されていたクリスタ・マコーリフに触れる演説の草稿は、レーガンの机に載りさえしないうちに、すでに破棄されていた。最高責任者からの圧力は、チャレンジャー号が爆発した理由では断じてなかった。また、天候もせいぜい共犯者程度でしかなかった。ただし、打ち上げの日の朝は、フロリダ州としてはたしかに珍しく寒く（「100年に1度の寒さ」）、氷点下8℃まで下がったかもしれず、打ち上げ予定時刻の現地気温は氷点下3・3〜1・7℃ほどという予報だった（実際にはそれよりも若干暖かくなったが）[25]。

この惨事の別の説明も、当時広まっていた。チャレンジャー号の打ち上げの責任者たちが、「グループ・シンク（集団浅慮）」に陥っていた、というものだ。グループ・シンクというのは1972年にイェール大学の心理学者アーヴィング・L・ジャニスが造った言葉だ。グループ・シンクは、「人々が団結した内集団に深く関与していて、全員の合意を達成しようとする努力が、他の行動方針を現実的に評価する動機づけに優先するときに行われる思考の様式」である、とジャニスは定義している。これがNASAの問題だった、と彼はチャレンジャー号の惨事の後に主張した[26]。その後に明らかになった事実から、これもまた誤解を招く説明だったことがわかった。

チャレンジャー号の惨事は、スペースシャトルを軌道に乗せるのに使われた固体ロケットブースターの当初の設計にあった欠陥にたどれる。ブースターの製造契約を勝ち取ったモートン・サイオコール社は、タイタンⅢロケットに基づいて設計した。円筒形のブースターの各部分は別々に製造され、それからつなぎ合わされ、接合部は、ゴムのような物質であるヴァイトンでできた、柔軟でぴったりと取りつけられる2つのOリングで密封された。接合部の内側にはパテが埋め込まれ、さらに密閉性が高められた。

ところがモートン・サイオコール社は、製造過程を単純化して費用を抑えるために、タイタンⅢロケットの設計に多くの変更を加えていた。初期試験の間も、スペースシャトルの飛行が始まってからでさえも、モートン・サイオコール社とNASAの技術者たちは、高熱の燃焼ガスがパテを溶かして接合部に漏れ出し、Oリングが焼けていることに気づいて懸念を抱いていた[27]。たとえば1985年1月24日の打ち上

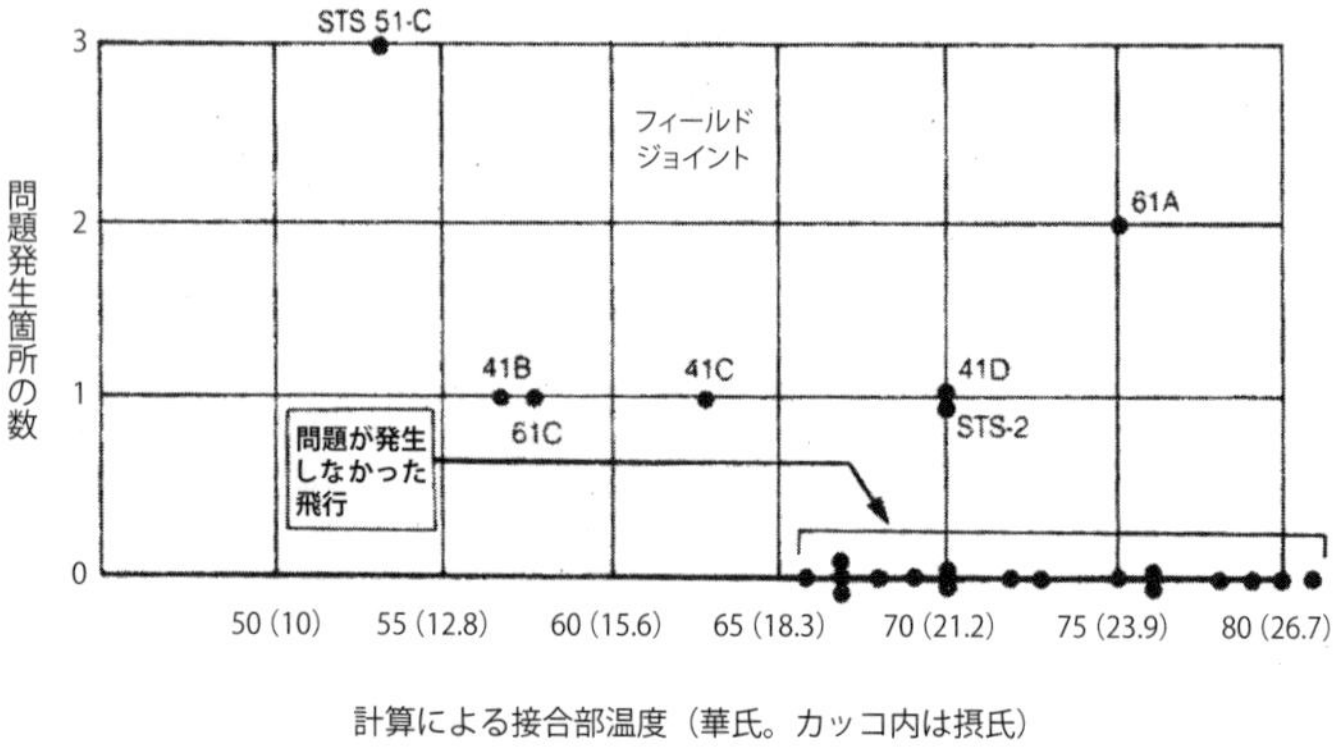


スペースシャトルのOリングの問題発生と打ち上げ時の温度との相関関係。

げでは、接合部のうち2か所の1次Oリングが燃焼ガスの「吹き抜け《ブローバイ》」〔訳注　高温のガスの漏れ〕で損なわれ、機能しなくなっていた。2次Oリングだけが残っており、それさえも損傷していた。じつは、チャレンジャー号の惨事以前に行われた全24回の打ち上げのうち、問題が発生したものが7回もあった（ただし、そのうち2回では問題はOリングとは無関係だった）。

85年1月のシャトルの打ち上げで1次Oリングがいつも以上に損傷を受けて以後、モートン・サイオコール社の技術者ロジャー・ボイジョリーは、天候が寒冷だとOリングの弾力性に影響が出るのではないかと疑いはじめた。[28]彼は社内の連絡メモの中で、「同じシナリオが万一、組立時接合部《フィールドジョイント》で起これば（現に起こりうる）、それはその接合部の成否にとってジャンプボールのようなものだ。……結果はこの上ないカタストロフィであり、人命の損失となるだろう」[29]。したがって、モートン・サイオコール社の経営陣は86年1月、チャレンジャー号を打ち上げないようにという自社の技術者たちの勧告を受け容れ、その勧告をNASAに送った。[30]同社はまた、このスペースシャトルを11・7℃未満の気温では打ち上げないようにとも、NASAに勧めた。それは、1年前の、それまでいちばん低温での打ち上げの気温だった。それにもかかわらず、こうした疑念や勧告のいっさいに反して打ち上げは行われ、まさにボイジョリーが予見したとおりの壊滅的な結果を招いた。

チャレンジャー号の惨事の翌日、モートン・サイオコール社のスペースシャトル固体燃料ロケットモータープロジェクトの責任者アラン・「アル」・マクドナルドは、アラバマ州ハンツヴィルに行き、失敗審査チームに加わった。その時点では、エンジン故障か燃料タンクの構造の問題が原因だったと信じていた。ところが、ハンツヴィルでビデオ映像を観た彼は、「Oリングが1つ、打ち上げのときに駄目になったものの、炎が漏れ出て爆発を引き起こす前に、穴は酸化アルミニウムによってただちに封じ直された。飛行開始から37秒後に吹きはじめた強風でそれが引き剥がされて再び穴が開き、悲劇的な空中分解を招いた」と確信した。[31]この惨事の原因を調査するために設置された、元国務長官ウィリアム・P・ロジャーズを委員長とする大統領諮問委員会の最初の聴聞会で、マクドナルドは爆弾発言をした。「我々は、打ち上げをしないように勧告しました」

ところが、Oリング（厳密に言えば、密封材としての健全性に対する低温の影響）が事故の原因であり、NASAはこの危険について明確に警告されていたことを、合理的疑いの余地がないまでに立証するには、カリフォルニア工科大学の物理学者リチャード・ファインマンという、一見すると浮世離れした人物の登場が必要とされた（ファインマンは、やはりロジャーズ委員会の委員だった空軍のドナルド・クティナ将軍とNASAの宇宙飛行士サリー・ライドの手際良い支援を受けた[32]）。

ロジャーズ委員会で自分が果たした役割についてのファインマンの記録は名著であり、映画『スミス都へ行く』の学究バージョンの一種といったところだ。[33]ファインマンにしてみれば、犯人は技術者を無視することにしたNASAの中間管理職たちだった。「もしすべての密封材が漏出を起こしていたら、NASAにさえ問題が深刻なことは明白だっただろう」とファインマンは書いている。「だが、いくつかの密封材だけが、いくつかの飛行のときにだけ漏出を起こした。だからNASAは、奇妙な見方をするようになった。もし密封材の1つが少しばかり漏出を起こしても飛行が成功するのなら、問題はそれほど深刻ではないというわけだ。そういうふうにロシアンルーレットを試してみるといい[34]」。ファインマンは、NASAがどのように運営されていたかを調べれば調べるほど、ずっとした――階層制の指揮系統、たとえ間違っているときにさえ、型どおりに物事を行うことへのこだわり、そして何より、惨事のリスクについての警告を受け容れることの拒絶。ファインマンの見るところでは、問題の核心は、NASAの管理職たちが、惨事の起こる確率が100に1つと言われたときに耳を貸すのを拒んだことにあった。

［ルイス・］ウリアン氏は、ケネディ宇宙センターの発射場の安全担当者として、シャトルに自爆装置を積み込むかどうかを決めなければならなかった。……

どの無人ロケットにもそのような自爆装置は積み込まれている。ウリアン氏は、彼が見てきた127のロケットのうち5つの打ち上げが失敗に終わった、と私たちに語った。およそ4％の割合だ。彼はその4％を4で割った。なぜなら、有人宇宙飛行は無人宇宙飛行よりも安全だと考えたからだ。彼は失敗の可能性は約1％あるという結果に行き着いた。それは、自爆装置を積み込むだけの十分な根拠となった。

ところがNASAはウリアン氏に、失敗の確率は10の5乗回に1回に近いと言った。

私はその数字に納得がいかなかった。「10の5乗回に1回と言いましたか?」

「そのとおり。10万回に1回です」

「それはつまり、シャトルを毎日飛ばしても、平均で300年おきにしか事故が起こらないことになります――毎日1回打ち上げても、300年間事故が起こらないことに。それはどう考えてもありえない！」

「ええ、そのとおりです」とウリアン氏は言った。「私はNASAの言い分のいっさいに応じて、自分の数字を1000回に1回まで下げました」。……［だが］言い争いは続いた。NASAは10万回に1回と言い張り、ウリアン氏は良くても1000回に1回と譲らなかった。

ウリアン氏は、担当者のキングズベリー氏と話そうとして苦労したことも語ってくれた。彼の部下とは面会の約束が取れたが、キングズベリーに直接会って、NASAがどうやって10万回に1回という数字にたどり着いたのかを突き止めることはできなかった。[35]

ファインマンは他の面でも技術者と管理職との間の同じような溝に出くわした。たとえば、エンジン故障の確率だ。「密封材の場合とまったく同じ状況だという、紛れもない印象を受けた。管理者が基準を甘くし、エンジンの設計のときに考慮の対象に入っていない誤りを次から次へと許容する一方で、技術者たちは下のほうから、『助けてくれ！』とか『これは**緊急事態**だ！』とか叫んでいる」[36]

ファインマンの答申は、法律に通じ、世故に長けたワシントンの支配階級の権化とも言えるウィリアム・ロジャーズには気に入らない意味合いを含んでいた。したがってファインマンは、最終報告書に自分独自の付録を加えるように言い張った。その中で彼は、Oリングが損なわれるという証拠が「何か問題がある」ことを明確に示していたときに「ロシアンルーレットをやり」続けていたとして、NASAの管理者たちを厳しく非難した。

飛行が依然として時間内に認められるように、巧妙に、そして、しばしば一見すると筋の通った論拠によって、基準が変更される。したがってシャトルは、失敗の可能性が1桁のパーセンテージ（これ以上正確に言うのは難しい）という比較的危険な状態で飛ぶ。

一方、公式の管理者たちは、失敗の確率はその1000分の1しかないと考えていると主張する。それは1つには、資金の供給を確保するために、NASAの完璧さと成功を政府に請け合おうとしていたからかもしれない。もう1つには、彼らは心の底からそれが正しいと信じていたからかもしれない。だとすればそれは、彼らと、実務に就いている技術者たちの間の、意思疎通のほとんど信じ難いほどの欠如をはっきりと示している。……

テクノロジーが成功を収めるためには、PRよりも真実を優先させなければならない。自然を欺くことはできないのだから[37]。

ファインマンは、この経験についての後の回想の中では、さらに踏み込んでいる。「NASAのお偉方には、いくつか胡散《うさん》臭いところがあるという気がした。私たちが上級管理職と話すたびに、彼らは部下の問題については何も知らないの一点張りだった。……上層部の連中は、知らなかったか、現に知っていたかのどちらかで、前者の場合には、知っているべきだったし、後者の場合には、私たちに嘘をついていたのだ[38]」。ファインマンは、NASAの管理職がミッション・クリープのNASAバージョンの犠牲になっていたと、鋭敏に推論している〔訳注　「ミッション・クリープ」とは当初の範囲や目的を超えてミッションを徐々に拡大していくこと。もとは軍事作戦について使われた言葉〕。

有人月面着陸計画が終了したとき、ＮＡＳＡは大量の人員を抱えていた。……大きな事業を終えたときには、人々を解雇して路頭に迷わせたくはない。だから問題は、何をしたらいいか、だ。

連邦議会を説得して、ＮＡＳＡにしかできない事業があると思い込ませなければならない。そのためには、誇張する……必要がある。シャトルがどれほど経済的かを誇張し、どれほど頻繁に飛行できるかを誇張し、どれほど安全かを誇張し、どれほど大きな科学的真理が発見されるかを誇張する必要がある。「シャトルは○○回の飛行ができ、○○ドルの費用がかかります。我々は月まで行ったのですから、今度もやり遂げられます！」

その間、下層の技術者たちは、「駄目だ、無理だ！　そんなに何度も飛行はできない」と言っていることだろう。……

ところが、自分の事業を連邦議会で承認してもらおうとしている連中は、そんな話は聞きたくない。聞かないほうがいい。そのほうが「正直」でいられるから。議会に嘘を言うような立場に立たされたくはないのだ！　というわけで、ほどなくみんなの態度が変わりはじめる。「密封材で問題が起こっています。また飛行を行う前に解決するべきです」といった不都合な情報が下から上がってくると、揉み消される。[39]

これが話のほぼ全容だった――が、まだ十分とは言えなかった。たしかにＮＡＳＡの幹部はスペースシャトル計画を拡張し続けずにはいられない心理状態にあり、最終的には1年当たり24回の飛行を目指していた。[40]だが、技術者と管理者の間の亀裂は、ＮＡＳＡだけではなく製造業者のモートン・サイオコール社にも存在していた。惨事の前日の電話会議では、ＮＡＳＡのローレンス・マロイはモートン・サイオコール社の固体ロケットブースター担当ヴァイス・プレジデントのジョー・キルミンスターに、プログラムオフィスはどうすることを勧めるか尋ねた。

キルミンスターは、先程示されたばかりの、技術者の観点に基づいて、打ち上げは勧められないと答えた。するとマロイは、技術者のデータは決定的ではないという自分の評価に基づいて、技術者の観点に異を唱えた。冷たいエンジンと熱いエンジンの両方でブローバイが観察されたという、私たちが示したデータに触れ、気温が接合部の密閉能力に本当に影響を与えるという、定量データを欲しがった。

マクドナルドにはこれが腑に落ちなかった。それまでは、ＮＡＳＡが「なぜ飛行するのが安全かという私たちの根拠の正当性を問うてくる」ことが多かったからだ。「何やら奇妙な理由で、私たちは接合部に必ず問題が起こることを定量的に証明するよう求められる羽目になっていました。そして、証明することはできませんでした」。マロイは次のようにそっけなく言った、とマクドナルドは回想する。「いいか、それならサイオコール、あんたらはいったいいつ打ち上げればいいというんだ？　今度の4月か？　……わかっているだろう。打ち上げの前日に打ち上げコミット基準を変えるのがどんなに大変か」。このとき、モートン・サイオコール社のゼネラルマネジャーのジェリー・メイソンがＮＡＳＡの側を持って割って入った。「予定どおり打ち上げを行っていいと思っているのは、ここでは私だけか？」と彼は尋ねた。

それに対して声を上げたのは、2人の技術者だけだった。ロジャー・ボイジョリーとアーニー・トンプソンだ。トンプソンは「経営幹部が座っているテーブルに歩み寄り、接合部の設計の略図を」、低温の影響を示す「データのコピーとともに」並べて見せた。メイソンと、モートン・サイオコール社のヴァイス・プレジデントで宇宙部門のゼネラルマネジャーのキャル・ウィギンズからの反応は「冷ややかな視線」だった。次にボイジョリーが、1985年1月に1次Oリングと2次Oリングの間で見つかった真っ黒な煤の写真を彼らに見せた。「この写真をよく見てください！」と彼は大声で言った。「写真が物語っていることを無視してはいけません。いいですか、低温だと接合部でブローバイが増えるんです！」。だが、無駄だった。メイソンはエンジニアリング担当ヴァイス・プレジデントのボブ・ランドを含む他の経営陣を威嚇して、技術者たちを押し切り、モートン・サイオコール社の提案を、「打ち上げない」から「打ち上げる」へ変更した。ところが、NASAのマーシャル宇宙飛行センターのジョージ・ハーディが新たな提案を文書にすることを求めると、マクドナルドは拒んだ。[41] けっきょく、キルミンスターが署名しなければならなかった。[42]

モートン・サイオコール社の経営陣と技術者たちの違いははっきりしていた。技術者にとっては、破局的故障を避けることが最優先だった。経営陣にとっては、NASAとの長期的な関係が最優先だった。マクドナルドは次のように回想している。

マロイは自分がキルミンスターに影響力を持っていることを承知していた。なぜならキルミンスターは事実上、マロイの下で働いていたからだ。……私はこれを、エンジニアリングだけの提案にしたかった。NASAがSRB［固体ロケットブースター］製造の一部を他の業者に回す可能性に関心を抱き続けていた結果、我が社の経営陣にのしかかっていたスケジュールのプレッシャーや他のプレッシャーをすべて承知していたからだ。今回の計画で我が社が予定に遅れており、次の単独調達先としてさらに66回の飛行用のエンジンセットの供給を行う契約をＮＡＳＡと結べていなかったので、ＮＡＳＡは途方もない影響力を握っていた。……他業者への発注問題に関してモートン・サイオコール社が認識していたような弱い立場にあるとき、最も重要な顧客の希望に逆らえば、力関係が改善するはずもなく、ビジネス上も得策ではなかった。固体ロケットブースターを競争抜きで購入してもらえる次の、そしておそらく最後の契約に、顧客にまだサインしてもらえていなかったから、なおさらだ。[43]

国防用の装備や設備の調達を調べたことのある人――リチャード・ファインマンは調べたことがなかった――なら誰でも、この病理に気づくだろう。モートン・サイオコール社は、月に2回シャトルを打ち上げることを目指しているプログラムへの、ロケットブースターの唯一の供給業者だった。だから、もしＮＡＳＡの管理者たちの必要を満たせなければ、ＮＡＳＡは同社の競争相手たちに目を向ける。そのＮＡＳＡがロシアンルーレットをやりたがっているのだから、モートン・サイオコール社の経営陣は、ＮＡＳＡの管理者たちが部下の技術者を無視したのとちょうど同じように、自社の技術者を無視して、進んで銃に弾を込めた。

したがって、チャレンジャー号の惨事で失敗が発生した箇所は、悪天候やロナルド・レーガンや集団浅慮ではなかったのと同様、Ｏリングそのものでもなかった。あの決定的な電話会議でマロイがキルミンスターを恫喝《どうかつ》し、それからメイソンとウィギンズが技術者たちの異議を封じたところにあった。カタストロフィの政治学は、歴史家が研究しがちな大統領の会議や閣議ではなく、そのような目立たない協議にかかっているることがありうるのだ——後方と前線の間のどこか、中間管理職というはっきりしない領域での協議に。

## チェルノブイリ原子力発電所事故と問題の隠蔽

チェルノブイリの原子力発電所事故の類の惨事は、ソ連のような権威主義の一党独裁国家でしか起こりえないと思えば、間違いなく慰めになるが、それは錯覚だ。

嘘の代価は何か？　私たちが嘘を真実と見誤るということではない。真の危険は、嘘ばかり聞かされているると、もはや真実というものがまったくわからなくなってしまうことだ。そのときには、何ができるだろう？　真実に対する希望さえ捨て、その代わりに作り事で満足する以外に、どんな道が残されているというのか？　作り事の中では、誰がヒーローかは関係ない。知りたいことは、「誰のせいか？」だけだ。

これは、クレイグ・メイジンによる人の心を捉えて離さない5部構成のテレビドラマ「チェルノブイリ」で、ジャレッド・ハリス演じる化学者ヴァレリー・レガソフが冒頭で口にする台詞だ。レガソフはチェルノブイリの惨事の調査に当たったソ連政府の委員会を率いた人物だ。その後の場面で、彼は次のように叫ぶ。

私たちの秘密と嘘……こそが実質的に私たちの特徴だ。真実が気に障ったら、私たちは——私たちはひたすら嘘をつきまくり、ついにはその真実がそこに存在していることさえ思い出せなくなる。だが、その真実は……依然としてそこに存在している。嘘をつくたびに、真実に借りができる。遅かれ早かれ、その借りを返すことになる。こうして……RBMK〔訳注　黒鉛減速沸騰軽水圧力管型原子炉〕の炉心が爆発する。嘘。……真実は、私たちの必要や欲求など気にかけない。政府も、イデオロギーも、宗教も気にかけない。いつまでもじっと待ち続ける。そして、けっきょくこれが、チェルノブイリの贈り物だ。かつて私は真実の代価を恐れたものだが、今はこう問うだけだ。嘘の代価は何か？

私が調べたかぎりでは、ヴァレリー・レガソフがそう言ったことは立証できなかった。それでも、それはこのドラマシリーズで最も印象深い台詞だ。なぜ記憶に残るかと言えば、それは、私たちがあらかじめ何を信じやすい傾向にあるかを教えてくれるからだ。この場合、私たちが信じやすいのは、チェルノブイリはソ連の衰退と崩壊の縮図であり、それはシンガポールの陥落が大英帝国の衰退と崩壊の縮図だったのと同じぐらい確実である、ということだ。

当然ながら、いくつかの意味で、それはまさに正しかった。ソ連当局の即時の反応は、起こったことの隠蔽を試みるというものだった。近隣のプリピャチの住民の避難がようやく始まったのは翌日の1986年4月27日で、4号炉の炉心を露出させた爆発のおよそ36時間後になってからだった。事故があったことをソ連政府が公式に認めたのは、避難からさらに1日半後で、それも、スウェーデンの原子力関連当局が事故に気づいたからだった。避難区域は、事故の6日後まで定められなかった（根拠もないまま半径30キロメートル以内に決められた)。地元の人々は、自分がさらされた危険な放射能レベルについて嘘を伝えられた。ソ連の国民全体が、惨事の直後の日々に状況がどれほど危うかったか、まったく知らなかった。現代ウクライナ史の一流の専門家に言わせれば、検閲によってこの惨事をなかったことにしようとしたせいで、「国内外の厖大な数の人が危険にさらされ、避けられたはずの放射能汚染の症例が無数に発生することに[なった][44]」。

ヴォロジーミル・プラヴィクのような消防士たちは、他の原子炉に火災が拡がるのを防ぐ任務に送り込まれて命を落とした。ニコライ・カプリンのような兵士たちは後に、「始末屋」あるいは「バイオロボット」として、ろくな防護装備もなしに汚染区域に配備され、莫大な放射線にさらされた。彼らは、剥き出しになった炉心の上に何トンものホウ素や鉛やドロマイトを投下するためにヘリコプターを飛ばした操縦士たちや、「チャイナ・シンドローム」〔訳注 メルトダウンが進み、格納容器あるいはその外側まで達するメルトスルー(溶融貫通)の俗称。同名の映画に由来〕を防ぐのに必要だと考えられた冷却層のために原子炉の下にトンネルを掘った鉱山労働者たちと同様、大祖国戦争〔訳注 1941~45年にドイツとソ連の間で行われた戦いのソ連側での名称〕で砲弾の餌食となった無私無欲の兵士たちの立派な後継者だった——どちらの努力も結果的に効果がなかったからなおさらだ[45]。

チェルノブイリの惨事には、即発的原因と潜在的原因の両方があり、その一部は間違いなくソ連特有の性質を帯びていた。原子炉の運転員たちは、それも特に主要な関係者たちの人生形成期に当たるスターリン時代後期とフルシチョフ時代にソ連のプロパガンダに吹き込まれた、「何があろうとやり遂げられる」という精神を体現するかたちで過剰な危険を冒した。原子炉自体に設計上の欠陥があったことや、運転員たちが炉の潜在的不安定性に気づいていなかったことも、計画経済の異常な政治経済的特性の結果だった[46]。とはいえ、後で見るように、いくつかの意味ではチェルノブイリの事故はどこで起こってもおかしくなかった。

この惨事の直接的な原因は、ソ連の公式報告書が結論したように、運転員の単純な誤りであり、最大の責任は副主任技術者のアナトリー・ディアトロフにあった（１９８７年、彼と他の５人の上級職員は、強制労働収容所での2～10年の刑を宣告された）。ディアトロフは、停電のシミュレーションを行うことを望んでいた。非常用発電機が作動する（1分ばかり後）まで、タービン発電機に残っている回転力で冷却水循環装置を維持できるかどうか、確かめるためだ。１９８２年以来、非常用炉心冷却装置を含む、何かしらの安全装置の機能を奪う、そのような試験が3度行われていたが、決定的な結果は得られなかった。

4度目の試みは、チェルノブイリの4号炉がメンテナンスのために停止するのと同時に行われるように計画されていたものの、キエフの電力系統からの要請で、想定外の10時間の遅れが出て、夜間シフトの作業員が試験を担当することになったが、彼らはそれを行うことを予期していなかった。そのうえ、試験に備えるために予定されていた原子炉の出力低減の最中に、出力が思いがけずほとんどゼロまで急落した。キセノン１３５という、核分裂生成物で、反応を抑制する中性子吸収体が原子炉で生成されたからかもしれないし（「原子炉毒作用」として知られる過程）、特定できない他の機器故障あるいは運転員の誤りのせいだったかもしれない。出力を元どおりの水準まで上げるために、運転員たちは自動調整装置から原子炉制御棒を分離し、そのほぼすべてを手動で引き抜いた。彼らは気水分離器のドラム内のレベルと冷却水の流量の変動についての非常警報を無視し、午前1時23分4秒に試験を開始した。36秒後、原子炉の緊急停止が始まった。そのとき誰か（誰だったかは不明）がAZ‐5ボタンを押し、引き抜かれた制御棒がすべて挿入された。すると、原子炉は停止せず（理由は後程論じる）、代わりに、一気に出力が上がり、燃料被覆管に不具合が生じ、ウラン燃料が冷却水の中に放出され、今度はそのせいで大規模な水蒸気爆発が起こり、鋼鉄製の屋根も含めて建屋が吹き飛ばされた。2度目の爆発で、あたりの空気は飛び散った減速材の黒鉛だらけになり、それが地面に落ちるときに発火した。これらの爆発と、その後10日に及ぶ火災でウラン粒子とそれよりもはるかに危険な、セシウム137やヨウ素131やストロンチウム90といった放射性同位体を含む煙が空へ立ち昇った。

国際原子力機関の国際原子力安全諮問グループが1986年に出した当初の「チェルノブイリ事故についての事故後検討会議の概略報告」は、「事故は、はなはだ多様なヒューマンエラーと操作規則違反が、そうしたエラーの影響を複合・増幅させるような原子炉の特定の機能と組み合わさって引き起こされた」というソ連側の見解を受け容れた。特に、「運転員たちは意図的に、そして、規則に反して、制御棒と安全棒のほとんどを炉心から引き抜き、重要な安全装置のいくつかを切った[47]」とした。ところが91年11月、イェフゲニー・ヴェリホフが率いるソ連の核科学者の委員会は、原子炉の設計と建設の両方に問題があったと結論した[48]。それに即して更新された92年の国際原子力機関の報告書は、「制御棒と安全装置の設計を含む、特定の設計の特徴と、重要な安全情報を運転員に提示する手順の影響」をはるかに重視した。

運転員たちは原子炉を危険な状態に置いた。特に、制御棒を多く引き抜き過ぎ、原子炉の反応度操作余裕［ＯＲＭ］が下がる結果を招いた。……しかしながら、操作手順は、肝心なＯＲＭの安全上の重要性を強調せず、むしろＯＲＭを原子炉の出力を制御する手段として扱っていた。したがって、運転員たちの行動は、彼らの無謀さ、あるいは能力不足というよりも、ソ連時代に主流だった安全文化の表れだったと主張することが可能だろう。[49]

チェルノブイリの原子力発電所は、ＲＢＭＫ‐１０００として知られていた。ＲＢＭＫとは黒鉛減速沸騰軽水圧力管型原子炉のことだ。この型は、アメリカの圧水型原子炉に相当するソ連版の圧水型原子炉よりも、ソ連の計画者たちには好まれていた。アメリカの圧水型原子炉は、当初は原子力潜水艦用に意図されたテクノロジーを使って１９５０年代に開発された。ソ連版の圧水型原子炉では、ウラン原子の核分裂を通して熱を発生させる燃料棒を加圧した水に入れてエネルギーを生み出した。水は、核分裂を制御する減速材と、冷却材の両方の働きをした。ＲＢＭＫも水を冷却材として使うが、反応を減速させるために黒鉛を使った。この黒鉛の減速材と水の冷却材という組み合わせは、昔も今も独特だ。ＲＢＭＫはこの組み合わせを使う、世界で唯一の原子炉だ。

ソ連政府が好んだのは、圧水型原子炉の2倍の電力を生み出せるばかりでなく、建設と運転の費用が少なかったからでもある。圧水型原子炉は、濃縮ウラン２３５を必要とした。ＲＢＭＫはほぼ天然のウラン２３８で運転できた。そのうえ、ＲＢＭＫは、通常の機械製造工場で生産したプレハブ部品を使って現場で建設できた。イーゴリ・クルチャトフ原子力研究所所長のアナトリー・アレクサンドロフは、ＲＢＭＫは「サモワール〔訳注　ロシアの伝統的な湯沸かし器〕と同じぐらい安全」であると言い放った。実際、ＲＢＭＫはあまりに安全なので、原子炉が破損したときに放射能を封じ込めておくために、西側諸国の原子炉をすっぽり覆っているコンクリートの上部構造物なしでも建設することができると言われていた。重大なことだが、ＲＢＭＫの主任設計者ニコライ・ドレジャーリは、ソ連のヨーロッパ部分にそのような原子力発電所を建設することに反対した。だが、彼の意見は却下された。[50]

チェルノブイリの原子力発電所の建設は1977年に始まった。83年までに4つの原子炉が完成し、その後の年月にさらに2つの原子炉の建設が計画されていた。だが、期日前に仕上げ、ノルマを上回るようにという党の役人からのいつもながらの圧力のせいで、計画は急がされ、杜撰な仕事がなされた。それ以前の原子炉は、辣腕の中型機械製造省長官エフィム・スラフスキーの主導で建設された。彼は初期のソ連の核計画を、軍需産業の絶対的な支配領域として運営した。だが、チェルノブイリ原子力発電所は、それほどの権力を持たないエネルギー・電化省の計画で、同省は建設を事実上、地元任せにしていた。ディアトロフによる自分の役割の弁護の核心は、原子炉が二流の工場で製造されたという苦情だった[51]。

ドレジャーリがよく知っていたように、RBMKはサモワールと同じぐらい安全というのには程遠く、設計に多くの欠陥があり、どれほどうまく建設したところで、少しも安全ではなかった。この原子炉は、以下のように稼働する（現在形を使うのは、10基が依然として稼働中だからだ）。低濃縮の酸化ウランのペレット〔訳注　ペレットとは、核燃料を焼き固めた円柱形のセラミック〕を、長さ3・6メートル余りのジルコニウム合金の管に封入する。この燃料棒を18本ずつ円筒形にまとめて燃料集合体に成形し、そのそれぞれを垂直の圧力管に入れ、この管を加圧水が流れて集合体を冷却し、約290℃で出てくる。圧力管は、核分裂の間に放出される中性子を減速するための素材として機能する黒鉛ブロックに囲まれている。自動あるいは手動で核分裂率を制御するために、炉心の底から上向きに、あるいは上から下向きに、炭化ホウ素の制御棒が挿入できる。運転中は、制御棒の何本かが常に炉心に残されている。2つの冷却水ループが圧力管の中を通って水を循環させる。それぞれのループには蒸気ドラム（分離機）がついており、そこでは、熱せられた冷却材からの蒸気がタービンに供給されて、タービン発電機を通して電気が生み出される。その後、蒸気は凝縮され、循環する冷却材の中に戻される。原子炉の炉心は、鉄筋コンクリートで内側を覆ったキャビティの中に収まっている。キャビティは頑丈な鋼鉄プレートの上に載っており、上部は別の鋼鉄プレートの蓋に覆われている。[52]

この設計には、運転員たちが十分理解していなかった致命的な欠陥が、少なくとも2つあった。

水は蒸気よりも効率的な冷却材で、しかも、効果的な中性子吸収材なので、冷却材の中の蒸気の泡(「ボイド」)の割合が変化すると、炉心の反応性にも変化が起こる。こうした変化の割合は、「ボイド反応度係数」と呼ばれていた。この係数がマイナスだと、蒸気が増えれば反応性が下がる。水が減速材と冷却材の両方の働きをする加圧水型原子炉では、蒸気が過剰に生じると、原子核連鎖反応が遅くなる。固有の安全機能だ。ところが、黒鉛を減速材として使う原子炉には、これは当てはまらない。RBMKでは、蒸気の生成量増加の結果として起こる中性子の吸収量の低下は、ボイド反応度係数がプラスの場合、システムの反応性を増大させうる。チェルノブイリでは、原子炉の出力が増加しはじめたとき、蒸気の生成量が増え、それが出力の増加につながり、冷却水循環装置内の温度が上がり、さらに蒸気が発生した。その結果、出力が急激に増え、最初の爆発を引き起こした。

第2の致命的な欠陥は、運転員たちには、RBMKの反応度操作余裕が思っていたほどなかったことだ。この余裕は、炉心の制御棒の数で決まる。ディアトロフと同僚たちは、制御棒が15本という反応度操作余裕を下回らなければ、安全基準は満たされると信じていた。緊急時に制御棒をすべて再挿入すれば、制御棒の先端の黒鉛のせいで、当初は炉心の反応性が下がるのではなく上がることに気づいていなかった。じつは、ソ連の核関連のノーメンクラトゥーラ(共産党特権階級)は、この問題を承知していた。1983年にリトアニアの別のRBMKでもっと小規模な事故が起こっていたからだ。だが、チェルノブイリの原子力発電所を運営している下々の者たちに知らせてやることは思いつかなかった。

チェルノブイリの事故による正確な死亡者数は不確かで、議論の余地があるが、想像されるより少なかったかもしれない。爆発の後で病院に収容された２３７人の発電所職員と消防士のうち、28人が急性放射線症でまもなく亡くなり、15人が放射線誘発癌でその後10年間に命を落とした。「原子放射線の影響に関する国連科学委員会」は、通常より多くの放射線を浴びたのが死因であると確定できる人は１００人に満たないと結論した。６０００人前後（主に、事故当時、青少年期だった人）が甲状腺癌を発症した。放射能に汚染された牛乳を飲んだことが原因だったかもしれないが、そのうちで亡くなった人は９人にすぎなかった。[53] 驚くべきことに、原子炉の下にある貯水槽から排水するために、水浸しになった地下の区域に勇敢にも入っていった３人は全員生き延びた。

国際原子力機関チェルノブイリ・フォーラムの２００６年の報告書によると、「最終的には、他のあらゆる原因で見込まれている10万人程度の癌死亡者に加えて」、この惨事で放射能にさらされたせいで、「さらに数千件の致命的な癌が発生するかもしれない」というが、これは割合から言えば、それほどの増加ではない。[54]「憂慮する科学者同盟」やグリーンピースのような反核団体は、この推定ははなはだしく少ないとして異議を唱えた。だが、２０００年までに「被曝者《ひばく》」と称するウクライナ人が３５０万人に達していた事実は、被曝者であれば与えられる多額の公的給付によって説明がつくかもしれない。被曝で説明できるような胎児異常の証拠は見つかっていない。そのような異常を恐れる妊婦の求めによる予防的人工妊娠中絶で失われた命のほうが、被曝そのものの直接の影響で失われた命よりも、ずっと多かったように見える。[55]

チェルノブイリの除染作業は２０６５年に完了することになっている。とはいえ、チェルノブイリの周辺地域は今後も非常に長い間、人が住めないだろう――何百年も、何千年も、いや、何万年にさえわた

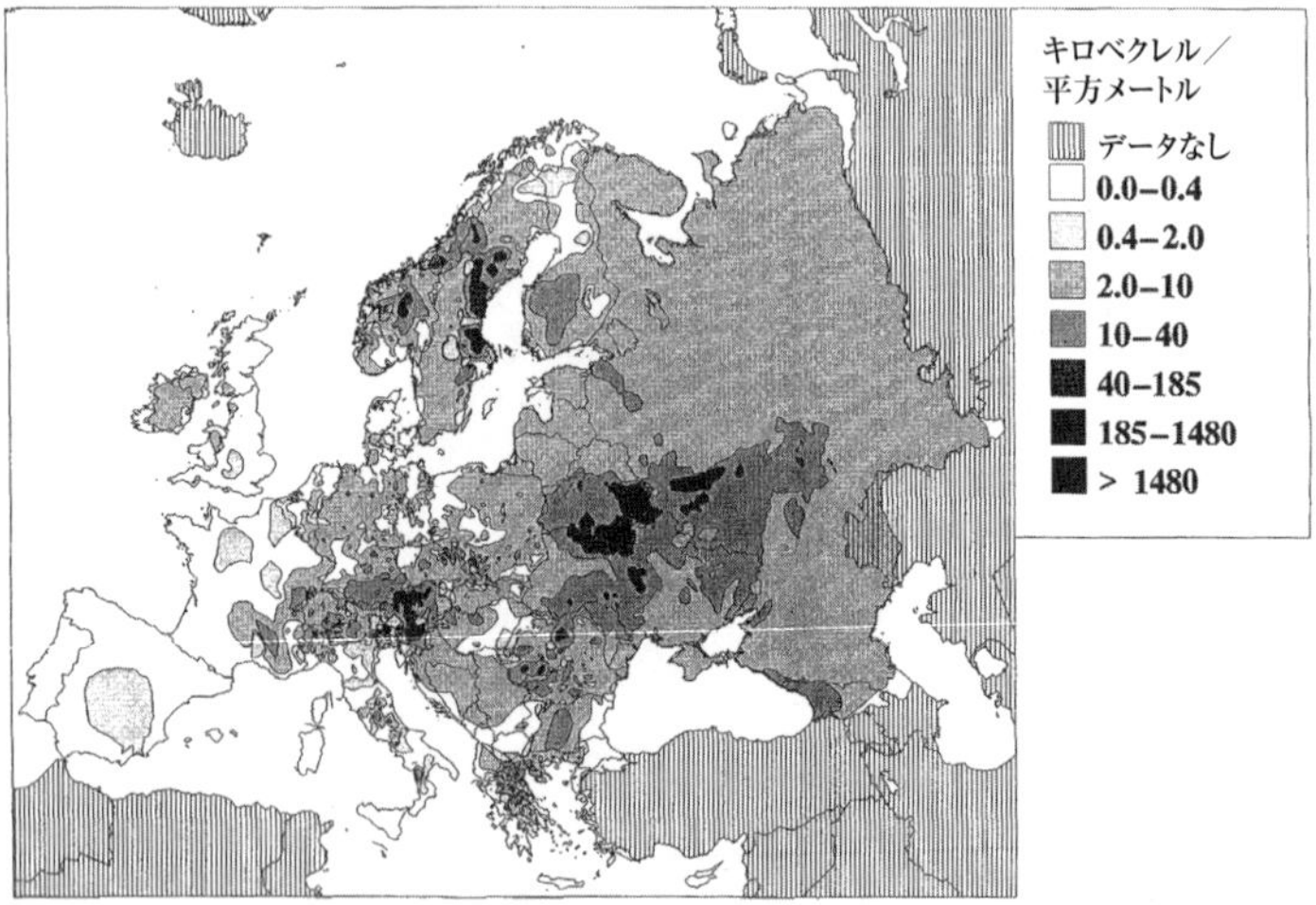


チェルノブイリの原子力災害後のヨーロッパ全土における堆積物のセシウム137濃度。1986年5月10日。

って。[56] これは、１９９１年に独立したウクライナにおける、ソ連の最も永続的な遺産になりそうだ。ただし、５０００平方キロメートルを超える、（半減期が30年であるセシウム１３７の濃度の観点から）最も汚染が深刻だった地域は、ロシアとベラルーシの領土も広範に含み、バルカン半島やスカンディナヴィアにまで及んでいる。[57] ヴァレリー・レガソフは、事故から2年後に自殺した後に出版された、彼の「遺言」と呼ばれるものの中で、クレイグ・メイジンに気に入ってもらえそうなほど雄弁にではないにしても、現にソ連の体制を非難した。

私はチェルノブイリを訪れた後……あの事故は、何十年もかけてソ連で発展した経済制度の実態の避けようのない表れであるという結論に至った。科学部門の管理者や設計者による怠慢が至る所に見られ、器具や設備の状態にはまったく注意が払われていなかった。

……チェルノブイリの事故へと続く出来事の連鎖や、ある人がある行動の仕方をし、別の人が別の行動の仕方をした理由などについて考えると、単一の犯人や、さまざまな出来事の発端となった単一の人物を見つけるのは不可能だ。なぜなら、それは外界との接触を断たれたクローズド・サークルのようなものだったからだ。[58]

それでも、読者はもうお気づきになっていて当然だろうが、これとは完全に違うとは言い難いことが、その3か月前に起こったチャレンジャー号の惨事のときのNASAにも当てはまった。NASAとモートン・サイオコール社では、技術者たちがOリングに問題があることを知っていた。中間管理職たちがそれを無視し、予定どおり打ち上げを行った。それに対してチェルノブイリでは、運転員たちがRBMKの主要な脆弱性に気づいていなかった。ソ連の上級官吏が、それを知りつつ口をつぐみ続けることを選んだ。矛盾するように思えるかもしれないが、1986年のアメリカのメディアはとっさに大統領のせいにし、ソ連政府は反射的に従業者たちのせいにした。実際には、失敗が発生したのは上層部でも下層部でもなく、その間だった。両国の体制では、動機の構造がまったく異なっていた。モートン・サイオコール社の経営陣にとって、最大の関心事はNASAからの受注を継続することだった。ソ連の官僚にとっては、どんな問題に関する情報もできるかぎり狭い範囲にとどめておくというのが初期設定になっていた。とはいえ、どちらの場合にも、コストに関する懸念が重要な役割を演じた。Oリングとパテへの依存は、ロケットブースターの構造上の根本的な欠陥に取り組むのを避けるための間に合わせの措置だった。チェルノブイリの原子炉を、十分なコンクリートの外装なしに安上がり建設する決定も、同じ種類の偽りの経済性に端を発していた。

## スリーマイル島原子力発電所事故と権力の分散

ソ連とアメリカの核計画がどれほど似通っていたかをこれ以上ないほど的確に例証しているのが、1979年3月28日にペンシルヴェニア州ミドルタウン近くのスリーマイル島で起こった、2号炉の部分的メルトダウンだ。たしかに、チェルノブイリの事故と違い、スリーマイル島の惨事では誰一人亡くならなかった。発電所の敷地の外への放射性物質の漏出は最小限で済んだ。だが、原子力規制委員会による事故の概要の結論は批判的で、「設備の不調と設計関連の諸問題と従業者の誤りが組み合わさり、TMI—2の部分的メルトダウンにつながった」というものだった。[59] メルトダウン寸前までいくアメリカの原子力発電所についての映画『チャイナ・シンドローム』の制作者たちは、自らの幸運がほとんど信じられなかった。この映画は、事故のわずか12日前に封切られたばかりだったからだ。

あわや惨事というスリーマイル島の事故の直接的な原因は、原子炉の2次冷水系の水に不純物が混じるのを防ぐための、8つの復水ポリッシャーのうち1つの詰まりを直そうとする際の不手際だった。作業員たちが、蓄積した樹脂を除去するために圧縮空気の代わりに水を使ったため、午前4時前後に、給水ポンプと復水昇圧ポンプと復水ポンプの停止を図らずも引き起こし、炉心から熱を取り除く蒸気発生器への水の流れが断たれた。そのため、原子炉が自動緊急停止したが、定期メンテナンスのために3機の補助ポンプのバルブが閉じられていたので、原子炉にまったく水が供給されず、急速に上昇する崩壊熱を取り除けなかった。高まる圧力を制御するために、圧力タンクの1つの上部にある手動の安全弁が開かれた。圧力が通常レベルに戻ったら、その安全弁は閉じなければならなかったが、ここでも不具合が起こり、弁は開いたままになってしまった。ところが、制御室のパネルの明かりは、安全弁が閉じていることを示しているように見えた。これは不具合ではなく、設計上の欠陥だった。その結果、運転員たちは、欠陥のある弁から冷却水が蒸気となって依然としてあふれ出しているとは、夢にも思わなかった。彼らはまた、炉心の水位が上がっているものと間違って信じており、たまってきているのが水ではなく蒸気であることに気づかなかった。この思い違いのせいで、彼らは炉心緊急冷却ポンプを止めた。安全弁がきちんと閉まらなかったために自動的に作動していたポンプだ。午前4時15分には、放射性物質を含む冷却水が原子炉格納建造物全般に漏出しはじめ、それが今度は格納容器バウンダリの外の補助建屋にもポンプで搬送された。搬送は4時39分にポンプを停止させるまで続いた。午前6時直後、炉心上部が露出し、高熱のせいで炉心の蒸気と核燃料棒を被覆していたジルカロイが反応を起こした。この反応で被覆管が融け、燃料ペレットが損傷し、原子炉の冷却材に放射性同位体が放出されるとともに、可燃性の水素ガスが生み出され、その一部が爆発したかもしれない。午前6時45分、汚染された水が探知機に達して放射能警報機が作動した。事故から3日目、しばらくは、原子炉のドーム内の水素の泡が爆発を引き起こす危険があるように見えた。ドーム内に酸素があったなら、爆発が起こっていた可能性が高い。実際には、ウラン燃料の半分が溶解し、被覆管のほぼすべてが損壊したが、肝心の原子炉容器（被覆管に続く、第2段階の格納手段）は持ちこたえ、放射性同位体のほぼすべてとともに、損傷した燃料棒を炉心に封じ込め続けた。したがって、漏出した放射性物質は最小限で済み、地元住民の健康への悪影響はほとんど検知できなかった。最大の被害が出たのはアメリカの原子力産業で、急速な拡大がここで鈍り、その後のチェルノブイリの惨事のせいで、さらに傷を深めた。スリーマイル島の事故当時、129か所の原子力発電所が建設許可を受けていたが、そのうちで完成したのは53か所だけだった。

ジョン・G・ケメニーが委員長を務める「スリーマイル島事故に関する大統領委員会」は、製造業者のバブコック・アンド・ウィルコックス社と、発電所の運転に当たっていたメトロポリタン・エディソン社と、原子力規制委員会という、責任を負うべき組織を容赦なく糾弾した。たとえば、1年半前に、バブコック・アンド・ウィルコックス社の製品を使った別の発電所で、同じような事故が起こっていたことが明らかになった。欠陥のある安全弁の問題は、「未知の既知」であり、黒鉛が先端についたチェルノブイリの制御棒の問題とたいして違わなかった。

それとは対照的に、運転員たち自身はたいして咎められなかった。原子力規制委員会のスリーマイル島調査特別部会は、ヒューマンエラーはたんなる「運転員の不備」のせいではなく、設備の設計や情報の提示、緊急時の手順、訓練における不備のせいであると結論した。原子炉は「人間と機械の統合のための中核的概念も哲学もなしに設計・製造」されたため、緊急時の運転員の役割は明確に規定されていなかった。彼らは不要な情報を与えられ過ぎると同時に、「肝心なパラメーターのいくつかが、表示されなかった」、あるいは、それらをただちに知ることができなかった。制御室のパネルは設計が杜撰で、「運転員の動き、作業量、エラーの可能性、反応時間の過剰」を生んだ。運転員たちは「問題評価の体系的な方法」を与えられておらず、「事故を評価して適切な行動を取るのに必要な技能」を習得する訓練を受けていなかった。[60]

スリーマイル島の運転員たちは、チェルノブイリの運転員たちよりも、どれだけ恵まれていたというのか？　どちらの運転員も、暗中模索している嫌いがあった。大きな爆発が起こらなかったのは、アメリカの作業員が運が良かっただけなのか？

アメリカの当局も、7年後のソ連の当局と比べて、地元民への対応が効果的でも誠実でもなかった。発電所の責任者ゲイリー・ミラーが全面的な緊急事態を宣言した瞬間から、混乱状態になった。メトロポリタン・エディソン社は放射性物質が放出されたことを否定した。ペンシルヴェニア州副知事のウィリアム・スクラントン3世も当初は否定し、それから思い直したようだ。事故から2日後の3月30日、原子力規制委員会は発電所から10マイル以内の人全員に建物の中にとどまるよう勧告した〔訳注 1マイルは約1・6キロメートル〕。数時間後、州知事のディック・ソーンバーグは原子力規制委員会のジョセフ・ヘンドリー委員長に勧められて、「半径5マイル以内の……妊婦と未就学児」の避難を勧告した。

その晩、爆発の危険が高まるように見えてきたので、役人たちは半径10マイル以内の全員、あるいは20マイル以内の全員さえも、避難させる必要があるかもしれないことに気づいた。避難となると、周辺の6つの郡の60万人以上を移動させることになりかねない。それほどの規模の避難計画は存在しておらず、半径5マイルの住民を避難させる緊急時対応計画があるだけだった。そのため、大混乱に陥った。スリーマイル島から15マイル以内の住民のうち約4割が避難することを選び、我先に銀行に行って現金を引き出してから車で走り去った。地元の聖職者たちは「全面的な赦罪」を与えはじめたが、それは残っている住民を安心させるようには計算されていなかった。300人ほどのジャーナリストが現場付近に群がった。役人たちは事故から1週間たってようやく、水素の泡は爆発しないだろうと発表することができた。5日後、避難勧告は撤回された。[61]

ソ連では、中央政府に権力があり過ぎた。アメリカでは、権限が連邦、州、地方のあまりに多くの機関に分散し過ぎていた。スリーマイル島の緊急事態とその広報にかかわった機関は150を超えた。それらの機関の取り組みは、まったく連携が取れていなかった。[62] ジミー・カーター大統領は、海軍士官だった頃に核エネルギーについて学び、1952年にカナダのチョーク・リヴァー研究所の原子炉事故後の除染に直接かかわっていたので、3大テレビネットワークによる危機の報道を吟味するうちに痺《しび》れを切らし、報道官のジョディ・パウエルに、「発言する人が多過ぎる」と苦情を言った。「しかも、私の見るところ、その半数がわけもわからずにしゃべっている。……意見を統一させろ」。原子力規制委員会のハロルド・R・デントンを現場に派遣しても不十分だった。4月1日、事態が収拾したことを伝えて人々を安心させようと、カーター自らがスリーマイル島に飛んだ[63]。

ここでも複雑性がきわめて重要な概念だった。これは当時、イェール大学の社会学者チャールズ・ペローの「ノーマル・アクシデント」、すなわち、普遍的な複雑性によって起こるのが当然になった事故という考え方によって広まっていた概念だ[64]。スリーマイル島の原子炉そのものも非常に複雑だったが、そこで働いている人々と原子炉のテクノロジーの接点があまりに不適切だったので、たんに安全弁が動かなくなったり、制御盤の明かりが紛らわしかったりしただけで、部分的なメルトダウンが起こり、あわや大惨事になりかけた。緊急事態に際して、多くの政府機関が対応を主導しよう、あるいは少なくとも対応に貢献しようとしたが、大規模な避難計画は存在していなかった。

水素の泡が爆発していたなら、メディアは必ず何かしらの手を見つけてカーター大統領に責任を負わせていただろう。ただしそれは、もし彼が爆発の近くにいたら、難しくなっていただろうが。それでも、第6章で見たように、惨事のときに指導者に決定的な役目を割り振れば、それがスターリンやヒトラーや毛沢東のように意図的に惨事を引き起こしにかかる指導者でないかぎり、たいてい、トルストイの「ナポレオンの誤謬」の1バージョンとなる。ほとんどの惨事は、たいてい何らかの小さな不具合や混乱の結果として、複雑系が臨界に達したときに起こる。外的要因による衝撃が惨事を引き起こす度合いは、通常、ストレスにさらされる社会的ネットワークの構造で決まる。失敗が起こる箇所は、仮にそれが突き止められるならば、組織図の上層部よりも中間層にある可能性のほうが高い＊。ところが、失敗が起こると、社会全体と、その中のさまざまな利益団体が、将来のリスクについて、とうてい妥当とは言えないほどまで推論を行う[65]。だから、少数の事故から、原子力は慢性的に危険であるという結論が広まったのだ。私たちは、2020年のはるかに大きな惨事、ことによると複数の大惨事を理解しようと努めるときには、この枠組みを考慮に入れるべきだ。

＊ だから、たとえばイングランドのグレンフェル・タワー火災の最大の責任を保守党の議員に負わせようとする新聞数紙の試みは、失敗して当然だった。本書を執筆している時点では公的な取り調べが続いているが、建物の脆弱性は過度に複雑な規制と、管轄権の重複と、責任の所在の不明瞭さの結果であることは、火災の直後から明らかだった[66]。

# 第9章　コロナパンデミック

彼は手短に教えてくれた。ペストは月の生き物たちによって拡がる。凶相の淑女、月が犯人なのだ、と。

――ラドヤード・キップリング、「医学博士」

## 見逃されたリスク

まだ終わっていない惨事の歴史を書くのは、見たところ不可能だ。それでもなお、展開中の出来事について歴史的に考えるという行為には、価値がないわけではない。それどころか、その行為は、体系的なかたちで歴史を現在のさまざまな苦境に当てはめようとする取り組みならどれにとっても必須だ。本章は2020年8月の最初の週に書き、1か月後に改訂したが、その当時は、読者が今ご存じのことの多くはわかっていなかった。そのため、本章で下した判断は、本書が刊行されたときにはすでに間違っていることが明らかになっているかもしれない。したがって、本章は疫病との半年間の日誌として読まれるべきだ。事実、そのように、つまり、私がダヴォスの世界経済フォーラムに出席した直後の2020年1月

29日に誕生した、毎週のスライド集として形を取ったのだから。そのスライド集は、本書執筆の時が来るまで、毎週更新した。

私が当時見て取っていたように、世界の経済と政治の指導者たちは、間違った懸念に的を絞っていた。パンデミックが起こりつつあり、感染した乗客を乗せた飛行機が武漢から世界各地へと飛び立っていたときに、世界経済フォーラムでの議論は、ほとんどもっぱら気候変動問題に集中していた。企業の取締役会では、環境責任と社会正義とガバナンスについての疑問が議論の中心だった。２０２０年1月23日、原子力科学者たちは世界終末時計の針を「かつてないほどこの世の終わりに」近づけたが、それはパンデミックを予見したからではなく、核戦争や気候変動、「サイバーイネーブルド情報戦争」、「国際的な政治インフラ」の「浸蝕」を心配していたからだ。[1] ２０１９年の大晦日《おおみそか》、中国政府は遅まきながら「新型のコロナウイルス」の重大性を世界保健機関に明らかにしたが、西側世界全域で、人々は手遅れになるまでその重大性を見逃していた。

なんとも皮肉な話だが、新型コロナは21世紀版千年王国説運動の少女聖人であるグレタ・トゥーンベリの願いをかなえた。「排出を止めなければいけません」と彼女はダヴォスで断言した。「今日からの、源泉での思い切った排出削減を含まないようなあなた方の計画や政策はどれも、まったく不十分です[2]」。ほんの数週間のうちに、人工衛星からの観測結果は、二酸化窒素の排出量が中国とアメリカとヨーロッパの上空で劇的に減少していることを示した（それぞれ、２０１９年の同時期と比べて4割減、38％減、2割減[3]）。もちろんこれは、新型ウイルスの拡散を抑えるために必要と思われた経済活動停止の直接の結果だった。自然保護活動家たちは、何億羽もの鳥や何百万頭もの動物が、自動車を運転する人間たちによる虐殺を免れたとして「アンスロポーズ」を祝うこともできた（訳注　「アンスロポーズ」とは、新型コロナウイルスのパンデミックのせいで人間の現代的な活動や移動が減少したこと[4]。人間を数か月にわたって住まいに閉じ込めておく以上に地球上の人間以外のものに有益なことはなかったのだ。

こんなことを書いたのは、地球の気温上昇から生じうる潜在的リスクを忘れるためではなく、こうしたリスクについて2019年と20年初期に執拗になされた議論が、視野を狭めてしまったと言いたかったからにすぎない。パンデミック前夜の平均的アメリカ人にとって、薬物などの過剰摂取で死ぬ可能性は、猛烈な嵐で命を落とす可能性の200倍もあり、自動車事故で死ぬ可能性は、洪水で命を落とす可能性の1500倍あった[5]。気候関連の災害の脅威は未来にあり、パンデミックの脅威は目の前にあった。2018年にインフルエンザと肺炎で亡くなったアメリカ人（5万9120人）は、自動車事故で亡くなった人（3万9404人）よりもかなり多かった[6]。わずか1世紀前、1918〜19年のインフルエンザのパンデミックは、呼吸器系を標的とする新しいウイルスがいったいどれほど致死性を持ちうるかを立証した。繰り返し警告されてきたにもかかわらず、政策立案者たちはこのリスクから注意を逸らしてしまった。

新型コロナウイルスという新しいウイルスの最初の感染拡大は、中国という機能不全の一党独裁国家に元をたどることができる。とはいえ、このウイルスがいったいどのように拡散したかを説明するためには、ネットワーク科学の見識が必要だ。アメリカとイギリスと欧州連合（EU）の政府は、この脅威に迅速かつ効果的に対応することに、それぞれ異なるかたちで失敗した。ラテンアメリカの失敗は、それに輪をかけて嘆かわしい。だがこれは、よく言われるのとは違い、ポピュリズムの指導者のせいだけではなかった。それは制度的機能不全でもあり、台湾や韓国その他の、もっと小さく、備えが良かった国は、そうした失敗が不可避ではないことを示した。ところが、事態はウイルスについての偽情報や誤情報のせいではるかに悪化した。そうした情報もウイルスのようにインターネットで急速に広まり、感染をどれほど真剣に扱うかに関して広く混乱が生じた。ソーシャルディスタンシングが正しい対応だったのにもかかわらず、後手に回って経済を「ロックダウンする」措置を取ったために、それが及ぼした経済的悪影響は歴史的に前例がなく、しだいに明らかになってきた新型コロナの真の感染者致死率を考えると、公衆衛生上の利益を上回ったかもしれない。

第10章で論じるように、金融措置や財政措置は一時凌《しの》ぎであり、景気刺激策ではなかった。これらの措置の主な効果は、資産価格を経済の実態から切り離すことだったが、同時に、将来の金融の不安定とインフレの種を蒔いた（かもしれない）。2020年夏までには、前方に道が拓けていることがはっきりしたが、それはかつての常態へと真っ直ぐ戻る道ではなかった。そのような常態が仮に回復するとしても、それまでには長い年月がかかるかもしれない。最終章が示しているように、この道は政治危機と地政学上の対決に、ことによると戦争にさえつながるかもしれないという危険がある。

## 武漢から世界への感染拡大

新型コロナのパンデミックはインペリアル・カレッジ・ロンドンの疫学モデルが3月半ばに見積もったほど悲惨なものになりえたかもしれない。あの段階で確かなことを言うのは不可能だった。疫学者のニール・ファーガソンと共同研究者たちは、世界が1918～19年のスペイン風邪と同じぐらい深刻なパンデミックに直面しており、ロックダウンのような思い切った措置を講じなければ、最大で220万のアメリカ人の命が危険にさらされると述べた。だがその推定は、比較的早い段階においてさえありそうにないように思えたほど高い感染者致死率（0・9％）を前提としていた。8月には、2020年のパンデミックは、超過死亡の点では、1957〜58年のアジア風邪に近い数字で終わりそうだった（第7章で見たように、アジア風邪では、2020年に換算すれば21万5000人に相当する11万5700人のアメリカ人と、全世界では今日の200万〜400万人に相当する70万〜150万人が亡くなった）。それでもそれは、2020年8月には、新型コロナがまだ多数の人の命を奪いうることを意味していた。

2020年1月末には、確認された症例は1万足らずで、この新しい病気が原因とされる死亡者は212人であり、そのほとんどが中国の湖北省の人だった。[7] ところがその頃には、中国の当局が事態を曖昧にし、迅速に対応しなかったため、感染した無数の旅行者が武漢を出発して世界中に飛んでいた。世界で確認された患者の総数は、2月末には8万6000人、3月末には87万2000人、4月末には320万人、5月末には620万人、6月末には1040万人に達した。2020年8月3日には全世界で確認された新型コロナの感染者は合計1810万人で、死亡者は69万人強だった。死亡者の4分の1弱（23％）は、アメリカで亡くなっていた。そして、それらの死亡者の3分の1弱（31％）は、ニューヨークとニュージャージーのたった2州で亡くなっていた。[8]

最終的に新型コロナであと何人が命を落とすのか？　本書を執筆している時点では、全世界でこの病気で亡くなったとされる人の数の7日間平均は上昇していた。4月18日に7000人超で頂点に達した後、5月には4000人前後まで減ったものの、8月上旬には再び6000人まで増えた。この勢いに歯止めをかけないと、全世界の死亡者数は2020年10月までに100万人、年末までに200万人に届きかねない。アメリカを対象とする疫学モデルは、11月1日には23万8222人というものから、11月23日には27万2000人というものまで、死亡者の予測にばらつきがある。[9] 私は5月に、歴史の経験に基づいて、アメリカの死亡者数は年末には25万人前後になると推定した。8月にもその数字は依然として妥当に見えた。とはいえ、歴史的に見ると、この規模のパンデミックが翌年まで持ち越されないことは珍しい。数多くの「既知の未知」のうちには、南半球では死亡者数がどれほど大幅に増えるかや、北半球では寒冷な気候が戻ってきたり、学校が再開されたりしたらどれだけ重大な影響が出るか、というものがある。ある調査は、3億4900万人（世界人口の4・5％）前後が「新型コロナに対する深刻なリスクがあり、感染すれば入院が必要になるだろう」と結論したが、これらの人のほんの一部しか感染せず、そのさらに少ない割合しか亡くならないだろうことは明らかだ。[10] それならば、変異によってこのウイルスの感染性と致死性の一方あるいは両方が高まらないかぎり、これは世界規模の惨事ではあっても、死亡率（超過死亡率であろうが質調整生存年であろうが）の点では、1918～19年のパンデミックではなく1957～58年のパンデミックの水準だ。

　ウイルスの発生場所は、少しも意外ではない。すでに見たように、歴史上、相当な数のパンデミックがアジア、特に中国に端を発している。武漢でいったい何があったのかは、2020年8月にはまだはっきりしていない。西側の報道によると、2018年にアメリカの外交官たちが、数年前から石正麗《シー・ジョンリー》がコウモリのコロナウイルス研究をしていた武漢ウイルス研究所と、その近くの武漢疾病予防管理センターの安全性について懸念を表明していたという。[11] ところが中国政府は、最初に感染拡大が起こったのは、じつはあらゆる種類の生きた野生動物が売られている華南《ファーナン》「海鮮」卸売市場だったという説明に固執した。[12] いずれにしても、ウイルスが人為的に生み出されたことを示唆する証拠はなかった。それは、動物から人間への動物由来感染の歴史における最新事例にすぎなかったのだ。おそらく、リノロフス・アフィニス（キクガシラコウモリ）が病原体の宿主で、ひょっとすると、輸入されたマレーセンザンコウが間に入ったかもしれない。ウイルスは、人間から人間への初期の感染でさらに変異した可能性がある。[13]

中国政府が迅速かつ誠実に行動していたなら、この惨事は避けられたかもしれない。[14] 武漢での最初の感染者（華南市場とは無関係）に症状が出たのは12月1日だった。5日後、市場と関係がある男性に肺炎に似た症状が出て、その妻も同じように具合が悪くなったので、人間から人間への感染が窺われる。その後わかったのだが、12月中に104人の感染者と15人の死亡者が出ており、最初の41人の患者のうち6人が亡くなっていた。[15] それにもかかわらず、武漢市衛生健康委員会はまる1か月にわたって手をこまぬいていた。張継先《ジャン・ジーシエン》や李文亮《リー・ウェンリャン》といった地元の医師たちは、異常な肺炎が多発しているのを目にして何か不都合な事態が起こっているのに気づいたが、微信（ウィーチャット）でこの病気はＳＡＲＳ（重症急性呼吸器症候群）かもしれないと述べた李は「デマ」を広めていると訓戒され、発言を撤回させられた（彼は2月7日に新型コロナで亡くなった）。世界保健機関に対する12月31日の中国の公式報告書は、武漢における原因不明のウイルス性肺炎のクラスターが発生したことは認めたものの、人間から人間への感染の「明確な証拠」は「ない」としていた。「この疾患は防止も抑制も可能である」と中国政府は述べた。1月に入り、11日に新しいウイルスによる死が初めて発表された（2日前に61歳の女性が亡くなっていた）後でさえ隠蔽は続いた。医師たちは沈黙させられ、ソーシャルメディアは検閲された。1月10日、評判の高い北京の医師王広発《ワン・グワンファー》は、この病気の感染拡大は「抑え込まれている」とし、「軽い症状」がほとんどであると述べた。武漢と湖北省の政治指導者たちが年次総会で武漢に集まるなか、武漢市衛生健康委員会は感染者数を人為的に少なく発表し、感染のリスクを繰り返し控え目に語った。武漢の役人たちも、旧正月を前に、大規模な集会を許可した。

中国の科学者たちは、できることはした。1月2日までに、石正麗はウイルスの全ゲノム配列の解析を終えていたが、翌日、国家衛生健康委員会は、中国の研究所が政府の認可を受けずにウイルスについての情報を公表することを禁じた。1月3日までには、中国疾病予防管理センターも、ウイルスの塩基配列の解析を終えた。1月5日までには、上海公衆衛生臨床センターの張永振《ジャン・ヨンジェン》のチームも同様だった。だが、政府はこれらの成果のいっさいを伏せておいた。1月11日、張は思い切って、ウイルスのゲノムをvirological.orgのウェブサイトに投稿した。翌日、彼の研究所は「矯正」のために閉鎖を命じられたが、秘密はもう漏れていた[16]。

1月14日の極秘電話会議で、国家衛生健康委員会主任の馬暁偉《マー・シャオウェイ》は、武漢での感染症の急激な感染拡大は「公衆衛生上の重大事件に発展しそう」であり、「症例のクラスター」は「人間から人間への感染」を示唆していると、他の中国の役人たちに、密かに警告した。カナダの報告によると、ほぼ同じ頃、中国政府は世界各地の自国の領事館に、個人防護具を大量に輸入することで「パンデミックに備え、対応するために」緊急の指針を示したという。国家衛生健康委員会が派遣した専門家チームによる武漢からの報告に続いて、1月20日になってようやく中国政府は、人間から人間への感染の初期の症例を正式に明らかにし、この感染症の「感染拡大は真剣に受け止められなければならない」（習近平の言葉）ことを公に認めた。こうして中国は、少なくとも数週間を無駄にした。いや、それ以上だったかもしれない。衛星写真とインターネットのデータに基づくハーヴァード大学の研究によれば、2019年8月下旬から12月1日にかけて、武漢の6つの病院の外側に駐車する車両の数が目立って増えるとともに、「咳」や「下痢」といった言葉のオンライン検索も増加したという[17]。

中国当局の振る舞いは、SARSが流行しはじめたときとほぼ同じだった。今回、何が違ったかと言えば、テドロス・アダノム・ゲブレイェソス事務局長が率いる世界保健機関が、仮にへつらいはしなかっ

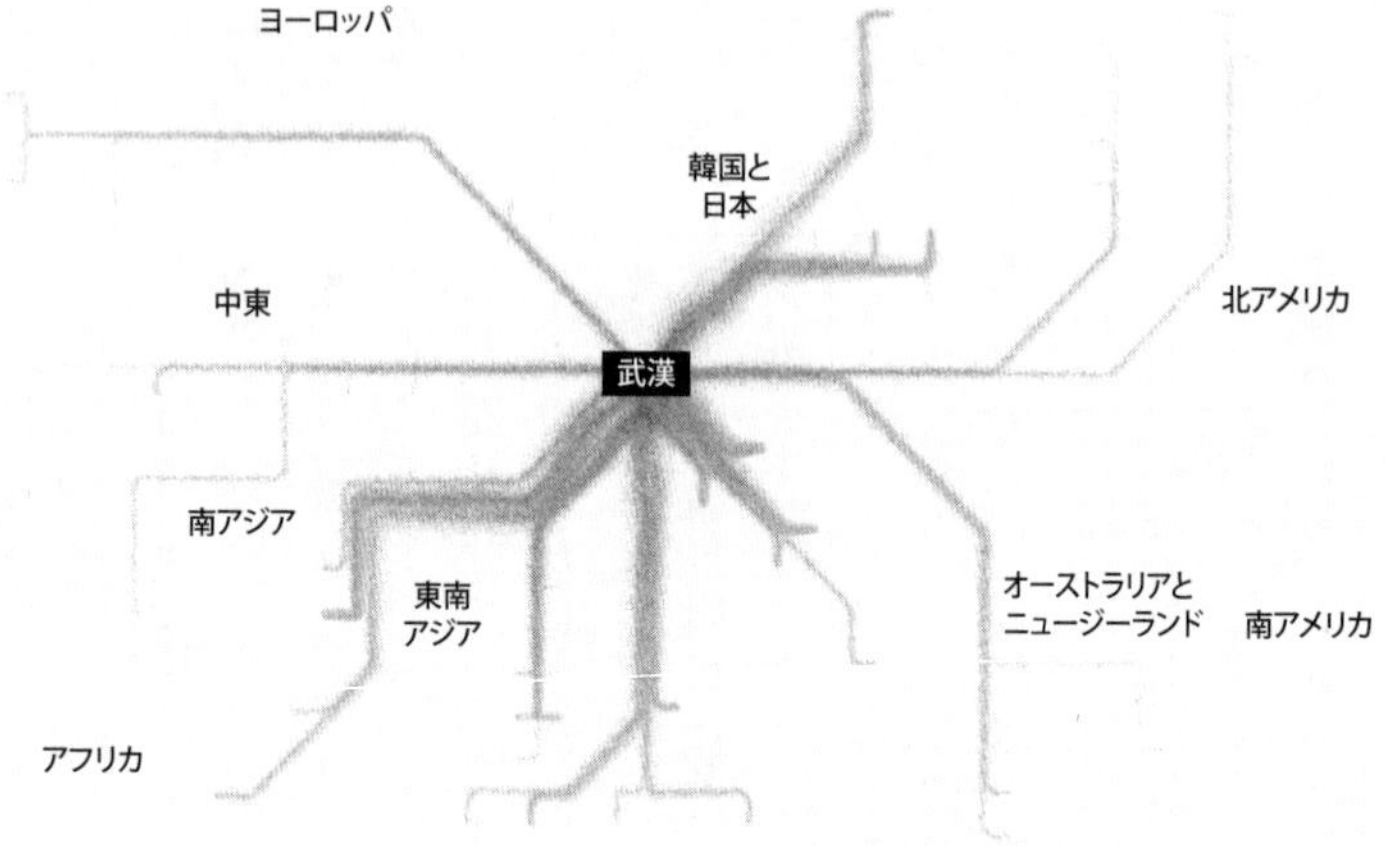


1月23日にロックダウンされる前に武漢を飛び立った飛行機の乗客の流れ。1月には武漢からジョン・F・ケネディ国際空港とサンフランシスコ国際空港に19便が出発した。民間航空データサービスのVariFlight社によると、どれもほぼ満席だったという。感染していた乗客の約85%は検知されなかった。

たかもしれないにせよ、動きが鈍かった点だ。事務局長に立候補したときに中国から強力な支援を受けていたテドロスは、「健康のシルクロード」という中国の計画を是認して恩に報いた。新型コロナウイルス危機の初期段階では、テドロスは中国政府の言葉を繰り返し(「中国当局は、人間から人間への感染の明確な証拠は発見していない」。1月14日)、武漢がロックダウンされてから1週間後まで、世界規模の公衆衛生上の緊急事態を宣言しそびれ、3月11日になってようやく、パンデミックが起こっていることを認めた。ある国が、ロックダウンもせずに感染を抑え込むという、他の国々も倣ってよさそうな輝かしい手本を示していた。台湾だ。ところが世界保健機関の役人たちは、中華人民共和国に敬意を表して、まるで台湾が存在していないかのように振る舞った[18]。

　1月23日の朝、武漢は公共交通が遮断され、2日後には湖北省の他の15の都市がそれに続いた。24日、中国国内の団体旅行を停止する命令が出された。ところが、中国は3日後の27日まで、外国への団体旅行を停止せず、個人が外国に旅行するのを防ぐ措置は何一つ取らなかった。これは後々甚大な影響を及ぼすことになる大失策だった[19]。旅行が制限されるまで、1月に合計約700万人が武漢を離れた[20]。旧正月の休み前の日々に、何人とも知れぬ感染者(その時点では、感染者の86%が記録されていなかった)[21]が、親族や近しい友人たちに会いに、中国全土と世界中を移動していた[22]。ウイルスは、バスや列車や飛行機で広まった[23]。とはいえ、新型コロナは湖北省以外の中国の省では指数関数的に拡散することはなかった[24]。

一方、ヨーロッパと北アメリカとラテンアメリカといった、世界の他の場所では、爆発的に拡がった。それはなぜだったのか？　武漢と中国の他の場所との間の移動制限は、武漢と世界の他の場所との間の移動制限よりも厳格に実施されてはいたが、それが答えではなかった。都市内の公共交通機関を停止したり、学校を閉鎖したり、娯楽施設を閉鎖したり、集会を禁じたり、感染が疑われる人や確認された人を隔離したりといった、非薬理学的介入を、世界の残りの国々よりも素早く行ったから、というのが答えだった[25]。武漢からの移動の禁止の意義は、中国の他の都市の当局に非薬理学的介入を実施するための、最大2～3日の猶予を与えたことにある。その後、この介入措置は中国共産党の社区居民委員会によって厳格に実施された。人々は自宅に閉じ込められ、アパートの建物の入口が溶接で封じられてしまう場合もあった。検温その他の検査と人力での濃厚接触歴追跡の全国的な体制が大急ぎで構築された。中国の感染者数が2月に横這《ば》いになった理由は、これで説明がつく[26]。

当初、1月と2月の大半は、中国以外では感染者は指数関数的には増えなかった。だがその後、まずヨーロッパで、続いて北アメリカで急増した。これは意外だった。世界保健機関によれば、アメリカはパンデミックという不測の事態に「入念に備えている」国の1つのはずだったからだ[27]。2019年の世界健

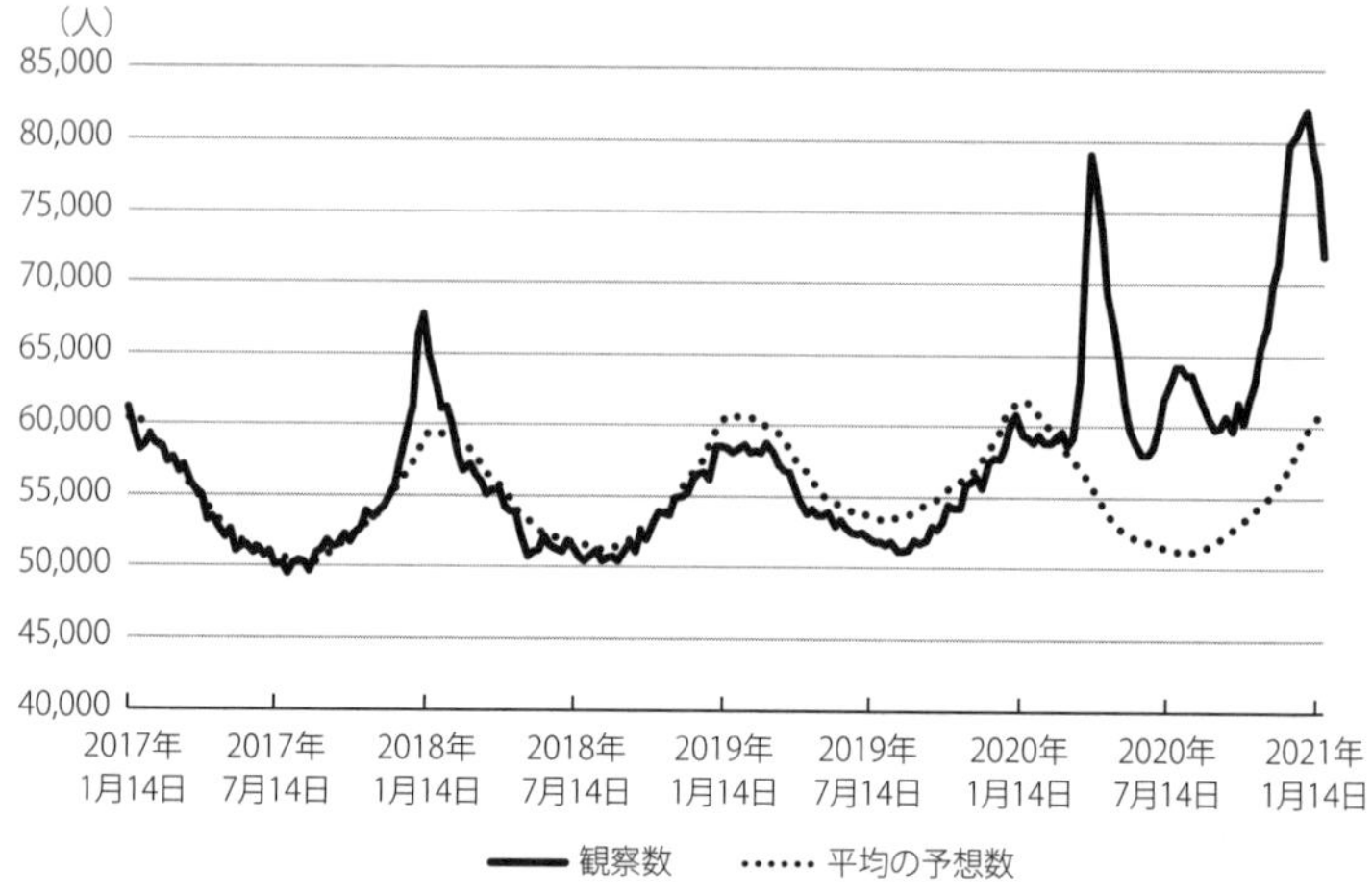


2017～20年のアメリカにおける（あらゆる原因による）毎週の超過死亡の観察数と予想数。

注　最新の数週分は完全ではない。死亡してから10日以内に国立健康統計センターに提出される死亡報告は全体の6割にすぎないからだ。

康安全保障指数は、アメリカをカナダやイギリス他数か国とともに「最も入念に備えている」国にランクづけしていた。[28] だが、世界保健機関と世界健康安全保障指数の格づけは、けっきょく価値がなかった。それどころか、パンデミックの封じ込めとは負の相関を示した。また、国民皆保険制度を持っていることも、統計的に有意の利点にはならないことが判明した。そのような制度を持つ多くの国で、結果が思わしくなかったのだ。[29] 4月当初のパンデミック対応のランキングでは、イスラエル、シンガポール、ニュージーランド、香港、台湾が上位に入り、日本、ハンガリー、オーストリア、ドイツ、韓国が僅差でそれに続いていた。[30]

アメリカで最初の新型コロナ感染者は、2020年1月20日にワシントン州スノホミッシュ郡で報告された。武漢から戻ったばかりの35歳の男性だったが、誰にも感染させていないようだった。ウイルスは、中国から直接、そしてヨーロッパとイランを経て、アメリカに達した。[31] 3月中ずっと、感染者の数はアメリカ全土で指数関数的に増えていったが、北東部、特にニューヨーク市とその周辺に集中していた。3月を過ぎると、感染者と死亡者を表す曲線は平らになったが、新たな感染と新たな死亡は、他の先進国よりも高い割合で発生し続けた。4か月のうちに、ウイルスはすべての州と、郡の9割以上に拡がった[32]。6月には、アメリカは人口比においてさえ、イタリアより深刻な状況に陥っているのが明らかになった。それまでイタリアはヨーロッパで最も大きな被害が出ていたというのにもかかわらず、だ[33]。

パンデミックの影響の程度が最も明確に表れているのが、人口に対する死亡者の数と、最近の季節平均を上回る超過死亡者数だ。前者に基づくと、アメリカ（8月4日までには、100万人当たり469人の新型コロナの死亡者）は、アイルランド（357人）やカナダ（237人）、オーストラリア（9人）、ニュージーランド（5人）より大幅に悪かったが、イギリス（680人）よりはましだった。やはりアメリカよりも大きな被害が出ていたのがベルギー（850人）、スペイン（609人）、イタリア（582人）、スウェーデン（569人）だが、ヨーロッパではその頃までに（一時的にではあるにせよ）感染者数がおおむね頭打ちになっていた点が異なる。

アメリカでの新型コロナの死亡者数の推移は、しだいにブラジル（445人）やメキシコ（372人）での推移に似てきた。2020年7月中旬までにアメリカでは超過死亡者数はおよそ14万9000人に達しており、これは歴史的な平均を23％上回り、ブラジルやオランダ、スウェーデン、スイスの数字に近かった（『ニューヨーク・タイムズ』紙によると、3月1日～7月25日の平均以上の推定死亡者数は、合計21万9000人だったという[34]。もっとも、疾病管理予防センターのデータは、1月1日～8月1日の、あらゆる原因による超過死亡者数は20万5985人であることを示しており、これはその期間に見込まれる死亡者数よりも12％多い[35]）。チリ（46％）、イギリス（45％）、イタリア（44％）、ベルギー（40％）、スペイン（56％）は、アメリカよりもどれも著しく高く、イギリスは欧州連合のどの国よりも悪かった。[36]ペルー（149％）とエクアドル（117％）が超過死亡率の上位2位だった。その一方で、超過死亡が見られない国もあった（アイスランド、イスラエル、ノルウェー）。ドイツの超過死亡率は5％だった。[37]

2020年夏における問題は、国中のアメリカ人が、その頃までにこのウイルスと病気についてわかっていたことをあっさり無視するかたちで行動したことだ。本当にこの病気を封じ込めたのはヴァーモント州だけだった（アラスカ州とハワイ州とモンタナ州も6月にはその部類に入っていたが、感染率の高い州から休暇で人々がやって来ると、感染者数が増えてしまった）。ロックダウンを行ったニューイングランドと、ニュージャージー州、ニューヨーク州では、状況は大幅に改善し、春の第1波に耐えた。だが、過半数の州、特に南部と西部の州では、新型コロナの感染者数は、戦没将兵追悼記念日（5月25日）以降、増え続けた。10余りの州は一時期、封じ込めに成功したように見えたが、そのあと第2波に襲われた。多くの主要な州、とりわけ、カリフォルニア州とフロリダ州とテキサス州では、8月上旬に第1波がようやく頭打ちになり始めた。[38]

## 新型コロナの正体とその危険性

2020年8月には新型コロナウイルスとその感染症について、1月よりもずっと多くのことがわかっていた。1月には、中国から届く信頼できない情報への合理的な対応は、中国から入ってくる人を最小限に抑え、新型ウイルスの検査を増やし、濃厚接触歴追跡の体制を整えて、最悪の事態に備えることだった（これこそ、台湾と韓国がやったことだ）。新型コロナウイルスの遺伝暗号は、コウモリのコロナウイルスRaTG13の遺伝暗号にきわめて近い。この新しい病気が、季節性インフルエンザと少なくとも同じぐらい感染性が高く、致死性ははるかに高いことは、素人疫学者にさえ明らかだった。[39] だが、SARSやMERS（中東呼吸器症候群）、エボラ出血熱、1918年のスペイン風邪ほど致死的ではなかった。これらの病気のほうが感染者致死率が高かった。また、新型コロナは麻疹ほど感染性が高くなかった。麻疹はあらゆる病気のうちで最も再生産数が多い。新型コロナは（スイートスポットならぬ）ビタースポットに位置していたと言えるかもしれない。急速に広まるのに十分な感染性を持つものの、地理的に限られるほどの致死性はないのだ。

再生産数（1人のウイルス保有者が感染させる人の数。$R_0$）の初期の推定値は6～15と大きなばらつきがあったが、どれも警戒するべき数だった。[40] 夏には、1・8～3・6というのが大多数の意見だった。[41] ここが肝心なのだが、ウイルス保有者のかなりの割合（4割前後）が、感染力を持っているときに無症状なのが明らかだった。症状がまったく出ない人もおり、特に子どもにそれが多かった。[42] 疾病管理予防センターは7月10日に発表した指針で、$R_0$を2・5、症状の発現前に起こる感染の割合を5割と推定した。[43]

ウイルスの表面に突き出たスパイクタンパク質が人間の細胞の表面にあるタンパク質（ACE2）に結合し、細胞内部に侵入すると、自らのRNAを放出して、最初は上気道で自己複製を始めることを、科学者たちはじつに迅速に突き止めた。2020年7月には、新型コロナウイルスが微粒子エアロゾル（呼吸器飛沫）で拡がりうることがわかっていた。[44] つまり、空調管理を行っている比較的込み合った屋内で咳やくしゃみをしたり、大声を出したり、歌ったりすると、非常に感染しやすいということだ。[45] そういう状況では、1・8メートルほど距離を取っても、感染を防ぐには不十分だった。[46] 混雑した場所では必ずマスクを着用するべきであることが決定的となった。[47] 屋外で感染する率ははるかに低かった。[48] このウイル

## 新型コロナとその他の感染症との比較

| | インフルエンザ(1918年) | インフルエンザ(1957年) | インフルエンザ(2009年)[a] | インフルエンザ(2009年)[b] | SARSコロナウイルス | 新型コロナウイルス |
|---|---|---|---|---|---|---|
| 再生産数($R_0$) | 2.0 | | 1.7 | | 2.4 | 2.5 |
| 潜伏期間(日) | 不明 | | 2 | | 2–7 | 4–12 |
| 症状の発現から感染力が最大になるまでの期間(日) | 2 | | 2 | | 5–7 | 0 |
| 軽症患者の割合 | 高い | | 高い | | 低い | 高い |
| 入院が必要となる患者の割合 | 低い | | 低い | | 大半(>70%) | 低い(20%) |
| 集中治療が必要となる患者の割合 | 不明 | | 1/10万4000 | | 高い(40%) | 1/1万6000 |
| 65歳未満の死亡者の割合 | 95% | | 80% | | 不明 | 0.6～2.8% |
| アメリカの死亡者数(2000年の人口換算) | 127万2300* | 15万600* | 7500～4万4100 | 8500～1万7600 | 0 | 37万2504† |
| 死亡者の平均年齢(歳) | 27.2 | 64.6 | 37.4 | | 不明 | 不明 |
| 損失生存年数(2000年の人口換算) | 6371万8000 | 269万8000 | 33万4000～197万3000 | 32万8900～68万300 | 不明 | 373万530 |

Petersen, "Comparing SARS-CoV-2," table 1 and 3 より。

注

a　肺炎とインフルエンザの推定超過死亡者数(下限)とあらゆる原因による推定死亡者数(上限)に基づく範囲。122の都市における死亡率調査の予測からの推定。

b　2009年のパンデミック調査データを使った疾病管理予防センターの推定。

＊　最終的な全国の人口動態統計への超過死亡率の手法の応用に基づく推定。

†　新型コロナウイルスについては、2020年末まで。

スは息や唾液だけでなく排泄物の中にも存在していたが、この経路での感染を示す証拠はなかった。ただし、トイレの水を流すだけでも理論上はウイルス粒子を空気中に飛び出させることがありえた。[49]こうしたことから、季節ごとの平均気温の変動が感染率に与える影響が限られるだろうことが窺われた。暖房や空調管理、屋内での拡散の果たす役割のせいで、屋外の気温はほとんど無関係になったのだ。[50]感染の最も目につく症状が嗅覚障害（嗅覚の喪失）であることも明らかになった。[51]

だが、この病気はどれほど致死的だったのか？　それが問題だった。春を迎える頃には、確実ではないが、全体的な感染者致死率は、初期のモデルの一部が想定した0・9〜1・0%ではなく、0・3〜0・7%のどこかに収まりそうに見えた。感染者の多くは無症状だった。症状が比較的軽微で、数日しか続かない人も大勢いた。一定の割合は、具合の悪い状態が長引き、その一部（フランスでは4%弱）は入院しなければならなかった。[52]そのなかで、集中治療を必要とした人は、多くの割合（イギリスではおよそ半数）が亡くなった。いちばん多かった死因は、低酸素血症（動脈血の酸素が減少すること）を伴い、致命的な高サイトカイン血症に至る急性呼吸窮迫症候群だった。[53]症状の発現から死までの時間は、平均でわずか2週間だった。[54]検死解剖によって、肺への特徴的な損害が明らかになった。細胞内ウイルスの存在と細胞膜損傷や広範な血栓性微小血管障害症を伴う、重度の内皮損傷だ。[55]

高齢者が最も危険が大きく、致死率は70代の患者では8%前後、80代では15%ほどであることは、武漢での流行の最初期から明らかだった。[56]ヨーロッパでは、新型コロナ関連の死亡者の8割が75歳超だった。[57]この偏りは、1つには、高齢者が虚血性心疾患や糖尿病、癌、心房細動、認知症のような、さまざまな持病を抱えていて、若い世代より脆弱であるという事実を反映していた。[58]さらに、感染した男性は女性よりも亡くなりやすく、肥満の人はボディマス指数が標準的な人よりも亡くなりやすいことが、イギリスのデータから明らかになった。イギリスでは、喘息もリスク因子として浮上した[59]。アメリカでも状況はよく似ており、新型コロナの致死率は1%未満（20〜54歳）、1〜5%（55〜64歳）、3〜11%（65〜84歳）、10〜27%（85歳以上）と、年齢が上がるほど高くなっていた[60]。70代の人は、ニューヨーク州の人口の9%だが、新型コロナによる死亡者の64%を占めた[61]。だからといって、青年期や壮年期の人が安全だったわけではない。ヨーロッパと比べてアメリカでは50代の人が死亡者に占める割合が大きかった。これは、アメリカでは肥満とそれに関連した健康問題を抱える人の割合が大きいという事実を反映していることが、ほぼ確実だ[62]。脳卒中や異常な血栓、急性虚血肢の症例が、それ以外の問題を持たない30代と40代の新型コロナウイルス保有者の多くで報告された[63]。この病気から回復した患者の多くは、肺への永続的な障害が残る一方[64]、倦怠感や息切れや痛みなどの持続的な症状を報告する患者もいることを示す証拠が積み重なった[65]。イタリアとニューヨーク州では、重症に陥る子どもの患者も出た。そのなかには、川崎病の症状に似た炎症を起こす子どもも多くいた[66]。ヨーロッパのある調査では、新型コロナの陽性者である582人の子どものうち、4人が亡くなっている[67]。

アフリカ系の人は白人よりも新型コロナで亡くなりやすいことも、かなり早いうちからわかっており[68]、イギリスの場合には、カリブ諸島と南アジアの出身者が亡くなりやすかった[69]。たとえばシカゴでは、アフリカ系アメリカ人は人口の3割だが、新型コロナの死亡者の52%を占め、全体ではアフリカ系アメリカ人の死亡率は2・5倍高かった[70]。ラテンアメリカ系アメリカ人やアメリカ先住民も、白人のアメリカ人よりもはるかに高い率で感染しており、特に、年齢による調整をした後ではそうだった[71]。これが、社会経済的な不利（たとえば、貧弱な医療、込み合った居住空間、ウイルスにさらされる職業）や、脆弱性を高める健康問題（たとえば肥満や糖尿病）の多さ、遺伝的要因をどれほど反映しているかは、さらなる研究や議論がまたれるが、遺伝的要因をあらかじめ排除したがる人もいた[72]。

これはみな由々しき事態であり、そのせいで、集団免疫という安直な戦略は軽率であるように見えた。標準的な疫学モデルに基づけば、集団免疫は人口の7割前後がウイルスに感染したら達成しうるが[*]、これは比較的低い感染者致死率を想定した場合にさえ、とうてい許容し難いほど多くの死亡者と重症者が出ることを意味する。感染者致死率を0・6％と仮定した場合には、アメリカでは140万人近くが亡くなるのだ[73]。

それでも、夏が迫ってきたときにさえ、このウイルスと病気については、わからないことが依然として多く、おそらくかなりの量のことは、わかっていないことすらわかっていなかった。感染して回復した人の免疫がどれほど持続するのかわかっていなかった。ただし、彼らが免疫を獲得することはわかっていたが[74]（いや、わかっていたのだろうか？　回復した後に再び感染するという説は正しくないように見えたが、その後、症状の出なかったひと握りの患者が感染し、正しかったことが判明した[75]）。新型コロナから回復したものの、相変わらず具合が悪いと感じている人々に、どれだけ長く障害が残るのかや、それがどれほど深刻なものであり続けるのかもわからなかった。たとえば、なぜドイツや日本の状況と、ベルギーやアメリカの状況があれほど違ったのかや、イギリスとスウェーデンは根本的に異なる公衆衛生政策を採用しながら、なぜ同じような状況になったのか、なぜポルトガルでは、非常によく似た隣国のスペインでほど感染が拡がらなかったのか、なぜスイス系イタリア人はスイス系ドイツ人よりもはるかに深刻な状況に陥

＊　再生産数（$R_0$）が4の病原体の場合には、平均すると、1人の感染者が4人を感染させる。数学的には、集団免疫の閾値は $1-1/R_0$ で定義されるので、もし $R_0=4$ ならば、その場合の集団免疫の閾値は人口の75％となる。

ったのかなども、よくわからなかった。

BCG結核ワクチンは、一部の国では義務づけられているものの、義務づけられていない国もあるが、新型コロナに対して何らかの効力を発揮するのか？[76] 血液型が関係しており、A型の人はB型の人よりも感染しやすいのか？[77] 他のコロナウイルスにさらされることでT細胞あるいは抗体が生み出した記憶は、どのような役割を果たすのか？[78] 要するに、神経科学者カール・フリストンの言葉を使えば、解明されていない「暗黒物質」がまだたっぷりあったのだ。[79] そして、ウイルスがさらに変異して、感染性や致死性が上がったり、たんにワクチンに対する耐性が強くなったりする可能性はどれだけあるのか？[80]

一方、新型コロナに対する効果的な治療法は、なかなか見つからなかった。レムデシビルやバリシチニブ、カルモフール、デキサメタゾンは、ある程度の効能はあったが、そのどれ1つとして治療薬とは呼べなかった。抗マラリア剤のヒドロキシクロロキンは、トランプ大統領が繰り返し推奨したものの、効果がなかった。[81] ワクチンは見つかりそうに見えた。202種が開発中で、24種が臨床試験中、5種が第Ⅲ相臨床試験中であり[82]、モデルナ社（mRNA-1273）とオックスフォード大学（ChAdOx1nCoV-19）での第Ⅱ相臨床試験からは有望な結果が出ているが、10年以上かかるという近年におけるワクチン開発の歴史に反するような、楽観的な筋書きに沿ったとしてさえ、一般に普及するまでにはまだ何か月もかかるだろう。[83] 検査はというと、利用可能なものの大半は、信頼性に限界があることが、2020年夏までには明らかになった。感度の高い検査では偽陽性が、特異度の高い検査では偽陰性が出てしまったのだ[84]〔訳注 「感度」とは、陽性のものを正しく陽性と判定する割合、「特異度」とは、陰性のものを正しく陰性と判定する割合〕。

したがって、これらの分野で大幅な前進が見られるまでは、ウイルスの拡散を抑えるには、感染がわかっている人や疑われる人の効果的な隔離に加えて、マスクの着用や持続的なソーシャルディスタンシング、広範で定期的な検査、組織的な濃厚接触歴追跡といった非薬理学的介入に頼るしかなさそうだ。政府と国民がそれをしっかりと理解していない国では、感染者と死亡者の数は高い水準にとどまるか、良くても、ゆっくりと減少するのがせいぜいだろう。

## ネットワーク化されたパンデミック

新型コロナパンデミックの危機は、歴史とネットワーク科学のレンズを通してのみ理解することが可能だった。歴史からは、潜在的な規模とありそうな帰結が、ある程度まで想像できた。そして、ネットワーク科学によって、一部の場所や人口集団では他の場所や人口集団でよりも、ウイルスがあれほど広範に、あれほど速く拡散した理由の説明がついた。湖北省をグローバルな供給《サプライ》チェーンから外したら、チェーン全体に衝撃が走った理由も説明できた。ヨーロッパではウイルスを封じ込めるのに失敗したため、それがロックダウンという極端な措置につながった理由や、それが世界規模の金融危機の引き金を引いた理由も理解できた。そして何より、新型コロナについてのフェイクニュースがソーシャルメディアを通じて急速に広まり、あれほど多くの人に、一貫しない、しばしば逆効果を生む行動を取ることを促した理由も明白になった。

すでに（第4章で）見たように、標準的な疫学モデルはネットワークの位相幾何学をなおざりにし、どの個人も他のどの個人とも接触しうることや、あらゆる個人が同じような数の接触相手を持っていることを前提とする。そのような均一な社会は存在しない。ランダムにネットワーク化された人々から成る理論上の世界では、そのようなモデルで十分かもしれない。だが、スケールフリー・ネットワークの位相幾何学的特性を持つ集団では、アルバート゠ラズロ・バラバシが書いているように、「ハブが真っ先に感染する。多くのリンクを持っており、それを通して、感染したノードと接触する可能性が非常に高いからだ。いったんハブが感染すると、そのハブは病気をネットワークの残りに『広め』、スーパースプレッダーになる。……これは、従来の流行モデルの予測よりも速く病原体が拡散することを意味する」[85]。標準的な免疫付与戦略や集団免疫モデルは、そうした場合には破綻する[86]。大まかに言って、社会的ネットワークは、脆弱性（感染しやすさか曝露《ばくろ》か死亡率における不均質性）と干渉（感染が起こったときに接続性を減じられる程度）の観点から特徴を語れる。パンデミックは脆弱性を暴き、干渉を奨励する[87]。したがって、人々の不均質性を考慮に入れた、的を絞った対応を首尾良く取れれば、集団免疫の標準的な考えが示唆するよりも感染率をずっと下げてパンデミックを封じ込めることができるはずだ[88]。

新型コロナの来歴は、バラバシと彼の共同研究者たちの見識を例証するために考案された事例研究のようなものだった。ウイルスは、国際旅客空港のスケールフリー・ネットワークを通してジェット機の速度で拡散した。それを促進したのが、2019年12月と2020年1月に見られた前例のないほどの旅行の量であり、その量はそれまでの15年間の平均の2倍を超える水準だった[89]。飛行機そのものに乗ってウイルスがどれだけ遠くまで拡散したかは、あまり関係なかった[90]。パンデミックの初期段階で大切だったのは、武漢からの地理的な距離ではなく実効距離だった。2019年12月～2020年1月23日に武漢からヨーロッパ（パリ、ロンドン、ローマ、モスクワ）へ46便、アメリカ（ニューヨークかサンフランシスコ）へ19便の直行便が飛んだ。民間航空データサービスのVariFlight社によると、どの便もおおむね満席だったという。あいにく、1月には中国人の空の旅がピークを迎える[91]。世界の旅客機の運行状況や旅行プランニングサービスを提供するFlightStats社のデータも、中国南方航空の便が2月1日にサンフランシスコ国際空港に着陸したことを示している。ただし、その便は広州《グァンジョウ》からの直行便だったことが判明した[92]。1月23日より後に武漢からアジア各地へ向かったと思われる他の便は乗員以外は乗せていなかったことがわかった[93]。

すでに見たように、1月23日に取られた武漢の封鎖措置は、中国内部ではウイルスの拡散をわずかに遅らせただけだったが、国外ではもっと効果があったかもしれない[94]。だが、中国の他の空港からは国際便が出発し続けたので、ウイルスの拡散も継続した。トランプ大統領は1月31日に中国人乗客のアメリカへの入国を禁じたが、もう手遅れであり、しかも抜け穴だらけで（アメリカの国民と永住者は免除されていた）、効果がなかった[95]。２０２０年前半にはほとんどの国が外国からの旅行者には完全に国境を閉ざし、それ以外の国も部分的に国境を閉ざした[96]。馬が逃げ出した後でこれほど多くの厩の扉が閉ざされたことは、かつてなかった。

アメリカは世界地図で見るよりも、実質的には武漢にずっと近かった。だが、もっと近い国もあった。あるネットワーク分析によると、アメリカはタイ、日本、台湾、韓国に次いで、5番目に新型コロナが持ち込まれやすい国だったという。カンボジアとマレーシアとカナダをアメリカよりも危険な国にランクづけする分析もあった[97]。相対的に言って、これらの国々のほうがアメリカよりも新型コロナの感染者と死亡者が少なかった理由を説明するためには、感染ネットワークの次の部分を理解する必要がある。全国と地方と地元の輸送ネットワークも、事の顛末《てんまつ》にとってきわめて重要な部分だ。なぜなら、空港に到着した乗客の大半がそれらのネットワークを利用するからだ。バスはウイルスの拡散者だった。ある女性は、往復の乗車で23人に感染させた[98]。ロンドンとニューヨークの地下鉄（特にフラッシング線）も同様だった[99]。

公共交通機関の先では、他のどのような場が拡散をさらに進めたのか？　明らかに家庭だ。家庭では、

1人の病原体保有者が他の家族に感染させる可能性が非常に高かった[100]。どのような結果になるかは、異世代がどれだけ同居しているかに大きく左右された。イタリア北部がスウェーデンよりも深刻な状況に陥った理由も、それで説明がつくかもしれない[101]。共用エレベーターのある集合住宅も感染しやすい場所だった。外国から中国に戻ったある女性は、エレベーターを使っていただけで、合計70人に感染させた[102]。

子どもは大人よりもウイルスに感染しにくいかもしれず、感染しても何の症状も出ないかもしれないが、(あるベルリンの調査が示しているように) ウイルスを拡散させることは依然としてありえた。したがって、新型コロナのネットワークの中で、学校は次に明白なハブとなった[103]。台湾がしたように、念入りな予防措置を徹底させないかぎり、開いてはいられなかった[104]。イスラエルは当初、パンデミック封じ込めの目覚ましい記録を残していたが、エルサレムのある学校でたった1度、感染拡大を起こしてしまい、その記録に汚点がついた[105]。大学のほうがなおさらウイルスを拡散する可能性が高かった。なぜなら、学生たちはずっと遠い所からやって来るし、込み合った寮で暮らすことが多いからだ (学生たちがキャンパスに戻ってくれば、新たな感染の波が引き起こされるだろうこと以上に、2020年に予測が簡単だった事象はほとんどない)。なおさら混雑した移民労働者の宿舎が、他の点では非の打ち所のなかったシンガポールにとって落とし穴となった[106]。飲食店も感染を助けた。韓国のある食堂では、1人の感染者が3つのテーブルの他の9人に感染させた[107]。カラオケバーは避けるのが一番だった[108]。韓国のあるオフィスビルでは、1つの階で働いていた人の4割以上が検査で陽性になった[109]。そして、これまでのコロナウイルスの流行のときと同じで、病院そのものも主要な感染源となった。ただし、スーパースプレッダーとなる場所のランキングでは、クルーズ船や刑務所、食品加工工場、結婚式場に多少後れを取ったが[110]。とはいえ、2020年という疫病の年に最も死亡者を出しやすかったのは、高齢者介護施設だ。

1つの部族あるいは民族を殺害することを意味する「ジェノサイド」という言葉は、1944年にラファエル・レムキンによって造られた。レムキンはナチズムから逃れたユダヤ系ポーランド人で、親族のほぼ全員がホロコーストで殺害された。それに比べると、高齢者の意図的殺害を意味する「セニサイド」という言葉は、起源こそ古いものの、あまり知られていない。『オックスフォード英語辞典』によれば、最初に使ったのはヴィクトリア朝の探検家サー・ヘンリー・ハミルトン・ジョンストンだという。レムキンの言葉は広まった。だが、「セニサイド」はそうならなかった。アマゾンのサイトには、このテーマの本は2冊しかなく、カリフォルニア州のヘヴィメタル・バンドによる「セニサイド」という耳障りな歌が1つあるだけだ。もっと古い本が数冊、この言葉を使っており、そのほとんどは、古代の部族あるいはあまり知られていない部族（インドのパディアン族、ロシアのヴォチャーク族、初期のアメリカのホピ族、カナダのイヌイットのネトシリク族、南アフリカのサン族、アマゾン川流域のボロロ族）が持つとされている慣習との関連においてだ。だが、「セニサイド（senicide）」はあまりに珍しい単語なので、マイクロソフトのワードのスペルチェッカーは赤の下線を表示し、「自殺（suicide）」に自動修正したがる。

もっとも、2020年前半に何が起こったかを一般大衆が把握したときには、状況は一変するかもしれない。イギリスでは5月1日までに介護施設で2万近い超過死亡を記録しており、これは国民健康保険制度の保護下にない施設を犠牲にしてまで、この制度をやみくもに崇拝するという矛盾の結果だった。[111] アメリカでは、7月中旬までの新型コロナによる全死亡者の45％が介護施設で亡くなった。[112] ニューヨーク州のアンドリュー・クオモ知事とハワード・ザッカー保健委員会委員長は、「医学的に容体の安定した」退院患者を、検査もせずに老人ホームに受け容れさせるという大失態を演じた。その結果、州内の老人ホーム全入居者の約6％が亡くなった。[113] 世界では、新型コロナによる全死亡者に占める、老人ホームでの死亡者の割合は、香港と韓国のゼロ％から、ニュージーランドの72％（ただし、絶対数は少なかった）まで、さまざまだった。絶対数がはるかに多いヨーロッパでは、その割合はフランスの35％（1万4341人）から、イングランドとウェールズの38％（1万9700人）、ベルギーの50％（6213人）までの幅があった[114]。

「古代のサルデーニャ島のサルデーニャ人は、高齢の親族を殺すことが若者の……神聖な……義務……であると見なしていた」と、ヘンリー・ジョンストンは1889年に書いている。19世紀のロシアの歴史家ニコライ・カラムジンは「セニサイド」を、「老齢と病気に煩わされ、家族の重荷になり、同胞の役に立たない親を殺す子どもの権利」と定義した。探検家のクヌート・ラスムッセンとゴントラン・ド・ポンサンは、1930年代に至るまで、キングウィリアム島ではネトシリク族によってセニサイドが依然として行われていたことを報告している。だが、2020年代に、よりによって現代の発展した民主国家でセニサイドが起こることを、予見していたのは誰か？　答えは、オーストリア生まれの経済学者フリードリヒ・ハイエクだ。彼は『自由の条件』（1960年）で、「自活できない高齢者の強制収容所が、若者に強要することでのみ収入を得ている高齢者世代の行先となる可能性が高い」と予測した[115]。

混んだバスからセニサイドが起こりがちな老人ホームまで、場所はネットワーク化された感染の物語の一部にすぎず、役者ではなく舞台装置でしかない。2020年初期には、エイズからSARSやMERSまで、これまでのパンデミックのときと同じで、個々のスーパースプレッダーが主要な役割を演じていることも早々に明らかになった。以前のコロナウイルス感染拡大のときも分散係数$k$を割り出した感染症生態学者ジェイミー・ロイド＝スミスは、新型コロナがSARSとほとんど同じぐらい分散係数が小さいことを計算で示すことができた[116]。新型コロナウイルスの$k$は0・1前後と推定され、そこからは「2次感染の8割が、感染性のある人のごく一部（〜1割）によって引き起こされたかもしれないことが窺われる」[117]。

香港では、パレートの法則どおりの、ほぼ完璧な20：80の比になった[118]。これは、パンデミックを引き起こすには、武漢の焚火から1つか2つだけではなく多数の火の粉が飛び散る必要があったことを意味している。また、火の粉を煽って抑えが利かない炎にしたのは、比較的少数のスーパースプレッダーとスーパースプレッダー・イベントだったことも意味する[119]。武漢に住む両親の訪問を受けた後、2020年1月19日にミュンヘンに飛んだ中国人女性がいて、彼女は勤務先のドイツ企業の従業員16人にウイルスをうつした[120]。イングランドのサセックスのビジネスマンは、1月にシンガポールでウイルスに感染し、モンブラン近くにスキーに行ってから飛行機で帰国してガトウィック空港に到着し、地元の酒場で飲んだ[121]。韓国の社交好きな31号患者は、知らず知らずのうちにテグとソウルで1000人以上にウイルスを感染させた。そのなかには、新天地イエス教証しの幕屋聖殿での礼拝仲間たちもいた[122]。イタリア北部の国内感染者1号「マッティア」は、2月に具合が悪くなったときに病院に3回行ったが、その間も社会との接触を続けた[123]。2月下旬にボストン・マリオット・ロング・ワーフで開かれたバイオテクノロジーの会議は、当初は89人の新型コロナ感染につながったと考えられていた[124]。その後の調査で、その数は推定2万人まで増えた[125]。ワシントン州スカジット郡のある聖歌隊は、3月10日の練習に参加した隊員61人中、53人がウイルスに感染し、3人が入院し、2人が亡くなった[126]。

ネットワーク科学からは、決定的に重要な見識が得られた。この新型ウイルスの拡散を防ぐには、既存の社会的ネットワーク——特に、他者との接近や、閉鎖空間での会話につながりやすいもの——をある程度まで分断し、スモールワールドを少しばかり大きくしてやらなければならない、というのがそれだ[127]。こ

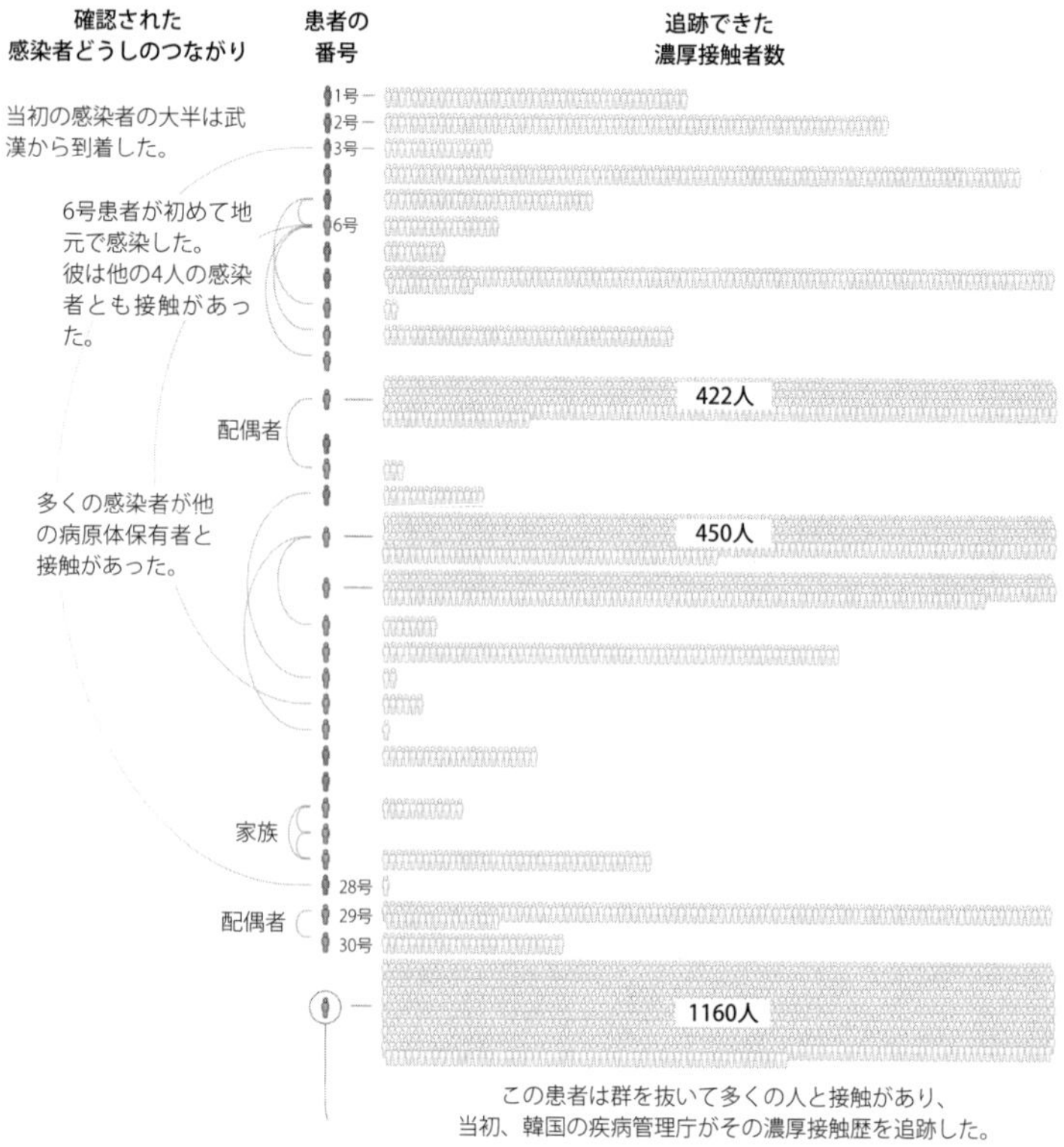

確認された
感染者どうしのつながり
患者の
番号
追跡できた
濃厚接触者数
当初の感染者の大半は武漢から到着した。
1号
2号
3号
6号
6号患者が初めて地元で感染した。
彼は他の4人の感染者とも接触があった。
422人
配偶者
多くの感染者が他の病原体保有者と接触があった。
450人
家族
28号
配偶者
29号
30号
1160人
この患者は群を抜いて多くの人と接触があり、
当初、韓国の疾病管理庁がその濃厚接触歴を追跡した。

31号患者が韓国のスーパースプレッダーで、新型コロナを1000人以上に感染させた。この61歳の女性は、検査で陽性になる前の2週間に、ソウルとテグで会合に出席した。2月6日、彼女はテグで軽微な交通事故に遭い、薩羅南(Saeronan)医院で治療を受けた。治療期間中、2月9日と16日に、新天地イエス教証しの幕屋聖殿のテグ支部で2度にわたり、2時間の礼拝に参列した。また、発熱したにもかかわらず、友人とクイーンヴェル・ホテルで昼食も取った。

れは、ニューヨーク州のウェストチェスター郡からコロラド州アスペン、さらにはフロリダ州パームビーチまでのエリート層の社会的リンクにも当てはめるべきだった[128]。また、ロサンゼルスのラテンアメリカ系アメリカ人の社会的ネットワークや南部のバプテスト教会の社会的ネットワークにも当てはめるべきだった。

ところが、後で見るように、この見識はアメリカの政策立案者や国民にはおおむね見過ごされてしまった。とはいえ、そうなる必要はなかったのだ。台湾ではデジタル担当大臣オードリー・タンの影響下で、さまざまなオンライン・プラットフォームを使って、症状や曝露についての情報が共有されたり、マスクが品薄のときには配給制にされたり、隔離が実施されたりした[129]。もし台北《タイペイ》で感染拡大が発生していたら、役人たちはこの都市を地域ごとに分離する計画を立てていた[130]。韓国では政府と民間部門が協同して迅速に検査の回数を増やすと同時に、携帯電話を利用した濃厚接触歴追跡体制を導入した。政府はMERSのときに成立させた法律によって与えられた権限を行使し、検査で陽性になった人なら誰からでも携帯電話とクレジットカードその他の情報を収集して、当人の最近の行動経路を割り出した。そのデータは個人識別子を取り除いてからソーシャルメディアのアプリケーションで共有され、他の人々がそれを利用して、自分が感染者と接触したかどうかを判断した[131]。台湾でと同様、隔離も厳格に実施された。

香港は多少違っていた。なぜなら、香港では主導権は民主化運動に渡っていたからだ。それでも、取り組み方は同じで、テクノロジーを使って病原体を追跡し、マスクと隔離で感染を抑えるというものだった[132]。シンガポールの取り組み方もそれに似ていたが、アプリをダウンロードする人が少な過ぎたので、人力での濃厚接触歴追跡にもっと頼らざるをえなかった[133]。適切な戦略を採用したのはアジアの人々だけではない。そこまで徹底して（一部の人なら押しつけがましいと言うだろうほど）テクノロジーを使うまでもなく、ドイツとギリシアはそれぞれ独自のやり方で、早期の発見と早期の行動が達成可能で効果的であることを示した。[134] もしすべての州がワシントン州と同じぐらい効果的に初期の感染者に対応していれば、アメリカははるかに良い結果を出していただろう。[135]

## イギリスとアメリカが失敗した理由

英語を母語とする2大国が、アジアやヨーロッパの国々と比べて、新型コロナの第1波への対応があれほど杜撰だったのは、誰のせいなのか？　ほとんどのジャーナリストにとって、その答えは火を見るよりも明らかで、ボリス・ジョンソンとドナルド・トランプという2人のポピュリスト指導者だった。控えめに言っても、どちらもこの危機を見事に処理したとは言えない。だが、新型コロナの話を道徳劇――『ポピュリストたちに下る天罰』――に変えてしまったら、実際に起こった、制度や社会のより重大な機能不全を見落とし、将来の歴史家たちに安直と見なされるのは確実だ。

イギリスの場合が例証となる。イギリスが致死的なパンデミックに直面しているかどうかや、もし直面していたら何をなすべきかを判断するのは、首相の職務ではなかった。その責を担っていたのが、政府の首席医学顧問クリス・ウィッティ、ロンドン大学衛生熱帯医学大学院のジョン・エドマンズと、新型呼吸器系ウイルス脅威諮問グループの主要な疫学の専門家でインペリアル・カレッジ・ロンドンのニール・ファーガソンと、緊急時科学諮問グループだ（この諮問グループは、ジョンソンと、彼が選んで内閣府ブリーフィングルームに集める大臣たちに直接助言を与えていた）。当初、専門家たちは躊躇した。2020年2月21日の時点になっても、新型呼吸器系ウイルス脅威諮問グループは脅威レベルを「中程度」にしておくよう勧告した[136]。イギリスで初めて死亡者が出てから4日後の3月9日、緊急時科学諮問グループは中国のもののようなロックダウンを行うという考えを退けた。「その措置が解除されたら、流行の大きな第2波」につながるだけだから、というわけだ。専門家たちがこのウイルスをインフルエンザの新しい株だと考えていたことは、明らかに思える。3月13日金曜日、首席科学顧問のサー・パトリック・ヴァランスはBBCに、政府は集団免疫の獲得を目指しているが、国民健康保険制度が対応できなくなるのを避けるために、管理の行き届いたかたちでそうする、と語った[137]。

その後、専門家たちはパニックを起こした。3月16日、ファーガソンは論文を発表し、ワクチンが開発されるまで、「緩和」（ソーシャルディスタンシング）と「抑制」（ロックダウン）の両方を行わなければ、「イギリスではおよそ51万人、アメリカでは220万人の死亡者」が出るだろうと予測した[138]。一般大衆の不安が募るなか、首相の最高戦略責任者のドミニク・カミングズの勧めもあって、集団免疫策は放棄され、イギリスの社会生活と経済生活の前例のない停止策が採用された。このように180度の方向転換をした後、ファーガソンは、新しい方針の下では2020年のイギリスの死亡者は「2万人以下」となり、「そのうち3分の2は」どのみち「他の原因で今年亡くなっていただろう」（つまり、正味6700人）と述べて、今度は絶望的なまでに事態を混乱させた[139]。

それからの日々に、状況は笑劇と悲劇の間を行ったり来たりした。ファーガソン自身、新型コロナの症状が出た。そしてジョンソンと保健大臣のマット・ハンコックが3月27日に2人揃って検査で陽性になり、ジョンソンは4月5日に入院し、翌日、集中治療室に移された。ファーガソンは自らが提言したソーシャルディスタンシングの規則に違反して恋人と密会しているところを見つかった。カミングズもロックダウンに違反して長距離移動したことが発覚した。その後、民間部門のコンピューター・プログラマーたちがファーガソンのモデルを入手し、こき下ろした。[140] とはいえ、こうしたドラマは、自宅に閉じ込められた国民にとって気晴らしにはなっただろうが、核心ではなかった。肝心なのは、機能不全が上層部だけではなく公衆衛生の専門家のレベルでも起こっていた点だ。[141] ここでは、ファインマンによるチャレンジャー号事件の事後分析に類するものが見られるようだ。

「きちんと対処できている。何の心配もない」（1月）から、「少し暖かくなる4月までには理論上、嘘のように消えてなくなるだろう」（2月）や、「なるほどね。本当にわかった。私が理解しているものだから、みんな驚いている」（3月）まで、トランプ大統領が2020年の最初の数か月間、自分が直面している危機の深刻さを読み違えていたという証拠はあり余るほどある。[142] あるいは、早くも2月7日には深刻さを理解していたが、「控えめに言う」ことを選んだのかもしれない。[143] したがって、アメリカによる新型コロナの扱いの責任をすべてトランプに負わせるほど簡単なことはなかった。「失態が生じた唯一無二の箇所、それは不合理な大統領だ」という具合に。[144]

ジャーナリストはこの筋書きを遠慮なく繰り返し書き続け、なぜ現在や過去の役人のこれほど多くが『ニューヨーク・タイムズ』紙などにこれほど率直に自分の考えを明かしたがるのかを自問することはないに等しかった。[145] また、パンデミックの脅威を軽視したり、トランプによる中国からの渡航者の入国禁止を人種差別として非難したりする、2020年1月と2月の『ニューヨーク・タイムズ』紙や『ワシントン・ポスト』紙、ニュースサイト「ヴォックス」の馬鹿げた記事について、自責の念が表明されることもほとんどなかった。* 2月3日の『ワシントン・ポスト』紙の見出しは、「コロナウイルスへの政府の攻撃的な対応に用心するべき理由――厳しい措置は、すでに取り残されている人々を犠牲にする傾向がある」だった。『ニューヨーク・タイムズ』紙は2月5日、中国人渡航者のアメリカへの入国禁止を、証拠の裏づけのない「極端な反応」として斬り捨て、「一般国民の間でのあからさまな人種差別へと変容」しかねない「トップダウンの決定」だとした。「ヴォックス」は2月7日、反中国の外国人恐怖症こそ、私たちは本当に懸念する必要がある、と明言した。[146]

これはなにも、トランプを擁護するものではない。彼はまったく理解できていない危機の中心に身を置くという、重大で最終的に取り返しのつかない誤り――前任者がオピオイド系薬物危機の間は賢明に避けた誤り――を犯した〔訳注「オピオイド系薬物」とは、ケシ由来の鎮痛作用を持つ物質、あるいは同様の合成物質〕(「アメリカ合衆国の大統領になった以上、権限は万事に及ぶし、そうあるべきでもある」――4月13日)。トランプは、1月と2月を通して新型コロナに対して否定的だったが、3月には最終的に説得されてこのウイルスに真剣に向かい合い(「パンデミックと呼ばれるはるか以前からパンデミックだと感じていた」――3月17日)、責任を持って事に当たっているような体裁を取って、束の間、支持率が上昇した。だが、3月の人気上昇は短命に終わった。毎日の記者会見は打ち切られた。彼は検査で判明する感染者は検査自体が原因であるかのように、検査の拡大は望ましくないと言い張ったが、それは明らかに馬鹿げていた。

3月以降、多くの有権者が心を変えた。トランプの平均支持率は、3月末には47%だったが、6月末には41%まで落ちていた。[147] これはすべて、茶番劇の一部だった。その劇では、ジャーナリストとトランプが、万事において彼が主役であるふりをしていた。そして、ホワイトハウスの首席補佐官マーク・メドウズの

＊『ニューヨーク・タイムズ』紙は1月29日、「パンデミック・パニックに注意」と警告した。『ワシントン・ポスト』紙は1月31日、「インフルエンザ」のほうが「はるかに大きな脅威」だから、「落ち着く」ようにと促した。「ヴォックス」は1月31日、「これは致死的なパンデミックになるのか？　ノー」とツイートした（その後、このツイートは削除された）。

助言に従って責任を州知事たちに譲り渡したときにさえ、ジャーナリストとトランプは彼が主役だと相変わらず主張した（もし、州知事たちに責任を委譲していなかったら、もちろんトランプは同じように憤然と酷評されていたことだろう）。現実には、保健福祉省、とりわけ疾病管理予防センターの公衆衛生の官僚機構が悲惨な機能不全を起こしたというのが、事の真相の大半なのだが、これについて報道ではわずかしか語られなかった。

理論上は、アメリカはパンデミックへの備えが十分できていた。連邦議会は、２００６年にはパンデミックおよび全ハザード対策法を、13年には同名の再承認法を、19年６月にはパンデミックおよび全ハザード対策促進法を成立させていた。[148] 15年10月には、ジョー・リーバーマンとトム・リッジが共同議長を務める「超党派のバイオディフェンスについてのブルー・リボン検討会」が最初の報告書を発表した。[149] 同検討会は19年、「職務の内容と任務の緊急性をより正確に反映するため」に、「バイオディフェンス超党派委員会」と改名された。[150] 17年８月以来、医師でアメリカ空軍の職業軍人のロバート・カドレックは保健福祉省の事前準備・対応担当次官補だった。18年９月、トランプ政権は36ページの『生物兵器防衛戦略』を発表した。[151] その実行計画には、５つの目標の１つとして、「パンデミックを引き起こす可能性のある病原体を対象としたもののような研究は、バイオセイフティの過失が重大な結果を招きうるので、そうした研究の有するリスクを評価する」ことが含められていた。キケロ研究所のアール・「ジャッジ」・グロックが指摘しているように、[152] ２００６年以降には、パンデミックに備えた計画は多数あった。[*1]

それにもかかわらず、これほど多くの計画がありながら、あるいは、あったがために、現にパンデミックに襲われたときには誰が担当するのか、知っている人は１人もいないようだった。担当は、明らかに事前準備・対応担当次官補ではなかったようで、彼は２０２０年前半を通じて、おおむね表に出なかった。[*2]

疾病管理予防センターの設立法によると、同センターは「国内外で公衆衛生の脅威に備え、それと戦ううえで必須の役割」を担うとのことであり、所長のロバート・R・レッドフィールドにかなりの責任を持たせているように見えた。だが、公衆衛生局長官ジェローム・M・アダムズも連邦議会から同じような役割を与えられていた。ただし、彼の上司は保健福祉省のブレット・P・ギロイル保健担当次官補だったが。疾病管理予防センター所長と保健担当次官補はともに、保健福祉省のアレックス・M・アザー長官の監督下にあったし、食品医薬品局長官と国立衛生研究所所長も同様なので、長官が全体を統括していたと思えるかもしれない。ところが、連邦緊急事態管理庁（長官はピーター・T・ゲイナーで、彼は国土安全保障省の長官代行チャド・F・ウルフ、あるいは、ことによると副長官代行の監督下にあった）も（少なくとも同庁自体が定めた権限によれば）担当官庁であり、これまた忘れてはならないのが、ホワイトハウス自体の新型コロナウイルス対策タスクフォースで、それを指揮していたのが「対策調整官」のデボラ・バークスだが、彼女の本職はアメリカの世界エイズ対策調整官だった。これほど多くの人がかか

＊1　グロックは以下のような計画を列挙している。ホワイトハウス国土安全保障会議パンデミック・インフルエンザ国家戦略、パンデミック・インフルエンザ国家戦略実施計画、国防総省パンデミック・インフルエンザ対策実行計画、保健福祉省パンデミック・インフルエンザ計画（2005年と09年と17年に発表）、毎年の国土安全保障省国家対応枠組、連邦省庁間業務計画、合衆国のための国家健康安全保障戦略、ホワイトハウスの国家安全保障戦略、重大な被害を及ぼす感染症の脅威と生物兵器使用事件への早期対応のための国家安全保障会議のプレイブック、合衆国健康安全保障国家行動計画、動物インフルエンザとパンデミック・インフルエンザのための北アメリカ計画。

＊2　事前準備・対応担当次官補カドレックにとって、ニュース報道の価値のある唯一の貢献は、生物医学先端研究開発局の局長リック・ブライト医師の略式の更迭だった。

わっていながら、世間の注目を浴びることが最も多かったのは、国立アレルギー・感染症研究所所長のアンソニー・S・ファウチだった。

明らかに、役人の少なくとも一部は、もしパンデミックに襲われれば問題が起こるだろうと思っていた。2018年10月10日、カドレック次官補はテキサス大学のストラウス・センターでバイオディフェンス政策の発展について講義した。「もしこれ［パンデミックへの対応策］を策定しておかなければ、万一パンデミックに直面したら、『SOL』［shit out of luck〔訳注　「まるっきりツイていない」という意味の卑語。第2章参照〕］となるだろう」と彼は述べた。そして、「私たちは強がっているのだ、少しばかり」[153]とつけ加えた。アメリカの公的機関（と一部の民間機関）が過去20〜30年間に著しく衰退してきたという仮説を支持するさらなる例証が必要とされていたとしたら、これがまさにその1つだった[154]。

したがって、うまくいかなかったのは、大統領の判断の誤りのせいだけではなかった。トランプ政権が（2009年に「新たなパンデミックの脅威」への取り組みの一環として、合衆国国際開発庁からの資金援助で始まった）疫学研究の「予測」プログラムを段階的に縮小した後、中国にはアメリカの疾病管理予防センターの代表がいなかったにもかかわらず、各情報機関は責務を果たし、武漢での最初の感染拡大が与える脅威の深刻さを警告した[155]。疾病管理予防センターと保健福祉省と国家安全保障会議はみな、2020年1月の最初の週までにその脅威に気づいていた。大統領の貿易担当顧問の1人だったピーター・ナヴァロは、中国発の「深刻なパンデミック」の危険を繰り返し的確に警告した[156]。状況の深刻さを把握していた重要人物にはこの他、国家安全保障問題担当副補佐官マシュー・ポッティンガー、上院議員のトム・コットン、下院議員のリズ・チェイニーがいた[157]。「これはあなたが大統領在任中に直面する最大の国家安全保障上の脅威になります」と、国家安全保障問題担当補佐官ロバート・オブライエンは1月28日にトランプに告げた。「これ以上の難局に向かい合うことはないでしょう」[158]。中国とヨーロッパからのアメリカへの渡航禁止は遅過ぎて効果がなく、しかも実施に当たって不手際だらけだったが、方向性は正しかった[159]。アメリカの空域を完全に閉鎖するのが妥当だったと今になって言っている人は、渡航禁止のような限られた措置でさえ、どれほどメディアに非難されたかを忘れている[160]。

それよりはるかに大きな失敗は、疾病管理予防センターによる中央集権化と検査の全般的な妨害だった。同センターは世界保健機関の検査キットの使用を拒んだばかりではなく、他の国内機関が独自の検査を行うのを妨げた挙句、効果のない検査キットを流通させた。疾病管理予防センターのものではない検査は、連邦の食品医薬品局による承認を必要としたので、状況はいっそう厄介になった。2020年2月28日の時点に至ってさえ、疾病管理予防センターが行った検査の総数は、わずか459回だった[161]。3月7日には、その数は1895回だった。一方、韓国では国内で最初の市中感染者が出てから1週間以内に、6万6650人が検査を受けている[162]。

偽陰性の結果が出るという深刻な問題もあった[163]。疾病管理予防センターによる旅行者の監視も杜撰だった。この大失敗は、ホワイトハウスとはまったく、あるいはほとんど関係なかった。また、納得のいくかたちで資源の不足のせいにすることもできなかった[164]。それは、典型的な官僚機構の硬直化を反映していたのだ。「介入するというのは、私たちの文化ではない」と、疾病管理予防センターのある元役人は認めている。同センターは、「名状し難い、煩わしい階層制」の重みに喘いでいた。「この機関は、まさにこの瞬間のために最初からずっと存在してきた。それなのに、いざと言うときにしくじった。なんとも悲しい話だ。こういう事態のために設立されたのだから」と、食品医薬品局のある元役人は述べた[165]。

イギリスでと同様、アメリカでも2020年3月中旬に、無頓着がパニックへと一転した。トランプは、公衆衛生サービス法の下で1月31日にすでに、公衆衛生上の緊急事態を宣言していたが、3月13日にはスタッフォード法と国家緊急事態法の両方の下で2つの国家緊急事態宣言を発するとともに、5日後には国防生産法の下で大統領行政命令を通して、緊急権限を発動した。疾病管理予防センターは突然、「1億6000万〜2億1400万人」の感染を警告した。「アメリカでは20万〜170万人が命を落とすかもしれない」と『ニューヨーク・タイムズ』紙は報じた。「アメリカでは240万〜2100万人が入院せざるをえなくなりうる」[166]。この時点になってようやく、マスクの慢性的な不足と、集中治療室の収容能力における途方もない地域差が問題になった[167]。「パンデミックへの備え」というのは、この程度のものでしかなかったわけだ。

アメリカ全土が湖北省やイタリア北部と同じ運命をたどることを想定する記事が、数え切れないほど書かれたが、どれも明確な違いを無視していた。全体とすれば、アメリカの人口密度ははるかに低いし、都市の人口密度も大幅に低い[*]。イタリア人はアメリカ人の3倍も公共交通機関を利用する。ニューヨークと武漢あるいはミラノを比較するのが適切だった。それにもかかわらずアメリカの州の大半は、3月下旬までに移動制限を課し、その結果、ほとんどの主要都市で交通量が5〜9割という極端な減少を見せた（オランダのＴｏｍＴｏｍ社のデータによる）。「自宅待機」命令が出された郡にある都市が特に打撃が大きかったが、移動の激減はほとんどあらゆる場所で起こった。飛行機は飛び続けたが、がらがらだった。3月26日〜5月20日の乗客数は、２０１９年の同じ期間の数の1割を下回った[168]。

あまり話題にならなかった政策の失敗もある。すでに見たように、アジアでは、新型コロナに最もうまく対処した国々は、スマートフォン技術を利用して、高度な濃厚接触歴追跡のシステムを運営した。なぜアメリカではそうならなかったのか？　アメリカこそインターネット誕生の地であり、世界最大手のテクノロジー企業の本拠であり、そうした企業はユーザーの生活のあらゆる面に及ぶデータを、他に類のないほど多く蓄積しているというのに。「アメリカ人は、自らの市民的自由をそのように蹂躙されることには我慢がならないから」といった型どおりの答えには説得力がない。全国民がさまざまな程度の自宅監禁に甘んじている状態では、市民的自由などほとんどありはしない。

3月17日の『ワシントン・ポスト』紙の1記事[169]を除けば、濃厚接触歴追跡を促進するためにグーグルとアップルとフェイスブックが簡単に提供できただろう位置情報やソーシャルネットワーク・グラフを活用する計画が策定されているという証拠は、4月10日までまったくなかった[170]。最後に、復活祭〔訳注 2020年は4月12日〕の直前に、「アップルとグーグルが新型コロナ濃厚接触歴追跡技術で提携」という発表があった。「アップルとグーグルが新型コロナ濃厚接触歴追跡技術の妨害で提携」としたほうが、より正確な見出しだっただろう。というのも、大手テクノロジー企業の弁護士たちは、デジタルの濃厚接触歴追跡を可能にするのはリスクが大き過ぎると考えたようだからだ。これらの企業は、最初はグローバル・スタンダード（世界標準）を定める必要があると主張し、その後、州政府に問題を丸投げすることにしたが、州政府は効果的なシステムを仕上げる能力を明らかに欠いていた。そもそも、州のレベルで解決するという構想がかりそめにも筋が通っていることが前提だったが、州境を管理しなければ、そのレベルの解決など、理に適っていなかった。

9月上旬までにアプリケーションを配布した州は6つしかなかった[171]。位置情報の利用は、新型コロナが

＊ 武漢の人口密度はサンフランシスコの人口密度の2・6倍で、ミラノの人口密度はニューヨークの1・6倍だ。しかも、ニューヨークはアメリカの都市のうちでも際立って人口密度が高い[172]。

全国に拡散するのを追跡する目的に限られた。たとえば、春休みの間の、フロリダ州の海岸や、パニックが宣言される前の3月前半のニューヨーク市からの拡散だ[173]。アメリカは4月11日には停止状態に近づいていた。買い物やレクリエーション目的の交通は45％、通勤は48％減り、ほとんどの地域が自宅待機となった――ウイルスが至る所に拡散した後で。またしても、移動制限がなされるのが遅過ぎて、効果は出なかった[174]。

アメリカは連邦制度だ。1918年の時点でと同じで、2020年にも、非薬理学的介入を課す権限は、アメリカ政府ではなく州と都市にすっかり委ねられていた。州知事は、それによって提供される機会を喜んでつかんだ。だが、その成果はまちまちで、メディアで頻繁に取り上げられた人ほど、たいてい結果が悪かった。ニューヨークのものも含め、多くの州政府が高齢者介護施設でセニサイドを犯したことはすでに見たとおりだ。州政府による次なる「偉業」は、人工呼吸器を入手しようとする見苦しい争奪戦だった。じつは、そのような争いは無用だった。国内には十二分な数があったし、新型コロナ患者の命を救うためにはあまり効果がなかったからだ[175]。5月にはカリフォルニア州は、ニューヨーク州よりも迅速にロックダウンを実施したとして勝利宣言を行っていた[176]。だが、それは幻の勝利であることが判明した。5月中旬から7月下旬にかけて、カリフォルニア州の患者数が6倍に増え、ニューヨーク州を追い抜いたのだ。

いずれにしても、自宅待機命令が不可欠だったと主張するのは、はなはだしいうぬぼれだ。実際には、3月16日にカリフォルニア州で最初の自宅待機命令が出される前に、国中のアメリカ人がソーシャルディスタンシングを取り入れていたようで、これは国民による自主的な行動変化の重要性を例証しており、そのような変化は政府の命令に先行することが多かった[177]。ソーシャルディスタンシングの程度の違いは、個々の町や地区の特性に拠るところのほうが大きかったかもしれない。皮肉にも、地元の共同体意識が強い場所のほうがソーシャルディスタンシングをしたがらなかったのに対して、個人が積極的に政治に関与する場所では、もっと進んでそれを行った[178]。

アイゼンハワー時代の連邦政府を理想化する必要はないし、1950年代のアメリカ社会をバラ色の眼鏡を通して眺めるべきでもない（第7章参照）。「行政国家」の台頭が、新型コロナウイルスとまったく同じぐらい有害で、ことによると長期的にはもっと有害な病変を生み出してしまったと述べるだけで十分だ[179]。歴史家のフィリップ・ゼリコウが2019年に、「じつはアメリカの政策工学の質は、20世紀の大半よりも、この数十年間のほうが比べ物にならないほど低いことに衝撃を受けた（そして多少、気が滅入った）」のは間違っていなかった[180]。フランシス・フクヤマに言わせれば、「アメリカ政府の全体的な質は、1世代以上にわたって確実に劣化し続けてきた」のであり、1970年代以降それがとりわけ顕著だった。アメリカでは、「政府の範囲の見たところ不可逆的な拡大が、質における大幅な衰退を覆い隠してきた[181]」。ベンチャーキャピタリストのマーク・アンドリーセンのように、これを意志の欠如のせいにしたり、権限が分散して有効な意思決定ができない「ビトクラシー」や、その場凌ぎの対応を一貫性なく積み重ねて複雑化した「クラッジオクラシー」のせいにしたりする人もいるかもしれないが、問題は明らかに制度的なものであり、1人の大統領の個人的な欠点（明白であることは間違いなかった）よりもはるかに根深く、改善するのも格段に難しい。[182]

## フェイクニュース・ネットワークと陰謀論

人間の集団が望ましい選択をするためには、良い情報がきわめて重要だ。大統領も含めて政府の役人は、控えめに言っても、情報提供が杜撰だった。だが、マスクの着用から新型コロナ治療法の候補まで、ありとあらゆることに関する（完全に誤解を招くとまでは言わないまでも）矛盾した役人たちの物言いは、2020年に一般大衆が物事を理解するうえでの最大の障害ではなかった。2016年の選挙で暴露された問題や、大手テクノロジー企業の自己改革の試みに見られる明らかな不誠実さ[183]があったにもかかわらず、不幸にして連邦議会は、インターネットのネットワーク・プラットフォームを管理する法律や規制の有意義な改革を達成できなかったので、アメリカだけでなく世界全体が、新しいウイルスの存在が確認されてからの数週間のうちに、そのウイルスについてのフェイクニュースであふれ返ることになった。*

「ウイルスの触手を免れる安全な国などない」と、あるオーストラリアのウェブサイト（news.com.au）は報じ、「感染拡大が起こったこの都市がロックダウンされる前の、決定的な2週間に町を脱出した推定500万の武漢住民のうち6万人の携帯電話と飛行のデータ」を示すという触れ込みの写真を添えた。だが、2月19日にBBCが報じたように、それはまったくのでたらめで、世界の全航空路が載った10年前の地図にすぎなかった。[184] それにもかかわらず、この誤解を招く説明は、無数のウェブサイトやソーシャルメディアのアカウントでコピーされた。

フェイクニュースの源泉は嫌と言うほどあり、名高い新聞もそれに含まれていた。『ワシントン・ポスト』紙は、トランプ政権が疾病管理予防センターの世界健康安全保障アジェンダを停止したと誤って主張する記事を訂正する羽目になった。[185] 何人ものFOXニュースの司会者、特にショーン・ハニティ（だが、タッカー・カールソンは違う）が、新型コロナの脅威は誇張されていると見なすように視聴者に促した。これは行動にある程度の影響を与え、ハニティの視聴者の間では感染者と死亡者が増えた。[186] 全体としては、FOXニュースをよく視聴する人ほど、ソーシャルディスタンシングを行う割合が低かった。[187] とはいえ、それらよりももっと突拍子もない考えがいくつも、たちまち信頼を得た。

特に、ある陰謀論が中国政府によって積極的に売り込まれた。中国外交部報道局の副局長趙立堅《ジャオ・リージエン》が一連のツイートの中で、パンデミックはじつはアメリカに起源を持つと主張しようとした。「アメリカではゼロ号患者はいつ発生したのか？」と趙は3月12日にまず英語で、そしてそれとは別個に中国語で書いた。「何人が感染しているのか？　病院の名前は？　武漢に流行をもたらしたのはアメリカ陸軍かもしれない。ありのままを語れ！　データを公表せよ！　アメリカは我々に説明する義務がある！」[188]（どうやら、2019年10月に武漢で開かれたミリタリーワールドゲームズ（世界軍人競技大会）のことを言っているらしい。この大会にはアメリカから17チームが参加した）。趙のツイートは、中国で最も突出したソーシャルメディア・プラットフォームである微博（ウェイボー）で急速に広まった。[189]

ほぼ同じ頃、無数のアメリカ人のダイレクトメッセージ・アプリに、トランプがまもなく全国をロックダウンすると警告するフェイクメッセージが届きはじめた。その手のメッセージの1つには、「略奪者や暴徒を防ぐために兵士が配置につき次第、それが発表される」とあり、国土安全保障省の匿名情報筋の話とのことだった（他の類似のメッセージは、政府の異なる省を情報源としていた）。「彼は、昨晩電話があり、荷造りして、今日、派遣命令の電話がかかるのを待つようにと指示された、と語った」。アメリカの情報機関は、中国政府がこれらのメッセージの元であることを突き止めた。[190]

＊　私は2020年の話の、このきわめて重要な部分に2章を費やすつもりだった。1章は、2016年の選挙で明らかになったさまざまな問題（「公的領域における構造変化」）、もう1章は、立法者と規制者が2020年までに些末な改善しか達成できなかったという失態（「なされなかったこと」）がテーマだ。あいにく、紙幅の制約から、これら2章は割愛せざるをえなかった。

2016年と同じで、陰謀論を増幅するうえで重要な役割を果たしたのが「ボット」〔訳注　「ボット」とは、インターネット上で手間暇のかかるタスクを自動的に行なうプログラム〕だった。カーネギー・メロン大学の研究者たちが、新型コロナについて語っている2億以上のツイートを解析したところ、影響力の大きさで上位1000位に入るリツイーターの62%を含め、およそ半数のアカウントがボットらしいことがわかった。「アメリカ再開」についてのツイートのうち、66%が、ボットのアシスタントを使っている可能性のある人間が、残る34%は直接ボットが発信していた。影響力のある上位50位までのリツイーターの82%がボットだった。「どうやら宣伝組織の仕業のようで、ロシアと中国の手口と完全に一致している」と、「社会および組織システム・コンピューター分析センター」所長のキャスリーン・カーリーは論評した。[191] 6月3日、ツイッター社は34万8608回ツイートした2万3750のアカウントを停止した。そのすべてが、中国政府によって運用されていた、と同社は結論している。[192]

それでも、2016年のロシアによる情報戦争と同じで、中国の情報戦争は、仮に影響力があったとしても、フェイクニュース・ネットワークのほんの一部にすぎず、中国のフェイク・アカウントの大半にはほとんどフォロワーがいないことは明らかだった。最も広く伝わった偽情報は、中国のものでもロシアのものでもなかった。元シェフィールド大学教授で、ブリストルに本拠を置くプロパガンダ研究協会理事のピアーズ・ロビンソンは、「コロナウイルスは新たな9・11か?」という疑問を投げかけた。やはり同協会理事の、ニューヨーク大学教授マーク・クリスピン・ミラーは、このウイルスは生物兵器だと主張した。5Gマスト基地局はウイルスに対する抵抗力を下げているという陰謀論もあった（それがイギリスではマスト基地局襲撃につながった）。いかさま治療法（害の程度はさまざま）を売り込む陰謀論もあった。イラクの聖職者ムクタダー・アッ=サドルによると、同性婚がパンデミックの一因だそうだ。[193]

とはいえ、最も一般的な陰謀論は、ワクチンに関連するものだった。エディンバラ大学の環境政治理論の教授ティム・ヘイワードは、ビル・ゲイツには新型コロナワクチンの研究を優先させる隠れた動機があるという主張をリツイートした人の1人だ。[194] この陰謀論の1バージョンに着想を得て、陰謀論映画『プランデミック』が制作され、広く視聴された。[195] 世界保健機関は、生物学的なパンデミックに加えて、そのパンデミックについての陰謀論の「インフォデミック」も起こっていることに、遅まきながら気づいた。偽りの情報を広めようとしているサイトの上位10位のうち8つが、「研究――26種の中国の薬草に、コロナウイルス感染を防ぐ『高い可能性』がある」とか、「コロナウイルスが神の罰である理由」とかいった見出しのついた、新型コロナについての偽情報を載せていた。[196]

インフォデミックは、本物のパンデミックと同様、それを拡散させるネットワーク構造と切り離しては理解のしようがない。新しい陰謀論は、多数の団体を運営し、フェイスブック上でも多数のページを運用しているワクチン接種反対運動やQアノンのカルト〔訳注　「Qアノン」とは、陰謀論を唱え、トランプを支持するアメリカのグループ〕のような、既存のネットワークの助けとなる。[197] データ企業のパルサー社は、インターネット上で見られる12の異なる陰謀論のテーマ（5Gマスト基地局タワー、研究所での製造、ニンニク療法、エイリアン、「闇の眼」、ロシアのライオン、中国の生物兵器、ウォッカ手指消毒剤、コカインがコロナを防ぐ、インフルエンザと同じようなもの、人口調節、新世界秩序）の浮き沈みを追跡し、それらの伝播を、「反ディープステートのトランプファン」と「共和党愛国者」を代表とする、インターネット上のインフルエンサーのさまざまなクラスターと関連づけた。[198] この文脈では、ユーザーが通常出くわす以上に広い範囲のフェイスブックグループを勧めたり、「スーパーシェアラー」（インターネット上でスーパースプレッダーに相当する人）の影響を減らしたりするためにアルゴリズムを変更することはしないという、フェイスブックの決定は、重大な結果を招くことになった[199]。

アメリカの有権者を対象とするある3月の調査では、回答者の1割が、アメリカ政府が新型コロナウイルスを生み出したという説は「絶対に正しい」とした。19％は、「トランプに打撃を与えるために」疾病管理予防センターはウイルスの危険性を誇張していると信じている、と報告した。そして、23％は、ウイルスは中国政府によって生み出されたという考えが、おそらく、あるいは、絶対に正しいという見方を支持した[200]。イギリスの世論調査でも、コロナウイルスは研究所由来であると、同じように簡単に信じる傾向が明らかになった[201]。5月中旬のあるアメリカの世論調査では、FOXニュースが自分にとってテレビニュースの主要な情報源であると回答した人の半数が、ビル・ゲイツが人々の動きを監視するために新型コロナのワクチンを利用してマイクロチップを人々に埋め込もうとしているという説を信じていた[202]。パンデミックの偽情報は、中国、ロシア、イラン、トルコによってヨーロッパ社会にも向けられたが、その総合的な影響はもっと小さかったようだ[203]。

6月24日、フロリダ州の郡政委員たちのあるワークショップで、1人の若い女性がマスク着用の義務化に反対し、そのような措置の提案者は、悪魔や5G、ビル・ゲイツ、ヒラリー・クリントン、「小児性愛者」、ディープステートと同類だと非難した[204]。患者たちを抗マラリア剤のヒドロキシクロロキンで治したと断言したステラ・イマニュエルという名のヒューストンの医師は、子宮内膜症や嚢胞《のうほう》、不妊、性的不能は「ネフィリム」（人間の姿をした悪魔）との性交によって引き起こされ、「エイリアンのDNA」が現在、医療で使われているとも信じていることが判明した[205]。トランプ大統領がヒドロキシクロロキンについてのイマニュエル医師の主張――ソーシャルメディアで1300万回以上視聴された動画――をリツイートしたという事実は、2020年に世界が直面した双子の疫病の本質を見事に捉えている。

# 第10章　パンデミックと世界経済

私たちの皮膚は硬結だらけになって久しい。もはや人々が殺されるのが耳に入らなくなってしまった。

——エヴゲーニイ・ザミャーチン、『X』

## 経済や金融への大打撃

1919年、おそらくスペイン風邪と思われるものから回復して間もなく、ジョン・メイナード・ケインズは、出世作となる扇動的な小論文『平和の経済的帰結』を書いた。その中で彼は、明示はされていないものの巨額にのぼりうる戦争賠償金をドイツに科したヴェルサイユ条約の懲罰的な条項を非難し、インフレによる経済的惨事が起こって、政治的な反動がそれに続くと予測した。[1] ケインズの結びの予言は、けっきょく正しかったことが判明した。

もし我々が中央ヨーロッパの貧窮を故意に目指すのであれば、時を置かずに復讐が訪れると、私は予測して憚《はばか》らない。反動勢力と、絶望的な革命の痙攣との間の最終的な戦いの勃発を長く引き留めるものはありえず、その戦争を前にしたなら、先般のドイツとの戦争の恐怖も、すっかり影が薄くなるだろう。[2]

ところが、ドイツの通貨が弱くなるという彼の短期的な予測は間違っていた。1920年春、ドイツ・マルクはヨーロッパの他の通貨とともに、意外にも安定した。その安定は長続きしなかったが、ケインズはフランとマルクとリラでショートポジションを取っていたため、破産しかけた。[3]

では、今回のパンデミックの経済的帰結はどうなるだろう？　それが大規模な経済的惨事の一覧に入るだろうことは明らかだ。2020年のアメリカの国内総生産について国際通貨基金が正しいとすれば（同基金の予測は、6月には8％の下落だったが、10月にはそこまで大幅ではないマイナス4・3％となっていた）、アメリカ経済にとって1946年以来最悪の年となるだろう。[4]　4月には、アメリカの失業率は世界恐慌以来最高に達した。それ以上の苦境に陥っていた国もある。イングランド銀行は5月に、1709年の大寒波以来最悪の景気後退を予測した。[5]　だが、ほとんどの国で生産量が減り、失業率が高まること以外に何が言えるだろう？

2020年を通じて、相当の数の解説者が、アメリカの公衆衛生面での無様な対応や、ロックダウンによる経済への大打撃、政府借入金と中央銀行の貨幣創出の先例のない拡大に基づいて、世界経済におけるドルの支配的立場の終焉が間近に迫っていると推測した。だが、1920年のケインズの経験は、為替レートの歴史を振り返れば、簡単に予測できるものなどほとんどないという事実を思い出させてくれる。2020年8月上旬のオンライン・フォーラムでの講演で、元財務長官のローレンス・サマーズ――マサチューセッツ州ケンブリッジにあるマサチューセッツ工科大学の卒業生のうち、ケンブリッジ大学出身のケインズに最も近いと言えるかもしれない――は、次のように述べた。「何かを無で置き換えるわけにはいかない」。「ヨーロッパが博物館で、日本が老人ホームで、中国が監獄で、ビットコインが実験であるときに」、準備通貨や貿易通貨として他のどんな通貨がドルより望ましいというのか?[6]

当初、新型コロナが中国での流行だったとき、このウイルスは武漢とその周辺地域を通る世界規模のサプライチェーンに対して、主に脅威をもたらすように見えた。[7]中国政府がウイルスを抑え込むと、問題は、中国がどれだけ素早く回復するか、そして、この病気の新たな感染拡大によって、回復がどれだけ遅れるか、に変わった。[8]サプライサイド(供給側)では、エネルギー消費量のような指標から判断すると、回復は間違いなくV字形になりそうに見えた。第1四半期の景気後退は毛沢東時代以来の深刻さだった(GDPは2019年の最終四半期の6・8%減)が、その後、景気は急速に回復した。ところがデマンドサイド(需要側)では、主要都市の交通や輸送という指標から判断すると、回復の動きははるかに鈍かった。[9]

5月には、中国政府は明確な成長目標を撤回して雇用目標を掲げ、5000億ドル相当の新規地方インフラ債の発行と、金融緩和策の続行を発表した。[10]それでも、中国人民銀行の政策立案者と中国銀行保険監督管理委員会の規制者は、貸出増加や(消費者物価よりもむしろ資産価格の)インフレとそれに伴う金融危機のリスクを懸念していた。[11]中国の株式市場の急速な回復は、マクロ経済の本格的な回復の表れでは必ずしもなかった。主要都市で露天商の営業再開を許可するという決定は、失業率に対する党指導部の深い不安のしるしだった。

2020年初期の数か月間にウイルスが世界中に拡散するにつれ、キャンセルが続発した。航空旅客の数は激減した。通常なら混雑するシンガポールのチャンギ空港では、1月には590万人だった旅客数が、4月にはわずか2万5200人に急落していた。99・5%の減少だ[12]。多数の航空会社が倒産した。観光業は深刻な不振に陥った[13]。自動車の販売数も急減した。移動が止まったものの、石油の供給量は依然として上昇傾向にあったため、貯蔵費が市場価格を上回り、原油価格は束の間、マイナス領域に落ち込んだ。3月8〜26日には、Open Tableというアプリが扱う地域のすべてでレストランが営業を停止した。2か月後も、ドイツと、カリフォルニア州とニューヨーク州ほど積極的にロックダウンを実施しなかったひと握りの州（アリゾナ州、フロリダ州、オハイオ州、テキサス州）を除いて、外食は相変わらず行われていなかった[14]。酒場は閉まり、カフェも同様だった[15]。小売業では、通常の水準に多少なりとも近いかたちで営業を続けていたのは、食料雑貨店と薬局ぐらいのものだった。唯一成長していたのは、オンラインの電子機器産業と小売業だった。自宅に閉じこもっている消費者が必要を満たすためにインターネットに頼ったからだ。世界中で労働者は、1930年代前期以来見られなかったほどの割合で解雇されたり一時帰休させられたりした。

金融市場の変動性は、2008〜09年の世界金融危機で最悪だった日々に記録されて以来の急激な高まりを見せた。3月23日までに、アメリカの主要な株価指数であるS&P500は、34%下落していた。ヨーロッパとイギリスの投資家も同様の打撃を受けていたが、それに比べると、東アジアの市場は多少ましだった。しばらくは、アマゾンを除く大手テクノロジー企業の株さえ値を下げた。ビットコインの価格は急落し、3月12日には4000ドルを下回った。金と（当初は）アメリカの国債だけが安全に見えた。まるで世界恐慌が再現されているかのようだったが、当時は1年かかったことが、今回はわずか1か月で起こった。

金融パニックが頂点に達したのは、2020年3月15日日曜日の夜、連邦準備制度理事会が金利を下げ、7000億ドルの債券を買い入れることを緊急発表した後だった。この発表は、投資家を安心させるどころか、多数のマネーマーケットファンドとヘッジファンドの「取りつけ騒ぎ」を引き起こしてしまった。[16] ウォール街は債券市場での大量の債務不履行という悪夢におびえた。エネルギー部門が特に脆弱だった。[17] 2008~09年のときと同様、世界中のドル建て債務者が我勝ちに現金を手に入れようとしたため、短期的にドルが不足した。[18] だが、連邦準備制度理事会の役人がいちばん心配したのは、世界中で最も安全で最も流動性が高いはずのアメリカ国債の市場に、異常なストレスがかかっている兆しだった。[19]

トランプ政権は、パンデミックについては言葉を濁すことはできたかもしれないが、これほど大規模な株式市場の暴落は言い逃れのしようがなかった（トランプが、新型コロナウイルスがもたらす脅威を軽く扱うことで避けようとしてきたのが、まさにこの種のパニックだった）。公衆衛生面での対応とは違い、通貨と金融の面での対応は迅速で、しかも大々的だった。連邦準備制度理事会は、ジャンク債さえ買うという前例のない誓約も含め、あらゆる手を打ち、自ら認めているように「越えてはならない一線を越えた」。2020年3月23日、同理事会は、アメリカ国債と不動産担保証券を必要なだけ買って「市場の円滑な機能を支える」ことを約束した。[20] 合計14の新しい機関が、金融機関や外国の中央銀行、非金融企業、州政府、地方自治体に融資することが発表された。3月11日~6月3日に、連邦準備制度理事会の貸借対照表は4兆3000億ドルから7兆2000億ドルへと増加した。[21] 14の機関のうち13は適法性が怪しかったが、[22] 望みどおりの成果があがった。金融情勢は、3月中旬の発作的な動きの後、落ち着きを取り戻した。

同時に、3月25日深夜、連邦議会の指導者たちは、2兆ドルの景気刺激策に関して合意に達した。一定の所得水準未満の全アメリカ人に1200ドルの小切手を送り、失業保険を拡張し、州レベルの失業給付金を4か月にわたって毎週600ドル増額し、企業の支援に5000億ドル提供し、中小企業への貸付のために3500億ドル出し、医療提供者にさらに1500億ドル与えるためだ。これは、その前の法律でワクチン開発に83億ドル、有給休暇に1000億ドル、すでに割り振ったのに加えてのことだった。[23]ゴールドマン・サックスの見積もりでは、連邦予算の赤字は2020会計年度はおおよそ3兆6000億ドル（GDPの18%）、翌21年度は2兆4000億ドル（GDPの11%）となり、国民が背負い込む連邦政府の負債はGDPの100%を超え、負債総額はGDPの117%に達するという[24]（実際には、2020年の最初の四半期に発行された国債のほぼすべては、連邦準備制度理事会が買い上げた）。

もし、唯一の目的が金融危機を回避することであれば、こうした措置は大成功だった。株価は反発し、8月上旬までに年間でプラス領域に入った。直観的に筋が通っているが、情報技術（IT）の大企業の株が、この反発の要因の大半だった。物質的な世界からバーチャルな世界へというさまざまな傾向に、パンデミックが明らかに拍車をかけたからだ。これまでは世界大戦時にしか見られなかったような金融政策によって市況が歪められたため、これらの「成長株」は、高い収益率を維持しそうに見えた。

その一方で、なされたばかりのことの持つ政策的意味合いには、驚くべきものがあった。現代貨幣理論とユニバーサル・ベーシックインカム（最低所得保障）という、これまでは急進的だった2つの考え方を、ものの数か月のうちにパンデミックが主流にしてしまったかのようだった。普通の人々が、たとえ通常よりも気前の良い失業手当を受け取っていたとしてさえ、自宅に閉じ込められている状態にいったいどれだけ長く耐えることが見込めるかについては、ろくに議論がなされなかった。

トランプ大統領が本能的に最もやりたかったのは、アメリカ人の生活をなるべく迅速に、できれば復活祭までに、平常に戻すことだった。3月の最後の週には、この危機へのトランプ政権の対応に対する国民の支持率は、共和党支持者の間では94％、無党派層では60％で、民主党支持者の間でさえ27％あった[25]。だがトランプは、ロックダウンが長引けば、この支持もたちまち消えてなくなってしまうだろうことを理解していた。新型コロナの影響をまだあまり受けていない州ではなおさらで、それは、それらの州では経済生活を停止させる妥当性がそれほど明白ではなかったからだ。

4月に入ると、国民の心はトランプから離れ、名の知れた州知事や公衆衛生にかかわる役人、わけてもアンソニー・ファウチへと移りはじめた[26]。4月中旬には社会不安の雰囲気が漂っていた。ある世論調査では、回答者の3分の2が、人々の活動に対する制限の州政府による解除が遅過ぎるよりもむしろ早過ぎてしまわないか心配していると述べた。4分の3近い人が、状況はさらに悪化するだろうと懸念していた[27]。二大政党の支持者が、はっきりと2つに分かれた。民主党の支持者は新型コロナについて心配し続けたのに対して、共和党支持者の間では、4月中旬～5月中旬に、そうした心配が消えた[28]。後で見るように、現実には、アメリカでの流行の第1波は、超過死亡率の観点からは6月の初めに収束した。だが、パンデミックの経済的帰結は、まだほとんど感じられていなかった。

## 人命の価値と社会的・経済的コスト

ちょうどこの頃、機知に富んだ人が「シュレーディンガーのウイルス」という言葉を造った。生きていると同時に死んでいるという、物理学者エルヴィン・シュレーディンガーの有名な猫（量子力学の問題を説明するために彼が使ったたとえ）をもじったものだ。

今や私たち全員がシュレーディンガーのウイルスに感染している。

だが、検査を受けられないので、このウイルスに感染しているかどうか知りようがない。

だから、他人にうつさないように、自分がウイルスに感染しているかのように振る舞わなくてはならない。

だが、もし感染していなかったら免疫がないから、まだウイルスに感染していないかのように振る舞わなくてはならない。

したがって、私たちはウイルスに感染していると同時に感染していない[29]。

このような苦境には、感染を制御しなければ十分恐ろしい状況になる場合にだけしか耐えられなかった。思い出してほしいが、2020年3月半ばにはインペリアル・カレッジ・ロンドンの疫学者たちが、ソーシャルディスタンシングとロックダウン抜きでは、最大220万のアメリカ人が命を落とすと警告していた。彼らはある論文では、「介入がなされなければ、新型コロナは今年、全世界で70億人に感染し、4000万人の命を奪っていたことだろう」と主張した[30]。事実に反するそうした条件文は、報道で広く引用され、何千万もの命が助かるという考えの下で、自宅待機の苦難が正当化された[31]。だが、もし「流行曲線の平坦化」が死を先延ばしにすることを意味するだけならば、この主張は間違っていた[32]。それで達成できるのは死を分散させることだけであり、医療制度に過剰な負担をかけるのを避け、それによって一部の人の命を救うことができるかもしれないが、死亡者の総数はわずかしか減らないだろう。

論理的に言って、ワクチンが普及するまで、緩和や抑制を続ける必要があった。だが、ワクチンが手に入るようになるまでには1年かそれ以上かかるかもしれなかった。ヨーロッパでのロックダウンの実態を調べた結果、救われる人命の数が大幅に下方修正されると、ロックダウンは賢明な戦略ではないのではないかという疑いが膨らみはじめた[33]。

ロンドンの疫学者たちは、計算をするときに利点ばかり考え、非薬理学的介入のコストを考えることを怠った。「私たちは、リスク抑制のより広範な社会的コストと経済的コストは考慮しないが、それらは非常に大きいものになるだろう」と、彼らは呑気に書いている[34]。それがいったいどれほど大きいかは、急速に明らかになりつつあった。3月に、翌月に70歳になるテキサス州副知事のダン・パトリックは、次のように問いかけた。「みなさんは高齢者として、アメリカ人の誰もが愛するアメリカを子や孫たちのために維持するのと引き換えに、自分の生存を危険にさらす気がありますか？　……もしそれが交換条件ならば、私は喜んで受け容れます[35]」。それに対し、ニューヨーク州知事は憤慨して、こうツイートした。「私の母はかけがえのない存在だ。あなたのご母堂もかけがえのない存在だ。私たちは人の命に値をつけたりしないものだ[36]」。

道徳上、誰の命であれ値踏みなどできないほど貴重であることに疑いの余地はない。ところが実際には、連邦政府の監督機関は、1人の命の統計的価値は900万～1000万ドルと推定している（平均的なアメリカ人の命に値をつけるのは心ないことに思えるかもしれないが、公共政策ではそのような推定は費用便益分析にとって必須の基盤だ[37]）。物理学者のアレッサンドロ・ヴェスピニャーニの計算では、アメリカでの4月末までの新型コロナによる死亡者数は、緩和戦略が採用されなかったときの58万4000人に対して、当時普及していた制限下では、5万3000人になるとのことだった[38]。つまり、50万人前後の命が救われることになるというわけだ。だが、その時点ではもう明らかになっていたが、救われた命のほとんどは、高齢者のもので、そのほとんどは長くてもあと5～15年しか寿命が残っていなかった。言い方を変えれば、1957年のときと比べて、救われる可能性があった質調整生存年数は少なかったということだ[39]。したがって、ほとんどが高齢の50万人の死を避ける経済的便益は、80年の寿命から平均で10年が失われるのを防ぐとして、6250億ドル前後かもしれないというのが妥当な推定だった。

ロックダウンのコストが1か月当たり5000億ドルだとすれば、1か月半を過ぎるとこの政策のコストは便益を上回りはじめる。しかもこれは、ロックダウンに伴う意図せざる不都合な結果の数々を計算に入れていなかった[40]。郡レベルの分析に基づく別の推定では、ロックダウンの1か月当たりのコストは2兆2000億ドルに近かった[41]。これよりも大幅に多くの死を回避できることを想定した場合にしか、非常に長期に及ぶ経済生活の停止は正当化できなかった。それにもかかわらず、3月中旬にさえ、アメリカの専門家による全死亡者数の中位推計値は25万人を下回っていた[42]。疫学者は不確かで、彼らのモデルの予想は現実と一致しない傾向にあったため[43]、ロックダウンをしなかった場合の死亡者数は200万人よりも大幅に少なく、100万人程度だったのではないかという疑いが煽り立てられた。共和党支持者の間ではそれが顕著だった。いずれにしても、これらのモデルは、日々の死亡者数が4月中旬には頂点に達していたということで一致しているように見えた。

このような疑念はもっともだった。私たちが1918～19年の再現を目の当たりにしているという見方は、3月中旬には、歴史家の私にはもう妥当には思えなかった。中国とイタリアにおける犠牲者の年齢を考慮に入れると（そのようなデータを最初に出したのがこの両国だった）、新型コロナの影響は、57～58年のパンデミックの影響に、はるかに近い可能性が高く見えた。そのパンデミックのときには非薬理学的介入はほとんどなされず、経済活動が中断することもなかった。[44] 超過死亡率のデータは、大半の先進国ではパンデミックの第1波が急速に頂点に達したことを裏づけている。ソーシャルディスタンシングと公共の催しの禁止に頼り、ロックダウンを行わなかったスウェーデンにもこれが当てはまるという事実は重大だ。

ヨーロッパの超過死亡率は、2020年の最初の12週間は、少しも異常ではなかった。第12週にさえ、超過数は例外的ではなかった（2016〜17年の冬も、同じぐらい悪かった）。第13〜16週（3月23日〜4月19日）になってようやく、超過死亡者数の並外れた急上昇が見られた。だが、第20週（5月11〜17日）には、ヨーロッパにおける死亡者数は通常に戻り、その後3週間は例年を下回るほどだった。第10〜17週の超過死亡者数の9割超を、70歳以上の人が占めた。[45] すでに見たように、国による違いは大きく、超過死亡率が高かったのがスペイン（通常より56％増）、イギリス（45％増）、イタリア（44％増）、ベルギー（40％増）だった。それに比べると、フランス（31％増）、オランダ（27％増）、スイス（26％増）、スウェーデン（24％増）はみな、それほどでもなかった。ポルトガル（11％増）、オーストリア（8％増）、デンマーク（6％増）、ドイツ（5％増）は、うまく対応していた。ノルウェーとアイスランドでは、超過死亡がまったくなかった。[46]

イギリスでは第13週（3月27日まで）に超過死亡率が上がりはじめ、その週の割合は5年平均を1割上回った。その後の3週間（4月17日まで）には超過死亡率は10倍の113％まで急上昇し、超過死亡者は1万2000人に迫り、その4分の3は新型コロナが原因とされた。[47] その後、超過死亡率は上昇したときよりもゆっくりと下降し、ピークを記録してから7週間後の、6月5日に終わる週にはわずか7％まで落ちた。[48] データ収集には時間がかかるため、実際に超過死亡率がピークに達したのは4月8日前後の可能性が高い。[49]それは、イギリスの病院で亡くなり、死亡時に新型コロナの検査で陽性だった人の数が5486人で最も多かった週でもあった。6月19日に終わる週には、その数は334人になっていた。[50]というわけで、イギリスが2020年4月と5月に5年間で最悪の超過死亡率を記録したことに疑問の余地はない。ロンドンが他のどの地域よりも超過死亡率が高かったが、イギリス全土が影響を受けた。超過死亡率でそのロンドンさえ上回ったスペインとイタリアの都市（たとえばベルガモ）も10余りあった。[51]だが、他の国々と比べて、イギリスは人口の割に超過死亡率が高かった。[52]それでも、1970年にまでさかのぼる長期的な視野で眺めると、イギリスにとって超過死亡率の点で2020年に最悪だった週（第16週）は、第21位にすぎない。1969～70年と75～76年と89～90年の冬は、みな2020年の春よりも悪かった。1970年第1週の超過死亡率は、2020年4月中旬の3割強多かった。[53]

アメリカはイギリスと同様の経験をしたが、そこまで深刻ではなかった。あるいは、北西部の諸州が似たような経験をした、と言ったほうがより正確かもしれない。なぜなら、それ以外の州は、当初は状況が異なっていたからだ。7月中旬に、アメリカの累積超過死亡者数は14万9200人で、近年の平均水準を23％上回っていた。それはスウェーデンのものとほぼ同じ率だった。[54]人口比では、アメリカの超過死亡者数はスイスとオーストリアの数字の間に収まった。[55]2020年4～5月は、それまでの4年と比べると、肺炎とインフルエンザと新型コロナによる死の割合が突出していた。[56]メディアは季節性インフルエンザになぞらえたが、これはとんだ見当違いだった。4月中旬の週の新型コロナによる死亡者数は、それまでの7回のインフルエンザ流行期にインフルエンザで亡くなった人の数の10～44倍にも達した。[57]新型コロナは、最も猛威を振るっていたときには、アメリカにおける死因の第1位だった。[58]ただし、すべての州が超過死亡者を出したわけではない。そして、超過死亡がすべて新型コロナのせいであるわけでもない。[59]ヨーロッパでと同様、このパンデミックは、詳しく調べてみると、いくつかの地域に著しく集中していた。イタリアではベルガモとその周辺だった[60]。スペインでは超過死亡はアラゴンやカスティーリャ・イ・レオン、カスティーリャ・ラ・マンチャ、カタルーニャ、エストレマドゥーラ、マドリード、パイスバスコ、ナバラ、ラ・リオハ、バレンシアでは記録されたが、アンダルシアやアストゥリアス、バレアレス諸島、カナリア諸島、カンタブリア、セウタ、ガリシア、ムルシアでは発生しなかった[61]。フランスでは、イル・ド・フランスとはるか北東部が最も大きな害を受けた。アメリカでは、新型コロナによる死亡者の3分の1はニューヨーク州とニュージャージー州で出た[62]。ニューヨーク市の超過死亡者数は群を抜いて多かった。2020年3月11日～4月13日の死亡者数は、13～17年の同時期の平均に基づいて見込まれる数のおよそ3・6倍に達した。7月中旬までの全超過死亡者数の17％弱はニューヨーク市で出ており、これは死亡者数でイギリス全体に占めるロンドンの割合（15％）にほぼ等しい[63]。似たような傾向はカリフォルニア州でも見られ、感染者の45％、死亡者の56％がロサンゼルスに集中していた[64]。

アメリカでは新型コロナの大流行は3月末に始まり、4月の初旬にピークを迎え、その週には超過死亡率が通常を36～41％上回り、その後、6月下旬に終わる週には収束間近に見えた（通常の5～9％増）。ところが、イギリスやヨーロッパとは違い、超過死亡率は完全に通常の水準まで戻ることはなかった。6月中旬に通常の7～11％増で下げ止まり、7月下旬にはまた、通常の20～25％増まで上がり、そこからは下がり続けたが、見込まれる水準にはけっして戻らなかった[65]。

多くのアメリカ人、特に、新型コロナ感染者がほとんどいない、圧倒的に「赤い」州〔訳注　赤は共和党を象徴する色〕の共和党支持の投票者がもどかしがったのは理解できる。彼らの情報源がこれ以上ないほど正確なものだったとしても、不確実性は手に負えなかったことだろう。どれだけの人がウイルスに感染していたのか？　初期の推定はじつにさまざまだった。11の調査が、全感染者に占めうる無症状の病原体保有者の割合を推定したが、その値は18～86％と大きな幅があった。血清検査に基づくと（と言っても、血清検査の精度にも当然ながら大きな違いがあったが）、感染者の全割合の推定は、オーストリアが0・33％、スペインが5％、あるボストンのホームレス緊急一時宿泊施設が36％、あるオハイオ州の刑務所が73％と、まちまちだった。[66]ニューヨークでは7月上旬に26％の人が検査で陽性になり、クイーンズのコロナ地区〔訳注　この「コロナ」は病気の名称ではなく地名〕では、その割合は68％だった。[67]

肝心の感染者致死率の推定値も、同様にばらばらだった。あるカリフォルニア州の調査は0・12～2・0％としていた。[68]ヨーロッパの数値は0・05％（アイスランド）から1・18％（スペイン）までの範囲でさまざまだった。[69]8月に発表された、あるイギリスの調査は、0・3％あるいは0・49％とした。[70]調査はみな、0・02～0・78％といった広い幅の数字を挙げるので、役に立たなかった。[71]2020年半ばには、0・53～0・82％前後ということで、意見が集約されてきた。[72]だが、年齢層ごとに感染者致死率に大きな違いがあることは明らかで、65歳超の人は平均よりも10倍のリスクがあり、医療従事者も平均よりずっとリスクが高かった（なぜなら、症状の重さはウイルス量と相関しており、ウイルス量は通常、ウイルスにさらされる度合いで決まるからだ[73]）。アメリカ人は、仮に新型コロナ「プランデミック」についてのフェイクニュースの猛攻撃にさらされていなかったとしてさえ、ロックダウンはやり過ぎで、戦没将兵追悼記念日（5月25日）は無理でも、せめて独立記念日（7月4日）までには通常の生活に戻って然るべきだと考えても許されたことだろう。

## 日常生活の愚かな再開

ロックダウンは誤りだったのか？　２０２０年4月には、ロックダウンのタイミングが感染の程度を抑え込むうえで決定的だったことを、多くの人が示そうとした[74]。だがこの相関は、詳しく調べてみると雲消霧散した[75]。オックスフォード大学ブラヴァトニック公共政策大学院の研究者たちは、政府の措置の厳格さと、この感染症が封じ込められた程度との間には、じつは何の関係もないことを示した[76]。ある解説者が5月に指摘したように、「ドイツはイタリアよりも制限が緩やかだったが、ウイルスの封じ込めはドイツのほうがはるかにうまくいっている」。台湾は規制が最も緩やかで、しかも感染が最も少なかった。統計的に有意の関係が見られたのは、措置の厳格さと、経済の崩壊の程度との間だった[77]。

別の解釈を提供する研究がしだいに増えてきた。感染の封じ込めの成果は、あらゆる形のソーシャルディスタンシングに応じて決まるというのだ[78]。これは命令する必要はなかった。ただし、命令されたときのほうが一般に効果が大きかったが。もしソーシャルディスタンシングが効果的に行われれば、ロックダウンはおおむね不要だった。学校の閉鎖と公開の会合の禁止で十分だった。これがシンガポールで[79]、さらには中国においてさえも得られた教訓のようだった[80]。政府の措置についての、現時点までで最も包括的な調査によると、強制的なソーシャルディスタンシングのほうが、事業を閉鎖したり、明らかに無理な人まで含めて全員に在宅勤務を強いたりするよりも、はるかに効果的な政策であるという[81・*]。もっと広く採用されるべきだった他の措置は、高齢者などの脆弱な人口集団を隔離することに的を絞っていたことだろう[82]。とはいえ、最も効果的な措置は、スーパースプレッダーを隔離し、スーパースプレッダー・イベントを禁止するものだった。新型コロナウイルスのように分散係数の小さいウイルスへの対応としては、ロックダウンはあまりに無差別だった[83]。

2020年4月中旬から下旬には、オーストリア、デンマーク、ドイツ、ノルウェー、スイスといった国々が、店舗や学校の段階的で部分的な再開を始め、後にはカフェやレストランも対象に含めた[84]。6月中旬には、ベルリンやジュネーヴ、ミラノ、パリ、ストックホルム（ストックホルムはロックダウンをまったく実施しなかった[85]）では交通が通常に戻ったことを、移動データが示していた。夏にはドイツはおおむね通常どおりの生活に戻っていた[86]。スペインと、東ヨーロッパの多くの国では、感染者数の急増があったが、全体としては、ヨーロッパにおける日常生活の再開は、夏の休暇が終わりに向かうなかで、それなりにうまくいっていた。感染者数は、発症者ではなく陽性者の数を反映しており、超過死亡の兆しはなかった。それとは対照的に、イギリスは超過死亡がなくなっても通常の状態に戻らなかった。移動は極端に減少したままで、7月末にはパンデミック前より25％前後低かった。政府も国民も、いつもどおりの生活に少しでも似た状態に戻る自信がなさそうだった[87]。9月には、社交的な集まりに新たな制限が課された。

アメリカでは状況が違った。4月にさえ、「今すぐ」仕事に戻る気がある有権者の割合が高まりはじめた。共和党支持者、それも45〜63歳の人の間では、その傾向が強かった（矛盾するようだが、リスクが低い、もっと若い人のほうが、通常に戻るのに乗り気でなかった[88]）。通常への回帰というのは、すでに見たように大統領の強い意向でもあった。ところが、ヨーロッパ人は夏の間、ソーシャルディスタンシングの規範を維持し、一部の地域ではマスク着用を増やしながら、条件つきの日常生活再開を始めたのに対して、アメリカ人は向こう見ずにも以前の日常へと急いで戻るというやり方を選んだ。7月中旬には、アメリカの大半でソーシャルディスタンシングがおおむねなくなっていた。アメリカ人——特に共和党支持者——は再び旅行を始め、移動量が上向いた[89]。アメリカは、州知事や市長が適切と判断した時点で制限を緩め、州ごとに通常に戻っていった。これはすべて、より普及した迅速な検査[90]と効果的な濃厚接触歴追跡の制度という当を得た前提条件抜きで行われた（例外はマサチューセッツ州ぐらいだろうか[91]）。

テクノロジー企業重役のトマス・プエヨが印象的な言葉で指摘したように、新型コロナに対する政府の合理的な戦略は、「ハンマーとダンス」〔訳注　市民の行動を制限して感染拡大を防ぐとともに、感染者が減少したら行動制限を緩和し経済を回復させること〕で特徴づけることができた[92]。だが、アメリカが試みていたのは、目隠しをしてのモグラ叩きだった。これが、状況が改善した州で第2波に、残りの州の大半では第1波の継

＊　当該の調査は、「その他のソーシャルディスタンシング」という項目に、多数の措置を含めている。「［1］**特定の人口集団を隔離する**――高齢者や免疫不全の人やクルーズから戻ったばかりの人などの人口集団の隔離を勧告あるいは強制する。［2］**［人々は］外出したときにはソーシャルディスタンシングの基準に従わなくてはならない**――自宅外では他者から最低6フィート〔訳注　約1・8メートル〕の距離を取ることを義務づけ、公共交通機関の利用時には距離を保ち、事業者には一度に店頭にいる客の数を制限するよう求め、あわせて、顧客との物理的接触を伴う特定の活動（たとえば、食料雑貨類を袋に入れることや、現金での支払いを受けること）も控えるよう要請する。［3］**マスクの着用を義務づける**――人々に自宅外ではマスクの着用を義務づける。［4］**公共施設を閉鎖する**――図書館、美術館、フリーマーケット、史跡、記念館、投票所を閉鎖する。［5］**屋外施設を閉鎖する**――海岸、州立公園、公園、公衆トイレ、湖、キャンプ場を閉鎖する。［6］**特定の施設への訪問でのソーシャルディスタンスを制限する**――刑務所、長期介護施設、育児施設、ホームレス緊急一時宿泊施設への訪問を制限し、病院や獣医科病院での選択的手術をやめ、短期の住宅賃貸を禁止する。［7］**重要ではない州の事業／政府のサービスを停止する**――政府の建物を閉鎖し、州のために働いている人々による直接の会合をやめ、裁判手続きを停止し、さまざまな許諾の申請を不要にしたり、許諾期間を延長したりし、通常はリモートでは行えない特定の種類の仕事（たとえば、公証、警察業務、許諾）をリモートで行うことを許す」。これらの制限の一部は、それ自体過剰だった。ウイルスの感染がほぼすべて屋内で起こることが明らかになったため、海岸や公園の閉鎖は筋が通らなくなった。

続につながるだろうことは、火を見るよりも明らかだった。そして、6月と7月に、まさにそうなった。それがとりわけ顕著だったのは、南部（特にジョージア州、フロリダ州、テキサス州）と西部（アリゾナ州）で、そこでは夏の高温のせいで、食事や買い物や社交が、冷房の効いた屋内で行われるからだ。[93]経済学者のジョン・コクランの「日常生活の愚かな再開」という予測が的中したのだった。[94]感染者と入院患者と死亡者の数が急増したら、人々の行動は再びそれに適応するだろうという点でも、コクランは正しかった。研究の結果が、彼の仮説を裏づけた。アメリカで感染がたどる道筋を決めたのは、政府の命令ではなく適応的な行動だったのだ。[95]その結果、8月初期までには、新たな感染者と入院患者の数は頭打ちになり、それから減少した。だがそれは、正常な経済状態への完全な回帰の可能性がしだいに低くなっていることも意味した。

天災は、激しくはあっても比較的短い経済危機しかもたらさない傾向があると、経済学者は2020年前半に頻繁に断言した。したがって、新型コロナのパンデミックが終われば、経済は急速なV字回復を経験するはずだとされた——冬の間は閉ざされ、5月末に再開する海辺の町のように。[96]それは、2020年夏までに新規感染者の数がきわめて低い水準まで落ちた国々には当てはまったかもしれない。だが、アメリカのような国には当てはまらなかった。そこでは大流行は依然として続いており、日常生活の愚かな再開が部分的に中止されていた。国際通貨基金と経済協力開発機構と世界銀行はみな、もっと用心深く、第2波のリスクを認識していた。[97]なおさら悲観的な経済学者もいて、世界恐慌の規模と、ハリケーン「カトリーナ」の速さと、第2次世界大戦の労働再配分のコストを組み合わせた「フランケンシュタイン景気後退」という、不確実性が主導する長く深刻な景気後退を予測した。[98]

経済学者たちがしだいに不条理の度を深めながら、回復はV字形か、W字形か、K字形か、「ナイキのロゴ」形か、根号を逆さにした形かと議論しているなか、私は4月上旬に、どちらかというと巨大な亀のような形になるだろうと述べた。甲羅のてっぺんから滑り降りるように生産が減って、亀の首のつけ根まで落ち込み、そこから上昇し、頭のてっぺんで横這いになり、甲羅のてっぺんの出発点からはいくぶん低い高さで落ち着く、というわけだ。ウォール街は（またしても）財政支援を受けたが、連邦政府の政策は、中小企業の救済のためにはほとんど何もしていなかった――5月の第2週には、中小企業は本来の半分から4分の3程度の水準でしか操業していなかった――し、給与保護プログラム（中小企業が従業員を解雇するのを防ぐための返済免除条件付融資）さえもが、かなり多くの非常に大きな企業を助けたように見えた。[99]

最も高名なエコノミストたちでさえ、こうした状況の解明に苦労した。超リベラルなポール・クルーグマンは、ロックダウンは「医療行為から生じた昏睡状態の経済版」だったが、政府借入というケインズ主義の対策は、必要な救済と刺激を提供するだろうと見ていた。彼は4月1日に次のように書いている。「この借入にはわずかな副作用が伴うかもしれないが、大きな問題はまったく引き起こさないはずだ」。[100]それとは対照的に、財政上の疑問についてはまったくケインズ主義的ではないケネス・ロゴフは、「過去150年間のいかなる景気後退とも肩を並べる、あるいはそれを上回る可能性が高い……経済的カタストロフィ」について書いている。その影響は延々と続き、「世界規模の恐慌」につながりかねない。パンデミックは「エイリアンによる侵略」と肩を並べる、とロゴフは主張した。[101]ローレンス・サマーズは次のようなたとえを使った。「物理的隔離は化学療法であり、その目標は寛解だ。問題は、化学療法が……時とともにしだいに有害になる点だ」。彼は、ワクチンが一般に普及するまでは、「アコーディオンのような動き」を予見した。[102]シカゴ学派切っての鋭い解説者のジョン・コクランの見るところでは、「呑気な経済から恒久的にソーシャルディスタンシングを行う経済への……大規模なシフトが求められて」おり、「マイナスの恒久的なテクノロジー・ショック」が起こっていた[103]。

こうした推論はみな、少しばかり経済史を振り返れば恩恵が得られたことだろう。パンデミックはハリケーンとは違う（さらに言うなら、ケープコッドの冬とも違う）。なぜなら、パンデミックはどれだけ続くかはまったく不確かだからだ。人間が賢く行動を変えれば、新型コロナはＳＡＲＳ（重症急性呼吸器症候群）やＭＥＲＳ（中東呼吸器症候群）と同じように尻すぼみになりうるが、エイズのように何年もとどまり、今想像できるよりもはるかに多くの人の命を奪うこともありうる。

経済上の重要な点は、サプライサイドの比較的迅速な回復は可能かもしれない――中国がすでにそれを明白にした――が、継続的ではあるものの漠然とした公衆衛生上のリスクに直面しながら消費者需要を復活させるのは、はるかに難しいだろうということだ[104]。限界消費性向（読まれることよりも引用されることのほうが多い、ケインズの著書『雇用、利子および貨幣の一般理論』の主要概念）が、パンデミックと、それに伴う不確実性と不安の高まりの痛撃を受けていたからだ。アメリカ人は、１９５７～58年に今回と匹敵するほど危険なパンデミックに直面したとき、超過死亡をビジネスをするうえでのコストと捉え、それに耐えた。だが、２０２０年にはそうはならなかった。たしかに失業率は、ほぼすべてのエコノミストが予測していたような、世界恐慌時代の割合には達せず、５月には13％、６月には11％、７月には10％、８月には８％へと後退した。だが、ロックダウンの間、人々はお金が使えなかったので、個人貯蓄率は急増し、６月に入っても19％という高い水準にとどまった。これは、それまでの19年間の平均の３倍で、１９５９年以来の平均の２倍だった[105]。

多くの人は、６月には間違いなく平常に戻りたがった[106]。だが、サンベルト〔訳注　アメリカの北緯37度以南

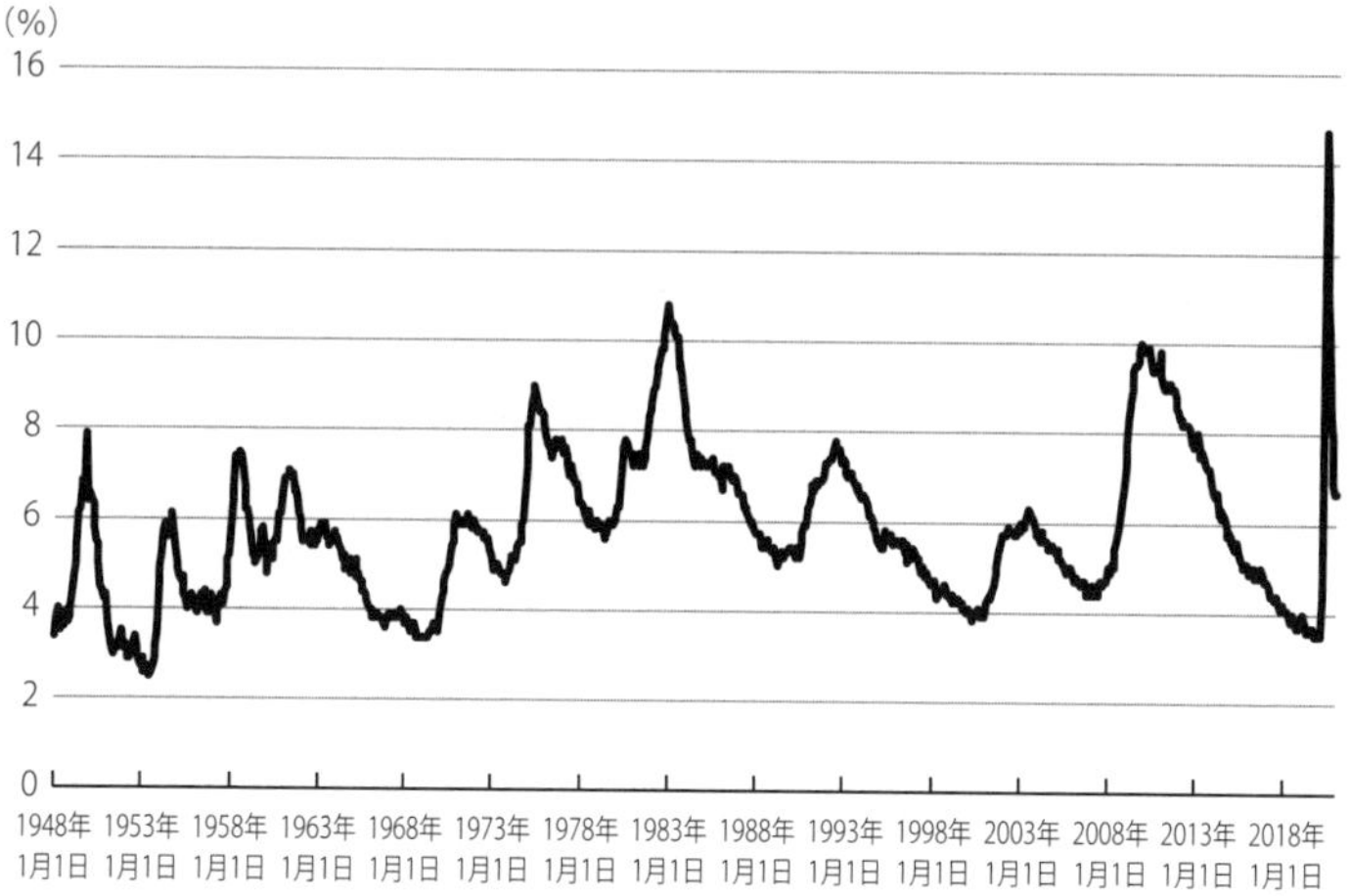


1948年以来のアメリカの失業率（季節調整済）

の温暖な地域」での感染の第2波と、20州以上での「再閉鎖」や「休止」の措置[107]が相まって、消費の回復を妨げた。4月中旬〜6月中旬のグーグルの移動データにおける傾向に基づくと、6月には7月10日までに小売りと旅行は以前の水準に戻るかのように見えた。ところが7月末までには、古き良き時代に戻るその急な道筋は、元の水準よりも1〜2割下で頭打ちになっていた。運輸保安庁が把握している保安チェックポイント乗客数は、通常の水準の四半分止まりだった[108]。歩行者の数は、ワシントン、マイアミ、シアトル、ロサンゼルス、ボストン、ニューヨーク、サンフランシスコでは通常よりも依然として25〜50％少なかった[109]。サンフランシスコでは自動車の運転も相変わらず10〜16％少なかった[110]。8月3日の時点で、中小企業の収入は、また1月の水準よりも17％減まで落ち込んでいた。個人消費は、1月の水準よりも6％減で横這いで、富裕な世帯がいちばん出費を切り詰めていた[111]。電力消費量は束の間通常の水準に戻った後、パンデミック前の水準の4％減までまた落ち込んでしまった[112]。

一方、現代で最も直観に反する株式市場の上昇が続いた。継続しているパンデミックや日常生活の愚かな再開など眼中にないようであり、2020年3月にパニックが襲ってきたときの下落分をすっかり拭い去った。これはどう説明したらいいのか？　迅速で広範な財政援助措置や金銭的支援措置を行い、厖大な数の小切手でアメリカの企業や家庭を支え、ロックダウンによる最悪の経済的影響を首尾良く緩和したからというのが、見たところ明白な解釈だ。とはいえ、この奇妙な夏がゆっくりと過ぎていくなか、不安が増してきた。もし、多くのアメリカ人がうんざりしただけで、新型コロナが消え去らなかったら、失業の3分の1前後が小規模ビジネスの廃業に起因するときに、政府の資金がどれだけ長く経済を支え続けられるだろう？[113]　公務員の大量一時解雇を避けるために多くの州や地方自治体が必要とする財政救済措置を、連邦議会における二大政党間の熾烈な対立が邪魔するのだろうか？[114]　財務省は、大幅に膨らんだ負債をどう管理するべきなのか——短期借入金によってか、それとも19世紀型の永久債によってか？[115]　連邦準備制度理事会は暗黙のうちに独立を失い、1951年以前の債務奴隷状態に戻ってしまったのか？[116]　私たちが恐れなければならないのは長期停滞なのか、それともインフレの再来なのか？[117]　たしかに短期的には、パンデミックはデフレをもたらした。[118]　だが、爆発的に急速な貨幣供給の増大——アメリカの量的金融指標の1つであるM3は、6月には年率換算で23%の割合で増加していた——は、いずれ重大な結果を招くに違いない。[119]

世界貿易は12%下がり、外国直接投資はさらに大幅に下落した。[120]　もし、共和党政権の下で、金融政策と財政政策に対する抑制がすべて捨て去られたら、1960年代後期に始まったものと同じようなドル安を、何が食い止めてくれるのか？[121]　60年代後期には、それよりもごくささやかな規模のケインズ主義の政策が、ずるずると敗北に向かうヴェトナム戦争と、「偉大な社会」の福祉制度が解消できなかったアメリカ都市部の危機という二重の危機に直面して、制御不能になった。株式市場は、デイヴ・ポートノイのよ

うな新参のデイトレーダーが膨らませた妄想的なバブルの中にあるのか？＊

## 分裂するアメリカ

中国の問題は例外かもしれないが、アメリカの政治では万事がそうであるように、新型コロナも二大政党間の争点となった。民主党支持者の間では、「自分の地元での新型コロナウイルスの感染拡大」に対する懸念が高まったままだった（オンラインの世論調査会社シヴィックスによれば、懸念している人はしていない人よりも8割多かった）。一方、共和党支持者の間では、２０２０年8月にはその懸念は失せていた（正味で31％が懸念していなかった）。無党派層はその中間だった（正味25％が懸念していた）[122]。全体的に見ると、熱狂的にトランプを支持する共和党支持者以外のアメリカ人は、7月には考えを改めていた。彼らは4月にはトランプがパンデミックにうまく対処していると信じていたが、実際には正反対で、トランプは大失態を演じていたのだ。世論調査も、予測市場とともに、11月3日にはジョー・バイデンが勝利を収めることをはっきりと指し示していた[123]。２０１６年にトランプのホワイトハウス入りを確定させた、決定的に重要なミシガン、ペンシルヴェニア、ウィスコンシンの「三大州」では、パンデミックと景気後退が与えた打撃のせいで、トランプの勝ち目はしだいに薄くなるように見えた。また、アリゾナ、フロリ

＊　ポートノイは株式市場で稼ぐためのルールを2つ持っていた。ルール1は、彼が１５０万人のツイッターのフォロワーに頻繁に念を押していたように、「株価は上がるのみ」で、ルール2は、「買うか売るか迷ったときには、ルール1を見ること」だった[124]。

ダ、ジョージア、アイオワ、ノースカロライナ、オハイオ、テキサスの各州も接戦になっていた。

もしバイデンが大統領選に勝てば、民主党は上院をも制する可能性が高そうだった。民主党が大統領選と連邦議会選の両方で勝つ見通しと、進歩的な左派が民主党に対する影響力を増している事実を考えると、2021年には法人税率が引き上げられると予想するのが妥当に思えた。さらに、すでに見たように、新型コロナ危機は、共和党がユニバーサル・ベーシックインカムや現代貨幣理論などのかなり急進的な政策を図らずも当たり前のものとすることにつながった。したがって、「ブルーウェーブ（訳注　民主党が上下両院で過半数を占める状態。青は民主党を象徴する色）」が起これば、それは経済へのさらなる財政的刺激となるだろう。

とはいえ、2016年の重要な教訓は、アメリカの大統領選挙の行方を占うには世論調査は当てにならない、というものだった。トランプの選挙運動チームがバイデンの大統領としての資質への信頼を損なうこと（これは、1996年にビル・クリントンがボブ・ドールを破ったとき以来、再選を果たすための典型的な戦略だ。ただし、トランプ陣営は、ソーシャルメディアを使って悪辣な策を弄するという、1996年当時はまだ知られていない手段に訴えるだろうが）ができるかどうかは、まだわからなかった。だが、フェイスブックでの広告に資金を投入することにかけて、トランプが競争相手よりもはるかに先を行っていたことには疑いの余地がなかった[125]。これまた重要だったのだが、ツイッター社のジャック・ドーシーとは違い、マーク・ザッカーバーグはフェイスブック内外から強い圧力（バイデン陣営からの正面攻撃も含む）を受けていたにもかかわらず、政治的な宣伝に編集を加えよ、という声に逆らい続けた[126]。そして2020年夏、バイデン陣営がどれほど彼を目立たせまいとしても、バイデンの年齢や精神面での適正に対する有権者たちの懸念は、払拭できなかった[127]。

トランプ陣営にとっての主要な問題点は単純で、パンデミックが――特に、不景気の引き金となるロックダウンによってさらに状況が悪化した場合――さまざまなかたちで大勢の人々を痛めつける、ということだった。影響を受けた人々の一部は、共和党に投票することなど考えもしないだろうが、彼らは2020年の経験から、民主党に投票する可能性が高くなるかもしれない。これは、とりわけアフリカ系アメリカ人有権者によく当てはまりうる。アフリカ系アメリカ人の投票率低下は、2016年と2012年の屈指の違いだった。逆に、パンデミックや景気後退で最大の痛手を被った有権者のなかには生粋の保守派もいたが、2020年の経験によって共和党に投票する可能性が低まるかもしれない。ことに、高齢者たちであれば、選挙の時期に新型コロナの新たな波に直面したらなおさらだ。

惨事は人々を結びつけ、利他的な行動を増やすことがありうる。2020年にそれが起こった証拠はいくつかある。[128] だが、アメリカで新型コロナが襲ったのはひどく不平等な社会であり、その結果は、至る所で見られるようになったとおり、不平等を加速させるというものだった。[129] 危機の初期、豊かな人だけが新型コロナの検査を受けられるように見えた頃、トランプは意見を求められた。彼はそうした事態を非難しつつも、「世の中とは、いつもそんなものだったかもしれない」と言い添えた。[130]

ロックダウンは圧力鍋のようなものだった。犯罪は減った――交通事故もそうだった――が、家庭内暴力は増えた。[131] 超過死亡は新型コロナのせいばかりでなく、糖尿病や心疾患による死亡が通常より多かったためでもあり、これは人々が病院や手術を避けていたためと考えられる。[132] 中国でと同様、精神保健の問題と薬物濫用の習慣が悪化した。[133] 薬物の過剰摂取が疑われる事例は3月には18％、4月には29％、5月には42％上昇した。[134] イギリスでと同様、死亡率は、（ブロンクスのような）貧しい地域では（マンハッタンのように）裕福な地域のおよそ2倍だった。[135] 経済政策は金融資産の価格を再膨張させるうえでは大成功を収めたが、金融資産の所有者は富裕層に偏っており、蓄えのない人々にはほとんど恩恵がなかった。[136] また、アフリカ系アメリカ人は他の人々と比べて、たんに新型コロナにかかりやすいだけではなかった。受けた経済的痛手も大きかった。パンデミックの前には接近していたアフリカ系アメリカ人と白人の失業率は、再び急激に乖離した。[137] 若者もまた年長者よりも大きな経済的な痛手を受けた。[138] そして、女性は男性より失業しやすかった。[139]

皺《しわ》寄せはどこかにくる。5月25日月曜日午後8時、ジョージ・フロイドという名のアフリカ系アメリカ人男性がミネソタ州ミネアポリスのスーパーマーケット「カップフーズ」に入った。店員は、フロイドが偽の20ドル札でタバコを買おうとしたため警察に通報した、と主張した。地元のクラブで警備をしていてフロイドを見知っていたかもしれない白人警察官のデレク・ショーヴィンは、店の外に停めたパトカーの後方でフロイドの首を膝で押さえつけた。9分29秒間、ショーヴィンは無言でフロイドの首を押さえつけ、その間フロイドは喘ぎながら、息ができないと繰り返し言った。周囲にいた人たちはやめるよう訴えたが、スマートフォンの映像が示しているとおり、ショーヴィンは相手の抵抗が止んだあともさらに2分53秒にわたって膝で押さえ続けた。フロイドは午後9時25分に死亡が確認された。

ミネアポリスではそれから4晩続けて大騒ぎになった。[140] ショーヴィンによるフロイド殺害は、「ブラック・ライヴズ・マター（ＢＬＭ）」運動の言わんとするところ、すなわち、アメリカの警察は組織的な人種差別主義のせいで不釣り合いなまでに多くの致命的な暴力をアフリカ系アメリカ人に振るうという主張を、完璧に例証しているように見えた。その後、今や読者にもお馴染みのはずの新たな感染が起こった。5月26日から6月28日にかけて、１５００万～２６００万の人がＢＬＭに賛同するデモに参加した。抗議活動は6月6日に最高潮を迎え、全国の５５０か所近くで50万人が繰り出した。アメリカの３１５

の大都市のうち、抗議活動が見られなかったのは34都市だけだった。すべての郡のうち5分の2で、少なくとも何らかの形の抗議活動が行われた。

この活動は、その最盛期にあっても、規模は2017年1月21日の「ウィメンズ・マーチ」に繰り出した300万~500万人には及ばなかったものの、はるかに長期に及んだ。それどころか、建国以来のあらゆる公的デモの規模をも上回ると言われた。[141] ただし、「ウィメンズ・マーチ」と異なり、BLMの抗議活動は慌てて組織され、しばしば無秩序なものとなった。デモ隊が行進した都市の半ばほどでは、暴力沙汰が報告された。[142] 暴力行為を伴う抗議活動はわずか7%にすぎなかったと主張する報告もあった。もっともオレゴン州(主にポートランド)では、連邦軍が配備された後、その割合は17%から42%に上がりはしたが。[143]

司法長官のウィリアム・バーは、混乱の多くは「反ファシズム的な戦術を用いる無政府主義的で……極左的な過激派集団」のせいだ、とした。[144] これを裏づける証拠はいくつかあったものの、全体的に見れば、抗議活動は前年に世界中——香港からベイルート、サンチャゴまで——で起こった、本来指導者を持たない同類の大衆運動に似ていた。「誰がこうしたデモ行進を率いているのか、と訊いて、答えられる人がいたら驚きだ」と、ブルックリン区長で元警部のエリック・アダムズは言った。[145] また、抗議活動のもう1つの大きな特徴は、多くの都市で当局の権威が無残に崩壊したことだ。5月28日の夜、ミネアポリスの市長ジェイコブ・フレイは警察の第3分署に避難命令を出した。警察署の建物は瞬く間に放火され、炎上した。5月29日にはミネソタ州知事ティム・ウォルツが、「弾圧している」という印象を与えるのを避けるために、州兵を動員しない、と説明した。ニューヨーク市長のビル・デブラシオは警察に、抗議活動家たちの暴力や公共物破壊に対して「手荒な取締りはしない」ように要請した。[146] ロサンゼルスのエリック・ガルセッティをはじめとする市長たちが（「警察に資金を出すな」という抗議活動家たちの声に応えて）警察の予算を削減すると約束したために、苦境に立たされた警官たちの士気はなおさら上がらなかった。[147] ポートランドでは無政府状態に陥った地域もあった。

意図せざる結果の法則を実践する人は、誰であれ有害だ。パンデミックのさなかに大規模な集会を開けばウイルスはますます拡散する、と多くの人が危惧した。ところが、そうはならなかった。なぜなら抗議活動の最中、暴力が報告された地域では特に、大半の人が家に閉じこもっていたので、全体としてソーシャルディスタンシングが盛んになったからだ。[148] 拡散したのは犯罪だった。ミネアポリスでは、ジョージ・フロイドの死後4週間で111人が撃たれた。ニューヨーク市では、6月の最初の3週間で125件の発砲事件が記録された。これは2019年の同じ時期の2倍にのぼる。シカゴでは1回の週末だけで100人以上が撃たれた。これは2012年以来最悪の数字だった。[149]

1968年に暴力的な抗議活動がリチャード・ニクソンを助けたように、今回の抗議活動と犯罪のうねりは、国民の話題の中心をパンデミックへの準備不足からトランプの好む政治領域、すなわち文化戦争へと移すことで、トランプを政治的に後押しするかもしれないと考える理由も、それなりにあった。[150] 6月2〜3日に行われた世論調査では、抗議活動には不賛成だと答えた人は38％にとどまったが、4分の3が器物損壊は良くないと答えた。[151] たしかに、2020年にはBLM運動への支持が、とりわけ若者の間では、急激に高まった。[152] とはいえ、そうした世論調査に疑いを抱くだけの理由があった。「キャンセルカルチャー」がアメリカの学究の世界から企業にまで拡がっていくなかで、BLM（という主張ではなく、組織化されたもの）を公然と批判することはキャリアを危くする行為だったからだ〔訳注 「キャンセルカルチャー」とは、現代版の村八分であり、対象となった人は「キャンセル」されたと言われる〕。タッカー・カールソンがＢＬＭを強く非難したところ、複数の企業が彼の番組のスポンサーを降りた。ところが、番組の視聴率は急上昇した[153]。

２０２０年6月の抗議活動は、いくつか奇妙な光景を生み出した。それは、腺ペストがいちばん蔓延していた頃にヨーロッパで起こった、贖罪という宗教的行為をどことなく思い出させた。6月8日、ノースカロライナ州ケーリーにおける儀式で、数人の白人警官がレガシーセンター教会のフェイス・ウォコマ牧師とソボマ・ウォコマ牧師の足を洗った。それは街の中心部から警察署まで行進する「ユニティ・ウォーク」――フロイドの死に対する「多人種、多民族、多文化の反応」――の後の出来事だった[154]。イギリス訛りのある若い白人男性がひざまずき、メガフォンで節をつけて語りかけた。「すべての白人……我々白色人種全員……になり代わり、主よ、我々はここに立ち、悔い改めの告白をします。……主よ、お赦《ゆる》しください。今日に至るまでなお、そして我々の法制度の中においてさえ、奴隷制という罪を犯し、不正を働き、偏見を抱くほどの憎しみを自らの心の中に宿していることを。主よ、お赦しいただけますか？」と。

メリーランド州ベセスダでは抗議活動家たちが道路にひざまずいて腕を突き上げ、白人の特権とその行使を放棄すると繰り返し唱えた[155]。同じような場面で、抗議に参加した白人たちがアフリカ系アメリカ人の前にひざまずいて、赦しを乞うた（アフリカ系アメリカ人もそれに応えて同じことをした[156]）。別の場面では、ＢＬＭの活動家たちは、自らを鞭打つような（あるいは、少なくとも背中に鞭で打たれた痕を描くという）自己処罰行為をしている白人の抗議活動家たちを非難した[157]。首都ワシントンでは、白人の若い女性抗議活動家が白人とアフリカ系アメリカ人から成る警察官の一団と口論になるという、思いがけない出来事があった。彼女は、組織的な人種差別の意味について説明しようとした。すると、「アメリカは罪の問題を抱えています」とアフリカ系アメリカ人警官の１人が応じた。「世界も罪の問題を抱えています。

そうでしょう？　イエスは言いました。『私は道であり、真理であり、命である。私を通らなければ、誰も父のもとに行くことができない』と。アメリカも世界も、罪の問題を抱えています。それが人種差別や不正、憎しみ、怒り、暴力の根源です。人種差別の問題ではありません。聖書を読みなさい。聖書を読みなさい。ひたすら聖書を読みなさい。そこに真実がありますから」[158]と。人種差別への「大いなる目覚め」も、信心深い人々が相手ではひと筋縄ではいかなかったようだ。

こうした宗教心の発現に加えて、偶像破壊の波も起こった。16世紀のプロテスタントや19世紀の太平天国軍、20世紀のボリシェヴィキと毛沢東主義者と同様、抗議活動家はさまざまな人物の像を引き倒したり、破壊したりした。そのほとんどが、たとえばケンタッキー州ルイヴィルのジョン・ブレッキンリッジ・キャッスルマン、アラバマ州モンゴメリーのロバート・E・リー、アラバマ州モービルのラファエル・セムズ、テネシー州ナッシュヴィルのエドワード・カーマックといった、奴隷の所有者や南部の将軍の像だった。だが、それではまだ足りなかった。クリストファー・コロンブスも視界から消し去らねばならなかったし、ニューメキシコ州アルバカーキにあるコンキスタドールのファン・デ・オニャーテの像も、オレゴン州ポートランドにある初代大統領ジョージ・ワシントンの像も同様だった。第18代大統領ユリシーズ・グラントの像も見逃してはもらえず、ニューヨーク州の第26代大統領セオドア・ローズヴェルトの像と、ワシントンのリンカーン公園にあるリンカーン奴隷解放記念碑さえもそうだった[159]。

イギリスでもそれに倣い、16世紀にさかのぼる過激な伝統を無意識に踏襲した偶像破壊がひとしきり起こった[160]。そして過去の革命のときと同様に、子は親を糾弾するようになった。パヴリク・モロゾフがソ連のゲラシモフカ村で父親を告発したように、アメリカのティーンエイジャーもソーシャルメディアで、親の人種差別主義を非難した[161]。大人でさえその次元まで成り下がった。あるエコノミストは、ＢＬＭに懐疑的な発言をした別のエコノミストをツイッターで非難し、炎上させた[162]。そうした生物学的感染と政治的感染はしばしば同時に起こるというのが、歴史の教訓だ。すでに見たように、ロシア内戦は１９１８〜19年に流行したスペイン風邪とおおむね同時に広まった。猛威を振るった発疹チフスと足並みを揃えていたことは言うまでもない。２０２０年7月上旬には、２つの感染症の同時流行という類似現象が起こる恐れがあった。

多くの普通のアメリカ人にとって、これはみな不快でしかなかった。ラスムッセン社の世論調査では有権者全体の56％が、政府は歴史的建造物を傷つけたり破壊したりした人々を刑事告発すべきだ、という意見だった。そして、73％が「私たちはみな、これまで語られてきたうちでも際立って偉大な物語、すなわちアメリカという物語……正しいと確信していることのためには命も惜しまない国民から成る偉大な国家の壮大な物語の一部である」というトランプの演説の一節に賛同した[163]。

少なくとも1つの領域で明らかになった国民の好みは、大統領選に関して大見出しとなる世論調査結果とはまったく異なる話を語っていた。２０２０年に銃購入が一挙に増えたことを、購入時に必要とされる身元調査の統計が示していた。小型武器分析予想社の調べでは、２０２０年6月の小火器の売り上げ総数は２４０万丁で、19年6月と比べて１４５％の増加だった。そのほとんどが拳銃だった[164]。銃所有者数は16年のトランプの得票数を、選挙前に非常に正確に反映していた[165]。こうして新たに出回った大量の武器が、銃による暴力事件や事故の増加にもつながっていたことは意外ではない[166]。

最後に、２０２０年8月上旬には拭い切れぬ不安があった。それは、3か月後の選挙の最終結果が２０００年の結果のようになる、すなわち、投票日の夜になっても決着がつかないほどの大接戦だが、今回は複数の州の結果に疑問が投げかけられるかもしれない、というものだった。あるいはまた、

1876年にどちらの候補を勝者とするか上院と下院で意見が分かれたときのようになりかねない、というもので、1887年制定の選挙人算定法では必ずしも排除されていない筋書きだ[167]。共和党は大統領に先導されて、すでに郵便投票を非難しており、この点については世論は2つに分かれていた――当然ながら、共和党と民主党の支持者の間で[168]。民主党は、共和党優勢の「赤い州」は意図的に有権者を抑圧している、と反論した。こうして、正当性を欠く結果になる材料が出揃ったようだった。ことによると季節性インフルエンザの流行と重なりかねない新型コロナの新たな波の問題は言うまでもなく[169]、都市部の混乱という問題がまだ片づいていなければ、これは一部の人が恐れている第2の南北戦争の前兆となるとまでは言わないまでも、けっして明るい見通しとは言えなかった。

## 予測不能の世界

疫学モデルに影響されると同時にトランプ大統領の当初の直観に反して、アメリカは新型コロナ抑制策では遅まきながらヨーロッパ諸国（ただしスウェーデンは除く）に倣い、ソーシャルディスタンシングだけでなくロックダウンも行うことにした。これらの措置により、たしかに感染者数は抑えられ、アメリカの病院の一部はイタリアのロンバルディア州で起こったような医療崩壊を経験せずに済んだかもしれない。とはいえ、ロックダウンの長期化による経済への打撃は甚大だった。在宅勤務ができない一部の労働者の雇用を維持しつつ、ソーシャルディスタンシングを義務づけ、マスク着用を強制し、高齢者や重症化しやすい人を隔離するというのが、より合理的な戦略だっただろう。こうした予防策を何も講じず、効果的な検査や濃厚接触歴追跡や隔離の体制がまったくないまま、仕事を再開したため、第1波の継続や、深刻な第2波が避けられなくなった。

もっとも、2020年8月上旬には第2波はピークに達しつつあるように見えた。月末には超過死亡の時期は終わりかけているようだった。もし秋にさらなる波に見舞われず、1種類かそれ以上のワクチンが第Ⅲ相臨床試験を通り、経済が株式市場に追いつけば、トランプは疫学者たちが懸念していた惨事を許容範囲内のコストで防いだと、自分の功績を誇るだろう。問題は、トランプが信じてもらえるか、あるいは、たんに経済的苦境や抗議活動による混乱の責めを負わせられるだけか、だ。ヘンリー・キッシンジャーがとうの昔に指摘したように、指導者は惨事を回避しても、それで称賛されることはめったになく、痛みを伴う予防措置を推奨したせいで責められることのほうが多いものだ。トランプの政治家としての将来は、8月には明らかに見えた。すなわち、11月の敗北だ。9月と10月には、事はトランプの思惑どおりには運ばなかった。新型コロナの第3波が国全体を襲った。特に中西部は悲惨だった。ワクチンの承認は選挙に間に合いそうになかった。加えて、株式市場は第3四半期には非常に高い成長率を示してきたものの、一時的に下落した。

それでも、過ぎ去った時代の方法論から抜け切れない型通りの政治分析は、国内外のオンラインの偽情報が果たし続けている役割をなおも控え目に見る向きがあった。そして、2020年の選挙結果が世論調査の予測をはるかに超える接戦となった理由も、これで説明できるかもしれない。選挙後でさえ、激化するアメリカと中国の冷戦――トランプが、かなりの割合のアメリカ人に必要だと思い込ませた対立――の行方は、依然として不透明だった。次の最終章で見るように、この超大国の争いも、2020年に一部の解説者がアメリカ・ドルの下落と失墜を予見した理由の1つだった。ところが彼らは、外国為替市場がかつてジョン・メイナード・ケインズに与えた重大な教訓を忘れていた。

ケインズは20世紀の最も影響力が大きい経済学者だったかもしれないが、外為トレーダーとしてはごく平凡だった。１９２０年に危うく破産しかけただけではなく、12年後にも似たような失敗を繰り返した。32年10月から33年２月まで、ケインズはほとんど利益なしにドルを空売りしており、33年３月２日に買い戻してしまった。それは、ドルの金との兌換が停止されるほんの８日前のことだった。年末までにドルはポンドに対して５割下落していた。ケインズは「為替レートは今や憶測に支配されるようになった」と、嘆かわしそうに結論した。[170] そして、２０２０年の第４四半期が――医学的にも経済的にも政治的にも――どうなるかは、実際、誰もが憶測するしかなかった。

# 第11章　中国とアメリカの覇権争い

宇宙社会学の基本的な全体像を把握するには……他に2つの重要な概念が必要とされる。すなわち、疑念の連鎖とテクノロジーの爆発だ。

——劉慈欣《リウ・ツーシン》、『三体Ⅱ　黒暗森林』

## 新たな冷戦

劉慈欣の並外れたＳＦ小説『三体』の中で、中国は人類の存在にかかわる脅威を向こう見ずにも創り出し、その後、巧妙にそれを解消する。毛沢東の文化大革命の混乱の中、天体物理学者の葉文潔《イエ・ウンジエ》は電波を太陽に跳ね返らせて増幅する可能性を発見し、その方法を使って宇宙へメッセージを送る。何年も過ぎた後、非常に不安定な独裁主義の恒星系「三体世界」から彼女は返事を受け取るが、それは、今後メッセージを送るなという断固とした警告だった。それにもかかわらず、人類に深く幻滅していた彼女はメッセージを送り、図らずも地球の位置を三体人に悟らせてしまう。三体世界は3つの太陽（題名の『三体』はこの3つの太陽に由来する）の破壊的な重力にさらされていたので、新たな惑星を探していた。ひどい人間嫌いの葉はエイリアンの侵略を歓迎し、ある急進的なアメリカ人環境保護主義者の協力を得て、第5列〔訳注　自国を裏切って敵と内通し、テロ行為をする人々〕のような、地球三体協会を共同で設立する。ところが、三体人が地球を征服して人類を撲滅するのを助ける彼らの陰謀は、ナノテクノロジーの教授汪淼《ワン・ミャオ》と、粗野だが抜け目のない北京の警察官史強《シー・チアン》という精力的な二人組によって巧妙に阻止される。[1]

２０２０年に私たちが遭遇した人類への現実の脅威は、もちろんエイリアンの侵略ではなかった。新型コロナウイルスは、三体人のように私たちの間に入り込んで支配するという目的は同じだが、宇宙空間からやって来たわけではない。とはいえ、そのウイルスが引き起こす病気である新型コロナの最初の患者が中国で発生したのは事実だ。三体世界へのメッセージを最初に発信したのが中国だったように。それどころか小説『三体』でと同様、このウイルスによる惨事を引き起こしたのが中国だった。まず、新型コロナウイルスがどれほど危険かを隠蔽し、続いて、世界中に拡散するのを防ぐ措置を取るのを遅らせたのだから。ところがその後、これまた再び劉慈欣の小説でと同じように、中国は、自国が起こした惨事から世界を救うという功績を我が物にしようとし、感染で苦しむ国々に検査キットやマスクや人工呼吸器を気前良く輸出しはじめ、開発に成功すればワクチンに関しても同じようにすると請け合った。それだけではなく、中国外交部報道局の副局長は、新型コロナウイルスはアメリカ発であるという陰謀論を支持さえした（第9章参照）。

新たな冷戦がアメリカと中国の間で始まっていることは、２０１９年初頭にはすでに明らかだった。[2] 18年の初めに、アメリカの貿易赤字と中国の知的財産権侵害に関する両国の議論が続くなかでの関税をめぐる報復の応酬という貿易戦争として始まったものが、その年の終わりには、第5世代移動通信システム（５Ｇ）における中国企業ファーウェイの世界的優位をめぐるテクノロジー戦争と、新疆《シンチャン》ウイグル自治区の少数民族や香港の民主化を求める抗議活動家に対する中国共産党の対処法へのイデオロギー上の対立と、台湾や南シナ海をめぐる昔からの摩擦の拡大とに姿を変えた。2019年11月には、1971年以来の米中「共進化」の立役者ヘンリー・キッシンジャーその人が、北京でのブルームバーグ・ニューエコノミー・フォーラムで私がインタビューしたとき、その新しい現実を認めた。「私たちは冷戦の麓にいるのです」と彼は言った。[3]

　新型コロナパンデミックは第2次冷戦を激化したにすぎず、同時に、以前は冷戦が起こっているのを疑っていた人たちにその存在を示した。北京大学の中国経済研究センターの教授で国家発展研究院の院長である姚洋《イャオ・ヤン》のような中国の学者たちが冷戦について今や公然と論じた。[4] 1971年以降のアメリカの対中「関与」の時代の擁護者たちは、今度は「関与政策」の死亡記事を書いて、（オーヴィル・シェルの言葉では）「真に有意義なかたちで関与すれば、さらなる改革や変更の要求や党の最終的な終焉につながりかねないため、中国共産党がはなはだしく躊躇したので」、この政策が頓挫したことを無念そうに認めた。[5] 中国に注目してきた西側諸国の人のますます多くが、習近平はじつのところ、スターリンと毛沢東の教条主義的マルクス＝レーニン主義の後継者だという、オーストラリアのジョン・ガーノーの主張を今や受け容れていた。[6] 関与の批判者たちはここぞとばかりに、中国を経済的に「隔離」し、国際的なサプライチェーンにおける同国の役割を著しく縮小させるよう促した。ダニエル・ブルメンタールとニコラス・エバースタットの言葉を引用すると、「『文化大革命』から『チャイニーズドリーム』へと進むリニアモーターカーは、ロック連絡駅にも、トクヴィル町にも止まらないし、惑星ダヴォスへの接続便もない[7]〔訳注　ロックはジョン・ロック、トクヴィルはアレクシ・ド・トクヴィルで、ともに民主主義の思想家。ダヴォスは世界経済フォーラムの開催地〕」。

経済的隔離に向かう動きは２０２０年の春に始まった。中国の欧州連合（ＥＵ）商工会議所は、所属企業の半数以上が中国からサプライチェーンを撤退させることを考慮中だと述べた。日本は中国から去る製造業者への援助金として２４００億円を取り分けた。４月に安倍晋三首相は次のように語った。「国民は我が国のサプライチェーンについて懸念している。付加価値の高い商品の生産拠点を日本に回帰させる努力が必要だ。それ以外はすべて、ＡＳＥＡＮ諸国などに分散させるべきだ」[8]（ＡＳＥＡＮとは東南アジア諸国連合のことだ）。ミズーリ州選出の共和党の上院議員ジョシュ・ホーリーに言わせれば、「30年にわたって私たちにお馴染みだった国際秩序は崩壊しつつある。今、帝国主義の中国は世界を自国の思いどおりの形に作り直し、世界経済を自国の意志に従わせようと画策している。……冷戦終結時に西側諸国の政策立案者が考案した経済制度が、この新しい時代の私たちの目的には適わないことを認識しなければならない」となる。[9]５月上旬に、彼の州の司法長官は、コロナウイルスの感染拡大の責任を中国政府に負わせることを求めて連邦裁判所に提訴した。[10]

たしかに、第２の冷戦に反対する声がいくつも上がった。姚洋は中国に、12月と１月の武漢での不手際を認め、国家主義的な「戦狼《せんろう》」外交を避け、アメリカ政府に対してより懐柔的な路線で行くよう強く促した。新興勢力と既存勢力の間の戦争という「トゥキディデスの罠」を回避する和解を支持する同様の主張が、エコノミストの余永定《ユ・ヨンディン》とケヴィン・ギャラガーによってなされた。[11]関与戦略の著名な立案者たち、特にヘンリー・ポールソンとロバート・ゼーリックは関与の復活を求めて雄弁を振るった。[12]ウォール街は、モリッツ・シュラリックと私が２００７年に「チャイメリカ」と名づけた財政上の共益関係に相変わらず溺れており、[13]アメリカン・エキスプレス、マスターカード、ＪＰモルガン、ゴールドマン・サックス、ブラックロックといったアメリカの大手金融企業を中国市場に引き入れようとする中国政府の努力もそれ

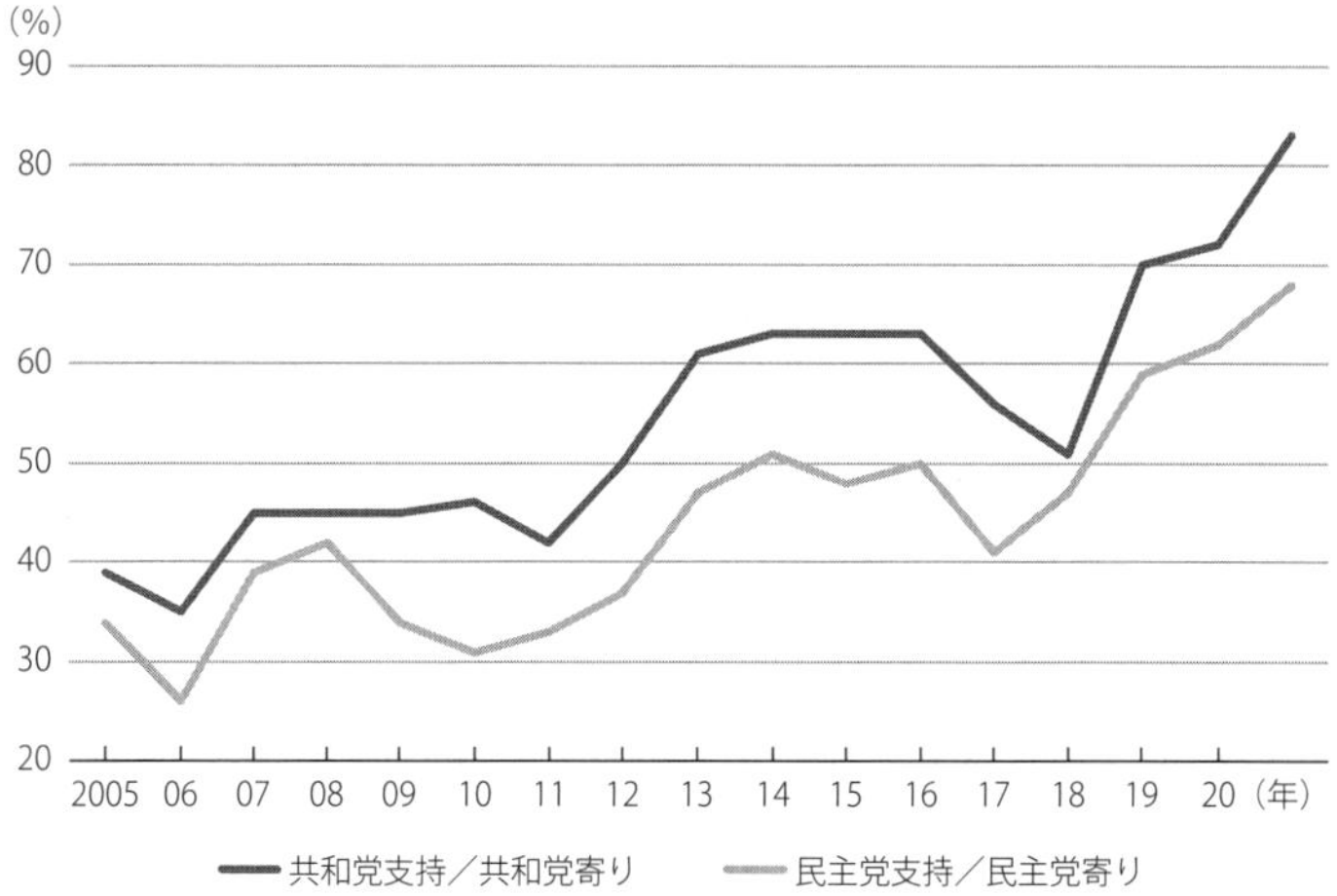


唯一の超党派問題。中国に対して「非好意的な」意見を持つ共和党支持者と民主党支持者のパーセンテージ。最新の世論調査は2020年6月16日〜7月14日に行われたもの。

に合わせて進められた。[14]

それにもかかわらず２０２０年半ばまでには、政治の傾向が逆方向へと向かっていたことは、明白そのものだった。アメリカでは、中国に対する国民感情は17年以来、タカ派に大きく傾き、高齢の有権者では特にその傾向が強かった。[15] 20年までには、アメリカの民主・共和両党が真に合意する案件はほとんどなくなっていたが、唯一の例外が中国問題だった。第２次冷戦の直前には、共和党支持者の51％と民主党支持者の47％が中国に対して非好意的な見方をしていた。20年７月にはその割合は、それぞれ83％と68％に上昇していた。[16]

したがって２０２１年１月に誰がアメリカ合衆国大統領として宣誓就任しようとも、在職中の大半を通じて、この新たな冷戦が世界の秩序にとって最大の難問となるだろうことはわかりきっていた。ドナルド・トランプ大統領が習近平国家主席に対して、公に見せているより非公式にははるかに懐柔的であることを暴露したジョン・ボルトンの新しい回顧録という強力な武器を手にしたジョー・バイデン陣営は、バイデンのほうがトランプより中国に対して強硬になれると選挙運動で主張できた[17]。中国共産党の機関紙『グローバル・タイムズ（環球時報）』によると、中国のネットユーザーはアメリカの大統領を「川建国《チュワン・ジャングオ》」（中国建国の同志トランプ）〔訳注　「川」はトランプの中国語表記「川普」の頭文字で、トランプを指して使われる〕と呼んで茶化しはじめたという。「マンチュリアン候補者〔訳注　洗脳された候補者という意味。小説『影なき狙撃者』の洗脳されたスパイに由来する〕」の一種のパロディだ[18]。それとは対照的に、バイデンが当選すれば閣僚レベルに任命されるだろう人物の一部の言葉遣いは、２０２０年にはあまりに強硬だったので、ますます好戦的になるマイク・ポンペオ国務長官の言葉遣いとところどころ区別がつかないほどだった。『フォーリン・アフェアーズ』誌のミシェル・フロノイの記事には、故ジョン・マケイン上院議員が口にしていてもおかしくないような好戦的な言葉が並んでいた[19]。実際、それらの言葉はマケインの補佐官だったクリスチャン・ブローズが著書『キル・チェーン（*The Kill Chain*）』で展開した主張の繰り返しだった[20]。

アメリカには再び活気づいたり幅を利かせたりする能力がないのではないかと考える解説者（大勢いた）は、これは共産主義の大国が勝利できる冷戦であると、ほのめかしたり、あからさまに述べたりした。シンガポールの元外交官キショール・マブバニは、２０２０年4月の『デア・シュピーゲル』誌で次のように語った。「超大国は他国が自分たちに従うと思っています。アメリカはそう思っているし、中国もまたますます強くなるにしたがって、そう思うでしょう[21]」。『エコノミスト』誌のインタビューで、彼はさらに語っている。「歴史は新しい局面を迎えました。西側優勢の時代は終わりつつあるのです[22]」。この見方は、マーティン・ジャックス[23]やダニエル・ベル[24]のような左寄りや親中派の西側の知識人の間で長らく支持されていた。新型コロナ危機によって、この見解はより有力になった。たしかに、致死的なウイルスの発生源は武漢だったかもしれない、それでも、ウイルス感染の最初の悲惨な出来事の連鎖の後、中国政府は国内の流行を驚くほどの速さで抑え込み、「中国モデル」の力を示した、という理屈だった。[25]

それとは対照的に、アメリカはパンデミック対応をおおいにしくじってしまった。「アメリカは死亡者の数で世界一、感染者数でも世界一であり、世界的な無能の象徴として突出している。アメリカの影響力と評判に加えられたダメージは、埋め合わせようがないだろう」と、高名な外交官のウィリアム・バーンズは2020年5月に『フィナンシャル・タイムズ』紙に語った。[26] ブルームバーグの編集主幹のジョン・ミクルスウェイトは4月に、エイドリアン・ウールドリッジとの共同執筆で、同じような調子で書いている。[27] ローレンス・サマーズは5月に、「20世紀がアメリカの世紀だったように、21世紀がアジアの世紀になるとしたなら、このパンデミックが転機として記憶にとどめられるだろう」[28] と述べた。EUの上級代表（外務・安全保障政策）の顧問ナタリー・トッチは、2020年のコロナウイルス危機を1956年のスエズ動乱になぞらえた。[29] アメリカのジャーナリストで歴史家のアン・アプルボームは、次のように嘆いた。「世界にはアメリカのリーダーシップなど存在しない。……非常に異なる、ポスト・アメリカの、ポスト・コロナウイルスの世界の輪郭がもう形を取りはじめている。……空白ができた。そしてその空白を埋める競争で先頭に立っているのが中国政権なのだ」[30]。プリンストン大学の歴史家ハロルド・ジェイムズは、トランプのアメリカとソ連の衰退期が類似しているという主張までした。[31] カナダの人類学者ウェイド・デイヴィスは「機能不全に陥った無能な政府に支配される失敗国家」の「崩壊」について書き、「歴史の扉はアジアの世紀に向かって開かれた」と結論している。[32]

この主張とは反対の見方をする人——特に、コラムニストのギデオン・ラックマンと政治学者のジョセフ・ナイ——は明らかに少数派だ。[33]「パンデミック後の世界がそれまでの世界と根本的に異なることはあ

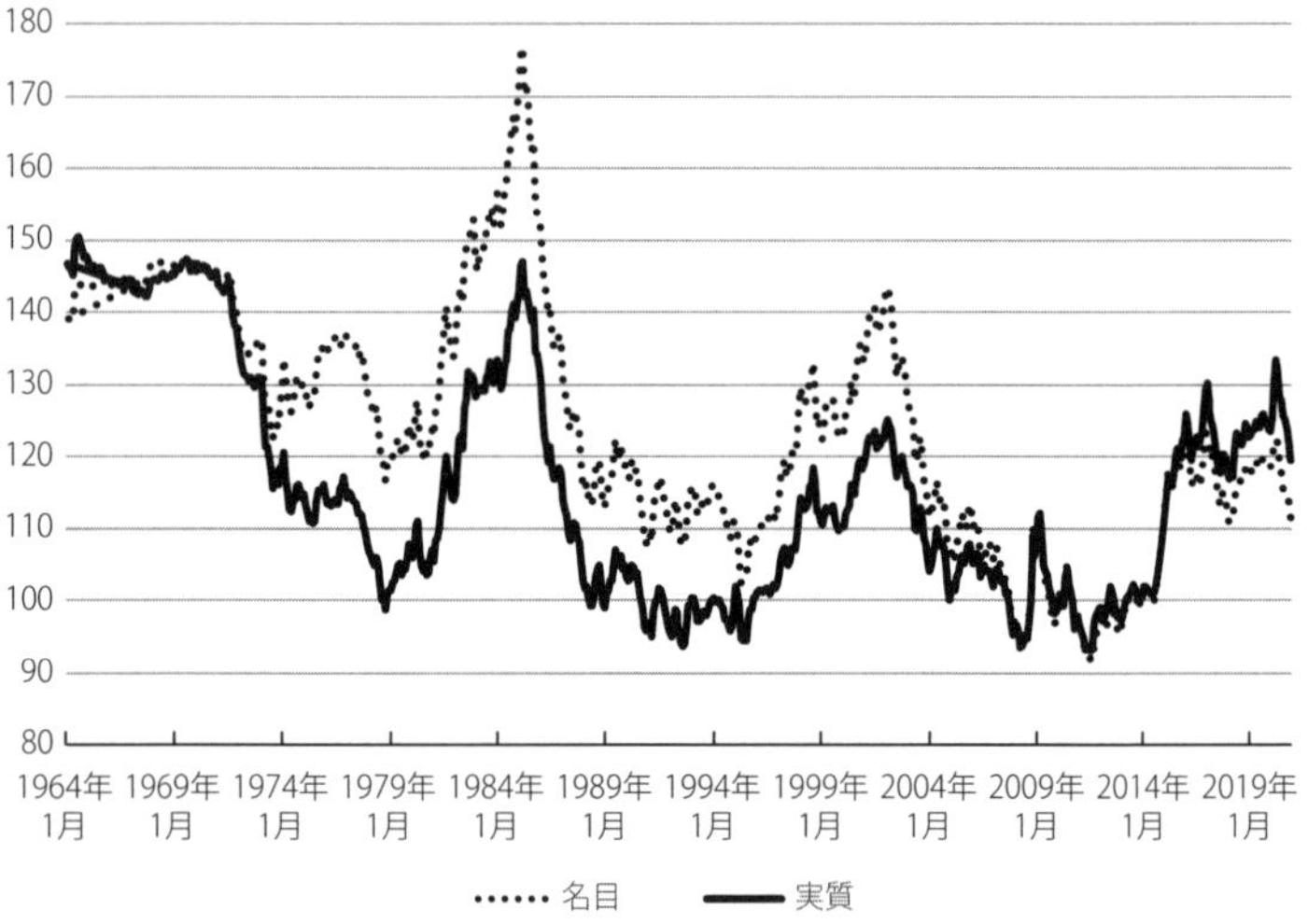


1964年以降のアメリカ・ドルの貿易加重平均した名目実効為替レートと実質実効為替レート。

りそうもない」と力説したリチャード・ハースでさえ、「アメリカのしだいに衰えていくリーダーシップ、揺らぐ国際協力、大国間の不和」といった、人を落胆させるような未来を予見した[34]。一方、投資家から金融史学者に転じたレイ・ダリオのように歴史の循環を信じている人はすでに、ドル優位の世界経済に弔いの鐘を鳴らしていた[35]。ピーター・ターチンは「構造的人口動態理論」に基づいて同じような意見を論じ、２０２０年は「アメリカにおける「暴力の」不安定さが次にピークに達する年」になると12年に予測していた[36]。劇作家のデイヴィッド・マメットがカッサンドラの予言に取り憑かれていたことを、20年の状況下でいったい誰が非難できるだろうか[37]？　私たちはまたしても、破滅を運命づけられているかに見えた。

キッシンジャーが２０２０年4月の評論で述べたように、パンデミックは「永遠に世界秩序を変える」だろう。「コロナウイルス後の世界はけっしてこれまでと同じではなくなる」。だが、国際システムはいったいどのように変化するのか？　1つありうる答えは、新型コロナのおかげで、多くの国々が自立の恩恵に気づいた、というものだ。キッシンジャーは次のように述べた。

国家は自国の組織が災難を予見し、その衝撃を抑え、安定を回復することができると信じたとき、団結し繁栄する。新型コロナのパンデミックが終息したら、多くの国の組織が失敗したと見なされるだろう。この判断が客観的に公正かどうかは重要ではない[38]。

ダニエル・ベルは中国共産党の働きを手放しで評価したが、誰もがそれに賛同したわけではない。たしかに新型コロナは、習近平にとってチェルノブイリにはなりそうになかった。1986年当時のソ連の共産党とは違い、中国共産党は惨事の嵐を切り抜け、自国経済の産業の中核を再開する能力を持っていた。それでも2020年半ばには、中国の2020年のGDPを2010年の倍にするという、習が抱いていた目標は、とうてい達成できそうに見えなかった。達成に必要な成長目標をパンデミックのために放棄せざるをえなかったからだ。また習は政治的にも難攻不落には見えなかった。第2の惨事——たとえば、夏の洪水が最も深刻なときの三峡ダムの決壊——が起こっていたとしたら、彼の立場、そして中国共産党の立場にさえも重大な脅威をもたらしたことだろう。まるで天命が取り消されたかのように思えただろうから。中国がパンデミックの主な地政学的受益者になるというのは、甘い見通しだった。

そうは言ってもアメリカが、世界的な優位性が無傷のまま、パンデミックから抜け出られるとは、とうてい思い難かった。トランプが危機の対応を誤ったのは確かだが、それだけではなかった。それよりはるかに厄介だったのは、本来そのような危機の処理に責任のある連邦政府の部署も同様に失態を演じたという認識が生じたことだ。すでに見たように、法律やパンデミックの事前準備計画がなかったからではない。結果として、アメリカは１９１８～19年のパンデミックの多元主義の戦略に頼った——各州はそれぞれ自分のしたいようにし、多くの人が亡くなった州もあった——が、２００９～10年の経済危機管理の戦略も併用した。それが日常生活の愚かな再開につながり、同じく予想どおりに経済復興の減速がそれに続いた。この大失態が演じられるなか、私は『大国（*Colossus*）』（２００４年）、『文明』（２０１１年）、『劣化国家』（２０１２年）の三部作で描いたアメリカ帝国の終盤の展開をそっくり目にしているように感じるときがあった——ただし、その進行速度ははるかに上がっていた。

## 政権の失策は誰の責任か？

どの政権も、最も備えが手薄で、最も見舞われるのが当然の惨事に襲われる。それはいずれにしても、冷戦終結以来のアメリカ史についての、１つの考え方だ。

ビル・クリントンが１９９２年に大統領に選ばれたのは、ソ連との40年にわたる対立が前年に終結したからにほかならない。「平和の配当」が十二分に期待できるために、国民はもはやジョージ・Ｈ・Ｗ・ブッシュの戦争における並外れた経験や外交手腕や知性を必要としなかった。ブッシュは第２次世界大戦で海軍のパイロットとして戦い、搭乗していたグラマン社製のアヴェンジャー雷撃機が硫黄島北方の父島上空で撃墜され、かろうじて死を免れていた[39]。それにひきかえクリントンは、ヴェトナム戦争に徴兵されるのを忌避するために最大限の努力をした。オックスフォード大学のローズ奨学生のときには、ヴェトナム反戦運動に参加していた。アメリカに戻ると、州兵や空軍に入隊しようとしたが果たせなかったので、アーカンソー大学の予備役将校訓練部隊プログラムに参加を申し込んだ。それはあくまで、ヴェトナム送りになるのを避けるためだった。好色漢で、サクソフォーンを吹き、メキシコ料理のチキン・エンチラーダを貪り食うクリントンは、ベビーブーム世代を2期8年にわたる長い「パーティ」に導き入れるための、理想の大統領であるかのように思えた。そんなクリントンの手に、歴史はユーゴスラヴィア解体とルワンダのジェノサイドを委ねた。

クリントン政権は、ボスニア・ヘルツェゴヴィナ紛争に際して、ようやく和平調停に乗り出したのは、何年も手をこまぬいていた後だったし、ルワンダ大虐殺を防ぐためには何一つしなかった。[40] 1992年の大統領選の間にボスニア問題が取り上げられたときに、「基本的に内戦である泥沼」、つまり「もう1つのヴェトナム」に、アメリカ軍を送るべきではない、とクリントンは主張した。クリントン政権の国防長官ウィリアム・コーエンは、アメリカは主要都市ゴラジュデの陥落を防ぐために紛争に介入することはないと宣言し、この町に対するセルビアの攻撃に図らずもゴーサインを出してしまった。[41] 大統領補佐官のアンソニー・レイクと、元国務次官補のリチャード・ホルブルックと、ますます批判的になる報道機関が、やっとのことでクリントンを説き伏せ、アメリカはほどほどの軍事的努力によって紛争を終結できることを納得させた。[42] そのときまでには10万人近くが殺害され、220万人が故郷を追われていた。[43]

ルワンダの場合、クリントン政権の態度を決めたのは、またしてもアメリカ人死傷者を出すことへの懸念だった。1994年、ルワンダのキガリ空港に200人のアメリカ兵という笑ってしまうほど小規模な部隊を派遣するという決断は、（あるアメリカ人将校が国連平和維持活動部隊の司令官に述べたように）「1人のアメリカ人の死は、約8万5000人のルワンダ人の死に値する」という唾棄すべき計算に基づいていた。[44] ルワンダでは、1994年の4～7月に50万～100万人が亡くなった。そのほとんどが、同国人のフツ族に殺された少数民族ツチ族だった。
ジョージ・W・ブッシュは2000年、アメリカの他国への関与の削減を掲げて選挙運動を行った。そして、僅差でかろうじて大統領となった最初の年に、9・11テロが起こった。誰をおいてもリチャード・クラークによって予言されていた出来事だった。クラークは1992年に父ブッシュによって、テロ対策安全保障グループ議長と国家安全保障会議のメンバーに任命された。ビル・クリントンはクラークを同職にとどまらせ、安全・インフラ防衛・テロ対策のための国家調整官に昇進させさえした。ところがクラークは、繰り返し尽力したにもかかわらず、ブッシュ政権の国家安全保障チームの上級メンバーを説得して、オサマ・ビンラディンとアルカイダの脅威への対応を最優先させることができなかった。2001年4月の副長官会議でクラークは、次のように語った。「アルカイダはアメリカに対して大規模なテロ行為を計画しています。イスラム教各国の政府を転覆し、急進的な多国籍カリフ統治を樹立しようとしているのです」。ポール・ウォルフォウィッツ国防副長官は真剣に取り合わなかった。ウォルフォウィッツとその上司の国防長官ドナルド・ラムズフェルドはイラクへの介入をすでに決めており、9・11テロはその口実を与えただけだったと、後にクラークは主張することになる。[45]
ニューヨークとワシントンが攻撃された直後に、ブッシュ政権は野心的な戦略に乗り出した。ビンラディンを匿《かくま》っているとしてアフガニスタン政府を罰する——アル・ゴアが大統領になっていても、やはりそうしたかもしれない——だけでなく、イラクの独裁者サダム・フセインを倒すことによって「拡大中東地域」を作り直そうとしたのだ。その新たな思考様式がよく表れていたのが、2001年11月のCIA長官ジョージ・テネット、副大統領ディック・チェイニー、国家安全保障問題担当大統領補佐官コンドリーザ・ライスによる記者会見であり、それはアルカイダがパキスタンの核兵器の専門技術を獲得する可能性についてのものだった。チェイニーは、次のように意見を述べた。アメリカは「発生する確率の低い、影響の大きな出来事」という新たな脅威に立ち向かわなければならない、したがって、もし「パキスタンの科学者がアルカイダの核兵器製造や開発の手助けをしているという可能性が1％でもあったなら、我々は対応の面ではそれを確実なものとして扱わなければならない。これは我々の分析の問題ではない。……対応の問題なのだ」[46]。この「1％ドクトリン」と結びついていたのが、一部の政府高官が共有していた新植民地主義の傲慢さだった。ジャーナリストのロン・サスキンドは、ブッシュの顧問とのやり取りを、相手の名前を挙げずに報告している。

私［サスキンド］のような男は「いわゆる現実に基づいたコミュニティの中」にいる、つまり、「理解可能な現実を、思慮分別を持って研究することから解決策が生まれると信じている」人間なのだ、と彼は語った。私はうなずき、啓蒙主義の原理と経験主義について小声で述べた。彼は私を遮り、「もはや世界はそんなふうには機能してはいません」と続けた。「今や我々は帝国なのであり、行動することによって、自らの現実を創り出します。そして、あなた方がその現実を研究しているうちに――思慮分別を持ってそうすることでしょうが――我々は再び行動して、他の新たな現実を創るでしょうし、あなた方もまたそれを研究することができ、そうやって物事は進展していくのです。我々は歴史のプレイヤーで……そしてあなたや、あなた方全員は取り残され、我々がすることを研究するだけです」[47]

たいていのアメリカ人は、こうは考えなかった。ビンラディンとその一味が裁かれるのを見たいのはやまやまだったが。「世界のことを何でも自分で動かそうとし過ぎているんじゃないんですか。ローマ人がそうだったように」と、カンザス州のある農夫は、イギリスの著述家ティモシー・ガートン・アッシュに２００３年に語った。[48] そうした不安感を和らげるために、ブッシュ大統領は２００４年４月13日に、「我々は帝国主義の国ではない。……我々は解放する国だ」と宣言した。[49] 国防長官のラムズフェルドも同様に、カタールの衛星テレビ局アルジャジーラに次のように語った。「我々は軍を率いて世界中を回り、他国民の土地や資源、他国の石油を手に入れようとはしない。それは断じてアメリカがすることではない。我々はけっしてそうしてこなかったし、これからも断じてそうはしない。それは民主国家のやり方ではないのだ」[50]。アメリカ以外では、そのような保証の言葉をひと言でも信じる人はほとんどいなかった。

「グローバルなテロとの戦い」におけるアメリカ人の犠牲は、アメリカの冷戦での戦いの基準に照らせば少なかった。「イラクの自由作戦」（２００３〜10年）では３４９０人のアメリカ軍将兵が戦死し、３万１９９４人が負傷した。さらに59人が、その後の「新しい夜明け」と「生来の決意」の両作戦で中東で命を落とした。アフガニスタンでは戦死者１８４７人、負傷者２万１４９人、それに加えて、「不朽の自由作戦」が正式に終結して「自由の番人作戦」が始まった２０１４年末以来、66人が死亡し、５７１人が負傷した[51]（これらの数字は、朝鮮戦争とヴェトナム戦争の数字と比較しなければならない。２つの戦争を合わせると、アメリカ人将兵の戦死者は８万１１１０人、負傷者は24万５４３７人だった）。

　とはいえ今日、こうした介入が大成功だったとは、なかなか主張できるものではない。たとえ、介入しなかった場合の結果は想像し難く、ましてや計算できるものではないとしても、だ。たしかに、もし目的が、イラクとアフガニスタンをアメリカと外交的に協調した、繁栄する民主国家として再建することだったならば、その結果は遠く及ばなかった。それにひきかえ、こうした政策の影響を受ける側の人々にとっての人的損失は、予想よりもはるかに大きかった。「イラク・ボディ・カウント」というウェブサイトによると、アメリカのイラク侵攻以来、暴力による死を遂げた人の総数は28万8０００人で、そのうちの18万5０００〜20万8０００人が一般市民だった。[52] アフガニスタンにおける死亡者数は推定15万7０００人で、そのうちの4万3０００人が一般市民だ。[53] これらの戦争にアメリカが投入した金額の総計は、6兆4０００億ドル前後と推定されている。[54]

だが、「1％ドクトリン」は外部の脅威にのみ当てはまるものであることが判明した。ブッシュ政権は２００５年8月のハリケーン「カトリーナ」に不意討ちを食わされたし、06年後半にはすでに気づくことが可能だった金融危機を未然に防ぐことがまったくできず、08年9月のリーマン・ブラザーズの経営破綻によって、突如として金融機関への本格的な取りつけ騒ぎが起こったのだ。戦略上のリスク管理と金融のリスク管理は、2つの完全に別個の領域に存在するようだった。[55]

ラムズフェルドは２００２年2月12日の記者会見で、サダム・フセインとアルカイダには結びつきがあるという、政権の中心的な、そしてほぼ確実に誤った主張について質問された。そのやり取りからは、実情が浮かび上がってくる。

ジャーナリスト：イラクの大量破壊兵器とテロリストに関してですが、イラクがテロリストに大量破壊兵器を供給しようとしたこと、あるいは進んで供給しようとしていることを示す証拠はあるのでしょうか？　フセイン政権とこうしたテロ組織の一部との間に直接的な関係があるという証拠はない、という報告があるのですが。

ラムズフェルド：　何かがまだ起こっていないという報告は、私にとって常に興味深いものです。それは、こういうわけです。知ってのとおり、既知の既知、つまり、自分が知っていると知っていることがあります。そして、これまた知ってのとおり、既知の未知もあります。つまり、自分が知らないものがあることを知っているということです。けれどもまた、未知の未知もあるのです――自分が知らないのを知らないものも。そして、我が国や、他の自由諸国の歴史を見渡してみると、難しいものになりがちなのは最後の部類です。[56]

「未知の未知」という概念は、心理学者のジョセフ・ルフトとハリントン・インガムによる1955年の論文にまでさかのぼることができる。[57] ラムズフェルド自身はそれを、アメリカ航空宇宙局（NASA）長官ウィリアム・グラハムから聞いたとしている。グラハムは1990年代に、ラムズフェルドを委員長とする連邦議会の「アメリカに対する弾道ミサイル脅威評価委員会」のメンバーだった。[58] 第8章で見たように、NASAの管理者たちには「未知の未知」に関心を持つべき、もっともな理由があった。だが彼らは、ラムズフェルドと同じように、「未知の既知」により多くの注意を向けていてもよかったかもしれない。それは、意思決定者が自分の予想と一致しないからという理由で無意識に無視する、明白そのものの危険（たとえば、Oリングの破損のリスクや、ポスト・サダムのイラクにおける暴動のリスク）だ。ほんの1年余り後に、フセインが失脚してイラクがすでに無政府状態に陥っているときに、ラムズフェルドは再び記者会見の場にいた。バグダードにおける略奪は「鬱積した感情」の結果で、すぐに鎮まるだろう、とラムズフェルドは説明した。「自由は雑然としたもので、自由な人々は自由に誤りを犯し、罪を犯し、悪事をなす。よくあることだ」とラムズフェルドは述べた[59]。

２００８年10月までにはブッシュの支持率は25％に下がっており、イラク侵攻に反対した新人上院議員のバラク・オバマは、好戦的な気質でとりわけ有名な共和党指名候補ジョン・マケインを楽々と破った（マケインはニューハンプシャー州のタウンホール・ミーティング〔訳注　政治家が各地を回って、その土地の住民と対話する集い〕で、ある反戦活動家に、アメリカ軍はイラクに「１００年でも」駐留できるし「それで私はけっこうだ」と語り、自らの首を絞めた[60]）。とはいえ、アメリカを中東から抜け出させるのは、言うのは簡単でも実行するのは難しかった。２０１１年8月、革命がアラブ世界を席巻したとき、オバマはシリアの独裁者バッシャール・アル・アサドに「退くように」と求めた。ところがオバマは、その手段として、反アサドの自由シリア軍に武器供与をすることを拒んだ。12年には、オバマは反政府軍兵士1万人をＣＩＡ（中央情報局）が訓練するのを承認するのがせいぜいだった。そしてその兵士たちも、まるで役に立たないことがわかった。ホワイトハウスは12年7月から13年8月までの間、アサドが化学兵器を用いたならば、彼は「レッドラインを越えた」と見なされるだろうと言っていた。それにもかかわらず、化学兵器は使用されたが、オバマは13年8月30日、大統領首席補佐官デニス・マクドノーだけに相談した後に、計画されていたシリア空爆の中止を決定し、国家安全保障チームを落胆させた。さらにオバマは、ロシア政府が調停役となって話をまとめるのを許し、アサドは化学兵器（の一部）を引き渡した。

13年9月10日、オバマは国民に対する演説の中で、アメリカはもはや「世界の警察官」ではないと宣言した[61]。それから1年もしないうちに、オバマがアメリカ軍を撤退させた後にイラクのアルカイダの灰燼から生まれ出たテロリスト集団イスラミックステート（ＩＳＩＳ）は、ジェイムズ・フォーリーらの西側の人質を斬首したので、オバマはシリアのＩＳＩＳに対して湾岸諸国と連合した空爆を仕掛けるのを許可することになった。15年9月、共同行動を求めるロシアの提案をオバマが拒むと、ウラジーミル・プーチン大統領は、30機余りの軍用機だけでなく1500人から成る部隊もラタキアに配備し、カスピ海へは軍艦も派遣した。

ホワイトハウスが露骨なスローガン「間抜けなことをするな」を掲げたのは、この頃だった（戦略的コミュニケーションのための国家安全保障問題担当大統領副補佐官ベン・ローズによると、「ホワイトハウスで問われていたのは、『いったい誰が間抜けなのか？　誰が間抜けなことに賛成なのか？』だった」という）。プーチンがシリア内戦に首を突っ込みたがっているのなら、そうさせるのは、ローズらによると「トム・ソーヤ的アプローチ」だった（訳注　『トム・ソーヤの冒険』で、主人公がペンキ塗りの苦役を楽しい作業だと友人たちに思い込ませてやらせ、お礼までせしめるというエピソードに由来）。つまり、「もしプーチンが、シリアのフェンスのペンキ塗りに自分の政権のリソースを費やしたいのなら、アメリカはそうさせるべきだ」というわけだった[62]。その結果、シリア内戦は長引き、死亡者数は50万を超え、その半分近くは一般市民だった[63]。1340万人前後が否応なく居住地を追われ、そのうちの660万人は現在シリアの外にいる[64]。そして200万〜300万の難民と移民の洪水――シリア人だけでなく、イスラム世界全土からこの機を捉えてやって来た人々――が、ヨーロッパに押し寄せた。紛争の拡大は重大な戦略的結果ももたらした。なかでも無視できないのは、ロシアが主要な勢力として1970年代前期以降初めてその地域に戻ったことだった。要するに、アメリカのシリアへの不介入の帰結は、多くの点でアメリカのイラクへの介入の帰結と同じほど悪かったわけだ。失われたアメリカ人の命とドルははるかに少なかったが[65]。

ここには大いなる皮肉があった。2012年のアメリカ大統領選の討論会の1つで、オバマは共和党候補ミット・ロムニーに対して、「今や1980年代が、その時代の外交政策を再び求めるように呼びかけている。冷戦が終わってから20年になるからだ」と嘲笑するように述べた。それはロムニーの、ロシアは「アメリカにとっての第1の地政学的敵」だという発言に対する当てこすりだった。[66] オバマは2期目の就任式の1年後、2014年1月に、『ニューヨーカー』誌の編集者に、「今のところジョージ・ケナンなど必要でさえありません」と悦に入って述べた。[67] ソ連の勢力拡大の「封じ込め」という冷戦戦略の構築者であるケナンへの当てつけだった。ところが、翌月が終わる前にはロシア軍はクリミアを占拠しており、3月18日にはクリミア併合に至った。ロシアの支援を受けた分離主義者がウクライナ領のかなりの部分を掌握したドネツクとルハンスクをめぐる戦いは、今日まで続いている。

とはいえ、オバマ政権の最大の失敗は外交でなく、内政だった。オバマは大統領選の際に保守派から左寄りの民主党員だと見なされていたが、自分が引き継いだ財政混乱と長期的傾向との両方に起因する深刻な社会経済の危機対応に乗り出した。経済の回復を刺激するための措置、特に「量的緩和」という連邦準備制度理事会の政策は、金融資産を持つ人に間接的に恩恵をもたらした。アメリカの上位1％の人が持つ総純資産が全体に占める割合は、2009年の第1四半期の26％から2016年の第4四半期には32％に上昇した。[68] 一方、中間層と下層階級の白人のアメリカ人は景気の停滞だけでなく、プリンストン大学の経済学者アン・ケースとアンガス・ディートンが「絶望死」と呼ぶもの、すなわち主に薬物の過剰摂取、アルコール中毒、自殺、さらに障害、苦痛、不安感の著しい増大も経験した。ケースとディートンによると、白人の死亡率が「年に1・8％という以前（1979〜98年）の減少率で落ち続けたら、1999〜2013年に48万8500人の死が避けられただろう」という。[69] オピオイドの過剰摂取の3つの波（まず処方薬のオピオイド、次にヘロイン、そしてフェンタニルなどの合成オピオイド）によって、オバマ大統領の時代に死亡者が急増し、2008年に10万人当たり6・4人だったオピオイド関連の死亡率が、16年には13・3人と2倍以上になった[70]。09〜16年に36万5000人以上のアメリカ人が薬物の過剰摂取のために亡くなった。毎年、前年よりも死亡者が増えた。最も大きな影響を受けた年齢層は25〜54歳で、2016年の過剰摂取の割合は10万人当たり34〜35人であり、それは失われた生存年数の合計が、1918〜19年のインフルエンザ・パンデミックのときの合計に迫るほどだったということだ[71]。めったに指摘されなかったが、合成オピオイドとフェンタニル前駆体の主な供給元は中国だった[72]。

オバマ政権がオピオイド蔓延防止対策を怠ったことで、メディアがオバマを責めることはほとんどなかったが、オピオイドの濫用のような社会傾向によって、2016年にドナルド・J・トランプがポピュリストのアウトサイダーとして成功したことがじつにうまく説明できた。彼はまず共和党の指名を獲得し、続いてヒラリー・クリントンを破って大統領の座に就いた。中間層のアメリカ人は「大虐殺」を経験したという彼の主張は、多くの有権者、特にミシガン州やウィスコンシン州のような中西部の激戦州にいる重要な有権者たちの賛同を得られた。彼が巧みだったのは、古くからあるポピュリズムの比喩的表現を使って、大衆の恨みを銀行家（左翼のポピュリストが好む攻撃対象）にではなく、中国（グローバル化）、メキシコ（移民）、クリントン本人に向けた点だ。クリントンは富裕なリベラルのエリートの象徴で、「現実の人々」の関心に無頓着で、トランプの支持者の半分を「嘆かわしい人の集まり……人種差別主義者、性差別主義者、同性愛嫌悪者、外国人嫌悪者、イスラム教嫌悪者――そのほか何でも」と嘲って切り捨てた[73]。官僚や学者や企業エリートのなかにいる多くのオバマの崇拝者は、トランプが選挙で勝ったことに愕然とした。エリートの嫌悪感が非常に顕著に現れたのが「ウィメンズ・マーチ2017」のような抗議活動で、あるサンプルでは、参加者の半数以上が学士だけでなく修士の学位も持っていた[74]。

もっとさりげなく行われたのが、オバマに任用されていた人々が絶え間なく続けた、トランプに不利な状況説明だ。元投資銀行家で、オバマ政権でエネルギー省リスク管理責任者になったジョン・マクウィリアムズは、作家でジャーナリストのマイケル・ルイスに5つのリスクを警告した。「折れた矢」（紛失あるいは破損した核ミサイルまたは核爆弾）、北朝鮮とイランの核攻撃、送電網への攻撃、そして「第5のリスク」は政府のプログラムマネジメントの劣化だ。ルイスは次のように説明している。第5のリスクは「長期的なリスクに短期的な解決策で対応しようとする習慣に陥ったときに社会が冒すリスクだ。……『プログラムマネジメント』は、実際は人がリスクとして想像することさえない、存続にかかわる脅威だ。……それはけっして起こらないイノベーションであり、けっして生み出されない知識だ。なぜなら、そのための基盤作りをやめてしまったからだ。それはあなたを救えたかもしれないのに、あなたがけっして学ばなかったことだ」[75]。つまり、ラムズフェルドの言う、「未知の未知」だった。だがこれによって、新型コロナに襲われた2020年にうまくいかなかったことを本当に説明できるのだろうか？　政府の機能の仕方について、よほど無邪気な見方をしないかぎり無理だ。というのは、厳しい国境管理をするのが最善策であるような中国発の脅威に対して、準備ができている政権があったとしたなら、それは反中国、国境の壁建設支持のトランプ政権だったからだ。「武漢インフルエンザ」はポピュリストの大統領にとっての理想的な災難だったはずだ。

世の中は素晴らしく単純だと考える解説者は、新型コロナが原因である2020年の過剰死亡率を躊躇なくトランプのせいにした。たしかに、すべての大統領の場合と同様、最終責任は彼にあった。間違いなく、トランプは事態を悪化させた。彼はリスクを軽視した。いかさまの治療法を喧伝した。人選を誤った。マスクを軽んじた。まったくの嘘をツイートした。無神経にも周りの人々の健康を無視して選挙運動をした。このような怠慢と過失の罪は、彼の政権が正しい判断を下したこと、特に「ワープスピード作戦」〔訳注　新型コロナの診断手段やワクチンや治療薬の開発・製造・供給のためにアメリカ政府が主導した官民一体のプログラム〕よりもはるかに重大だった。

とはいえ、トランプは公衆衛生上の惨事を防ぐことができただろうという主張は、ビル・クリントンはボスニアの分断やルワンダのジェノサイドを防ぐことができただろうと言うようなものだ。あるいは、ジョージ・W・ブッシュはニューオーリンズをハリケーン「カトリーナ」から救うことや、2008年の金融危機を避けることができただろう、オバマにはシリアの内戦を防ぐ力か迅速に終わらせる力があった、はたまた、オピオイドの過剰摂取から何十万ものアメリカ人を救う力があったと主張するようなものだ。このような主張はみな、トルストイが言う「ナポレオンの誤謬」のさまざまなバージョンであり、アメリカの大統領を、数十年にわたって惨事の管理が確実に杜撰になってきたように思われる官僚制の階層構造の頂上に位置を占める一個人としてではなく、全能の行政官として思い描き、政治的惨事の複雑さをないがしろにしている。

## 同盟から非同盟へ

じつは、パンデミックは世界の舞台における大物役者全員の弱さを露呈した。アメリカだけでなく中国、さらに言えばＥＵの弱点もだ[76]。私たちはこれに驚くべきではなかった。すでに見たように、一般に疫病は大帝国にとって厄介であり、侵入しやすい国境を持つ国にとってはなおさらだ（ローマ皇帝マルクス・アウレリウスとユスティニアヌス1世の治世を見てほしい）。都市国家や小さな国民国家のほうが感染を抑制するには有利だ。重要なのは、新しい病原菌が野放しになっているときに、規模の不経済がある点だ。

もっとも、パンデミックに手際良く対処した小国のなかで、台湾、韓国、シンガポール、ニュージーランド、イスラエル（当初）は都市国家の現代版以上のものにはけっしてなりえず、大国の地位にはどうあがいても手が届かなかった。というわけで、次のような疑問が残った。本物の危機に際して小さいことは素晴らしいという、この実証によって誰が得をするのか？　パンデミックの封じ込めに関して言えば、中国というしだいに全知に近づきつつある監視国家が、アメリカのしだいに無能化する民主主義に優ることを証明したように見えるかもしれない。その一方で、香港の運命は、中国帝国というパノプティコン（全展望監視システムの刑務所）への統合に対する魅力的な宣伝とはおよそ言い難かった。さらに、パンデミックが解き放った遠心力は、少なくとも理論的には、すでに分散化を必要としている連邦制度よりも、一枚岩の一党独裁国家に重大な脅威をもたらした。

キッシンジャーが述べたように、「どの国も……ただ1国の努力だけでこのウイルスに打ち勝つことはできない。……今度のパンデミックは、繁栄がグローバルな貿易と人の動きにかかっている時代に、城郭都市という時代後れのものの復活を促してきた」。けっきょく、台湾が孤立して繁栄することはありえなかった。韓国にしても同じだ。「その瞬間に必要なことへの取り組みは、最終的にグローバルで協同的なビジョンやプログラムと組み合わせなければならない。……アメリカには、マーシャル・プランとマンハッタン計画の立案を教訓とし、大規模な企てに着手する義務がある……自由主義世界の秩序の原則を守る［ために］」[77]。これは多くの人には甘い考えのように思われた。たいていの国際関係論の学者から見ると、トランプ政権の評判は、新型コロナが流行するずっと以前に、すでにどん底に落ちていた。

トランプは建物解体用の鉄球と見なされていた。彼は、まさにグローバルな安定性の拠り所と考えられている機関（特に世界貿易機関、ごく最近では世界保健機関）に、めったやたらにぶち当たった。イランの核問題に関する包括的共同作業計画や気候変動に関するパリ協定を猛打したことについては言うまでもない。とはいえ、中国と「戦略的競争」をするというトランプ政権の中核戦略の観点からは、このような機関や協定のどれに対しても、有効性について妥当な疑問を投げかけることができた[78]。おおむね架空の存在でしかないリベラルな国際秩序に対する大統領のツイートによってではなく、政権の行動がその目的にどれほど適っているかによってトランプ政権が評価された場合には、かなり異なる構図が浮かび上がった[79]。4つの別個の領域で、トランプ政権は中国との競争で少なくともある程度成功したか、あるいは成功する見込みがあった。

　第1の領域は金融だった。何年もの間、中国は自国の通貨を交換可能通貨にできまいかと、あれこれ考えてみたが、それは不可能であることがわかった。中国の富裕層には国外の資産に対する潜在的な需要があるため、元が交換可能通貨になれば、資産が流出してしまうからだ。その後、中国政府は発展途上国への大規模な貸与をすることで金融面での影響力を増そうとしてきた。貸与の一部は（すべてではないが）一帯一路構想を通じて行っている。新型コロナのパンデミックが引き起こした危機は、アメリカに、金融における世界的リーダーシップを再び発揮する機会をもたらした。3月の深刻な世界規模の流動性危機に応じて、連邦準備制度理事会は他の中央銀行がドル資金にアクセスできる2つのルートを開いた。すなわち、スワップライン〔訳注　中央銀行間で自国の通貨を交換する枠組み〕と、ニューヨーク連邦銀行に口座を持つ外国の中央銀行や国際機関に対する新しいレポファシリティー〔訳注　アメリカの国債を担保にドル資金を供給する仕組み〕だ。スワップラインはヨーロッパ、イギリス、カナダ、日本、スイスにすでに適用されており、さらにブラジル、メキシコ、韓国を含む9か国にも拡大された。ピーク時には、スワップの貸付残高は4490億ドルにのぼった[80]。それに加えて、新しいレポファシリティーによって、170の外国の中央銀行が短期的にドルを調達できるようになった。

同時に、国際通貨基金（トランプ政権が攻撃する意向を見せなかった多国間の機関）は、約１００か国から大量に寄せられた援助の依頼に応じ、アフガニスタン、ハイチ、ルワンダ、イエメンなど25の低所得国の半年分の債務支払いを白紙にする一方、G20諸国は76の貧しい発展途上国の2国間債務の凍結に合意した。[81] 国際的な債権者が、アルゼンチン、エクアドル、レバノン、ルワンダ、ザンビアなどの国による一連の債務不履行や債務返済繰り延べや債務の再構築に備えるなかで、アメリカは中国より格段に強い立場にあった。２０１３年以来、中国の金融機関による一帯一路のさまざまな事業への融資の公表総額は４６１０億ドルに達し、中国はまさに新興市場への最大の債権国となっていた。[82] だが、融資の期間や条件を公表していないという、これらの融資の特徴である透明性の欠如のせいで、世界銀行の現チーフエコノミストのカーメン・ラインハートを筆頭に、西側諸国の学者はだいぶ以前から疑念を抱いていた。[83]

国際決済システムでドルが支配的なのを残念に思うことと、ドルを弱体化する方法を考案することは話が別だった。[84] ヘンリー・ポールソンらが指摘したように、アメリカ・ドルが国際準備通貨としてイギリスのポンドに取って代わる準備ができていた１９４０年代とは違い、２０２０年の中国の人民元は、ドルに取って代わる交換可能通貨になるには依然として程遠い状況にあった。[85] 中国とヨーロッパの中央銀行によるデジタル通貨の実験は、ドルの支配に対して明らかな脅威とはならなかった。フェイスブックのデジタル通貨リブラの大規模な構想に関しては、ある気の利いた人が述べたように、それが「ドルに取って代わる可能性は、エスペラント語が英語と置き換わる可能性とほぼ同じ」程度だった。[86]

２０２０年の半ばに言えることがあったとすれば、それは、新しい金融テクノロジーの導入に関して、アメリカがアジアやヨーロッパに、さらにはラテンアメリカにさえ後れを取っているということぐらいだ。

だが、中国政府の金融面での野心に対して、日本政府や韓国政府の多くの人が抱いていた深い疑念を勘案すると、ドルの代替として構想された最も大胆な通貨、すなわち人民元、日本円、韓国ウォン、香港ドルから成る東アジアのデジタル通貨の実現はほとんど考えられなかった。[87]

（確かではないが）アメリカの優位性が再び発揮されそうに見えた第2の領域は、新型コロナウイルスのワクチン開発の競争だった。[88] シンクタンクのミルケン・インスティテュートによると、本書を執筆している時点で、200以上のワクチン研究プロジェクトが進行中で、そのうちの5つはすでに第Ⅲ相臨床試験の段階だった。オックスフォード／ヴァシテックやモデルナのものなど8つの候補は、トランプ政権の「ワープスピード作戦」の一環としてアメリカ政府の財政的援助を受けていた。[89] たしかに、第Ⅲ相臨床試験のワクチンのうちの3つは中国製だが、それらは不活化全粒子ワクチンであり、モデルナのmRNA-1273ワクチンよりも前の世代の医療科学に基づいていた。[90]『ネイチャー』誌に掲載された2020年4月の調査が指摘しているように、「新型コロナワクチンの開発の大半は北アメリカで行われており、確認されている有効なワクチン候補の開発者数は36（46％）で、それに対して中国では14（18％）、アジア（中国を除く）とオーストラリアでも14（18％）、ヨーロッパでは14（18％）だ[91]」。

競合相手の中国の開発者の1つが形勢を逆転してワクチンを生み出す可能性はあった。それでもやはり、ワクチンの安全性と規制に関して中国が再三経験した問題を思い出してみるだけの価値はあった。ごく最近では2019年1月に、江蘇《ジャンスー》省で子どもたちが使用期限の切れたポリオワクチンの接種を受けた。[92] その前には18年7月に、ジフテリア、破傷風、百日咳の混合ワクチン25万本に欠陥があることがわかった。[93] 中国国家食品薬品監督管理局の元局長鄭篠萸《ジェン・シャオイー》が国内の製薬会社8社から賄賂を受け取っていた罪で死刑を宣告されたのはほんの14年前だった。[94] 中国とロシアのワクチン・プロジェクトのどちらも1950年代の開発や検査の方法を、付随するリスクはすべてそのままにして、採用しているようだった。

第3に、2020年にアメリカは「テクノロジー戦争」で中国に先んじていた。ファーウェイ製の5G製品を使わないように、というトランプ政権の同盟国への圧力は、成果をあげはじめた。ドイツでは、アンゲラ・メルケル首相率いるキリスト教民主同盟の著名なメンバーであるノルベルト・レットゲンが、「信頼できない」企業を「中核的ネットワークからも周辺ネットワークからも」締め出す法案を起草するのにひと役買った。[95] イギリスでは、保守党の庶民院議員で「中国研究グループ」の共同創設者であるニール・オブライエンと、38人の保守党の反抗的な若手議員のグループが、ファーウェイに対するボリス・ジョンソン首相の意向を変えるのに成功し、『中国日報《チャイナ・デイリー》』紙の編集者を激怒させた。[96]

イギリスの動きに輪をかけて重要だったのが、5月15日に発表され、8月17日にさらに強化されたアメリカ商務省の規則であり、9月中旬から、世界のどこにおいてであろうとアメリカのテクノロジーや知的財産を使って生産された先進半導体をファーウェイに供給するのを禁止するというものだった。これには世界で最先端を行く台湾の半導体メーカー、台湾積体電路製造（TSMC）によって製造されるチップも含まれていた。新しいアメリカの規則は、ファーウェイの半導体関連会社ハイシリコンに対して潜在的に重大な脅威をもたらした。[97]

最後に、人工知能（AI）研究におけるアメリカの主導的立場は、量子コンピューティング研究における立場と同様に、圧倒的であるように見えはじめた。ただし、コンピュータープログラマーや他の技能労働者のH-1Bビザを制限するというトランプ大統領の決定が、最終的にはアメリカのリードを縮めかねなかったが。[98] 2020年のある研究によれば、「中国は一流のAI研究者の最大供給源であり……これら中国の研究者の大多数が中国を離れ、アメリカで研究をし、仕事をし、生活している」という。[99] テクノロジー戦争に関するオックスフォード大学のある調査は、「２００３年以来の被引用回数上位１００件の特許を見ると、中国のものは1つもない。……インターネットを検閲し、併せて順応や服従を促進する社会信用システムを採用している監視国家は、創造性を育みそうにない」と結論した。[100] もし清華大学国際関係研究院長の閻学通《ヤン・シュエトン》の見方が的確で、第2次冷戦が、第1次冷戦を非常に危険で犠牲の大きいものにした、核の瀬戸際政策や代理戦争を伴わずに、純粋なテクノロジー競争になるならば、アメリカは勝利する本命に違いない。[101]

　トランプ政権が「リベラルな世界秩序の原則を守って［いた］」とはとても言えない。それはけっして、この政権の存在理由《レーゾンデートル》ではなかった。それでもやはり実際には、中国との戦略的な競争において表明した目標を達成するために講じるステップの少なくともいくつかで、トランプ政権は非常に効果的だったと言ってもいいだろう。

　とはいえ、その戦略には潜在的な欠陥があった。第1次冷戦でアメリカが追求したさまざまな封じ込め戦略の偉大な功績は、第3次世界大戦を勃発させることなく、ソ連の影響力の拡大を制限し、最終的に覆したことだ。戦略的な競争は、その点でそこまでの成功を収めないのだろうか？　それはありえた。第1に、明らかな当面の危機があった。というのは、ロシア政府が強化し現在は中国が導入している情報戦争やサイバー戦争の作戦は、アメリカの政治制度や経済制度に深刻な混乱を引き起こす可能性があったからだ。[102] 第2に、南シナ海や台湾海峡で通常戦争が起これば、アメリカは不利な立場に陥りかねなかった。なぜなら、F‐35戦闘機を搭載したアメリカの空母打撃群は、世界初の実用対艦弾道ミサイルDF‐21D（「空母キラー」）のような中国の新兵器に対して、今では非常に弱いからだった。[103] アメリカ海軍の敗北と外交上の屈辱が容易に想像できる。[104] これは、死亡者数の多寡にかかわらず、新型コロナとは異なる規模の惨事になるだろう。

第3に、アメリカはすでに、言葉を行動で裏づけるのに苦労している。2020年の夏、中国は香港に新たな国家安全法を強い、香港の自治に打撃を与え、2047年まで「一国二制度」モデルを保証した1984年の英中共同声明の条項に紛れもなく違反した。商務省のエンティティ・リスト〔訳注　輸出管理規則に基づく禁輸措置対象の一覧〕に、中国のさまざまな企業や団体を追加しても、中国政府を引き留められなかった。憤慨した上院議員たちが、より広範囲の経済制裁を科すと脅しても、効果がなかった。

ポンペオ国務長官は2020年、蔡英文《ツァイ・インウェン》大統領の1月の再選に公然と祝意を表してまで、台湾政府にわざわざ好意を示した。トランプ政権誕生前の共和党員で東海岸の既成勢力の戦略の象徴であるリチャード・ハースでさえ、台湾を守るというアメリカの約束の「曖昧さ」に終止符を打つことに賛意を示した。ハースは9月に、「中国が台湾に対して行動を開始するのを待ってから介入するかどうか決断すれば、必ず惨事を招くことになる」と書いた。[105] とはいえ、もし中国政府が台湾への水陸両用の奇襲侵攻作戦の実施を決めたら、アメリカはどれほど効果的に反撃できるだろうか？　そのような作戦は、ファーウェイがTSMCから取引を停止される恐れの解決策として、中国のソーシャルメディアの国家主義的な書き手たちが、公然と提案していた。この問題に関するある冗長な投稿の見出しには、こうあった。「両陣営を再統合し、TSMCを手に入れろ！」[106]

台湾と中国本土の再統一は、習近平の最大の念願であり続けていると同時に、自らの任期撤廃を正当化する根拠の1つとなっていた。習は、無理にでも決着をつけるのに2020年後半ほどの好機は二度とないのではないか、と考えただろう。アメリカはロックダウンが引き起こした景気後退から抜け出そうとしているときであり、深刻な対立を生む選挙のせいで国内の摩擦は弱まりそうにないからだ。アメリカの国防総省は中国が台湾侵攻に成功する可能性に懐疑的なままだったが、人民解放軍は水陸両用作戦の遂行能力を急速に高めていた[107]。

ハーヴァード大学のグレアム・アリソンは、「ファーウェイを葬る」というトランプ政権の野望は、1939〜41年に日本に科し、41年8月についに石油禁輸にまで発展した制裁と同様の役割を果たしうる、と警鐘を鳴らした[108]。もっともなことだった。この制裁をはじめ、もろもろの経済的圧力があったために、日本の帝国政府は最終的に戦争という賭けに出て、真珠湾への奇襲攻撃で戦端を開いたのだ[109]。もしTSMCから突然取引停止されるのがアメリカだったら、立場が逆転するだろう。というのも、この台湾企業のアリゾナ州の新たな半導体製造工場を完成させるには何年もかかるだろうし、規模からしても、アリゾナ州の工場は台湾にあるはるかに大規模な工場の代わりにはならないからだ[110]。

冷戦は、私たちがデタント（緊張緩和）として記憶している過程で徐々に縮小する可能性がある。だが、冷戦はエスカレートもしうる。1950年代後半から80年代初頭までの時期に繰り返し表れた特徴は、瀬戸際政策がハルマゲドンにつながるかもしれないという懸念だった。ジョン・ボルトンが明らかにしたように、トランプ大統領はときには非常に荒削りな緊張緩和に傾いた。その方向に傾いている、政権の主要メンバーもいた。

2019年末に発表された第1段階の貿易協定について、20年半ばにはときおり良い雰囲気になることもあった。アメリカ製品を購入する約束を、中国政府は少しも果たしそうにないことを示す証拠がたっぷりあったにもかかわらず、だ[111]。とはいえ、アメリカの国務長官の言葉はしだいに好戦的になっていった。たしかに、6月17日にハワイで行われた、中国共産党の外交担当トップ、楊潔篪《ヤン・ジエチー》との会合は、後に発表された中国の公式声明で使われた、妥協のない厳しい言葉で注目に値した[112]。だが、そのような厳しい表現は、ポンペオ国務長官が、コペンハーゲン民主主義サミットに際しての自らの演説直前にまさに欲しかったものかもしれない。彼の演説は明らかに、中国の脅威に対するヨーロッパの聴衆の認識を高めることを意図していたからだ。[113]

中国を封じ込める目的で、大西洋同盟を復活させられる可能性はどれだけあっただろうか？　国によってはまったくなかった。イタリアの外務大臣ルイージ・ディ・マイオは、北イタリアでの新型コロナ危機が特に悪化していた3月に、中国政府の援助やプロパガンダをまったく無批判で受け容れた多くのイタリア政治家の1人だ。ディ・マイオはインタビューで、「一帯一路への我々の参加を嘲った者は今、その友好関係への投資があったからこそイタリアの人々の命が救えたと認めなくてはならない」と力説した。[114]ハンガリーの首相オルバーン・ヴィクトルも同じく熱心だった。彼は、「西洋では、基本的に何もかも不足している」と中国国営テレビのインタビューで発言した。「私たちが受けられる援助は東洋からのものだ[115]」。「中国は私たちを助けられる唯一の友だ」とセルビアの大統領アレクサンダル・ヴチッチは熱く語り、北京からベオグラードに医師団がやって来たとき、中国国旗に口づけした。[116]

ところが、主流のヨーロッパ人の感情は、特にドイツとフランスでは、まるで異なる反応を示した。「ここ数か月で中国はヨーロッパを失った」と、欧州議会のメンバーでドイツ緑の党所属のラインハルト・ビュティコファーは4月のインタビューで断言した。[117]「ヨーロッパの雰囲気は、中国に関して言えばそうとう険悪だ」と、在中国EU商工会議所会頭ヨルク・ヴットケは言った。4月17日に、ドイツ最大のタブロイド紙である『ビルト』の編集長は、「あなたは世界を危険にさらしている」という表題で習近平に対する公開書簡を発表した。[118]フランスでも、「戦狼《せんろう》外交」は狼たちにとって裏目に出た。中国の王毅《ワン・イー》外相による夏の終わりの欧州の各国首都訪問は、ことさら秋を思わせる雰囲気だった。[119]10月上旬に発表された調査データは、アメリカだけでなく主なEU諸国を含むすべての先進国で2020年に反中国の感情が急上昇したことを示していた[120]。

ヨーロッパで中国が影響力を増大させるのに失敗した理由の1つは、ヨーロッパの機関が、2020年3月上旬にいったん機能停止して、各自がなんとか生き延びようと必死になる状況に陥った後、新型コロナがもたらす困難に、うまく対処したことだった[121]。フランスのエマニュエル・マクロン大統領は、4月16日に公表された注目すべきインタビューで、EUがただの単一経済市場以上のものであるかどうかが決まる「正念場」を迎えていると断言した。彼は『フィナンシャル・タイムズ』紙に、「一部を犠牲にするような単一市場を持つことはできない」と語った。「もはや不可能だ……新型コロナとの戦いで行っており、経済回復のためにも行うだろう支出を分かち合わないような資金調達をするのは。……もし今日これができなければ、ポピュリストが勝つだろう――今日、明日、あさって、イタリアで、スペインで、ひょっとするとフランスやその他どこででも[122]」

ドイツのアンゲラ・メルケル首相も賛同した。彼女は、ヨーロッパは「シックザールスゲマインシャフト（運命共同体）」だ、と断言した。その結果は、世界的な金融危機へのドイツの対応の特徴だった、けちけちしたやり方とはまったく異なっていたので、懐疑的な解説者たちは驚いた。欧州委員会が5月27日に示した「次世代EU」計画は、7500億ユーロの追加の供与と融資を提案するものだったからだ。資金はEUが発行する債券によって調達され、パンデミックに最も大きな打撃を受けた地域に割り当てられることになった[123]。こちらのほうがさらに意義深かったかもしれないが、ドイツ連邦政府は1560億ユーロ（GDPの4・9%）の補正予算を採択し、1300億ユーロ（GDPの3・8%）相当の第2次の財政刺激策が後に続いた。それは新たな経済安定化基金からの大規模な保証とともに、ドイツの財務相オラフ・ショルツ（当時）の言葉を借りれば、回復に「ドカーン」と火をつけることを意図していた。[124]

もっとも、そのような財政措置は、欧州中央銀行による大規模な資産買収と合わせても、アメリカの初代財務長官ハミルトンによる１７９０年のアメリカの債務整理になぞらえた「ハミルトン・モーメント」にはとうてい相当しそうにはなかった。欧州復興基金は、迫り来るイタリアの債務危機の解決にはほとんど役に立たなかった。新型コロナの第2波が起こった場合（秋に学生が大学に戻る時期に時を違《たが》えずに起こった）、必要に応じてそのような対策が繰り返せるかどうかわからなかった。それでもこの復興基金は現に、ＥＵのほとんどの加盟国におけるポピュリストの右派への支持を鈍らせる手助けになった。

ヨーロッパの結束を再び前面に出すことの成功――イギリスのＥＵ離脱によって以前より容易になった――は、アメリカ政府の視点から見ると予想外の結果をもたらした。ヨーロッパ人、とりわけ若いヨーロッパ人、それも特にドイツ人は、１９４５年以来、欧米関係にこれほど幻滅を覚えたことはなかった。これはトランプ選出の瞬間からすぐに当てはまった。２０２０年3月中旬に行われたヨーロッパ全土の調査で、若い回答者の53％が、気候危機への取り組みに関して、民主国家より独裁国家のほうが信頼できると述べた。[125] 5月にケルバー財団が発表した世論調査によれば、ドイツ人の73％が、パンデミックはアメリカへの見方を悪化させたと答えたという。これは、中国に対してそのように感じた回答者数の2倍以上だった。アメリカは外交政策において自国と最も友好的な関係にあるパートナーだと考えるドイツ人は、２０１９年9月には19％だったのに対して、10％にすぎなかった。そして中国政府との緊密な関係よりもアメリカ政府との緊密な関係を優先させるドイツ人の割合は、19年9月の50％から37％へと、著しく下がった。アメリカより中国を好む人（36％）とほぼ同じぐらいの割合だ。[126] 言い換えれば、増大した反中国の感情は増大した反米感情に相殺されたわけだ。

忘れられがちだが、第1次冷戦では非同盟運動があった。それは1955年のバンドン会議（アジア・アフリカ会議）に起源を持つ。このバンドン会議は、インドネシアのスカルノ大統領が主催し、インドのジャワハルラール・ネルー首相、エジプトのガマール・アブドゥル＝ナーセル大統領、ユーゴスラヴィアのヨシップ・ブロズ・チトー大統領、ガーナのクワメ・エンクルマ大統領、さらに、北ヴェトナムのホー・チ・ミン主席、中国の周恩来《チョウ・エンライ》首相、カンボジアのノロドム・シハヌーク首相も参加した。非同盟運動は、公式には1956年にチトーとネルーとナーセルによって設立され、その目標は（この運動に参加したアラブのある指導者の言葉を借りると）、新たに自由になった第3世界の国々が「自国の独立を守り、ルールが超大国によって作られる世界で意見を言える立場を維持する」ことを可能にする、というものだった[127]。

とはいえ、西ヨーロッパのほとんどの人や、東アジアと東南アジアの多くの人にとって、非同盟は魅力的な選択肢ではなかった。それは1つにはアメリカかソ連かの選択がじつに容易なものだったからだ。ただし、ソ連軍の戦車が国の首都になだれ込んできていなければ、だが。また、非同盟運動の地政学的な非同盟が、それに相当するようなイデオロギー上の非同盟と一致しないためでもあった。それは、70年代にキューバの独裁者フィデル・カストロが全盛を極めたことでさらに目立つようになった特徴であり、最終的にソ連のアフガニスタン侵攻をめぐって非同盟運動を分裂寸前まで追いやることになる。先に引用したアラブのある指導者というのは、サダム・フセインだ。彼は81年にバグダードで非同盟運動の会議を主催するつもりだったが、その計画は、彼の国と同じく非同盟のイランとの戦争で流れてしまった。

一方、2020年におけるアメリカか中国かの選択は、ヨーロッパの多くの人々には、どちらのほうがまだましかという選択、あるいはせいぜい、どちらを取ってもあまり変わらない選択のように見えた。

前述のケルバー財団の調査では、「[ドイツの]国民はアメリカ政府と中国政府のどちらからも同じ距離を取る立場に傾いて[いた]」。シンガポール政府でさえ、「アメリカと中国のどちらかを選ぶよう強制されないよう強く望んで[いる]」ことを明らかにした。「アジア諸国はアメリカを、その地域できわめて重大な利害関係を有し、常在する大国と見ている」と、シンガポールの首相リー・シェンロンは、『フォーリン・アフェアーズ』誌で述べた。「同時に、中国は目の前の現実だ。アジア諸国は両国のどちらかを選ぶよう強いられることを望んでいない。そしてもしどちらかがそのような選択を迫ろうとするなら――もしアメリカが中国の台頭を封じ込めようとしたら、もしくは、中国がアジアに排他的な勢力圏を構築しようとしたら――両国は、何十年も続く対決の道を歩みはじめて、長らく期待されてきたアジアの世紀を危険にさらすことになるだろう。……これら2つの巨大な国どうしのどのような対立も、冷戦のように、一方の国の平和的な崩壊によって終わりそうにない[128]」

リーは少なくとも1点で正しい。両世界大戦が、イギリスとその同盟国の勝利とドイツとその同盟国の敗北という同じ結果を生んだ事実は、第2次冷戦が第1次冷戦と同じように、アメリカとその同盟国の勝利で終わることを意味しているわけではなかった。冷戦は通常、2極に分かれての争いと見なされるが、実際は、いつも三体問題だ。というのは、2つの超大国陣営と、中間に第3の非同盟のネットワークがあるからだ。じつはこれは、戦争自体についての一般的な真実かもしれない。それはたんに、稀代の戦略家クラウゼヴィッツが論じたような、2つの敵対する勢力がそれぞれ相手の征服に夢中になる争いであることは稀で、三体問題であることが多く、そこでは中立の第三者の共感を勝ち取ることが、敵を敗北させるのと同じぐらい重要でありうる[129]。

アメリカの大統領が今日、そして今後も長年にわたって直面する最大の問題は、かつての同盟国の多くが、第2次冷戦では真剣に非同盟を考えている点だ。そして共感してくれる中立国は言うまでもなく、十分な数の同盟国がなければ、アメリカはこの第2次冷戦に勝てないことになるかもしれない。

## 弱肉強食の法則

2020年8月の時点での問題の核心は、世界各国がどれだけ中国を脅威と感じているか——あるいは、感じるように説得されうるか、だ。第2次冷戦を仕掛けたのはドナルド・トランプだとヨーロッパの人々が信じているかぎり、非同盟の立場を取ろうとする彼らの衝動は持続するだろう。だがその考え方は、2016年以降のアメリカの外交政策における変化を重視し過ぎる一方で、その4年前に習近平が中国共産党総書記に就任したときに始まった中国の外交政策における変化を軽視し過ぎている。未来の歴史家は、チャイメリカの衰退は、世界金融危機に続いて始まったことに気づくだろう。よく知られているように、鄧小平《トン・シャオピン》は「能ある鷹は爪を隠す」という方針を推奨したが、新しい中国の指導者は、もはや中国が野心を隠す必要はないとの結論を下したからだ。

2016年に中間層のアメリカ人がトランプに投票したのは、関与政策とその必然の経済的帰結であるグローバル化の、利益配分の不均衡に対する反発が一因だった。チャイメリカの経済的な恩恵の不釣り合いなまでに多くが中国側にもたらされ、コストの不釣り合いなまでに多くをアメリカの労働者層が負担していた（彼らの製造業の職の多くは中国に行ってしまった）だけでなく、今やその同じアメリカ人たちが、選挙で選ばれた自国の指導者たちが新たな戦略的超大国の誕生にひと役買っていたことまで見て取ったからだ。世界の覇権を狙うその挑戦者は、より強大な経済力を持っているという理由で、ソ連よりさらに恐るべき存在だった。

私は、この新たな冷戦は不可避であると同時に望ましいものだ、と主張してきた。アメリカを根拠のない楽観から脱却させ、AIや量子コンピューティング、その他の戦略的にきわめて重要なテクノロジーにおいて中国に抜かれないための真摯な努力をアメリカに促したのはこの冷戦なのだから、なおさらだ。それにもかかわらず特に学究の世界では、第2次冷戦を心配するのをやめて歓迎する術を学ぶべきだという考えに対して、依然として強い抵抗が残っている。

ジョンズ・ホプキンズ大学のキッシンジャー国際問題研究センターの企画で7月に開催された「新型コロナ後の世界秩序」という会議では、発言者の明らかに半数以上が、新たな冷戦の危機に警鐘を鳴らした。グーグルの元会長エリック・シュミットは、そうした考え方ではなく「コーペティション」という「協調的競争関係」のモデルに賛成の意見を述べた。これは長年にわたってサムスンとアップルがやってきたように、2国が競い合うと同時に協力するという関係だ。グレアム・アリソンも賛同の意を示して、別の例として、11世紀の中国の宋の皇帝と、宋の北側の国境に接していた遼の王朝との間の「友でもあり敵でもある」関係を挙げた。アリソンは、パンデミックは「中国が敵か味方かをはっきりと認定するのが不可能なことを白日の下にさらした。協調的競争関係というのはややこしいものに聞こえるかもしれないが、世の中とはややこしいものだ」と主張した。

国際通貨基金の元筆頭副専務理事ジョン・リプスキーは、「生産的で予測可能な米中関係の構築は、グローバル・ガバナンス機関の強化のための必須条件だ」と書いた。アメリカの元国務副長官ジェイムズ・スタインバーグは、前の冷戦は「世界規模のホロコーストの影を数十年にわたって」投げかけたと述べ、「競争を制限し、協力の余地を生じさせるような状況を創り出すのに何ができるだろうか?」と問うた。

それに対して、フーヴァー研究所のエリザベス・エコノミーには、答えがあった。「アメリカと中国は……グローバルな課題」、すなわち気候変動問題に「協力して対処することもできるだろう」。ブルッキングズ研究所のトマス・ライトも同様の見方を示した。「じつは、大国間の競争にのみ注目して協力の必要性を無視していたなら、アメリカは中国に対する永続的な戦略的優位性を保つことはできないだろう[130]」

「コーペティション」に関するこうした談話は、この不自然な言葉の耳障りな響きはあるにしても、どれもしごく妥当に思えるかもしれないが、1つだけ問題がある。中国共産党はサムスンではないし、まして遼王朝では断じてない。それどころか――学者たちがタカ派ではなくハト派の傾向が強かった第1次冷戦のとき（特に1968年以降）のように――「協調的競争関係」の今日の擁護者たちは、「友でもあり敵でもある」関係を築くことに中国人は興味がないという可能性を見逃している。中国人は、これは冷戦だということを十分承知している。なぜなら、それを仕掛けたのは彼らだから。第2次冷戦について私がさまざまな会議で初めて公に語り始めたのは2019年だったが、中国の代表団の誰一人として私の話を否定しないのは驚きだった。その年の9月に、私は彼らのなかの1人で主要な国際機関のトップである中国人に、なぜ否定しないのか訊いてみた。すると彼は、にっこり笑ってこう答えた。「あなたの言うとおりだからですよ！」

私自身、北京の清華大学の客員教授として、習の支配下におけるイデオロギー上の潮目の変化を目の当たりにしてきた。文化大革命のようなタブーとされているテーマについて研究している学者は、取り調べの対象とされたり、もっと深刻な事態に陥ったりしている。中国政府への関与政策を復活させたいと望む人々は、王滬寧《ワン・フーニン》の影響力を見くびっている。王は2017年以来、中国の最高機関である政治局常務委員会の委員を務めるとともに、習の最も有力な助言者でもある。1988年8月、王は客員研究員としてアメリカに6か月滞在し、30以上の都市と20近くの大学を訪れた。この旅の報告である『アメリカ対アメリカ（*America Against America*）』（1991年）は、アメリカの民主主義と資本主義と文化に対する、ときに痛烈なまでの批判だ。第3章では人種間対立が大々的に取り上げられている。

多くの人に読まれているニュースレター「ストラテチェリー（*Stratechery*）」の運営者ベン・トンプソンにとって、2019年と20年の出来事は啓示的だった。以前の彼は中国政府の政治的動機とイデオロギー上の動機を軽視していたが、19年には、新たな冷戦の戦士として知られるようになった。テクノロジーの役割に対する中国の展望は西側のものとは根本的に異なり、同国は世界の他の国々に反自由主義の構想を輸出することを完全に意図していると、彼は主張した。[131] トランプが2020年8月に、中国のくだらない短篇動画投稿アプリTikTokの禁止を提案したとき、トンプソンは賛成に傾いた。彼は20年7月に、「もし中国が自国内だけでなく我々の国内においても自由主義に対して攻勢に出るなら、自由主義を守るためには、まさに人が望んでいるものを提供するよう見事に設計されているからこそ定着したベクター（媒介者）を排除するべきだ」と書いている。[132]

アメリカのティーンエイジャーの半数が中国のアプリへ個人データを提供するのを許すことの危険性を認識するために、次の事実を考えてほしい。中国共産党はＡＩを利用して、ジョージ・オーウェルの小説に登場する独裁者ビッグ・ブラザーが原始的に思えるほどの監視国家を築きつつあるのだ（後で見るように、習近平の全展望監視システムの刑務所はじつのところ、1920年代にエヴゲーニイ・ザミャーチンが小説『われら』の中で思い描いたディストピアにもっとよく似ている）。ジャーナリストのロス・アンダーソンによると、「近い将来、［中国では］公共の場に立ち入る者については全員を、即刻ＡＩが厖大な個人データと照合して識別できるようになるだろう。そのデータには、彼らの全メールや各人に特有のタンパク質構造の概要も含まれる。いずれアルゴリズムが、移動の記録、友人や仲間、読書傾向、購入商品といった、幅広い情報源から得たデータ点をつなぎ合わせて、政治的な抵抗が起こる前にそれを予測することができるようになるだろう」[133]。中国で著名なＡＩスタートアップ企業の多くは、この点で共産党にとって「協力的な商業上のパートナー」だ。これだけでも問題だが、アンダーソンが述べているように、なおさら気懸かりなのは、こうしたテクノロジーがすべて輸出されている点だ。買い手は、ボリビア、エクアドル、エチオピア、ケニア、マレーシア、モーリシャス、モンゴル、セルビア、スリランカ、ウガンダ、ベネズエラ、ザンビア、ジンバブエといった国々だ。

　アメリカのTikTokに対する攻撃に反応して、中国はつい本音を漏らした。中国共産党の機関紙『グローバル・タイムズ（環球時報）』の編集長、胡錫進《フー・シージン》はツイッターで、この動きを「あからさまな強盗行為」と呼び、トランプを「かつては偉大だったアメリカをならず者国家に変えてしまった」と言って非難し、「同じようなことが再三にわたって起こるときには、アメリカは衰退への道を進むことになる」と警告した。北京大学法科大学院教授を務める中国の政治理論学者強世功《ジャン・シーゴン》は、２０１９年4月に発表された啓発的な評論の中で、アメリカの衰退という当然の結果を詳しく説明した。「人間の歴史は、帝国の覇権をめぐる争いの歴史と言って間違いない。その争いは帝国の形態を、もともとは地元に根差していた形から現代の傾向であるグローバルな帝国へ、そして最終的には単一の世界帝国へと向かって、しだいに推し進めてきた」と強は書いている。強によれば、現代のグローバル化は、「『単一の世界帝国』１・０、すなわちイギリスとアメリカによって確立された世界帝国のモデル」だという。だがそのアングロ・アメリカン帝国は内部では「崩壊しつつある」。原因は、「解決不可能な3つの大きな問題にある。自由主義経済によって生み出され、拡大する一方の不平等と……政治的な自由主義に起因する無力な統治、そして文化的な自由主義から生じる堕落と虚無だ」。さらに、西側帝国は「ロシアの抵抗と、中国の競争力」という外部からの攻撃にさらされている。これは、西側帝国に取って代わるユーラシア帝国を築く試みではなく、「世界帝国の中心になるための戦い」なのだ[134]。

もし中国が帝国1・0を乗っ取り、それを自国の反自由主義文明に基づいて帝国2・0に変えようとしているのは疑わしいと言うなら、あなたはこの戦略が実行されている手口のすべてには注意を向けていないのだ。中国は、かつての西側諸国に代わって、首尾良く世界の工場となった。今や、ヴィルヘルム2世時代のドイツのヴェルトポリティーク（世界政策）の中国版を、「一帯一路」のかたちで掲げるようになった。これは、1902年にJ・A・ホブソンが描写したヨーロッパ帝国主義と非常によく似た、巨大なインフラ事業だ[135]。中国は、自国の市場へのアクセスという貴重な権利を利用して、中国政府の方針に従うようアメリカ企業に圧力をかける。また、「影響力工作」を、アメリカ国内を含めた西側諸国全域で展開している[136]。

第1次冷戦でアメリカがソ連を弱体化させようとして取った多くの方法のうちの1つは、「文化面での冷戦」を遂行することだった[137]。ソ連人が得意とする分野で彼らに優ると見られるようにする、というのもその一環だ。たとえば、チェスにおけるフィッシャー対スパスキーの戦い、バレエダンサーのルドルフ・ヌレエフの亡命、アイスホッケーで「氷上の奇跡」と呼ばれた1980年の試合などだ。だが主として行われたのは、ソ連の人々を、アメリカのポップカルチャーの抗い難い誘惑で虜にすることだった。1986年に、フランス人の左派の哲学者にしてチェ・ゲバラ軍の同志レジス・ドゥブレはこう嘆いた。「ロック・ミュージック、ビデオ、ブルージーンズ、ファストフード、ニュースネットワーク、衛星テレビが持つパワーは、全ソ連軍のパワーをも凌ぐ[138]」。フランスの左派は「コカ・コロナイゼーション」（訳註コカ・コーラやそれが象徴するアメリカ文化のグローバル化。「コカ・コーラ」と「コロナイゼーション（植民地化）」を重ね合わせた造語）を冷笑した。だがパリ市民もまた、コーラを飲んでいた。

ところが、今や形勢は逆転している。2018年に私が主催したスタンフォード大学での討論会で、テクノロジー界の億万長者ピーター・ティールは記憶に残る金言を吐いた。「AIは共産主義者で、暗号資産は自由至上主義者だ」[139]。TikTokは、その前半部分の正しさを立証している。1960年代後半、文化大革命の最中に、中国の子どもたちは親のことを右派へ逸脱しているとして糾弾した[140]。2020年には、アメリカのティーンエイジャーが人種差別をする親を自ら強く非難する動画を投稿する際にはTikTokを選んだ。

強世功らの著作から明らかなように、今日の中国は自らが冷戦のただ中にいることを理解しており、その冷戦は前の冷戦と同様、2つの形態の帝国間の闘争だ。それにもかかわらず、今日のアメリカや世界を中国がどう見ているかについて最も深く知る手掛かりとなる本は、政治的な文献ではなく、SF作品だ。『三体Ⅱ　黒暗森林』は、劉慈欣による『三体』の続編として2008年に出版された。現代の中国におけるる劉の影響力については、どれほど強調してもし過ぎることはないだろう。彼は深圳や杭州《ハンチョウ》のテクノロジー企業から崇められており、創造性に富む21世紀の中国人の1人として、ほかならぬ王滬寧から公式に認められた[141]。

『三体Ⅱ　黒暗森林』では、冷酷で卓越したテクノロジーを持つ三体人による地球侵略の物語が引き続き展開するが、物語の中では劉の「宇宙社会学」の3公理が紹介されている。その第1は「文明は生き延びることを最優先する」。第2は「文明は成長し拡大し続けるが、宇宙の総物質量は一定である」。第3は、「疑念の連鎖」と、別の文明で起こる「テクノロジーの爆発」のリスクは、宇宙では弱肉強食の法則しか存在しえないことを意味する、というものだ。この作品の主人公である「面壁者」の羅輯《ルオ・ジー》は次のように語る。

宇宙は暗い森林だ。どの文明も武装した狩人で、……足音を立てないようにして……木々の間を幽霊のように歩き回る。……狩人は用心しなくてはならない。森の至る所に、自分と同じような狩人がこっそりと隠れているのだから。もし他の生命——別の狩人、天使あるいは悪魔、か弱い幼子または足元の覚束ない老人、妖精か半神半人——を見つけたら、できることはただ1つ。発砲して、相手を消し去るだけだ。この森では、地獄とは自分以外の人々のことだ。……どんな生命であろうと、自らの存在をさらせばたちどころに抹殺されることになる。[142]

ヘンリー・キッシンジャーは、現実的政策のアメリカにおける究極の主唱者だと（私から見れば、誤って）思われることが多い。だが、羅輯が語る状況は、現実主義よりもはるかに厳しい。これは銀河間におけるダーウィニズム（進化論）だ。もし、中国がすでに私たちに冷戦を布告しているのなら、中国を相手に冷戦を繰り広げるか否かの決定権は私たちにはない。私たちはすでにこの新たな冷戦の麓にいるだけでなく、その麓は中国が創り出した暗い森に覆われていて見通すことができない。根強く残る疑問——そして冷戦《コールドウォー》を支持する最良の論拠——は、その暗黒の中で、私たちは武力による熱戦《ホットウォー》に巻き込まれるのを避けられるかどうか、ということだ。万が一そのような戦争にうっかり突入してしまったら、結果は、その影響の深刻さという点で、新型コロナの最悪の筋書きさえはるかに凌ぐほどの惨事になりうるだろう。

# 結論　未来の世界の取りうる姿

「じつのところ」とムスタファ・モンドは言った。「君は不幸せになる権利を主張しているわけだ」

「なるほど。いいでしょう」と野人は反抗的に言った。「私は不幸せになる権利を主張しています」

――オルダス・ハクスリー、『すばらしい新世界』（大森望訳、ハヤカワepi文庫、2017年、他）

## パンデミック後の世界

「そんなことがありうるだろうか……このような自然界の無秩序によって、国々がみな、まるごと壊滅し、国民が全滅するなどということが？　アメリカの巨大な都市が、インド北部の肥沃な大平原が、中国の込み合った住宅街が、完全な荒廃の影に脅かされている。かつては娯楽や金儲けのために大勢の人がせわしなく群れ集っていた場所では、今や泣き叫んだり悲嘆に暮れたりする声しか聞こえない。空気は毒されており、人はみな、若くて健康で、希望に満ちている間にさえ、死を吸い込む。……疫病がこの世の女王となっていたのだ」

メアリー・シェリーの『最後のひとり』(1826年)(森道子・島津展子・新野緑訳、英宝社、2007年)の終盤で、壊滅的なパンデミックの唯一の生存者である主人公は海辺に独りで立っている。21世紀末を舞台にしたこの小説は、イスタンブールを起源とする新たな黒死病が、さまざまな異常気象現象や内乱や宗教的狂信の波と相まって、人類を滅ぼす様子を描いている。シェリーの先駆的なディストピア・ファンタジー小説からマーガレット・アトウッドのマッドアダム三部作まで200年近くにわたって、作家たちは人類が何かしらその種のかたちで終わりを迎えるところを想像してきた。

私たちはかつて、そうした本を予言ではなくSF作品として読んでいた。それが本物のパンデミックの最中にあっては、それらの作品はぞっとするような魅力を発揮した。その手のテーマの映画にしても同じだった。私がこれまで見落としていた疫病のジャンルの作品である、エミリー・セントジョン・マンデルの『ステーション・イレブン』(満園真木訳、小学館文庫、2015年)を、2020年に遅まきながら買った読者は私だけのはずがない。また、田舎に引っ込むために都会を離れる準備をしながら、エドガー・アラン・ポーの短篇「赤死病の仮面」のことを不安な気持ちで考えていたのも、私だけのはずがない。

だが新型コロナはけっきょく、赤死病でも黒死病でもなければ、スペイン風邪でさえもなかった。少なくとも、2020年8月にはそのように見えた。どちらかと言えば、それは1957~58年のインフルエンザに近かった。このインフルエンザの流行は、当時の全世界の公衆衛生にとって主要な危機だったが、50年後にはおおむね忘れ去られている。大規模検査や濃厚接触歴追跡、ソーシャルディスタンシング、的を絞った隔離から成る体制によって、国家は新型コロナウイルスの拡散を封じ込めることができるように見えた。このウイルスは、スーパースプレッダーに頼って伝播し、退職年齢を過ぎた人を不釣り合いなまでに多く弱らせたり、その命を奪ったりしていたからだ。遅くも、本書が刊行されるときまでにはワクチンが広く出回っているだろう。このパンデミックは、第1次世界大戦とは違って、クリスマスまでにとはいかないまでも、復活祭までには終息している可能性すらある。同様に、そうした見通しが明らかになりさえすれば、世界経済はたちまち息を吹き返す可能性がある。

たしかに、もっと悪い筋書きも考えられた。新型コロナウイルスが進化を続け、本当に有効なワクチンが開発できず、免疫が十分長続きせず、何年にもわたって限定的な流行を繰り返す、モグラ叩きとなる、という筋書きだ。過去のパンデミックを基準にすると、今回のパンデミックは依然として初期段階にあるかもしれない。まだ最初の四半期さえ過ぎていない可能性がある。過去の大きなパンデミックが参考になるとしたら、さらなる波が押し寄せてくる可能性は排除できない[1]。また、新型コロナは感染者――それが若く健康な人であってさえも――に、私たちがまだ気づいていないほど持続的な害を及ぼすことが判明するかもしれない。

２０２０年8月の第1週には、64か国で新型コロナの感染者数は増加していた。それでも、このパンデミックが、人類の0・05%以上の命を奪った、歴史に記録が残る20ほどのパンデミックのエリート層に加わるとは、とうてい思えない[2]。一部の国には、話題にすべきほどの惨事はこれまで一度もなかった。通常を25%以上上回る超過死亡率を経験した国はごく少数であり、しかも、その経験はほんの数週間しか続かなかった。第2次世界大戦に参加した国のうち、1日当たり枢軸国よりも新型コロナに多くの国民の命を奪われた国はほんのひと握りしかない。その1つがアメリカだった[3]。これが、本書の核心を成す論点を例証している。すなわち、たとえ新しい病原体に端を発するものであったとしてさえ、あらゆる惨事は、ある程度は人間が引き起こした政治的惨事である、ということだ。第2次世界大戦でアメリカ人の25倍ものドイツ人が亡くなった理由は、政治に元をたどることで説明がついた。これまで新型コロナでドイツ人の18倍ものアメリカ人が亡くなった理由も、政治に元をたどることで説明できる。

今回の疫病は、多くの人が予測していた灰色のサイとして始まった。ところがそれは、なぜか完全に予期せぬブラック・スワンとして襲いかかってきた。それがドラゴンキングになることがありうるだろうか？　すでに見たように、どのような種類の惨事であれ、そこから派生する経済的・社会的・政治的結果が、その惨事が引き起こす超過死亡以上の重みを持ったときにだけ、真に時代を画する出来事になる。それでも、この中程度の惨事は、私たちの生活を恒久的かつ根本的に変えうるだろうか？　思い切って3つの推測をしてみよう。

第1に、新型コロナは、エイズが性生活に与えたような影響を社会生活に与えるだろう。つまり、私たちは行動を変化させるが、その変化の程度は、かなりの数の人が早過ぎる死を回避するにはまったく不十分であるということだ。私自身は、ソーシャルディスタンシングの新時代を歓迎するが、私は人込みを嫌悪する、生まれながらの人間嫌いであり、ハグや握手ができないことをおおいに残念がりはしないからだ。それに対して、ほとんどの人はロックダウン解除後、群れ集まりたいという誘惑に抗うのは難しいだろう。エイズの流行が始まってから30年が過ぎ、３０００万人が亡くなってもなお、危険な性行為が行われているのとまったく同じように、危険な人づき合いというものが、今後も行われるだろう。

それを踏まえると、第2に、ほとんどの大都市が「終わり」になることはない。今や私たちはみな、ニューヨークやロンドンから田舎の村に向かい、菜園を耕しながら、そこで輝かしい田園の隠遁生活を送るのか？　以前の3倍以上に当たる、私たちの半数近くが、パンデミックの間にしていたように、在宅勤務を続けるのか？[4]　おそらく、そうはしないだろう。都市はそう簡単に葬り去ることはできない。たしかに、トーマス・マンが『ヴェニスに死す』（1912年）を書いてからわずか100年余り後、ヴェネツィア（ヴェニス）はほぼ死んでしまった。だが、この町を殺したのはコレラではなく、変化を続ける国際貿易のパターンだった。同様に、新型コロナでロンドンやニューヨークが死ぬことはない。もっと安っぽく、薄汚く、若くなるだけだ。億万長者のなかには、戻ってこない人もいるだろう。企業の一部や多くの家族が郊外へ、あるいは、さらに遠い所にさえ移るだろう。税収が減る。犯罪の発生率が急増する。ニューヨークが国に財政的な緊急援助を求めたら、1975年にジェラルド・フォード大統領が言ったとされているように、時の大統領は「くたばれ」と言うかもしれない。カリフォルニア州サンフランシスコの才人はテキサス州オースティンに流出する。

だが、惰性というのは強力だ。近頃のアメリカ人は前ほど頻繁に引っ越さない。本当に在宅でできる仕事は3分の1しかなく、残りは相変わらずオフィスや店舗や工場でしなければならない。職場が変わるだけだ。すでにシリコンヴァレーではそうであるように、以前より広々とし、大学のキャンパスのようになる。[5]　通勤はもう、地下鉄にぎゅうぎゅう詰めにされなくても済むようになる。込み合ったエレベーターで気まずい思いをすることもなくなる。ほとんどの人がマスクをつけ続ける。イスラム教徒がヒジャブやニカブを着用していても、もう舌打ちはされない。否応なしに、今や誰もが慎み深く顔を隠しているのだから。

2020年までに多くの国で耐え難いまでになっていた世代間の不均衡には、このパンデミックはどのような影響を与えるのか？　新型コロナは、ミレニアル世代と1990年代半ばから2000年代前半に生まれた、いわゆる「Z世代」を、過剰に多い高齢者の財政的な重荷を負うことから解放するために、若さの女神フレイヤが送り込んだのか？　この年齢差別主義のウイルスには、つい驚嘆したくなる。これほど高齢者に差別的で若者を優遇するパンデミックは、これまでなかった。だが実際には、超過死亡の観点に立つと、新型コロナの影響は、世代間の不均衡を正すほど大きくはならないだろう。短期的には、高齢者の大半は引退したままで、早死にする人は比較的少ない――最も高齢化が進んだ国である日本では、ほとんどいないだろう。

一方、（アマゾン以外で）仕事を見つけるのに苦労し、楽しむのにもそれとほぼ同じぐらい苦労するのは、若者だ。群衆が存在しない経済は、「ニューノーマル（新しい常態）」ではない。エミール・デュルケームが近代性と結びつけ、接続を断たれた状態を指して使った言葉を借用するなら、むしろ「ニューアノミー」に近い。なぜなら、ほとんどの若者にとって、「楽しみ」は「群衆」とほぼ同義だからだ。物理的な距離を保つディスタンシングの時代は、心理的な意味でも経済的な意味でも落ち込む時となる。Z世代にとっては、とりわけ憂鬱だろう。彼らが大学で送る社会生活――大学に行く意義の少なくとも半分――が、台無しになってしまったからだ。彼らはパンデミック前よりも、さらに多くの時間を――ひょっとしたら1時間ほど余計に――電子機器相手に過ごすだろう。それでは今より幸せにはなれない。

私がこの文章を書いている時点では、このパンデミックの政治的帰結や地政学的帰結がどのようなものになるのかは定かでない。国境の決定的な重要性にもはや疑問の余地がなくなったから、ポピュリストの右派が恩恵を受けるのか？　それとも、アメリカとイギリスの大きな（それでいて無能な）政府が派手な失態を演じたにもかかわらず、今や左派はなおさら大きな政府を必要とする根拠を示すことができるのか？　「大いなる中断」の結果、私たちは今後、経済を自然の生き物というよりもむしろプログラムされるべき巨大なコンピューターと考えるようになるという、ブルーノ・マサンエスの見方は正しいのか？[6] 私たちは、「狂騒の20年代」を再び生きることになるのか？　あるいは、現代貨幣理論の約束するものが軽度のスタグフレーションという失望につながる、1970年代の二の舞を運命づけられているのか？[7] 人々はドルよりも何を好むのか？　ユーロか、金か、ビットコインか？　ミネソタ州ミネアポリスでのジョージ・フロイド殺害に続いて起こった抗議と自己処罰行為の波の帰結は、もしあるとすれば、どんなものになるのか？　アメリカの警察による取り締まり活動の質は改善するのか、劣化するのか？　中国とアメリカの間の第2次冷戦は激化するのか？　台湾をめぐって武力による熱戦《ホットウォー》に発展しさえするのか？　新型コロナの感染拡大に続いて、ロシアとトルコはリビアで勢力範囲を確保し、中国とインドの兵士は両国の国境で小規模な接近戦を起こし、レバノンは比喩的な意味で（そして、ベイルートの港は文字どおり）粉々になった。まもなく平和に手が届くのか？　おそらく無理だ。黒死病は百年戦争を止めただろうか？　スペイン風邪はロシア内戦を防いだだろうか？

　パンデミックは世界大戦や世界的な金融危機に似て、歴史を大規模に中断する。パンデミックは、人間が生み出すものと私たちが考えようと、自然に起こるものと考えようと、あるいは、予言されていようと、青天の霹靂のように襲ってこようと、隠れていたものが明らかになる時でもある。カタストロフィは私たち全員を三分する。早過ぎる死を迎える者と、幸運にも生き延びる者と、恒久的に傷ついたりトラウマを負ったりする者だ。

　カタストロフィは、脆弱な者と、レジリエンスのある者や反脆弱な者とを区別する。「反脆弱」というのは、ストレスの下で力を増すものを説明する、ナシーム・タレブの素晴らしい用語だ（「私を殺さないものは、私をいっそう強くする」というニーチェの言葉を思い出してほしい）。一部の都市や企業、国家、帝国は、衝撃が加える力に屈して崩壊する。生き延びるものの、衰弱しているものもある。だが、第3の、ニーチェの部類は、その衝撃を切り抜けて、前よりも強くなっている。見かけとは裏腹に、アメリカは第1ではなく第2の部類に入っており、その一方で、中国は最終的には第1の部類に収まって第2の部類には入れないかもしれず、第3の部類に入る可能性はなおさら低い。台湾は、第3の部類に入っている――中国に併合されないかぎりは。

進歩が起こっていれば、疫病はそれを止めない。1665年に腺ペストの最後の感染拡大（と、翌年には大火）に見舞われたロンドンは、並外れた商業帝国の核、科学と金融のイノベーションで沸き返る中心地、世界の要の都市に変貌を遂げようとしており、その後おおよそ2世紀にわたってその座を守ることになる。どんな病原体にも、それを止められなかった。今回の疫病は、進歩がすでに止まり、停滞が始まっている箇所に、最も大きな破壊的衝撃を与える可能性が高い。従来のやり方を真っ先に刷新するべきなのは、このパンデミックの危機への対応が杜撰そのものだったイギリスとアメリカを含む一部の国の官僚機構だ。次が、人間の過去と科学から有益なかたちで学べる事柄をすべて教えることよりも、社会正義への覚醒というイデオロギーを広めることに熱を挙げていた大学であるべきだ。

もともとの新型コロナの感染について語られる嘘やでたらめの伝搬という第2の感染によって、アメリカの（そしてそれゆえに世界の大半の）公的領域の特徴である、現在の独占と無政府状態との組み合わせに対して、ようやく抗議が促されることも、私は期待したい。インターネット版の東インド会社各社は、データをたっぷり略奪した。それらの企業は真実の飢饉と心の疫病をたっぷり引き起こした。

最後に、このパンデミックは、一部の報道機関に改善を強制して然るべきだ――パンデミックがすべて、少数の邪悪な大統領と首相のせいであるかのような、幼稚な報道をすることにこだわり続けた機関に。停滞している機関が、もし今回の惨事で揺さぶられれば、2020年までは退廃が最も目につく傾向だった場所で進歩への回帰が見られる可能性がわずかながらある。私たちのシステムのうちで、今回のテストに落第した部分を根絶すれば、ひょっとしたら私たちは新型コロナのおかげで、前より強くなれるかもしれない。

## 人類滅亡のシナリオ

私たちは次にどのような惨事に見舞われて試されることになるのか？　きっと新たなパンデミックではないはずだ。それではあまりに見え透いていて、妥当な歴史に思えない。そうはいっても、その可能性はある。豚インフルエンザの新しい株が、いつ出現してもおかしくないし、[8] 新しいアジアの呼吸器系疾患も、いつ発生しても不思議ではない。[9] スタフィロコッカス・アウレウス（黄色ブドウ球菌）のような、抗生物質が効かない病原体はすでに存在するし、[10] 抗生物質耐性のあるペスト菌が現れはしないかと、私たちはびくびくしている。[11]

いつの日か新型コロナも比較的軽い病気に見えてしまうような、こうした感染症の流行が、次の世界的な大惨事を引き起こすリスクではないとすれば、他に何が考えられるだろうか？　候補は多くある。[12] 1つの惨事が別の惨事を招くことはありがちであり、新型コロナもすでに、イナゴの大群の助けを借りながら、南アジアの一部やアフリカで、潜在的な栄養危機を引き起こしている。国連の機関である世界食糧計画は、深刻な飢えに苦しむ人の数は、2019年の1億3500万人から20年末までには2億6500万人へと倍増しうると警告した。[13] 既存のワクチン接種プログラムが中断されることで、状況はなお悪化している。ジフテリアがパキスタン、バングラデシュ、ネパールで、コレラが南スーダン、カメルーン、モザンビーク、イエメン、バングラデシュで、麻疹がコンゴ民主共和国で、それぞれ拡がっている。ポリオさえ、パキスタンとアフガニスタンで復活しているかもしれない。新型コロナは、エイズと結核とマラリアの治療も妨げている。[14]

ジェイムズ・ハンセンをはじめ、大勢が警告してきたように、じわじわと上がり続ける地球の気温が悲惨な気候変動につながりうるという、継続的な危険もある。[15]「気候変動に関する政府間パネル」の第5次評価報告書が発表された2013〜14年以来、「代表的濃度経路」のうちでも最悪のRCP8・5が現実となる可能性は、下がるどころか上がっている。つまり、今世紀の間に、温室効果ガスの排出や気温、降水量、海水面が加速的に上昇するということだ。[16]一方、これはゆっくりと進む問題であり、手頃な費用の緩和措置で対処できるという主張や、現代の千年王国説の若い信奉者が大げさに宣伝する荒療治の一部は恩恵よりもはるかに大きな害をもたらしうるという主張がなされてきた。[17]それでも、世界の気候という複雑系の将来の振る舞いを取り巻く不確実性は、先延ばしと善人面《ぜんにんづら》という現在の組み合わせに、強力な異議を突きつけてくる。

2020年の晩夏、カリフォルニア州では広大な地域で林野火災が発生していた。ただし、異常に気温が高かったからだけではなく、慢性的に杜撰な管理のせいでもあったが。[18]中国では夏に例年にないほど多くの雨が降り、三峡ダムが決壊する脅威が絵空事ではなくなった。[19]小規模な地震でもあれば、致命傷になっていたかもしれない。もっとも、大規模な地震がカリフォルニア州やオレゴン州で起これば、林野火災など小さな問題にしか見えなくなりうるし、地震は二酸化炭素の排出とは無関係だ。イエローストーンの超巨大火山（この火山のカルデラは、私が今座っている場所から100マイルと離れていない）が噴火すれば[20]、それに続く大量絶滅が起こるまでの束の間、人間が引き起こした気候変動についての議論は無用となるだろう。

それ以外にも、なおさら意外な惨事も起こりうる。SF作家だけではなく陰謀論者のお気に入りでもある、エイリアンの侵略もその一例だが、これは最もありそうにない。侵略に必要な移動距離があまりにも大きいように思えるからだ[21]。それよりも可能性が高そうなものとして挙げられるのが、コロナ質量放出や、スーパーノヴァ（超新星）あるいは「ハイパーノヴァ（極超新星）」からのガンマ線バーストといった、太陽の活動や恒星の活動がもたらす、地球外からの脅威だ[22]。気候を変えるような大きな小惑星の衝突が再び起こることも考えられる[23]。極小のブラックホールでも地球を丸呑みにできる。原子より小さいクォークの仮説粒子である、負電荷を帯びた、安定した「ストレンジレット」が引き金となって、地球上の通常の物質がすべて「ストレンジ物質」に変わることもありうる。真空の相転移が起これば、宇宙の指数関数的膨張を招きかねない[24]。

こうした外的要因による脅威に加えて、人類が考案したテクノロジーや考案しつつあるテクノロジーが、私たちを滅ぼす可能性もある。世界はこれまで常に脆弱だったが、私たちはそれをいっそう脆弱にした[25]。1950年代後半以来、人類は核兵器によって自殺する――あるいは少なくとも、壊滅的な自傷を行う――能力を持っている。大国間の核戦争や大規模な核テロ行為が起これば、新型コロナが8か月かけて奪ったよりも多くの人命が、ほんの数時間で奪われうるし、そのときには若者が優遇されることはない。核戦争の後に続く核の冬には、地球上の多くの部分に人が住めなくなるだろう[26]。ソ連が製造を計画していた類の生物兵器も、使用されたり、事故で漏出したりしたら、核兵器の使用に匹敵する壊滅的結果をもたらしうる[27]。

遺伝子工学というもっと新しいイノベーションも、核エネルギーと同様、有益な目的だけでなく有害な目的にも利用しうる。Ｃａｓ９タンパク質と、ＤＮＡの特徴である「規則的に間隔が空いた短い回文構造の反復」（クリスパー）を使って遺伝子を「編集」することができるというのは、革命的な発見だった。[28]遺伝子編集の重大な欠陥は、核分裂と違って、安上がりなことだ。２０２０年には、わずか１８４５ドルで「遺伝子操作　家庭実験用キット」が手に入った。[29]ここでの危険は、誰かが人類を支配するような人種を合成することではなく、簡単に再現できるものの望ましくない種類の改変が誤ってなされてしまうことだ。[30]

コンピューターテクノロジーの領域でも、新たな危険がすでに出現したし、まもなく出現することもありうる。既存の「ＩｏＴ（モノのインターネット）」は、無制限のサイバー戦争が起こったら攻撃されることになる多数の弱点を生み出した。国家にとって不可欠の、権力・命令・統制・通信インフラが全面的あるいは部分的に使用不能になりうるからだ。[31]人工知能（ＡＩ）システムは、すでにチェスや囲碁のようなゲームで、独学で人間のチャンピオンを打ち負かせる。とはいえ、汎用人工知能（人間と同じぐらい利口なコンピューター）ができ上がるのは、まだ50年前後、先のことになるだろう。カリフォルニア州バークリーの機械知能研究所を率いるエリーザー・ユドコウスキーは、人間は自分たちに刃向かう敵対的なＡＩや道徳と無縁のＡＩを図らずも生み出してしまうかもしれない、と主張する。たとえば、気候変動を止めるように私たちがそのＡＩに命じると、ＡＩはホモ・サピエンスを全滅させるのが最適の解決策だと結論するという筋書きが考えられる。

ユドコウスキーは、世界を破壊するのに必要な最低限のＩＱは、1年半ごとに1パーセントポイント下がるという、ムーアの法則の修正版を示して警告を発する。[32]最後の悪夢の筋書きは、ナノテクノロジーを使った分子製造が、止めようのない自己永続的な過程につながり、私たちはヘドロのようなものの海で溺れ死ぬ羽目になるというものだ[33]。今後100年間に「人類の絶滅あるいは再起不能の文明の崩壊」が起こる確率を求めるという勇敢な試みの1つが導き出した数字は、6分の1だった[34]。生命そのものがロシアンルーレットだったわけだが、じつに多くの指がランダムに引き金を引いているのだ。

人類が破壊や自己破壊から自らを守れるかもしれない方法を提案した著述家は大勢いるが、彼らが認めているように、今のような形態の中央政府のうち、確率も時期も不確かな壊滅的脅威に対して有意義な予防策を講じる動機を持つものは、あったとしてもごくわずかだ[35]。次のような提案がある。政府や国際機関、大学、企業は公式のカッサンドラと「国家警告局」を置き、最悪の筋書きを突き止め、リスクを計測し、リスクの回避か防止か緩和の戦略を立案する任に当たらせるべきだ、というのだ[36]。こんな提案もある。「リスクを増やすテクノロジーに向かう進歩の割合を、リスクから私たちを保護するテクノロジーにおける進歩の割合と比べて小さく」し、新しいテクノロジーの開発に関与している人々が、そのテクノロジーを邪悪な目的ではなく善良な目的のために使うことに合意するように必ず計らい、「いかなる個人であれ小集団であれ……はなはだ非合法な行動を取ることを、著しく高い信頼性を持って防ぐのに必要な、国内のガバナンス能力を育む[37]」。

それでも、これらいっさいが意味するところを考えてみると、それ自体が私たちの存続にかかわる脅威であることがわかる。それは、「破壊行為を実行する試みを阻むことを可能にする、遍在的監視を拠り所とする予防的取り締まり活動……効果的なグローバル・ガバナンス、何らかの監視・執行メカニズム」を備えた「ハイテクの全展望監視システムの刑務所」の創出だからだ[38]。世界規模の監視国家を可能にするようなテクノロジーがすでに存在している今、これは全体主義への道だ。経済学者ブライアン・カプランの言葉を借りれば、次のようになる。「未来についてのとりわけ恐ろしい筋書きがある。それは、世界滅亡の日に対する過度の心配が世界政府樹立の理論的根拠となり、思いがけない世界規模のカタストロフィへの道を拓く、というものであり、そのカタストロフィとは、全体主義だ。世界各国に、人類への脅威に対して結束するよう呼びかける者は、統合自体のほうが大きな脅威である可能性を考えるべきだ」[39]。イスラエルの歴史家ユヴァル・ノア・ハラリは、次のように語っている。「私たちがいったんAIを頼りにして、何を学ぶか、どこで働くか、誰とデートするか、さらには誰と結婚するかまで決めてもらいはじめれば、人間の一生は意思決定のドラマではなくなる。……私たちは今や、厖大な量のデータを生み、巨大なデータ処理メカニズムの中の効率的なチップとして機能する、従順な人間を創り出している」。AIの進歩は、新しい全体主義に支配されるような運命に人類を追い込み、自由民主主義と自由市場経済は「時代後れ」になる、と彼は主張する。私たちはまもなく、乳牛が牛乳を生産するために存在するように、データを生み出すために存在するようになるというのだ[40]。そのような暗い見通しでさえ、楽観的過ぎるかもしれない。全体主義体制の過去を振り返ると、そのような体制は、奴隷さながらの国民を搾取するばかりでなく殺害もすることが明らかになるのだから。

## SF作家が描くディストピア的世界

これらの潜在的な惨事のどれにも、でっち上げの確率以上のものは与えられない。だとすれば、それらはどう思い描けばいいのか？　想像しようと懸命に努力しなければならない、というのが最善の答えのようだ。メアリー・シェリー以来、過去2世紀にわたって、それはSF作家の役目だった。彼らの想像の中では、致死性の疫病は、人類の破滅が取る多くの形の1つにすぎない。

ディストピア小説は未来の歴史のように読める——たしかに、言葉の矛盾ではあるが。現実には、著者の目的が風刺することであろうと、挑発することであろうと、警鐘を鳴らすことであろうと、たんに楽しませることであろうと、想像されたディストピアは現在の恐れ——正確には、文芸エリートの不安——を反映してきた。したがって、ＳＦ作品を研究すれば、過去の心配事が理解できる。そうした心配事の一部は、それ自体が歴史の中で重要な役割を果たした。かつてレイ・ブラッドベリは、「私は未来の予想者ではなく予防者だ」と言った。[41] だが、ディストピア的な未来像に影響された政策決定が、これまでどれだけあっただろうか？　そして、そうした決定が賢明なものであると判明したことが、これまでどれほど頻繁にあっただろうか？　たとえばイギリスの宥和政策は、１つには、ロンドンの破壊という点ではルフトヴァッフェ（ドイツ空軍）がＨ・Ｇ・ウェルズの『宇宙戦争』（斉藤伯好訳、ハヤカワ文庫、２００５年、他）に出てくる火星人たちに匹敵しうるという誇張された恐れに基づいていた。だが、悪夢のような未来像に説得されて政策立案者が先手を打って行動することのほうが、これまで少なかった。

それでも、ＳＦ作品はインスピレーションの源でもあり続けてきた。シリコンヴァレーの先駆者たちは、インターネットの潜在的な応用方法について徹底的に考えていたときには、アイデアを求めてウィリアム・ギブソンやニール・スティーヴンスンといった作家にしばしば目を向けた。今日、ＡＩの意味合いについては、映画『２００１年宇宙の旅』や『ターミネーター』シリーズに少なくともひと言触れずに議論することはできないし、ロボット工学についての会話のほぼすべてがフィリップ・Ｋ・ディックの小説『アンドロイドは電気羊の夢を見るか？』（浅倉久志訳、ハヤカワ文庫、１９７７年、他）や、この作品を原作とする映画『ブレードランナー』に言及する。

ジョージ・オーウェルさえ夢にも思わなかったほどの水準の国家による監視は言うまでもなく、海面の上昇、バーチャルリアリティ、空飛ぶ自動車の少なくともプロトタイプとともに、長らく恐れられてきたパンデミックが到来した今、私たちはSF作品を振り返り、誰が最も正しく未来を予測していたか、と尋ねることができる。なぜなら、じつはディストピアは未来のある時点ではなく、（少なくともいくつかの点では）今だからだ。私たちは未来の歴史に注意を向けて然るべきであり、それは1つには、そうすれば、次に起こることの姿について、より厳密に考える助けになるからだ。歴史データはあらゆる種類の予測の土台であり続けている。理論に基づくモデルもうまくいく場合があるだろうが、過去の統計がなければモデルが正確であることを確認できない。とはいえ、過去に基づいて未来のテクノロジーの変化を推測するのは容易ではない。SF作品は、後ろばかり見ていたらけっして思いつかないような、想像上の不連続性の厖大なサンプルを提供してくれる。

メアリ・シェリーの『フランケンシュタイン』（1818年）（芹澤恵訳、新潮社、2015年、他）では、題名に名前が使われた科学者が、人造人間を生み出す。文学作品中で悲惨な失敗に終わる同類の実験は数多くあるが、これはその第1号だ。火というテクノロジーを盗み出したプロメテウスと同じで、フランケンシュタインも、自分の思い上がった行為のせいで罰を受ける。シェリーは続いて『最後のひとり』（1826年）を書き、すでに見たように、その中では疫病が1人を除いて人類を全滅させる。人類の絶滅と人間がいなくなった世界という未来像を示した『最後のひとり』は、真のディストピア小説の先駆けと見なされて然るべきだ。商業的には成功しなかったが。

それでも1890年代までには、H・G・ウェルズがこのジャンルの人気を確立した。彼は『タイムマシン』（1895年）（石川年訳、角川文庫、2002年、他）で、西暦80万2701年の地球の悪夢のような未来を想像した。その未来では、無気力なベジタリアンのイーロイという人種が、地下に暮らすモーロックという人種の餌食にされている。言い換えれば、種分化が起こり、人類は退化して、頭が空っぽの家畜と、捕食性の地下生物に二分されたのだった。ウェルズの主人公はさらに先の時代まで旅し、活気を失った惑星での生命の今わの際を目撃する。『宇宙戦争』（1898年）では、侵略者の火星人が、先に待ち受けている地球人どうしの世界大戦を不気味に思い起こさせる武器を使って、ロンドン市民を殺戮する。この小説で人類を救うのは、侵略者たちが免疫を持たない病原体だ。

私たちの時代には、人間が引き起こした気候変動への不安のせいで、環境にまつわる惨事がディストピア小説の題材になっている。マーガレット・アトウッドの『オリクスとクレイク』（2003年）（畔柳和代訳、早川書房、2010年）は、シェリーの『最後のひとり』をなぞるが、地球温暖化や無謀な遺伝子工学、人口削減の悲惨な試みが地球規模の疫病につながって荒廃した世界の、ほんのひと握りの生存者の1人として、頭が混乱した「スノーマン」が登場する。コーマック・マッカーシーの『ザ・ロード』（2006年）（黒原敏行訳、ハヤカワepi文庫、2010年）では、食人者たちが荒れ果てた土地をうろつき回る。パオロ・バチガルピの『ねじまき少女』（2009年）（上・下、田中一江・金子浩訳、ハヤカワ文庫SF、2011年）は、海面の上昇を、遺伝子工学の失敗で引き起こされた感染の大流行と巧みに結びつけている。これらの作品にも先行するものがあった。冷戦の最中、気候にかかわる惨事という未来像は、反核運動と環境保護運動の両方の主な原動力だった。ネヴィル・シュートの『渚にて』（1957年）では、核戦争による放射性降下物がゆっくりと拡散するなか、普通の人々はまったくなす術もない。J・G・バラードの『沈んだ世界』（1962年）（峰岸久訳、創元SF文庫、1968年）では、（汚染ではなく太陽の活動が原因の）気温上昇のせいで、大半の都市が水没する。

最後に、移民の大量流入に着想を得たディストピアもある。たとえば、ミシェル・ウエルベックの2015年の小説『服従』（大塚桃訳、河出文庫、2017年他）では、フランスの左派が右翼政党の国民戦線が権力を掌握するのを助けるよりも、むしろイスラム原理主義者の側につくことを選ぶ。新政府は、国家と学究の世界の職から非イスラム教徒を追放し、一夫多妻を合法化し、魅力的な妻たちを割り当てる。この小説は、主人公が新しい秩序に服従するところで終わる。『服従』が刊行されたとき、ウエルベックはイスラム恐怖症だとして広く非難されたが、じつはこの作品はフランスの脆弱な制度や機関と、それらを守ることのできない都会の知識人の風刺だ。

『服従』の例が示しているように、SF作品は自然がもたらすカタストロフィやテクノロジーにかかわるカタストロフィだけでなく、政治的カタストロフィにもおおいに関連している。1930年代以来繰り返し登場するディストピアは、ファシズムのアメリカというものだ。この恐れは、シンクレア・ルイスの『ここでそんなことが起こるはずがない（*It Can't Happen Here*）』（1935年）から、スティーヴン・キングの『バトルランナー』（1982年）（酒井昭伸訳、扶桑社、1989年）やマーガレット・アトウッドの『侍女の物語』（1985年）（斎藤英治訳、ハヤカワepi文庫、2001年）やフィリップ・ロスの『プロット・アゲンスト・アメリカ――もしもアメリカが…』（2004年）（柴田元幸訳、集英社、2014年）を経て、スーザン・コリンズの『ハンガー・ゲーム』（2008年）（上・下、河井直子訳、MF文庫ダ・ヴィンチ、2012年）まで、根強く続いてきた。

これらと肩を並べる政治的な悪夢は、スターリンのものに似た全体主義だった。アイン・ランドの『アンセム』（1937年）（佐々木一郎訳、Evolving、2019年）では、主人公（「平等 7-2521」）が、街路清掃人としての運命を拒絶し、自由を求めて努力することで、平等主義の専制政治に背く。イーヴリン・ウォーの『廃墟の恋』（1953年）（北星堂書店、1990年）は、大量投獄が行われ、国営安楽死センターが設置されている不条理なイングランドを描く。レイ・ブラッドベリの『華氏451度』（新訳版、伊藤典夫訳、ハヤカワ文庫、2014年、他）（1953年に刊行されたが、舞台は1999年）は、あらゆる書物の所持が禁じられ、「ファイヤーマン」の仕事は、消火ではなく、隠匿されていた書物を焼却することである、反自由主義的なアメリカを記述している（この小説は、マッカーシズム批判と解釈されることがあるが、ブラッドベリの真のメッセージは、普通の人々がテレビの空虚な娯楽を愛好することと、宗教的少数派が検閲を積極的に求めることが相まって、真剣な内容の形態としての書籍に忍び寄る脅威になっている、というものだった）。とはいえ、こうした全体主義のディストピア的な未来像のどれ1つとして、読者数と影響力の点で、ジョージ・オーウェルの『1984』（1949年）（田内志文訳、角川文庫、2021年、他）を凌ぐものはない。

オルダス・ハクスリー――イートン校で若き日のエリック・ブレア〔訳注　エリック・ブレアはジョージ・オーウェルの本名〕のフランス語教師だった――は1949年10月に書いた注目に値する手紙の中でオーウェルに、彼は実現しそうな未来ではなくむしろ、彼自身の現在を捉えていると警告した。ハクスリーは次のように書いている。「『1984』で支配権を握っている少数派の哲学は、論理的帰結にまで突き詰めたサディズムだ。……実際のところ、人の顔を長靴で踏みつけるような政策が無期限に続きうるかどうかは怪しく思える。私の考えでは、支配している少数独裁階級は、それほどまでには骨も折らず、無駄も出さずに統治し、権力欲を満たす方法を見つけるだろうし、そうした方法は、私が『すばらしい新世界』で描いたものに似ているだろう[42]」

ハクスリーが1932年に出した小説では、私たちはまったく異なる（2540年の）ディストピアにたどり着く。スターリニズム(スターリン主義)ではなく、フォーディズム(フォード主義)プラス優生学に基づくディストピアだ。人民は厳格な構造的不平等の階級制度に甘んじている。なぜなら彼らは、浅薄な身体的欲求が充足されれば満足するように条件づけられているからだ。自主的に薬(「ソーマ」)を服用し、絶えず娯楽(「フィーリー(触感映画)」)を楽しみ、定期的に休暇が得られ、至る所で快い性的刺激が与えられることが基盤となって、誰もが服従している。『1984』の場合と同じで、検閲とプロパガンダもひと役買っているが、露骨な強制はめったに見られない。だから、今日の西側世界は、オーウェルよりもハクスリーが描く世界にはるかによく似ているように見える。企業による気晴らしのほうが、国家による残虐行為よりもずっと多いのだ。

とはいえ、今日のディストピアを理解しようとしたら、ハクスリーやオーウェルの作品よりも、もっとふさわしいものが他にある。習近平が支配する中国からは、エヴゲーニイ・ザミャーチンの非凡な小説『われら』(1921年に書かれたが、ボリシェヴィキの政権によって発売禁止にされた)が、ますます頭に浮かぶようになる。「恩人」が支配する未来の「単一国」を舞台にする『われら』は、オーウェルのものよりも背筋が冷たくなるほど効果的な監視国家を描いている(この作品は、『1984』の着想の一端になったし、アイン・ランドの『アンセム』にもインスピレーションを与えた)。すべての国民――名前はなく、番号を割り当てられており、画一化された制服を着ている――が、24時間体制の監視下にあり、どの住まいの壁もガラス製で、国家が許可する性行為を行っているときだけ、カーテンを閉めることができる。全権力を掌握している「恩人」は、反乱に直面すると、国民全員の集団ロボトミーを行うよう命令を出す。なぜなら、普遍的な幸福を維持する唯一の方法は、想像を根絶することだからだ。「人々は、そもそも揺りかごに始まって、何を祈ったり、夢見たり、苦悩したりしてきたのか?」と「恩人」は尋ねる。

「彼らは誰かを、いや、誰であれ、幸福とは何かをきっぱりと教えてくれる人を――そして、それから彼らをその幸福に鎖でつないでくれる人を求めてきた[43]」

ところが、さらにじっくり考えてみると、これらの作家は誰一人として、ネットワーク化された私たちの世界のさまざまな特性を、真の意味では予見していなかった。この世界は不可思議にも、消費者情報技術の加速と浸透を、核エネルギーといった他の領域における進歩の遅滞とガバナンスの嘆かわしい衰退と、組み合わせてきた。念入りに吟味してみると、真の予言者たちは、それほど馴染みのある人物ではないことがわかる。たとえばジョン・ブラナーがそうで、彼の『ザンジバルに立つ（*Stand on Zanzibar*）』（1968年）は、人口過剰のせいで社会の分断と政治の過激主義が進む、2010年を舞台にしている。テロの脅威にさらされながらも、ジェネラル・テクニクスのようなアメリカ企業は、シャルマニーザーと名づけられたスーパーコンピューターのおかげで急成長している。アメリカの新しいライバルは中国だ。ヨーロッパは統一されている。ブラナーは、アファーマティブ・アクション（積極的格差是正措置）や遺伝子工学、バイアグラ、デトロイトの凋落、衛星テレビ、機内ビデオ、同性婚、レーザープリンティング、電気自動車、マリファナの非犯罪化、タバコの人気低下も予見している。「オボミ」という名の（アメリカではなくベニニアという国のではあるが）進歩的な大統領さえ登場する。

ウィリアム・ギブソンの『ニューロマンサー』（1984年）（黒丸尚訳、ハヤカワ文庫、1986年）もこれに劣らぬほどの先見の明を発揮して、インターネットとAIを予想している。日本の千葉市のディストピア的暗黒街で始まるこの小説は、薬物浸りのハッカーや狡猾なストリートサムライ、廃人となった秘密作戦将校を主な登場人物とする。だがギブソンの想像力による本当の画期的成果は、「マトリックス」と呼ばれるサイバースペース（仮想空間）における世界規模のコンピューターネットワークと、中心的な狂言回しである「ウインターミュート」と「ニューロマンサー」という双子のＡＩだ。

フェイスブックが創業間もない頃、従業員の間でとりわけ人気が高かった、ニール・スティーヴンスンの『スノウ・クラッシュ』（１９９２年）（上・下、日暮雅通訳、ハヤカワ文庫、２０２２年）という作品は、ほぼ無政府状態のアメリカにおける企業の過剰な勢力拡大とバーチャルリアリティを予見している。カリフォルニアでは州が衰え、ハイウェイも含めてすべてが民営化され、連邦政府は見る影もない。ほとんどの人は時間の半分ほどをバーチャルリアリティの世界で過ごす。そこでは、彼らが現実の世界で得られる経験よりもずっと楽しい経験を、アバターがしている。そんななか、難民や移民の大船団が太平洋を渡ってアメリカに近づく。こうしたサイバーパンクのアメリカのほうが、ルイスやアトウッドやロスの独裁主義ディストピアよりも、２０２０年のアメリカにはるかに近いように見える。

もしアメリカが『侍女の物語』のギレアドよりも『ニューロマンサー』の千葉市に似ているのなら、現代の中国は本当はどの程度までザミャーチンの『われら』の１バージョンなのか？　中国本土では禁書になっている陳冠中《チェン・グワンジョン》の『しあわせ中国――盛世２０１３年』（２００９年）（辻康吾監修、舘野雅子・望月暢子訳、新潮社、２０１２年）では、薬物が混入されている水道水のせいで人々が従順になるが、それには代償が伴っていた。どういうわけか、２０１１年２月の１か月間が公的記録と民衆の記憶から消し去られている。それは、中国経済を安定させるために一連の思い切った緊急措置を導入しつつも、東アジアにおける中国の優位性を示さなければならなかった月であることが判明する。陳は、中国台頭の必然的結果であるアメリカの衰退を想像しようと試みた、最近の多くの中国人作家の１人だ。『しあわせ中国』は、西側の第２の金融危機によって中国が世界一の経済大国になった後の、想像上の２０１３年を舞台にしている。韓松《ハン・ソン》の『火星照耀美国』（２０００年）では、テロ攻撃で世界貿易センターが破壊され、海面が上昇してマンハッタンが呑み込まれる。そして劉慈欣の『三体』（２００６年）では、すでに見たように、中国のナノテクノロジーの専門家と北京の警官が、人間嫌いの中国人物理学者が招いたエイリアンの侵略に対する世界規模の防衛を主導する。『三体』三部作に出てくるアメリカ人は、悪意に満ちているか無能かのどちらかだ。

とはいえ、中国本土に住む中国人作家たちでさえ、中国の根深い反自由主義的性質を、中国政治史に繰り返し見られる不安定性と併せて、意識している。『三体』の問題は、私たちにお馴染みの1つの太陽ではなく3つの恒星（太陽）を持つ彼方の奇妙な世界を舞台とする、バーチャルリアリティ・ゲームとして読者に提示される。3つの恒星の重力が互いに影響を及ぼし合いながら働いているために、三体人の住む惑星は一定の昼夜や季節を持つような予想可能な軌道に落ち着くことができない。ときおり安定した時代があり、その間は文明が発展できるが、ほとんど何の警告もなしに混乱の時代に入り、猛烈な暑さあるいは寒さのせいで、惑星は居住不能になってしまう。劉の小説の中心的な考えは、中国の歴史も、この三体問題と同じパターンを持っている、すなわち、安定期が必ず動乱期《ドンルワン》によって終わりを告げる、というものだ。

鋭敏な読者は、三体人が地球を侵略するのを助けることに全力を挙げる、過激なまでに人間嫌いの組織である地球三体協会は、毛沢東主義の巧妙なパロディではないかと思うかもしれない。この協会のメンバーは、「人間の文明への希望はすべて捨てており、自らの種を憎み、進んで裏切る気であり、自分や我が子も含めて、人類の根絶を至高の理想として信奉してさえいた」。「世界規模の反乱を始めろ！」と彼らは叫ぶ。「三体精神、万歳！　山火事の後にきまって再び芽吹くしぶとい雑草のように、我々は屈することなくやりとおす！……人間の横暴を排除せよ！」。この、自称共謀者たちは知らなかったのだ。まさか三体人が人間に輪をかけて邪悪だったとは。三体人の1人が指摘するように、彼らの世界がまったく予測不能であるため、「万事が生き残るために捧げられている。文明全体の存続を可能にするためなら、個人はまったくと言っていいほど顧みられない。もう働けなくなった人は処刑される。三体社会は極端な独裁主義体制の下に存在している」。個人の生活は「単調で無味乾燥」だ。これは毛沢東の中国にそっくりに聞こえる。

たしかに、この作品の主人公は、北京の警察官で、口の悪い、チェーンスモーカーの史強だ。中国の読者は、史強が世界を救う最善策について、アメリカの尊大な将軍に説いて聞かせる場面できっと溜飲を下げるだろう。だが、この本のより深い意味は、三体が中国であることに間違いない。争っている三体は、3つの恒星ではなく、支配者、知識人、一般大衆という、3つの階級だ。三体人は、優れた全体主義者と同様、全知だ。彼らは、目に見えない「智子《ソフォン》」によって、完全に人間を監視し、地球上で科学がこれ以上進歩するのを効果的に防ぐことができる。だが、容赦なく迫ってくる侵略者たちにも、弱点があることが判明する。完璧な透明性を持つ彼らの文化――フィルターのかかっていない思考を通してのコミュニケーション――はごまかしや嘘を不可能にするので、(『三体Ⅱ　黒暗森林』で明らかになるように)彼らは「込み入った戦略的思考を行う」ことができない。三体人が到着するまでには400年あると推定されていたので、人類には、守りを固め、この唯一の強みを活かす時間があった。

世界の中で変化する中国の立場の寓話を――ことによると、アメリカと中国の間の新しい冷戦の寓話さえも――この作品に見てしまうのは、行き過ぎだろうか? もし行き過ぎでないとしたら、それはぎょっとするような寓話であり、未来の地政学的惨事を示唆しており、思わず心を奪われてしまう。

## 忘却される惨事

ポール・サミュエルソンが冗談で言ったように、もしアメリカの株価の下落によって、アメリカの直近5回の景気後退のうち9回が正しく予測できていたとしたら、SF作品によって、直近5回のテクノロジー上の飛躍的発展のうち9回が正しく予測できていたことになる。空飛ぶ自動車は依然としてプロトタイプの段階であり、タイムマシンはまだ影も形もない。エイリアンも、今のところ暗い森の中で姿を現してはいない。それに、当然ながらSF作品は、直近0回の世界の終焉のうち、9回よりもはるかに多くを予測してきた。それでも、SF作品は私たちが未来について明確に考えるのを助けるうえで、重要な役割を果たすことができる。

この先に待ち構えているものの多くが、人類史の古くて永続的な規則に従うだろう。既存の勢力は、台頭する勢力に脅威を感じる。憲法の制約にもどかしさを覚える民衆扇動者も、再び現れる。権力は腐敗を招き、絶対的な権力は絶対的な腐敗を呼ぶ。そこまでは、歴史や優れた文学作品からわかっている。だが他の面では、科学と医学とテクノロジーの変化のせいで、未来は違ったものとなり、歴史家にはそのような類の不連続性を予見する資格がなく、その不連続性が起こると主張するのがせいぜいだ。アイザック・アシモフは『ファウンデーション』(1951年)(岡部宏之訳、ハヤカワ文庫、1984年、他)で、未来についての一般的な予測を立てるための、歴史と社会学と数理統計学を組み合わせた架空の学問分野「心理歴史学」を想像した。かつてイスラエルの故シモン・ペレス大統領は、アシモフの作品に出てくる「プライム・ラディアント」という装置の1バージョンをイスラエルの学者たちが作り上げることに成功したと、私に請け合ったことがあったが、心理歴史学のような学問分野が確立されるとは思えない〔訳注

「プライム・ラディアント」とは、人類の未来の発展を示す心理歴史学の方程式を保存しておく装置）。もしクリオダイナミクス（歴史動力学）の最終的な貢献が、たんに歴史の新たな周期説を提示したことにすぎないのなら、当初の約束を守らなかったことになる。

歴史は私たちに、予測不能な順序で惨事という大きな句読点が打たれることを予期するように命じる。「征服」「戦争」「飢饉」「青白い馬に乗る死」という「ヨハネの黙示録」の4騎士は、見たところランダムな間隔で駆け出てきて、どれほどテクノロジーのイノベーションが起ころうと、人類は脆弱ではなくなりえないことを思い出させてくれる。実際、２０２０年1月にあれほど多くの感染者を武漢から世界各地へ運んだジェット機の大群のような一部のイノベーションは、これら4騎士に、便乗する機会を与える。それにもかかわらず、騎士たちの到着に、私たちはどういうわけかいつも不意を衝かれる。私たちはしばらく、全滅の筋書きを予想する。自宅に引きこもり、『コンテイジョン』を観たり、アトウッドを読んだりする。ひょっとしたら、ブラック・スワンはドラゴンキングに姿を変え、私たちの人生は根底から覆されるかもしれない。だが、それはごく稀なことだ。たいていは、幸運な多くの人間にとっては、惨事の後も人生は続く――前とは少しばかり違ってはいるものの、全体としては意外にも、安心感を与えてくれるほど、そして、退屈なまでに、前と同じように。私たちは、死に直面するような体験をしても、驚異的な速さでそれを忘れ、自分ほど幸運ではなかった人々のことは頭から抜け落ち、待ち受ける次の惨事のことなど無頓着に、呑気に暮らし続ける。これが真実に思えないようなら、ダニエル・デフォーによる『ペスト』の締めくくりの詩について考えてほしい。

ロンドンを恐ろしいペストが見舞ったのは

65年のこと
10万の命が奪い去られたが
それでも私は生きている![44]

# 謝辞

本書のような書物の執筆は単独の著述家の責務だが、その著述家は、筆を進めるうちに、大勢の方へのお礼という、厖大な借りができる。私がとりわけ感謝したいのが友人のニコラス・クリスタキスとジョン・コクランで、2人はゲラを読んで、正すべき点や改善すべき点を数多く提案してくれた。残っている誤りがあるとすれば、それはもちろん、私の責任だ。じつに手際良く迅速に調査の手助けをしてくれたのが、セラ・ウォーリントンとカイル・キニーだった。

アイデアやインスピレーションを与えてくれたフーヴァー研究所の同僚たち――ジョン・コクランだけではなく、ヴィクター・デイヴィス・ハンソン、H・R・マクマスター、コンドリーザ・ライス、マニー・リンコン゠クルーズ、ジョン・テイラー――にも感謝したい。

顧問会社グリーンマントルでは、素晴らしく才能豊かな学識経験者たちと仕事をするという幸運に浴した。2020年に展開している出来事について討論する週2回の会合を通して、以下の方々は全員、本書に多大な貢献をしてくれた。ピエルパオロ・バルビエリ、アリス・ハン、ニコラス・クムレベン、フムラニ・マジョジ、ジェイ・メンズ、クリス・ミラー、ステファニー・ペトレラ、エミール・シンプソン、ジョン・スヌヌ、ディミトリス・ヴァラッツァス、ジョセフ・デ・ヴェック。特に、本書に関連した医学については、ジャスティン・ステビングが不可欠のガイドとなってくれた。ギル・ハイエットには、第7章の執筆をおおいに助けてもらった。そして、ダニエル・ランズバーグ＝ロドリゲスとアイク・フレイマンからは、結論の章で多大な支援を受けた。初期の草稿に目を通してくれた方々にも心から感謝する。ピエルパオロ、アリス、クリス、ディミトリス、エミール、アイクに加えて、ジョー・ロンズデイル、ノーマン・ナイマーク、ダン・セリグソン、ティム・シムズにお礼を言いたい。豊かな見識を分かち合ってくれた、ピョートル・ブレジンスキー、サヒール・マータニ、グレン・オハラ、ライアン・オーリー、ジェイソン・ロケット、ショーン・シューにも謝意を表したい。ここで名を挙げた人のうちでは最も年少だが、トマス・ファーガソンも、第8章の執筆にたっぷり力を貸してくれた。ジム・ディクソンはタカのように鋭い目で校正に当たってくれた。

スタンフォード大学やハーヴァード大学その他で、本書の一部についていっしょに検討する機会を得た、アプライド・ヒストリー・ネットワークの多くのメンバー、特にグレアム・アリソン、ハル・ブランズ、フランシス・ギャヴィン、チャールズ・メイヤー、カルダー・ウォルトンも力になってくれた。アマルティア・センは、親切にも第6章を読んでくれた。

担当編集者のスコット・モイヤーズとサイモン・ワインダー、そして著作権エージェントのアンドルー・ワイリーにも、心底感謝している。

親族・縁者に関して言えば、私が山中での新しい暮らしに取り組むことを、コリン、ケルシー、カイルのジョーンズ兄弟とナザ・シュルツが、快活に、創造力を発揮して可能にしてくれた。最後になるが、本書の執筆に必要だった、私の脇目も振らない態度に我慢するとともに、無数のかたちで刺激を与えてくれた妻のアヤーンと、フェリックス、フレイヤ、ラクラン、トマス、キャンベルの子どもたち全員に、心から感謝して然るべきだろう。彼らと、オックスフォードシャーで疫病の年をほとんど独りで耐えてくれた母のモリーに本書を捧げる。

# 索　引

## 英数字



## ア行

## カ行

## サ行

## タ行

## ナ行

## ハ行

## マ行

## ヤ行

## ラ行

## ワ行

# 図版出典

47 Albrecht Dürer, *The Four Horsemen of the Apocalypse* (1498): British Museum.

57 "Now is the end— perish the world!" The *Beyond the Fringe* cast prepares for the end time: David Hurn, MAGNUM Photos, Amgueddfa Cymru/National Museum Wales.

64 Life expectancy at birth, 1868–2015: Our World in Data.

87 Woodcut illustration of Cassandra's prophecy of the fall of Troy and her death, from Heinrich Steinhöwel's translation of Giovanni Boccaccio's *De mulieribus claris*, printed by Johann Zainer at Ulm, ca. 1474: Penn Provenance Project.

105 L. F. Richardson's representation of the number of conflicts of each magnitude compared with the number that died in each, from his *Statistics of Deadly Quarrels* (Pittsburgh: Boxwood Press, 1960).

129 Earthquake locations and magnitudes, 1900–2017: United States Geological Survey.

175 The network of pilgrimage and trade routes that connected European, African, and Asian cities in the fourteenth century: José M. Gómez and Miguel Verdú, "Network Theory May Explain the Vulnerability of Medieval Human Settlements to the Black Death Pandemic," *Nature Scientific Reports* 7, no. 43467 (March 6, 2017), https://www.nature.com/articles/srep43467.

196 Cholera comes to New York while Science sleeps. "Is This a Time for Sleep?" by Charles Kendrick, 1883: Sarin Images / GRANGER.

220 "The way the Germans did it at Chateau-Thierry" and "The way North Carolinians do it at home": North Carolina State Board of Health, *Health Bulletin* 34, no. 10 (October 1919): UNC Libraries, https://exhibits.lib.unc.edu/items/show/5559.

260 The British-German "net body count," February 1915–October 1918: War Office, *Statistics of the Military Effort of the British Empire During the Great War, 1914–20* (London: HMSO, 1922), pp. 358–62.

286 The 1957–58 pandemic in the United States; weekly pneumonia and influenza deaths in 108 U.S. cities: D. A. Henderson et al., "Public Health and Medical Responses to the 1957–58 Influenza Pandemic," *Biosecurity and Bioterrorism: Biodefense Strategy, Practice, and Science*, September 2009, p. 269.

290 Maurice Hilleman talks with his research team as they study the Asian flu virus in a lab at Walter Reed Army Medical Center, Silver Spring, Maryland, 1957: Ed Clark/ The LIFE Picture Collection via Getty Images.

335 The *Hindenburg* on fire at the mooring mast in Lakehurst, New Jersey, May 6, 1937: National Archives, Records of the U.S. Information Agency (USIA).

344 The correlation between space shuttle O-ring incidents and temperatures at launch: Richard Feynman, "*What Do You Care What Other People Think?": Further Adventures of a Curious Character.* Copyright © 1988 by Gweneth Feynman and Ralph Leighton. Used by permission of W. W. Norton & Company, Inc.

362 Cesium-137 deposition levels across Europe following the Chernobyl nuclear disaster, May 10, 1986: Yu A. Izrael et al., "The Atlas of Caesium-137 Contamination of Europe After the Chernobyl

Accident," Joint Study Project of the CEC/CIS Collaborative Programme on the Consequences of the Chernobyl Accident (n.d.), https://inis.iaea.org/collection/NCLCollectionStore/_Public/31/056/31056824.pdf.

378 Passenger flows from Wuhan before the January 23 lockdown of the city. From *The New York Times*. © 2020 The New York Times Company. All rights reserved. Used under license.

380 Observed and expected weekly excess mortality in the United States (all causes), 2017–20: Centers for Disease Control and Prevention.

384 COVID-19 in comparative perspective: Eskild Petersen et al., "Comparing SARS- CoV-2 with SARS-CoV and Influenza Pandemics," *Lancet Infectious Diseases* 20, no.9 (September 2020), pp. E238-E244, https://doi.org/10.1016/S1473-3099(20)30484-9.

396 Patient 31 was a South Korean superspreader who passed COVID-19 to more than a thousand other people: Marco Hernandez, Simon Scarr, and Manas Sharma, "The Korean Clusters: How Coronavirus Cases Exploded in South Korean Churches and Hospitals," Reuters, March 20, 2020, https://graphics.reuters.com/CHINA-HEALTH-SOUTHKOREA-CLUSTERS/0100B5G33SB/index.html.

435 The U.S. unemployment rate since 1948: Federal Reserve Bank of St. Louis.

453 The one bipartisan issue. Percentages of Republicans and Democrats who say they have an "unfavorable" opinion of China: Pew Research Center, July 30, 2020.

456 U.S. dollar, nominal and real trade-weighted effective exchange rate since 1964: Bank for International Settlements.

# 原 注

## 序

1. "Davos Man Is Cooling on Stockholm Girl Greta Thunberg," *Sunday Times*, January 26, 2020, https://www.thetimes.co.uk/edition/comment/davos-man-is-cooling-on-stockholm-girl-greta-thunberg-z2sqcx872.
2. "The Deadliest Virus We Face Is Complacency," *Sunday Times*, February 2, 2020, https://www.thetimes.co.uk/edition/comment/the-deadliest-virus-we-face-is-complacency-wsp7xdr7s.
3. "Trump May Shrug Off Coronavirus. America May Not," *Sunday Times*, March 1, 2020, https://www.thetimes.co.uk/edition/comment/trump-may-shrug-off-coronavirus-america-may-not-bmvw9rqzd.
4. "'Network Effects' Multiply a Viral Threat," *Wall Street Journal*, March 8, 2020, https://www.wsj.com/articles/network-effects-multiply-a-viral-threat-11583684394.
5. データはWorldometer, https://www.worldometers.info/coronavirus/country/usより。
6. "The First Coronavirus Error Was Keeping Calm," *Sunday Times*, March 15, 2020, https://www.thetimes.co.uk/edition/comment/the-first-coronavirus-error-was-keeping-calm-zvj28s0rp.
7. Richard J. Evans, *Death in Hamburg: Society and Politics in the Cholera Years, 1830–1910* (Oxford: Oxford University Press, 1987).
8. Niall Ferguson, *The Pity of War: Explaining World War I* (New York: Basic Books, 1999), pp. 342f.
9. Niall Ferguson, *The War of the World: Twentieth-Century Conflict and the Descent of the West* (New York: Penguin Press, 2006), pp. 144f.［邦訳：『憎悪の世紀——なぜ20世紀は世界的殺戮の場となったのか』上・下、仙名紀訳、早川書房、2007年］
10. Niall Ferguson, *Empire: The Rise and Fall of the British World Order and the Lessons for Global Power* (New York: Penguin Press, 2006), p. 65.［邦訳：『大英帝国の歴史』上・下、山本文史訳、中央公論新社、2018年］
11. Niall Ferguson, *Civilization: The West and the Rest* (New York: Penguin Press, 2011), p. 175.［邦訳：『文明——西洋が覇権をとれた6つの真因』仙名紀訳、勁草書房、2012年］
12. Niall Ferguson, *The Great Degeneration: How Institutions Decay and Economies Die* (New York: Penguin Press, 2012), p. 144.［邦訳：『劣化国家』櫻井祐子訳、東洋経済新報社、2013年］
13. Niall Ferguson, *The Square and the Tower: Networks and Power from the Freemasons to Facebook* (New York: Penguin Press, 2018), p. 203.［邦訳：『スクエア・アンド・タワー』上・下、柴田裕之訳、東洋経済新報社、2019年］
14. SeroTracker, Public Health Agency of Canada, https://serotracker.com/Dashboard.
15. 賭けの厳密な条件については、以下を参照のこと。Bet 9, Long Bets Project, http://longbets.org/9/. リースは主にバイオテロを心配していたが、「バイオテロ」という言葉の意味に、「テロ攻撃と同等の影響を持つが、邪悪な意図からではなく手落ちから生じるもの」も含めた。「犠牲者」が死亡者だけを意味するかどうかには、いくらか曖昧なところがある。「理論上、犠牲者には『入院を必要とする被害者』を含めるべきだが、病原体による間接的な死者は含めるべきではない」

16. Patrick G. T. Walker et al., "The Global Impact of COVID-19 and Strategies for Mitigation and Suppression," Imperial College COVID-19 Response Team Report 12 (March 26, 2020), https://doi.org/10.25561/77735.

17. 概論については、以下を参照のこと。*Square and the Tower*.［邦訳：『スクエア・アンド・タワー』］

18. Nassim Nicholas Taleb, *Antifragile: Things That Gain from Disorder* (New York: Random House, 2012).［邦訳：『反脆弱性――不確実な世界を生き延びる唯一の考え方』上・下、望月衛監訳、千葉敏生訳、ダイヤモンド社、2017年］

19. "South Africa's 'Doom Pastor' Found Guilty of Assault," BBC News, February 9, 2018, https://www.bbc.com/news/world-africa-43002701.

20. Nicole Sperling, "'Contagion,' Steven Soderbergh's 2011 Thriller, Is Climbing up the Charts," *New York Times*, March 4, 2020, https://www.nytimes.com/2020/03/04/business/media/coronavirus-contagion-movie.html.

21. Louis-Ferdinand Céline, *Journey to the End of the Night*, trans. Ralph Manheim (New York: New Directions, 1983 [1934]), p. 14.［邦訳：『夜の果てへの旅』上・下、生田耕作訳、中公文庫、2003年、他］

22. Marc Bloch, *L'étrange défaite: Témoignage écrit en 1940* (Paris: Gallimard, 1997 [1946]).［邦訳：『奇妙な敗北――1940年の証言』、平野千果子訳、岩波書店、2007年、他］

23. Max H. Bazerman and Michael D. Watkins, *Predictable Surprises: The Disasters You Should Have Seen Coming, and How to Prevent Them*, 2nd ed. (Cambridge, MA: Harvard Business School Publishing, 2008)［邦訳：『予測できた危機をなぜ防げなかったのか?――組織・リーダーが克服すべき3つの障壁』奥村哲史訳、東洋経済新報社、2011年］; Michele Wucker, *The Gray Rhino: How to Recognize and Act on the Obvious Dangers We Ignore* (New York: Macmillan, 2016).

24. Nassim Nicholas Taleb, *The Black Swan: The Impact of the Highly Improbable* (London: Penguin/Allen Lane, 2007).［邦訳：『ブラック・スワン――不確実性とリスクの本質』上・下、望月衛訳、ダイヤモンド社、2009年］

25. Didier Sornette, "Dragon Kings, Black Swans and the Prediction of Crises," Swiss Finance Institute Research Paper Series No. 09-36 (2009), 以下で閲覧可能。SSRN, http://ssrn.com/abstract=1470006.

26. Keith Thomas, *Religion and the Decline of Magic: Studies in Popular Beliefs in Sixteenth and Seventeenth Century England* (London: Weidenfeld & Nicolson, 1971).［邦訳：『宗教と魔術の衰退』荒木正純訳、法政大学出版局、1993年］

27. Norman Dixon, *On the Psychology of Military Incompetence* (London: Pimlico, 1994).

28. Christina Boswell, *The Political Uses of Expert Knowledge: Immigration Policy and Social Research* (Cambridge: Cambridge University Press, 2009).

29. Henry A. Kissinger, "Decision Making in a Nuclear World" (1963), Henry A. Kissinger papers, Part II, Series I, Yale University Library, mssa.ms.1981/ref25093.

30. Richard Feynman, "*What Do You Care What Other People Think?*," *Further Adventures of a Curious Character* (New York: W. W. Norton, 1988), pp. 179–84.［邦訳：『困ります、ファインマンさん』大貫昌子訳、岩波現代文庫、2001年］

31. "House Approves Creation of Committee to Investigate Katrina Response," Voice of America, October 31, 2009, https://www.voanews.com/archive/house-approves-creation-committee-investigate-katrina-response.

32. J. R. Hampton, "The End of Medical History?," *Journal of the Royal College of Physicians of*

*London* 32, no. 4 (1998), pp. 366–75.

33. Larry Brilliant, "My Wish: Help Me Stop Pandemics," February 2006, TED video, 25:38, https://www.ted.com/talks/larry_brilliant_my_wish_help_me_stop_pandemics.
34. 全般的には、以下を参照のこと。Nick Bostrom and Milan M. Ćirković, eds., *Global Catastrophic Risks* (Oxford: Oxford University Press, 2008).
35. Ricki Harris, "Elon Musk: Humanity Is a Kind of 'Biological Boot Loader' for AI," *Wired*, September 1, 2019, https://www.wired.com/story/elon-musk-humanity-biological-boot-loader-ai/.

## 第1章　人生の終わりと世界の終わり

1. Retirement & Survivors Benefits: Life Expectancy Calculator, Social Security Administration, https://www.ssa.gov/cgi-bin/longevity.cgi; Life Expectancy Calculator, Office for National Statistics (UK), https://www.ons.gov.uk/peoplepopulationandcommunity/healthandsocialcare/healthandlifeex pectancies/articles/lifeexpectancycalculator/2019-06-07; Living to 100 Life Expectancy Calculator, https://www.livingto100.com/calculator/age.
2. Max Roser, Esteban Ortiz-Ospina, and Hannah Ritchie, "Life Expectancy," Our World in Data (2013), last revised October 2019, https://ourworldindata.org/life-expectancy.
3. "Mortality Rate, Under-5 (per 1,000 Live Births)," World Bank Group, https://data.worldbank.org/indicator/SH.DYN.MORT; "Mortality Rate Age 5-14," UN Inter-agency Group for Child Mortality Estimation, https://childmortality.org/data/Somalia.
4. Salvator Rosa, *L'umana fragilità* ("Human Frailty"), c.1656, Fitzwilliam Museum, Cambridge, https://www.fitzmuseum.cam.ac.uk/pharos/collection_pages/italy_pages/PD_53_1958/TXT_SE-PD_53_1958.html.
5. Philippe Ariès, *The Hour of Our Death*, trans. Helen Weaver (New York: Alfred A. Knopf, 1981). ［邦訳：『死を前にした人間』成瀬駒男訳、みすず書房、1990年］
6. Adam Leith Gollner, "The Immortality Financiers: The Billionaires Who Want to Live Forever," *Daily Beast*, August 20, 2013, https://www.thedailybeast.com/the-immortality-financiers-the-billionaires-who-want-to-live-forever.
7. Jon Stewart, "Borges on Immortality," *Philosophy and Literature* 17, no. 2 (October 1993), pp. 295–301.
8. Murray Gell-Mann, "Regularities in Human Affairs," *Cliodynamics: The Journal of Theoretical and Mathematical History* 2 (2011), pp. 53f.
9. Cynthia Stokes Brown, *Big History: From the Big Bang to the Present* (New York: New Press, 2007), pp. 53f. 以下も参照のこと。Fred Spier, *Big History and the Future of Humanity* (Chichester, UK: Blackwell, 2011), p. 68.
10. Nick Bostrom and Milan M. Ćirković, "Introduction," in *Global Catastrophic Risks*, ed. Nick Bostrom and Milan M. Ćirković (Oxford: Oxford University Press, 2008), p. 9.
11. Bostrom and Ćirković, "Introduction," p. 8.
12. 全般的には、以下を参照のこと。Tom Holland, *Dominion: How the Christian Revolution Remade the World* (New York: Basic Books, 2019).
13. Richard Landes, *Heaven on Earth: The Varieties of Millennial Experience* (New York and Oxford: Oxford University Press, 2011), pp. 426f. 以下も参照のこと。 Paul Casanova, *Mohammed et la fin du monde: Étude critique sur l'Islam primitive* (Paris: P. Geuthner, 1911), pp. 17f.
14. Norman Cohn, *The Pursuit of the Millennium* (Oxford: Oxford University Press, 1961 [1957]),

pp. 106f. ［邦訳：『千年王国の追求』（新装版）江河徹訳、紀伊國屋書店、2008年］
15. Holland, *Dominion*, p. 300.
16. James J. Hughes, "Millennial Tendencies in Responses to Apocalyptic Threats," in *Global Catastrophic Risks*, ed. Nick Bostrom and Milan M. Ćirković（Oxford: Oxford University Press, 2008）, pp. 9, 78, 83.
17. Holland, *Dominion*, p. 451.
18. Robert Service, *Lenin: A Biography*（London: Pan Macmillan, 2011）, pp. 538, 539, 594. ［邦訳：『レーニン』上・下、河合秀和訳、岩波書店、2002年］以下も参照のこと。Robert C. Williams, "The Russian Revolution and the End of Time: 1900–1940," *Jahrbücher für Geschichte Osteuropas*, Neue Folge, 43, no. 3（1995）, pp. 364–401.
19. "Lenin Opposed as Antichrist by Peasants in Old Russia," *New York Times*, June 21, 1919, https://www.nytimes.com/1919/06/21/archives/lenin-opposed-as-antichrist-by-peasants-in-old-russia.html.
20. Eric Voegelin, *The New Science of Politics: An Introduction*, 4th ed.（Chicago: University of Chicago Press, 1962）, pp. 120f. ［邦訳：『政治の新科学——地中海的伝統からの光』山口晃訳、而立書房、2003年］
21. Voegelin, *The New Science*, p. 124. ［邦訳：『政治の新科学』］
22. Voegelin, *The New Science*, pp. 122, 129, 131f. ［邦訳：『政治の新科学』］
23. Landes, *Heaven on Earth*, p. 470.
24. James A. Hijiya, "The Gita of J. Robert Oppenheimer," *Proceedings of the American Philosophical Society* 144, no. 2（June 2000）.
25. Doomsday Clock, *Bulletin of the Atomic Scientists*, https://thebulletin.org/doomsday-clock/.
26. Sewell Chan, "Doomsday Clock Is Set at 2 Minutes to Midnight, Closest Since 1950s," *New York Times*, January 25, 2018, https://www.nytimes.com/2018/01/25/world/americas/doomsday-clock-nuclear-scientists.html.
27. Bulletin of the Atomic Scientists Science and Security Board, "Closer Than Ever: It Is 100 Seconds to Midnight," ed. John Mecklin, *Bulletin of the Atomic Scientists*, January 23, 2020, https://thebulletin.org/doomsday-clock/current-time/.
28. Matthew Connelly, "How Did the 'Population Control' Movement Go So Terribly Wrong?," *Wilson Quarterly*（Summer 2008）, https://www.wilsonquarterly.com/quarterly/summer-2008-saving-the-world/how-did-population-control-movement-go-so-terribly-wrong/. 以下も参照のこと。Matthew Connelly, *Fatal Misconception: The Struggle to Control World Population*（Cambridge, MA: Harvard University Press, 2008）.
29. Greta Thunberg, *No One Is Too Small to Make a Difference*（London: Penguin, 2019）, p. 46.
30. William Cummings, "'The World Is Going to End in 12 Years If We Don't Address Climate Change,' Ocasio-Cortez Says," *USA Today*, January 22, 2019, https://www.usatoday.com/story/news/politics/onpolitics/2019/01/22/ocasio-cortez-climate-change-alarm/2642481002/.
31. "Greta Thunberg's Remarks at the Davos Economic Forum," *New York Times*, January 21, 2020, https://www.nytimes.com/2020/01/21/climate/greta-thunberg-davos-transcript.html.
32. Leonard Lyons, "Loose-Leaf Notebook," *Washington Post*, January 20, 1947.
33. "Der Krieg? Ich kann das nicht so schrecklich finden! Der Tod eines Menschen: das ist eine Katastrophe. Hunderttausend Tote: das ist eine Statistik!" Kurt Tucholsky, "Französische Witze（I）" および "Noch einmal französische Witze（II）," *Vossische Zeitung*, August 23, 1925 および September 10, 1925. これらのコラムは、トゥホルスキーの以下の書籍に転載された。*Lerne lachen ohne*

*zu weinen* (Berlin: Ernst Rowohlt, 1932), pp. 147–56.

34. Eliezer Yudkowsky, "Cognitive Biases Potentially Affecting Judgement of Global Risks," in *Global Catastrophic Risks*, ed. Nick Bostrom and Milan M. Ćirković (Oxford: Oxford University Press, 2008), p. 114.

35. Pasquale Cirillo and Nassim Nicholas Taleb, "Tail Risk of Contagious Diseases" (working paper, 2020); Lee Mordechai, Merle Eisenberg, Timothy P. Newfield, Adam Izdebski, Janet E. Kay, and Hendrik Poinar, "The Justinianic Plague: An Inconsequential Pandemic?," *Proceedings of the National Academy of Sciences of the United States of America* (以下 *PNAS*) 116, no. 51 (2019), pp. 25546–54, https://doi.org/10.1073/pnas.1903797116.

36. リチャードソンの貢献に関する優れた考察については、以下を参照のこと。Brian Hayes, "Statistics of Deadly Quarrels," *American Scientist* 90 (January–February 2002), pp. 10–15.

37. 定評ある作品としては、以下を参照のこと。Lewis F. Richardson, *Statistics of Deadly Quarrels*, ed. Quincy Wright and C. C. Lienau (Pittsburgh: Boxwood Press, 1960), および Jack S. Levy, *War in the Modern Great Power System, 1495–1975* (Lexington: University of Kentucky Press, 1983). より新しい重要な刊行物としては、以下を参照のこと。Pasquale Cirillo and Nassim Nicholas Taleb, "On the Statistical Properties and Tail Risk of Violent Conflicts," Tail Risk Working Papers (2015), arXiv:1505.04722v2; Cirillo and Taleb, "The Decline of Violent Conflicts: What Do the Data Really Say?," in *The Causes of Peace: What We Know Now*, ed. Asle Toje and Bård Nikolas Vik Steen (Austin: Lioncrest, 2020), pp. 51–77; Bear F. Braumoeller, *Only the Dead: The Persistence of War in the Modern Age* (Oxford: Oxford University Press, 2019); Aaron Clauset, "On the Frequency and Severity of Interstate Wars," in *Lewis Fry Richardson: His Intellectual Legacy and Influence in the Social Sciences* (Pioneers in Arts, Humanities, Science, Engineering, Practice, vol. 27), ed. Nils Gleditsch (Berlin: Springer, 2020), pp. 113–127.

38. Cirillo and Taleb, "Statistical Properties."

39. Alfred W. Crosby, *Ecological Imperialism: The Biological Expansion of Europe, 900–1900* (New York: Cambridge University Press, 1993). [邦訳:『ヨーロッパの帝国主義——生態学的視点から歴史を見る』佐々木昭夫訳、ちくま学芸文庫、2017年]「コロンブス交換」に関するクロスビーの見方は、先住民の死亡率への搾取と奴隷化の影響に重点を置いている。この見方への批判については、以下を参照のこと。David S. Jones, "Virgin Soils Revisited," *William and Mary Quarterly* 60, no. 4 (2003), pp. 703–42. 以下も参照のこと。Noble David Cook, *Born to Die: Disease and New World Conquest, 1492–1650* (New York: Cambridge University Press, 1998).

40. 包括的な考察については、以下を参照のこと。Niall Ferguson, *The War of the World: History's Age of Hatred* (London: Penguin Press, 2006), appendix, pp. 647–54. [邦訳:『憎悪の世紀——なぜ20世紀は世界的殺戮の場となったのか』上・下、仙名紀訳、早川書房、2007年]

41. Hayes, "Statistics of Deadly Quarrels," p. 12.

42. Robert J. Barro, "Rare Disasters and Asset Markets in the Twentieth Century," *Quarterly Journal of Economics* 121, no. 3 (2006), pp. 823–66, table 1.

43. John A. Eddy, "The Maunder Minimum," *Science* 192, no. 4245 (June 18, 1976), pp. 1189–1202. 以下も参照のこと。Stephanie Pain, "1709: The Year That Europe Froze," *New Scientist*, February 4, 2009, https://www.newscientist.com/article/mg20126942-100-1709-the-year-that-europe-froze/.

44. Nicholas Dimsdale, Sally Hills, and Ryland Thomas, "The UK Recession in Context—What Do Three Centuries of Data Tell Us?," *Bank of England Quarterly Bulletin* (Q4 2010), pp. 277–91. 以下も参照のこと。David Milliken and Andy Bruce, "Bank of England Sees Worst Slump in 300

Years as Coronavirus Bites," Reuters, May 6, 2020, https://www.reuters.com/article/us-health-coronavirus-britain-boe/bank-of-england-sees-worst-slump-in-300-years-as-coronavirus-bites-idUSKBN22I3BV.

45. Gita Gopinath, "Reopening from the Great Lockdown: Uneven and Uncertain Recovery," *IMFBlog*, June 24, 2020, https://blogs.imf.org/2020/06/24/reopening-from-the-great-lockdown-uneven-and-uncertain-recovery/.

46. 以下も参照のこと。Leandro Prados de la Escosura, "Output per Head in Pre-Independence Africa: Quantitative Conjectures," Universidad Carlos III de Madrid Working Papers in Economic History (November 2012).

47. "Global Data," Fragile States Index, Fund for Peace, https://fragilestatesindex.org/data/.

48. Leandro Prados de la Escosura. "World Human Development: 1870–2007," EHES Working Paper No. 34 (January 2013).

49. Allison McCann, Jin Wu, and Josh Katz, "How the Coronavirus Compares with 100 Years of Deadly Events," *New York Times*, June 10, 2020, https://www.nytimes.com/interactive/2020/06/10/world/coronavirus-history.html. 以下も参照のこと。Jeremy Samuel Faust, Zhenqiu Lin, and Carlos del Rio, "Comparison of Estimated Excess Deaths in New York City During the COVID-19 and 1918 Influenza Pandemics," *JAMA Network Open* 3, no. 8 (2020), https://jamanetwork.com/journals/jamanetworkopen/fullarticle/2769236.

50. Edgar Jones, "The Psychology of Protecting the UK Public Against External Threat: COVID-19 and the Blitz Compared," *Lancet*, August 27, 2020, https://doi.org/10.1016/S2215-0366(20)30342-4.

## 第2章　惨事は予測可能か？

1. Lucretius, *On the Nature of the Universe*, trans. R. E. Latham, rev. ed. (Harmondsworth, UK: Penguin, 1994), pp. 64ff. ［邦訳：『物の本質について』樋口勝彦訳、岩波文庫、1961年］

2. Herbert Butterfield, *The Origins of History*, ed. J. H. Adam Watson (London: Eyre Methuen, 1981), p. 207.

3. Polybius, *The Rise of the Roman Empire*, trans. Ian Scott-Kilvert (Harmondsworth, UK: Penguin, 1979), pp. 41, 44; Tacitus, *The Histories*, trans. Kenneth Wellesley (Harmondsworth, UK: Penguin, 1975), p. 17. ［邦訳：『同時代史』國原吉之助訳、ちくま学芸文庫、2012年］

4. Butterfield, *Origins of History*, p. 125.

5. Michael Puett, "Classical Chinese Historical Thought," in *A Companion to Global Historical Thought*, ed. Prasenjit Duara, Viren Murthy, and Andrew Sartori (Hoboken, NJ: John Wiley, 2014), pp. 34–46. 以下も参照のこと。Edwin O. Reischauer, "The Dynastic Cycle," in *The Pattern of Chinese History*, ed. John Meskill (Lexington, KY: D. C. Heath, 1965), pp. 31–33.

6. Giambattista Vico, "The New Science," in *Theories of History*, ed. Patrick Gardiner (New York: Free Press, 1959), pp. 18f.

7. Pieter Geyl and Arnold Toynbee, "Can We Know the Pattern of the Past? A Debate," in *Theories of History*, ed. Patrick Gardiner (New York: Free Press, 1959), pp. 308ff. 短期間ながら強い影響力を持っていたものの、今ではほとんど読まれていない、トインビーの大作、*A Study of History*,［邦訳：『歴史の研究』1〜25、「歴史の研究」刊行会訳、経済往来社、1969〜1972年、他］については、以下を参照のこと。Arthur Marwick, *The Nature of History*, 3rd ed. (London: Palgrave Macmillan, 1989), pp. 287f.

8. Karl Marx, *Das Kapital: A Critique of Political Economy*, trans. Serge L. Levitsky (New York: Simon & Schuster, 2012), vol. I, chapter 32. ［邦訳：『資本論』（新版）1〜12、日本共産党中央委員会社会科学研究所監修、新日本出版社、2019〜2021年、他］
9. David C. Baker, "The Roman Dominate from the Perspective of Demographic-Structure Theory," *Cliodynamics* 2, no. 2 (2011), pp. 217–51.
10. Leonid Grinin, "State and Socio-Political Crises in the Process of Modernization," *Cliodynamics* 3, no. 1 (2012), pp. 124–57.
11. A. Korotayev et al., "A Trap at the Escape from the Trap? Demographic-Structural Factors of Political Instability in Modern Africa and West Asia," *Cliodynamics* 2, no. 2 (2011), p. 289.
12. H. Urdal, "People vs. Malthus: Population Pressure, Environmental Degradation, and Armed Conflict Revisited," *Journal of Peace Research* 42, no. 4 (July 2005), p. 430; H. Urdal, "A Clash of Generations? Youth Bulges and Political Violence," *International Studies Quarterly* 50 (September 2006), pp. 617, 624.
13. Jack A. Goldstone et al., "A Global Model for Forecasting Political Instability," *American Journal of Political Science* 54 no. 1 (January 2010), pp. 190–208. 以下も参照のこと。J. A. Goldstone, *Revolution and Rebellion in the Early Modern World* (Berkeley: University of California Press, 1991).
14. Arthur M. Schlesinger Jr., *The Cycles of American History* (New York: Houghton Mifflin Harcourt, 1986). ［邦訳：『アメリカ史のサイクル』Ⅰ・Ⅱ、猿谷要監修、飯野正子・高村宏子訳、パーソナルメディア、1988年］
15. William Strauss and Neil Howe, *The Fourth Turning: What the Cycles of History Tell Us About America's Next Rendezvous with Destiny* (New York: Three Rivers Press, 2009 [1997]). ［邦訳：『フォース・ターニング――第四の節目 アメリカの今ここにある危機は予言されていた！』奥山真司監訳、森孝夫訳、ビジネス社、2017年］
16. Robert Huebscher, "Neil Howe—The Pandemic and the Fourth Turning," Advisor Perspectives, May 20, 2020, https://www.advisorperspectives.com/articles/2020/05/20/neil-howe-the-pandemic-and-the-fourth-turning.
17. たとえば以下を参照のこと。W. R. Thompson, "Synthesizing Secular, Demographic-Structural, Climate, and Leadership Long Cycles: Moving Toward Explaining Domestic and World Politics in the Last Millennium," *Cliodynamics* 1, no. 1 (2010), pp. 26–57.
18. Ian Morris, "The Evolution of War," *Cliodynamics* 3, no. 1 (2012), pp. 9–37. 以下も参照のこと。S. Gavrilets, David G. Anderson, and Peter Turchin, "Cycling in the Complexity of Early Societies," *Cliodynamics* 1, no. 1 (2010), pp. 58–80.
19. Qiang Chen, "Climate Shocks, Dynastic Cycles, and Nomadic Conquests: Evidence from Historical China," School of Economics, Shandong University (October 2012).
20. たとえば以下を参照のこと。Michael J. Storozum et al., "The Collapse of the North Song Dynasty and the AD 1048–1128 Yellow River Floods: Geoarchaeological Evidence from Northern Henan Province, China," *Holocene* 28, no. 11 (2018), https://doi.org/10.1177/0959683618788682.
21. Peter Turchin, *Historical Dynamics: Why States Rise and Fall* (Princeton, NJ: Princeton University Press, 2003), p. 93. ［邦訳：『国家興亡の方程式――歴史に対する数学的アプローチ』水原文訳、ディスカヴァー・トゥエンティワン、2015年］
22. Peter Turchin, *War and Peace and War: The Rise and Fall of Empires* (New York: Plume, 2006), p. 163.
23. Peter Turchin and Sergey A. Nefedov, *Secular Cycles* (Princeton, NJ: Princeton University Press,

2009).

24. Turchin and Nefedov, *Secular Cycles*, p. 314.

25. Peter Turchin, "Arise 'Cliodynamics,'" *Nature* 454 (2008), pp. 34–35.

26. Peter Turchin, *Ages of Discord: A Structural-Demographic Analysis of American History* (Chaplin, CT: Beresta Books, 2016), p. 11.

27. Peter Turchin et al., "Quantitative Historical Analysis Uncovers a Single Dimension of Complexity That Structures Global Variation in Human Social Organization," *PNAS* 115, no. 2 (2018), pp. E144–E151.

28. Jaeweon Shin et al., "Scale and Information-Processing Thresholds in Holocene Social Evolution," *Nature Communications* 11, no. 2394 (2020), pp. 1–8, https://doi.org/10.1038/s41467-020-16035-9.

29. Shin, "Scale and Information-Processing Thresholds," p. 7.

30. Turchin and Nefedov, *Secular Cycles*.

31. Turchin, *Ages of Discord*, pp. 243f. 以下も参照のこと。Peter Turchin, "Dynamics of Political Instability in the United States, 1780–2010," *Journal of Peace Research* 49, no. 4 (July 2012), p. 12. 以下も参照のこと。Laura Spinney, "History as Science," *Nature*, August 2, 2012.

32. Turchin, *Ages of Discord*, pp. 72ff., 86ff., 91, 93, 104ff., 109f., 201–39.

33. Turchin, *Ages of Discord*, fig. 6.1.

34. Ray Dalio, "The Changing World Order: Introduction," *Principles* (blog), https://www.principles.com/the-changing-world-order/#introduction.

35. Dalio, "Changing World Order."

36. Michael Sheetz, "Ray Dalio Says 'Cash Is Trash' and Advises Investors Hold a Global, Diversified Portfolio," CNBC, January 21, 2020, https://www.cnbc.com/2020/01/21/ray-dalio-at-davos-cash-is-trash-as-everybody-wants-in-on-the-2020-market.html.

37. Andrea Saltelli et al., "Five Ways to Ensure That Models Serve Society: A Manifesto," *Nature*, June 24, 2020. 以下も参照のこと。D. Sarewitz, R. A. Pielke, and R. Byerly, *Prediction: Science, Decision Making, and the Future of Nature* (Washington, D.C.: Island Press, 2000).

38. Jared Diamond, *Collapse: How Societies Choose to Fall or Survive* (London: Penguin, 2011), p. 11. [邦訳:『文明崩壊——滅亡と存続の命運を分けるもの』上・下、楡井浩一訳、草思社文庫、2012年]

39. Diamond, *Collapse*, p. 509. [邦訳:『文明崩壊』]

40. Diamond, *Collapse*, pp. 118f. [邦訳:『文明崩壊』]

41. Benny Peiser, "From Genocide to Ecocide: The Rape of Rapa Nui," *Energy and Environment* 16, nos. 3–4 (2005); Terry L. Hunt and Carl P. Lipo, "Late Colonization of Easter Island," *Science*, March 9, 2006; Hunt and Lipo, *The Statues That Walked: Unraveling the Mystery of Easter Island* (Berkeley, CA: Counterpoint Press, 2012). ダイアモンドの応答については、以下を参照のこと。Mark Lynas, "The Myths of Easter Island—Jared Diamond Responds," September 22, 2011, *Mark Lynas* (blog), https://www.marklynas.org/2011/09/the-myths-of-easter-island-jared-diamond-responds/. 以下も参照のこと。Paul Bahn and John Flenley, "Rats, Men—or Dead Ducks?," *Current World Archaeology* 49 (2017), pp. 8f.

42. Catrine Jarman, "The Truth About Easter Island," *The Conversation*, October 12, 2017, https://theconversation.com/the-truth-about-easter-island-a-sustainable-society-has-been-falsely-blamed-for-its-own-demise-85563.

43. Jared Diamond, *Upheaval: How Nations Cope with Crisis and Change* (London: Allen Lane, 2019). [邦訳:『危機と人類』上・下、小川敏子・川上純子訳、日経ビジネス人文庫、2020年]

44. David Mamet, "The Code and the Key," *National Review*, May 14, 2020, https://www.nationalreview.com/magazine/2020/06/01/the-code-and-the-key/.

45. Aeschylus, *Agamemnon*, in *The Oresteia*, trans. Ian Johnston (Arlington, VA: Richer Resources, 2007), loc. 599, Kindle. [邦訳：『アガメムノーン』久保正彰訳、岩波文庫、1998年、他]

46. Aeschylus, *Agamemnon*, loc. 599, 617. [邦訳：『アガメムノーン』]

47. Aeschylus, *Agamemnon*, loc. 689. [邦訳：『アガメムノーン』]

48. Aeschylus, *Agamemnon*, loc. 727, 748. [邦訳：『アガメムノーン』]

49. Aeschylus, *The Libation Bearers,* in *The Oresteia*, trans. Ian Johnston (Arlington, VA: Richer Resources, 2007), loc. 1074, Kindle.

50. Aeschylus, *The Kindly Ones*, in *The Oresteia*, trans. Ian Johnston (Arlington, VA: Richer Resources, 2007), loc. 2029, Kindle.

51. Sophocles, *Oedipus Rex*, trans. Francis Storr (London: Heinemann, 1912). [邦訳：『オイディプス王』河合祥一郎訳、光文社古典新訳文庫、2017年、他]

52. Richard A. Clarke and R. P. Eddy, *Warnings: Finding Cassandras to Stop Catastrophes* (New York: HarperCollins, 2018).

53. Clarke and Eddy, *Warnings*, pp. 171–76.

54. Clarke and Eddy, *Warnings*, pp. 177–81.

55. Nick Bostrom, *Anthropic Bias: Observation Selection Effects in Science and Philosophy* (New York: Routledge, 2002); Charles S. Taber and Milton Lodge, "Motivated Skepticism in the Evaluation of Political Beliefs," *American Journal of Political Science* 50, no. 3 (2006), pp. 755–69.

56. Frank H. Knight, *Risk, Uncertainty and Profit* (Boston: Houghton Mifflin, 1921). 以下も参照のこと。John A. Kay and Mervyn A. King, *Radical Uncertainty: Decision-Making Beyond the Numbers* (New York: W. W. Norton, 2020).

57. John Maynard Keynes, "The General Theory of Employment," *Quarterly Journal of Economics* 51, no. 2 (1937), p. 214.

58. Daniel Kahneman and Amos Tversky, "Prospect Theory: An Analysis of Decision Under Risk," *Econometrica* 47, no. 2 (March 1979), pp. 263–92.

59. Eliezer Yudkowsky, "Cognitive Biases Potentially Affecting Judgement of Global Risks," in *Global Catastrophic Risks*, ed. Nick Bostrom and Milan M. Ćirković (Oxford: Oxford University Press, 2008), pp. 91–119.

60. Leon Festinger, *A Theory of Cognitive Dissonance* (Stanford, CA: Stanford University Press, 1957), pp. 2f. [邦訳：『認知的不協和の理論――社会心理学序説』末永俊郎監訳、誠信書房、1965年]

61. Gilbert Ryle, *The Concept of Mind* (Chicago: University of Chicago Press, 1949), p. 17. [邦訳：『心の概念』坂本百大・井上治子・服部裕幸共訳、みすず書房、1987年]

62. Ryle, *Concept of Mind*, pp. 15f. [邦訳：『心の概念』]

63. Keith Thomas, *Religion and the Decline of Magic: Studies in Popular Beliefs in Sixteenth and Seventeenth Century England* (London: Weidenfeld & Nicolson, 1971). [邦訳：『宗教と魔術の衰退』荒木正純訳、法政大学出版局、1933年]

64. Thomas S. Kuhn, *The Structure of Scientific Revolutions* (Chicago: University of Chicago Press, 2006 [1962]). [邦訳：『科学革命の構造』中山茂訳、みすず書房、1971年]

65. たとえば以下を参照のこと。R. M. Szydlo, I. Gabriel, E. Olavarria, and J. Apperley, "Sign of the Zodiac as a Predictor of Survival for Recipients of an Allogeneic Stem Cell Transplant for Chronic Myeloid Leukaemia (CML): An Artificial Association," *Transplantation Proceedings* 42 (2010), pp. 3312–15.

66. Philip W. Tetlock and Dan Gardiner, *Superforecasting: The Art and Science of Prediction* (New York: Crown, 2015).［邦訳：『超予測力——不確実な時代の先を読む10カ条』土方奈美訳、ハヤカワ文庫、2018年］
67. Scott Alexander, *Slate Star Codex* (blog), April 14, 2020, https://slatestarcodex.com/2020/04/14/a-failure-but-not-of-prediction/.
68. Edward Verrall Lucas, *The Vermilion Box* (New York: George H. Doran Company, 1916), p. 343.
69. Lucas, *Vermilion Box*, pp. 342f.
70. Lucas, *Vermilion Box*, p. 346.
71. Carl Werthman, "The Police as Perceived by Negro Boys," in *The American City: A Source Book of Urban Imagery*, ed. Anselm L. Strauss (Chicago: Aldine, 1968), p. 285.

## 第3章　惨事はどのように起こるのか？

1. Kevin Rawlinson, "'This Enemy Can Be Deadly': Boris Johnson Invokes Wartime Language," *Guardian*, March 17, 2020; Donald J. Trump (@realDonaldTrump), "The Invisible Enemy will soon be in full retreat!" Twitter, April 10, 2020, 9:15 a.m., https://twitter.com/realdonaldtrump/status/1248630671754563585.
2. Lawrence Freedman, "Coronavirus and the Language of War," *New Statesman*, April 11, 2020, https://www.newstatesman.com/science-tech/2020/04/coronavirus-and-language-war; Karl Eikenberry and David Kennedy Tuesday, "World War COVID-19: Who Bleeds, Who Pays?," *Lawfare* (blog), April 28, 2020, https://www.lawfareblog.com/world-war-covid-19-who-bleeds-who-pays.
3. Anne Curry, *The Hundred Years War*, 2nd ed. (Basingstoke, UK: Palgrave Macmillan, 2003), p. 5.
4. Izabella Kaminska, "Man Group's Draaisma Notes Inflation Paradigm Shift Is Possible," *Financial Times*, March 20, 2020, https://ftalphaville.ft.com/2020/03/20/1584698846000/Man-Group-s-Draaisma-notes-inflation-paradigm-shift-is-possible/.
5. John Authers, "And Now for Something Completely Different," Bloomberg, March 19, 2020, https://www.bloomberg.com/opinion/articles/2020-03-19/lagarde-s-ecb-bazooka-needs-fiscal-support-from-governments.
6. "Coronavirus Tracked," *Financial Times*, July 10, 2020, https://www.ft.com/content/a26fbf7e-48f8-11ea-aeb3-955839e06441.以下も参照のこと。Giuliana Viglione, "How Many People Has the Coronavirus Killed?," *Nature* 585 (September 1, 2020), pp. 22–24, https://www.nature.com/articles/d41586-020-02497-w.
7. Patrick G. T. Walker et al., "The Global Impact of COVID-19 and Strategies for Mitigation and Suppression," Imperial College COVID-19 Response Team Report 12, (March 26, 2020), https://doi.org/10.25561/77735.
8. Michele Wucker, *The Gray Rhino: How to Recognize and Act on the Obvious Dangers We Ignore* (New York: Macmillan, 2016).
9. Nassim Nicholas Taleb, *The Black Swan: The Impact of the Highly Improbable* (London: Penguin/Allen Lane, 2007).［邦訳：『ブラック・スワン——不確実性とリスクの本質』上・下、望月衛訳、ダイヤモンド社、2009年］
10. Peter Taylor, "Catastrophes and Insurance," in *Global Catastrophic Risks*, ed. Nick Bostrom and

Milan M. Ćirković (Oxford: Oxford University Press, 2008), p. 181. 以下も参照のこと。Didier Sornette, *Critical Phenomena in Natural Sciences: Chaos, Fractals, Self-Organization and Disorder: Concepts and Tools*, 2nd ed. (Berlin: Springer, 2004).

11. Mark Buchanan, *Ubiquity: Why Catastrophes Happen* (New York: Crown, 2002).［邦訳：『歴史は「べき乗則」で動く――種の絶滅から戦争までを読み解く複雑系科学』水谷淳訳、ハヤカワ文庫、2009年］
12. Brian Hayes, "Statistics of Deadly Quarrels," *American Scientist* 90 (January–February 2002), pp. 10–15.
13. Céline Cunen, Nils Lid Hjort, and Håvard Mokleiv Nygård, "Statistical Sightings of Better Angels: Analysing the Distribution of Battle-Deaths in Interstate Conflict Over Time," *Journal of Peace Research* 57, no. 2 (2020), pp. 221–34.
14. Edward D. Lee et al., "A Scaling Theory of Armed Conflict Avalanches," April 29, 2020, arXiv:2004.14311v1.
15. Didier Sornette, "Dragon Kings, Black Swans and the Prediction of Crises," Swiss Finance Institute Research Paper Series 09–36 (2009), http://ssrn.com/abstract=1470006.
16. Edward Lorenz, "Deterministic Nonperiodic Flow," *Journal of the Atmospheric Sciences*, 20 (1963), pp. 130, 141.
17. Edward Lorenz, "Predictability: Does the Flap of a Butterfly's Wings in Brazil Set Off a Tornado in Texas?", 1972年12月29日にアメリカ科学振興協会で発表。
18. Simon Kennedy and Peter Coy, "Why Are Economists So Bad at Forecasting Recessions?," Bloomberg Businessweek, March 27, 2019, https://www.bloomberg.com/news/articles/2019-03-28/economists-are-actually-terrible-at-forecasting-recessions.
19. Christopher G. Langton, "Computation at the Edge of Chaos: Phase Transitions and Emergent Computation," *Physica D: Nonlinear Phenomena* 42, nos. 1–3 (1990), pp. 12–37.
20. Taleb, *Black Swan*, pp. 62–84.［邦訳：『ブラック・スワン』］
21. Lawrence Wright, *The Looming Tower: Al-Qaeda and the Road to 9/11* (New York: Alfred A. Knopf, 2006).［邦訳：『倒壊する巨塔――アルカイダと「9・11」への道』上・下、平賀秀明訳、白水社、2009年］
22. Paul Krugman, "Disaster and Denial," *New York Times*, December 13, 2009.
23. Melanie Mitchell, *Complexity: A Guided Tour* (New York: Oxford University Press, 2009).［邦訳：『ガイドツアー 複雑系の世界――サンタフェ研究所講義ノートから』高橋洋訳、紀伊國屋書店、2011年］
24. M. Mitchell Waldrop, *Complexity: The Emerging Science at the Edge of Chaos* (New York: Simon & Schuster, 1992).［邦訳：『複雑系――科学革命の震源地・サンタフェ研究所の天才たち』田中三彦・遠山峻征訳、新潮文庫、2000年］
25. 以下を参照のこと。John H. Holland, *Hidden Order: How Adaptation Builds Complexity* (New York: Perseus, 1995).
26. たとえば以下を参照のこと。Stuart Kauffman, *At Home in the Universe: The Search for the Laws of Self-Organization and Complexity* (New York: Oxford University Press, 1995), p. 5.［邦訳：『自己組織化と進化の論理――宇宙を貫く複雑系の法則』米沢富美子監訳、森弘之・五味壮平・藤原進訳、ちくま学芸文庫、2008年］
27. Holland, *Hidden Order*, p. 5. 以下も参照のこと。John H. Holland, *Emergence: From Chaos to Order* (Reading, MA: Perseus, 1998).
28. Nassim Nicholas Taleb, "The Fourth Quadrant: A Map of the Limits of Statistics," *Edge*,

September 15, 2008.
29. Niall Ferguson, *The Ascent of Money: A Financial History of the World* (New York: Penguin Press, 2008).［邦訳：『マネーの進化史』仙名紀訳、ハヤカワ文庫、2015年］
30. Yacov Haimes, "Systems-Based Risk Analysis," in *Global Catastrophic Risks*, ed. Nick Bostrom and Milan M. Ćirković (Oxford: Oxford University Press, 2008), pp. 161f.
31. D. C. Krakauer, "The Star Gazer and the Flesh Eater: Elements of a Theory of Metahistory," *Cliodynamics* 2. no. 1 (2011), pp. 82–105; Peter J. Richerson, "Human Cooperation Is a Complex Problem with Many Possible Solutions: Perhaps All of Them Are True!," *Cliodynamics* 4, no. 1 (2013), pp. 139–52.
32. W. R. Thompson, "Synthesizing Secular, Demographic-Structural, Climate, and Leadership Long Cycles: Explaining Domestic and World Politics in the Last Millennium," Annual Meeting of the International Studies Association, San Francisco (2008).
33. "The World Should Think Better About Catastrophic and Existential Risks," *Economist*, June 25, 2020, https://www.economist.com/briefing/2020/06/25/the-world-should-think-better-about-catastrophic-and-existential-risks.
34. William Napier, "Hazards from Comets and Asteroids," in *Global Catastrophic Risks*, ed. Nick Bostrom and Milan M. Ćirković (Oxford: Oxford University Press, 2008), pp. 230–35.
35. Michael M. Rampino, "Super-Volcanism and Other Geophysical Processes of Catastrophic Import," in *Global Catastrophic Risks*, ed. Nick Bostrom and Milan M. Ćirković (Oxford: Oxford University Press, 2008), pp. 214f.
36. Joseph R. McConnell et al., "Extreme Climate After Massive Eruption of Alaska's Okmok Volcano in 43 BCE and Effects on the Late Roman Republic and Ptolemaic Kingdom," *PNAS* 117, no. 27 (2020), pp. 15443–49, https://doi.org/10.1073/pnas.2002722117.
37. Giuseppe Mastrolorenzo et al., "The Avellino 3780-yr-B.P. Catastrophe as a Worst-Case Scenario for a Future Eruption at Vesuvius," *PNAS* 103, no. 12 (March 21, 2006), pp. 4366–70, https://doi.org/10.1073/pnas.0508697103.
38. "Two Letters Written by Pliny the Younger About the Eruption of Vesuvius," Pompeii Tours, http://www.pompeii.org.uk/s.php/tour-the-two-letters-written-by-pliny-the-elder-about-the-eruption-of-vesuvius-in-79-a-d-history-of-pompeii-en-238-s.htm.
39. John A. Eddy, "The Maunder Minimum," *Science* 192, no. 4245 (June 1976), pp. 1189–1202, https://doi:10.1126/science.192.4245.1189.
40. Catherine Connors, "In the Land of the Giants: Greek and Roman Discourses on Vesuvius and the Phlegraean Fields," *Illinois Classical Studies* 40, no. 1 (2015), pp. 121–37. 以下も参照のこと。Andrew Wallace-Hadrill, "Pompeii—Portents of Disaster," BBC History, 2011年3月29日に最新の更新。http://www.bbc.co.uk/history/ancient/romans/pompeii_portents_01.shtml.
41. "Two Letters Written by Pliny the Younger About the Eruption of Vesuvius."
42. "Two Letters Written by Pliny the Younger About the Eruption of Vesuvius."
43. Giuseppe Mastrolorenzo et al., "Herculaneum Victims of Vesuvius in AD 79," *Nature* 410, no. 6830 (April 12, 2001), pp. 769–70, https://doi.org/10.1038/35071167.
44. Boris Behncke, "The Eruption of 1631," Geological and Mining Engineering and Sciences, Michigan Tech, January 14, 1996, http://www.geo.mtu.edu/volcanoes/boris/mirror/mirrored_html/VESUVIO_1631.html.
45. Catherine Edwards, "Italy Puzzles Over How to Save 700,000 People from Wrath of Vesuvius," *The Local*, October 13, 2016, https://www.thelocal.it/20161013/evacuation-plan-for-vesuvius-

eruption-naples-campania-will-be-ready-by-october.

46. F. Lavigne et al., "Source of the Great A.D. 1257 Mystery Eruption Unveiled, Samalas Volcano, Rinjani Volcanic Complex, Indonesia," *PNAS* 110, no. 42 (2013), pp. 16742–47, https://doi.org/10.1073/pnas.1307520110.

47. Aatish Bhatia, "The Sound So Loud That It Circled the Earth Four Times," *Nautilus*, September 29, 2014, http://nautil.us/blog/the-sound-so-loud-that-it-circled-the-earth-four-times.

48. Tom Simkin and Richard S. Fiske, *Krakatau 1883: The Volcanic Eruption and Its Effects* (Washington, D.C.: Smithsonian Institution Press, 1983).

49. I. Yokoyama, "A Geophysical Interpretation of the 1883 Krakatau Eruption." *Journal of Volcanology and Geothermal Research* 9, no. 4 (March 1981), p. 359, https://doi.org/10.1016/0377-0273(81)90044-5. 以下も参照のこと。 Simon Winchester, *Krakatoa: The Day the World Exploded* (London: Penguin, 2004)［邦訳：『クラカトアの大噴火――世界の歴史を動かした火山』柴田裕之訳、早川書房、2004年］; Benjamin Reilly, *Disaster and Human History: Case Studies in Nature, Society and Catastrophe* (Jefferson, NC, and London: McFarland, 2009), pp. 44f.

50. Reilly, *Disaster and Human History*, pp. 44f.

51. K. L. Verosub and J. Lippman, "Global Impacts of the 1600 Eruption of Peru's Huaynaputina Volcano," *Eos* 89, no. 15 (2008), pp. 141–48.

52. William S. Atwell, "Volcanism and Short-Term Climatic Change in East Asian and World History, c.1200–1699," *Journal of World History* 12, no. 1 (2001), pp. 29–98.

53. T. De Castella, "The Eruption That Changed Iceland Forever," BBC News, April 16, 2010, http://news.bbc.co.uk/1/hi/8624791.stm; J. Grattan et al., "Volcanic Air Pollution and Mortality in France 1783–1784," *C. R. Geoscience* 337, no. 7 (2005), pp. 641–51.

54. B. de Jong Boers, "Mount Tambora in 1815: A Volcanic Eruption in Indonesia and Its Aftermath," *Indonesia* 60 (1995), pp. 37–60.

55. Raymond S. Bradley, "The Explosive Volcanic Eruption Signal in Northern Hemisphere Continental Temperature Records," *Climatic Change* 12 (1988), pp. 221–43, http://www.geo.umass.edu/faculty/bradley/bradley1988.pdf.

56. Mary Bagley, "Krakatoa Volcano: Facts About 1883 Eruption," *LiveScience*, September 15, 2017, https://www.livescience.com/28186-krakatoa.html; Stephen Self and Michael R. Rampino, "The 1883 Eruption of Krakatau," *Nature* 294 (December 24, 1981), p. 699, https://doi.org/10.1038/294699a0.

57. Alexander Koch et al., "Earth System Impacts of the European Arrival and Great Dying in the Americas After 1492," *Quaternary Science Reviews* 207 (2019), pp. 13–36. 厳しい批判については、以下を参照のこと。 Alberto Borettia, "The European Colonization of the Americas as an Explanation of the Little Ice Age," *Journal of Archaeological Science: Reports* 29 (February 2020).

58. John A. Matthews and Keith R. Briffa, "The 'Little Ice Age': Re-Evaluation of an Evolving Concept," *Geografiska Annaler* 87 (2005), pp. 17–36.

59. M. Kelly and Cormac Ó Gráda, "The Economic Impact of the Little Ice Age," UCD School of Economics Working Paper Series, WP10/14 (2010), pp. 1–20. 以下を参照のこと。 Tom de Castella, "Frost Fair: When an Elephant Walked on the Frozen River Thames," *BBC News Magazine*, January 28, 2014, https://www.bbc.com/news/magazine-25862141.

60. Atwell, "Volcanism," pp. 53, 69; Verosub and Lippman, "Global Impacts."

61. G. Neale, "How an Icelandic Volcano Helped Spark the French Revolution," *Guardian*, April 15, 2010, http://www.guardian.co.uk/world/2010/apr/15/iceland-volcano-weather-french-revolution/

print.

62. De Jong Boers, "Mount Tambora in 1815."

63. Robert Coontz, "Comparing Earthquakes, Explained," *Science*, March 15, 2011, https://www.sciencemag.org/news/2011/03/comparing-earthquakes-explained.

64. U.S. Geological Survey, "Preferred Magnitudes of Selected Significant Earthquakes," June 24, 2013, https://earthquake.usgs.gov/data/sign_eqs.pdf.

65. Eduard G. Reinhardt et al., "The Tsunami of 13 December A.D. 115 and the Destruction of Herod the Great's Harbor at Caesarea Maritima, Israel," *Geology* 34, no. 12 (December 2006), pp. 1061–64, https://doi.org/10.1130/G22780A.1.

66. Mohamed Reda Sbeinati, Ryad Darawcheh, and Mikhail Mouty, "The Historical Earthquakes of Syria: An Analysis of Large and Moderate Earthquakes from 1365 B.C. to 1900 A.D.," *Annals of Geophysics* 48 (June 2005), p. 355, https://www.earth-prints.org/bitstream/2122/908/1/01Sbeinati.pdf.

67. H. Serdar Akyuz et al., "Historical Earthquake Activity of the Northern Part of the Dead Sea Fault Zone, Southern Turkey," *Tectonophysics* 426, nos. 3–4 (November 2006), p. 281.

68. Mischa Meier, "Natural Disasters in the Chronographia of John Malalas: Reflections on Their Function—An Initial Sketch," *Medieval History Journal* 10, nos. 1–2 (October 2006), p. 242, https://doi.org/10.1177/097194580701000209.

69. Lee Mordechai, "Antioch in the Sixth Century: Resilience or Vulnerability?," in *Environment and Society in the Long Late Antiquity*, ed. Adam Izdebski and Michael Mulryan (Leiden: Koninklijke Brill, 2018), pp. 25–41.

70. G. Magri and D. Molin, *Il terremoto del dicembre 1456 nell'Appeninno centro-meridionale* (Rome: Energia Nucleare ed Energie Alternative [ENEA], 1983), pp. 1–180.

71. Umberto Fracassi and Gianluca Valensise, "Frosolone Earthquake of 1456," *Istituto Nazionale di Geofisica e Vulcanologia (INGV) Database of Individual Seismogenic Sources*, August 4, 2006, p. 20. 以下も参照のこと。C. Meletti et al., "Il terremoto del 1456 e la sua interpretazione nel quadro sismotettonico dell'Appennino Meridionale," in *Il terremoto del 1456. Osservatorio Vesuviano, storia e scienze della Terra*, ed. B. Figliuolo (1998), pp. 71–108; Gruppo di Lavoro CPTI, "Catalogo Parametrico dei Terremoti Italiani, versione 2004 (CPTI04)," Istituto Nazionale di Geofisica e Vulcanologia (2004), http://emidius.mi.ingv.it/CPTI; Enzo Boschi et al., "Catalogue of Strong Italian Earthquakes from 461 B.C. to 1997," *Annals of Geophysics* 43, no. 4 (2000), pp. 609–868, https://doi.org/10.4401/ag-3668.

72. C. Nunziata and M. R. Costanzo, "Ground Shaking Scenario at the Historical Center of Napoli (Southern Italy) for the 1456 and 1688 Earthquakes," *Pure and Applied Geophysics* 177 (January 2020), pp. 3175–90, https://doi.org/10.1007/s00024-020-02426-y.

73. A. Amoruso et al., "Spatial Reaction Between the 1908 Messina Straits Earthquake Slip and Recent Earthquake Distribution," *Geophysical Research Letters* 33, no. 17 (September 2006), p. 4, https://doi.org/10.1029/2006GL027227.

74. Giuseppe Restifo, "Local Administrative Sources on Population Movements After the Messina Earthquake of 1908," *Istituto Nazionale di Geofisica e Vulcanologia (INGV) Annals of Geophysics* 38, nos. 5–6 (November–December 1995), pp. 559–66, https://doi.org/10.4401/ag-4058; Heather Campbell, "Messina Earthquake and Tsunami of 1908," *Encyclopaedia Britannica*, January 29, 2020, https://www.britannica.com/event/Messina-earthquake-and-tsunami-of-1908.

75. Emanuela Guidoboni, "Premessa a terremoti e storia," *Quaderni Storici* 20, no. 60 (3) (December

1985), pp. 653–64, https://www.jstor.org/stable/43777325.

76. Giacomo Parrinello, "Post-Disaster Migrations and Returns in Sicily: The 1908 Messina Earthquake and the 1968 Belice Valley Earthquake," *Global Environment* 9 (2012), pp. 26–49, http://www.environmentandsociety.org/sites/default/files/key_docs/ge9_parrinello.pdf.

77. A. S. Pereira, "The Opportunity of a Disaster: The Economic Impact of the 1755 Lisbon Earthquake," *Journal of Economic History* 69, no. 2 (June 2009), pp. 466–99.

78. Pereira, "Opportunity of a Disaster," pp. 487f.

79. Gregory Clancey, "The Meiji Earthquake: Nature, Nation, and the Ambiguities of Catastrophe," *Modern Asian Studies* 40, no. 4 (2006), p. 920.

80. Gregory Clancey, "Japanese Seismicity and the Limits of Prediction," *Journal of Asian Studies* 71, no. 2 (May 2012), p. 335.

81. Christopher Sholz, "What Ever Happened to Earthquake Prediction?," *Geotimes* 17 (1997), pp. 16–19.

82. Ishibashi Katsuhiko, "Why Worry? Japan's Nuclear Plans at Growing Risk from Quake Damage," *International Herald Tribune*, August 11, 2007. 以下に再掲載された。*Asia-Pacific Journal: Japan Focus*, http://www.japanfocus.org/-Ishibashi-Katsuhiko/2495.

83. Richard A. Clarke and R. P. Eddy, *Warnings: Finding Cassandras to Stop Catastrophes* (New York: HarperCollins, 2018), pp. 76ff., 92, 96f.

84. Peter Symonds, "The Asian Tsunami: Why There Were No Warnings," World Socialist web site, January 3, 2005, https://www.wsws.org/en/articles/2005/01/warn-j03.html.

85. "Scientist Who Warned of Tsunamis Finally Heard," NBC News, November 1, 2005, https://www.nbcnews.com/id/wbna6813771. 以下も参照のこと。Natalie Muller, "Tsunami Warning: Why Prediction Is So Hard," *Australian Geographic*, May 11, 2012, https://www.australiangeographic.com.au/topics/science-environment/2012/05/tsunami-warning-why-prediction-is-so-hard/.

86. Becky Oskin, "Two Years Later: Lessons from Japan's Tohoku Earthquake," *LiveScience*, March 10, 2013, https://www.livescience.com/27776-tohoku-two-years-later-geology.html.

87. Clarke and Eddy, *Warnings*, pp. 81–82.

88. Ari M. Beser, "One Man's Harrowing Story of Surviving the Japan Tsunami," *National Geographic*, March 23, 2016, https://blog.nationalgeographic.org/2016/03/23/exclusive-one-mans-harrowing-story-of-surviving-the-japan-tsunami/.

89. Clancey, "Japanese Seismicity," p. 333.

90. Harrison Salisbury, *The Great Black Dragon Fire* (New York: Little, Brown, 1989).

91. Rev. Peter Pernin and Stephen J. Pyne, *The Great Peshtigo Fire: An Eyewitness Account* (Madison: Wisconsin Historical Society Press, 1999), loc. 273–75, Kindle. 2020年にカリフォルニア州で起こった最大の林野火災「オーガスト・コンプレックス」による推定焼失面積は4000平方キロメートルを若干上回ったが、これはペシュティーゴ火災には及ばなかった。

92. Erin Blakemore, "Why America's Deadliest Wildfire Is Largely Forgotten Today," *History*, August 4, 2017 (2018年9月1日に更新), https://www.history.com/news/why-americas-deadliest-wildfire-is-largely-forgotten-today.

93. Pernin and Pyne, *Great Peshtigo Fire*, loc. 273–75.

94. Pernin and Pyne, *Great Peshtigo Fire*, 413–14.

95. Pernin and Pyne, *Great Peshtigo Fire*, loc. 437–47. 以下も参照のこと。Tom Hultquist, "The Great Midwest Fire of 1871," https://www.weather.gov/grb/peshtigofire2.

96. A. Korotayev et al., "A Trap at the Escape from the Trap? Demographic-Structural Factors of Political Instability in Modern Africa and West Asia," *Cliodynamics* 2, no. 2 (2011), pp. 276–303.

97. Thayer Watkins, "The Catastrophic Dam Failures in China in August 1975," San José State University Department of Economics, 日付不明 https://www.sjsu.edu/faculty/watkins/aug1975.htm.

98. Yi Si, "The World's Most Catastrophic Dam Failures: The August 1975 Collapse of the Banqiao and Shimantan Dams," in *The River Dragon Has Come!*, ed. Dai Qing (New York: M. E. Sharpe, 1998).

99. Eric Fish, "The Forgotten Legacy of the Banqiao Dam Collapse," *Economic Observer*, February 8, 2013, http://www.eeo.com.cn/ens/2013/0208/240078.shtml; Justin Higginbottom, "230,000 Died in a Dam Collapse That China Kept Secret for Years," *Ozy*, February 17, 2019, https://www.ozy.com/true-and-stories/230000-died-in-a-dam-collapse-that-china-kept-secret-for-years/91699/; Kenneth Pletcher and Gloria Lotha, "Typhoon Nina—Banqiao Dam Failure," *Encyclopaedia Britannica* (2014), https://www.britannica.com/event/Typhoon-Nina-Banqiao-dam-failure. 以下も参照のこと。N. H. Ru and Y. G. Niu, *Embankment Dam—Incidents and Safety of Large Dams* (Beijing: Water Power Press, 2001) (in Chinese).

100. Yi, "World's Most Catastrophic Dam Failures."

101. "The Three Gorges Dam in China: Forced Resettlement, Suppression of Dissent and Labor Rights Concerns," *Human Rights Watch* 7, no. 1 (February 1995), https://www.hrw.org/reports/1995/China1.htm.

102. David Schoenbrod, "The Lawsuit That Sank New Orleans," *Wall Street Journal*, September 26, 2005, http://online.wsj.com/article/SB112769984088951774.html.

103. Lawrence H. Roth, "The New Orleans Levees: The Worst Engineering Catastrophe in US History —What Went Wrong and Why." 以下でのセミナーより。Auburn University College of Engineering, April 5, 2007, https://web.archive.org/web/20071015234208/http://eng.auburn.edu/admin/marketing/seminars/2007/l-roth.html.

104. Rawle O. King, "Hurricane Katrina: Insurance Losses and National Capacities for Financing Disaster Risks," Congressional Research Service Report for Congress, January 31, 2008, table 1.

105. John Schwartz, "One Billion Dollars Later, New Orleans Is Still at Risk," *New York Times*, August 17, 2007; Michael Lewis, "In Nature's Casino," *New York Times Magazine*, August 26, 2007.

106. Clarke and Eddy, *Warnings*, pp. 41–45.

107. Louise K. Comfort, "Cities at Risk: Hurricane Katrina and the Drowning of New Orleans," *Urban Affairs Review* 41, no. 4 (March 2006), pp. 501–16.

108. Clark and Eddy, *Warnigs*, pp. 47–54.

109. U.S. House of Representatives, *A Failure of Initiative: Final Report of the Select Bipartisan Committee to Investigate the Preparation for and Response to Hurricane Katrina* (Washington, D.C.: U.S. Government Printing Office, 2006), https://www.nrc.gov/docs/ML1209/ML12093A081.pdf.

110. Neil L. Frank and S. A. Husain, "The Deadliest Tropical Cyclone in History?," *Bulletin of the American Meteorological Society* 52, no. 6 (June 1971), p. 441.

111. "A Brief History of the Deadliest Cyclones in the Bay of Bengal," *Business Standard*, May 19, 2020, https://tbsnews.net/environment/brief-history-deadliest-cyclones-bay-bengal-83323.

112. Frank and Husain, "Deadliest Tropical Cyclone," p. 443.

113. Jack Anderson, "Many Pakistan Flood Victims Died Needlessly," *Lowell Sun*, January 31, 1971, https://www.newspapers.com/clip/2956402/many-pakistan-flood-victims-died/.

114. N. D. Kondratieff and W. F. Stolper, "The Long Waves in Economic Life," *Review of Economics*

*and Statistics* 17, no. 6 (November 1935), pp. 105–15.

115. Paul Schmelzing, “Eight Centuries of Global Real Rates, R-G, and the ‘Suprasecular Decline,’ 1311-2018” (PhD diss., Harvard University, August 2019). 概括については、以下を参照のこと。Paul Schmelzing, “Eight Centuries of Global Real Interest Rates, R-G, and the ‘Suprasecular’ Decline, 1311–2018,” Bank of England Staff Working Paper No. 845 (January 2020), https://www.bankofengland.co.uk/working-paper/2020/eight-centuries-of-global-real-interest-rates-r-g-and-the-suprasecular-decline-1311-2018.

## 第4章　ネットワーク化した世界

1. George R. Havens, “The Conclusion of Voltaire's Poème sur le désastre de Lisbonne,” *Modern Language Notes* 56 (June 1941), pp. 422–26. 以下も参照のこと。Peter Gay, *The Enlightenment: An Interpretation*, vol. I (New York: W.W. Norton, 1995), pp. 51f.

2. Voltaire, “The Lisbon Earthquake,” in *Candide, or Optimism*, trans. Tobias Smollett (London: Penguin, 2005).

3. John T. Scott, “Pride and Providence: Religion in Rousseau's Lettre à Voltaire sur la providence,” in *Rousseau and* l'Infâme*: Religion, Toleration, and Fanaticism in the Age of Enlightenment*, ed. Ourida Mostefai and John T. Scott (Amsterdam and New York: Editions Rodopi, 2009), pp. 116–32.

4. Catriona Seth, “Why Is There an Earthquake in Candide?,” Oxford University, https://bookshelf.mml.ox.ac.uk/2017/03/29/why-is-there-an-earthquake-in-candide/.

5. Maria Teodora et al., “The French Enlightenment Network,” *Journal of Modern History* 88, no. 3 (September 2016), pp. 495–534.

6. Julie Danskin, “The ‘Hotbed of Genius’: Edinburgh's Literati and the Community of the Scottish Enlightenment,” *eSharp*, special issue 7: *Real and Imagined Communities* (2013), pp. 1–16.

7. Adam Smith, *The Theory of Moral Sentiments* (Los Angeles: Enhanced Media Publishing, 2016 [1759]), p. 157. [邦訳：『道徳感情論』村井章子・北川知子訳、日経BP、2014年]

8. Claud Cockburn, *In Time of Trouble: An Autobiography* (London: Hart-Davis, 1957), p. 125.

9. “‘Times’ Not Amused by Parody Issue,” *New York*, July 30, 1979, p. 8.

10. Geoffrey West, *Scale: The Universal Laws of Growth, Innovation, Sustainability, and the Pace of Life in Organisms, Cities, Economies, and Companies* (New York: Penguin Press, 2017). [邦訳：『スケール——生命、都市、経済をめぐる普遍的法則』上・下、山形浩生、森本正史訳、早川書房、2020年]

11. Steven H. Strogatz, “Exploring Complex Networks,” *Nature* 410 (March 8, 2001), pp. 268–76.

12. Duncan J. Watts, “Networks, Dynamics, and the Small-World Phenomenon,” *American Journal of Sociology* 105, no. 2 (1999), p. 515.

13. Geoffrey West, “Can There Be a Quantitative Theory for the History of Life and Society?,” *Cliodynamics* 2, no. 1 (2011), pp. 211f.

14. Guido Caldarelli and Michele Catanzaro, *Networks: A Very Short Introduction* (Oxford: Oxford University Press, 2011), pp. 23f. [邦訳：『ネットワーク科学——つながりが解き明かす世界のかたち』増田直紀監訳、高口太朗訳、丸善出版、2014年]

15. Joseph Henrich, *The Secret of Our Success: How Culture Is Driving Human Evolution, Domesticating Our Species, and Making Us Smarter* (Princeton, NJ: Princeton University Press, 2016), p. 5. [邦訳：『文化がヒトを進化させた——人類の繁栄と〈文化-遺伝子革命〉』今西康子訳、白揚社、2019年]

16. R. I. M. Dunbar, "Coevolution of Neocortical Size, Group Size and Language in Humans," *Behavioral and Brain Sciences* 16, no. 4 (1993), pp. 681–735.

17. Nicholas A. Christakis and James H. Fowler, *Connected: The Surprising Power of Our Social Networks and How They Shape Our Lives* (New York: Little, Brown, 2009), p. 239. ［邦訳：『つながり――社会的ネットワークの驚くべき力』鬼澤忍訳、講談社、2010年］

18. Michael Tomasello et al., "Two Key Steps in the Evolution of Human Cooperation: The Interdependence Hypothesis," *Current Anthropology* 53, no. 6 (2012), pp. 673–92.

19. Douglas S. Massey, "A Brief History of Human Society: The Origin and Role of Emotion in Social Life," *American Sociological Review* 67, no.1 (2002), pp. 3–6.

20. J. R. McNeill and William McNeill, *The Human Web: A Bird's-Eye View of Human History* (New York and London: W. W. Norton, 2003). ［『世界史――人類の結びつきと相互作用の歴史』1・2、福岡洋一訳、楽工社、2015年］

21. Niall Ferguson, *The Square and the Tower: Networks and Power from the Freemasons to Facebook* (New York: Penguin Press, 2018). ［邦訳：『スクエア・アンド・タワー』上・下、柴田裕之訳、東洋経済新報社、2019年］

22. Shin-Kap Han, "The Other Ride of Paul Revere: The Brokerage Role in the Making of the American Revolution," *Mobilization: An International Quarterly* 14, no. 2 (2009), pp. 143–62.

23. Duncan J. Watts, *Six Degrees: The Science of a Connected Age* (London: Vintage, 2004), p. 134.［邦訳：『スモールワールド・ネットワーク――世界をつなぐ「6次」の科学』辻竜平・友知政樹訳ちくま学芸文庫、2016年］

24. Albert-László Barabási, *Linked: How Everything Is Connected to Everything Else and What It Means for Business, Science, and Everyday Life* (New York: Basic Books, 2014), p. 29. ［邦訳：『新ネットワーク思考――世界のしくみを読み解く』青木薫訳、日本放送出版協会、2002年］

25. Miller McPherson, Lynn Smith-Lovin, and James M. Cook, "Birds of a Feather: Homophily in Social Networks," *Annual Review of Sociology* 27 (2001), p. 419.

26. Mark Granovetter, "The Strength of Weak Ties," *American Journal of Sociology* 78, no. 6 (1973), pp. 1360–80.

27. Mark Granovetter, "The Strength of Weak Ties: A Network Theory Revisited," *Sociological Theory* 1 (1983), p. 202.

28. Andreas Tutic and Harald Wiese, "Reconstructing Granovetter's Network Theory," *Social Networks* 43 (2015), pp. 136–48.

29. Duncan J. Watts and Steven H. Strogatz, "Collective Dynamics of 'Small-World' Networks," *Nature* 393 (June 4, 1998), pp. 400–42.

30. Watts, "Networks, Dynamics, and the Small-World Phenomenon," p. 522.

31. Christakis and Fowler, *Connected*, p. 97. ［邦訳：『つながり』］

32. Eugenia Roldán Vera and Thomas Schupp, "Network Analysis in Comparative Social Sciences," *Comparative Education* 43, no. 3, pp. 418f.

33. Matthew O. Jackson, "Networks in the Understanding of Economic Behaviors," *Journal of Economic Perspectives* 28, no. 4 (2014), p. 8.

34. Alison L. Hill et al., "Emotions as Infectious Diseases in a Large Social Network: The SISa Model," *Proceedings of the Royal Society B: Biological Sciences* (2010), pp. 1–9.

35. Peter Dolton, "Identifying Social Network Effects," *Economic Report* 93, supp. S1 (2017), pp. 1–15.

36. Christakis and Fowler, *Connected*, p. 22. ［邦訳：『つながり』］

37. Charles Kadushin, *Understanding Social Networks: Theories, Concepts, and Findings* (New York: Oxford University Press, 2012), pp. 209f. ［邦訳：『社会的ネットワークを理解する』五十嵐祐監訳、北大路書房、2015年］
38. Karine Nahon and Jeff Hemsley, *Going Viral* (Cambridge, UK: Polity, 2013).
39. Damon Centola and Michael Macy, "Complex Contagions and the Weakness of Long Ties," *American Journal of Sociology* 113, no. 3 (2007), pp. 702–34.
40. Watts, *Six Degrees*, p. 249. ［邦訳：『スモールワールド・ネットワーク』］
41. Sherwin Rosen, "The Economics of Superstars," *American Economic Review* 71, no. 5 (1981), pp. 845–58.
42. Albert-László Barabási and Réka Albert, "Emergence of Scaling in Random Networks," *Science* 286, no. 5439 (1999), pp. 509–12.
43. Barabási, *Linked*, pp. 33–34, 66, 68f., 204. ［邦訳：『新ネットワーク思考』］
44. Barabási, *Linked*, p. 221. ［邦訳：『新ネットワーク思考』］
45. Barabási, *Linked*, pp. 103, 221. スケールフリーのネットワークはありふれているという、バラバシとアルバートの主要な主張への重要な批判については、以下を参照のこと。Anna D. Broido and Aaron Clauset, "Scale-Free Networks Are Rare," January 9, 2018, arXiv:1801.03400v1.
46. Vittoria Colizza, Alain Barrat, Marc Barthélemy, and Alessandro Vespignani, "The Role of the Airline Transportation Network in the Prediction and Predictability of Global Epidemics," *PNAS* 103, no. 7 (2006), pp. 2015–20.
47. Dolton, "Identifying Social Network Effects."
48. Romualdo Pastor-Satorras and Alessandro Vespignani, "Immunization of Complex Networks," Abdus Salam International Centre for Theoretical Physics, February 1, 2008.
49. Strogatz, "Exploring Complex Networks."
50. Niall Ferguson, "Complexity and Collapse: Empires on the Edge of Chaos," *Foreign Affairs* 89, no. 2 (March/April 2010), pp. 18–32.
51. Barabási, *Linked*, pp. 113–18. ［邦訳：『新ネットワーク思考』］
52. Barabási, *Linked*, p. 135. ［邦訳：『新ネットワーク思考』］
53. Dorothy H. Crawford, *Deadly Companions: How Microbes Shaped Our History* (Oxford: Oxford University Press, 2007).
54. Angus Deaton, *The Great Escape: Health, Wealth, and the Origins of Inequality* (Princeton, NJ: Princeton University Press, 2015). ［邦訳：『大脱出——健康、お金、格差の起原』松本裕訳、みすず書房、2014年］
55. Edward Jenner, *An Inquiry into the Causes and Effects of the Variolae Vaccinae* (1798). 2020年6月18日、Hoover History Working Groupのために用意された以下の論文での引用。Daniel J. Sargent, "Strategy and Biosecurity: An Applied History Perspective."
56. Crawford, *Deadly Companions*, pp. 13f.
57. M. B. A. Oldstone, *Viruses, Plagues, and History: Past, Present, and Future* (Oxford and New York: Oxford University Press, 2010). ［邦訳：『ウイルスの脅威——人類の長い戦い』二宮陸雄訳、岩波書店、1999年］
58. M. B. A. Oldstone and J. C. De La Torre, "Viral Diseases of the Next Century," *Transactions of the American Clinical and Climatological Association* 105 (1994), pp. 62–68.
59. A. Moya et al., "The Population Genetics and Evolutionary Epidemiology of RNA Viruses," *Nature Reviews* 2 (2004), pp. 279–88; P. Simmonds, "Virus Evolution," *Microbiology Today* (May 2009), pp. 96–99; R. Ehrenberg, "Enter the Viros: As Evidence of the Influence of Viruses

Escalates, Appreciation of These Master Manipulators Grows," *Science News* 176, no. 8 (October 10, 2009), pp. 22–25; G. Hamilton, "Viruses: The Unsung Heroes of Evolution," *New Scientist* 2671 (August 2008), pp. 38–41, http://www.newscientist.com/article/mg19926711.600-viruses-the-unsung-heroes-of-evolution.html.
60. Crawford, *Deadly Companions*, pp. 25, 43.
61. M. Achtman et al., "*Yersinia pestis*, the Cause of Plague, Is a Recently Emerged Clone of *Yersinia pseudotuberculosis*," *PNAS* 96, no. 24 (1999), pp. 14043–48. 以下も参照のこと。G. Morelli et al., "*Yersinia pestis* Genome Sequencing Identifies Patterns of Global Phylogenetic Diversity," *Nature Genetics* 42, no. 12 (2010), pp. 1140–43.
62. Crawford, *Deadly Companions*, pp. 96f. 以下も参照のこと。Richard E. Lenski, "Evolution of the Plague Bacillus," *Nature* 334 (August 1988), pp. 473f.; Stewart T. Cole and Carmen Buchrieser, "A Plague o' Both Your Hosts," *Nature* 413 (2001), pp. 467ff.; Thomas V. Inglesby et al., "Plague as a Biological Weapon," *Journal of the American Medical Association* 283, no. 17 (2000), pp. 2281–90.
63. R. Rosqvist, Mikael Skurnik, and Hans Wolf-Watz, "Increased Virulence of *Yersinia pseudotuberculosis* by Two Independent Mutations," *Nature* 334 (August 1988), pp. 522–25.
64. S. Ayyadurai et al., "Body Lice, *Yersinia pestis* Orientalis, and Black Death," *Emerging Infectious Diseases* 16, no. 5 (2010), pp. 892–93.
65. Stephen M. Kaciv, Eric J. Frehm, and Alan S. Segal, "Case Studies in Cholera: Lessons in Medical History and Science," *Yale Journal of Biology and Medicine* 72 (1999), pp. 393–408.
66. Crawford, *Deadly Companions*, pp. 96f., 109.
67. World Health Organization, "Yellow Fever Fact Sheet No. 100" (May 2013), http://www.who.int/mediacentre/factsheets/fs100/en/.
68. Alice F. Weissfeld, "Infectious Diseases and Famous People Who Succumbed to Them," *Clinical Microbiology Newsletter* 31, no. 22 (2009), pp. 169–72.
69. Nathan D. Wolfe et al., "Origins of Major Human Infectious Diseases," *Nature* 447, no. 7142 (2007), pp. 279–83, http://www.ncbi.nlm.nih.gov/books/NBK114494/; Robin A. Weiss, "The Leeuwenhoek Lecture, 2001: Animal Origins of Human Infectious Diseases," *Philosophical Transactions of the Royal Society Biological Sciences* 356 (2001), pp. 957–77.
70. David Quammen, *Spillover: Animal Infections and the Next Human Pandemic* (New York: W. W. Norton, 2012). ［邦訳：『スピルオーバー――ウイルスはなぜ動物からヒトへ飛び移るのか』甘糟智子訳、明石書店、2021年］
71. L. Dethlefsen et al., "An Ecological and Evolutionary Perspective on Human-Microbe Mutualism and Disease," *Nature* 449 (October 2007), pp. 811–18.
72. Thucydides, *The History of the Peloponnesian War*, trans. Richard Crawley (Project Gutenberg, 2009), book I, chap. 1. ［邦訳：『ペロポネソス戦争』髙畠純夫著、東洋大学出版会、丸善出版、2015年］
73. Kyle Harper, *The Fate of Rome: Climate, Disease, and the End of an Empire* (Princeton, NJ: Princeton University Press, 2017).
74. Edward Gibbon, *The Decline and Fall of the Roman Empire* (New York: Harper & Bros., 1836), vol. I, chap. 10, part IV. ［邦訳：『〈新訳〉ローマ帝国衰亡史』、中倉玄喜編訳、PHP文庫、2020年、他］
75. Guido Alfani and Tommy E. Murphy, "Plague and Lethal Epidemics in the Pre-Industrial World," *Journal of Economic History* 77, no. 1 (March 2017), pp. 316f.

76. R. P. Duncan-Jones, "The Impact of the Antonine Plague," *Journal of Roman Archaeology* 9 (1996), pp. 108–36, https://doi:10.1017/S1047759400016524; R. P. Duncan-Jones, "The Antonine Plague Revisited," *Arctos* 52 (2018), pp. 41–72.
77. Rodney Stark, "Epidemics, Networks, and the Rise of Christianity," *Semeia* 56 (1992), pp. 159–75.
78. Gibbon, *Decline and Fall*, vol. IV, chap. 43, part IV.［邦訳：『〈新訳〉 ローマ帝国衰亡史』］
79. Gibbon, *Decline and Fall*.［邦訳：『〈新訳〉 ローマ帝国衰亡史』］
80. Lee Mordechai et al., "The Justinianic Plague: An inconsequential Pandemic?," *PNAS* 116, no. 51 (2019), pp. 25546–54, https://doi.org/10.1073/pnas.1903797116.
81. Elizabeth Kolbert, "Pandemics and the Shape of Human History," *New Yorker*, March 30, 2020, https://www.newyorker.com/magazine/2020/04/06/pandemics-and-the-shape-of-human-history.
82. Gibbon, *Decline and Fall*, vol. IV, chap. 43, part IV.［邦訳：『〈新訳〉 ローマ帝国衰亡史』］
83. Matthew O. Jackson, Brian W. Rogers, and Yves Zenou, "Connections in the Modern World: Network-Based Insights," *VoxEU & CEPR*, March 6, 2015, https://voxeu.org/article/network-based-insights-economists.
84. J. Theilmann and Frances Cate, "A Plague of Plagues: The Problem of Plague Diagnosis in Medieval England," *Journal of Interdisciplinary History* 37, no. 3 (2007), pp. 371–93.
85. M. Drancourt et al., "*Yersinia pestis* Orientalis in Remains of Ancient Plague Patients," *Emerging Infectious Diseases* 13, no. 2 (2007), pp. 332–33; S. Haensch et al., "Distinct Clones of *Yersinia pestis* Caused the Black Death," *PLOS Pathogens* 6, no. 10 (2010), pp. 1–8.
86. Manny Rincon Cruz, "Contagion, Borders, and Scale: Lessons from Network Science and History," Hoover History Working Group, June 24, 2020.
87. Mark Bailey, "After the Black Death: Society, Economy and the Law in Fourteenth-Century England," James Ford Lectures, 2019, Lecture 1: "Old Problems, New Approaches," https://www.history.ox.ac.uk/event/the-james-ford-lectures-old-problems-new-approaches.
88. Mark Bailey, "After the Black Death," Lecture 2: "Reaction and Regulation," https://www.history.ox.ac.uk/event/the-james-ford-lectures-reaction-and-regulation.
89. N. C. Stenseth et al., "Plague Dynamics Are Driven by Climate Variation," *PNAS* 103, no. 35 (2006), pp. 13110–15.
90. Mark R. Welford and Brian H. Bossak, "Validation of Inverse Seasonal Peak Mortality in Medieval Plagues, Including the Black Death, in Comparison to Modern *Yersinia pestis*-Variant Diseases," *PLOS One* 4, no. 12 (2009), pp. 1–6.
91. Stenseth et al., "Plague Dynamics."
92. Stenseth et al., "Plague Dynamics." 以下も参照のこと。Ayyadurai et al., "Body Lice."
93. Ferguson, *Square and the Tower*, p. 431.［邦訳：『スクエア・アンド・タワー』］
94. Rincon Cruz, "Contagion, Borders, and Scale." 以下も参照のこと。Mark Koyama, Remi Jedwab, and Noel Johnson, "Pandemics, Places, and Populations: Evidence from the Black Death," Centre for Economic Policy Research Discussion Paper No. 13523 (2019).
95. Maarten Bosker, Steven Brakman, Harry Garretsen, Herman De Jong, and Marc Schramm, "Ports, Plagues and Politics: Explaining Italian City Growth 1300–1861," *European Review of Economic History* 12, no. 1 (2008), pp. 97–131, https://doi.org/10.1017/S1361491608002128.
96. Ricardo A. Olea and George Christakos. "Duration of Urban Mortality for the 14th-Century Black Death Epidemic," *Human Biology* 77, no. 3 (2005), pp. 291–303, https://doi.org/10.1353/hub.2005.0051.

97. José M. Gómez and Miguel Verdú, "Network Theory May Explain the Vulnerability of Medieval Human Settlements to the Black Death Pandemic," *Nature Scientific Reports*, March 6, 2017, https://www.nature.com/articles/srep43467.
98. Oscar Jorda, Sanjay R. Singh, and Alan M. Taylor, "Longer-Run Economic Consequences of Pandemics," Federal Reserve Bank of San Francisco Working Paper 2020-09 (March 2020).
99. Gregory Clark, *A Farewell to Alms: A Brief Economic History of the World* (Princeton, NJ: Princeton University Press, 2007)［邦訳：『10万年の世界経済史』上・下、久保恵美子訳、日経BP、2009年］. 以下も参照のこと。Paul Schmelzing, "Eight Centuries of Global Real Rates, R-G, and the 'Suprasecular Decline', 1311–2018" (PhD diss., Harvard University, August 2019).
100. Mark Bailey, "A Mystery Within an Enigma: The Economy, 1355–1375," Ford Lectures 2019, Lecture 3, https://www.history.ox.ac.uk/event/the-james-ford-lectures-a-mystery-within-an-enigma-the-economy-1355-75.
101. Mark Bailey, "The End of Serfdom and the Rise of the West," Ford Lectures 2019, Lecture 6. https://www.history.ox.ac.uk/event/the-james-ford-lectures-the-end-of-serfdom-and-the-rise-of-the-west.
102. Mark Bailey, "Injustice and Revolt," Ford Lectures 2019, Lecture 4, https://www.history.ox.ac.uk/event/the-james-ford-lectures-injustice-and-revolt.
103. Mark Bailey, "A New Equilibrium," Ford Lectures 2019, Lecture 5, https://www.history.ox.ac.uk/event/the-james-ford-lectures-a-new-equilibrium-c.1375-1400.
104. Bailey, "The End of Serfdom," Ford Lectures 2019, Lecture 6.
105. Alexander Lee, "What Machiavelli Knew About Pandemics," *New Statesman*, June 3, 2020, https://www.newstatesman.com/2020/06/what-machiavelli-knew-about-pandemics; Eleanor Russell and Martin Parker, "How Pandemics Past and Present Fuel the Rise of Mega-Corporations," *The Conversation*, June 3, 2020, https://theconversation.com/how-pandemics-past-and-present-fuel-the-rise-of-mega-corporations-137732; Paula Findlen, "What Would Boccaccio Say About COVID-19?," *Boston Review*, April 24, 2020, http://bostonreview.net/arts-society/paula-findlen-what-would-boccaccio-say-about-covid-19.
106. Richard Trexler, *Public Life in Renaissance Florence* (New York: Academic Press, 1980), p. 362.
107. Norman Cohn, *The Pursuit of the Millennium* (New York: Oxford University Press, 1961 [1957]), pp. 132f.［邦訳：『千年王国の追求』（新装版）江河徹訳、紀伊國屋書店、2008年］
108. Nico Voigtlander and Hans-Joachim Voth, "Persecution Perpetuated: The Medieval Origins of Anti-Semitic Violence in Nazi Germany," *Quarterly Journal of Economics* 127, no. 3 (August 2012), pp. 1339–92, https://www.jstor.org/stable/23251987.
109. Samuel K. Cohn Jr., "The Black Death and the Burning of Jews," *Past and Present* 196 (August 2007), pp. 3–36.
110. Cohn, "The Black Death," pp. 87, 136–40.
111. M. W. Flinn, "Plague in Europe and the Mediterranean Countries," *Journal of European Economic History* 8, no. 1 (1979), pp. 134–47.
112. Stephen Greenblatt, "What Shakespeare Actually Wrote About the Plague," *New Yorker*, May 7, 2020.
113. Daniel Defoe, *A Journal of the Plague Year* (London: Penguin, 2003 [1722]).［邦訳：『ペスト』平井正穂訳、中公文庫、2009年、他］
114. Charles F. Mullett, "The English Plague Scare of 1720–30," *Osiris* 2 (1936), pp. 484–516.
115. Defoe, *Journal*, pp. 18f.［邦訳：『ペスト』］

116. Defoe, *Journal*, p. 172.［邦訳：『ペスト』］
117. Defoe, *Journal*, p. 66.［邦訳：『ペスト』］
118. Gibbon, *Decline and Fall*, vol. IV, chap. 43, part IV.［邦訳：『〈新訳〉ローマ帝国衰亡史、他』］
119. Defoe, *Journal*, p. 9.［邦訳：『ペスト』］
120. Defoe, *Journal*, pp. 40f.［邦訳：『ペスト』］

## 第5章　科学の進歩と過信

1. Roy MacLeod and M. Lewis, eds., *Disease, Medicine and Empire: Perspectives on Western Medicine and the Experience of European Expansion* (London and New York: Routledge, 1988), p. 7 での引用。
2. Niall Ferguson, *Civilization: The West and the Rest* (New York: Penguin Press, 2011).［邦訳：『文明——西洋が覇権をとれた6つの真因』仙名紀訳、勁草書房、2012年］
3. John Jennings White III, "Typhus: Napoleon's Tragic Invasion of Russia, the War of 1812," in *Epidemics and War: The Impact of Disease on Major Conflicts in History*, ed. Rebecca M. Seaman (Santa Barbara, CA: ABC-CLIO, 2018), pp. 74f.
4. Richard Bonney, *The Thirty Years' War 1618–1648* (New York: Bloomsbury, 2014).
5. T. Nguyen-Hieu et al., "Evidence of a Louse-Borne Outbreak Involving Typhus in Douai, 1710–1712 During the War of the Spanish Succession," *PLOS One* 5, no. 10 (2010), pp. 1–8. 全般的には、以下を参照のこと。Joseph M. Conlon, "The Historical Impact of Epidemic Typhus" (2009), www.entomology.montana.edu/history bug/TYPHUS-Conlon.pdf.
6. Dominic Lieven, *Russia Against Napoleon: The True Story of the Campaigns of War and Peace* (New York: Viking, 2010).
7. D. Raoult et al., "Evidence for Louse-Transmitted Diseases in Soldiers of Napoleon's Grand Army in Vilnius," *Journal of Infectious Diseases* 193 (2006), pp. 112–20.
8. Alfred W. Crosby, *Ecological Imperialism: The Biological Expansion of Europe, 900–1900* (New York: Cambridge University Press, 1993)［邦訳：『ヨーロッパの帝国主義——生態学的視点から歴史を見る』佐々木昭夫訳、ちくま学芸文庫、2017年］; Noble David Cook, *Born to Die: Disease and New World Conquest, 1492–1650* (New York: Cambridge University Press, 1998). 先住民の死亡率への搾取と奴隷化の影響を強調する「処女地」という枠組みへの批判については、以下を参照のこと。David S. Jones, "Virgin Soils Revisited," *William and Mary Quarterly* 60, no. 4 (2003), pp. 703–42.
9. Angus Chen, "One of History's Worst Epidemics May Have Been Caused by a Common Microbe," *Science*, January 16, 2018, https://doi.org/10.1126/science.aat0253.
10. Niall Ferguson, *Empire: How Britain Made the Modern World* (London: Penguin, 2003), p. 65.［邦訳：『大英帝国の歴史』上・下、山本文史訳、中央公論新社、2018年］
11. John E. Lobdell and Douglas Owsley, "The Origin of Syphilis," *Journal of Sex Research* 10, no. 1 (1974), pp. 76–79; Bruce M. Rothschild et al., "First European Exposure to Syphilis: The Dominican Republic at the Time of Columbian Contact," *Clinical Infectious Diseases* 31, no. 4 (2000), pp. 936–41; Robert M. May et al., "Infectious Disease Dynamics: What Characterizes a Successful Invader?," *Philosophical Transactions of the Royal Society* 356 (2001), pp. 901–10; Bruce M. Rothschild, "History of Syphilis," *Clinical Infectious Diseases* 40, no. 10 (2005), pp. 1454–63; George J. Armelagos et al., "The Science Behind Pre-Columbian Evidence of Syphilis in Europe: Research by Documentary," *Evolutionary Anthropology* 21 (2012), pp. 50–57.
12. Dorothy H. Crawford, *Deadly Companions: How Microbes Shaped Our History* (Oxford: Oxford

University Press, 2007), pp. 129ff.

13. J. R. McNeill, *Mosquito Empires: Ecology and War in the Greater Caribbean, 1620–1914* (New York: Cambridge University Press, 2010); Jason Sharman, *Empires of the Weak: The Real Story of European Expansion and the Creation of the New World Order* (Princeton, NJ: Princeton University Press, 2019).［邦訳：『〈弱者〉の帝国――ヨーロッパ拡大の実態と新世界秩序の創造』矢吹啓訳、中央公論新社、2021年］

14. M. B. A. Oldstone, *Viruses, Plagues, and History: Past, Present, and Future* (Oxford and New York: Oxford University Press, 2010), p. 103.［邦訳：『ウイルスの脅威――人類の長い戦い』二宮陸雄訳、岩波書店、1999年］以下も参照のこと。J. R. McNeill, "Yellow Jack and Geopolitics: Environment, Epidemics, and the Struggles for Empire in the American Tropics, 1650–1825," *OAH Magazine of History*, April 2004, pp. 9–13.

15. McNeill, "Yellow Jack."

16. Emmanuel Le Roy Ladurie, "A Concept: The Unification of the Globe by Disease," in *The Mind and Method of the Historian* (Chicago: University of Chicago Press, 1981), pp. 28–91.

17. Ferguson, *Empire*, pp. 70, 170.［邦訳：『大英帝国の歴史』］

18. Ferguson, *Civilization*, p. 168.［邦訳：『文明』］

19. Louis-Ferdinand Céline, *Journey to the End of the Night*, trans. Ralph Manheim (New York: New Directions, 2006 [1934]), p. 126.［邦訳：『夜の果てへの旅』上・下、生田耕作訳、中公文庫、2003年、他］

20. Ferguson, *Empire*, pp. 167–70.［邦訳：『大英帝国の歴史』］

21. William Dalrymple, *The Anarchy: The East India Company, Corporate Violence and the Pillage of an Empire* (New York: Bloomsbury, 2019)の中では残念ながら見過ごされている。

22. Stephen M. Kaciv, Eric J. Frehm, and Alan S. Segal, "Case Studies in Cholera: Lessons in Medical History and Science," *Yale Journal of Biology and Medicine* 72 (1999), pp. 393–408. 以下も参照のこと。Jim Harris, "Pandemics: Today and Yesterday," *Origins* 13, no. 10 (2020).

23. R. E. McGrew, "The First Cholera Epidemic and Social History," *Bulletin of the History of Medicine* 34, no. 1 (January–February 1960), pp. 61–73.

24. Richard J. Evans, *Death in Hamburg: Society and Politics in the Cholera Years, 1830–1910* (Oxford: Oxford University Press, 1987), p. 313.

25. M. Echenberg, "Pestis Redux: The Initial Years of the Third Bubonic Plague Pandemic, 1894–1901," *Journal of World History* 13, no. 2 (2002), pp. 429–49.

26. Ballard C. Campbell, *Disasters, Accidents, and Crises in American History: A Reference Guide to the Nation's Most Catastrophic Events* (New York, Facts on File, 2008), pp. 182–84.

27. Sarah F. Vanneste, "The Black Death and the Future of Medicine" (unpublished master's thesis, Wayne State University, 2010), pp. 41, 77.

28. Alexander Lee, "What Machiavelli Knew About Pandemics," *New Statesman*, June 3, 2020, https://www.newstatesman.com/2020/06/what-machiavelli-knew-about-pandemics.

29. Nancy G Siraisi, *Medieval and Early Renaissance Medicine: An Introduction to Knowledge and Practice* (Chicago: University of Chicago Press, 1990); Ismail H. Abdalla, "Diffusion of Islamic Medicine into Hausaland," in *The Social Basis of Health and Healing in Africa*, ed. Steven Feierman and John M. Janzen (Berkeley: University of California Press, 1992).

30. Richard Palmer, "The Church, Leprosy, and Plague in Medieval and Early Modern Europe," in *The Church and Healing*, ed. W. J. Shiels (Oxford: Basil Blackwell, 1982), p. 96.

31. S. White, "Rethinking Disease in Ottoman History," *International Journal of Middle East Studies*

42 (2010), p. 554.
32. Manny Rincon Cruz, "Contagion, Borders, and Scale: Lessons from Network Science and History," Hoover History Working Group, June 24, 2020.
33. Gianfranco Gensini, Magdi H. Yacoub, and Andrea A. Conti, "The Concept of Quarantine in History: From Plague to SARS," *Journal of Infection* 49, no. 4 (November 1, 2004), pp. 257–61; Eugenia Tognotti, "Lessons from the History of Quarantine, from Plague to Influenza A," *Emerging Infectious Diseases* 19, no. 2 (February 2013), pp. 254–59.
34. Frank M. Snowden, *Epidemics and Society: From the Black Death to the Present* (New Haven, CT: Yale University Press, 2019), p. 70.
35. 以下を参照のこと。John Henderson, *Florence Under Siege: Surviving Plague in an Early Modern City* (New Haven, CT: Yale University Press, 2019).
36. Rincon Cruz, "Contagion, Borders, and Scale."
37. Alexander William Kinglake, *Eothen, or Traces of Travel Brought Home from the East* (New York: D. Appleton, 1899 [1844]), p. 1.
38. A. Wess Mitchell and Charles Ingrao, "Emperor Joseph's Solution to Coronavirus," *Wall Street Journal*, April 6, 2020, https://www.wsj.com/articles/emperor-josephs-solution-to-coronavirus-11586214561; Snowden, *Epidemics and Society*, pp. 72–73; Gunther Rothenberg, "The Austrian Sanitary Cordon and the Control of the Bubonic Plague: 1710–1871," *Journal of the History of Medicine and Allied Sciences* 28, no. 1 (1973), pp. 15–23.
39. Simon Schama, "Plague Time: Simon Schama on What History Tells Us," *Financial Times*, April 10, 2020, https://www.ft.com/content/279dee4a-740b-11ea-95fe-fcd274e920ca.
40. Norman Howard-Jones, "Fracastoro and Henle: A Re-appraisal of Their Contribution to the Concept of Communicable Diseases," *Medical History* 21, no. 1 (1977), pp. 61–68, https://doi.org/10.1017/S0025727300037170; V. Nutton, "The Reception of Fracastoro's Theory of Contagion: The Seed That Fell Among Thorns?," *Osiris* 6 (1990), pp. 196–234.
41. Ferguson, *Empire*, p. 9. [邦訳：『大英帝国の歴史』]
42. Cary P. Gross and Kent A. Sepkowitz, "The Myth of the Medical Breakthrough: Smallpox, Vaccination, and Jenner Reconsidered," *International Journal of Infectious Disease* 3 (1998), pp. 54–60; S. Riedel, "Edward Jenner and the History of Smallpox and Vaccination," *Baylor University Medical Center Proceedings* 18 (2005), pp. 21–25.
43. John D. Burton, "'The Awful Judgements of God upon the Land': Smallpox in Colonial Cambridge, Massachusetts," *New England Quarterly* 74, no. 3 (2001), pp. 495–506. 以下も参照のこと。Elizabeth A. Fenn, *Pox Americana: The Great Smallpox Epidemic of 1775-82* (New York: Farrar, Straus and Giroux, 2002).
44. Gross and Sepkowitz, "Myth of the Medical Breakthrough," p. 57.
45. Burton, "'Awful Judgements of God'," p. 499.
46. Edward Edwardes, *A Concise History of Small-pox and Vaccination in Europe* (London: H.K. Lewis, 1902).
47. Charles E. Rosenberg, *The Cholera Years: The United States in 1832, 1849, and 1866* (Chicago and London: University of Chicago Press, 1987), pp. 66f.
48. Dona Schneider and David E. Lilienfeld, "History and Scope of Epidemiology," in *Lilienfeld's Foundations of Epidemiology*, 4th ed. (Oxford: Oxford University Press, 2015), pp. 1–53.
49. V. Curtis, "Dirt, Disgust and Disease: A Natural History of Hygiene," *Journal of Epidemiology and Community Health* 61 (2007), pp. 660–64; M. Best and D. Neuhauser, "Ignaz Semmelweis

and the Birth of Infection Control," *Quality and Safety in Health Care* 13 (2004), pp. 233–34; K. Codell Carter, "Ignaz Semmelweis, Carl Mayrhofer, and the Rise of Germ Theory," *Medical History* 29 (1985), pp. 33–53; K. Codell Carter, "Koch's Postulates in Relation to the Work of Jacob Henle and Edwin Klebs," *Medical History* 29 (1985), pp. 353–74.

50. Muhammad H. Zaman, *Biography of Resistance: The Epic Battle Between People and Pathogens* (New York: HarperWave, 2020).
51. Sheldon Watts, *Epidemics and History* (New Haven, CT: Yale University Press, 1997), p. xii.
52. A. Lustig and A. J. Levine, "One Hundred Years of Virology," *Journal of Virology* 66, no. 2 (1992), pp. 4629–31.
53. J. Erin Staples and Thomas P. Monath, "Yellow Fever: 100 Years of Discovery," *Journal of the American Medical Association* 300, no. 8 (2008), pp. 960–62.
54. J. Gordon Frierson, "The Yellow Fever Vaccine: A History," *Yale Journal of Biological Medicine* 83, no. 2 (June 2010), pp. 77–85.
55. Ferguson, *Civilization*, p. 147.［邦訳：『文明』］
56. Ferguson, *Civilization*, pp. 169f., 174.［邦訳：『文明』］
57. Frierson, "Yellow Fever Vaccine."
58. McGrew, "First Cholera Epidemic," p. 72.
59. Theodore H. Friedgut, "Labor Violence and Regime Brutality in Tsarist Russia: The Iuzovka Cholera Riots of 1892," *Slavic Review* 46, no. 2 (Summer 1987), pp. 245–65.
60. Richard L. Stefanik, "The Smallpox Riots of 1894," *Milwaukee County Historical Society Historical Messenger* 26, no. 4 (December 1970), pp. 1–4.
61. Echenberg, "Pestis Redux," pp. 443f.
62. Valeska Huber, "The Unification of the Globe by Disease? The International Sanitary Conferences on Cholera, 1851–1894," *Historical Journal* 49, no. 2 (2006), pp. 453–76. 以下も参照のこと。Andrew Ehrhardt, "Disease and Diplomacy in the 19th Century," *War on the Rocks* (blog), April 30, 2020, https://warontherocks.com/2020/04/disease-and-diplomacy-in-the-nineteenth-century/.
63. Peter Baldwin, *Contagion and the State in Europe, 1830–1930* (Cambridge: Cambridge University Press, 1999).
64. Echenberg, "Pestis Redux," pp. 443f.
65. Mahatma Gandhi, *Hind Swaraj* (New Delhi: Rajpal & Sons, 2010), p. 30.
66. Ferguson, *Civilization*, p. 146.［邦訳：『文明』］
67. Ferguson, *Civilization*, pp. 171f., 175.［邦訳：『文明』］
68. William H. McNeill, *Plagues and Peoples* (Garden City, NY: Anchor, 1998 [1976]), p. 182.［邦訳：『疫病と世界史』上・下、佐々木昭夫訳、中公文庫、2007年］
69. James C. Riley, "Insects and the European Mortality Decline," *American Historical Review* 91, no. 4 (October 1986), pp. 833–58.
70. Rosenberg, *Cholera Years*, pp. 206–10.
71. David Cutler and Grant Miller, "The Role of Public Health Improvements in Health Advances: The 20th Century United States," NBER Working Paper No. 10511 (May 2004).
72. George Bernard Shaw, *The Doctor's Dilemma* (London: Penguin, 1946), pp. 64f.［邦訳：『医師のジレンマ――バーナード・ショーの医療論』中西勉訳、丸善名古屋出版サービスセンター、1993年］
73. Ian Gazeley and Andrew Newell, "Urban Working-Class Food Consumption and Nutrition in Britain in 1904," *Economic History Review* 68, no. 1 (February 2015), p. 17.

74. Andrew T. Newell and Ian Gazeley, "The Declines in Infant Mortality and Fertility: Evidence from British Cities in Demographic Transition," IZA Discussion Paper No. 6855 (October 2012), p. 17.

75. Huber, "The Unification of the Globe by Disease?," pp. 466f.

76. Nigel Jones, *Rupert Brooke: Life, Death and Myth* (London: Head of Zeus, 2015), p. 60.

77. Victoria Y. Fan, Dean T. Jamison, and Lawrence H. Summers, "Pandemic Risk: How Large Are the Expected Losses?," *Bulletin of the World Health Organization* 96 (2018), pp. 129–34, http://dx.doi.org/10.2471/BLT.17.199588.

78. Edwin D. Kilbourne, "Influenza Pandemics of the 20th Century," *Emerging Infectious Diseases* 12, no. 1 (2006), pp. 9–14.

79. Niall Ferguson, "Black Swans, Dragon Kings and Gray Rhinos: The World War of 1914–1918 and the Pandemic of 2020–?," Hoover History Working Paper 2020-1 (May 2020).

80. Christopher Clark, *The Sleepwalkers: How Europe Went to War in 1914* (New York: HarperCollins, 2012).［邦訳：『夢遊病者たち――第一次世界大戦はいかにして始まったか』1・2、小原淳訳、みすず書房、2017年］

81. Niall Ferguson, *The War of the World: Twentieth-Century Conflict and the Descent of the West* (New York: Penguin Press, 2006).［邦訳：『憎悪の世紀――なぜ20世紀は世界的殺戮の場となったのか』上・下、仙名紀訳、早川書房、2007年］

82. Charles S. Maier, *Recasting Bourgeois Europe: Stabilization in France, Germany, and Italy in the Decade After World War I* (Princeton, NJ: Princeton University Press, 1975).

83. Barry Eichengreen, *Golden Fetters: The Gold Standard and the Great Depression, 1919–1939* (New York and Oxford: Oxford University Press, 1992).

84. Charles P. Kindleberger, *The World in Depression, 1929–1939* (Berkeley: University of California Press, 2013 [1973]).［邦訳：『大不況下の世界――1929-1939』改訂増補版、石崎昭彦・木村一朗訳、岩波書店、2009年］

85. Niall Philip Alan Sean Johnson, "Aspects of the Historical Geography of the 1918–19 Influenza Pandemic in Britain" (unpublished PhD diss., Cambridge University, 2001), p. 116.

86. Jeffery K. Taubenberger and David M. Morens, "1918 Influenza: The Mother of All Pandemics," *Emerging Infectious Diseases* 12, no. 1 (January 2006), pp. 15–22.

87. Kilbourne, "Influenza Pandemics of the 20th Century," pp. 9–14.

88. Alfred W. Crosby, *America's Forgotten Pandemic: The Influenza of 1918*, 2nd ed. (Cambridge: Cambridge University Press, 2003), p. 19［邦訳：『史上最悪のインフルエンザ――忘れられたパンデミック』西村秀一訳・解説、みすず書房、2009年]; Eugene Opie et al., "Pneumonia at Camp Funston," *Journal of the American Medical Association* 72 (January 1919), pp. 114f.

89. Niall Ferguson, *The Pity of War: Understanding World War I* (New York: Basic Books, 1998), pp. 342f.

90. Johnson, "Aspects of the Historical Geography," pp. 177ff., 355.

91. Crosby, *America's Forgotten Pandemic*, p. 37.［邦訳：『史上最悪のインフルエンザ』］

92. Alexander W. Peters, "Influenza and the Press in 1918," *Concord Review* 14, no. 2 (Winter 2003), https://www.tcr.org/Influenza/.

93. Niall P. A. S. Johnson and Juergen Mueller, "Updating the Accounts: Global Mortality of the 1918–1920 'Spanish' Influenza Pandemic," *Bulletin of the History of Medicine* 76 (2002), pp. 105–15. 以下も参照のこと。Robert J. Barro, José F. Ursúa, and Joanna Weng, "The Coronavirus and the Great Influenza Pandemic: Lessons from the 'Spanish Flu' for the Coronavirus's Potential Effects

on Mortality and Economic Activity," NBER Working Paper No. 26866 (March 2020).
94. Johnson, "Aspects of the Historical Geography," pp. 76, 234.
95. Carol R. Byerly, "War Losses (USA)," *International Encyclopedia of the First World War*, October 8, 2014, https://encyclopedia.1914-1918-online.net/article/war_losses_usa/2014-10-08.
96. T. A. Garrett, "Economic Effects of the 1918 Influenza Pandemic: Implications for a Modern-Day Pandemic," Federal Reserve Bank of St. Louis (November 2007).
97. Elizabeth Brainard and Mark V. Siegler, "The Economic Effects of the 1918 Influenza Epidemic," Centre for Economic Policy Research Discussion Paper No. 3791 (February 2003).
98. Katherine Anne Porter, "Pale Horse, Pale Rider," in *Pale Horse, Pale Rider: Three Short Novels* (New York: Literary Classics, 2008).
99. Johnson, "Aspects of the Historical Geography," pp. 298, 314.
100. Johnson, "Aspects of the Historical Geography," p. 423.
101. Johnson, "Aspects of the Historical Geography," pp. 258n., 269, 283.
102. Crosby, *America's Forgotten Pandemic*, pp. 64f. [邦訳：『史上最悪のインフルエンザ』]
103. Brainard and Siegler, "Economic Effects."
104. Garrett, "Economic Effects," tables 1 and 3, pp. 13–15.
105. Sergio Correia, Stephan Luck, and Emil Verner, "Pandemics Depress the Economy, Public Health Interventions Do Not: Evidence from the 1918 Flu," March 26, 2020, available at SSRN, https://ssrn.com/abstract=3561560; Andrew Lilley, Matthew Lilley, and Gianluca Rinaldi, "Public Health Interventions and Economic Growth: Revisiting the Spanish Flu Evidence," May 2, 2020, available at SSRN, https://ssrn.com/abstract=3590008; Sergio Correia, Stephan Luck, and Emil Verner, "Response to Lilley, Lilley, and Rinaldi (2020)," May 15, 2020, https://almlgr.github.io/CLV_response.pdf.
106. Crosby, *America's Forgotten Pandemic*, pp. 52f. [邦訳：『史上最悪のインフルエンザ』]
107. Francesco Aimone, "The 1918 Influenza Epidemic in New York City: A Review of the Public Health Response," *Public Health Reports* 125, supp. 3 (2010), pp. 71–79, doi:10.1177/00333549101250S310.
108. Peters, "Influenza and the Press."
109. H. Markel et al., "Nonpharmaceutical Interventions Implemented by U.S. Cities During the 1918–1919 Influenza Pandemic," *Journal of the American Medical Association* 298, no. 6 (2007), pp. 644–54, doi:10.1001/jama.298.6.644.
110. Crosby, *America's Forgotten Pandemic*, pp. 93–119. [邦訳：『史上最悪のインフルエンザ』]
111. Paul Roderick Gregory, "Coronavirus and the Great Lockdown: A Non-Biological Black Swan," RealClear Markets, May 5, 2020, https://www.realclearmarkets.com/articles/2020/05/05/coronavirus_and_the_great_lockdown_a_non-biological_black_swan_490756.html.
112. Barro, Ursúa, and Weng, "Coronavirus and the Great Influenza Pandemic."
113. Dave Donaldson and Daniel Keniston, "How Positive Was the Positive Check? Investment and Fertility in the Aftermath of the 1918 Influenza in India," October 24, 2014, http://citeseerx.ist.psu.edu/viewdoc/download?doi=10.1.1.704.7779&rep=rep1&type=pdf.
114. Amanda Guimbeauy, Nidhiya Menonz, and Aldo Musacchio, "The Brazilian Bombshell? The Short and Long-Term Impact of the 1918 Influenza Pandemic the South American Way," November 21, 2019 以下で閲覧可能。SSRN, https://ssrn.com/abstract=3381800 or http://dx.doi.org/10.2139/ssrn.3381800.
115. Garrett, "Economic Effects."

116. François R. Velde, "What Happened to the U.S. Economy During the 1918 Influenza Pandemic? A View Through High-Frequency Data," Federal Reserve Bank of Chicago, April 10, 2020.
117. Christina D. Romer, "World War I and the Postwar Depression: A Reinterpretation Based on Alternative Estimates of GDP," *Journal of Monetary Economics* 22 (1988), pp. 91–115.
118. Brainard and Siegler, "Economic Effects."
119. Douglas Almond, "Is the 1918 Influenza Pandemic Over? Long-Term Effect of In Utero Influenza Exposure in the Post-1940 U.S. Population," *Journal of Political Economy* 114, no. 4 (2006), p. 673.
120. Mikko Myrskylä, Neil K. Mehta, and Virginia W. Chang, "Early Life Exposure to the 1918 Influenza Pandemic and Old-Age Mortality by Cause of Death," *American Journal of Public Health* 103, no. 7 (July 2013), pp. E83–E90.
121. Tommy Bengtsson and Jonas Helgertz, "The Long Lasting Influenza: The Impact of Fetal Stress During the 1918 Influenza Pandemic on Socioeconomic Attainment and Health in Sweden 1968–2012," IZA Discussion Paper No. 9327 (September 2015), pp. 1–40.
122. Richard E. Nelson, "Testing the Fetal Origins Hypothesis in a Developing Country: Evidence from the 1918 Influenza Pandemic," *Health Economics* 19, no 10 (October 2010), pp. 1181–92, https://onlineli brary.wiley.com/doi/full/10.1002/hec.1544; Ming-Jen Lin and Elaine M. Liu, "Does In Utero Exposure to Illness Matter? The 1918 Influenza Epidemic in Taiwan as a Natural Experiment," NBER Working Paper 20166 (May 2014), https://www.nber.org/papers/w20166.pdf; Sven Neelsen and Thomas Stratmann, "Long-Run Effects of Fetal Influenza Exposure: Evidence from Switzerland," *Social Science & Medicine* 74, no. 1 (2012), pp. 58–66, https://ideas.repec.org/a/eee/socmed/v74y2012i1p58-66.html.
123. Marco Le Moglie et al., "Epidemics and Trust: The Case of the Spanish Flu," Innocenzo Gasparini Institute for Economic Research Working Paper Series No. 661 (March 2020), pp. 1–32.
124. Crosby, *America's Forgotten Pandemic*, pp. 86, 100–104. [邦訳：『史上最悪のインフルエンザ』]
125. Crosby, *America's Forgotten Pandemic*, pp. 12–16. [邦訳：『史上最悪のインフルエンザ』]
126. Johnson, "Aspects of the Historical Geography," p. 76.
127. Schama, "Plague Time."
128. George Morton-Jack, *Army of Empire: The Untold Story of the Indian Army in World War I* (New York: Basic Books, 2018).
129. Robert Skidelsky, *John Maynard Keynes: Hopes Betrayed, 1883–1920* (London: Penguin, 1986), p. 378. [邦訳：『ジョン・メイナード・ケインズ——裏切られた期待　1883〜1920年』1・2、宮崎義一監訳、古屋隆訳、東洋経済新報社、1987-1992年]
130. John M. Barry, *The Great Influenza: The Story of the Deadliest Pandemic in History* (New York: Penguin, 2018), p. 386. [邦訳：『グレート・インフルエンザ——ウイルスに立ち向かった科学者たち』上・下、平澤正夫訳、ちくま文庫、2021年]
131. Crosby, *America's Forgotten Pandemic*, p. 175. [邦訳：『史上最悪のインフルエンザ』]
132. Emily Willingham, "Of Lice and Men: An Itchy History," *Scientific American*, February 14, 2011, https://blogs.scientificamerican.com/guest-blog/of-lice-and-men-an-itchy-history/.
133. Ian Kershaw, *Hitler: 1889–1936: Hubris* (New York: W.W. Norton, 1998), p. 152. [邦訳：『ヒトラー（上）——1889–1936 傲慢』川喜田敦子訳、石田勇治監修、白水社、2015年]
134. Adolf Hitler, *Mein Kampf*, trans. Ralph Manheim (Boston /New York: Mariner, 1999) p. 305.[邦訳：『わが闘争』上・下、平野一郎・将積茂訳、角川文庫、1973年]
135. Richard A. Koenigsberg, "Genocide as Immunology: Hitler as the Robert Koch of Germany,"

*Library of Social Science*, 日付不明。https://www.libraryofsocialscience.com/newsletter/posts/2018/2018-12-11-immunology.html.

136. Michael Burleigh and Wolfgang Wippermann, *The Racial State: Germany 1933–1945* (Cambridge: Cambridge University Press, 1991).［邦訳：『人種主義国家ドイツ――1933–45』柴田敬二訳、刀水書房、2001年］

## 第6章　政治的無能の心理学

1. Norman Dixon, *On the Psychology of Military Incompetence* (London: Pimlico, 1994).
2. Dixon, *Psychology of Military Incompetence*, pp. 19, 162ff., 306.
3. Dixon, *Psychology of Military Incompetence*, pp. 152–53.
4. Dixon, *Psychology of Military Incompetence*, p. 155.
5. R. Collins, "A Dynamic Theory of Battle Victory and Defeat," *Cliodynamics* 1, no. 1 (2010), pp. 3–25.
6. Leo Tolstoy, *War and Peace*, trans. Louise and Aylmer Maude (London: Wordsworth, 1993), Book IX, chap. 1.［邦訳：『戦争と平和』1〜6、望月哲男訳、光文社古典新訳文庫、2020-2021年、他］
7. Christina Boswell, *The Political Uses of Expert Knowledge: Immigration Policy and Social Research* (Cambridge: Cambridge University Press, 2009).
8. Henry Kissinger, *White House Years* (New York: Simon & Schuster), p. 43.［邦訳：『キッシンジャー秘録』1〜5、斎藤彌三郎ほか訳、小学館、1979-1980年］
9. Christopher Guyver, *The Second French Republic 1848–1852: A Political Reinterpretation* (New York: Palgrave Macmillan, 2016), p. 196.
10. Amartya Sen, *Poverty and Famines: An Essay on Entitlement and Deprivation* (Oxford: Oxford University Press, 1983).［邦訳：『貧困と飢饉』黒崎卓・山崎幸治訳、岩波現代文庫、2017年］
11. Amartya Sen, *Development as Freedom* (Oxford: Oxford University Press, 1999), p. 16.［邦訳：『自由と経済開発』石塚雅彦訳、日本経済新聞社、2000年］
12. Amartya Sen, "How Is India Doing?," *New York Review of Books*, December 16, 1982, https://www.ny books.com/articles/1982/12/16/how-is-india-doing/.
13. Adam Smith, *An Inquiry into the Nature and Causes of the Wealth of Nations*, vol. II (Oxford: Clarendon Press, 1976 [1776]), p. 102.［『国富論――国民の富の性質と原因に関する研究』上・下、高哲男訳、講談社学術文庫、2020年、他］
14. Marcel Lachiver, *Les années de misère: La famine au temps du Grand Roi* (Paris: Fayard, 1991).
15. Rajat Datta, *Society, Economy and the Market: Commercialisation in Rural Bengal, c. 1760–1800* (New Delhi: Manohar, 2000), p. 264. 以下を参照のこと。William Dalrymple, *The Anarchy: The East India Company, Corporate Violence and the Pillage of an Empire* (New York: Bloomsbury, 2019), pp. 259–304.
16. Tyler Goodspeed, *Famine and Finance: Credit and the Great Famine of Ireland* (Cham, Switzerland: Palgrave Macmillan, 2017).
17. "Introduction," *The Great Irish Famine Online*, Geography Department, University College Cork and Department of Culture, Heritage and the Gaeltacht, https://dahg.maps.arcgis.com/apps/MapSeries/index.html?appid=8de2b863f4454cbf93387dacb5cb8412.
18. K. Theodore Hoppen, "The Franchise and Electoral Politics in England and Ireland 1832–1885," *History* 70, no. 299 (June 1985), pp. 202–17.

19. Angus D. Macintyre, *The Liberator: Daniel O'Connell and the Irish Party, 1830–1847* (London: Hamish Hamilton, 1965), p. 292.
20. Thomas Keneally, *Three Famines: Starvation and Politics* (New York: PublicAffairs, 2011), p. 64.
21. Niall Ferguson, *The House of Rothschild*, vol. I: *Money's Prophets: 1798–1848* (New York: Penguin, 1999), pp. 443, 449.
22. Christine Kinealy, "Peel, Rotten Potatoes and Providence: The Repeal of the Corn Laws and the Irish Famine," in *Free Trade and Its Reception, 1815–1960*, ed. Andrew Marrison (London: Routledge, 2002).
23. *The Times*, September 22, 1846.
24. Debate on the Labouring Poor (Ireland) Bill, House of Commons, February 1, 1847, *Hansard*, vol. 89, cc615-90, https://api.parliament.uk/historic-hansard/commons/1847/feb/01/labouring-poor-ireland-bill. 以下を参照のこと。Tim Pat Coogan, *The Famine Plot: England's Role in Ireland's Greatest Tragedy* (New York: St. Martin's Griffin, 2012), p. 229.
25. Roman Serbyn, "The First Man-Made Famine in Soviet Ukraine, 1921–23," *Ukrainian Weekly* 56, no. 45 (November 6, 1988), http://www.ukrweekly.com/old/archive/1988/458814.shtml.
26. Anne Applebaum, *Red Famine: Stalin's War on Ukraine* (London: Penguin, 2018), pp. 67–69.
27. Applebaum, *Red Famine*, pp. 166f.
28. Applebaum, *Red Famine*, pp. 229f.
29. Sergei Nefedov and Michael Ellman, "The Soviet Famine of 1931–1934: Genocide, a Result of Poor Harvests, or the Outcome of a Conflict Between the State and the Peasants?," *Europe-Asia Studies* 71, no. 6 (July 2019), pp. 1048–65.
30. Michael Ellman, "The Role of Leadership Perceptions and of Intent in the Soviet Famine of 1931–1934," *Europe-Asia Studies* 57, no. 6 (September 2005), p. 824.
31. Benjamin I. Cook, Ron L. Miller, and Richard Seager, "Amplification of the North American 'Dust Bowl' Drought Through Human-Induced Land Degradation," *PNAS* 106, no. 13 (March 31, 2009), pp. 4997–5001.
32. Ben Cook, Ron Miller, and Richard Seager, "Did Dust Storms Make the Dust Bowl Drought Worse?," Lamont-Doherty Earth Observatory, Columbia University Earth Institute, http://ocp.ldeo.columbia.edu/res/div/ocp/drought/dust_storms.shtml.
33. Timothy Egan, *The Worst Hard Time: The Untold Story of Those Who Survived the Great American Dustbowl* (Boston and New York: Mariner/Houghton Mifflin Harcourt, 2006), p. 5.
34. Robert A. McLeman et al., "What We Learned from the Dust Bowl: Lessons in Science, Policy, and Adaption," *Population and Environment* 35 (2014), pp. 417–40. 以下も参照のこと。D. Worster, *Dust Bowl: The Southern Plains in the 1930s* (New York: Oxford University Press, 1979).
35. Cook, Miller, and Seager, "Amplification of the North American 'Dust Bowl' Drought," p. 4997.
36. Egan, *Worst Hard Time*, p. 8.
37. "Honoring 85 Years of NRCS—A Brief History," Natural Resources Conservation Service, USDA, https://www.nrcs.usda.gov/wps/portal/nrcs/detail/national/about/history/?cid=nrcs143_021392.
38. Mike Davis, *Late Victorian Holocausts: El Niño Famines and the Making of the Third World* (London and New York: Verso, 2001).
39. Tirthankar Roy, *The Economic History of India, 1857–1947* (Delhi: Oxford University Press, 2000), pp. 22, 219f., 254, 285, 294. Cf. Michelle Burge McAlpin, *Subject to Famine: Food Crises and Economic Change in Western India, 1860–1920* (Princeton, NJ: Princeton University Press,

1983).
40. Christopher Bayly and Tim Harper, *Forgotten Armies: Britain's Asian Empire and the War with Japan* (London: Penguin, 2005).
41. Cormac Ó Gráda, "'Sufficiency and Sufficiency and Sufficiency': Revisiting the Great Bengal Famine, 1943–44," in *Eating People Is Wrong, and Other Essays on Famine, Its Past, and Its Future* (Princeton, NJ: Princeton University Press, 2015), p. 90.
42. Arthur Herman, *Gandhi and Churchill: The Rivalry That Destroyed an Empire and Forged Our Age* (London: Hutchinson, 2008), p. 513.［邦訳：『ガンディーとチャーチル』上・下、田中洋二郎監訳、守田道夫訳、白水社、2018年］
43. Keneally, *Three Famines*, p. 93.
44. Herman, *Gandhi and Churchill*, p. 515.［邦訳：『ガンディーとチャーチル』］
45. Andrew Roberts, *Churchill: Walking with Destiny* (London: Allen Lane, 2018), p. 788.
46. Keneally, *Three Famines*, p. 95.
47. Bayly and Harper, *Forgotten Armies*, pp. 284–87.
48. Frank Dikötter, *Mao's Great Famine: The History of China's Most Devastating Catastrophe, 1958–1962* (London: Bloomsbury, 2017), p. 333［邦訳：『毛沢東の大飢饉——史上最も悲惨で破壊的な人災 1958-1962』中川治子訳、草思社文庫、2019年］; Andrew G. Walder, *China Under Mao: A Revolution Derailed* (Cambridge, MA: Harvard University Press), p. 173.
49. Dali L. Yang, *Calamity and Reform in China: State, Rural Society, and Institutional Change Since the Great Leap Famine* (Stanford, CA: Stanford University Press, 1996).
50. Xin Meng, Nancy Qian, and Pierre Yared, "The Institutional Causes of China's Great Famine, 1959–61," NBER Working Paper No. 16361 (September 2010).
51. Dikötter, *Mao's Great Famine*, pp. 39f.［邦訳：『毛沢東の大飢饉』］
52. Dikötter, *Mao's Great Famine*, pp. 113f., 133.［邦訳：『毛沢東の大飢饉』］
53. ベンガルの統計値は、Tim Dyson, *Population History of India: From the First Modern People to the Present Day* (Oxford: Oxford University Press, 2018), および Stephen Devereux, "Famine in the Twentieth Century," IDS Working Paper 105 (2000) より。アイルランドの統計値は、Joel Mokyr, *Why Ireland Starved: A Quantitative and Analytical History of the Irish Economy, 1800–1850* (London: Allen & Unwin, 1983) より。
54. Dikötter, *Mao's Great Famine*, pp. 178ff., 276, 301f.［邦訳：『毛沢東の大飢饉』］
55. Cormac Ó Gráda, "Eating People Is Wrong: Famine's Darkest Secret?," in *Eating People Is Wrong*, pp. 11–37.
56. Theodore M. Vestal, "Famine in Ethiopia: Crisis of Many Dimensions," *Africa Today* 32, no. 4 (1984), pp. 7–28.
57. Mark R. Jury, "Climatic Determinants of March–May Rainfall Variability over Southeastern Ethiopia," *Climate Research* 66, no. 3 (December 2015), pp. 201–10.
58. Keneally, *Three Famines*, p. 125.
59. David Rieff, "The Humanitarian Aid Industry's Most Absurd Apologist," *New Republic*, November 28, 2010, https://newrepublic.com/article/79491/humanitarian-aid-industrys-most-absurd-apologist-geldof.
60. Alex de Waal, *Evil Days: Thirty Years of War and Famine in Ethiopia* (New York and London: Human Rights Watch, 1991); Peter Gill, *Famine and Foreigners: Ethiopia Since Live Aid* (Oxford: Oxford University Press, 2010).
61. Chandler Collier, "London Coal Fog of 1880," https://prezi.com/fbho-h7ba7f5/london-coal-fog-

of-1880/.

62. The Hon. R. Russell, *London Fogs* (Gloucester: Dodo Press, 2009 [1880]), pp. 5–6, https://www.victo rianlondon.org/weather/londonfogs.htm.

63. Christopher Klein, "The Great Smog of 1952," *History*, December 5, 2012, 2018年8月22日に更新、https://www.history.com/news/the-killer-fog-that-blanketed-london-60-years-ago.

64. Camila Domonoske, "Research on Chinese Haze Helps Crack Mystery of London's Deadly 1952 Fog," *The Two-Way*, NPR, November 23, 2016, https://www.npr.org/sections/thetwo-way/2016/11/23/503156414/research-on-chinese-haze-helps-crack-mystery-of-londons-deadly-1952-fog; Jane Onyanga-Omara, "Mystery of London Fog That Killed 12,000 Finally Solved," *USA Today*, December 13, 2016, https://eu.usatoday.com/story/news/world/2016/12/13/scientists-say-theyve-solved-mystery-1952-london-killer-fog/95375738/.

65. Peter Thorsheim, *Inventing Pollution: Coal, Smoke, and Culture in Britain Since 1800* (Athens: Ohio University Press, 2017), p. 161.

66. H. Ross Anderson et al., "Health Effects of an Air Pollution Episode in London, December 1991," *Thorax* 50 (1995), pp. 1188–93.

67. Winston S. Churchill, *The World Crisis, 1911–1914* (New York: Charles Scribner's Sons, 1923), p. 41.

68. David Lloyd George, *War Memoirs*, vol. I (London: Odhams Press, 1938), pp. 32, 34f.

69. Samuel Hynes, *A War Imagined: The First World War and English Culture* (London: Pimlico, 1990), p. 106.

70. Alan Clark, *The Donkeys* (London: Random House, 2011 [1961]); John Laffin, *British Butchers and Bunglers of World War One* (Stroud, UK: Sutton, 1992).

71. John Terraine, *Douglas Haig: The Educated Soldier* (London: Cassell, 1963).

72. Gary Sheffield, "An Exercise in Futility," *History Today* 66, no. 7 (2016), pp. 10–18. 以下も参照のこと。Gary Sheffield, *The Somme* (London: Cassell, 2003).

73. William Philpott, *Bloody Victory: The Sacrifice on the Somme and the Making of the Twentieth Century* (London: Abacus, 2016).

74. Gary Sheffield, *The Chief: Douglas Haig and the British Army* (London: Aurum Press, 2012), p. 166.

75. Robin Prior and Trevor Wilson, *Command on the Western Front: The Military Career of Sir Henry Rawlinson, 1914–18* (Oxford: Basil Blackwell, 1992), p. 78.

76. David French, "The Meaning of Attrition," *English Historical Review* 103, no. 407 (1986), p. 403.

77. Trevor Wilson, *The Myriad Faces of War: Britain and the Great War, 1914–1918* (Cambridge: Cambridge University Press, 1986), p. 309; Prior and Wilson, *Command on the Western Front*, pp. 150f.

78. Sheffield, "Exercise in Futility."

79. Prior and Wilson, *Command on the Western Front*, pp. 153, 163–66.

80. Ernst Jünger, *The Storm of Steel: From the Diary of a German Storm-Troop Officer on the Western Front*, trans. Basil Creighton (London: Chatto & Windus, 1929), pp. 92ff., 106f.

81. John Terraine, *The First World War* (London: Secker and Warburg, 1984), p. 172.

82. French, "Meaning of Attrition," p. 386.

83. Niall Ferguson, *The Pity of War: Understanding World War I* (New York: Basic Books, 1998), pp. 332f.

84. R. H. Tawney, "Some Reflections of a Soldier," in *The Attack and Other Papers* (London: Allen & Unwin, 1953).

85. Nicholas Reeves, "Film Propaganda and Its Audience: The Example of Britain's Official Films During the First World War," *Journal of Contemporary History* 18, no. 3 (1983), pp. 464–94.

86. Brian Bond, *British Military Policy Between the Two World Wars* (Oxford: Clarendon, 1980), p. 24.

87. James Neidpath, *The Singapore Naval Base and the Defence of Britain's Eastern Empire, 1919–1941* (Oxford: Clarendon, 1981), p. 131.

88. Bond, *British Military Policy*, p. 217.

89. 詳細な説明については、以下を参照のこと。 Niall Ferguson, *The War of the World: Twentieth-Century Conflict and the Descent of the West* (New York: Penguin Press, 2006), pp. 312–82. ［邦訳：『憎悪の世紀——なぜ20世紀は世界的殺戮の場となったのか』上・下、仙名紀訳、早川書房、2007年］

90. Winston Churchill, "The Munich Agreement," address to the House of Commons, October 5, 1938, International Churchill Society, https://winstonchurchill.org/resources/speeches/1930-1938-the-wilderness/the-munich-agreement.

91. Randolph Spencer Churchill and Martin Gilbert, *Winston S. Churchill*, vol. V: *The Prophet of Truth, 1922–1939* (New York: Houghton Mifflin, 1966), p. 1002.

92. Roberts, *Churchill*, p. 438.

93. Roberts, *Churchill*, p. 696.

94. Barnaby Crowcroft, "The End of the British Empire of Protectorates, 1945–1960" (PhD diss., Harvard University, 2019).

95. Field Marshal Lord Alanbrooke, *Alanbrooke War Diaries 1939–1945* (London: Orion, 2015), February 11 and 18, 1942.

96. "'The Buck Stops Here' Desk Sign," Harry S. Truman Library and Museum, https://www.trumanlibrary.gov/education/trivia/buck-stops-here-sign.

97. Adrian Goldsworthy, *How Rome Fell: Death of a Superpower* (New Haven, CT: Yale University Press, 2009).

98. Peter Heather, *The Fall of the Roman Empire: A New History* (London: Pan, 2006).

99. Bryan Ward-Perkins, *The Fall of Rome and the End of Civilization* (Oxford: Oxford University Press, 2005). ［邦訳：『ローマ帝国の崩壊——文明が終わるということ』（新装版）南雲泰輔訳、白水社、2020年］

100. Dennis O. Flynn and Arturo Giraldez, "Arbitrage, China, and World Trade in the Early Modern Period," *Journal of the Economic and Social History of the Orient* 38, no. 4 (1995), pp. 429–48.

101. Patricia Buckley Ebrey, *The Cambridge Illustrated History of China* (Cambridge: Cambridge University Press, 1996), esp. p. 215.

102. 優れた概括については、以下を参照のこと。Jack Goody, *Capitalism and Modernity: The Great Debate* (Cambridge: Polity Press, 2004), pp. 103–17.

103. Hanhui Guan and Li Daokui, "A Study of GDP and Its Structure in China's Ming Dynasty," *China Economic Quarterly* 3 (2010).

104. たとえば以下を参照のこと。L. Brandt, Debin Ma, and Thomas G. Rawski, "From Divergence to Convergence: Re-evaluating the History Behind China's Economic Boom," University of Warwick Working Paper Series No. 117 (February 2013).

105. Friedrich Percyval Reck-Malleczewen, *Diary of a Man in Despair* (Richmond, UK: Duckworth,

2000 [1947]), p. 31.
106. Stephen Kotkin, *Armageddon Averted: The Soviet Collapse, 1970–2000* (Oxford: Oxford University Press, 2008).
107. Leon Aron, "Everything You Think You Know About the Collapse of the Soviet Union Is Wrong," *Foreign Policy*, June 20, 2011, https://foreignpolicy.com/2011/06/20/everything-you-think-you-know-about-the-collapse-of-the-soviet-union-is-wrong/.
108. Charles King, "How a Great Power Falls Apart," *Foreign Affairs*, June 30, 2020, https://www.foreignaf fairs.com/articles/russia-fsu/2020-06-30/how-great-power-falls-apart.
109. 全般的には、以下を参照のこと。Samir Puri, *The Great Imperial Hangover: How Empires Have Shaped the World* (London: Atlantic Books, 2020). [邦訳:『帝国の遺産——何が世界秩序をつくるのか』新田享子訳、東京堂出版、2021年]
110. Eyck Freymann, *One Belt One Road: Chinese Power Meets the World* (Cambridge, MA: Harvard University Press, 2020), pp. 42, 62, 100.
111. 2019年12月20日にサンクト・ペテルブルクの非公式の独立国家共同体サミットで行われた彼の演説を、以下のロシア大統領サイトで参照のこと。http://en.kremlin.ru/events/president/news/62376; また、2020年6月19日にモスクワで行われた、「歴史と我々の将来に対する共有の責任」についての彼の演説は、以下のロシア大統領サイトで参照のこと。http://en.kremlin.ru/events/president/news/63527.
112. Manmohan Singh, 2005年7月8日、オックスフォード大学から名誉博士号を授与されたときの演説、https://archivepmo.nic.in/drmanmohansingh/speech-details.php?nodeid=140.
113. Michael Colborne and Maxim Edwards, "Erdogan Is Making the Ottoman Empire Great Again," *Foreign Policy*, June 22, 2018, https://foreignpolicy.com/2018/06/22/erdogan-is-making-the-ottoman-empire-great-again/. 以下も参照のこと。Abdullah Bozkurt, "Erdoğan's Secret Keeper Says Lausanne Treaty 'Expired,' Turkey Free to Grab Resources," *Nordic Monitor*, February 24, 2020, https://www.nordicmonitor.com/2020/02/erdogans-secret-keeper-says-lausanne-treaty-invalid-turkey-free-to-grab-resources/; Sinan Baykent, "Misak-ı Millî or the 'National Oath': Turkey's New Foreign Policy Compass?," *Hurriyet Daily News,* October 31, 2016, https://www.hurriyetdailynews.com/misak-i-mill-or-the-national-oath-turkeys-new-foreign-policy-compass-105529.
114. Michael Morell, "Iran's Grand Strategy Is to Become a Regional Powerhouse," *Washington Post,* April 3, 2015, https://www.washingtonpost.com/opinions/irans-grand-strategy/2015/04/03/415ec8a8-d8a3-11e4-ba28-f2a685dc7f89_story.html.

## 第7章　アジア風邪からエボラまで

1. Pasquale Cirillo and Nassim Nicholas Taleb, "Tail Risk of Contagious Diseases," *Nature Physics* 16 (2020), pp. 606–13.
2. Niall P. A. S. Johnson and Juergen Mueller, "Updating the Accounts: Global Mortality of the 1918–1920 'Spanish' Influenza Pandemic," *Bulletin of the History of Medicine* 76 (2002), pp. 105–15.
3. "Eisenhower Seeks Fund to Fight Flu," *New York Times*, August 8, 1957, https://timesmachine.nytimes.com/timesmachine/1957/08/08/90831582.html.
4. "Presidential Approval Ratings—Gallup Historical Statistics and Trends," Gallup, https://news.gallup.com/poll/116677/presidential-approval-ratings-gallup-historical-statistics-trends.aspx.
5. 1889年のパンデミックが、じつはコロナウイルスによって引き起こされたという説について

は、以下を参照のこと。Nicholas A. Christakis, *Apollo's Arrow: The Profound and Enduring Impact of Coronavirus on the Way We Live* (New York: Little, Brown Spark, 2020), pp. 309f.［邦訳：『疫病と人類知――新型コロナウイルスが私たちにもたらした深遠かつ永続的な影響』庭田よう子訳、講談社、2021年］

6. D. A. Henderson, Brooke Courtney, Thomas V. Inglesby, Eric Toner, and Jennifer B. Nuzzo, "Public Health and Medical Responses to the 1957–58 Influenza Pandemic," *Biosecurity and Bioterrorism: Biodefense Strategy, Practice, and Science* (September 2009), pp. 265–73.
7. Cécile Viboud et al., "Global Mortality Impact of the 1957–1959 Influenza Pandemic," *Journal of Infectious Diseases* 213 (2016), pp. 738–45.
8. Viboud et al., "Global Mortality Impact," p. 744.
9. "1957–1958 Pandemic (H2N2 Virus)," Centers for Disease Control and Prevention (以下CDC), https://www.cdc.gov/flu/pandemic-resources/1957-1958-pandemic.html.
10. Christakis, *Apollo's Arrow*, pp. 62f.［邦訳：『疫病と人類知』］Robert J. Barro, José F. Ursúa, and Joanna Weng, "The Coronavirus and the Great Influenza Pandemic: Lessons from the 'Spanish Flu' for the Coronavirus's Potential Effects on Mortality and Economic Activity," NBER Working Paper No. 26866 (2020).
11. Elizabeth Brainard and Mark V. Siegler, "The Economic Effects of the 1918 Influenza Epidemic," Centre for Economic Policy Research Discussion Paper No. 3791 (February 2003).
12. Patrick G. T. Walker et al., "The Global Impact of COVID-19 and Strategies for Mitigation and Suppression," Imperial College COVID-19 Response Team Report 12 (March 26, 2020), https://doi.org/10.25561/77735.
13. 感染者致死率の見通しに関して私よりもいくぶん楽観的な調査については、以下を参照のこと。John P. A. Ioannidis, "The Infection Fatality Rate of COVID-19 Inferred from Seroprevalence Data," MedRxiv, July 14, 2020, https://doi.org/10.1101/2020.05.13.20101253.
14. Elizabeth W. Etheridge, *Sentinel for Health: A History of the Centers for Disease Control* (Berkeley: University of California Press, 1992), p. 85.
15. Robert E. Serfling, Ida L. Sherman, and William J. Houseworth, "Excess Pneumonia-Influenza Mortality by Age and Sex in Three Major Influenza A2 Epidemics, United States, 1957–58, 1960 and 1963," *American Journal of Epidemiology* 88, no. 8 (1967), pp. 433–42.
16. Eskild Petersen et al., "Comparing SARS-CoV-2 with SARS-CoV and Influenza Pandemics," *Lancet Infectious Diseases* 20, no. 9 (September 2020), table 3, https://doi.org/10.1016/S1473-3099(20)30484-9.
17. "Influenza 1957," *American Journal of Public Health and the Nation's Health* 47, no. 9 (September 1957), pp. 1141f.
18. Lina Zeldovich, "How America Brought the 1957 Influenza Pandemic to a Halt," *JSTOR Daily*, April 7, 2020, https://daily.jstor.org/how-america-brought-the-1957-influenza-pandemic-to-a-halt/.
19. Henderson et al., "Public Health and Medical Responses," p. 266.
20. Henderson et al., "Public Health and Medical Responses," p. 271.
21. Henderson et al., "Public Health and Medical Responses."
22. Edwin D. Kilbourne, "Influenza Pandemics of the 20th Century," *Emerging Infectious Diseases* 12, no. 1 (January 2006), p. 10.
23. Albert-László Barabási, *Network Science* (Cambridge: Cambridge University Press, 2016), esp. chap. 10.［邦訳：『ネットワーク科学――ひと・もの・ことの関係性をデータから解き明かす新しいアプローチ』池田裕一、井上寛康、谷澤俊弘監訳、京都大学ネットワーク社会研究会訳、

共立出版、2019年］
24. Etheridge, *Sentinel for Health*, p. 85.
25. Etheridge, *Sentinel for Health*, p. 269.
26. Jere Housworth and Alexander D. Langmuir, "Excess Mortality from Epidemic Influenza, 1957–1966," *American Journal of Epidemiology* 100, no. 1 (1974), pp. 40–49.
27. Cécile Viboud et al., "Multinational Impact of the 1968 Hong Kong Influenza Pandemic: Evidence for a Smoldering Pandemic," *Journal of Infectious Diseases* 192 (2005), pp. 233–48; Petersen et al., "Comparing SARS-CoV-2 with SARS-CoV and Influenza," table 3.
28. Jack M. Holl, "Young Eisenhower's Fight with the 1918 Flu at Camp Colt," *Brewminate*, May 5, 2020, https://brewminate.com/young-eisenhowers-fight-with-the-1918-flu-at-camp-colt/.
29. Henderson et al., "Public Health and Medical Responses," p. 266.
30. Henderson et al., "Public Health and Medical Responses," p. 270.
31. Fred M. Davenport, "Role of the Commission on Influenza," *Studies of Epidemiology and Prevention* 73, no. 2 (February 1958), pp. 133–39.
32. Henderson et al., "Public Health and Medical Responses," p. 270.
33. "Hong Kong Battling Influenza Epidemic," *New York Times*, April 17, 1957.
34. Henderson et al., "Public Health and Medical Responses," p. 270.
35. Zeldovich, "1957 Influenza Pandemic."
36. Etheridge, *Sentinel for Health*, p. 84.
37. Henderson et al., "Public Health and Medical Responses," p. 270.
38. Kilbourne, "Influenza Pandemics," p. 10.
39. Paul A. Offit, *Vaccinated: One Man's Quest to Defeat the World's Deadliest Diseases* (Washington, D.C.: Smithsonian, 2007), pp. 128–31.［邦訳：『恐ろしい感染症からたくさんの命を救った現代ワクチンの父の物語』堀越裕歩訳、南山堂、2020年］
40. Milton Friedman and Anna Jacobson Schwartz, *A Monetary History of the United States, 1867–1960* (Princeton, NJ: Princeton University Press, 2008), p. 615.
41. Federal Reserve Bank of St. Louis, "The 1957–1958 Recession: Recent or Current?," *FRBSL Monthly Review* 40, no. 8 (August 1958), pp. 94–103.
42. Henderson et al., "Public Health and Medical Responses," pp. 269f.
43. U.S. Congressional Budget Office, "A Potential Influenza Pandemic: Possible Macroeconomic Effects and Policy Issues," December 8, 2005 (2006年7月27日に改訂), http://www.cbo.gov/ftpdocs/69xx/doc6946/12-08-BirdFlu.pdf.
44. "Democrats Widen Congress Margin," *New York Times*, November 5, 1958.
45. Heidi J. S. Tworek, "Communicable Disease: Information, Health, and Globalization in the Interwar Period," *American Historical Review*, June 2019, pp. 823, 836.
46. Tworek, "Communicable Disease," p. 838.
47. Tworek, "Communicable Disease," p. 841.
48. Frank Furedi, "Why the WHO Should Be Scrapped," *Spiked*, April 27, 2020, https://www.spiked-online.com/2020/04/27/why-the-who-should-be-scrapped/.
49. Franklin D. Roosevelt, 1937年10月5日、シカゴでの演説、https://www.presidency.ucsb.edu/documents/address-chicago.
50. Elizabeth Borgwardt, *A New Deal for the World: America's Vision for Human Rights* (Cambridge, MA: Harvard University Press, 2005).
51. Julia Emily Johnsen, *Plans for a Post-War World* (New York: H. W. Wilson, 1942), p. 115.

52. Odd Arne Westad, *The Global Cold War: Third World Interventions and the Making of Our Times* (New York: Cambridge University Press, 2005). ［邦訳：『グローバル冷戦史――第三世界への介入と現代世界の形成』佐々木雄太監訳、小川浩之ほか訳、名古屋大学出版会、2010年］
53. Daniel J. Sargent, "Strategy and Biosecurity: An Applied History Perspective," paper prepared for the Hoover History Working Group, June 18, 2020.
54. 以下のサイトのデータから計算。The Nobel Prize, http://www.nobelprize.org/prizes/.
55. S. Jayachandran, Adriana Lleras-Muney, and Kimberly V. Smith, "Modern Medicine and the 20th Century Decline in Mortality: New Evidence on the Impact of Sulfa Drugs," Online Working Paper Series, California Center for Population Research, UCLA (2008), pp. 1–48.
56. Thomas McKeown, R. G. Record, and R. D. Turner, "An Interpretation of the Decline of Mortality in England and Wales During the Twentieth Century," *Journal of Population Studies* 29, no. 3 (1975), pp. 391–422.
57. Christakis, *Apollo's Arrow*, p. 111. ［邦訳：『疫病と人類知』］
58. David Cutler and Ellen Meara, "Changes in the Age Distribution of Mortality over the 20th Century," NBER Working Paper No. 8556 (October 2001).
59. J. R. Hampton, "The End of Medical History?," *Journal of the Royal College of Physicians of London* 32, no. 4 (1998), pp. 367–71.
60. John Farley, *Brock Chisholm, the World Health Organization and the Cold War* (Vancouver and Toronto: UBC Press, 2008), p. 56.
61. Meredith Reid Sarkees, "The Correlates of War Data on War: An Update to 1997," *Conflict Management and Peace Science* 18, no. 1 (2000), pp. 123–44; Therese Pettersson and Peter Wallensteen, "Armed Conflicts, 1946–2014," *Journal of Peace Research* 52, no. 4 (2015), pp. 536–50.
62. Max Roser, "War and Peace After 1945," Our World In Data (2015), http://ourworldindata.org/data/war-peace/war-and-peace-after-1945/.
63. Center for Systemic Peace, "Assessing the Qualities of Systemic Peace," https://www.systemicpeace.org/conflicttrends.html.
64. Joel Slemrod, "Post-War Capital Accumulation and the Threat of Nuclear War," NBER Working Paper No. 887 (1982); Joel Slemrod, "Fear of Nuclear War and Intercountry Differences in the Rate of Saving," NBER Working Paper No. 2801 (1988); Bruce Russett and Joel Slemrod, "Diminished Expectations of Nuclear War and Increased Personal Savings: Evidence from Individual Survey Data," NBER Working Paper No. 4031 (1992).
65. Peter J. Hotez, "Vaccines as Instruments of Foreign Policy," *European Molecular Biology Organization Reports* 2, no. 10 (2001), pp. 862–68.
66. David M. Oshinsky, *Polio: An American Story* (Oxford: Oxford University Press, 2005), pp. 252f.
67. Erez Manela, "Smallpox Eradication and the Rise of Global Governance," in *The Shock of the Global: The 1970s in Perspective*, ed. Niall Ferguson et al. (Cambridge, MA: Harvard University Press, 2010), pp. 256–57.
68. Jared Diamond, "Lessons from a Pandemic," *Financial Times*, May 25, 2020, https://www.ft.com/content/71ed9f88-9f5b-11ea-b65d-489c67b0d85d.
69. "Biological Weapons in the Former Soviet Union: An Interview with Dr. Kenneth Alibek," *Nonproliferation Review* (Spring/Summer 1999), pp. 1–10.
70. Clark Whelton, "Say Your Prayers and Take Your Chances: Remembering the 1957 Asian Flu

Pandemic," *City Journal*, March 13, 2020, https://www.city-journal.org/1957-asian-flu-pandemic.
71. Henderson et al., "Public Health and Medical Responses," pp. 270, 272.
72. Justin McCarthy, "Americans Differ Greatly in Readiness to Return to Normal," Gallup, April 30, 2020, https://news.gallup.com/poll/309578/americans-differ-greatly-readiness-return-normal.aspx.
73. R. J. Reinhart, "Roundup of Gallup COVID-19 Coverage," October 19, 2020, https://news.gallup.com/opinion/gallup/308126/roundup-gallup-covid-coverage.aspx.
74. Michele Gelfand et al., "Cultural and Institutional Factors Predicting the Infection Rate and Mortality Likelihood of the COVID-19 Pandemic," PsyArXiv, April 1, 2020, https://doi.org/10.31234/osf.io/m7f8a.
75. Charles Murray, *Coming Apart: The State of White America, 1960–2010* (New York: Crown Forum, 2012).［邦訳：『階級「断絶」社会アメリカ――新上流と新下流の出現』橘明美訳、草思社、2013年］
76. Office of Personnel Manegement, "Historical Federal Workforce Tables," https://www.opm.gov/policy-data-oversight/data-analysis-documentation/federal-employment-reports/historical-tables/executive-branch-civilian-employment-since-1940/.
77. U.S. Bureau of Labor Statistics, "All Employees, Government [USGOVT]," FRED: Federal Reserve Bank of St. Louis, https://fred.stlouisfed.org/series/USGOVTより。
78. U.S. Bureau of Labor Statistics, "All Employees, Government."
79. Federal Reserve Bank of St. Louis and U.S. Office of Management and Budget, "Gross Federal Debt as Percent of Gross Domestic Product [GFDGDPA188S]," FRED: Federal Reserve Bank of St. Louis, https://fred.stlouisfed.org/series/GFDGDPA188Sより。
80. "Budget Projections: Debt Will Exceed the Size of the Economy This Year," Committee for a Responsible Federal Budget, April 13, 2020, http://www.crfb.org/blogs/budget-projections-debt-will-exceed-size-economy-year.
81. Oshinsky, *Polio: An American Story*, p. 8.
82. Oshinsky, *Polio: An American Story*, p. 53.
83. Oshinsky, *Polio: An American Story*, p. 162.
84. Oshinsky, *Polio: An American Story*, p. 204.
85. Oshinsky, *Polio: An American Story*, p. 218.
86. Oshinsky, *Polio: An American Story*, p. 219.
87. Oshinsky, *Polio: An American Story*, p. 268.
88. Richard Krause, "The Swine Flu Episode and the Fog of Epidemics," *Emerging Infectious Diseases* 12, no. 1 (January 2006), pp. 40–43, https://doi.org/10.3201/eid1201.051132.
89. Homeland Security Council, *National Strategy for Pandemic Influenza* (November 2005), https://www.cdc.gov/flu/pandemic-resources/pdf/pandemic-influenza-strategy-2005.pdf.
90. David C. Morrison, "Pandemics and National Security," *Great Decisions* (2006), pp. 93–102, https://www.jstor.org/stable/43682459.
91. James Fallows, "The 3 Weeks That Changed Everything," *Atlantic*, June 29, 2020, https://www.the atlantic.com/politics/archive/2020/06/how-white-house-coronavirus-response-went-wrong/613591/.
92. Anna Mummert et al., "A Perspective on Multiple Waves of Influenza Pandemics," *PLOS One*, April 23, 2013, https://doi.org/10.1371/journal.pone.0060343.
93. Petersen et al., "Comparing SARS-CoV-2 with SARS-CoV and Influenza." 以下も参照のこと。

"2009 H1N1 Pandemic (H1N1pdm09 Virus)," CDC, https://www.cdc.gov/flu/pandemic-resources/2009-h1n1-pandemic.html.

94. Executive Office of the President of the United States, "Playbook for Early Response to High-Consequence Emerging Infectious Disease Threats and Biological Incidents," 日付不明. https://assets.documentcloud.org/documents/6819268/Pandemic-Playbook.pdf.

95. A. Moya et al., "The Population Genetics and Evolutionary Epidemiology of RNA Viruses," *Nature Reviews* 2 (2004), pp. 279–88.

96. Randy Shilts, *And the Band Played On: Politics, People and the AIDS Epidemic* (London: Souvenir Press, 2011). [邦訳：『そしてエイズは蔓延した』上・下、曽田能宗訳、草思社、1991年]

97. Shilts, *And the Band Played On*, pp. 68f. [邦訳：『そしてエイズは蔓延した』]

98. Shilts, *And the Band Played On*, pp. 73f. [邦訳：『そしてエイズは蔓延した』]

99. Shilts, *And the Band Played On*, p. 165. [邦訳：『そしてエイズは蔓延した』]

100. Shilts, *And the Band Played On*, p. 229. [邦訳：『そしてエイズは蔓延した』]

101. Shilts, *And the Band Played On*, pp. 242f. [邦訳：『そしてエイズは蔓延した』]

102. "How HIV/AIDS Changed the World," *Economist*, June 25, 2020, https://www.economist.com/books-and-arts/2020/06/25/how-hiv/aids-changed-the-world.

103. Natasha Geiling, "The Confusing and At-Times Counterproductive 1980s Response to the AIDS Epidemic," *Smithsonian*, December 4, 2013, https://www.smithsonianmag.com/history/the-confusing-and-at-times-counterproductive-1980s-response-to-the-aids-epidemic-180948611/.

104. Shilts, *And the Band Played On*, p. 129. [邦訳：『そしてエイズは蔓延した』]

105. Shilts, *And the Band Played On*, pp. 319f., 450ff. [邦訳：『そしてエイズは蔓延した』]

106. Shilts, *And the Band Played On*, p. 593. [邦訳：『そしてエイズは蔓延した』]

107. Laurie Garrett, "Ebola's Lessons: How the WHO Mishandled the Crisis," *Foreign Affairs* 94, no. 5 (September/October 2015), pp. 84f.

108. Peter Piot, *No Time to Lose: A Life in Pursuit of Deadly Viruses* (New York and London: W.W. Norton, 2012), pp. 183f. [邦訳：『ノー・タイム・トゥ・ルーズ――エボラとエイズと国際政治』宮田一雄・大村朋子・樽井正義訳、慶應義塾大学出版会、2015年]

109. Piot, *No Time to Lose*, pp. 100, 191. [邦訳：『ノー・タイム・トゥ・ルーズ』]

110. Piot, *No Time to Lose*, pp. 108f., 167. [邦訳：『ノー・タイム・トゥ・ルーズ』]

111. たとえば以下を参照のこと。Romualdo Pastor-Satorras and Alessandro Vespignani, "Immunization of Complex Networks," Abdus Salam International Centre for Theoretical Physics, February 1, 2008.

112. David M. Auerbach et al., "Cluster of Cases of the Acquired Immune Deficiency Syndrome. Patients Linked by Sexual Contact," *American Journal of Medicine* 76, no. 3 (1984), pp. 487–92, https://doi.org/10.1016/0002-9343(84)90668-5. 後にデュガは、アメリカにおける最初のAIDS患者、いわゆる「patient zero（ゼロ号患者）」と誤って認定された。実際には、この1984年の論文の執筆者たちは、もともと彼を、「Out-of-California（カリフォルニア州外）」という意味で、「Patient O（患者O）」と呼んでいた。

113. Filio Marineli et al., "Mary Mallon (1869–1938) and the History of Typhoid Fever," *Annals of Gastroenterology* 26, no. 2 (2013), pp. 132–34, https://www.ncbi.nlm.nih.gov/pmc/articles/PMC3959940/.

114. "Trends in Sexual Behavior and the HIV Pandemic," *American Journal of Public Health* 82, no. 11 (1992), p. 1459.

115. 全般的には、以下を参照のこと。Jonathan Engel, *The Epidemic: A Global History of AIDS*

(Washington, D.C.: Smithsonian Books, 2006).
116. "How HIV/AIDS Changed the World," *Economist.*
117. Calder Walton, "Intelligence and Coronavirus: Rethinking US National Security: An Applied History Analysis," 未発表の論文 Harvard University (May 2020).
118. UNAIDS, *How AIDS Changed Everything: MDG 6: 15 Years, 15 Lessons of Hope from the AIDS Response* (New York: United Nations, 2016), https://www.unaids.org/en/resources/documents/2015/MDG6_15years-15lessonsfromtheAIDSresponse.
119. Marshall H. Becker and Jill G. Joseph, "AIDS and Behavioral Change to Reduce Risk: A Review," *American Journal of Public Health* 78, no. 4 (1988), pp. 394–410.
120. Joel A. Feinleib and Robert T. Michael, "Reported Changes in Sexual Behavior in Response to AIDS in the United States," *Preventive Medicine* 27, no. 3 (May 1998), pp. 400–411, https://doi.org/10.1006/pmed.1998.0270.
121. Muazzam Nasrullah et al., "Factors Associated with Condom Use Among Sexually Active U.S. Adults, National Survey of Family Growth, 2006–2010 and 2011–2013," *Journal of Sexual Medicine* 14, no. 4 (April 2017), pp. 541–50, https://doi.org10.1016/j.jsxm.2017.02.015. 以下も参照のこと。Wenjia Zhu, Samuel A. Bazzi, and Angel R. Bazzi, "Behavioral Changes Following HIV Seroconversion During the Historical Expansion of HIV Treatment in the United States," *AIDS* 33, no. 1 (January 2, 2019), pp. 113–21, https://journals.lww.com/aidsonline/fulltext/2019/01020/behavioral_changes_following_hiv_seroconversion.12.aspx.
122. Gus Cairns, "Behaviour Change Interventions in HIV Prevention: Is There Still a Place for Them?," NAM AIDS Map, April 12, 2017, https://www.aidsmap.com/news/apr-2017/behaviour-change-interventions-hiv-prevention-there-still-place-them.
123. UNAIDS, *How AIDS Changed Everything*, p. 33.
124. Tony Barnett and Justin Parkhurst, "HIV/AIDS: Sex, Abstinence, and Behaviour Change," *Lancet*, September 2005, https://doi.org/10.1016/S1473-3099(05)70219-X; Emily Oster, "HIV and Sexual Behavior Change: Why Not Africa?," *Journal of Health Economics* 31, no. 1 (January 2012), pp. 35–49, https://www.sciencedirect.com/science/article/abs/pii/S016762961100172X.
125. Brooke E. Wells and Jean M. Twenge, "Changes in Young People's Sexual Behavior and Attitudes, 1943–1999: A Cross-Temporal Meta-Analysis," *Review of General Psychology* 9, no. 3 (September 2005), pp. 249–61.
126. Nicholas H. Wolfinger, "Nine Decades of Promiscuity," Institute for Family Studies, February 6, 2018, https://ifstudies.org/blog/nine-decades-of-promiscuity.
127. Steven Reinberg, "Only About One-Third of Americans Use Condoms: CDC," WebMD, August 10, 2017, https://www.webmd.com/sex/news/20170810/only-about-one-third-of-americans-use-condoms-cdc#1; Rachael Rettner, "US Men's Condom Use Is on the Rise," *LiveScience*, August 10, 2017, https://www.livescience.com/60095-condom-use-men.html.
128. Peter Ueda, Catherine H. Mercer, and Cyrus Ghaznavi, "Trends in Frequency of Sexual Activity and Number of Sexual Partners Among Adults Aged 18 to 44 Years in the US, 2000–2018," *JAMA Network Open* 3, no. 6 (2020), https://doi.org/10.1001/jamanetworkopen.2020.3833.
129. National Survey of Sexual Attitudes and Lifestyles, Natsal, http://www.natsal.ac.uk/home.aspx.
130. Kaye Wellings et al., "Changes in, and Factors Associated with, Frequency of Sex in Britain: Evidence from Three National Surveys of Sexual Attitudes and Lifestyles (Natsal)," *BMJ* 365, no. l1525 (2019), pp. 1–9, https://doi.org/10.1136/bmj.l1525.
131. Ueda, Mercer, and Ghaznavi, "Trends in Frequency of Sexual Activity," eTable 6.

132. CDC, "HIV in the United States and Dependent Areas," https://www.cdc.gov/hiv/statistics/overview/ataglance.html.
133. CDC, "2018 STD Surveillance Report," https://www.cdc.gov/nchhstp/newsroom/2019/2018-STD-surveillance-report.html.
134. James Gorman, "Are Face Masks the New Condoms?," *New York Times*, April 18, 2020, https://www.nytimes.com/2020/04/18/health/coronavirus-mask-condom.html.
135. このテーマで2010年に行われたリースのロング・ナウ協会のインタビューについては、以下を参照のこと。 FORA.tv, "Biotech Disaster by 2020? Martin Rees Weighs the Risks," September 14, 2010, YouTube video, 3:50, https://www.youtube.com/watch?v=zq-OBNft2OM.
136. 賭けの詳細は以下で閲覧可能。Bet 9, Long Bets Project, http://longbets.org/9/.
137. Steven Pinker, *Enlightenment Now: The Case for Reason, Science, Humanism, and Progress* (New York: Viking, 2018), pp. 142, 301, 307.［邦訳：『21世紀の啓蒙――理性、科学、ヒューマニズム、進歩』上・下、橘明美・坂田雪子訳、草思社、2019年］
138. Laurie Garrett, "The Next Pandemic," *Foreign Affairs*, July/August 2005, https://www.foreignaffairs.com/articles/2005-07-01/next-pandemic.
139. Dan Balz, "America Was Unprepared for a Major Crisis. Again," *Washington Post*, April 4, 2020, https://www.washingtonpost.com/graphics/2020/politics/america-was-unprepared-for-a-major-crisis-again/.
140. Michael Osterholm, "Preparing for the Next Pandemic," *Foreign Affairs*, July/August 2005, https://www.foreignaffairs.com/articles/2005-07-01/preparing-next-pandemic.
141. Larry Brilliant, "My Wish: Help Me Stop Pandemics," February 2006, TED video, 25:38, https://www.ted.com/talks/larry_brilliant_my_wish_help_me_stop_pandemics.
142. Ian Goldin and Mike Mariathasan, *The Butterfly Defect: How Globalization Creates Systemic Risks and What to Do About It* (Princeton, NJ: Princeton University Press, 2014), chap. 6.
143. Bill Gates, "The Next Outbreak: We're Not Ready," March 2015, TED video, 8:25, https://www.ted.com/talks/bill_gates_the_next_outbreak_we_re_not_ready.
144. Robert G. Webster, *Flu Hunter: Unlocking the Secrets of a Virus* (Otago, New Zealand: University of Otago Press, 2018).［邦訳：『インフルエンザ・ハンター――ウイルスの秘密解明への100年』田代眞人・河岡義裕監訳、岩波書店、2019年］
145. Ed Yong, "The Next Plague Is Coming. Is America Ready?," *Atlantic*, July/August 2018, https://www.theatlantic.com/magazine/archive/2018/07/when-the-next-plague-hits/561734/.
146. Thoughty2, "This Is the New Killer Virus That Will End Humanity," November 15, 2019, YouTube video, 15:35, https://www.youtube.com/watch?v=-Jhz0pVSKtI&app=desktop.
147. Lawrence Wright, *The End of October* (New York: Random House, 2020). この作品はおそらく、2019年に書き上げられた。
148. Peter Frankopan, "We Live in the Age of the Pandemic. This Is What We Need to Do About It," *Prospect*, December 8, 2019, https://www.prospectmagazine.co.uk/magazine/pandemic-likelihood-preparedness-uk-who-global.
149. A. S. Fauci, "Infectious Diseases: Considerations for the 21st Century," IDSA lecture, *Clinical Infectious Diseases* 32 (2001), pp. 675–78. 結核のワクチンにまつわる難しさについては、以下を参照のこと。 Morven E. M. Wilkie and Helen McShane, "TB Vaccine Development: Where Are We and Why Is It So Difficult?," *Thorax* 70 (2015), pp. 299–301, https://doi.org/10.1136/thoraxjnl-2014-205202.
150. David M. Morens et al., "The Challenge of Emerging and Re-emerging Infectious Diseases,"

*Nature* 430 (July 8, 2004), pp. 242–49; Robin A. Weiss, "The Leeuwenhoek Lecture, 2001: Animal Origins of Human Infectious Diseases," *Philosophical Transactions of the Royal Society Biological Sciences* 356 (2001), pp. 957–77. 以下も参照のこと。Dorothy H. Crawford, *Deadly Companions: How Microbes Shaped Our History* (Oxford: Oxford University Press, 2007), pp. 214f.

151. K. E. Jones et al., "Global Trends in Emerging Infectious Diseases," *Nature* 451 (February 2008), pp. 990–94.

152. Vittoria Colizza, Alain Barrat, Marc Barthlemy, and Alessandro Vespignani, "The Role of the Airline Transportation Network in the Prediction and Predictability of Global Epidemics," *PNAS* 103, no. 7 (2006), pp. 2015–20. 以下も参照のこと。Globalization 101, "Health and Globalization," SUNY Levin Institute, http://www.globalization101.org.

153. Stephen S. Morse, "Emerging Viruses: Defining the Rules for Viral Traffic," *Perspectives in Biology and Medicine* 34, no. 3 (1991), pp. 387–409; Joshua Lederberg, "Infectious Diseases as an Evolutionary Paradigm," *Emerging Infectious Diseases* 3, no. 4 (December 1997), pp. 417–23. 以下も参照のこと。Mark Honigsbaum, *The Pandemic Century: A History of Global Contagion from the Spanish Flu to Covid-19* (London: Penguin, 2020), pp. 165f.［邦訳：『パンデミックの世紀——感染症はいかに「人類の脅威」になったのか』鍛原多惠子訳、NHK出版、2021年］

154. D. Campbell-Lendrum, "Global Climate Change: Implications for International Public Health Policy," *Bulletin of the World Health Organization* 85, no. 3 (2007), pp. 235–37. 以下も参照のこと。World Health Organization, *Climate Change and Human Health: Risks and Responses, Summary* (Geneva: WHO, 2003).

155. Kristian G. Andersen et al., "The Proximal Origin of SARS-CoV-2," *Nature Medicine* 26 (March 17, 2020), pp. 450–52, https://www.nature.com/articles/s41591-020-0820-9.

156. Petersen et al., "Comparing SARS-CoV-2 with SARS-CoV and Influenza."

157. Barabási, *Network Science*, chap. 10.［邦訳：『ネットワーク科学』］

158. J. O. Lloyd-Smith et al., "Superspreading and the Effect of Individual Variation on Disease Emergence," *Nature* 438 (2005), pp. 355–59, https://www.nature.com/articles/nature04153.

159. 全般的には、以下を参照のこと。Thomas Abraham, *Twenty-First Century Plague: The Story of SARS* (Baltimore: John Hopkins University Press, 2007).

160. Abraham, *Twenty-First Century Plague*, p. 87.

161. Abraham, *Twenty-First Century Plague*, pp. 101–4.

162. Richard D. Smith, "Responding to Global Infectious Disease Outbreaks: Lessons from SARS on the Role of Risk Perception, Communication and Management," *Social Science and Medicine* 63 (2006), pp. 3113–23.

163. V. Rossi and John Walker, "Assessing the Economic Impact and Costs of Flu Pandemics Originating in Asia," Oxford Economic Forecasting Group (2005), pp. 1–23.

164. "COVID-19 Science Update for March 27th: Super-Spreaders and the Need for New Prediction Models," *Quillette*, March 27, 2020, https://quillette.com/2020/03/27/covid-19-science-update-for-march-27-super-spreaders-and-the-need-for-new-prediction-models/.

165. Petersen et al., "Comparing SARS-CoV-2 with SARS-CoV and Influenza," table 1.

166. David Quammen, *Ebola: The Natural and Human History* (London: Bodley Head, 2014), loc. 702–15, Kindle［邦訳：『エボラの正体——死のウイルスの謎を追う』西原智昭解説、山本光伸訳、日経BP、2015年］; Richard Preston, *The Hot Zone* (New York: Random House, 1994), p. 68.［邦訳：『ホット・ゾーン——エボラ・ウイルス制圧に命を懸けた人々』岩田健太郎解説、高見浩訳、ハヤカワ文庫、2020年］

167. Garrett, "Ebola's Lessons," pp. 80–107.
168. Honigsbaum, *Pandemic Century*, pp. 202f.［邦訳：『パンデミックの世紀』］
169. Garrett, "Ebola's Lessons," pp. 94f.
170. Garrett, "Ebola's Lessons," p. 97.
171. Zeynep Tufekci, "Ebola: The Real Reason Everyone Should Panic," *Medium*, October 23, 2014, https://medium.com/message/ebola-the-real-reason-everyone-should-panic-889f32740e3e.
172. John Poole, "'Shadow' and 'D-12' Sing an Infectious Song About Ebola," *Morning Edition*, NPR, August 19, 2014, https://www.npr.org/sections/goatsandsoda/2014/08/19/341412011/shadow-and-d-12-sing-an-infectious-song-about-ebola.

## 第8章　惨事に共通する構造

1. Airline Accident Fatalities Per Year, 1946–2017, Aviation Safety Network, https://aviation-safety.net/graphics/infographics/Airliner-Accident-Fatalities-Per-Year-1946-2017.jpg.
2. Airliner Accidents Per 1 Million Flights, 1977–2017, Aviation Safety Network, https://aviation-safety.net/graphics/infographics/Fatal-Accidents-Per-Mln-Flights-1977-2017.jpg.
3. Sebastian Junger, *The Perfect Storm* (New York: W. W. Norton, 1997).［邦訳：『パーフェクトストーム』佐宗鈴夫訳、集英社文庫、2002年］
4. "Meteorologists Say 'Perfect Storm' Not So Perfect," *Science Daily*, June 29, 2000, https://www.science daily.com/releases/2000/06/000628101549.htm.
5. James Reason, *Human Error* (Cambridge: Cambridge University Press, 1990), p. 175.［邦訳：『ヒューマンエラー』十亀洋訳、海文堂出版、2014年］
6. Jens Rasmussen, "The Definition of Human Error and a Taxonomy for Technical Systems Design," in *New Technology and Human Error*, ed. J. Rasmussen, K. Duncan, and J. Leplat (London: Wiley, 1987), pp. 23–30.
7. James B. Battles, "Disaster Prevention: Lessons Learned from the *Titanic*," *Baylor University Medical Center Proceedings* 14, no. 2 (April 2001), pp. 150–53.
8. Roy Mengot, "*Titanic* and the Iceberg," Titanic Research and Modeling Association, https://web.archive.org/web/20130920234448/http://titanic-model.com/db/db-02/rm-db-2.html.
9. "Did Anyone Really Think the *Titanic* Was Unsinkable?," *Britannica*, https://www.britannica.com/story/did-anyone-really-think-the-titanic-was-unsinkable.
10. History.com, "The *Titanic:* Sinking & Facts," November 9, 2009, 2020年3月10日に更新、https://www.history.com/topics/early-20th-century-us/titanic.
11. Battles, "Disaster Prevention," p. 151.
12. Andrew Wilson, *Shadow of the* Titanic: *The Extraordinary Stories of Those Who Survived* (New York; Atria, 2012), p. 7. 以下も参照のこと。Frances Wilson, *How to Survive the Titanic, or The Sinking of J. Bruce Ismay* (London: Bloomsbury, 2012).
13. Atlanticus, "The Unlearned Lesson of the *Titanic*," *Atlantic* (August 1913), https://www.theatlantic.com/magazine/archive/1913/08/the-unlearned-lesson-of-the-titanic/308866/.
14. Mikael Elinder and Oscar Erixson, "Every Man for Himself! Gender, Norms and Survival in Maritime Disasters," IFN Working Paper No. 913 (April 2, 2012), Research Institute of Industrial Economics (Stockholm).
15. Bob Vosseller, "Remembering the *Hindenburg* Is Important for All," *Jersey Shore Online*, May 6, 2017, https://www.jerseyshoreonline.com/ocean-county/remembering-hindenburg-passion-

important/.
16. National Geographic Channel, *Seconds from Disaster: The* Hindenburg (2005), dir. by Yavar Abbas, YouTube video, 1:06:29, https://www.youtube.com/watch?v=mCQ0uk3AWQ8&t=2811s.
17. Joanna Walters, "The *Hindenburg* Disaster, 80 Years On: A 'Perfect Storm of Circumstances,'" *Guardian*, May 7, 2017, https://www.theguardian.com/us-news/2017/may/07/hindenburg-disaster-80th-anniversary.
18. Karl E. Weick, "The Vulnerable System: An Analysis of the Tenerife Air Disaster," *Journal of Management* 16, no. 3 (1990), p. 573.
19. Diane Tedeschi, "Crash in the Canary Islands," *Air & Space Magazine*, June 2019, https://www.airspacemag.com/history-of-flight/reviews-crash-in-canary-islands-180972227/.
20. John David Ebert, "The Plane Crash at Tenerife: What It Unconceals," in *The Age of Catastrophe: Disaster and Humanity in Modern Times* (Jefferson, NC, and London: McFarland & Co., 2012), loc. 60, 598–612, Kindle.
21. Weick, "Vulnerable System," p. 573.
22. Tedeschi, "Crash in the Canary Islands."
23. Weick, "Vulnerable System," p. 587.
24. Terence Hunt, "NASA Suggested Reagan Hail *Challenger* Mission in State of Union," Associated Press, March 12, 1986, https://apnews.com/00a395472559b3afcd22de473da2e65f.
25. Margaret Lazarus Dean, "The Oral History of the Space Shuttle *Challenger* Disaster," *Popular Mechanics*, January 28, 2019, https://www.popularmechanics.com/space/a18616/an-oral-history-of-the-space-shuttle-challenger-disaster/.
26. John Schwartz and Matthew L. Ward, "NASA's Curse? 'Groupthink' Is 30 Years Old and Still Going Strong," *New York Times*, March 9, 2003, https://www.nytimes.com/2003/03/09/weekinreview/the-nation-nasa-s-curse-groupthink-is-30-years-old-and-still-going-strong.html.
27. Richard A. Clarke and R. P. Eddy, *Warnings: Finding Cassandras to Stop Catastrophes* (New York: HarperCollins, 2018), pp. 11–13.
28. Wade Robison, Roger Boisjoly, David Hoeker, and Stefan Young, "Representation and Misrepresentation: Tufte and the Morton Thiokol Engineers on the *Challenger*," *Science and Engineering Ethics* 8, no. 1 (2002), p. 72.
29. Roger Boisjoly, "Ethical Decisions—Morton Thiokol and the Space Shuttle Disaster," *ASME Proceedings*, December 13–18, 1987, p. 4.
30. 以下も参照のこと。Diane Vaughan, *The* Challenger *Launch Decision* (Chicago: University of Chicago Press, 1996), pp. 155, 343.
31. Joe Atkinson, "Engineer Who Opposed *Challenger* Launch Offers Personal Look at Tragedy," *Researcher News* (Langley Research Center, Hampton, VA), October 2012, https://www.nasa.gov/centers/langley/news/researchernews/rn_Colloquium1012.html.
32. Lazarus Dean, "Oral History of the Space Shuttle *Challenger* Disaster."
33. Richard Feynman, "*What Do You Care What Other People Think?": Further Adventures of a Curious Character* (New York: W. W. Norton, 1988).［邦訳：『困ります、ファインマンさん』大貫昌子訳、岩波現代文庫、2001年］
34. Feynman, "*What Do You Care*," pp. 138ff.［邦訳：『困ります、ファインマンさん』］
35. Feynman, "*What Do You Care*," pp. 179f.［邦訳：『困ります、ファインマンさん』］
36. Feynman, "*What Do You Care*," pp. 181–84.［邦訳：『困ります、ファインマンさん』］
37. Richard Feynman, "Personal Observations on the Reliability of the Shuttle," appendix F to the

Rogers Commission report, https://science.ksc.nasa.gov/shuttle/missions/51-l/docs/rogers-commission/Appendix-F.txt.

38. Feynman, "*What Do You Care*," p. 212.［邦訳：『困ります、ファインマンさん』］

39. Feynman, "*What Do You Care*," pp. 213–17.［邦訳：『困ります、ファインマンさん』］

40. Allan J. McDonald and James R. Hansen, *Truth, Lies, and O-Rings: Inside the Space Shuttle* Challenger *Disaster* (Gainesville, University Press of Florida, 2009), pp. 91f.

41. McDonald and Hansen, *Truth, Lies, and O-Rings*, pp. 102–10.

42. WJXT, "Challenger: *A Rush to Launch*," 2016年1月28日、Jason Payne による投稿 YouTube video, 50:21, https://www.youtube.com/watch?v=2FehGJQlOf0.

43. McDonald and Hansen, *Truth, Lies, and O-Rings*, p. 107.

44. Serhii Plokhy, *Chernobyl: History of a Tragedy* (London: Penguin, 2018), p. 347.

45. "The Real Chernobyl," dir. by Stephanie DeGroote, Sky News (2019).

46. Plokhy, *Chernobyl*, pp. 46–49, 321–22, 347.

47. World Nuclear Association, "Chernobyl Accident 1986," https://www.world-nuclear.org/information-library/safety-and-security/safety-of-plants/chernobyl-accident.aspx.

48. Plokhy, *Chernobyl*, pp. 321–22.

49. World Nuclear Association, "Chernobyl Accident 1986."

50. Plokhy, *Chernobyl*, pp. 46–49.

51. Plokhy, *Chernobyl*, p. 347.

52. World Nuclear Association, "RBMK Reactors—Appendix to Nuclear Power Reactors," https://www.world-nuclear.org/information-library/nuclear-fuel-cycle/nuclear-power-reactors/appendices/rbmk-reactors.aspx.

53. United Nations Scientific Committee on the Effects of Atomic Radiation, *UNSCEAR Report to the General Assembly: Sources and Effects of Ionizing Radiation* (New York: United Nations, 2018), pp. 5, 15–17.

54. International Atomic Energy Agency, "Chernobyl's Legacy: Health, Environmental and Socio-Economic Impacts," in *The Chernobyl Forum, 2003–2005*, 2nd rev. version (Vienna, 2006), p. 8, http://www.iaea.org/Publications/Booklets/Chernobyl/chernobyl.pdf. 以下も参照のこと。UN Chernobyl Forum Expert Group "Health," *Health Effects of the Chernobyl Accident and Special Health Care Programmes* (Geneva: World Health Organization, 2006).

55. J. Little, "The Chernobyl Accident, Congenital Anomalies and Other Reproductive Outcomes," *Paediatric and Perinatal Epidemiology* 7, no. 2 (April 1993), pp. 121–51, https://doi.org/10.1111/j.1365-3016.1993.tb00388.x.

56. Story Hinckley, "Chernobyl Will Be Unhabitable for at Least 3,000 Years, Say Nuclear Experts," *Christian Science Monitor*, April 24, 2016, https://www.csmonitor.com/World/Global-News/2016/0424/Chernobyl-will-be-unhabitable-for-at-least-3-000-years-say-nuclear-experts.

57. Yu A. Izrael et al., "The Atlas of Caesium-137 Contamination of Europe After the Chernobyl Accident," Joint Study Project of the CEC/CIS Collaborative Programme on the Consequences of the Chernobyl Accident (n.d.), https://inis.iaea.org/collection/NCLCollectionStore/_Public/31/056/31056824.pdf.

58. "The Real Chernobyl."

59. United States Nuclear Regulatory Commission, "Backgrounder on the Three Mile Island Accident" (June 2018), https://www.nrc.gov/reading-rm/doc-collections/fact-sheets/3mile-isle.html.

60. Three Mile Island Special Inquiry Group, *Human Factors Evaluation of Control Room Design and Operator Performance at Three Mile Island-2*, NUREG/CR-1270, vol. I (Washington, D.C.: United States Nuclear Regulatory Commission, January 1980), pp. v–vi, https://www.osti.gov/servlets/purl/5603680.
61. Erin Blakemore, "How the Three Mile Island Accident Was Made Even Worse by a Chaotic Response," History.com, March 27, 2019, https://www.history.com/news/three-mile-island-evacuation-orders-controversy.
62. Federal Emergency Management Agency, *Evacuation Planning in the TMI Accident* (Washington, D.C.: FEMA, January 1980), pp. 167–70, https://apps.dtic.mil/dtic/tr/fulltext/u2/a080104.pdf.
63. "A Presidential Tour to Calm Fears," *Washington Post*, April 10, 1979, https://www.washingtonpost.com/wp-srv/national/longterm/tmi/stories/ch10.htm.
64. Charles B. Perrow, "The President's Commission and the Normal Accident," in *Accident at Three Mile Island: The Human Dimensions*, ed. D. Sils, C. Wolf, and V. Shelanski (Boulder, CO: Westview Press, 1982), pp. 173–84.
65. 以下を参照のこと。 Mary Douglas and Aaron Wildavsky, *Risk and Culture: An Essay on the Selection of Technical and Environmental Dangers* (Berkeley: University of California Press, 1982); Ulrich Beck, *Risikogesellschaft: Auf dem Wege in eine andere Moderne* (Frankfurt am Main: Suhrkamp, 1982). [邦訳：『危険社会――新しい近代への道』東廉・伊藤美登里訳、法政大学出版局、1998年]
66. Tayler Lonsdale, "Complexity Kills: What Regulators Should Learn from the Grenfell Tower Fire," July 31, 2017, https://medium.com/@tayler_lonsdale/complexity-kills-what-regulators-should-learn-from-the-grenfell-tower-fire-21ec3cdfde47.

## 第9章　コロナパンデミック

1. Bulletin of the Atomic Scientists Science and Security Board, "Closer Than Ever: It Is 100 Seconds to Midnight," ed. John Mecklin, https://thebulletin.org/doomsday-clock/current-time/.
2. "Greta Thunberg's Remarks at the Davos Economic Forum," *New York Times*, January 23, 2020, https://www.nytimes.com/2020/01/21/climate/greta-thunberg-davos-transcript.html.
3. M. Bauwens et al., "Impact of Coronavirus Outbreak on $NO_2$ Pollution Assessed Using TROPOMI and OMI Observations," *Geophysical Research Letters* 47, no. 11 (May 6, 2020), pp. 1–9, https://doi.org/10.1029/2020GL087978.
4. Ben Goldfarb, "Lockdowns Could Be the 'Biggest Conservation Action' in a Century," *Atlantic*, July 6, 2020, https://www.theatlantic.com/science/archive/2020/07/pandemic-roadkill/613852/.
5. "Facts + Statistics: Mortality Risk," Insurance Information Institute, https://www.iii.org/fact-statistic/facts-statistics-mortality-risk; Kenneth D. Kochanek et al., "Deaths: Final Data for 2017," *National Vital Statistics Reports* 68, no. 9 (June 24, 2019), pp. 1–77, https://www.cdc.gov/nchs/data/nvsr/nvsr68/nvsr68_09-508.pdf.
6. CDC Wonder, "About Underlying Cause of Death, 1999–2018," https://wonder.cdc.gov/ucd-icd10.html.
7. COVID-19 Dashboard, Center for Systems Science and Engineering (CSSE), Johns Hopkins University, https://gisanddata.maps.arcgis.com/apps/opsdashboard/index.html#/bda7594740fd40299423467b48e9ecf6.
8. "United States Coronavirus Cases," Worldometers, https://www.worldometers.info/coronavirus/

country/us/.
9. "COVID-19 Projections: United States of America," Institute for Health Metrics and Evaluation (IHME), August 6, 2020, https://covid19.healthdata.org/united-states-of-america; "United States COVID-19 Simulator," Massachusetts General Hospital (MGH) Institute for Technology Assessment, August 10, 2020, https://analytics-tools.shinyapps.io/covid19simulator06/.
10. Andrew Clark et al., "Global, Regional, and National Estimates of the Population at Increased Risk of Severe COVID-19 Due to Underlying Health Conditions in 2020: A Modelling Study," *Lancet Global Health* 8, no. 8 (June 15, 2020), pp. E1003–E1017, https://doi.org/10.1016/S2214-109X(20)30264-3.
11. Josh Rogin, "State Department Cables Warned of Safety Issues at Wuhan Lab Studying Bat Coronaviruses," *Washington Post*, April 14, 2020, https://www.washingtonpost.com/opinions/2020/04/14/state-department-cables-warned-safety-issues-wuhan-lab-studying-bat-coronaviruses/; Adam Sage, "Coronavirus: China Bars Safety Experts from Wuhan Lab," *Times* (London), April 22, 2020, https://www.thetimes.co.uk/edition/news/coronavirus-china-bars-safety-experts-from-wuhan-lab-brbm9rwtm.
12. Wu Fan et al., "A New Coronavirus Associated with Human Respiratory Disease in China," *Nature* 579 (February 3, 2020), pp. 265–69, https://doi.org/10.1038/s41586-020-2008-3.
13. Kristian G. Andersen et al., "The Proximal Origin of SARS-CoV-2," *Nature Medicine* 26 (March 17, 2020), pp. 450–52, www.nature.com/articles/s41591-020-0820-9; Li Xiaojun et al., "Emergence of SARS-CoV-2 Through Recombination and Strong Purifying Selection," *Science Advances* 6, no. 27 (July 1, 2020), pp. 1–11, https://doi.org/10.1126/sciadv.abb9153.
14. ここからの2段落は、以下に基づく。Julia Belluz, "Did China Downplay the Coronavirus Outbreak Early On?," *Vox*, January 27, 2020, https://www.vox.com/2020/1/27/21082354/coronavirus-outbreak-wuhan-china-early-on-lancet; Dali L. Yang, "China's Early Warning System Didn't Work on COVID-19. Here's the Story," *Washington Post*, February 24, 2020, https://www.washingtonpost.com/politics/2020/02/24/chinas-early-warning-system-didnt-work-covid-19-heres-story/; Zhuang Pinghui, "Chinese Laboratory That First Shared Coronavirus Genome with World Ordered to Close for 'Rectification,' Hindering Its COVID-19 Research," *South China Morning Post*, February 28, 2020, https://www.scmp.com/news/china/society/article/3052966/chinese-laboratory-first-shared-coronavirus-genome-world-ordered; Sue-Lin Wong and Yuan Yang, "China Tech Groups Censored Information About Coronavirus," March 3, 2020, https://www.ft.com/content/35d7c414-5d53-11ea-8033-fa40a0d65a98; Sharri Markson, "Coronavirus NSW: Dossier Lays Out Case Against China Bat Virus Program," *Daily Telegraph*, May 4, 2020, https://www.dailytelegraph.com.au/coronavirus/bombshell-dossier-lays-out-case-against-chinese-bat-virus-program/news-story/55add857058731c9c71c0e96ad17da60.
15. Nicholas A. Christakis, *Apollo's Arrow: The Profound and Enduring Impact of Coronavirus on the Way We Live* (New York: Little, Brown Spark, 2020), p. 5. ［邦訳：『疫病と人類知——新型コロナウイルスが私たちにもたらした深遠かつ永続的な影響』庭田よう子訳、講談社、2021年］
16. "China Delayed Releasing Coronavirus Info, Frustrating WHO," Associated Press, June 2, 2020, https://apnews.com/3c061794970661042b18d5aeaaed9fae.
17. Elaine Okanyene Nsoesie et al., "Analysis of Hospital Traffic and Search Engine Data in Wuhan China Indicates Early Disease Activity in the Fall of 2019," Harvard Medical School Scholarly Articles (2020), pp. 1–10, https://dash.harvard.edu/handle/1/42669767. この論文に対する批判については、以下を参照のこと。Christopher Giles, Benjamin Strick, and Song Wanyuan, "Coro-

navirus: Fact-Checking Claims It Might Have Started in August 2019," BBC News, June 15, 2020, https://www.bbc.com/news/world-asia-china-53005768 および Zhao Yusha and Leng Shumei, "Doctors Reject 'Error-Filled' Harvard Paper," *Global Times*, June 10, 2020, https://www.globaltimes.cn/content/1191172.shtml.

18. Lanhee J. Chen, "Lost in Beijing: The Story of the WHO," *Wall Street Journal*, April 8, 2020, https://www.wsj.com/articles/lost-in-beijing-the-story-of-the-who-11586365090; Dan Blumenthal and Nicholas Eberstadt, "China Unquarantined," *National Review*, June 22, 2020, https://www.nationalreview.com/magazine/2020/06/22/our-disastrous-engagement-of-china/#slide-1.
19. Katsuji Nakazawa, "China's Inaction for 3 Days in January at Root of Pandemic," *Nikkei Asian Review*, March 19, 2020, https://asia.nikkei.com/Editor-s-Picks/China-up-close/China-s-inaction-for-3-days-in-January-at-root-of-pandemic.
20. Wu Jin et al., "How the Virus Got Out," *New York Times*, March 22, 2020, https://www.nytimes.com/interactive/2020/03/22/world/coronavirus-spread.html.
21. Li Ruiyun et al., "Substantial Undocumented Infection Facilitates the Rapid Dissemination of Novel Coronavirus (SARS-CoV-2)," *Science* 368, no. 6490 (May 1, 2020), pp. 489–93, https://doi.org/10.1126/science.abb3221. 以下も参照のこと。Wang Chaolong et al., "Evolving Epidemiology and Impact of Non-Pharmaceutical Interventions on the Outbreak of Coronavirus Disease 2019 in Wuhan, China," MedRxiv, March 6, 2020, pp. 1–30, https://doi.org/10.1101/2020.03.03.20030593.
22. Steven Sanche et al., "High Contagiousness and Spread of Severe Acute Respiratory Syndrome Coronavirus 2," *Emerging Infectious Diseases* 26, no. 7 (July 2020), pp. 1470–77, https://doi.org/10.3201/eid2607.200282.
23. Zheng Ruizhi et al., "Spatial Transmission of COVID-19 Via Public and Private Transportation in China," *Travel Medicine and Infectious Disease* 34 (March–April 2020), https://doi.org/10.1016/j.tmaid.2020.101626.
24. Benjamin F. Maier and Dirk Brockmann, "Effective Containment Explains Sub-Exponential Growth in Confirmed Cases of Recent COVID-19 Outbreak in Mainland China," MedRxiv, February 20, 2020, pp. 1–9, https://doi.org/10.1101/2020.02.18.20024414.
25. Maier and Brockmann, "Effective Containment Explains Sub-Exponential Growth; Tian Huaiyu et al., "An Investigation of Transmission Control Measures During the First 50 Days of the COVID-19 Epidemic in China," *Science* 368, no. 6491 (May 8, 2020), pp. 638–42, https://doi.org/10.1126/science.abb6105.
26. Peter Hessler, "How China Controlled the Coronavirus," *New Yorker*, August 10, 2020, https://www.newyorker.com/magazine/2020/08/17/how-china-controlled-the-coronavirus.
27. "Readyscore Map," Prevent Epidemics, https://preventepidemics.org/map.
28. "2019 Global Health Security Index," https://www.ghsindex.org/.
29. Sawyer Crosby et al., "All Bets Are Off for Measuring Pandemic Preparedness," Think Global Health, June 30, 2020, https://www.thinkglobalhealth.org/article/all-bets-are-measuring-pandemic-preparedness.
30. "Coronavirus Health Safety Countries Ranking," Deep Knowledge Group, April 2, 2020, https://www.dkv.global/covid-19-health-safety.
31. Christakis, *Apollo's Arrow*, pp. 13–16. ［邦訳：『疫病と人類知』］
32. Hamada S. Badr et al., "Association Between Mobility Patterns and COVID-19 Transmission in the USA: A Mathematical Modelling Study," *Lancet Infectious Diseases*, July 1, 2020, pp. 1–8,

https://doi.org/10.1016/S1473-3099(20)30553-3. 以下も参照のこと。Stan Oklobdzija, "Visualization of NYT COVID-19 Data," University of California, San Diego, August 14, 2020, http://acsweb.ucsd.edu/~soklobdz/covid_map.html.

33. Hassani M. Behroozh and Yutong (Yuri) Song, "COVID-19 Application," ShinyApps, https://behroozh.shinyapps.io/COVID19/.

34. Denise Lu, "The True Coronavirus Toll in the U.S. Has Already Surpassed 200,000," *New York Times*, August 13, 2020, https://www.nytimes.com/interactive/2020/08/12/us/covid-deaths-us.html.

35. National Center for Health Statistics, "Excess Deaths Associated with COVID-19," https://www.cdc.gov/nchs/nvss/vsrr/covid19/excess_deaths.htm.

36. Charles Tallack, "Understanding Excess Mortality: Comparing COVID-19's Impact in the UK to Other European Countries," Health Foundation, June 30, 2020, https://www.health.org.uk/news-and-comment/charts-and-infographics/comparing-covid-19-impact-in-the-uk-to-european-countries.

37. "Coronavirus Tracked: The Latest Figures as Countries Fight COVID-19 Resurgence," *Financial Times*, August 14, 2020, https://www.ft.com/content/a2901ce8-5eb7-4633-b89c-cbdf5b386938.

38. Era Iyer, "Some Are Winning—Some Are Not: Which States and Territories Do Best in Beating COVID-19?," End Coronavirus, https://www.endcoronavirus.org/states?itemId=wja54gdfp032z0770ls4y81fw8cq66.

39. Tomas Pueyo, "Coronavirus: Why You Must Act Now," *Medium*, March 10, 2020, https://medium.com/@tomaspueyo/coronavirus-act-today-or-people-will-die-f4d3d9cd99ca.

40. Jacob B. Aguilar et al., "A Model Describing COVID-19 Community Transmission Taking into Account Asymptomatic Carriers and Risk Mitigation," MedRxiv, August 11, 2020, pp. 1–32, https://doi.org/10.1101/2020.03.18.20037994; Sanche et al., "High Contagiousness."

41. Eskild Petersen et al., "Comparing SARS-CoV-2 with SARS-CoV and Influenza Pandemics," *Lancet Infectious Diseases* 20, no. 9 (September 2020), pp. E238–E244, https://doi.org/10.1016/S1473-3099(20)30484-9.

42. たとえば以下を参照のこと。Arnaud Fontanet et al., "Cluster of COVID-19 in Northern France: A Retrospective Closed Cohort Study," MedRxiv, April 23, 2020, pp. 1–22, https://doi.org/10.1101/2020.04.18.20071134.

43. "COVID-19 Pandemic Planning Scenarios," CDC, July 10, 2020, https://www.cdc.gov/coronavirus/2019-ncov/hcp/planning-scenarios.html.

44. Kim Jeong-min et al., "Identification of Coronavirus Isolated from a Patient in Korea with COVID-19," *Osong Public Health and Research Perspectives* 11, no. 1 (February 2020), pp. 3–7, https://doi.org/10.24171/j.phrp.2020.11.1.02; Joshua L. Santarpia et al., "Aerosol and Surface Transmission Potential of SARS-CoV-2," MedRxiv, June 3, 2020, pp. 1–19, https://www.medrxiv.org/content/10.1101/2020.03.23.20039446v2.

45. Valentyn Stadnytskyi et al., "The Airborne Lifetime of Small Speech Droplets and Their Potential Importance in SARS-CoV-2 Transmission," *PNAS* 117, no. 22 (June 2, 2020), pp. 11875–77, https://doi.org/10.1073/pnas.2006874117; Lydia Bourouiba, "Turbulent Gas Clouds and Respiratory Pathogen Emissions: Potential Implications for Reducing Transmission of COVID-19," *Journal of the American Medical Association* (henceforth *JAMA*) 323, no. 18 (March 26, 2020), pp. 1837–38, https://doi.org/10.1001/jama.2020.4756.

46. Jonathan Kay, "COVID-19 Superspreader Events in 28 Countries: Critical Patterns and Lessons,"

*Quillette*, April 23, 2020, https://quillette.com/2020/04/23/covid-19-superspreader-events-in-28-countries-critical-patterns-and-lessons/; Lidia Morawska and Donald K. Milton, "It Is Time to Address Airborne Transmission of COVID-19," *Clinical Infectious Diseases*, July 6, 2020, pp. 1–9, https://doi.org/10.1093/cid/ciaa939.

47. Kimberly A. Prather, Chia C. Wang, and Robert T. Schooley, "Reducing Transmission of SARS-CoV-2," *Science* 368, no. 6498, June 26, 2020, pp. 1422–24, https://doi.org/10.1126/science.abc6197; Richard O. J. H. Stutt et al., "A Modelling Framework to Assess the Likely Effectiveness of Facemasks in Combination with 'Lock-Down' in Managing the COVID-19 Pandemic," *Proceedings of the Royal Society* 476, no. 2238 (June 10, 2020), pp. 1–21, https://doi.org/10.1098/rspa.2020.0376.マスク着用に反対する、説得力のない主張については、以下を参照のこと。Graham P. Martin, Esmée Hanna, and Robert Dingwall, "Face Masks for the Public During COVID-19: An Appeal for Caution in Policy," SocArXiv, April 25, 2020, pp. 1–7, https://doi.org/10.31235/osf.io/uyzxe.

48. Qian Hua et al., "Indoor Transmission of SARS-CoV-2," MedRxiv, April 7, 2020, pp. 1–22, https://doi.org/10.1101/2020.04.04.20053058.

49. Jordan Peccia et al., "SARS-CoV-2 RNA Concentrations in Primary Municipal Sewage Sludge as a Leading Indicator of COVID-19 Outbreak Dynamics," MedRxiv, June 12, 2020, pp. 1–12, https://doi.org/10.1101/2020.05.19.20105999; Li Yun-yun, Wang Ji-xiang, and Chen Xi, "Can a Toilet Promote Virus Transmission? From a Fluid Dynamics Perspective," *Physics of Fluids* 32, no. 6 (June 16, 2020), pp. 1–15, https://doi.org/10.1063/5.0013318.

50. 多くの論文が、おそらく間違っているこの仮説に取り組んでいる。以下を参照のこと。Wang Jingyuan et al., "High Temperature and High Humidity Reduce the Transmission of COVID-19," May 22, 2020, pp. 1–33, 以下で閲覧可能。SSRN, http://dx.doi.org/10.2139/ssrn.3551767; Ma Yueling et al., "Effects of Temperature Variation and Humidity on the Mortality of COVID-19 in Wuhan," MedRxiv, March 18, 2020, pp. 1–13, https://doi.org/10.1101/2020.03.15.20036426; Qi Hongchao et al., "COVID-19 Transmission in Mainland China Is Associated with Temperature and Humidity: A Time-Series Analysis," MedRxiv, March 30, 2020, pp. 1–19, https://doi.org/10.1101/2020.03.30.20044099; Mohammad M. Sajadi et al., "Temperature, Humidity and Latitude Analysis to Predict Potential Spread and Seasonality for COVID-19," April 6, 2020, pp. 1–18, 以下で閲覧可能。SSRN, http://dx.doi.org/10.2139/ssrn.3550308; Kyle Meng, "Research: Working Papers," http://www.kylemeng.com/research; Qasim Bukhari and Yusuf Jameel, "Will Coronavirus Pandemic Diminish by Summer?," April 18, 2020, pp. 1–15, 以下で閲覧可能。SSRN, http://dx.doi.org/10.2139/ssrn.3556998; Mohammad M. Sajadi et al., "Temperature, Humidity and Latitude Analysis to Estimate Potential Spread and Seasonality of Coronavirus Disease 2019 (COVID-19)," *JAMA Network Open* 3, no. 6 (June 11, 2020), pp. 1–11, https://doi.org/10.1001/jamanetwork open.2020.11834.

51. Cristina Menni et al., "Real-Time Tracking of Self-Reported Symptoms to Predict Potential COVID-19," *Nature Medicine* 26 (May 11, 2020), pp. 1037–40, https://doi.org/10.1038/s41591-020-0916-2; Tyler Wagner et al., "Augmented Curation of Medical Notes from a Massive EHR System Reveals Symptoms of Impending COVID-19 Diagnosis," MedRxiv, June 11, 2020, pp. 1–13, https://doi.org/10.1101/2020.04.19.20067660.

52. Henrik Salje et al., "Estimating the Burden of SARS-CoV-2 in France," *Science* 369, no. 6500 (July 10, 2020), pp. 208–11, https://doi.org/10.1126/science.abc3517.

53. Liu Xiaoqing et al., "COVID-19 Does Not Lead to a 'Typical' Acute Respiratory Distress

Syndrome," *American Journal of Respiratory and Critical Care Medicine* 201, no. 10 (May 15, 2020), pp. 1299–1300, https://doi.org/10.1164/rccm.202003-0817LE.

54. Derek Thompson, "COVID-19 Cases Are Rising, So Why Are Deaths Flatlining?," *Atlantic*, July 9, 2020, https://www.theatlantic.com/ideas/archive/2020/07/why-covid-death-rate-down/613945/.

55. Maximilian Ackermann et al., "Pulmonary Vascular Endothelialitis, Thrombosis, and Angiogenesis in COVID-19," *New England Journal of Medicine* (以下*NEJM*) 383 (July 9, 2020), pp. 120–28, https://doi.org/10.1056/NEJMoa2015432.

56. Jennifer Beam Dowd et al., "Demographic Science Aids in Understanding the Spread and Fatality Rates of COVID-19," *PNAS* 117, no. 18 (May 5, 2020), pp. 9696–98, https://doi.org/10.1073/pnas.2004911117.

57. Jason Douglas and Daniel Michaels, "New Data Reveal Just How Deadly COVID-19 Is for the Elderly," *Wall Street Journal*, June 27, 2020, https://www.wsj.com/articles/new-data-reveal-just-how-deadly-covid-19-is-for-the-elderly-11593250200.

58. Graziano Onder, Giovanni Rezza, and Silvio Brusaferro, "Case-Fatality Rate and Characteristics of Patients Dying in Relation to COVID-19 in Italy," *JAMA* 323, no. 18 (March 23, 2020), pp. 1775–76, https://doi.org/10.1001/jama.2020.4683; Giacomo Grasselli et al., "Baseline Characteristics and Outcomes of 1591 Patients Infected with SARS-CoV-2 Admitted to ICUs of the Lombardy Region, Italy," *JAMA* 323, no. 16 (April 6, 2020), pp. 1574–81, https://doi.org/10.1001/jama.2020.5394.

59. Annemarie B. Docherty et al., "Features of 16,749 Hospitalised UK Patients with COVID-19 Using the ISARIC WHO Clinical Characterisation Protocol," MedRxiv, April 28, 2020, pp. 1–21, https://doi.org/10.1101/2020.04.23.20076042; Elizabeth Williamson et al., "OpenSAFELY: Factors Associated with COVID-19-Related Hospital Death in the Linked Electronic Health Records of 17 Million Adult NHS Patients," MedRxiv, May 7, 2020, pp. 1–22, https://doi.org/10.1101/2020.05.06.20092999. 以下も参照のこと。Tom Whipple and Kat Lay, "Diabetes Sufferers Account for Quarter of Hospital Coronavirus Deaths," *Times* (London), May 15, 2020, https://www.thetimes.co.uk/article/diabetes-sufferers-account-for-quarter-of-hospital-coronavirus-deaths-lpf2rnkpf.

60. Petersen et al., "Comparing SARS-CoV-2 with SARS-CoV and Influenza"; Christopher M. Petrilli et al., "Factors Associated with Hospitalization and Critical Illness Among 4,103 Patients with COVID-19 Disease in New York City," MedRxiv, April 11, 2020, pp. 1–25, https://doi.org/10.1101/2020.04.08.20057794. 以下も参照のこと。Paul Overberg and Jon Kamp, "U.S. Deaths Are Up Sharply, Though COVID-19's Precise Toll Is Murky," *Wall Street Journal*, May 15, 2020, https://www.wsj.com/articles/covid-19s-exact-toll-is-murky-though-u-s-deaths-are-up-sharply-11589555652.

61. Dilip DaSilva, "Introducing the Proximity Solution: A Strategy to Win the COVID-19 War," *Medium*, April 14, 2020, https://medium.com/@dilip.dasilva/introducing-the-proximity-solution-a-strategy-to-win-the-covid-19-war-70d5d109a9fa.

62. "When COVID-19 Deaths Are Analysed by Age, America Is an Outlier," *Economist*, June 24, 2020, https://www.economist.com/graphic-detail/2020/06/24/when-covid-19-deaths-are-analysed-by-age-america-is-an-outlier; "Adult Obesity Facts," CDC, https://www.cdc.gov/obesity/data/adult.html.

63. Paolo Perini et al., "Acute Limb Ischaemia in Young, Non-Atherosclerotic Patients with COVID-19," *Lancet* 395, no. 10236 (May 5, 2020), p. 1546, https://doi.org/10.1016/S0140-6736(20)31051-5; Alexander E. Merkler et al., "Risk of Ischemic Stroke in Patients with

Coronavirus Disease 2019 (COVID-19) vs Patients with Influenza," *JAMA Neurology*, July 2, 2020, https://doi.org/10.1001/jamaneurol.2020.2730; Ariana Eujung Cha, "Young and Middle-Aged People, Barely Sick with COVID-19, Are Dying of Strokes," *Washington Post*, April 25, 2020, https://www.washingtonpost.com/health/2020/04/24/strokes-coronavirus-young-patients/; Ariana Eujung Cha, "'Frostbite' Toes and Other Peculiar Rashes May Be Signs of Hidden Coronavirus Infection, Especially in the Young," *Washington Post*, April 29, 2020, https://www.washingtonpost.com/health/2020/04/29/coronavirus-rashes-toes/.

64. Chris Smith, "Coronavirus Can Harm Your Body Even If You're Asymptomatic," *Boy Genius Report* (*BGR*) *Media*, June 17, 2020, https://bgr.com/2020/06/17/coronavirus-asymptomatic-spread-virus-can-harm-lungs-immune-system/.
65. Angelo Carfì et al., "Persistent Symptoms in Patients After Acute COVID-19," *JAMA* 324, no. 6 (July 9, 2020), pp. 603–5, https://doi.org/10.1001/jama.2020.12603.
66. Silvia Garazzino et al., "Multicentre Italian Study of SARS-CoV-2 Infection in Children and Adolescents, Preliminary Data as at 10 April 2020," *EuroSurveillance* 25, no. 18 (May 7, 2020), https://doi.org/10.2807/1560-7917.ES.2020.25.18.2000600; Julie Toubiana et al., "Kawasaki-Like Multisystem Inflammatory Syndrome in Children During the COVID-19 Pandemic in Paris, France: Prospective Observational Study," *BMJ* 369 (June 3, 2020), pp. 1–7, https://doi.org/10.1136/bmj.m2094.
67. Florian Götzinger et al., "COVID-19 in Children and Adolescents in Europe: A Multinational, Multicentre Cohort Study," *Lancet Child and Adolescent Health*, June 25, 2020, pp. 1–9, https://doi.org/10.1016/S2352-4642(20)30177-2.
68. John Eligon et al., "Black Americans Face Alarming Rates of Coronavirus Infection in Some States," *New York Times*, April 14, 2020, https://www.nytimes.com/2020/04/07/us/coronavirus-race.html; Overberg and Kamp, "U.S. Deaths Are Up Sharply."
69. Elizabeth J. Williamson et al., "Factors Associated with COVID-19-Related Death Using OpenSAFELY," *Nature*, July 8, 2020, pp. 1–17, https://doi.org/10.1038/s41586-020-2521-4. 以下も参照のこと。William Wallis, "How Somalis in East London Were Hit by the Pandemic," *Financial Times*, June 21, 2020, https://www.ft.com/content/aaa2c3cd-eea6-4cfa-a918-9eb7d1c230f4.
70. Neeraj Bhala et al., "Sharpening the Global Focus on Ethnicity and Race in the Time of COVID-19," *Lancet* 395, no. 10238 (May 8, 2020), pp. P1673–P1676, https://doi.org/10.1016/S0140-6736(20)31102-8. 以下も参照のこと。"The COVID-19 Racial Data Tracker," Atlantic COVID Tracking Project, https://covidtracking.com/race.
71. David A. Martinez et al., "SARS-CoV-2 Positivity Rate for Latinos in the Baltimore–Washington, D.C. Area," *JAMA* 324, no. 4 (June 18, 2020), pp. 392–95, https://doi.org/10.1001/jama.2020.11374; Samantha Artiga and Matthew Rae, "The COVID-19 Outbreak and Food Production Workers: Who Is At Risk?," *Kaiser Family Foundation News*, June 3, 2020, https://www.kff.org/coronavirus-covid-19/issue-brief/the-covid-19-outbreak-and-food-production-workers-who-is-at-risk/; Jonathan M. Wortham et al., "Characteristics of Persons Who Died with COVID-19—United States, February 12–May 18, 2020," *CDC Morbidity and Mortality Weekly Report* (*MMWR*) 69, no. 28 (July 17, 2020), pp. 923–29, http://dx.doi.org/10.15585/mmwr.mm6928e1. アメリカ先住民については、以下を参照のこと。James Bikales, "Native American Tribal Nations Take Tougher Line on COVID-19 as States Reopen," *The Hill*, June 21, 2020, https://the hill.com/homenews/state-watch/503770-native-american-tribal-nations-take-tougher-line-on-covid-19-as-states. だが、以下も参照のこと。Ryan M. Close and Myles J. Stone, "Contact Tracing for Native

Americans in Rural Arizona," *NEJM* 383, no. 3 (July 16, 2020), pp. E15–E16, https://doi.org/10.1056/NEJMc2023540.

72. Nasar Meer et al. "The Social Determinants of Covid-19 and BAME Disproportionality," Justice in Global Health Emergencies and Humanitarian Crises, May 5, 2020, https://www.ghe.law.ed.ac.uk/the-social-determinants-of-covid-19-and-bame-disproportionality-repost-by-nasar-meer-and-colleagues/. 以下も参照のこと。Wallis, "Somalis in East London" および Hugo Zeberg and Svante Pääbo, "The Major Genetic Risk Factor for Severe COVID-19 Is Inherited from Neandertals," BioRxiv, July 3, 2020, https://www.biorxiv.org/content/10.1101/2020.07.03.186296v1.

73. Gideon Meyerowitz-Katz, "Here's Why Herd Immunity Won't Save Us from the COVID-19 Pandemic," *Science Alert*, March 30, 2020, https://www.sciencealert.com/why-herd-immunity-will-not-save-us-from-the-covid-19-pandemic; Haley E. Randolph and Luis B. Barreiro, "Herd Immunity: Understanding COVID-19," *Immunity* 52, no. 5 (May 19, 2020), pp. 737–41, https://doi.org/10.1016/j.immuni.2020.04.012.

74. Liu Tao et al., "Prevalence of IgG Antibodies to SARS-CoV-2 in Wuhan—Implications for the Ability to Produce Long-Lasting Protective Antibodies Against SARS-CoV-2," MedRxiv, June 16, 2020, pp. 1–30, https://doi.org/10.1101/2020.06.13.20130252; Henry M. Staines et al., "Dynamics of IgG Seroconversion and Pathophysiology of COVID-19 Infections," MedRxiv, June 9, 2020, pp. 1–21, https://doi.org/10.1101/2020.06.07.20124636; Long Quan-Xin et al., "Clinical and Immunological Assessment of Asymptomatic SARS-CoV-2 Infections," *Nature Medicine* 26 (June 18, 2020), pp. 1200–1204, https://doi.org/10.1038/s41591-020-0965-6; F. Javier Ibarrondo et al., "Rapid Decay of Anti-SARS-CoV-2 Antibodies in Persons with Mild COVID-19," *NEJM*, July 21, 2020, pp. 1–2, https://doi.org/10.1056/NEJMc2025179.

75. Bao Linlin et al., "Reinfection Could Not Occur in SARS-CoV-2 Infected Rhesus Macaques," BioRxiv, March 14, 2020, pp. 1–20, https://doi.org/10.1101/2020.03.13.990226; Deng Wei et al., "Primary Exposure to SARS-CoV-2 Protects Against Reinfection in Rhesus Macaques," *Science* 369, no. 6505 (August 14, 2020), pp. 818–23, https://doi.org/10.1126/science.abc5343; "News Room: Press Release," Korean Centers for Disease Control, https://www.cdc.go.kr/board/board.es?mid=a30402000000&bid=0030; Roman Woelfel et al., "Clinical Presentation and Virological Assessment of Hospitalized Cases of Coronavirus Disease 2019 in a Travel-Associated Transmission Cluster," MedRxiv, March 8, 2020, pp. 1–16, https://doi.org/10.1101/2020.03.05.20030502; Ania Wajnberg et al., "Humoral Immune Response and Prolonged PCR Sensitivity in a Cohort of 1343 SARS-CoV-2 Patients in the New York City Region," MedRxiv, May 5, 2020, pp. 1–17, https://doi.org/10.1101/2020.04.30.20085613. だが、以下を参照のこと。Apoorva Mandavilli, "First Documented Coronavirus Reinfection Reported in Hong Kong," *New York Times*, August 24, 2020, https://www.nytimes.com/2020/08/24/health/coronavirus-reinfection.html.

76. Paul K. Hegarty et al., "BCG Vaccination May Be Protective Against COVID-19," March 2020, pp. 1–8, Research Gate, https://doi.org/10.13140/RG.2.2.35948.10880; Martha K. Berg et al., "Mandated Bacillus Calmette-Guérin (BCG) Vaccination Predicts Flattened Curves for the Spread of COVID-19," MedRxiv, June 12, 2020, pp. 1–15, https://doi.org/10.1101/2020.04.05.20054163; Akiko Iwasaki and Nathan D. Grubaugh, "Why Does Japan Have So Few Cases of COVID-19?," *European Molecular Biology Organization (EMBO) Molecular Medicine* 12, no. 5 (May 8, 2020), pp. 1–3, https://doi.org/10.15252/emmm.202012481; Luis E. Escobar, Alvaro Molina-Cruz, and Carolina Barillas-Mury, "BCG Vaccine Protection from Severe Coronavirus Disease 2019 (COVID-19)," *PNAS*, June 9, 2020, pp. 1–7, https://doi.org/10.1073/pnas.2008410117.

77. Zhao Jiao et al., "Relationship Between the ABO Blood Group and the COVID-19 Susceptibility," MedRxiv, March 27, 2020, pp. 1–18, https://doi.org/10.1101/2020.03.11.20031096; David Ellinghaus et al., "Genomewide Association Study of Severe COVID-19 with Respiratory Failure," *NEJM*, June 17, 2020, pp. 1–13, https://doi.org/10.1056/NEJMoa2020283; Gabi Zietsman, "One Blood Type Seems to Be More Resistant Against COVID-19," *Health24 Infectious Diseases*, June 15, 2020, https://www.health24.com/Medical/Infectious-diseases/Coronavirus/one-blood-type-seems-to-be-more-resistant-against-covid-19-20200613-2.
78. Takuya Sekine et al., "Robust T Cell Immunity in Convalescent Individuals with Asymptomatic or Mild COVID-19," BioRxiv, June 29, 2020, pp. 1–35, https://doi.org/10.1101/2020.06.29.174888; Li Junwei et al., "Mapping the T Cell Response to COVID-19," *Nature Signal Transduction and Targeted Therapy* 5, no. 112 (July 2, 2020), pp. 1–2, https://doi.org/10.1038/s41392-020-00228-1; Alessandro Sette and Shane Crotty, "Pre-Existing Immunity to SARS-CoV-2: The Knowns and Unknowns," *Nature Reviews Immunology* 20 (July 7, 2020), pp. 457–58, https://doi.org/10.1038/s41577-020-0389-z; Floriane Gallaise et al., "Intrafamilial Exposure to SARS-CoV-2 Induces Cellular Immune Response Without Seroconversion," MedRxiv, June 22, 2020, pp. 1–15, https://doi.org/10.1101/2020.06.21.20132449; Paul W. Franks and Joacim Rocklöv, "Coronavirus: Could It Be Burning Out After 20% of a Population Is Infected?," *The Conversation*, June 29, 2020, https://theconversation.com/coronavirus-could-it-be-burning-out-after-20-of-a-population-is-infected-141584; Julian Braun et al., "Presence of SARS-CoV-2 Reactive T Cells in COVID-19 Patients and Healthy Donors," MedRxiv, April 22, 2020, pp. 1–12, https://doi.org/10.1101/2020.04.17.20061440; Kevin W. Ng et al., "Pre-Existing and *De Novo* Humoral Immunity to SARS-CoV-2 in Humans," BioRxiv, July 23, 2020, pp. 1–38, https://doi.org/10.1101/2020.05.14.095414; Nikolai Eroshenko et al., "Implications of Antibody-Dependent Enhancement of Infection for SARS-CoV-2 Countermeasures," *Nature Biotechnology* 38 (June 5, 2020), pp. 789–91, https://doi.org/10.1038/s41587-020-0577-1.
79. UnHerd, "Karl Friston: Up to 80% Not Even Susceptible to COVID-19," June 4, 2020, YouTube video, 34:14, https://youtu.be/dUOFeVIrOPg; Laura Spinney, "COVID-19 Expert Karl Friston: 'Germany May Have More Immunological Dark Matter,'" *Guardian*, May 31, 2020, https://www.theguardian.com/world/2020/may/31/covid-19-expert-karl-friston-germany-may-have-more-immunological-dark-matter.
80. Jia Yong et al., "Analysis of the Mutation Dynamics of SARS-CoV-2 Reveals the Spread History and Emergence of RBD Mutant with Lower ACE2 Binding Affinity," BioRxiv, April 11, 2020, pp. 1–17, https://doi.org/10.1101/2020.04.09.034942; B. Korber et al., "Spike Mutation Pipeline Reveals the Emergence of a More Transmissible Form of SARS-CoV-2," BioRxiv, April 30, 2020, pp. 1–33, https://doi.org/10.1101/2020.04.29.069054. 以下も参照のこと。Stephen Chen, "Coronavirus's Ability to Mutate Has Been Vastly Underestimated, and Mutations Affect Deadliness of Strains, Chinese Study Finds," *South China Morning Post*, April 20, 2020, https://www.scmp.com/news/china/science/article/3080771/coronavirus-mutations-affect-deadliness-strains-chinese-study.
81. Joshua Geleris et al., "Observational Study of Hydroxychloroquine in Hospitalized Patients with Covid-19," *NEJM*, June 18, 2020, https://www.nejm.org/doi/full/10.1056/nejmoa2012410; Alexandre B. Cavalcanti et al., "Hydroxychloroquine With or Without Azithromycin in Mild-to-Moderate Covid-19," *NEJM*, July 23, 2020, https://www.nejm.org/doi/full/10.1056/NEJMoa2019014; David R. Boulware et al., "A Randomized Trial of Hydroxychloroquine as Postexposure Prophylaxis for Covid-19," *NEJM*, July 23, 2020, https://www.nejm.org/doi/

full/10.1056/NEJMoa2016638.
82. "COVID-19 Vaccine Tracker," Faster Cures, Milken Institute, August 14, 2020, https://www.covid-19vaccinetracker.org/. 全般的には、以下を参照のこと。Tung Thanh Le et al., "The COVID-19 Vaccine Development Landscape," *Nature Reviews Drug Discovery* 19 (April 9, 2020), pp. 305–6, https://doi.org/10.1038/d41573-020-00073-5.
83. Stuart A. Thompson, "How Long Will a Vaccine Really Take?," *New York Times*, April 30, 2020, https://www.nytimes.com/interactive/2020/04/30/opinion/coronavirus-covid-vaccine.html.
84. Nicholas Kumleben, R. Bhopal, T. Czypionka, L. Gruer, R. Kock, Justin Stebbing, and F. L. Stigler, "Test, Test, Test for COVID-19 Antibodies: The Importance of Sensitivity, Specificity and Predictive Powers," *Public Health* 185 (August 2020), pp. 88–90, https://doi.org/10.1016/j.puhe.2020.06.006.
85. Albert-László Barabási, *Network Science* (Cambridge: Cambridge University Press, 2016), chap. 10. [邦訳：『ネットワーク科学――つながりが解き明かす世界のかたち』増田直紀監訳、高口太朗訳、丸善出版、2014年]
86. これは、ケンブリッジ大学のセシリア・マスコロに教えてもらった。
87. Matthew J. Ferrari et al., "Network Frailty and the Geometry of Herd Immunity," *Proceedings of the Royal Society B: Biological Sciences* 273, no. 1602 (November 7, 2006), pp. 2743–48, https://doi.org/10.1098/rspb.2006.3636. 以下も参照のこと。M. Gabriela Gomes et al., "Individual Variation in Susceptibility or Exposure to SARS-CoV-2 Lowers the Herd Immunity Threshold," MedRxiv, May 21, 2020, pp. 1–10, https://doi.org/10.1101/2020.04.27.20081893.
88. Tom Britton, Frank Ball, and Pieter Trapman, "The Disease-Induced Herd Immunity Level for COVID-19 Is Substantially Lower than the Classical Herd Immunity Level," *Quantitative Biology: Populations and Evolution*, May 8, 2020, pp. 1–15, https://arxiv.org/abs/2005.03085. 以下も参照のこと。Ricardo Aguas et al., "Herd Immunity Thresholds for SARS-CoV-2 Estimated from Unfolding Epidemics," MedRxiv, July 24, 2020, https://doi.org/10.1101/2020.07.23.20160762.
89. Charles Musselwhite, Erel Avineri, and Yusak Susilo, "Editorial JTH 16—The Coronavirus Disease COVID-19 and Its Implications for Transport and Health," *Journal of Transport & Health* 16 (March 2020), https://doi.org/10.1016/j.jth.2020.100853.
90. Michael Laris, "Scientists Know Ways to Help Stop Viruses from Spreading on Airplanes. They're Too Late for This Pandemic," *Washington Post*, April 29, 2020, https://www.washingtonpost.com/local/trafficandcommuting/scientists-think-they-know-ways-to-combat-viruses-on-airplanes-theyre-too-late-for-this-pandemic/2020/04/20/83279318-76ab-11ea-87da-77a8136c1a6d_story.html.
91. U.S. Department of Commerce, ITA, National Travel and Tourism Office.
92. "Historical Flight Status," FlightStats by Cerium, https://www.flightstats.com/v2/historical-flight/subscribe.
93. このテーマに関する私とダニエル・ベルの議論は、以下を参照のこと。Daniel A. Bell, "Did the Chinese Government Deliberately Export COVID-19 to the Rest of the World?," Danielabell.com, April 21, 2020, https://danielabell.com/2020/04/21/did-the-chinese-government-deliberately-export-covid-19-to-the-rest-of-the-world/; Niall Ferguson, "Six Questions for Xi Jinping: An Update," Niallferguson.com, April 21, 2020, http://www.niallferguson.com/blog/six-questions-for-xi-jinping-an-update; Niall Ferguson, "Six Questions for Xi Jinping: Another Update," Niallferguson.com, May 26, 2020, http://www.niallferguson.com/blog/six-questions-for-xi-jinping-another-update.
94. Matteo Chinazzi et al., "The Effect of Travel Restrictions on the Spread of the 2019 Novel

Coronavirus (2019-nCoV) Outbreak," MedRxiv, February 11, 2020, pp. 1–12, https://doi.org/10.1101/2020.02.09.20021261.
95. Steve Eder et al., "430,000 People Have Traveled from China to U.S. Since Coronavirus Surfaced," *New York Times*, April 4, 2020, https://www.nytimes.com/2020/04/04/us/coronavirus-china-travel-restrictions.html.
96. Phillip Connor, "More than Nine-in-Ten People Worldwide Live in Countries with Travel Restrictions amid COVID-19," Fact Tank, Pew Research Center, April 1, 2020, https://www.pewresearch.org/fact-tank/2020/04/01/more-than-nine-in-ten-people-worldwide-live-in-countries-with-travel-restrictions-amid-covid-19/; Anthony Faiola, "The Virus That Shut Down the World," *Washington Post*, June 26, 2020, https://www.washingtonpost.com/graphics/2020/world/coronavirus-pandemic-globalization/?itid=hp_hp-banner-main_virus-shutdown-630pm.
97. "Relative Risk of Importing a Case of 2019-nCoV," Google Data Studio, August 17, 2020, https://datastudio.google.com/u/0/reporting/3ffd36c3-0272-4510-a140-39e288a9f15c/page/U5lCB. 以下も参照のこと。Matteo Chinazzi et al., "Estimating the Risk of Sustained Community Transmission of COVID-19 Outside Mainland China," March 11, 2020, pp. 1–11, https://www.mobs-lab.org/uploads/6/7/8/7/6787877/estimating_the_risk_of_sustained_community_transmission_of_covid-19_outside_china.pdf.
98. Javier Salas and Mariano Zafra, "An Analysis of Three COVID-19 Outbreaks: How They Happened and How They Can Be Avoided," *El País English: Science & Tech*, June 17, 2020, https://english.elpais.com/spanish_news/2020-06-17/an-analysis-of-three-covid-19-outbreaks-how-they-happened-and-how-they-can-be-avoided.html; Liu Xiaopeng and Zhang Sisen, "COVID-19: Face Masks and Human-to-Human Transmission," *Influenza and Other Respiratory Viruses* 14, no. 4 (March 29, 2020), pp. 472–73, https://doi.org/10.1111/irv.12740.
99. Lara Goscé and Anders Johansson, "Analysing the Link Between Public Transport Use and Airborne Transmission: Mobility and Contagion in the London Underground," *Environmental Health* 17, no. 84 (December 4, 2018), pp. 1–11, https://doi.org/10.1186/s12940-018-0427-5; Jeffrey E. Harris, "The Subways Seeded the Massive Coronavirus Epidemic in New York City," NBER Working Paper No. 27021 (August 2020), https://doi.org/10.3386/w27021; Stephen M. Kissler et al., "Reductions in Commuting Mobility Predict Geographic Differences in SARS-CoV-2 Prevalence in New York City," Harvard School of Public Health Scholarly Articles (2020), pp. 1–15, http://nrs.harvard.edu/urn-3:HUL.InstRepos:42665370.
100. Bi Qifang et al., "Epidemiology and Transmission of COVID-19 in 391 Cases and 1286 of Their Close Contacts in Shenzhen, China: A Retrospective Cohort Study," *Lancet Infectious Diseases*, 20, no.8, (August 1, 2020), pp. P911–P919, https://doi.org/10.1016/S1473-3099(20)30287-5.
101. Christian Bayer and Moritz Kuhn, "Intergenerational Ties and Case Fatality Rates: A Cross-Country Analysis," *VoxEU & CEPR*, March 20, 2020: https://voxeu.org/article/intergenerational-ties-and-case-fatality-rates.
102. Liu Jingtao, Huang Jiaquan, and Xiang Dandan, "Large SARS-CoV-2 Outbreak Caused by Asymptomatic Traveler, China," *Emerging Infectious Diseases* 26, no. 9 (June 30, 2020), https://doi.org/10.3201/eid2609.201798.
103. Terry C. Jones et al., "An Analysis of SARS-CoV-2 Viral Load by Patient Age," MedRxiv, June 9, 2020, pp. 1–19, https://doi.org/10.1101/2020.06.08.20125484. 以下も参照のこと。Gretchen Vogel and Jennifer Couzin-Frankel, "Should Schools Reopen? Kids' Role in Pandemic Still a Mystery," *Science*, May 4, 2020, https://doi.org/10.1126/science.abc6227.

104. Didier Jourdan, Nicola Gray, and Michael Marmot, "Re-Opening Schools: What Knowledge Can We Rely Upon?," UNESCO Chair Global Health and Education, May 4, 2020, https://unescochair-ghe.org/2020/05/04/re-opening-schools-what-knowledge-can-we-rely-upon/.

105. "Amid Surge in Israeli Virus Cases, Schools in Outbreak Areas to Be Shuttered," *Times of Israel*, May 30, 2020, https://www.timesofisrael.com/amid-spike-in-virus-cases-schools-in-outbreak-areas-set-to-shutter/. 他の学校での感染拡大については、以下を参照のこと。Q. J. Leclerc et al., "What Settings Have Been Linked to SARS-CoV-2 Transmission Clusters?," *Wellcome Open Research* 5, no. 83（2020）, https://wellcomeopenresearch.org/articles/5-83.

106. Faris Mokhtar, "How Singapore Flipped from Virus Hero to Cautionary Tale," Bloomberg, April 21, 2020, https://www.bloomberg.com/news/articles/2020-04-21/how-singapore-flipped-from-virus-hero-to-cautionary-tale.

107. Tomas Pueyo, "Coronavirus: The Basic Dance Steps Everybody Can Follow," *Medium*, April 23, 2020, https://medium.com/@tomaspueyo/coronavirus-the-basic-dance-steps-everybody-can-follow-b3d216daa343. 以下も参照のこと。Julie Scagell, "Study Finds Spikes in Coronavirus Cases Linked to In-Person Restaurant Dining," *Yahoo! Life*, July 4, 2020, https://www.yahoo.com/lifestyle/study-finds-spikes-coronavirus-cases-161559634.html.

108. Yuki Furuse et al., "Clusters of Coronavirus Disease in Communities, Japan, January–April 2020," *Emerging Infectious Diseases* 26, no. 9（June 10, 2020）, https://doi.org/10.3201/eid2609.202272.

109. Shin Young Park et al., "Coronavirus Disease Outbreak in Call Center, South Korea," *Emerging Infectious Diseases* 26, no. 8（April 23, 2020）, https://doi.org/10.3201/eid2608.201274.

110. Leclerc et al., "What Settings Have Been Linked to SARS-CoV-2 Transmission Clusters?" 以下も参照のこと。Kay, "COVID-19 Superspreader Events."

111. David Pegg, Robert Booth, and David Conn, "Revealed: The Secret Report That Gave Ministers Warning of Care Home Coronavirus Crisis," *Guardian*, May 7, 2020, https://www.theguardian.com/world/2020/may/07/revealed-the-secret-report-that-gave-ministers-warning-of-care-home-coronavirus-crisis; Richard Coker, "'Harvesting' Is a Terrible Word—but It's What Has Happened in Britain's Care Homes," *Guardian*, May 8, 2020, https://www.theguardian.com/commentisfree/2020/may/08/care-home-residents-harvested-left-to-die-uk-government-herd-immunity; Robert Booth, "Coronavirus: Real Care Home Death Toll Double Official Figure, Study Says," *Guardian*, May 13, 2020, https://www.theguardian.com/world/2020/may/13/coronavirus-real-care-home-death-toll-double-official-figure-study-says. 以下を参照のこと。Tom McTague, "How the Pandemic Revealed Britain's National Illness," *Atlantic,* August 20, 2020, https://www.theatlantic.com/international/archive/2020/08/why-britain-failed-coronavirus-pandemic/615166/.

112. Gregg Girvan, "Nursing Homes and Assisted Living Facilities Account for 45% of COVID-19 Deaths," Foundation for Research on Equal Opportunity, May 7, 2020, https://freopp.org/the-covid-19-nursing-home-crisis-by-the-numbers-3a47433c3f70. 以下も参照のこと。Jessica Silver-Greenberg and Amy Julia Harris, "'They Just Dumped Him Like Trash': Nursing Homes Evict Vulnerable Residents," *New York Times*, July 23, 2020, https://www.nytimes.com/2020/06/21/business/nursing-homes-evictions-discharges-coronavirus.html, および Karen Yourish et al., "One-Third of All U.S. Coronavirus Deaths Are Nursing Home Residents or Workers," *New York Times*, May 11, 2020, https://www.nytimes.com/interactive/2020/05/09/us/coronavirus-cases-nursing-homes-us.html.

113. Joaquin Sapien and Joe Sexton, "'Fire Through Dry Grass': Andrew Cuomo Saw COVID-19's

Threat to Nursing Homes. Then He Risked Adding to It," *ProPublica*, June 16, 2020, https://www.propublica.org/article/fire-through-dry-grass-andrew-cuomo-saw-covid-19-threat-to-nursing-homes-then-he-risked-adding-to-it.

114. Figures up to mid-June. Adelina Comas-Herrera, "Mortality Associated with COVID-19 Outbreaks in Care Homes: Early International Evidence," International Long Term Care Policy Network, June 26, 2020, https://ltccovid.org/wp-content/uploads/2020/06/Mortality-associated-with-COVID-among-people-who-use-long-term-care-26-June-1.pdf.

115. F. A. Hayek, *The Constitution of Liberty: The Definitive Edition*, ed. Ronald Hamowy, vol. 17 of *The Collected Works of F.A. Hayek* (Abingdon, UK: Routledge, 2011 [1960]), p. 421. [邦訳：『ハイエク全集Ⅰ 自由の条件』Ⅰ～Ⅲ、西山千明・矢島鈞次監修、気賀健三・古賀勝次郎訳、春秋社、2007年]

116. Jamie Lloyd-Smith (@jlloydsmith), "Couldn't resist such nice data and dusted off my old code," Twitter, May 20, 2020, 12:11 a.m., https://twitter.com/jlloydsmith/status/1262989192948146176; Kai Kupferschmidt, "Why Do Some COVID-19 Patients Infect Many Others, Whereas Most Don't Spread the Virus at All?," *Science*, May 19, 2020, https://www.sciencemag.org/news/2020/05/why-do-some-covid-19-patients-infect-many-others-whereas-most-don-t-spread-virus-all.

117. Akira Endo et al., "Estimating the Overdispersion in COVID-19 Transmission Using Outbreak Sizes Outside China," *Wellcome Open Research* 5, no. 67 (July 10, 2020), https://doi.org/10.12688/wellcomeopenres.15842.1.

118. Dillon Adam et al., "Clustering and Superspreading Potential of Severe Acute Respiratory Syndrome Coronavirus 2 (SARS-CoV-2) Infections in Hong Kong," May 21, 2020, pp. 1–27, Research Square, https://doi.org/10.21203/rs.3.rs-29548/v1.

119. Michael Worobey et al., "The Emergence of SARS-CoV-2 in Europe and the U.S.," BioRxiv, May 23, 2020, pp. 1–26, https://doi.org/10.1101/2020.05.21.109322; Carl Zimmer, "Coronavirus Epidemics Began Later Than Believed, Study Concludes," *New York Times*, May 27, 2020, https://www.nytimes.com/2020/05/27/health/coronavirus-spread-united-states.html.

120. Merle M. Böhmer et al., "Investigation of a COVID-19 Outbreak in Germany Resulting from a Single Travel-Associated Primary Case: A Case Series," *Lancet Infectious Diseases* 20, no. 8 (August 1, 2020), pp. P920–P928, https://doi.org/10.1016/S1473-3099(20)30314-5.

121. Haroon Siddique, "'Super-Spreader' Brought Coronavirus from Singapore to Sussex via France," *Guardian*, February 10, 2020, https://www.theguardian.com/world/2020/feb/10/super-spreader-brought-coronavirus-from-singapore-to-sussex-via-france.

122. Marco Hernandez, Simon Scarr, and Manas Sharma, "The Korean Clusters: How Coronavirus Cases Exploded in South Korean Churches and Hospitals," Reuters, March 20, 2020, https://graphics.reuters.com/CHINA-HEALTH-SOUTHKOREA-CLUSTERS/0100B5G33SB/index.html.

123. Eric Reguly, "Italy Investigates a Hospital That Failed to Catch a Coronavirus Super-Spreader as Infection Cases Rise," *Globe and Mail* (Toronto), March 11, 2020, https://www.theglobeandmail.com/world/article-italy-investigates-hospital-that-failed-to-catch-a-coronavirus-super/.

124. Carey Goldberg, "Single Conference Linked to Most Mass. Coronavirus Cases Looks Like a 'Superspreading Event,'" WBUR News, March 12, 2020, https://www.wbur.org/commonhealth/2020/03/12/coronavirus-outbreak-biogen-conference-superspreading; Drew Karedes, "Hotel at Center of Biogen Meeting Linked to COVID-19 Outbreak in Boston Closed Indefinitely," Boston 25 News, March 12, 2020, https://www.boston25news.com/news/hotel-center-biogen-

meeting-linked-covid-19-outbreak-boston-closed-indefinitely/B3UTQ553RBF2BLK4A7AK4T77UI/.

125. Jonathan Saltzman, "Biogen Conference Likely Led to 20,000 COVID-19 Cases in Boston Area, Researchers Say," *Boston Globe*, August 25, 2020, https://www.bostonglobe.com/2020/08/25/business/biogen-conference-likely-led-20000-covid-19-cases-boston-area-researchers-say/. 以下も参照のこと。Jacob Lemieux et al., "Phylogenetic Analysis of SARS-CoV-2 in the Boston Area Highlights the Role of Recurrent Importation and Superspreading Events," MedRxiv, August 25, 2020, https://www.medrxiv.org/content/10.1101/2020.08.23.20178236v1.

126. Lea Hamner et al., "High SARS-CoV-2 Attack Rate Following Exposure at a Choir Practice—Skagit County, Washington, March 2020," *CDC Morbidity and Mortality Weekly Report* (*MMWR*) 69, no. 19 (May 12, 2020), pp. 606–10, http://dx.doi.org/10.15585/mmwr.mm6919e6.

127. Per Block et al., "Social Network-Based Distancing Strategies to Flatten the COVID-19 Curve in a Post-Lockdown World," May 27, 2020, pp. 1–28, ArXiv, https://arxiv.org/abs/2004.07052; Jose Parra-Moyano and Raquel Rosés, "The Network and the Curve: The Relevance of Staying at Home," *Medium*, March 16, 2020, https://medium.com/@raquelroses2/the-network-and-the-curve-the-relevance-of-staying-at-home-a65bb73f3893.

128. Theresa Kuchler, Dominic Russel, and Johannes Stroebel, "The Geographic Spread of COVID-19 Correlates with the Structure of Social Networks as Measured by Facebook," NBER Working Paper No. 26990 (August 2020), pp. 1–22, http://www.nber.org/papers/w26990.

129. Jaron Lanier and E. Glen Weyl, "How Civic Technology Can Help Stop a Pandemic," *Foreign Affairs*, March 20, 2020, https://www.foreignaffairs.com/articles/asia/2020-03-20/how-civic-technology-can-help-stop-pandemic; Lee Yimou, "Taiwan's New 'Electronic Fence' for Quarantines Leads Waves of Virus Monitoring," *Reuters: Technology News*, March 20, 2020, https://www.reuters.com/article/us-health-coronavirus-taiwan-surveillanc/taiwans-new-electronic-fence-for-quarantines-leads-wave-of-virus-monitoring-idUSKBN2170SK; Tomas Pueyo, "Coronavirus: Learning How to Dance," *Medium*, April 20, 2020, https://medium.com/@tomaspueyo/coronavirus-learning-how-to-dance-b8420170203e.

130. Chen-Hua Chen et al., "Taipei Lockdown: Three Containment Models to Flatten the Curve," *Tianxia* (*CommonWealth*), April 7, 2020, https://web.cw.com.tw/covid19-taipei-lockdown-en/index.html.

131. Dennis Normile, "Coronavirus Cases Have Dropped Sharply in South Korea. What's the Secret to Its Success?," *Science*, March 17, 2020, https://www.sciencemag.org/news/2020/03/coronavirus-cases-have-dropped-sharply-south-korea-whats-secret-its-success. 以下も参照のこと。Max Fisher and Choe Sang-Hun, "How South Korea Flattened the Curve," *New York Times*, April 10, 2020, https://www.nytimes.com/2020/03/23/world/asia/coronavirus-south-korea-flatten-curve.html, および Juhwan Oh et al., "National Response to COVID-19 in the Republic of Korea and Lessons Learned for Other Countries," *Health Systems & Reform* 6, no. 1 (April 29, 2020), pp. 1–10, https://www.tandfonline.com/doi/full/10.1080/23288604.2020.1753464.

132. Zeynep Tufekci, "How Hong Kong Did It," *Atlantic*, May 12, 2020, https://www.theatlantic.com/tech nology/archive/2020/05/how-hong-kong-beating-coronavirus/611524/.

133. Aravind Sesagiri Raamkumar et al., "Measuring the Outreach Efforts of Public Health Authorities and the Public Response on Facebook During the COVID-19 Pandemic in Early 2020: A Cross-Country Comparison," *Journal of Medical Internet Research* 22, 5 (2020), pp. 1–12, https://www.jmir.org/2020/5/e19334/pdf. アジアの濃厚接触歴追跡アプリの調査については、以下を参照のこ

と。 Huang Yasheng, Sun Meicen and Sui Yuze, "How Digital Contact Tracing Slowed COVID-19 in East Asia," *Harvard Business Review*, April 15, 2020, https://hbr.org/2020/04/how-digital-contact-tracing-slowed-covid-19-in-east-asia.

134. John Authers, "Stocks Rally Suggests Turning Point in Coronavirus Fight," Bloomberg Opinion, April 6, 2020, https://www.bloomberg.com/opinion/articles/2020-04-07/stocks-rally-suggests-turning-point-in-coronavirus-fight.

135. Michael Worobey et al., "The Emergence of SARS-CoV-2 in Europe and North America," *Science*, September 10, 2020, https://science.sciencemag.org/content/early/2020/09/11/science.abc8169.

136. Stephen Grey and Andrew MacAskill, "Special Report: Johnson Listened to His Scientists About Coronavirus—but They Were Slow to Sound the Alarm," Reuters, April 7, 2020, https://www.reuters.com/article/us-health-coronavirus-britain-path-speci/special-report-johnson-listened-to-his-scientists-about-coronavirus-but-they-were-slow-to-sound-the-alarm-idUSKBN21P1VF.

137. James Forsyth, "Boris Johnson Knows the Risk He Is Taking with His Coronavirus Strategy," *Spectator*, March 14, 2020, https://www.spectator.co.uk/article/Boris-Johnson-knows-the-risk-he-is-taking-with-his-coronavirus-strategy.

138. Neil Ferguson et al., "Report 9: Impact of Non-Pharmaceutical Interventions (NPIs) to Reduce COVID-19 Mortality and Healthcare Demand," Imperial College COVID-19 Response Team, March 16, 2020, https://spiral.imperial.ac.uk:8443/handle/10044/1/77482. 漏洩したイングランド公衆衛生庁のブリーフィングにおける類似の推定については、以下も参照のこと。Denis Campbell, "UK Coronavirus Crisis 'to Last Until Spring 2021 and Could See 7.9m Hospitalised,'" *Guardian*, March 15, 2020, https://www.theguardian.com/world/2020/mar/15/uk-coronavirus-crisis-to-last-until-spring-2021-and-could-see-79m-hospitalised.

139. Sarah Knapton, "Two Thirds of Coronavirus Victims May Have Died This Year Anyway, Government Adviser Says," *Daily Telegraph*, March 25, 2020, https://www.telegraph.co.uk/news/2020/03/25/two-thirds-patients-die-coronavirus-would-have-died-year-anyway/.

140. Sue Denim, "Code Review of Ferguson's Model," Lockdown Sceptics, May 10, 2020, https://lockdown sceptics.org/code-review-of-fergusons-model/; David Richards and Konstantin Boudnik, "Neil Ferguson's Imperial Model Could Be the Most Devastating Software Mistake of All Time," *Daily Telegraph*, May 16, 2020, https://www.telegraph.co.uk/technology/2020/05/16/neil-fergusons-imperial-model-could-devastating-software-mistake/.

141. Alistair Haimes, "Ignoring the COVID Evidence," *The Critic*, July–August 2020, https://thecritic.co.uk/issues/july-august-2020/ignoring-the-covid-evidence/; McTague, "How the Pandemic Revealed Britain's National Illness."

142. すべてを網羅したものとしては、以下を参照のこと。Democratic Coalition, "Trump Lied, Americans Died," May 8, 2020, YouTube video, 6:20, https://www.youtube.com/watch?time_continue=8&v=dzAQnD0Oz14. 以下も参照のこと。Christakis, *Apollo's Arrow*, pp. 153, 156f.［邦訳：『疫病と人類知』］

143. Bob Woodward, *Rage* (New York: Simon & Schuster, 2020).［邦訳：『RAGE怒り』伏見威蕃訳、日本経済新聞出版、2020年］

144. James Fallows, "The 3 Weeks That Changed Everything," *Atlantic*, June 29, 2020, https://www.the atlantic.com/politics/archive/2020/06/how-white-house-coronavirus-response-went-wrong/613591/.

145. Michael D. Shear et al., "Inside Trump's Failure: The Rush to Abandon Leadership Role on the

Virus," *New York Times*, July 18, 2020, https://www.nytimes.com/2020/07/18/us/politics/trump-coronavirus-response-failure-leadership.html; David Crow and Hannah Kuchler, "US Coronavirus Surge: 'It's a Failure of National Leadership,'" *Financial Times*, July 17, 2020, https://www.ft.com/content/787125ba-5707-4718-858b-1e912fee0a38.
146. Zeynep Tufekci, "It Wasn't Just Trump Who Got It Wrong," *Atlantic*, March 24, 2020, https://www.the atlantic.com/technology/archive/2020/03/what-really-doomed-americas-coronavirus-response/608596/.
147. "President Trump Job Approval," *Real Clear Politics*, https://www.realclearpolitics.com/epolls/other/president_trump_job_approval-6179.html.
148. Pandemic and All-Hazards Preparedness and Advancing Innovation Act of 2019, S.1379, 116th Cong. (2019), https://www.congress.gov/bill/116th-congress/senate-bill/1379.
149. "A National Blueprint for Biodefense: Leadership and Major Reform Needed to Optimize Efforts," Bipartisan Report of the Blue Ribbon Study Panel on Biodefense, October 2015, https://biodefensecom mission.org/reports/a-national-blueprint-for-biodefense/.
150. "News," Bipartisan Commission on Defense, https://biodefensecommission.org/news/.
151. White House, *National Biodefense Strategy* (Washington, D.C.: Government Printing Office, 2018), https://www.whitehouse.gov/wp-content/uploads/2018/09/National-Biodefense-Strategy.pdf.
152. Judge Glock, "Why Two Decades of Pandemic Planning Failed," *Medium*, April 9, 2020, https://medium.com/@judgeglock/why-two-decades-of-pandemic-planning-failed-a20608d05800.
153. "Evolution of Biodefense Policy with Dr. Robert Kadlec," Robert Strauss Center, October 18, 2018, https://www.youtube.com/watch?list=UUPLAYER_RobertStraussCenter&v=6U4e4029SpE.
154. Niall Ferguson, *The Great Degeneration: How Institutions Decay and Economies Die* (New York: Penguin Press, 2013).［邦訳：『劣化国家』櫻井祐子訳、東洋経済新報社、2013年］
155. Josh Margolin and James Gordon Meek, "Intelligence Report Warned of Coronavirus Crisis as Early as November: Sources," ABC News, April 8, 2020, https://abcnews.go.com/Politics/intelligence-report-warned-coronavirus-crisis-early-november-sources/story?id=70031273; Fallows, "3 Weeks That Changed Everything."
156. Michael D. Shear, Sheri Fink, and Noah Welland, "Inside the Trump Administration, Debate Raged over What to Tell Public," *New York Times*, March 9, 2020, https://www.nytimes.com/2020/03/07/us/politics/trump-coronavirus.html; Jonathan Swan and Margaret Talev, "Navarro Memos Warning of Mass Coronavirus Death Circulated in January," *Axios*, April 7, 2020, https://www.axios.com/exclusive-navarro-deaths-coronavirus-memos-january-da3f08fb-dce1-4f69-89b5-ea048f8382a9.html; Philip A. Wallach and Justus Myers, "The Federal Government's Coronavirus Response—Public Health Timeline," Brookings, March 31, 2020, https://www.brookings.edu/research/the-federal-governments-coronavirus-actions-and-failures-timeline-and-themes/.
157. Paul Kane, "Early On, Cheney and Cotton Warned About the Coronavirus. They Still Face Pushback in the GOP," *Washington Post*, April 4, 2020, https://www.washingtonpost.com/powerpost/early-on-cheney-and-cotton-warned-about-the-coronavirus-they-still-face-push-back-in-the-gop/2020/04/04/d6676200-75df-11ea-87da-77a8136c1a6d_story.html.
158. Robert Costa and Philip Rucker, "Woodward Book: Trump Says He Knew Coronavirus Was 'Deadly,'" *Washington Post*, September 9, 2020, https://www.washingtonpost.com/politics/bob-woodward-rage-book-trump/2020/09/09/0368fe3c-efd2-11ea-b4bc-3a2098fc73d4_story.html.
159. Greg Miller, Josh Dawsey, and Aaron C. Davis, "One Final Viral Infusion: Trump's Move to

Block Travel from Europe Triggered Chaos and a Surge of Passengers from the Outbreak's Center," *Washington Post*, May 23, 2020, https://www.washingtonpost.com/world/national-security/one-final-viral-infusion-trumps-move-to-block-travel-from-europe-triggered-chaos-and-a-surge-of-passengers-from-the-outbreaks-center/2020/05/23/64836a00-962b-11ea-82b4-c8db161ff6e5_story.html.

160. Fallows, "3 Weeks That Changed Everything."

161. Anne Applebaum, "The Coronavirus Called America's Bluff," *Atlantic*, March 15, 2020, https://www.theatlantic.com/ideas/archive/2020/03/coronavirus-showed-america-wasnt-task/608023/; Jon Cohen, "The United States Badly Bungled Coronavirus Testing—but Things May Soon Improve," *Science*, February 28, 2020, https://www.sciencemag.org/news/2020/02/united-states-badly-bungled-coronavirus-testing-things-may-soon-improve.

162. Robinson Meyer and Alexis C. Madrigal, "Exclusive: The Strongest Evidence Yet That America Is Botching Coronavirus Testing," *Atlantic*, March 6, 2020, https://www.theatlantic.com/health/archive/2020/03/how-many-americans-have-been-tested-coronavirus/607597/; Christopher Weaver, Betsy McKay, and Brianna Abbott, "America Needed Coronavirus Tests. The Government Failed," *Wall Street Journal*, March 19, 2020, https://www.wsj.com/articles/how-washington-failed-to-build-a-robust-coronavirus-testing-system-11584552147; Lazaro Gamio, Cai Weiyi, and Adeel Hassan, "Where the U.S. Stands Now on Coronavirus Testing," *New York Times*, March 27, 2020, https://www.nytimes.com/interactive/2020/03/26/us/coronavirus-testing-states.html.

163. Joel Eastwood, Paul Overberg, and Rob Barry, "Why We Don't Know How Many Americans Are Infected with Coronavirus—and Might Never Know," *Wall Street Journal*, April 4, 2020, https://www.wsj.com/articles/why-we-dont-know-how-many-americans-are-infected-with-coronavirusand-might-never-know-11586005200.

164. Veronique de Rugy, "The Monumental Failure of the CDC," American Institute for Economic Research, April 11, 2020, https://www.aier.org/article/the-monumental-failure-of-the-cdc/; Bret Stephens, "COVID-19 and the Big Government Problem," *New York Times*, April 10, 2020, https://www.nytimes.com/2020/04/10/opinion/coronavirus-FDA.html.

165. Eric Lipton et al., "The C.D.C. Waited 'Its Entire Existence for This Moment.' What Went Wrong?," *New York Times*, June 3, 2020, https://www.nytimes.com/2020/06/03/us/cdc-coronavirus.html.

166. Sheri Fink, "Worst-Case Estimates for U.S. Coronavirus Deaths," *New York Times*, March 13, 2020, https://www.nytimes.com/2020/03/13/us/coronavirus-deaths-estimate.html. 以下も参照のこと。Lydia Ramsey Pflanzer, "One Slide in a Leaked Presentation for U.S. Hospitals Reveals That They're Preparing for Millions of Hospitalizations as the Outbreak Unfolds," *Business Insider*, March 6, 2020, https://www.businessinsider.com/presentation-us-hospitals-preparing-for-millions-of-hospitalizations-2020-3.

167. Li Ruoran et al., "The Demand for Inpatient and ICU Beds for COVID-19 in the U.S.: Lessons from Chinese Cities," Harvard Library Office for Scholarly Communication (March 2020), pp. 1–17, https://dash.harvard.edu/bitstream/handle/1/42599304/Inpatient%20ICU%20beds%20needs%20for%20COVID-19%20medRxiv.pdf?sequence=1&isAllowed=y; Margot Sanger-Katz, Sarah Kliff, and Alicia Parlapiano, "These Places Could Run Out of Hospital Beds as Coronavirus Spreads," *New York Times*, March 17, 2020, https://www.nytimes.com/interactive/2020/03/17/upshot/hospital-bed-shortages-coronavirus.html.

168. "TSA Travel Checkpoint Numbers for 2020 and 2019," U.S. Transportation Security

Administration, https://www.tsa.gov/coronavirus/passenger-throughput.
169. Tony Romm, Elizabeth Dwoskin, and Craig Timberg, "U.S. Government, Tech Industry Discussing Ways to Use Smartphone Location Data to Combat Coronavirus," *Washington Post*, March 17, 2020, https://www.washingtonpost.com/technology/2020/03/17/white-house-location-data-coronavirus/.
170. Fred Sainz, "Apple and Google Partner on COVID-19 Contact Tracing Technology," April 10, 2020, https://www.apple.com/newsroom/2020/04/apple-and-google-partner-on-covid-19-contact-tracing-technology/.
171. Patrick McGree, "Apple and Google Announce New Contact-Tracing Tool," *Financial Times*, September 1, 2020, https://www.ft.com/content/0ed38c49-fafe-4e7b-bd57-44c705ba52f7.
172. Demographia, *Demographia World Urban Areas: 16th Annual Edition* (June 2020), pp. 1–94, http://demographia.com/db-worldua.pdf.
173. Derek Watkins et al., "How the Virus Won," *New York Times*, June 25, 2020, https://www.nytimes.com/interactive/2020/us/coronavirus-spread.html; Benedict Carey and James Glanz, "Travel from New York City Seeded Wave of U.S. Outbreaks," *New York Times*, July 16, 2020, https://www.nytimes.com/2020/05/07/us/new-york-city-coronavirus-outbreak.html.
174. Google, "COVID-19 Community Mobility Reports," https://www.google.com/covid19/mobility/; SafeGraph, "Shelter in Place Index: The Impact of Coronavirus on Human Movement," https://www.safe graph.com/dashboard/covid19-shelter-in-place.
175. Wang Shuo, "U.S. Ventilator Data Tells Me Wuhan Really Took a Bullet for China," *Caixin Global*, March 29, 2020, https://www.caixinglobal.com/2020-03-29/as-us-sits-on-ample-ventilator-supply-china-wages-must-win-battle-to-contain-covid-19-in-hubei-101535747.html; Sharon Begley, "With Ventilators Running Out, Doctors Say the Machines Are Overused for COVID-19," *STAT News*, April 8, 2020, https://www.statnews.com/2020/04/08/doctors-say-ventilators-overused-for-covid-19/.
176. Joe Sexton and Joaquin Sapien, "Two Coasts. One Virus. How New York Suffered Nearly 10 Times the Number of Deaths as California," *ProPublica*, May 16, 2020, https://www.propublica.org/article/two-coasts-one-virus-how-new-york-suffered-nearly-10-times-the-number-of-deaths-as-california. 以下も参照のこと。Britta L. Jewell and Nicholas P. Jewell, "The Huge Cost of Waiting to Contain the Pandemic," *New York Times*, April 14, 2020, https://www.nytimes.com/2020/05/20/us/coronavirus-distancing-deaths.html.
177. Badr et al., "Association Between Mobility Patterns." 以下も参照のこと。Unacast, "Social Distancing Scoreboard," https://www.unacast.com/covid19/social-distancing-scoreboard.
178. Ding Wenzhi et al., "Social Distancing and Social Capital: Why U.S. Counties Respond Differently to COVID-19," NBER Working Paper No. 27393 (June 2020), pp. 1–33, https://www.nber.org/papers/w27393.
179. Christopher DeMuth, "Can the Administrative State Be Tamed?," *Journal of Legal Analysis* 8, no. 1 (Spring 2016), pp. 121–90.
180. Philip Zelikow, "To Regain Policy Competence: The Software of American Public Problem-Solving," *Texas National Security Review* 2, no. 4 (August 2019), pp. 110–127, http://dx.doi.org/10.26153/tsw/6665.
181. Francis Fukuyama, *Political Order and Political Decay: From the Industrial Revolution to the Globalisation of Democracy* (London: Profile Books, 2014), p. 469. [邦訳：『政治の衰退――フランス革命から民主主義の未来へ』上・下、会田弘継訳、講談社、2018年]

182. Marc Andreessen, "It's Time to Build," Andreessen Horowitz, April 18, 2020, https://a16z.com/2020/04/18/its-time-to-build/; Ezra Klein, "Why We Can't Build," *Vox*, April 22, 2020, https://www.vox.com/2020/4/22/21228469/marc-andreessen-build-government-coronavirus; Steven M. Teles, "Kludgeocracy: The American Way of Policy," New America Foundation, December 2012, pp. 1–11, https://static.newamerica.org/attachments/4209-kludgeocracy-the-american-way-of-policy/Teles_Steven_Kludgeocracy_NAF_Dec2012.d8a805aa40e34bca9e2fecb018a3dcb0.pdf.

183. 多くの例のほんの1つとして、以下を参照のこと。Jeff Horwitz and Deepa Seetharaman, "Facebook Executives Shut Down Efforts to Make the Site Less Divisive," *Wall Street Journal*, May 26, 2020, https://www.wsj.com/articles/facebook-knows-it-encourages-division-top-executives-nixed-solutions-11590507499.

184. "Coronavirus: How a Misleading Map Went Global," BBC News, February 19, 2020.

185. Lena H. Sun, "CDC to Cut by 80 Percent Efforts to Prevent Global Disease Outbreak," *Washington Post*, February 1, 2018, https://www.washingtonpost.com/news/to-your-health/wp/2018/02/01/cdc-to-cut-by-80-percent-efforts-to-prevent-global-disease-outbreak/; Glenn Kessler, "No, Trump Didn't Shut Down 37 of 47 Global Anti-Pandemic Programs," *Washington Post*, March 4, 2020, https://www.washingtonpost.com/politics/2020/03/04/no-trump-didnt-shut-down-37-47-global-anti-pandemic-programs/.

186. Leonardo Bursztyn et al., "Misinformation During a Pandemic," Becker Friedman Institute for Economics Working Paper No. 2020-044 (June 2020), pp. 1–118, https://bfi.uchicago.edu/wp-content/uploads/BFI_WP_202044.pdf.

187. Andrey Simonov et al., "The Persuasive Effect of Fox News: Non-Compliance with Social Distancing During the COVID-19 Pandemic," NBER Working Paper No. 27237 (July 2020), pp. 1–70, http://www.nber.org/papers/w27237.

188. Lijian Zhao (@zlj517), "CDC was caught on the spot," Twitter, March 12, 2020, 8:37 a.m., https://twitter.com/zlj517/status/1238111898828066823.

189. Steven Lee Myers, "China Spins Tale That the U.S. Army Started the Coronavirus Epidemic," *New York Times*, March 13, 2020, https://www.nytimes.com/2020/03/13/world/asia/coronavirus-china-conspiracy-theory.html.

190. Edward Wong, Matthew Rosenberg, and Julian E. Barnes, "Chinese Agents Helped Spread Messages That Sowed Virus Panic in U.S., Officials Say," *New York Times*, April 22, 2020, https://www.nytimes.com/2020/04/22/us/politics/coronavirus-china-disinformation.html.

191. Virginia Alvino Young, "Nearly Half of the Twitter Accounts Discussing 'Reopening America' May Be Bots," Carnegie Mellon University School of Computer Science, May 20, 2020, https://www.cs.cmu.edu/news/nearly-half-twitter-accounts-discussing-reopening-america-may-be-bots.

192. "Analysis of June 2020 Twitter Takedowns Linked to China, Russia and Turkey," Stanford Internet Observatory Cyber Policy Center blog, June 11, 2020, https://cyber.fsi.stanford.edu/io/news/june-2020-twitter-takedown#china.

193. Dominic Kennedy, "British Academics Sharing Coronavirus Conspiracy Theories Online," *Times* (London), April 11, 2020, https://www.thetimes.co.uk/article/british-academics-sharing-coronavirus-conspiracy-theories-online-v8nn99zmv.

194. Ben Norton (@BenjaminNorton), "@TheGrayzoneNews we published the exposé many people have asked for," Twitter, July 9, 2020, 11:15 a.m., https://twitter.com/BenjaminNorton/status/1281275778316095491; Jeremy Loffredo and Michele Greenstein, "Why the Bill Gates

Global Health Empire Promises More Empire and Less Public Health," *The Gray Zone*, July 8, 2020, https://thegrayzone.com/2020/07/08/bill-gates-global-health-policy/.

195. Kevin Roose, "Get Ready for a Vaccine Information War," *New York Times*, June 3, 2020, https://www.nytimes.com/2020/05/13/technology/coronavirus-vaccine-disinformation.html.

196. Karen Kornbluh, Ellen P. Goodman, and Eli Weiner, "Safeguarding Democracy Against Disinformation," German Marshall Fund of the United States, March 24, 2020, http://www.gmfus.org/publications/safeguarding-democracy-against-disinformation.

197. Neil F. Johnson et al., "The Online Competition Between Pro- and Anti-Vaccination Views," *Nature* 582 (May 13, 2020), pp. 230–33, https://www.nature.com/articles/s41586-020-2281-1; Ari Sen and Brandy Zadrozny, "QAnon Groups Have Millions of Members on Facebook, Documents Show," NBC News, August 10, 2020, https://www.nbcnews.com/tech/tech-news/qanon-groups-have-millions-members-facebook-documents-show-n1236317.

198. "Conspiracies of Corona," Pulsar Platform, https://www.pulsarplatform.com/resources/the-conspiracies-of-corona/.

199. Horwitz and Seetharaman, "Facebook Executives Shut Down Efforts."

200. Kathleen Hall Jamieson and Dolores Albarracín, "The Relation Between Media Consumption and Misinformation at the Outset of the SARS-CoV-2 Pandemic in the U.S.," *Harvard Kennedy School Misinformation Review* 1 (April 20, 2020), pp. 1–22, https://misinforeview.hks.harvard.edu/article/the-relation-between-media-consumption-and-misinformation-at-the-outset-of-the-sars-cov-2-pandemic-in-the-us/.

201. "On Coronavirus and Conspiracies," *Public Policy and the Past* (blog), April 17, 2020, http://publicpolicypast.blogspot.com/2020/04/on-coronavirus-and-conspiracies.html. だが、以下も参照のこと。Stephen Cushion et al., "Coronavirus: Fake News Less of a Problem Than Confusing Government Messages—New Study," *The Conversation*, June 12, 2020, https://theconversation.com/coronavirus-fake-news-less-of-a-problem-than-confusing-government-messages-new-study-140383.

202. Andrew Romano, "New Yahoo News /YouGov Poll Shows Coronavirus Conspiracy Theories Leading on the Right May Hamper Vaccine Efforts," *Yahoo! News*, May 22, 2020, https://news.yahoo.com/new-yahoo-news-you-gov-poll-shows-coronavirus-conspiracy-theories-spreading-on-the-right-may-hamper-vaccine-efforts-152843610.html.

203. Katarina Rebello et al., "Covid-19 News and Information from State-Backed Outlets Targeting French, German and Spanish-Speaking Social Media Users: Understanding Chinese, Iranian, Russian and Turkish Outlets," Computational Propaganda Project (COMPROP), Oxford Internet Institute, University of Oxford, https://kq.freepressunlimited.org/evidence/covid-19-news-and-information-from-state-backed-outlets-targeting-french-german-and-spanish-speaking-social-media-users-understanding-chinese-iranian-russian-and-turkish-outlets/.

204. Rex Chapman (@RexChapman), "This angry Florida woman argued today against the mask mandate," Twitter, June 24, 2020, 4:01 p.m., https://twitter.com/RexChapman/status/1275912010555932672.

205. Will Sommer, "Trump's New Favorite COVID Doctor Believes in Alien DNA, Demon Sperm, and Hydroxychloroquine," *Daily Beast*, July 28, 2020, https://www.thedailybeast.com/stella-immanuel-trumps-new-covid-doctor-believes-in-alien-dna-demon-sperm-and-hydroxychloroquine.

## 第10章　パンデミックと世界経済


1. John Maynard Keynes, *The Economic Consequences of the Peace* (New York: Harcourt, Brace, and Howe: 1920).［邦訳：『ケインズ全集2 平和の経済的帰結』早坂忠訳、東洋経済新報社、1977年］
2. Keynes, *Economic Consequences of the Peace*, p. 268.［邦訳：『ケインズ全集2 平和の経済的帰結』］
3. Olivier Accominotti and David Chambers, "If You're So Smart: John Maynard Keynes and Currency Speculation in the Interwar Years," *Journal of Economic History* 76, no. 23 (2016), pp. 342–86, https://doi.org/10.1017/S0022050716000589.
4. International Monetary Fund, "A Crisis Like No Other, an Uncertain Recovery," World Economic Outlook Update, June 2020, https://www.imf.org/en/Publications/WEO/Issues/2020/06/24/WEOUpdate June2020; "A Long and Difficult Ascent" (October 2020), https://www.imf.org/en/Publications/WEO/Issues/2020/06/24/WEOUpdateJune2020.
5. Chris Giles, "BoE Warns UK Set to Enter Worst Recession for 300 Years," *Financial Times*, May 7, 2020, https://www.ft.com/content/734e604b-93d9-43a6-a6ec-19e8b22dad3c.
6. サマーズはこの1節を、2019年11月の、ハーヴァード大学公共政策大学院での行事で初めて使った。
7. Andrew Edgecliffe-Johnson, "U.S. Supply Chains and Ports Under Strain from Coronavirus," *Financial Times*, March 2, 2020, https://www.ft.com/content/5b5b8990-5a98-11ea-a528-dd0f971febbc.
8. Yuan Yang et al., "Hidden Infections Challenge China's Claim Coronavirus Is Under Control," *Financial Times*, March 26, 2020, https://www.ft.com/content/4aa35288-3979-44f7-b204-b881f473fca0.
9. Mike Bird, John Emont, and Shan Li, "China Is Open for Business, but the Postcoronavirus Reboot Looks Slow and Rocky," *Wall Street Journal*, March 26, 2020, https://www.wsj.com/articles/china-is-open-for-business-but-the-post-coronavirus-reboot-looks-slow-and-rocky-11585232600; Keith Bradsher, "China's Factories Are Back. Its Consumers Aren't," *New York Times*, April 28, 2020, https://www.nytimes.com/2020/04/28/business/china-coronavirus-economy.html.
10. John Liu et al., "China Abandons Hard Growth Target, Shifts Stimulus Focus to Jobs," Bloomberg, May 22, 2020, https://www.bloomberg.com/news/articles/2020-05-22/china-to-abandon-numerical-growth-target-amid-virus-uncertainty.
11. Frank Tang, "Coronavirus: China's Central Bank, Finance Ministry at Odds over Funding for Economic Recovery," *South China Morning Post*, May 6, 2020, https://www.scmp.com/economy/china-economy/article/3083193/coronavirus-chinas-central-bank-finance-ministry-odds-over; Frank Tang, "China's Top Bank Regulator Sees Surge of Bad Loans Straining Financial System in 2020, 2021," *South China Morning Post*, August 13, 2020, https://www.scmp.com/economy/china-economy/article/3097229/chinas-top-bank-regulator-sees-surge-bad-loans-straining.
12. Anthony Faiola, "The Virus That Shut Down the World," *Washington Post*, June 26, 2020, https://www.washingtonpost.com/graphics/2020/world/coronavirus-pandemic-globalization/?itid=hp_hp-banner-main_virus-shutdown-630pm.
13. Clara Ferreira Marques, "The Coronavirus Is a Human Credit Crunch," Bloomberg, March 4, 2020, https://www.bloomberg.com/opinion/articles/2020-03-04/coronavirus-is-a-human-version-of-the-credit-crunch.
14. "The State of the Restaurant Industry," OpenTable by Booking.com, https://www.opentable.com/state-of-industry.

15. SafeGraph, "The Impact of Coronavirus (COVID-19) on Foot Traffic," August 18, 2020, https://www.safegraph.com/dashboard/covid19-commerce-patterns.

16. Justin Baer, "The Day Coronavirus Nearly Broke the Financial Markets," *Wall Street Journal*, May 20, 2020, https://www.wsj.com/articles/the-day-coronavirus-nearly-broke-the-financial-markets-11589982288.

17. John Plender, "The Seeds of the Next Debt Crisis," *Financial Times*, March 3, 2020, https://www.ft.com/content/27cf0690-5c9d-11ea-b0ab-339c2307bcd4.

18. Eva Szalay, "Dollar Surge Stirs Talk of Multilateral Move to Weaken It," *Financial Times*, March 24, 2020, https://www.ft.com/content/931ddba6-6dd2-11ea-9bca-bf503995cd6f.

19. Andreas Schrimpf, Hyun Song Shin, and Vladyslav Sushko, "Leverage and Margin Spirals in Fixed Income Markets During the COVID-19 Crisis," *Bank of International Settlements Bulletin* 2 (April 2, 2020), https://www.bis.org/publ/bisbull02.htm.

20. Gavyn Davies, "A Strategy for the Dysfunctional U.S. Treasuries Market," *Financial Times*, March 22, 2020, https://www.ft.com/content/8df468f2-6a4e-11ea-800d-da70cff6e4d3.

21. Nick Timiraos and John Hilsenrath, "The Federal Reserve Is Changing What It Means to Be a Central Bank," *Wall Street Journal*, April 27, 2020, https://www.wsj.com/articles/fate-and-history-the-fed-tosses-the-rules-to-fight-coronavirus-downturn-11587999986.

22. Lev Menand, "Unappropriated Dollars: The Fed's Ad Hoc Lending Facilities and the Rules That Govern Them," European Corporate Governance Institute (ECGI)–Law Working Paper No. 518/2020 (May 22, 2020), http://dx.doi.org/10.2139/ssrn.3602740.

23. Joshua Jamerson, Andrew Duehren, and Natalie Andrews, "Senate Approves Nearly $2 Trillion in Coronavirus Relief," *Wall Street Journal*, March 26, 2020, https://www.wsj.com/articles/trump-administration-senate-democrats-said-to-reach-stimulus-bill-deal-11585113371.

24. "Budget Projections: Debt Will Exceed the Size of the Economy This Year," Committee for a Responsible Federal Budget blog, April 13, 2020, http://www.crfb.org/blogs/budget-projections-debt-will-exceed-size-economy-year.

25. Jeffrey M. Jones, "President Trump's Job Approval Rating Up to 49%," Gallup, March 24, 2020, https://news.gallup.com/poll/298313/president-trump-job-approval-rating.aspx.

26. Francis Wilkinson, "Gavin Newsom Declares California a 'Nation-State,'" Bloomberg, April 9, 2020, https://www.bloomberg.com/opinion/articles/2020-04-09/california-declares-independence-from-trump-s-coronavirus-plans; Scott Clement and Dan Balz, "Many Governors Win Bipartisan Support for Handling of Pandemic, but Some Republicans Face Blowback over Reopening Efforts," *Washington Post*, May 12, 2020, https://www.washingtonpost.com/politics/many-governors-win-bipartisan-support-for-handling-of-pandemic-but-some-republicans-face-blowback-over-reopening-efforts/2020/05/11/8e98500e-93d2-11ea-9f5e-56d8239bf9ad_story.html; "April 14–19 *Washington Post*–U. Md. Poll," *Washington Post*, May 5, 2020, https://www.washingtonpost.com/context/april-14-19-washington-post-u-md-poll/4521bb45-b844-4dbd-b72d-0a298cf7539a; "NBC News/*Wall Street Journal* Survey Study #200203," Hart Research Associates/Public Opinion Strategies, April 13 –15, 2020, https://www.documentcloud.org/documents/6842659-200203-NBCWSJ-April-Poll-4-19-20-Release.html.

27. "Most Americans Say Trump Was Too Slow in Initial Response to Coronavirus Threat," Pew Research Center, April 16, 2020, https://www.people-press.org/2020/04/16/most-americans-say-trump-was-too-slow-in-initial-response-to-coronavirus-threat/.

28. "Coronavirus: Outbreak Concern," Civiqs, https://civiqs.com/results/coronavirus_

concern?uncertainty.

29. Mat Krahn, "We all have Schrodinger's Virus now," Facebook, March 30, 2020, https://www.facebook.com/mat.krahn/posts/3076953808995462.

30. Patrick G. T. Walker et al., "The Global Impact of COVID-19 and Strategies for Mitigation and Suppression," Imperial College COVID-19 Response Team Report 12 (March 26, 2020), https://doi.org/10.25561/77735.

31. Nicholas Kristof and Stuart A. Thompson, "Trump Wants to 'Reopen America.' Here's What Happens If We Do," *New York Times*, March 25, 2020, https://www.nytimes.com/interactive/2020/03/25/opinion/coronavirus-trump-reopen-america.html.

32. Maria Chikina and Wesley Pegden, "A Call to Honesty in Pandemic Modeling," *Medium*, March 29, 2020, https://medium.com/@wpegden/a-call-to-honesty-in-pandemic-modeling-5c156686a64b.

33. Seth Flaxman et al., "Estimating the Number of Infections and the Impact of Non-Pharmaceutical Interventions on COVID-19 in 11 European Countries," Imperial College COVID-19 Response Team Report 13 (March 30, 2020), https://doi.org/10.25561/77731.

34. Walker et al., "The Global Impact of COVID-19."

35. Felicia Sonmez, "Texas Lt. Gov. Dan Patrick Comes Under Fire for Saying Seniors Should 'Take a Chance' on Their Own Lives for Sake of Grandchildren During Coronavirus Crisis," *Washington Post*, March 24, 2020, https://www.washingtonpost.com/politics/texas-lt-gov-dan-patrick-comes-under-fire-for-saying-seniors-should-take-a-chance-on-their-own-lives-for-sake-of-grandchildren-during-coronavirus-crisis/2020/03/24/e6f64858-6de6-11ea-b148-e4ce3fbd85b5_story.html.

36. Andrew Cuomo (@NYGovCuomo), "My mother is not expendable. Your mother is not expendable," Twitter, March 24, 2020, 9:43 a.m., https://twitter.com/NYGovCuomo/status/1242477029083295746.

37. Thomas J. Kniesner and W. Kip Viscusi, "The Value of a Statistical Life," Vanderbilt Law Research Paper No. 19-15 (May 16, 2019), 以下で閲覧可能。SSRN, http://dx.doi.org/10.2139/ssrn.3379967.

38. Greg Ip, "Economics vs. Epidemiology: Quantifying the Trade-Off," *Wall Street Journal*, April 15, 2020, https://www.wsj.com/articles/economics-vs-epidemiology-quantifying-the-trade-off-11586982855.

39. Andrew Scott, "How Aging Societies Should Respond to Pandemics," *Project Syndicate*, April 22, 2020, https://www.project-syndicate.org/commentary/how-aging-societies-should-respond-to-pandemics-by-andrew-scott-2020-04.

40. この件に関する、故エドワード・ラジアーの導きに感謝する。「経済的観点に立つと、私たちの対応は、ウイルスがもたらした脅威に比例していた」という逆の見方については、以下を参照のこと。Nicholas A. Christakis, *Apollo's Arrow: The Profound and Enduring Impact of Coronavirus on the Way We Live* (New York: Little, Brown Spark, 2020), pp. 304f. ［邦訳：『疫病と人類知——新型コロナウイルスが私たちにもたらした深遠かつ永続的な影響』庭田よう子訳、講談社、2021年］

41. Christos A. Makridis and Jonathan Hartley, "The Cost of COVID-19: A Rough Estimate of the 2020 U.S. GDP Impact," Mercatus Center Special Edition Policy Brief, March 23, 2020, 以下で閲覧可能。SSRN, http://dx.doi.org/10.2139/ssrn.3559139.

42. Jay Boice, "Experts Say the Coronavirus Outlook Has Worsened, But the Trajectory Is Still Unclear," *FiveThirtyEight*, March 26, 2020, https://fivethirtyeight.com/features/experts-say-the-

coronavirus-outlook-has-worsened-but-the-trajectory-is-still-unclear/.
43. Roman Marchant et al., "Learning as We Go: An Examination of the Statistical Accuracy of COVID-19 Daily Death Count Predictions," May 26, 2020, https://arxiv.org/abs/2004.04734. それらのモデルへの批判については、以下を参照のこと。Andrea Saltelli et al., "Five Ways to Ensure That Models Serve Society: A Manifesto," *Nature* 582 (June 24, 2020), pp. 482–84, https://doi.org/10.1038/d41586-020-01812-9.
44. Eskild Petersen et al., "Comparing SARS-CoV-2 with SARS-CoV and Influenza Pandemics," *Lancet Infectious Diseases* 20, no. 9 (September 2020), pp. E238–E244, https://doi.org/10.1016/S1473-3099(20)30484-9.
45. "EuroMOMO Bulletin," European Mortality Monitoring Project, http://www.euromomo.eu/; "Weekly Death Statistics: Dramatic Rise in Deaths in Early Spring," Eurostat, July 21, 2020, https://ec.europa.eu/eurostat/statistics-explained/index.php?title=Weekly_death_statistics&stable#Dramatic_rise_in_deaths_in_early_spring.
46. "Tracking COVID-19 Excess Deaths Across Countries," *Economist*, July 15, 2020, https://www.economist.com/graphic-detail/2020/04/16/tracking-covid-19-excess-deaths-across-countries; Jin Wu et al., "Missing Deaths: Tracking the True Toll of the Coronavirus Outbreak," *New York Times*, July 31, 2020, https://www.nytimes.com/interactive/2020/04/21/world/coronavirus-missing-deaths.html; "Coronavirus Tracked: The Latest Figures as Countries Fight COVID-19 Resurgence," *Financial Times*, August 18, 2020, https://www.ft.com/content/a26fbf7e-48f8-11ea-aeb3-955839e06441.
47. 死を新型コロナウイルスやその他の超過死亡の原因に帰することにまつわる厄介な問題については、以下を参照のこと。John Lee, "The Way 'COVID Deaths' Are Being Counted Is a National Scandal," *Spectator*, May 30, 2020, https://www.spectator.co.uk/article/the-way-covid-deaths-are-being-counted-is-a-national-scandal, および David Spiegelhalter, "COVID and 'Excess Deaths' in the Week Ending April 10th," *Medium*, April 24, 2020, https://medium.com/wintoncentre/covid-and-excess-deaths-in-the-week-ending-april-10th-20ca7d355ec4.
48. Sarah Caul et al., "Deaths Registered Weekly in England and Wales, Provisional: Week Ending 27 March 2020," UK Office for National Statistics, April 7, 2020, https://www.ons.gov.uk/peoplepopulationandcommunity/birthsdeathsandmarriages/deaths/bulletins/deathsregisteredweeklyinenglandandwalesprovisional/weekending27march2020#deaths-registered-by-week.
49. Chris Giles, "UK Coronavirus Deaths More than Double Official Figure, According to *FT* Study," *Financial Times*, April 21, 2020, https://www.ft.com/content/67e6a4ee-3d05-43bc-ba03-e239799fa6ab.
50. "COVID-19 Daily Deaths," NHS England, https://www.england.nhs.uk/statistics/statistical-work-areas/covid-19-daily-deaths/.
51. Lewis Goodall (@lewis_goodall), "Looking through @ONS data on European deaths, it is v clear how poor the performance in England," Twitter, July 30, 2020, 11:15 a.m., https://twitter.com/lewis_goodall/status/1288886067039535104.
52. John Burn-Murdoch and Chris Giles, "UK Suffers Second-Highest Death Rate from Coronavirus," *Financial Times*, May 28, 2020, https://www.ft.com/content/6b4c784e-c259-4ca4-9a82-648ffde71bf0.
53. Harry Kennard (@HarryKennard), "ONS have updated their weekly mortality figures up to April 10th for England and Wales," Twitter, April 21, 2020, 2:59 a.m., https://twitter.com/HarryKennard/status/1252522319903436800.

54. "Coronavirus Tracked," *Financial Times*.
55. Burn-Murdoch and Giles, "UK Suffers Second-Highest Death Rate."
56. "Pneumonia and Influenza Surveillance from the National Center for Health Statistics Mortality Surveillance System," CDC FluView Interactive, https://gis.cdc.gov/grasp/fluview/mortality.html; "COVIDView Weekly Summary," *COVIDView*, CDC, https://www.cdc.gov/coronavirus/2019-ncov/covid-data/covidview/index.html?CDC_AA_refVal=https%3A%2F%2Fwww.cdc.gov%2Fcoronavirus%2F2019-ncov%2Fcovid-data%2Fcovidview.html. 以下も参照のこと。Paul Overberg and Jon Kamp, "U.S. Deaths Are Up Sharply, Though COVID-19's Precise Toll Is Murky," *Wall Street Journal*, May 15, 2020, https://www.wsj.com/articles/covid-19s-exact-toll-is-murky-though-u-s-deaths-are-up-sharply-11589555652.
57. Jeremy Samuel Faust and Carlos del Rio, "Assessment of Deaths from COVID-19 and from Seasonal Influenza," *JAMA Internal Medicine* 180, no. 8 (May 14, 2020), pp. 1045–46, https://doi.org/10.1001/jamainternmed.2020.2306.
58. Robin Martin, "COVID vs. U.S. Daily Average Cause of Death," *Flourish*, April 21, 2020, https://public.flourish.studio/visualisation/1712761/.
59. Steven H. Woolf et al., "Excess Deaths from COVID-19 and Other Causes, March–April 2020," *JAMA* 324, no. 5 (July 1, 2020), pp. 510–13, https://doi.org/10.1001/jama.2020.11787.
60. Claudio Cancelli and Luca Foresti, "The Real Death Toll for COVID-19 Is at Least 4 Times the Official Numbers," *Corriere della Sera*, March 26, 2020, https://www.corriere.it/politica/20_marzo_26/the-real-death-toll-for-covid-19-is-at-least-4-times-the-official-numbers-b5af0edc-6eeb-11ea-925b-a0c3cdbe1130.shtml.
61. Centro Nacional de Epidemiología (ISCIII), "Vigilancia de los excesos de mortalidad por todas las causas," April 19, 2020, https://www.isciii.es/QueHacemos/Servicios/VigilanciaSaludPublicaRENAVE/EnfermedadesTransmisibles/MoMo/Documents/informesMoMo2020/MoMo_Situacion%20a%2019%20de%20abril_CNE.pdf.
62. Josh Katz and Margot Sanger-Katz, "Deaths in New York City Are More Than Double the Usual Total," *New York Times*, April 10, 2020, https://www.nytimes.com/interactive/2020/04/10/upshot/coronavirus-deaths-new-york-city.html.
63. Josh Kovensky, "How Many People Have Died in NYC During the COVID Pandemic?," *Talking Points Memo Muckraker*, April 14, 2020, https://talkingpointsmemo.com/muckraker/how-many-people-have-died-in-nyc-during-the-covid-pandemic. 以下も参照のこと。"Coronavirus Tracked," *Financial Times* および Jin Wu et al., "Missing Deaths."
64. "COVID-19 Data and Tools," California State Government, https://public.tableau.com/views/COVID-19CasesDashboard_15931020425010/Cases. カリフォルニア州南部の問題については、以下を参照のこと。James Temple, "There's Not One Reason California's COVID-19 Cases Are Soaring—There Are Many," *MIT Technology Review*, June 30, 2020, https://www.technologyreview.com/2020/06/30/1004696/theres-not-one-reason-californias-covid-19-cases-are-soaring-there-are-many/.
65. "Excess Deaths Associated with COVID-19," CDC National Center for Health Statistics, August 12, 2020, https://www.cdc.gov/nchs/nvss/vsrr/covid19/excess_deaths.htm.
66. "Estudio ENE-COVID19: Primera ronda: Estudio nacional de sero-epidemiología de la infección por SARS-CoV-2 en España: Informe preliminar," Gobierno de España Ministerio de Ciencia e Innovación/Ministerio de Sanidad, May 13, 2020, https://www.ciencia.gob.es/stfls/MICINN/Ministerio/FICHEROS/ENECOVID_Informe_preliminar_cierre_primera_ronda_13Mayo2020.

pdf; Travis P. Baggett et al., "COVID-19 Outbreak at a Large Homeless Shelter in Boston: Implications for Universal Testing," MedRxiv, April 15, 2020, https://doi.org/10.1101/2020.04.12.20059618; Bill Chappell and Paige Pfleger, "73% of Inmates at an Ohio Prison Test Positive for Coronavirus," *Coronavirus Live Updates*, NPR, April 20, 2020, https://www.npr.org/sections/coronavirus-live-updates/2020/04/20/838943211/73-of-inmates-at-an-ohio-prison-test-positive-for-coronavirus.

67. Joseph Goldstein, "68% Have Antibodies in This Clinic. Can a Neighborhood Beat a Next Wave?," *New York Times*, July 10, 2020, https://www.nytimes.com/2020/07/09/nyregion/nyc-coronavirus-antibodies.html.

68. Eran Bendavid et al., "COVID-19 Antibody Seroprevalence in Santa Clara County, California," MedRxiv, April 30, 2020, https://doi.org/10.1101/2020.04.14.20062463.

69. "COVID-19 in Iceland—Statistics from 15 June 2020," Ministry of Health of Iceland, https://www.covid.is/data; "Estudio ENE-COVID19: Primera ronda."

70. Daniel Howdon, Jason Oke, and Carl Heneghan, "Estimating the Infection Fatality Ratio in England," Centre for Evidence-Based Medicine, August 21, 2020, https://www.cebm.net/covid-19/estimating-the-infection-fatality-ratio-in-england/.

71. John P. A. Ioannidis, "The Infection Fatality Rate of COVID-19 Inferred from Seroprevalence Data," MedRxiv, July 14, 2020, https://doi.org/10.1101/2020.05.13.20101253; "COVID-19 Pandemic Planning Scenarios," CDC, July 10, 2020, https://www.cdc.gov/coronavirus/2019-ncov/hcp/planning-scenarios.html; Lucy C. Okell et al., "Have Deaths in Europe Plateaued Due to Herd Immunity?," *Lancet* 395, no. 10241 (June 11, 2020), pp. E110–E111, https://doi.org/10.1016/S0140-6736(20)31357-X; Smriti Mallapaty, "How Deadly Is the Coronavirus? Scientists Are Close to an Answer," *Nature* 582 (June 16, 2020), pp. 467–68, https://doi.org/10.1038/d41586-020-01738-2.

72. Gideon Meyerowitz-Katz and Lea Merone, "A Systematic Review and Meta-Analysis of Published Research Data on COVID-19 Infection-Fatality Rates," MedRxiv, July 7, 2020, https://doi.org/10.1011/2020.05.03.20089854; Brianna Abbott and Jason Douglas, "How Deadly Is COVID-19? Researchers Are Getting Closer to an Answer," *Wall Street Journal*, July 21, 2020, https://www.wsj.com/articles/how-deadly-is-covid-19-researchers-are-getting-closer-to-an-answer-11595323801.

73. Javier Perez-Saez et al., "Serology-Informed Estimates of SARS-CoV-2 Infection Fatality Risk in Geneva, Switzerland," OSF Preprints, June 15, 2020, https://doi.org/10.31219/osf.io/wdbpe.

74. John Burn-Murdoch, "Some Fresh Analysis of the Factors That Do—and Do Not—Appear to Influence the Pace of Countries' COVID-19 Outbreaks," April 13, 2020, https://threadreaderapp.com/thread/1249821596199596034.html. 以下も参照のこと。Okell et al., "Have Deaths in Europe Plateaued?"

75. T. J. Rodgers, "Do Lockdowns Save Many Lives? In Most Places, the Data Say No," *Wall Street Journal*, April 26, 2020, https://www.wsj.com/articles/do-lockdowns-save-many-lives-is-most-places-the-data-say-no-11587930911. J.P. Morgan の Marko Kolanovic の調査も参照のこと。

76. "Coronavirus Government Response Tracker," Oxford University Blavatnik School of Government, August 6, 2020, https://www.bsg.ox.ac.uk/research/research-projects/oxford-covid-19-government-response-tracker; Thomas Hale et al., "Variation in Government Responses to COVID-19," Blavatnik School of Government (BSG) Working Paper Series BSG-WP-2020/032, Version 6.0 (May 27, 2020), https://www.bsg.ox.ac.uk/sites/default/files/2020-05/BSG-WP-2020-032-v6.0.pdf.

77. Elaine He, "The Results of Europe's Lockdown Experiment Are In," Bloomberg, May 19, 2020, https://www.bloomberg.com/graphics/2020-opinion-coronavirus-europe-lockdown-excess-deaths-recession. 以下も参照のこと。James Scruton et al., "GDP First Quarterly Estimate, UK: January to March 2020," UK Office for National Statistics, May 13, 2020, https://www.ons.gov.uk/economy/grossdomesticproductgdp/bulletins/gdpfirstquarterlyestimateuk/januarytomarch2020; JohannesBorgen (@jeuasommenulle), "This is v. interesting - basically oxford econ did a huge database of world lockdown measures and ONS regressed it against known GDP prints," Twitter, May 13, 2020, 2:11 a.m., https://twitter.com/jeuasommenulle/status/1260482683936915456.
78. Okell et al., "Have Deaths in Europe Plateaued?"
79. Joseph A. Lewnard and Nathan C. Lo, "Scientific and Ethical Basis for Social-Distancing Interventions Against COVID-19," *Lancet Infectious Diseases* 20, no. 6 (June 1, 2020), pp. P631–P633, https://doi.org/10.1016/S1473-3099(20)30190-0.
80. Lai Shengjie et al., "Effect of Non-Pharmaceutical Interventions for Containing the COVID-19 Outbreak in China," MedRxiv, March 13, 2020, https://doi.org/10.1011/2020.03.03.20029843; Zhang Juanjuan et al., "Changes in Contact Patterns Explain the Dynamics of the COVID-19 Outbreak in China," *Science* 368, no. 6498 (June 26, 2020), pp. 1481–86, https://doi.org/10.1126/science.abb8001.
81. Solomon Hsiang et al., "The Effect of Large-Scale Anti-Contagion Policies on the COVID-19 Pandemic," *Nature* 584 (June 8, 2020), pp. 262–67, https://doi.org/10.1038/s41586-020-2404-8.
82. Amnon Shashua and Shai Shalev-Shwartz, "The Day After COVID-19 Lockdown: Need to Focus on the Vulnerable," *Medium*, April 27, 2020, https://medium.com/@amnon.shashua/the-day-after-covid-19-lockdown-need-to-focus-on-the-vulnerable-42c0a360a27; Alexander Chudik, M. Hashem Pesaran, and Alessandro Rebucci, "Mandated and Targeted Social Isolation Policies Flatten the COVID-19 Curve and Can Help Mitigate the Associated Employment Losses," *VoxEU & CEPR*, May 2, 2020, https://voxeu.org/article/mandated-targeted-social-isolation-can-flatten-covid-19-curve-and-mitigate-employment-losses; Alexander Chudik, M. Hashem Pesaran, and Alessandro Rebucci, "Voluntary and Mandatory Social Distancing: Evidence on COVID-19 Exposure Rates from Chinese Provinces and Selected Countries," Carey Business School Research Paper No. 20-03, Johns Hopkins University (April 15, 2020), available at SSRN, https://ssrn.com/abstract=3576703. 以下も参照のこと。M. Gabriela Gomes et al., "Individual Variation in Susceptibility or Exposure to SARS-CoV-2 Lowers the Herd Immunity Threshold," MedRxiv, May 21, 2020, https://doi.org/10.1101/2020.04.27.20081893.
83. Greg Ip, "New Thinking on Covid Lockdowns: They're Overly Blunt and Costly," *Wall Street Journal*, August 24, 2020, https://www.wsj.com/articles/covid-lockdowns-economy-pandemic-recession-business-shutdown-sweden-coronavirus-11598281419.
84. Flavia Rotondi, Boris Groendahl, and Stefan Nicola, "Europe's Reopening Road Map: How 11 Countries Are Beginning to Lift Lockdowns," *Fortune*, May 4, 2020, https://fortune.com/2020/05/04/reopen-economy-europe-italy-spain-france/.
85. Karin Modig and Marcus Ebeling, "Excess Mortality from COVID-19: Weekly Excess Death Rates by Age and Sex for Sweden," MedRxiv, May 15, 2020, https://doi.org/10.1101/2020.05.10.20096909.
86. "Mobilitätsindikatoren auf Basis von Mobilfunkdaten: Experimentelle Daten," Statistisches Bundesamt (Destatis), August 3, 2020, https://www.destatis.de/DE/Service/EXDAT/Datensaetze/mobilitaetsindikatoren-mobilfunkdaten.html.

87. Alistair Haimes, "It's Hurting but It's Just Not Working," *The Critic*, April 24, 2020, https://thecritic.co.uk/its-hurting-but-its-just-not-working/; Fraser Nelson, "The Threat Has Passed, So Why Are Our Civil Liberties Still Suspended?," *Daily Telegraph*, June 18, 2020, https://www.telegraph.co.uk/politics/2020/06/18/threat-has-passed-civil-liberties-still-suspended/.
88. Justin McCarthy, "Americans Differ Greatly in Readiness to Return to Normal," Gallup, April 30, 2020, https://news.gallup.com/poll/309578/americans-differ-greatly-readiness-return-normal.aspx.
89. Apple Maps, "Mobility Trends Reports," https://www.apple.com/covid19/mobility. 民主党支持者と共和党支持者の間における行動の違いについては、たとえば以下を参照のこと。Marcus Painter and Tian Qiu, "Political Beliefs Affect Compliance with COVID-19 Social Distancing Orders," *VoxEU & CEPR*, May 11, 2020, https://voxeu.org/article/political-beliefs-and-compliance-social-distancing-orders.
90. Matthew Cleevely et al., "Stratified Periodic Testing: A Workable Testing Strategy for COVID-19," *VoxEU & CEPR*, May 6, 2020, https://voxeu.org/article/stratified-periodic-testing-covid-19; Edward Luce, "Inside Trump's Coronavirus Meltdown," *Financial Times*, May 13, 2020, https://www.ft.com/content/97dc7de6-940b-11ea-abcd-371e24b679ed; Abbott and Douglas, "How Deadly Is COVID-19?"
91. Luca Ferretti et al., "Quantifying SARS-CoV-2 Transmission Suggests Epidemic Control with Digital Contact Tracing," *Science* 368, no. 6491 (May 8, 2020), https://doi.org/10.1126/science.abb6936; Huang Yasheng, Sun Meicen, and Sui Yuze, "How Digital Contact Tracing Slowed COVID-19 in East Asia," *Harvard Business Review*, April 15, 2020, https://hbr.org/2020/04/how-digital-contact-tracing-slowed-covid-19-in-east-asia; Sharon Otterman, "N.Y.C. Hired 3,000 Workers for Contact Tracing. It's Off to a Slow Start," *New York Times*, June 21, 2020, https://www.nytimes.com/2020/06/21/nyregion/nyc-contact-tracing.html; I. Glenn Cohen, Lawrence O. Gostin, and Daniel J. Weitzner, "Digital Smartphone Tracking for COVID-19: Public Health and Civil Liberties in Tension," *JAMA* 323, no. 23 (May 27, 2020), pp. 2371–72, https://jamanetwork.com/journals/jama/fullarticle/2766675; Swathikan Chidambaram et al., "Observational Study of UK Mobile Health Apps for COVID-19," *Lancet Digital Health* 2 (June 24, 2020), pp. E388–E390, https://doi.org/10.1016/S2589-7500(20)30144-8.
92. Tomas Pueyo, "Coronavirus: The Hammer and the Dance," *Medium*, March 19, 2020, https://medium.com/@tomaspueyo/coronavirus-the-hammer-and-the-dance-be9337092b56.
93. Derek Watkins et al., "How the Virus Won," *New York Times*, June 25, 2020, https://www.nytimes.com/interactive/2020/us/coronavirus-spread.html.
94. John H. Cochrane, "Dumb Reopening Just Might Work," *The Grumpy Economist* (blog), May 4, 2020, https://johnhcochrane.blogspot.com/2020/05/dumb-reopening-might-just-work.html; John H. Cochrane, "An SIR Model with Behavior," *The Grumpy Economist* (blog), May 4, 2020, https://johnhcochrane.blogspot.com/2020/05/an-sir-model-with-behavior.html.
95. Austan Goolsbee and Chad Syverson, "Fear, Lockdown, and Diversion: Comparing Drivers of Pandemic Economic Decline 2020," NBER Working Paper No. 27432 (June 2020), https://doi.org/10.3386/w27432.
96. Chetan Ahya, "The Coronavirus Recession: Sharper but Shorter," *Morgan Stanley Ideas*, May 12, 2020, https://www.morganstanley.com/ideas/coronavirus-impact-on-global-growth; Gavyn Davies, "After Lockdowns, Economic Sunlight or a Long Hard Slog?," *Financial Times*, May 3, 2020, https://www.ft.com/content/f2b79b3a-8ae5-11ea-9dcb-fe6871f4145a.

97. Gita Gopinath, "The Great Lockdown: Worst Economic Downturn Since the Great Depression," *IMFBlog*, April 14, 2020, https://blogs.imf.org/2020/04/14/the-great-lockdown-worst-economic-downturn-since-the-great-depression/; Gita Gopinath, "Reopening from the Great Lockdown: Uneven and Uncertain Recovery," *IMFBlog*, June 24, 2020, https://blogs.imf.org/2020/06/24/reopening-from-the-great-lockdown-uneven-and-uncertain-recovery/; James Politi, "Emerging Economies Forecast to Shrink for First Time in 60 Years," *Financial Times*, June 8, 2020, https://www.ft.com/content/47998ee3-b2d3-4066-a914-edbf60b797b5; "The World Economy on a Tightrope," OECD Economic Outlook (June 2020), https://www.oecd.org/economic-outlook/.

98. Scott R. Baker, Nicholas Bloom, Steven J. Davis, Stephen J. Terry, "COVID-Induced Economic Uncertainty," NBER Working Paper No. 26983 (April 2020), https://www.nber.org/papers/w26983.

99. "Real-Time Data: The State of Hourly Work at U.S. Small Businesses," Homebase, https://joinhome base.com/data/covid-19; Laura Noonan, "'Where Is My Loan?' Small Businesses Miss Out on U.S. Rescue Funds," *Financial Times*, April 20, 2020, https://www.ft.com/content/e6a06f94-5d2f-43a0-8aac-c7adddca0b0e; Neil Barofsky, "Why the Small-Business Bailout Went to the Big Guys," Bloomberg, April 30, 2020, https://www.bloomberg.com/opinion/articles/2020-04-30/why-small-business-bailout-went-to-shake-shack-and-ruth-s-chris.

100. Paul Krugman, "Notes on the Coronacoma (Wonkish)," *New York Times*, April 1, 2020, https://www.nytimes.com/2020/04/01/opinion/notes-on-the-coronacoma-wonkish.html; 以下も参照のこと。Noah Smith, "Paul Krugman Is Pretty Upbeat About the Economy," Bloomberg, May 27, 2020, https://www.bloomberg.com/opinion/articles/2020-05-27/paul-krugman-is-pretty-upbeat-about-coronavirus-economic-recovery.

101. Kenneth Rogoff, "Mapping the COVID-19 Recession," *Project Syndicate*, April 7, 2020, https://www.project-syndicate.org/commentary/mapping-covid19-global-recession-worst-in-150-years-by-kenneth-rogoff-2020-04.

102. "Fed Injection Postponing Economic Problems, Not Solving: Summers," Bloomberg, April 9, 2020, https://www.bloomberg.com/news/videos/2020-04-10/fed-injection-postponing-economic-problems-not-solving-summers-video.

103. John Cochrane, "Whack-a-Mole: The Long Run Virus," *The Grumpy Economist* (blog), April 4, 2020, https://johnhcochrane.blogspot.com/2020/04/whack-mole-long-run-virus.html.

104. Enda Curran and Hong Jinshan, "Chinese Factories Humming Doesn't Mean Anyone Is Buying," Bloomberg, May 30, 2020, https://www.bloomberg.com/news/articles/2020-05-30/chinese-factories-humming-doesn-t-mean-anyone-is-buying.

105. U.S. Bureau of Economic Analysis, "Personal Saving Rate [PSAVERT]," retrieved from FRED: Federal Reserve Bank of St. Louis, https://fred.stlouisfed.org/series/PSAVERT.

106. Greg Ip, "Signs of a V-Shaped Early-Stage Economic Recovery Emerge," *Wall Street Journal*, June 13, 2020, https://www.wsj.com/articles/signs-of-a-v-shaped-early-stage-economic-recovery-emerge-11592040600.

107. Jennifer Calfas, Brianna Abbott, and Andrew Restuccia, "Texas Pauses Reopening, as CDC Says Millions More May Have Had Coronavirus," *Wall Street Journal*, June 25, 2020, https://www.wsj.com/articles/coronavirus-latest-news-06-25-2020-11593070962; Greg Ip, "A Recovery That Started Out Like a V Is Changing Shape," *Wall Street Journal*, July 1, 2020, https://www.wsj.com/articles/a-reverse-square-root-recovery-11593602775.

108. "TSA Checkpoint Travel Numbers for 2020 and 2019," U.S. Transportation Security

Administration, https://www.tsa.gov/coronavirus/passenger-throughput.
109. SafeGraph, "The Impact of Coronavirus (COVID-19) on Foot Traffic," August 17, 2020, https://www.safegraph.com/dashboard/covid19-commerce-patterns.
110. Apple Maps, "Mobility Trends Reports"; TomTom, "San Francisco Traffic," https://www.tomtom.com/en_gb/traffic-index/san-francisco-traffic/.
111. Raj Chetty et al., "Opportunity Insights Economic Tracker," https://tracktherecovery.org/; Emily Badger and Alicia Parlapiano, "The Rich Cut Their Spending. That Has Hurt All the Workers Who Count on It," *New York Times*, June 17, 2020, https://www.nytimes.com/2020/06/17/upshot/coronavirus-spending-rich-poor.html; Ip, "Recovery That Started Out Like a V."
112. "Impact of COVID-19 on Electricity Consumption and Particulate Pollution," Energy Policy Institute at the University of Chicago (EPIC), June 14, 2020, https://epic.uchicago.edu/area-of-focus/covid-19/.
113. Gavyn Davies, "Big Data Suggests a Difficult Recovery in U.S. Jobs Market," *Financial Times*, July 5, 2020, https://www.ft.com/content/607f24f5-71ed-452c-b68e-716145584e3d.
114. Alexandre Tanzi, "N.Y. Seen with 40% Drop in Tax Revenue, Steepest Fall in U.S.," Bloomberg, June 15, 2020, https://www.bloomberg.com/news/articles/2020-06-15/economists-forecast-at-least-30-tax-decline-for-10-u-s-states; David Harrison, "Recession Forces Spending Cuts on States, Cities Hit by Coronavirus," *Wall Street Journal*, July 8, 2020, https://www.wsj.com/articles/recession-forces-spending-cuts-on-states-cities-hit-by-coronavirus-11594200600.
115. Gavyn Davies, "Managing COVID Debt Mountains Is a Key Task for the Next Decade," *Financial Times*, June 7, 2020, https://www.ft.com/content/a371909e-a3fe-11ea-92e2-cbd9b7e28ee6; John Cochrane, "Perpetuities, Debt Crises, and Inflation," *The Grumpy Economist* (blog), June 8, 2020, https://johnhcochrane.blogspot.com/2020/06/perpetuities-debt-crises-and-inflation.html.
116. Timiraos and Hilsenrath, "Federal Reserve Is Changing What It Means."
117. Charles Goodhart and Manoj Pradhan, "Future Imperfect After Coronavirus," *VoxEU & CEPR*, March 27, 2020, https://voxeu.org/article/future-imperfect-after-coronavirus; Willem Buiter, "Paying for the COVID-19 Pandemic Will Be Painful," *Financial Times*, May 15, 2020, https://www.ft.com/content/d9041f04-9686-11ea-899a-f62a20d54625.
118. Ryan Banerjee, Aaron Mehrotra, and Fabrizio Zampolli, "Inflation at Risk from Covid-19," BIS Bulletin No. 28 (July 23, 2020), https://www.bis.org/publ/bisbull28.htm.
119. "News Release: CFS Divisia Monetary Data for the United States," Center for Financial Stability, July 22, 2020, http://www.centerforfinancialstability.org/amfm/Divisia_Jun20.pdf.
120. Faiola, "Virus That Shut Down the World."
121. Stephen Roach, "A Crash in the Dollar Is Coming," Bloomberg, June 8, 2020, https://www.bloomberg.com/opinion/articles/2020-06-08/a-crash-in-the-dollar-is-coming.
122. "Coronavirus: Outbreak Concern," Civiqs. 以下を参照のこと。Christos A. Makridis and Jonathan T. Rothwell, "The Real Cost of Political Polarization: Evidence from the COVID-19 Pandemic," June 29, 2020, 以下で閲覧可能。SSRN, https://ssrn.com/abstract=3638373.
123. "President Trump Job Approval," RealClearPolitics, https://www.realclearpolitics.com/epolls/other/president_trump_job_approval-6179.html; "General Election: Trump vs. Biden," RealClear Politics, https://www.realclearpolitics.com/epolls/2020/president/us/general_election_trump_vs_biden-6247.html; "Who Will Win the 2020 U.S. Presidential Election," PredictIt, https://www.predictit.org/markets/detail/3698/Who-will-win-the-2020-US-presidential-election.

124. Katie Martin, Richard Henderson, and Eric Platt, "Markets: The 'Retail Bros' Betting on a Quick Recovery from the Pandemic," *Financial Times*, June 12, 2020, https://www.ft.com/content/dd6c7674-d0ed-4865-82ed-48ee169bc6cc; Richard Henderson, "Zero-Fee Trading Helps Citadel Securities Cash In on Retail Boom," *Financial Times*, June 21, 2020, https://www.ft.com/content/4a439398-88ab-442a-9927-e743a3ff609b.

125. Ian Bogost and Alexis C. Madrigal, "How Facebook Works for Trump," *Atlantic*, April 17, 2020, https://www.theatlantic.com/technology/archive/2020/04/how-facebooks-ad-technology-helps-trump-win/606403/.

126. Sheera Frenkel et al., "Facebook Employees Stage Virtual Walkout to Protest Trump Posts," *New York Times*, June 1, 2020, https://www.nytimes.com/2020/06/01/technology/facebook-employee-protest-trump.html; Mike Isaac, "Early Facebook Employees Disavow Zuckerberg's Stance on Trump Posts," *New York Times*, June 30, 2020, https://www.nytimes.com/2020/06/03/technology/facebook-trump-employees-letter.html; Kayla Gogarty and John Whitehouse, "Facebook Finally Removed Trump Campaign Ads with Inverted Red Triangle—an Infamous Nazi Symbol," Media Matters, June 18, 2020, https://www.mediamatters.org/facebook/facebook-let-trump-campaign-run-ads-inverted-red-triangle-infamous-nazi-symbol; Megan Graham, "The Facebook Ad Boycotts Have Entered the Big Leagues. Now What?," CNBC News, June 29, 2020, https://www.cnbc.com/2020/06/27/the-facebook-ad-boycotts-have-entered-the-big-leagues-now-what.html.

127. Paul Bedard, "Poll: 20% of Democrats 'Think Biden Has Dementia,' 38% Among All Voters," *Washington Examiner*, June 29, 2020, https://www.washingtonexaminer.com/washington-secrets/poll-20-of-democrats-think-biden-has-dementia-38-among-all-voters.

128. Christakis, *Apollo's Arrow*, pp. 208–13.［邦訳：『疫病と人類知』］

129. George Packer, "We Are Living in a Failed State," *Atlantic,* June 2020, https://www.theatlantic.com/magazine/archive/2020/06/underlying-conditions/610261/.

130. "Remarks by President Trump, Vice President Pence, and Members of the Coronavirus Task Force in Press Briefing," March 18, 2020, https://www.whitehouse.gov/briefings-statements/remarks-president-trump-vice-president-pence-members-coronavirus-task-force-press-briefing-5/.

131. "Domestic Violence Has Increased During Coronavirus Lockdowns," *Economist*, April 22, 2020, https://www.economist.com/graphic-detail/2020/04/22/domestic-violence-has-increased-during-coronavirus-lockdowns?fsrc=scn/tw/te/bl/ed/dailychartdomesticviolencehasincreasedduringcoronaviruslockdownsgraphicdetail; Ryan Heath and Renuka Rayasam, "COVID's War on Women," *Politico*, April 29, 2020, https://www.politico.com/newsletters/politico-nightly-coronavirus-special-edition/2020/04/29/covids-war-on-women-489076; Amanda Taub and Jane Bradley, "As Domestic Abuse Rises, U.K. Failings Leave Victims in Peril," *New York Times*, July 2, 2020, https://www.nytimes.com/interactive/2020/07/02/world/europe/uk-coronavirus-domestic-abuse.html.

132. Giuliana Viglione, "How Many People Has the Coronavirus Killed?," *Nature* 585 (September 1, 2020), pp. 22–24, https://www.nature.com/articles/d41586-020-02497-w.

133. Shi Le et al., "Prevalence of and Risk Factors Associated with Mental Health Symptoms Among the General Population in China During the Coronavirus Disease 2019 Pandemic," *JAMA Network Open* 3, no. 7 (July 1, 2020), https://doi.org/10.1001/jamanetworkopen.2020.14053; Sun Yan et al., "Brief Report: Increased Addictive Internet and Substance Use Behavior During the COVID-19 Pandemic in China," *American Journal on Addictions* 29, no. 4 (June 4, 2020), pp. 268–70, https://doi.org/10.1111/ajad.13066.

134. William Wan and Heather Long, "'Cries for Help': Drug Overdoses Are Soaring During the

Coronavirus Pandemic," https://www.washingtonpost.com/health/2020/07/01/coronavirus-drug-overdose/.

135. Michael Holden, "COVID-19 Death Rate in Deprived Areas in England Double That of Better-Off Places: ONS," Reuters, May 1, 2020, https://www.reuters.com/article/us-health-coronavirus-britain-deprived-idUSKBN22D51O; Rishi K. Wadhera et al., "Variation in COVID-19 Hospitalizations and Deaths Across New York City Boroughs," *JAMA* 323, no. 21 (April 29, 2020), pp. 2192–95, https://doi.org/10.1001/jama.2020.7197.

136. Robert Armstrong, "Rising Markets and Inequality Grow from the Same Root," *Financial Times*, June 8, 2020, https://www.ft.com/content/a25bf8b6-a962-11ea-a766-7c300513fe47.

137. Megan Cassella, "Mounting Unemployment Crisis Fuels Racial Wealth Gap," *Politico*, June 5, 2020, https://www.politico.com/news/2020/06/04/unemployment-race-gap-301984.

138. Sean Illing, "Millennials Are Getting Screwed by the Economy. Again," *Vox*, April 21, 2020, https://www.vox.com/policy-and-politics/2020/4/21/21221273/coronavirus-millennials-great-recession-annie-lowrey.

139. Sarah Chaney, "Women's Job Losses from Pandemic Aren't Good for Economic Recovery," *Wall Street Journal*, June 21, 2020, https://www.wsj.com/articles/womens-job-losses-from-pandemic-arent-good-for-economic-recovery-11592745164.

140. Tim Arango et al., "Fiery Clashes Erupt Between Police and Protesters over George Floyd Death," *New York Times*, June 10, 2020, https://www.nytimes.com/2020/05/30/us/minneapolis-floyd-protests.html.

141. Larry Buchanan, Quoctrung Bui, and Jugal K. Patel, "Black Lives Matter May Be the Largest Movement in U.S. History," *New York Times*, July 3, 2020, https://www.nytimes.com/interactive/2020/07/03/us/george-floyd-protests-crowd-size.html.

142. Dhaval M. Dave et al., "Black Lives Matter Protests, Social Distancing, and COVID-19," NBER Working Paper No. 27408 (June 2020), https://doi.org/10.3386/w27408.

143. Roudabeh Kishi and Sam Jones, "Demonstrations and Political Violence in America: New Data for Summer 2020," Armed Conflict Location & Event Data Project (ACLED), September 2020, https://acleddata.com/2020/09/03/demonstrations-political-violence-in-america-new-data-for-summer-2020/.

144. Maggie Haberman, "Trump Threatens White House Protesters with 'Vicious Dogs' and 'Ominous Weapons,'" *New York Times*, May 30, 2020, https://www.nytimes.com/2020/05/30/us/politics/trump-threatens-protesters-dogs-weapons.html; Neil MacFarquhar, "Many Claim Extremists Are Sparking Protest Violence. But Which Extremists?," *New York Times*, June 22, 2020, https://www.nytimes.com/2020/05/31/us/george-floyd-protests-white-supremacists-antifa.html.

145. Jan Ransom and Annie Correal, "How the New York Protest Leaders Are Taking On the Establishment," *New York Times*, June 12, 2020, https://www.nytimes.com/2020/06/11/nyregion/nyc-george-floyd-protests.html.

146. Heather Mac Donald, "Darkness Falls: The Collapse of the Rule of Law Across the Country, Intensified by Antifa Radicals, Is Terrifying," *City Journal*, May 31, 2020, https://www.city-journal.org/terrifying-collapse-of-the-rule-of-law.

147. James Rainey, Dakota Smith, and Cindy Chang, "Growing the LAPD Was Gospel at City Hall. George Floyd Changed That," *Los Angeles Times*, June 5, 2020, https://www.latimes.com/california/story/2020-06-05/eric-garcetti-lapd-budget-cuts-10000-officers-protests.

148. Dave et al., "Black Lives Matter Protests, Social Distancing, and COVID-19."

149. Ashley Southall and Neil MacFarquhar, "Gun Violence Spikes in N.Y.C., Intensifying Debate over Policing," *New York Times*, July 17, 2020, https://www.nytimes.com/2020/06/23/nyregion/nyc-shootings-surge.html.

150. Omar Wasow, "Agenda Seeding: How 1960s Black Protests Moved Elites, Public Opinion and Voting," forthcoming submission to the *American Political Science Review* (2020), http://omarwasow.com/APSR_protests3_1.pdf.

151. Nexstar Media Wire, "Exclusive Poll Shows Support for George Floyd Protests, Disapproval of Trump's Response," KXAN News, June 3, 2020, https://www.kxan.com/news/exclusive-poll-shows-support-for-george-floyd-protests-disapproval-of-trumps-response/.

152. Nate Cohn and Kevin Quealy, "How Public Opinion Has Moved on Black Lives Matter," *New York Times*, June 10, 2020, https://www.nytimes.com/interactive/2020/06/10/upshot/black-lives-matter-attitudes.html; Amy Mitchell et al., "In Protest Response, Americans Say Donald Trump's Message Has Been Wrong, News Media Coverage Good," Pew Research Center, June 12, 2020, https://www.journalism.org/2020/06/12/in-protest-response-americans-say-donald-trumps-message-has-been-wrong-news-media-coverage-good/.

153. Mark Joyella, "Tucker Carlson Has Highest-Rated Program in Cable News History," *Forbes*, June 30, 2020, https://www.forbes.com/sites/markjoyella/2020/06/30/tucker-carlson-has-highest-rated-program-in-cable-news-history/#61b7e0056195.

154. Theresa Braine, "White Cops and Community Members Wash Black Faith Leaders' Feet at Protest," *New York Daily News*, June 9, 2020, https://www.nydailynews.com/news/national/ny-white-cops-community-wash-black-faith-leaders-feet-forgiveness-20200609-yl4gmoau4nclvgndll dgeqlj3y-story.html.

155. Maria Viti (@selfdeclaredref), "Bethesda," Twitter, June 2, 2020, 2:11 p.m., https://twitter.com/self declaredref/status/1267911752462843904.

156. Shaggie (@Shaggie_Tweets), "A powerful show of unity and support," Twitter, May 31, 2020, 7:53 p.m., https://twitter.com/shaggie_tweets/status/1267273066461007872.

157.「第3波の人種差別反対主義」に関する優れた論評については、以下を参照のこと。John McWhorter, "Kneeling in the Church of Social Justice," *Reason*, June 29, 2020, https://reason.com/2020/06/29/kneeling-in-the-church-of-social-justice/.

158. Dominick Mastrangelo, "'Systemically, Racism Can Only Be White': Demonstrator Confronts Police in DC," *Washington Examiner*, June 25, 2020, https://www.washingtonexaminer.com/news/systemically-racism-can-only-be-white-demonstrator-confronts-police-in-dc.

159. Hannah Natanson et al., "Protesters Denounce Abraham Lincoln Statue in D.C., Urge Removal of Emancipation Memorial," *Washington Post*, June 26, 2020, https://www.washingtonpost.com/local/protesters-denounce-abraham-lincoln-statue-in-dc-urge-removal-of-emancipation-memorial/2020/06/25/02646910-b704-11ea-a510-55bf26485c93_story.html.

160. James Simpson, *Under the Hammer: Iconoclasm in the Anglo–American Tradition* (Oxford: Oxford University Press, 2010).

161. Hanna Lustig, "Teens on TikTok Are Exposing a Generational Rift Between Parents and Kids over How They Treat Black Lives Matter Protests," *Insider*, June 3, 2020, https://www.insider.com/tiktok-george-floyd-black-lives-matter-teens-parents-racist-views-2020-6.

162. Justin Wolfers (@JustinWolfers), "This Chicago economist has angered a lot of his fellow econs," Twitter, June 9, 2020, 2:05 p.m., https://twitter.com/JustinWolfers/status/1270446931668500480.

163. "Most Want to Prosecute Historic Statue Vandals," *Rasmussen Reports*, July 9, 2020, https://www.

rasmussenreports.com/public_content/politics/current_events/racism/most_want_to_prosecute_historic_statue_vandals.

164. Federal Bureau of Investigation, "NICS Firearms Checks: Month/Year," https://www.fbi.gov/file-repository/nics_firearm_checks_-_month_year.pdf/view.

165. Nate Cohn and Kevin Quealy, "Nothing Divides Voters Like Owning a Gun," *New York Times*, October 5, 2017, https://www.nytimes.com/interactive/2017/10/05/upshot/gun-ownership-partisan-divide.html.

166. Julia P. Schleimer et al., "Firearm Purchasing and Firearm Violence in the First Months of the Coronavirus Pandemic in the United States," MedRxiv, July 4, 2020, https://doi.org/10.1011/2020.07.02.20145508.

167. Larry Diamond and Edward B. Foley, "The Terrifying Inadequacy of American Election Law," *Atlantic*, September 8, 2020, https://www.theatlantic.com/ideas/archive/2020/09/terrifying-inadequacy-american-election-law/616072/.

168. Dan Balz and Emily Guskin, "Biden Leads Trump in *Post*-ABC Poll as President's Coronavirus Rating Slips," *Washington Post*, May 30, 2020, https://www.washingtonpost.com/politics/biden-leads-trump-in-post-abc-poll-as-presidents-coronavirus-rating-slips/2020/05/29/37c0dac8-a1d1-11ea-9590-1858a893bd59_story.html; "Two-Thirds of Americans Expect Presidential Election Will Be Disrupted by COVID-19," Pew Research Center, April 28, 2020, https://www.people-press.org/2020/04/28/two-thirds-of-americans-expect-presidential-election-will-be-disrupted-by-covid-19/.

169. Xu Shunqing and Li Yuanyuan, "Beware the Second Wave of COVID-19," *Lancet* 395, no. 10233 (April 25, 2020), pp. P1321–P1322, https://www.thelancet.com/journals/lancet/article/PIIS0140-6736(20)30845-X/fulltext. 以下も参照のこと。Lena H. Sun, "CDC Director Warns Second Wave of Coronavirus Is Likely to Be Even More Devastating," *Washington Post*, April 21, 2020, https://www.washingtonpost.com/health/2020/04/21/coronavirus-secondwave-cdcdirector/.

170. Accominotti and Chambers, "If You're So Smart."

## 第11章　中国とアメリカの覇権争い

1. Liu Cixin, *The Three-Body Problem*, trans. Ken Liu (New York: Tor Books, 2014).［邦訳：『三体』立原透耶監修、大森望・光吉さくら・ワン チャイ訳、早川書房、2019年］

2. Niall Ferguson, "Donald Trump's Trade War Is Now a Tech War," *Sunday Times*, February 3, 2019, http://www.niallferguson.com/journalism/politics/donald-trumps-trade-war-is-now-a-tech-world-war.

3. Andrew Browne, "Foothills of a Cold War," Bloomberg, November 21, 2020, https://www.bloomberg.com/news/newsletters/2019-11-21/-foothills-of-a-cold-war.

4. Yao Yang, "Is a New Cold War Coming?" (interview), *Beijing Cultural Review*, April 28, 2020, available at Reading the China Dream, https://www.readingthechinadream.com/yao-yang-the-new-cold-war.html.

5. Orville Schell, "The Death of Engagement," *The Wire China*, June 7, 2020, https://www.thewirechina.com/2020/06/07/the-birth-life-and-death-of-engagement/.

6. John Garnaut, "Ideology in Xi Jinping's China," *Sinocism* newsletter, January 16, 2020, https://sinocism.com/p/engineers-of-the-soul-ideology-in.

7. Dan Blumenthal and Nicholas Eberstadt, "China Unquarantined," *National Review*, June 4,

2020, https://www.nationalreview.com/magazine/2020/06/22/our-disastrous-engagement-of-china/#slide-1.

8. Katsuji Nakazawa, "Xi Fears Japan-Led Manufacturing Exodus from China," *Nikkei Asian Review*, April 16, 2020, https://asia.nikkei.com/Editor-s-Picks/China-up-close/Xi-fears-Japan-led-manufacturing-exodus-from-China.
9. Dave Lawlor, "Josh Hawley Crafts the Case Against China," *Axios*, May 20, 2020, https://www.axios.com/josh-hawley-china-policy-f9e1fc01-2883-4db7-a721-fbb3f7aeacb8.html.
10. Steven Erlanger, "Global Backlash Builds Against China over Coronavirus," *New York Times*, May 3, 2020, https://www.nytimes.com/2020/05/03/world/europe/backlash-china-coronavirus.html.
11. Yu Yongding and Kevin P. Gallagher, "COVID-19 and the Thucydides Trap," Project Syndicate, April 24, 2020, https://www.project-syndicate.org/commentary/covid-thucydides-trap-by-yu-yongding-and-kevin-p-gallagher-2020-04.
12. Robert B. Zoellick, "The U.S. Doesn't Need a New Cold War," *Wall Street Journal*, May 18, 2020, https://www.wsj.com/articles/the-u-s-doesnt-need-a-new-cold-war-11589842987.
13. Niall Ferguson and Moritz Schularick, "Chimerical? Think Again," *Wall Street Journal*, February 5, 2007, https://www.wsj.com/articles/SB117063838651997830.
14. "China Opens $45 Trillion Financial Market as U.S. Closes," *People's Daily*, June 15, 2020, http://en.people.cn/n3/2020/0615/c90000-9700486.html.
15. Kat Devlin, Laura Silver, and Christine Huang, "U.S. Views of China Increasingly Negative amid Coronavirus Outbreak," Pew Research Center, April 21, 2020, https://www.pewresearch.org/global/2020/04/21/u-s-views-of-china-increasingly-negative-amid-coronavirus-outbreak/; Craig Kafura, "Are Millennials China Doves or China Hawks?," Chicago Council on Foreign Affairs, April 7, 2020, https://www.thechicagocouncil.org/blog/running-numbers/lcc/are-millennials-china-doves-or-china-hawks.
16. Laura Silver, Kat Devlin, and Christine Huang, "Americans Fault China for Its Role in the Spread of COVID-19," Pew Research Center, July 30, 2020, https://www.pewresearch.org/global/2020/07/30/americans-fault-china-for-its-role-in-the-spread-of-covid-19/.
17. John Bolton, *The Room Where It Happened* (New York: Simon & Schuster, 2020)［邦訳：『ジョン・ボルトン回顧録――トランプ大統領との453日』梅原季哉監訳、関根光宏・三宅康雄ほか訳、朝日新聞出版、2020年］, quoted in "John Bolton: The Scandal of Trump's China Policy," *Wall Street Journal*, June 17, 2020, https://www.wsj.com/articles/john-bolton-the-scandal-of-trumps-china-policy- 11592419564.
18. "Chaguan," "Elites in Beijing See America in Decline, Hastened by Trump," *Economist*, June 11, 2020, https://www.economist.com/china/2020/06/11/elites-in-beijing-see-america-in-decline-hastened-by-trump.
19. Michèle A. Flournoy, "How to Prevent a War in Asia," *Foreign Affairs*, June 18, 2020, https://www.foreignaffairs.com/articles/united-states/2020-06-18/how-prevent-war-asia.
20. Christian Brose, *The Kill Chain: Defending America in the Future of High-Tech Warfare* (New York: Hachette, 2020).
21. Bernhard Zand, "Kishore Mahbubani: 'There Are Better Ways to Deal with Asia and China,'" *Der Spiegel*, April 8, 2020, https://www.spiegel.de/international/world/political-scientist-kishore-mahbubani-on-the-asian-century-a-79680d54-17be-4dd2-bc8c-796101581f31.
22. Kishore Mahbubani, "Kishore Mahbubani on the Dawn of the Asian Century," *Economist*, April 20, 2020, https://www.economist.com/open-future/2020/04/20/by-invitation-kishore-mahbubani.

23. Martin Jacques, *When China Rules the World: The End of the Western World and the Birth of a New Global Order*, 2nd ed. (London: Penguin, 2012).［邦訳：『中国が世界をリードするとき――西洋世界の終焉と新たなグローバル秩序の始まり』上・下、松下幸子訳、NTT出版、2014年］
24. Daniel Bell, *The China Model: Political Meritocracy and the Limits of Democracy* (Princeton, NJ: Princeton University Press, 2016).
25. たとえば以下を参照のこと。"Pro-People Policies, Dutiful Citizens Effective in China's COVID-19 Fight" (Daniel Bellへのインタビュー), *Global Times*, May 2, 2020, https://www.globaltimes.cn/content/1187304.shtml.
26. Edward Luce, "Inside Trump's Coronavirus Meltdown," *Financial Times*, May 13, 2020, https://www.ft.com/content/97dc7de6-940b-11ea-abcd-371e24b679ed.
27. John Micklethwait and Adrian Wooldridge, "The Virus Should Wake Up the West," Bloomberg, April 13, 2020, https://www.bloomberg.com/opinion/articles/2020-04-13/coronavirus-pandemic-is-wake-up-call-to-reinvent-the-state.
28. Lawrence Summers, "COVID-19 Looks Like a Hinge in History," *Financial Times*, May 14, 2020, https://www.ft.com/content/de643ae8-9527-11ea-899a-f62a20d54625.
29. Patrick Wintour, "Coronavirus: Who Will Be Winners and Losers in New World Order," *Guardian*, April 11, 2020, https://www.theguardian.com/world/2020/apr/11/coronavirus-who-will-be-winners-and-losers-in-new-world-order.
30. Anne Applebaum, "The Rest of the World Is Laughing at Trump," *Atlantic*, May 3, 2020, https://www.theatlantic.com/ideas/archive/2020/05/time-americans-are-doing-nothing/611056/.
31. Harold James, "Late Soviet America," Project Syndicate, July 1, 2020, https://www.project-syndicate.org/commentary/american-decline-under-trump-lessons-from-soviet-union-by-harold-james-2020-07.
32. Wade Davis, "The Unraveling of America," *Rolling Stone*, August 6, 2020, https://www.rollingstone.com/politics/political-commentary/covid-19-end-of-american-era-wade-davis-1038206/.
33. Gideon Rachman, "Coronavirus and the Threat to U.S. Supremacy," *Financial Times*, April 13, 2020, https://www.ft.com/content/2e8c8f76-7cbd-11ea-8fdb-7ec06edeef84; Joseph S. Nye Jr., "Coronavirus Will Not Change the Global Order," *Foreign Policy*, April 16, 2020, https://foreignpolicy.com/2020/04/16/coronavirus-pandemic-china-united-states-power-competition/.
34. Richard Haass, "The Pandemic Will Accelerate History Rather Than Reshape It," *Foreign Affairs*, April 7, 2020, https://www.foreignaffairs.com/articles/united-states/2020-04-07/pandemic-will-accelerate-history-rather-reshape-it.
35. Ray Dalio, *The Changing World Order: Why Nations Succeed and Fail* (New York: Avid Reader Press: 2021), https://www.principles.com/the-changing-world-order/.
36. Peter Turchin, "Dynamics of Political Instability in the United States, 1780–2010," *Journal of Peace Research* 49, no. 4 (July 2012). 以下も参照のこと。Peter Turchin, *Ages of Discord: A Structural-Demographic Analysis of American History* (Chaplin, CT: Beresta Books, 2016), esp. 241f.
37. David Mamet, "The Code and the Key," *National Review*, June 1, 2020, https://www.nationalreview.com/magazine/2020/06/01/the-code-and-the-key/.
38. Henry A. Kissinger, "The Coronavirus Pandemic Will Forever Alter the World Order," *Wall Street Journal*, April 3, 2020, https://www.wsj.com/articles/the-coronavirus-pandemic-will-forever-alter-the-world-order-11585953005.
39. Jon Meacham, *Destiny and Power: The American Odyssey of George Herbert Walker Bush* (New

York: Random House, 2015), p. 60.

40. Niall Ferguson, *Colossus: The Rise and Fall of the American Empire* (New York: Penguin, 2004), pp. 148f., 339f.

41. Brendan Simms, *Unfinest Hour: Britain and the Destruction of Bosnia* (London: Allen Lane, 2001), p. 56.

42. 生々しい説明については、以下を参照のこと。George Packer, *Our Man: Richard Holbrooke and the End of the American Century* (New York: Alfred A. Knopf 2019).

43. "Bosnia War Dead Figure Announced," BBC, June 21, 2007, quoting the Research and Documentation Center in Sarajevo, http://news.bbc.co.uk/2/hi/europe/6228152.stm.

44. Samantha Power, *"A Problem from Hell": America and the Age of Genocide* (London: HarperCollins, 2003), p. 381. [邦訳:『集団人間破壊の時代——平和維持活動の現実と市民の役割』星野尚美訳、ミネルヴァ書房、2010年] 以下も参照のこと。William Shawcross, *Deliver Us from Evil: Warlords and Peacekeepers in a World of Endless Conflict* (New York: Simon & Schuster, 2000).

45. Richard A. Clarke, *Against All Enemies: Inside America's War on Terror—What Really Happened* (New York: Free Press, 2004), p. 232. 以下も参照のこと。pp. 28–32, pp. 227ff. [邦訳:『爆弾証言——9・11からイラク戦争へ　すべての敵に向かって』楡井浩一訳、徳間書店、2004年]

46. Ron Suskind, *The One Percent Doctrine* (New York: Simon & Schuster, 2008).

47. Ron Suskind, quoting a "senior adviser" to President Bush, in "Without a Doubt: Faith, Certainty and the Presidency of George W. Bush," *New York Times Magazine*, October 17, 2004, https://www.nytimes.com/2004/10/17/magazine/faith-certainty-and-the-presidency-of-george-w-bush.html.

48. Timothy Garton Ash, *Free World: America, Europe, and the Surprising Future of the West* (New York: Vintage, 2005), p. 102.

49. "Text of President Bush's Press Conference," *New York Times*, April 13, 2004.

50. Kathleen T. Rhem, "U.S. Not Interested in Iraqi Oil, Rumsfeld Tells Arab World," American Forces Press Service, February 26, 2003, https://archive.defense.gov/news/newsarticle.aspx?id=29374.

51. "Immediate Release: Casualty Status," U.S. Department of Defense, August 17, 2020, https://www.defense.gov/casualty.pdf.

52. "The Public Record of Violent Deaths Following the 2003 Invasion of Iraq," Iraq Body Count, 2020年8月16日に閲覧。https://www.iraqbodycount.org/.

53. "Costs of War: Afghan Civilians," Watson Institute of International and Public Affairs, Brown University (January 2020): https://watson.brown.edu/costsofwar/costs/human/civilians/afghan.

54. Neta C. Crawford, "United States Budgetary Costs and Obligations of Post-9/11 Wars Through FY2020: $6.4 Trillion," Watson Institute, Brown University, November 13, 2019, https://watson.brown.edu/costsofwar/files/cow/imce/papers/2019/US%20Budgetary%20Costs%20of%20Wars%20November%202019.pdf.

55. Niall Ferguson, "Applying History in Real Time: A Tale of Two Crises," Impact of the Past lecture series, Institute of Advanced Study, Princeton, NJ, October 10, 2018.

56. "DoD News Briefing—Secretary Rumsfeld and Gen. Myers," U.S. Department of Defense Online Archive, February 12, 2002, https://archive.defense.gov/Transcripts/Transcript.aspx?TranscriptID=2636.

57. J. Luft and H. Ingham, "The Johari Window, a Graphic Model of Interpersonal Awareness,"

*Proceedings of the Western Training Laboratory in Group Development* (1955).

58. Donald Rumsfeld, *Known and Unknown: A Memoir* (New York: Sentinel, 2011), p. xvi. [邦訳：『真珠湾からバグダッドへ――ラムズフェルド回想録』江口泰子・月沢李歌子・島田楓子訳、幻冬舎、2012年] 自然科学におけるこの区別の有用性については、以下を参照のこと。David C. Logan, "Known Knowns, Known Unknowns, Unknown Unknowns and the Propagation of Scientific Enquiry," *Journal of Experimental Botany* 60, no. 3 (2009), pp. 712–14, https://doi.org/10.1093/jxb/erp043.

59. Sam Loughlin, "Rumsfeld on Looting in Iraq: 'Stuff Happens,'" CNN, April 23, 2003, https://www.cnn.com/2003/US/04/11/sprj.irq.pentagon/.

60. David Corn, "McCain in NH: Would Be 'Fine' to Keep Troops in Iraq for 'A Hundred Years,'" *Mother Jones*, January 4, 2008, https://www.motherjones.com/politics/2008/01/mccain-nh-would-be-fine-keep-troops-iraq-hundred-years/.

61. "America Is Not the World's Policeman: Text of Barack Obama's Speech on Syria," Associated Press, September 11, 2013, https://www.ndtv.com/world-news/america-is-not-the-worlds-policeman-text-of-barack-obamas-speech-on-syria-534239.

62. Jeffrey Goldberg, "The Obama Doctrine," *Atlantic*, April 2016, https://www.theatlantic.com/magazine/archive/2016/04/the-obama-doctrine/471525/.

63. "Death Tolls," *I Am Syria*, 2020年8月16日に閲覧。http://www.iamsyria.org/death-tolls.html.

64. "Refugee Statistics: Global Trends at-a-Glance," United Nations High Commissioner for Refugees, accessed August 16, 2020, https://www.unrefugees.org/refugee-facts/statistics/.

65. Niall Ferguson, "Barack Obama's Revolution in Foreign Policy," *Atlantic*, March 13, 2016, https://www.theatlantic.com/international/archive/2016/03/obama-doctrine-revolution/473481/.

66. Arthur Delaney, "Obama Dings Romney on Russia Remark: The 1980s Are Going to Ask for Their Foreign Policy Back," *Huffington Post*, October 22, 2012, http://www.huffingtonpost.com/2012/10/22/obama-romney-russia_n_2003927.html.

67. David Remnick, "Going the Distance," *New Yorker*, January 27, 2014, https://www.newyorker.com/magazine/2014/01/27/going-the-distance-david-remnick.

68. Board of Governors of the Federal Reserve System, "Share of Total Net Worth Held by the Top 1% (99th to 100th Wealth Percentiles)," retrieved from FRED: Federal Reserve Bank of St. Louis, https://fred.stlouisfed.org/series/WFRBST01134.

69. Anne Case and Angus Deaton, "Rising Morbidity and Mortality in Midlife Among White Non-Hispanic Americans in the 21st Century," *PNAS* 112, no. 49 (December 8, 2015), www.pnas.org/cgi/doi/10.1073/pnas.1518393112; Anne Case and Angus Deaton, "Mortality and Morbidity in the 21st Century," *Brookings Papers on Economic Activity*, Spring 2017, pp. 397–476.

70. CDC Wonder, "Overdose Death Rates Involving Opioids, by Type, United States, 1999–2018," CDC, 2020, https://www.cdc.gov/drugoverdose/images/data/2018-Opioid-Deaths-By-Type-US.png.

71. Holly Hedegaard, Margaret Warner, and Arialdi M. Miniño, "Drug Overdose Deaths in the United States, 1999–2016," NCHS Data Brief No. 294 (December 2017). 以下も参照のこと。Rose A. Rudd et al., "Increases in Drug and Opioid-Involved Overdose Deaths—United States, 2010–2015," *Morbidity and Mortality Weekly Report* 65 (2016), pp. 1445–52, http://dx.doi.org/10.15585/mmwr.mm655051e1. 1918〜19年との比較については、以下を参照のこと。Christakis, *Apollo's Arrow*, fig. 16. [邦訳：『疫病と人類知――新型コロナウイルスが私たちにもたらした深遠かつ永続的な影響』庭田よう子訳、講談社、2021年]

72. Bryce Pardo, "Evolution of the U.S. Overdose Crisis: Understanding China's Role in the Production and Supply of Synthetic Opioids,"「アフリカ、グローバルヘルス、グローバル人権、および国際機関」下院外交小委員会での2018年9月6日の証言。RAND Corporation, https://www.rand.org/pubs/testimonies/CT497.html.
73. Katie Reilly, "Hillary Clinton's 'Basket of Deplorables' Remarks About Donald Trump Supporters," *Time*, September 10, 2016, https://time.com/4486502/hillary-clinton-basket-of-deplorables-transcript/.
74. Dana R. Fisher et al., "The Science of Contemporary Street Protest: New Efforts in the United States," *Science Advances* 5, no. 1 (October 23, 2019), table 1, https://doi.org.10.1126/sciadv.aaw5461; Dana R. Fisher, *American Resistance: From the Women's March to the Blue Wave* (New York: Columbia University Press, 2019).
75. Michael Lewis, *The Fifth Risk* (New York: W. W. Norton, 2018).
76. Niall Ferguson, "Europe's 'Hamilton Moment' Is a Flop. That's Fine," Bloomberg, July 19, 2020, https://www.bloomberg.com/opinion/articles/2020-07-19/coronavirus-and-the-economy-europe-s-hamilton-moment-is-a-flop.
77. Kissinger, "The Coronavirus Pandemic Will Forever Alter the World Order."
78. White House, *National Security Strategy of the United States of America* (December 2017), https://www.whitehouse.gov/wp-content/uploads/2017/12/NSS-Final-12-18-2017-0905.pdf.
79. Nadia Schadlow, "The End of American Illusion," *Foreign Affairs*, September/October 2020, https://www.foreignaffairs.com/articles/americas/2020-08-11/end-american-illusion.
80. "Central Bank Liquidity Swap Operations," Federal Reserve Bank of New York, 2020年8月16日に閲覧。https://apps.newyorkfed.org/markets/autorates/fxswap.
81. Robin Wigglesworth, "A Solution to the Looming Debt Crisis in Emerging Markets," *Financial Times*, May 3, 2020, https://www.ft.com/content/b97eb604-4f6b-49bc-b350-3287bbde00c9.
82. James Kynge and Sun Yu, "China Faces Wave of Calls for Debt Relief on 'Belt and Road' Projects," *Financial Times*, April 30, 2020, https://www.ft.com/content/5a3192be-27c6-4fe7-87e7-78d4158bd39b.
83. Sebastian Horn, Carmen M. Reinhart, and Christoph Trebesch, "China's Overseas Lending," NBER Working Paper No. 26050 (May 2020), http://papers.nber.org/tmp/15188-w26050.pdf.
84. Gita Gopinath et al., "Dominant Currency Paradigm," NBER Working Paper No. 22943 (December 2016), https://www.nber.org/papers/w22943.pdf.
85. Henry M. Paulson Jr., "The Future of the Dollar," *Foreign Affairs*, May 19, 2020, https://www.foreignaffairs.com/articles/2020-05-19/future-dollar.
86. John Paul Koning (@jp_koning), "Facebook isn't a real threat," Twitter, February 6, 2020, 6:56 a.m., https://twitter.com/jp_koning/status/1225418083323568129. 以下を参照のこと。Huw van Steenis, "The New Digital-Payments Race," Project Syndicate, April 21, 2020, https://www.project-syndicate.org/onpoint/central-banks-digital-payments-by-huw-van-steenis-2020-04.
87. Hiroyuki Nishimura, "China Takes Battle for Cryptocurrency Hegemony to New Stage," *Nikkei Asian Review*, June 14, 2020, https://asia.nikkei.com/Spotlight/Comment/China-takes-battle-for-cryptocurrency-hegemony-to-new-stage.
88. "COVID-19 Treatment and Vaccine Tracker," Milken Institute, August 18, 2020, https://covid-19tracker.milkeninstitute.org/.
89. Manas Mishra and Shounak Dasgupta, "U.S. Narrows List of Promising COVID-19 Vaccine Candidates to About 7," *Financial Post*, June 16, 2020, https://business.financialpost.com/pmn/

business-pmn/u-s-narrows-list-of-promising-covid-19-vaccine-candidates-to-about-7-2.
90. Josephine Ma, "Can China Win COVID-19 Vaccine Race with Old School Technology?," *South China Morning Post*, June 18, 2020, https://www.scmp.com/news/china/science/article/3089356/can-china-win-covid-19-vaccine-race-old-school-technology.
91. Tung Thanh Le et al., "The COVID-19 Vaccine Development Landscape," *Nature Reviews Drug Discovery* 19 (April 9, 2020), pp. 305–6, https://doi.org/10.1038/d41573-020-00073-5.
92. Wee Sui-Lee and Elsie Chen, "China Investigates Latest Vaccine Scandal After Violent Protests," *New York Times*, January 14, 2019, https://www.nytimes.com/2019/01/14/business/china-vaccine-scandal-protests.html.
93. Javier C. Hernández, "In China, Vaccine Scandal Infuriates Parents and Tests Government," *New York Times*, July 23, 2018, https://www.nytimes.com/2018/07/23/world/asia/china-vaccines-scandal-investigation.html.
94. Jane Parry, "China Sentences Former Drug Regulatory Chief to Death," *BMJ* 334, no. 7605 (June 9, 2007), p. 1183, https://doi.org/10.1136/bmj.39234.428449.DB.
95. Natalie Liu, "German Decision on Huawei 5G 'Imminent,' Says Ambassador," *Voice of America News*, February 11, 2020, https://www.voanews.com/europe/german-decision-huawei-5g-imminent-says-ambassador.
96. Katy Balls and James Forsyth, "The MP Demanding a New Approach to China," *Spectator*, May 16, 2020, https://www.spectator.co.uk/article/the-mp-demanding-a-new-approach-to-china; Jonathan Schieber, "UK Government Reverses Course on Huawei's Involvement in 5G Networks," *Tech Crunch*, May 23, 2020, https://techcrunch.com/2020/05/23/uk-government-reverses-course-on-huaweis-involvement-in-5g-networks/; "UK Will Pay Price If It Carries Out Decision to Exclude Huawei: *China Daily* Editorial," *China Daily*, May 24, 2020, http://www.chinadaily.com.cn/a/202005/24/WS5eca6650a310a8b241158044.html.
97. Kathrin Hille, "Huawei Says New U.S. Sanctions Put Its Survival at Stake," *Financial Times*, May 18, 2020, https://www.ft.com/content/3c532149-94b2-4023-82e0-b51190dc2c46.
98. Michael D. Shear and Miriam Jordan, "Trump Suspends Visas Allowing Hundreds of Thousands of Foreigners to Work in the U.S.," *New York Times*, July 23, 2020, https://www.nytimes.com/2020/06/22/us/politics/trump-h1b-work-visas.html.
99. Ishan Banerjee and Matt Sheehan, "America's Got AI Talent: U.S.' Big Lead in AI Research Is Built on Importing Researchers," *Macro Polo*, June 9, 2020, https://macropolo.org/americas-got-ai-talent-us-big-lead-in-ai-research-is-built-on-importing-researchers/.
100. Carl Benedikt Frey and Michael Osborne, "China Won't Win the Race for AI Dominance," *Foreign Affairs*, June 19, 2020, https://www.foreignaffairs.com/articles/united-states/2020-06-19/china-wont-win-race-ai-dominance.
101. Lu Zhenhua, Wang Zili, and Xu Heqian, "China and U.S. to Fight for Tech Primacy, Not War: Tsinghua Expert," *Nikkei Asian Review*, May 18, 2020, https://asia.nikkei.com/Spotlight/Caixin/China-and-US-to-fight-for-tech-primacy-not-war-Tsinghua-expert.
102. Ariel E. Levite and Lyu Jinghua, "Travails of an Interconnected World: From Pandemics to the Digital Economy," *Lawfare* (blog), April 30, 2020, https://www.lawfareblog.com/travails-interconnected-world-pandemics-digital-economy.
103. Brose, *Kill Chain*.
104. Michael R. Auslin, "The Sino-American Littoral War of 2025: A Future History," in *Asia's New Geopolitics: Essays on Reshaping the Indo-Pacific* (Stanford, CA: Hoover Institution Press, 2020), pp.

185–228.

105. Richard Haass, "American Support for Taiwan Must Be Unambiguous," *Foreign Affairs*, September 2, 2020, https://www.foreignaffairs.com/articles/united-states/american-support-taiwan-must-be-unambiguous.

106. Brother Mao, "U.S. Punishing Huawei Is a Strategic Trap," *Brother Mao's World* (blog), https://mp.weixin.qq.com/s/X3rYjXgAdtVxA4CE8_5TWg.

107. Grant Newsham, "Can the PLA Get Across the Taiwan Strait?," *Asia Times*, May 13, 2019, https://asiatimes.com/2019/05/can-the-pla-get-across-the-taiwan-strait/.

108. Salvatore Babones, "Boris Johnson's Huawei 5G Decision Is a Massive Mistake," *National Interest*, January 28, 2020, https://nationalinterest.org/blog/buzz/boris-johnsons-huawei-5g-decision-massive-mistake-118016.

109. Graham Allison, "Could Donald Trump's War Against Huawei Trigger a Real War with China?," *National Interest*, June 11, 2020, https://nationalinterest.org/feature/could-donald-trump%E2%80%99s-war-against-huawei-trigger-real-war-china-162565.

110. Steve Blank, "The Chip Wars of the Twenty-First Century," *War on the Rocks*, June 11, 2020, https://warontherocks.com/2020/06/the-chip-wars-of-the-21st-century/.

111. Jenny Leonard, "Lighthizer Says He Feels 'Very Good' About Phase One China Deal," Bloomberg, June 4, 2020, https://www.bloomberg.com/news/articles/2020-06-04/lighthizer-says-he-feels-very-good-about-phase-one-china-deal-kb16qm1v; "China Halts Some U.S. Farm Imports, Threatening Trade Deal," Bloomberg, June 1, 2020, https://www.bloomberg.com/news/articles/2020-06-01/china-halts-some-u-s-farm-imports-threatening-trade-deal.

112. "Foreign Ministry Spokesperson Zhao Lijian's Remarks on Yang Jiechi's Meeting with U.S. Secretary of State Mike Pompeo," Ministry of Foreign Affairs of the People's Republic of China, June 18, 2020, https://www.fmprc.gov.cn/mfa_eng/xwfw_665399/s2510_665401/t1789798.shtml.

113. Michael R. Pompeo, "'Europe and the China Challenge': Speech at the Virtual Copenhagen Democracy Summit," U.S. Department of State, June 19, 2020, https://www.state.gov/secretary-michael-r-pompeo-at-the-virtual-copenhagen-democracy-summit.

114. M5sParlamento, "Luigi Di Maio ospite a TG2 Post Rai 2 24 03 2020," March 24, 2020, YouTube video, 22:31, https://www.youtube.com/watch?v=0W7JRf6qaog.

115. Philip Wen and Drew Hinshaw, "China Asserts Claim to Global Leadership, Mask by Mask," *Wall Street Journal*, April 1, 2020, https://www.wsj.com/articles/china-asserts-claim-to-global-leadership-mask-by-mask-11585752077.

116. Mattia Ferraresi, "China Isn't Helping Italy. It's Waging Information Warfare," *Foreign Policy*, March 31, 2020, https://foreignpolicy.com/2020/03/31/china-isnt-helping-italy-its-waging-information-warfare/.

117. Alan Crawford and Peter Martin, "China's Coronavirus Diplomacy Has Finally Pushed Europe Too Far," *Taipei Times*, April 26, 2020, https://www.taipeitimes.com/News/editorials/archives/2020/04/26/2003735306.

118. Julian Reichelt, "'You Are Endangering the World': *BILD* Editor-in-Chief Julian Reichelt Responds to the Chinese President Xi Jinping," *Bild*, April 17, 2020, https://www.bild.de/politik/international/bild-international/bild-chief-editor-responds-to-the-chinese-president-70098436.bild.html. 以下を参照のこと。Joseph de Weck, "China's COVID-19 Diplomacy Is Backfiring in Europe," Foreign Policy Research Institute, April 21, 2020, https://www.fpri.org/article/2020/04/chinas-covid-19-diplomacy-is-backfiring-in-europe/.

119. Stuart Lau, "Chinese Foreign Minister Sees Only Limited Diplomatic Gains from European Trip," *South China Morning Post*, September 3, 2020, https://www.scmp.com/news/china/diplomacy/article/3100003/chinese-foreign-minister-sees-only-limited-diplomatic-gains.

120. Laura Silver, Kat Devlin, and Christine Huang, "Unfavorable Views of China Reach Historic Highs in Many Countries," Pew Research Center, October 6, 2020, https://www.pewresearch.org/global/2020/10/06/unfavorable-views-of-china-reach-historic-highs-in-many-countries/.

121. Joseph de Weck and Dimitris Valatsas, "The European Union Will Survive COVID-19," Foreign Policy Research Institute, April 30, 2020, https://www.fpri.org/article/2020/04/the-european-union-will-survive-covid-19/.

122. Victor Mallet and Roula Khalaf, "Macron Warns of EU Unravelling Unless It Embraces Financial Solidarity," *Financial Times*, April 16, 2020, https://www.ft.com/content/d19dc7a6-c33b-4931-9a7e-4a74674da29a.

123. "Europe's Moment: Repair and Prepare for the Next Generation," European Commission Press Corner, May 27, 2020, https://ec.europa.eu/commission/presscorner/detail/en/ip_20_940.

124. Guy Chazan, "German Stimulus Aims to Kick-Start Recovery 'With a Ka-Boom,'" *Financial Times*, June 4, 2020, https://www.ft.com/content/335b5558-41b5-4a1e-a3b9-1440f7602bd8.

125. Timothy Garton Ash and Antonia Zimmermann, "In Crisis, Europeans Support Radical Positions," *Eupinions*, May 6, 2020, https://eupinions.eu/de/text/in-crisis-europeans-support-radical-positions.

126. Ronja Scheler and Joshua Webb, "Keeping an Equidistance," *Berlin Policy Journal*, May 18, 2020, https://berlinpolicyjournal.com/keeping-an-equidistance/.

127. "Inaugural Lecture on Behalf of H. E. Saddam Hussein," in *The Principles of Non-Alignment*, ed. Hans Köhler (Vienna: Third World Centre, 1982), p. 5.

128. Lee Hsien Loong, "The Endangered Asian Century: America, China, and the Perils of Confrontation," *Foreign Affairs*, July/August 2020, https://www.foreignaffairs.com/articles/asia/2020-06-04/lee-hsien-loong-endangered-asian-century.

129. Emile Simpson, *War from the Ground Up: Twenty-First Century Combat as Politics* (Oxford: Oxford University Press, 2012).

130. Hal Brands and Francis J. Gavin, eds., *COVID-19 and World Order: The Future of Conflict, Competition, and Cooperation* (Baltimore: Johns Hopkins University Press, 2020).

131. Ben Thompson, "China, Leverage, and Values," *Stratechery*, May 21, 2019, https://stratechery.com/2019/china-leverage-and-values/; Ben Thompson, "The China Cultural Clash," *Stratechery*, October 8, 2019, https://stratechery.com/2019/the-china-cultural-clash/.

132. Ben Thompson, "The TikTok War," *Stratechery*, July 14, 2020, https://stratechery.com/2020/the-tiktok-war/.

133. Ross Andersen, "The Panopticon Is Already Here," *Atlantic*, September 2020, https://www.theatlantic.com/magazine/archive/2020/09/china-ai-surveillance/614197/.

134. Jiang Shigong, "Empire and World Order," trans. David Ownby, at Reading the China Dream, https://www.readingthechinadream.com/jiang-shigong-empire-and-world-order.html.

135. Barry Eichengreen, Minxin Pei, Kevin Rudd, and Elizabeth Sidiropoulos, "Xi's Weltpolitik," Project Syndicate, August 14, 2018, https://www.project-syndicate.org/bigpicture/xi-s-weltpolitik.

136. Larry Diamond, et al., *Chinese Influence & American Interests: Promoting Constructive Vigilance—Report of the Working Group on Chinese Influence Activities in the United States* (Stanford, CA: Hoover Institution Press, 2018), https://www.hoover.org/sites/default/files/research/docs/

chineseinfluence_americaninterests_fullreport_web.pdf.
137. Frances Stonor Saunders, *The Cultural Cold War: The CIA and the World of Arts and Letters* (New York: Free Press, 2001).
138. Régis Debray, "The Third World: From Kalashnikovs to God and Computers," *New Perspectives Quarterly* 3, no. 1 (Spring 1986), p. 43.
139. Hoover Institution, "Cardinal Conversations: Reid Hoffman and Peter Thiel on 'Technology and Politics,'" January 31, 2018, YouTube video, 1:31:25, https://www.youtube.com/watch?v=J2klGJRrjqw. 以下も参照のこと。Ali Yahya, "The Long-Tail Problem of AI, and How Autonomous Markets Can Solve It," Andreesen Horowitz, July 24, 2020, https://a16z.com/2020/07/24/long-tail-problem-in-a-i/.
140. "Chinese Cultural Revolution: The Boy Who Denounced His Mother," *Guardian*, March 29, 2013, YouTube video, 3:35, https://www.youtube.com/watch?v=CCA6ME81RLQ.
141. "China Uses Sci-Fi to Try to Spark a Tech Boom," *Straits Times*, September 22, 2018, https://www.straitstimes.com/asia/east-asia/china-uses-sci-fi-to-try-to-spark-a-tech-boom. 以下も参照のこと。Rebecca Davis, "China Issues Guidelines on Developing a Sci-Fi Film Sector," *Variety*, August 17, 2020, https://variety.com/2020/film/news/china-guidelines-science-fiction-1234737913/.
142. Liu Cixin, *The Dark Forest*, trans. Joel Martinsen (New York: Tom Doherty, 2015), p. 484. ［邦訳：『三体II　黒暗森林　上下』大森望・立原透耶・上原かおり・泊巧訳、早川書房、2020年］

## 結論　未来の世界の取りうる姿

1. Stephen M. Kissler et al., "Projecting the Transmission Dynamics of SARS-CoV-2 Through the Postpandemic Period," *Science* 368, no. 6493 (May 2020), pp. 860–68, https://science.sciencemag.org/content/368/6493/860/tab-pdf; Eskild Petersen et al., "Comparing SARS-CoV-2 with SARS-CoV and Influenza Pandemics," *Lancet Infectious Diseases* 20, no. 9 (September 2020), pp. E238–E244, https://doi.org/10.1016/S1473-3099(20)30484-9.
2. Pasquale Cirillo and Nassim Nicholas Taleb, "Tail Risk of Contagious Diseases" (working paper, 2020).
3. Scott Galloway, "The Great Distancing," *No Mercy, No Malice* (blog), August 7, 2020, https://www.profgalloway.com/the-great-distancing.
4. Erik Brynjolfsson et al., "COVID-19 and Remote Work: An Early Look at US Data," NBER Working Paper No. 27344 (June 2020), http://www.nber.org/papers/w27344.
5. Nicholas Bloom, "How Working from Home Works Out," SIEPR Policy Brief (June 2020), https://siepr.stanford.edu/research/publications/how-working-home-works-out.
6. Bruno Maçães, "The Great Pause Was an Economic Revolution," *Foreign Policy*, June 22, 2020, https://foreignpolicy.com/2020/06/22/the-great-pause-was-an-economic-revolution%e2%80%a8/.
7. Sebastian Mallaby, "The Age of Magic Money," *Foreign Affairs*, July/August 2020, https://www.foreignaffairs.com/articles/united-states/2020-05-29/pandemic-financial-crisis.
8. Jon Cohen, "Swine Flu Strain with Human Pandemic Potential Increasingly Found in Pigs in China," *Science*, June 29, 2020, https://www.sciencemag.org/news/2020/06/swine-flu-strain-human-pandemic-potential-increasingly-found-pigs-china.
9. Jessie Yeung, Philip Wang, and Martin Goillandeau, "Kazakhstan Denies Chinese Government Report That Country Has 'Unknown Pneumonia' Outbreak More Deadly Than Covid-19," CNN, July 10, 2020, https://amp.cnn.com/cnn/2020/07/10/asia/kazakhstan-pneumonia-intl-hnk-scli-

scn/index.html.

10. Dorothy H. Crawford, *Deadly Companions: How Microbes Shaped Our History* (Oxford: Oxford University Press, 2007), pp. 195–96.

11. Marc Galimand et al., "Multidrug Resistance in *Yersinia Pestis* Mediated by a Transferable Plasmid," *NEJM* 337, no. 10 (1997), pp. 677–80.

12. Nick Bostrom and Milan M. Ćirković, eds., *Global Catastrophic Risks* (Oxford: Oxford University Press, 2008), pp. 2–4.

13. World Food Programme, "COVID-19 Will Double Number of People Facing Food Crises Unless Swift Action Is Taken," April 21, 2020, https://www.wfp.org/news/covid-19-will-double-number-people-facing-food-crises-unless-swift-action-taken.

14. "Slowing the Coronavirus Is Speeding the Spread of Other Diseases," *New York Times*, June 14, 2020, https://www.nytimes.com/2020/06/14/health/coronavirus-vaccines-measles.html; Peter Sands, "HIV, Tuberculosis, and Malaria: How Can the Impact of COVID-19 Be Minimised?," *Lancet*, July 13, 2020, https://www.thelancet.com/journals/langlo/article/PIIS2214-109X(20)30317-X/fulltext.

15. James Hansen et al., "Ice Melt, Sea Level Rise and Superstorms: Evidence from Paleoclimate Data, Climate Modeling, and Modern Observations That 2℃ Global Warming Is Highly Dangerous," *Atmospheric Chemistry and Physics Discussions* 15, no. 14 (July 23, 2015), pp. 20059–179.

16. IPCC, *Climate Change 2014: Synthesis Report: Contribution of Working Groups I, II and III to the Fifth Assessment Report of the Intergovernmental Panel on Climate Change*, ed. Core Writing Team, R. K. Pachauri and L. A. Meyer (Geneva: IPCC, 2014), https://www.ipcc.ch/site/assets/uploads/2018/02/SYR_AR5_FINAL_full.pdf. 以下を参照のこと。Christopher R. Schwalm, Spencer Glendon, and Philip B. Duffy, "RCP8.5 Tracks Cumulative CO2 Emissions," *PNAS* 117, no. 33 (August 18, 2020), pp. 19656–57, https://www.pnas.org/content/117/33/19656.

17. David Frame and Myles R. Allen, "Climate Change and Global Risk," in *Global Catastrophic Risks*, ed. Nick Bostrom and Milan M. Ćirković (Oxford: Oxford University Press, 2008), pp. 279–81. 以下も参照のこと。Bjorn Lomborg, *False Alarm: How Climate Change Panic Costs Us Trillions, Hurts the Poor, and Fails to Fix the Planet* (New York: Basic Books, 2020); Michael Shellenberger, *Apocalypse Never: Why Environmental Alarmism Hurts Us All* (New York: HarperCollins, 2020).

18. Elizabeth Weil, "They Know How to Prevent Megafires. Why Won't Anybody Listen?," *ProPublica*, August 28, 2020, https://www.propublica.org/article/they-know-how-to-prevent-megafires-why-wont-anybody-listen.

19. Chingy Tse-Cheng, "Expert Warns China's Three Gorges Dam in Danger of Collapse," *Taiwan News*, June 22, 2020, https://www.taiwannews.com.tw/en/news/3951673; Keoni Everington, "Videos Show Massive Flooding in S. China, Three Gorges Dam Next," *Taiwan News*, June 23, 2020, https://www.taiwannews.com.tw/en/news/3952434.

20. Jacob B. Lowenstern et al., "Steam Explosions, Earthquakes, and Volcanic Eruptions—What's in Yellowstone's Future?," U.S. Geological Survey and National Park Service (2005), https://pubs.usgs.gov/fs/2005/3024/fs2005-3024.pdf.

21. Milan M. Ćirković, "Observation Selection Effects and Global Catastrophic Risks," in *Global Catastrophic Risks*, ed. Nick Bostrom and Milan M. Ćirković (Oxford: Oxford University Press, 2008), pp. 135–37.

22. Arnon Dar, "Influence of Supernovae, Gamma-Ray Bursts, Solar Flares, and Cosmic Rays on the Terrestrial Environment," in *Global Catastrophic Risks*, ed. Nick Bostrom and Milan M. Ćirković

(Oxford: Oxford University Press, 2008), p. 259.

23. Richard A. Clarke and R. P. Eddy, *Warnings: Finding Cassandras to Stop Catastrophes* (New York: HarperCollins, 2018), p. 322. 以下も参照のこと。"The World Should Think Better About Catastrophic and Existential Risks," *Economist*, June 25, 2020, https://www.economist.com/briefing/2020/06/25/the-world-should-think-better-about-catastrophic-and-existential-risks.
24. Frank Wilczek, "Big Troubles, Imagined and Real," in *Global Catastrophic Risks*, ed. Nick Bostrom and Milan M. Ćirković (Oxford: Oxford University Press, 2008), pp. 356f. 以下も参照のこと。Katsuhiko Sato, "First-Order Phase Transition of a Vacuum and the Expansion of the Universe," *Monthly Notices of the Royal Astronomical Society* 195 (May 1981), pp. 467–79.
25. Nick Bostrom, "The Vulnerable World Hypothesis," Working Paper, v.3.42, Future of Humanity Institute, University of Oxford (2018).
26. Joseph Cirincione, "The Continuing Threat of Nuclear War" および William C. Potter and Gary Ackerman, "Catastrophic Nuclear Terrorism: A Preventable Peril," in *Global Catastrophic Risks*, ed. Nick Bostrom and Milan M. Ćirković (Oxford: Oxford University Press, 2008). 以下も参照のこと。Clarke and Eddy, *Warnings*, pp. 278f.
27. Ali Nouri and Christopher F. Chyba, "Biotechnology and Biosecurity," in *Global Catastrophic Risks*, ed. Nick Bostrom and Milan M. Ćirković (Oxford: Oxford University Press, 2008), pp. 456f.
28. Martin Jinek et al., "A Programmable Dual-RNA–Guided-DNA Endonuclease in Adaptive Bacterial Immunity," *Science* 337, no. 6096 (August 17, 2012), pp. 816–21. 以下も参照のこと。Jennifer Kahn, "The CRISPR Quandary," *New York Times Magazine*, November 9, 2015, www.nytimes.come/2015/11/15/magazine/the-cripsr-quandary.html.
29. "Biotech: DIY Disaster Zone," *Financial Times*, June 23, 2020, https://www.ft.com/content/7c0d9214-938d-4931-868e-e3533b8da70a.
30. Christopher Wills, *Children of Prometheus: The Accelerating Pace of Human Evolution* (Reading, MA: Perseus, 1998).［邦訳：『プロメテウスの子供たち――加速する人類の進化』長野敬・森脇靖子訳、青土社、2002年］
31. Clarke and Eddy, *Warnings*, pp. 292–99.
32. Eliezer Yudkowsky, "AI as a Positive and Negative Factor in Global Risk," in *Global Catastrophic Risks*, ed. Nick Bostrom and Milan M. Ćirković (Oxford: Oxford University Press, 2008), pp. 201–7. 以下も参照のこと。James J. Hughes, "Millennial Tendencies in Responses to Apocalyptic Threats," in *Global Catastrophic Risks*, ed. Nick Bostrom and Milan M. Ćirković (Oxford: Oxford University Press, 2008), pp. 79–81.
33. Chris Phoenix and Mike Treder, "Nanotechnology as Global Catastrophic Risk," in *Global Catastrophic Risks*, ed. Nick Bostrom and Milan M. Ćirković (Oxford: Oxford University Press, 2008), pp. 488f. 以下を参照のこと。K. E. Drexler, *Nanosystems: Molecular Machinery, Manufacturing, and Computation* (New York: Wiley Interscience, 1992).
34. Toby Ord, *The Precipice: Existential Risk and the Future of Humanity* (New York: Hachette, 2020).
35. Richard A. Posner, "Public Policy Towards Catastrophe," in *Global Catastrophic Risks*, ed. Nick Bostrom and Milan M. Ćirković (Oxford: Oxford University Press, 2008), pp. 186f. これを克服する方法の、いくつかの独創的な提案については、以下を参照のこと。Bina Venkataraman, *The Optimist's Telescope* (New York: Penguin 2019) および Margaret Heffernan, *Uncharted: How to Map the Future Together* (London: Simon & Schuster, 2020).
36. Clarke and Eddy, *Warnings*, pp. 356, 362–64.

37. Bostrom, "Vulnerable World Hypothesis," pp. 17–23.

38. Bostrom, "Vulnerable World Hypothesis," pp. 23, 28. 同じような主張が、この論文を収録した本の他の執筆者によってもなされている。Christopher Wills, "Evolutionary Theory and the Future of Humanity," および Robin Hanson, "Catastrophe, Social Collapse, and Human Extinction," in *Global Catastrophic Risks*, ed. Nick Bostrom and Milan M. Ćirković (Oxford: Oxford University Press, 2008), pp. 67, 373f.

39. Bryan Caplan, "The Totalitarian Threat," in *Global Catastrophic Risks*, ed. Nick Bostrom and Milan M. Ćirković (Oxford: Oxford University Press, 2008), pp. 511–14.

40. Yuval Noah Harari, "Why Technology Favors Tyranny," *Atlantic*, October 2018, https://www.theatlantic.com/magazine/archive/2018/10/yuval-noah-harari-technology-tyranny/568330/.

41. Steven L. Aggelis, ed., *Conversations with Ray Bradbury* (Jackson: University Press of Mississippi, 2004), p. 99.

42. Huxley to Orwell, October 21, 1949, in *Letters of Note*, vol. 2: *An Eclectic Collection of Correspondence Deserving of a Wider Audience*, ed. Shaun Usher (San Francisco: Chronicle, 2016), p. 33.

43. Yevgeny Zamyatin, *We*, trans. Natasha S. Randall (New York: Modern Library, 2006), p. 187.［邦訳：『われら』松下隆志訳、光文社古典新訳文庫、2019年、他］

44. Daniel Defoe, *A Journal of the Plague Year* (London: Penguin, 2003 [1722]), p. 218.［邦訳：『ペスト』平井正穂訳、中公文庫、2009年、他］

【著者・訳者紹介】

**ニーアル・ファーガソン**（Niall Ferguson）

世界でもっとも著名な歴史家の1人。『憎悪の世紀』、『マネーの進化史』、『文明』、『劣化国家』、『大英帝国の歴史』、『キッシンジャー』、『スクエア・アンド・タワー』など、16点の著書がある。スタンフォード大学フーヴァー研究所のミルバンク・ファミリー・シニア・フェローであり、グリーンマントル社のマネージング・ディレクター。「ブルームバーグ・オピニオン」にも定期的にコラムを寄稿している。国際エミー賞のベスト・ドキュメンタリー部門（2009年）や、ベンジャミン・フランクリン賞の公共サービス部門（2010年）、外交問題評議会が主催するアーサー・ロス書籍賞（2016年）など、多数の受賞歴がある。

**柴田裕之**（しばた やすし）

翻訳家。早稲田大学、Earlham College卒業。訳書に、ケイヴ『ケンブリッジ大学・人気哲学者の「不死」の講義』、エストライク『あなたが消された未来』、ケーガン『「死」とは何か』、ベジャン『流れといのち』、オーウェン『生存する意識』、ハラリ『サピエンス全史』、『ホモ・デウス』、『21 Lessons』、カシオポ／パトリック『孤独の科学』、ドゥ・ヴァール『ママ、最後の抱擁』、ヴァン・デア・コーク『身体はトラウマを記録する』、リドレー『進化は万能である』（共訳）、ファンク『地球を「売り物」にする人たち』、リフキン『限界費用ゼロ社会』、ファーガソン『スクエア・アンド・タワー』ほか多数。

大惨事《カタストロフィ》の人類史

2022年 6 月 2 日発行

著　者——ニーアル・ファーガソン
訳　者——柴田裕之
発行者——駒橋憲一
発行所——東洋経済新報社
〒103-8345　東京都中央区日本橋本石町 1-2-1
電話＝東洋経済コールセンター　03(6386)1040
https://toyokeizai.net/

装　丁………橋爪朋世
ＤＴＰ………アイランドコレクション
印　刷………図書印刷
編集担当……九法　崇

Printed in Japan　　ISBN 978-4-492-37131-2